Hartmut Meine
Gewerkschaft, ja bitte!
Ein Handbuch für Betriebsräte, Vertrauensleute und Aktive

Hartmut Meine war über 40 Jahre in der IG Metall aktiv, davon 18 Jahre als Bezirksleiter des IG Metall Bezirkes Niedersachsen und Sachsen-Anhalt.

Hartmut Meine
Gewerkschaft, ja bitte!
Ein Handbuch für Betriebsräte,
Vertrauensleute und Aktive

VSA: Verlag Hamburg

www.vsa-verlag.de

Kontakt zum Autor (u.a. zu Hinweisen für weitere Auflagen):
gewerkschaftshandbuch@t-online.de

© VSA: Verlag 2018, St. Georgs Kirchhof 6, D-20099 Hamburg
Umschlagfoto: Rico Irmischer (Bezirksjugendsekretär der IG Metall Bayern)
Alle Rechte vorbehalten
Druck und Buchbindearbeiten: Beltz Bad Langensalza GmbH
ISBN 978-3-89965-779-1

Inhaltsübersicht

Ein detailliertes Inhaltsverzeichnis mit allen Unterkapiteln folgt auf den nächsten Seiten

Teil 1: Grundlagen

1. Warum Gewerkschaften? 18
2. Aufgaben der Gewerkschaften 50
3. Sieben Elemente des Arbeitsverhältnisses 62
4. Wettbewerbsfähigkeit und Beschäftigungssicherung 69
5. Mitbestimmung 76
6. Betriebspolitik 94
7. Tarifpolitik 116
8. Gesellschaftspolitik 161
9. Sozialstaat und Sozialpolitik 212
10. Gewerkschaftsjugend 235
11. Strukturen der IG Metall 247

Teil 2: Praxis im Betrieb

12. Aktive Interessenvertretung im Betrieb 260
13. Betriebsrat 269
14. Vertrauensleute 316
15. Gewerkschaftsjugend im Betrieb 325
16. Mitgliederwerbung 334
17. Gewerkschaftliche Erschließung von Betrieben (Organizing) 341
18. Regelmäßige Handlungsfelder im Betrieb 352
19. Massenentlassungen und Beschäftigungssicherung 392
20. Außergewöhnliche Handlungsfelder im Betrieb 406
21. Tarif- und Gesellschaftspolitik im Betrieb 415
22. Kommunikation, Beteiligung und gemeinsames Handeln 422

Anhänge 436

Ausführliches Inhaltsverzeichnis

Vorwort 15

Teil 1: Grundlagen

1. Warum Gewerkschaften? 18
1.1 Konflikte im Betrieb und in der Arbeitswelt 18
1.2 Gegensätzliche Interessen von Beschäftigten und Unternehmern 21
1.3 Wer unseren Wohlstand erschafft 25
1.4 Sozial- oder Konfliktpartnerschaft? 31
1.5 Gemeinsam sind wir stark – das Prinzip der Solidarität 31
1.6 Je mehr Mitglieder, desto stärker 36
1.7 Mitmach-Gewerkschaft: Mehr als Serviceorganisation 38
1.8 Definition, Werte und Ziele der Gewerkschaften 39
1.9 Eine gemeinsame Gewerkschaft (Einheitsgewerkschaft) 43
    1.9.1 Parteipolitische Unabhängigkeit 43
    1.9.2 Gemeinsame Interessenvertretung für »Arbeiter« und »Angestellte« 44
    1.9.3 Ein Betrieb – eine Gewerkschaft 45
1.10 Spartengewerkschaften und Standesorganisationen 45
1.11 »Gelbe Gewerkschaften« 46
1.12 Arbeitgeberverbände 47

2. Aufgaben der Gewerkschaften 50
2.1 Schutz- und Gestaltungsfunktion auf drei Ebenen 50
2.2. Gute Arbeit für alle! 53
2.3 Das »doppelte K«: Konflikt und Kooperation 55
2.4 Der Deutsche Gewerkschaftsbund und seine Einzelgewerkschaften 57
2.5 Der 1. Mai 58
2.6 Internationale Gewerkschaftsarbeit 60

3. Sieben Elemente des Arbeitsverhältnisses 62
3.1 Arbeitsentgelt 63
3.2 Arbeitszeit 64
3.3 Arbeitspensum (Leistung) 65
3.4 Rechtlicher Charakter des Arbeitsverhältnisses 66
3.5 Arbeitsbedingungen 67
3.6 Qualifizierung 67
3.7 Mitbestimmung und Beteiligung 68

4. Wettbewerbfähigkeit und Beschäftigungssicherung ... 69
4.1 Wettbewerbfähigkeit von Betrieben ... 69
4.2 Produktivität und Beschäftigungssicherung ... 71
4.3 »Besser statt billiger« – Innovation statt Tarifdumping ... 73

5. Mitbestimmung ... 76
5.1 Grundgedanke der Mitbestimmung ... 76
5.2 Mitbestimmung im Betrieb: Betriebsrat ... 78
    5.2.1 Grundlagen ... 78
    5.2.2 AT-Beschäftigte und leitende Angestellte ... 81
    5.2.3 Betriebsrat und Aufsichtsrat ... 82
5.3 Mitbestimmung im Unternehmen: Aufsichtsrat ... 82
    5.3.1 Stahlindustrie und Bergbau ... 86
    5.3.2 Unternehmen mit mehr als 2000 Beschäftigten ... 87
    5.3.3 Europäische Aktiengesellschaft (SE) ... 92
    5.3.4 Unternehmen mit mehr als 500 Beschäftigten ... 92
    5.3.5 Volkswagen AG ... 93

6. Betriebspolitik ... 94
6.1 Unterschiedliche Bedingungen von Betrieb zu Betrieb ... 94
    6.1.1 Betriebsgröße ... 94
    6.1.2 Struktur der Belegschaften ... 95
    6.1.3 Mobiles Arbeiten ... 97
6.2 Gewerkschaftliche Stärke im Betrieb (GSB-Skala) ... 98
6.3 Leiharbeitsbeschäftigte und Beschäftigte mit Werkverträgen ... 99
6.4 Betriebsräte, Gewerkschaft und Vertrauensleute ... 102
6.5 Beteiligung plus Orientierung gleich Beteiligungsorientierung ... 106
6.6 Gesamtbetriebsrat, Konzernbetriebsrat und Eurobetriebsrat ... 109
    6.6.1 Gesamtbetriebsrat (GBR) ... 109
    6.6.1 Konzernbetriebsrat (KBR) ... 110
    6.1.2 Europäischer Betriebsrat (EBR) ... 111
6.7 Betriebspolitik und Tarifpolitik ... 113

7. Tarifpolitik ... 116
7.1 Grundlagen ... 116
    7.1.1 Tarifautonomie: Grundgesetz und Tarifvertragsgesetz ... 116
    7.1.2 Flächentarifverträge ... 117
    7.1.3 Anerkennungs- und Haustarifverträge ... 121
    7.1.4 Wie verbreitet sind Tarifverträge? (Tarifbindung) ... 123
    7.1.5 Geltungsbereich und Laufzeit von Tarifverträgen ... 124
    7.1.6 Welche Arten von Tarifverträgen gibt es? ... 125
    7.1.7 Was wird in Tarifverträgen und was in Betriebsvereinbarungen geregelt? ... 127

	7.1.8	Betriebliche Ergänzungstarifverträge	128
	7.1.9	Was wird im Tarifvertrag und was im Gesetz geregelt?	130
7.2	Tarifrunden		133
	7.2.1	Entgeltforderungen und qualitative Forderungen	134
	7.2.2	Aufstellung von Tarifforderungen	135
	7.2.3	Tarifverhandlungen	139
	7.2.4	Warnstreiks	140
	7.2.5	Tarifergebnis und die Umsetzung im Betrieb	142
	7.2.6	Urabstimmung, Streik und Aussperrung	145
7.3	Spezielle Themen		152
	7.3.1	Prozentuale Erhöhung oder Festbetrag?	152
	7.3.2	Tariflicher Bonus für Gewerkschaftsmitglieder?	154
	7.3.3	Tarifverträge für Leiharbeitsbeschäftigte	155
	7.3.4	Ein Betrieb – eine Gewerkschaft – ein Tarifvertrag	158
	7.3.5	Allgemeinverbindliche Tarifverträge	159

8. Gesellschaftspolitik 161

8.1.	Ein gutes Leben und gute Arbeit für alle!		161
8.2	Ausgewählte Gesetze für die Arbeitswelt		163
8.3	Steuer- und Verteilungspolitik		164
	8.3.1	Verteilung von Einkommen und Vermögen	165
	8.3.2	Steuerpolitik	171
8.4	Gleichstellung von Frauen und Männern		176
8.5	Einheitliche Arbeitsbedingungen in West und Ost		182
8.6	Ökologischer Umbau und Arbeitsplätze		184
8.7	Wirtschaftspolitik		185
	8.7.1	Volkswirtschaft	185
	8.7.2	Industrie	187
	8.7.3	Dienstleistung	188
	8.7.4	Handwerk	188
8.8	Alternde Gesellschaft und Fachkräfteentwicklung		190
	8.8.1	Altersstruktur der Bevölkerung, der Erwerbstätigen und der Belegschaften	190
	8.8.2	Fachkräfteentwicklung	191
8.9	Industrie 4.0 = Arbeit 4.0?		192
	8.9.1	Industrie 4.0, Digitalisierung der Arbeitswelt und das »Internet der Dinge«	192
	8.9.2	Auswirkungen auf die Zahl der Arbeitsplätze	194
	8.9.3	Arbeit 4.0?	194
8.10	Zukunft der Arbeit: Kommission des DGB		199
8.11	Gute Bildung für alle!		199
8.12	Gemeinsam für Demokratie, Frieden und Menschenrechte		201
8.13	Wirtschaftsdemokratie oder soziale Marktwirtschaft?		208
8.14	Generalstreik?		210

9. Sozialstaat und Sozialpolitik ... 212

9.1 Das Prinzip des Sozialstaates ... 212
    9.1.1 Sozialpolitik ... 212
    9.1.2 Finanzierung des Sozialstaats ... 213
    9.1.3 Das Prinzip der solidarischen Finanzierung ... 215
    9.1.4 Sozialwahlen ... 217
9.2 Rentenversicherung ... 218
    9.2.1 Altersrente: Rentenzugangsalter ... 218
    9.2.2 Altersrente: Rentenniveau ... 219
    9.2.3 Private Vorsorge als Alternative? ... 220
    9.2.4 Junge gegen Alte? ... 222
9.3 Kranken- und Pflegeversicherung ... 224
9.4 Arbeitslosenversicherung ... 225
    9.4.1 Arbeitslosengeld I ... 227
    9.4.2 Arbeitslosengeld II (»Hartz IV«) ... 228
    9.4.3 Kurzarbeitergeld ... 229
    9.4.4 Transfer-Kurzarbeitergeld ... 230
    9.4.5 Insolvenzgeld ... 230
    9.4.6 Gewerkschaftliche Forderungen ... 230
9.5 Grundsicherung (Sozialhilfe) ... 231
9.6 Unfallversicherung ... 232
9.7 Sackgasse: bedingungsloses Grundeinkommen ... 233

10. Gewerkschaftsjugend ... 235

10.1 Auszubildende (»Azubis«) und junge Beschäftigte ... 236
10.2 Tarifliche Regelungen für Auszubildende (»Azubis«) ... 238
10.3 Das Berufsbildungsgesetz ... 239
10.4 Dual Studierende (»Dualis«) ... 241
10.5 Jugend- und Auszubildendenvertretung (JAV) ... 241
10.6 Studierende (»Studis«) und Schüler*innen ... 242
10.7 Praktikant*innen, Diplomanden, Doktoranden und Ferienbeschäftigte ... 243
10.8 Aktionen und Kampagnen der Gewerkschaftsjugend ... 243
10.9 Gemeinsam gegen junge und alte Nazis ... 244
10.10 Jugendbildungsarbeit ... 245

11. Strukturen der IG Metall ... 247

11.1 Aufbau und Gremien ... 247
    11.1.1 Regionale Geschäftsstellen ... 248
    11.1.2 Bezirksleitungen ... 250
    11.1.3 Vorstand ... 250
    11.1.4 Gewerkschaftstag ... 251
    11.1.5 Beirat ... 251

	11.1.6 Kontrollausschuss	252
	11.1.7 Beteiligung von Frauen	252
	11.1.8 Ehrenamtlich und hauptamtlich Aktive	252
11.2	Wie fallen Entscheidungen?	252
	11.2.1 Entscheidung innerhalb der drei Ebenen der IG Metall	252
	11.2.2 Antragsrecht der Geschäftsstellen	253
	11.2.3 Beschlussfassung auf dem Gewerkschaftstag der IG Metall	253
11.3	Finanzen	254
	11.3.1 Einnahmen und Gewerkschaftsbeiträge	254
	11.3.2 Verwendung der Mitgliedsbeiträge	254
	11.3.3 Leistungen der IG Metall für ihre Mitglieder	256
11.4	Bildungsarbeit der IG Metall	256
11.5	Spezielle Mitgliedergruppen, Ausschüsse und Arbeitskreise	257

Teil 2: Praxis im Betrieb

12. Aktive Interessenvertretung im Betrieb ... 260

12.1 Unterschiedliche Bedingungen in den Betrieben ... 260
12.2 Betriebsrat, Gewerkschaft, Vertrauensleute und Belegschaft ... 262
12.3 Klein- und Kleinstbetriebe ... 263
12.4 Großbetriebe und große Konzerne ... 265
12.5 Gewerkschaftliche Bildungsarbeit ... 266

13. Betriebsrat ... 269

13.1 Zehn positive Erfahrungen für die Arbeit des Betriebsrats ... 269
    13.1.1 Betriebsrat als konsequenter Interessenvertreter ... 270
    13.1.2 Betriebsratsarbeit als Teil der Gewerkschaftsarbeit ... 271
    13.1.3 Betriebsrat und Unternehmer »auf Augenhöhe« ... 272
    13.1.4 Agieren und nicht nur reagieren ... 273
    13.1.5 Konflikt- und Kompromissfähigkeit ... 274
    13.1.6 Rechtliche Möglichkeiten voll ausschöpfen ... 275
    13.1.7 Betriebsrat, Vertrauensleute, Belegschaft ... 276
    13.1.8 Orientierung und Beteiligung ... 276
    13.1.9 Vernetzung mit anderen Betriebsräten ... 277
    13.1.10 Gemeinsames Auftreten aller Betriebsratsmitglieder ... 278
13.2 Rechte des Betriebsrats ... 279
    13.2.1 Überwachungsrechte ... 279
    13.2.2 Informationsrechte ... 280
    13.2.3 Beratungsrechte ... 281
    13.2.4 Mitbestimmungsrechte ... 281
13.3 Betriebsrat und Unternehmensleitung ... 284
    13.3.1 Regelmäßige Gespräche mit der Unternehmensleitung ... 284

    13.3.2 Distanz und Nähe von Betriebsrat und Unternehmensführung 284
    13.3.3 Vier- oder Achtaugengespräche? 286
    13.3.4 Geheimhaltungspflicht? 287
    13.3.5 Verhandlungen, Kompromisse und Betriebsvereinbarungen 288
13.4 Organisation der Betriebsratsarbeit 291
    13.4.1 Betriebsratsvorsitzende, freigestellte Betriebsratsmitglieder
           und Betriebsausschuss 291
    13.4.2 Wirtschaftsausschuss 292
    13.4.3 Verantwortlichkeiten und weitere Ausschüsse 293
    13.4.4 Vorbereitung, Einladung und Leitung von Betriebsratssitzungen 294
    13.4.5 Zusammenarbeit des Betriebsrats mit anderen Gremien
           im Betrieb 295
    13.4.6 Zusammenarbeit des Betriebsrats mit den
           Arbeitnehmervertreter*innen im Aufsichtsrat 296
13.5 Betriebsversammlungen und Abteilungsversammlungen 297
13.6 Betriebsratswahlen 302
13.7 Spezielle Themen 305
    13.7.1 Einigungsstelle und tarifliche Schlichtungsstelle 305
    13.7.2 Klagen beim Arbeitsgericht 308
    13.7.3 Gesamt- und Konzernbetriebsrat 309
    13.7.4 Nachwuchsplanung und Nachfolgeplanung 311
    13.7.5 Interner Streit im Betriebsrat 312
    13.7.6 Bezahlung von Betriebsratsmitgliedern 313
    13.7.7 Zusammenarbeit mit Beratern und Rechtsanwälten 314

14. Vertrauensleute 316

14.1 Warum gewerkschaftliche Vertrauensleute? 316
14.2 Wahl 317
14.3 Aufgaben 317
14.4 Freiräume und Handlungsmöglichkeiten 320
14.5 Leitungsgremien der Vertrauensleute (VKL) 323
14.6 Bildungsarbeit 324
14.7 Tarifvertrag für Vertrauensleute? 324

15. Gewerkschaftsjugend im Betrieb 325

15.1 Junge Mitglieder im Betrieb 325
15.2 Jugend- und Auszubildendenvertretung (JAV) 325
15.3 Berufsausbildung 327
    15.3.1 Zahl der Ausbildungsplätze 327
    15.3.2 Qualität der Ausbildung 328
    15.3.3 Bewerber*innenauswahl 329
    15.3.4 Übernahme nach der Ausbildung 329
    15.3.5 Einstiegsqualifizierung 330
15.4 Tarifverträge für Auszubildende 331

15.5 Ausbildungsvergütung in tariflosen Betrieben 332
15.6 Ansprache beim Ausbildungsstart, während der Ausbildung
     und am Ausbildungsende 332
15.7 Praktikant*innen, Werkstudenten, Doktoranden und Ferienbeschäftigte 333

16. Mitgliederwerbung 334
16.1 Je mehr Mitglieder, desto einflussreicher 334
16.2 Systematische Mitgliedergewinnung im Betrieb 335
16.3 Gesprächsführung bei der Mitgliedergewinnung 338
16.4 Umgang mit Austritten 340

17. Gewerkschaftliche Erschließung von Betrieben (Organizing) 341
17.1 Erstmalige Wahl eines Betriebsrats 341
17.2 Organizing 345
17.3 Erstmalige Wahl von Vertrauensleuten 347
17.4 Vom tariflosen Betrieb zur Tarifbindung 347

18. Regelmäßige Handlungsfelder im Betrieb 352
18.1 Entgelt 352
18.2 Arbeitszeit 356
18.3 Arbeitspensum (Leistung) 360
18.4 Rechtlicher Charakter des Arbeitsverhältnisses 362
18.5 Kündigungen und Einstellungen 369
18.6 Arbeits- und Gesundheitsschutz 373
18.7 Gleichstellung von Frauen und Männern 375
18.8 Integration von behinderten Menschen 377
18.9 Betriebliches Eingliederungsmanagement (BEM) 378
18.10 Berufliche Weiterbildung und Bildungsteilzeit 379
18.11 Altersteilzeit und Altersübergang 380
18.12 Technologische Umbrüche und Arbeitsorganisation (Industrie 4.0) 382
18.13 Datenschutz und Regelung von IT-Systemen 385
18.14 Betriebliche Altersversorgung (bAV) 387
18.15 Betriebliche Erfolgsbeteiligung 391

19. Massenentlassungen und Beschäftigungssicherung 392
19.1 Verhinderung und Begrenzung von Massenentlassungen 394
19.2 Zeit gewinnen: Arbeitszeitkonten abbauen 395
19.3 Zeit gewinnen: Kurzarbeit 395
19.4 Zeit gewinnen: Verringerung der Arbeitszeit 395
19.5 Arbeitsplatzabbau ohne betriebsbedingte Kündigungen 396
19.6 Angebot von Abfindungen und »freiwillige« Aufhebungsverträge 396
19.7 Interessenausgleich und Sozialplan 398
19.8 Transfergesellschaften 402
19.9 »Sozialtarifverträge« bei geplanten Standortschließungen 404

20. Außergewöhnliche Handlungsfelder im Betrieb 406
20.1 Insolvenz 406
20.2 Der Betrieb wird verkauft 409
20.3 Austritt aus dem Arbeitgeberverband 412

21. Tarifpolitik und Gesellschaftspolitik im Betrieb 415
21.1 Tarifpolitik im Betrieb 415
    21.1.1 Tarifrunden 415
    21.1.2 Umsetzung von Flächentarifverträgen 416
    21.1.3 Betriebliche Ergänzungstarifverträge 417
    21.1.4 Anerkennungs- und Haustarifverträge 418
21.2 Gesellschaftspolitik im Betrieb 419
    21.2.1 Diskussion von politischen Themen 419
    21.2.2 Parteipolitik im Betrieb? 419
    21.2.3 Aktivitäten bei politischen Konflikten 420
    21.2.4 Aktiv gegen rechts! 420

22. Kommunikation, Beteiligung und gemeinsames Handeln 422
22.1 Kommunikation mit der Belegschaft 422
    22.1.1 Gespräche und Versammlungen 422
    22.1.2 Beschäftigte mit und ohne E-Mail-Adresse 423
    22.1.3 Betriebliche Flugblätter, Flyer und Betriebszeitungen 424
    22.1.4 E-Mail und Intranet 424
    22.1.5 WhatsApp und andere Medien 425
22.2 Prinzipien des gemeinsamen Handelns: Acht-Schritte-Methode 426
    22.2.1 Bestandsaufnahme und Analyse des Problems 427
    22.2.2 Ziele formulieren 429
    22.2.3 Handlungsbedingungen prüfen 429
    22.2.4 Kräfteverhältnis einschätzen 430
    22.2.5 Vertrauensleute und Belegschaft beteiligen 430
    22.2.6 Forderungen aufstellen 431
    22.2.7 Vorgehensweise festlegen 431
    22.2.8 Verhandlungen und Aktivitäten 432

Anhänge

Das Kauderwelsch der Manager 436
Literatur- und Internethinweise 439
Danksagungen 441

Vorwort

Dieses Handbuch richtet sich an Betriebsratsmitglieder, gewerkschaftliche Vertrauensleute, Aktive in der Gewerkschaft und an Jugend- und Auszubildenden-Vertreter*innen (JAV). Insbesondere richtet es sich an neugewählte Kolleginnen und Kollegen. Es soll ihnen eine praktische Hilfe für ihre Arbeit vor Ort sein. Das Handbuch kann, muss aber nicht »von vorne bis hinten« gelesen werden. Es besteht aus zwei Teilen mit jeweils elf Kapiteln: Teil 1: »Grundlagen« und Teil 2: »Praxis im Betrieb«. Durch die klare Gliederung finden sich schnell die Themen, die gerade interessant und wichtig sind. Das Handbuch soll mehr sein als eine Sammlung von Informationen aus Google oder Wikipedia. Es wird versucht, die einzelnen Themen in einen Gesamtzusammenhang einzuordnen und so etwas wie »Zusammenhangswissen« zu vermitteln. Dazu finden sich an vielen Stellen im Buch Querverweise auf andere Kapitel. Das Handbuch kann die Seminare zur *gewerkschaftlichen Grundlagenbildung* nicht ersetzen, sie aber möglicherweise als Begleitbuch ergänzen.

Das Buch richtet sich an Kolleginnen und Kollegen aus allen DGB-Gewerkschaften. An vielen Stellen werden jedoch Beispiele aus der IG Metall herangezogen. Dies liegt einerseits an meinem Erfahrungshorizont, aber auch daran, dass es nicht möglich ist, auf die Besonderheiten jeder der acht DGB-Gewerkschaften einzugehen. Deshalb wird für die starke Fokussierung auf die IG Metall um Verständnis gebeten.

Dies ist ein Buch für Praktikerinnen und Praktiker. Auf eine exakte wissenschaftliche Zitierweise wurde verzichtet. Viele Argumente und Darstellungen sind aus verschiedenen Materialien der gewerkschaftlichen Bildungsarbeit entnommen, deren Urheberschaft nicht mehr nachvollziehbar ist. Wenn längere Passagen von anderen Autor*innen übernommen wurden, wird darauf hingewiesen. Und es handelt sich nicht um einen juristischen Kommentar zum Betriebsverfassungsgesetz. Die Arbeit von Betriebsräten wird vielmehr als Teil einer aktiven Gewerkschaftsarbeit im Betrieb begriffen und dargestellt. Im Unterschied zu vielen Kommentaren zum Betriebsverfassungsgesetz wird hier auch auf Themen wie Mitgliederwerbung durch Betriebsratsmitglieder, die Zusammenarbeit von Betriebsräten, Vertrauensleuten und der Gewerkschaft sowie auf die Aufgaben von Betriebsratsmitgliedern während einer Tarifrunde eingegangen.

Viele Aspekte der Gewerkschaften sind nur geschichtlich zu erklären. Dennoch wurde bei den einzelnen Themen die geschichtliche Betrachtung bewusst nicht an den Anfang gestellt, sondern die Prinzipien werden aus der heutigen Zeit heraus entwickelt. Bei mehreren Themen wird anschließend der geschichtliche Hintergrund erläutert.

Viele Kolleginnen und Kollegen haben bei der Erstellung des Buches mitgewirkt und wertvolle Hinweise beigesteuert, wofür ich ihnen herzlich danke. Ihre Namen sind am Ende des Buches aufgeführt. Alle Leserinnen und Leser möchte ich einladen, *Anmerkungen und Kritik* zu äußern, *Verbesserungsvorschläge* für eine mögliche 2. Auflage zu machen und mir dazu unkompliziert zu mailen: *gewerkschaftshandbuch@t-online.de*.

# Teil 1: Grundlagen

1. Warum Gewerkschaften?

1.1 Konflikte im Betrieb und in der Arbeitswelt

Betriebe sind weder Orte der andauernden Harmonie noch des ständigen Streits. Was davon überwiegt, ist einerseits von Betrieb zu Betrieb unterschiedlich, andererseits gibt es zeitliche Phasen der »relativen Ruhe« und Phasen mit harten Konflikten zwischen der Unternehmensleitung und den Beschäftigten bzw. ihren Interessenvertretern. Häufig existieren auch Konflikte über mehrere Jahre, deren Lösung sich immer wieder verzögert. Dies ist in der täglichen betrieblichen Situation nicht immer sichtbar.

Zunächst zu den unterschiedlichen betrieblichen Realitäten:

- In vielen Betrieben ist ein Großteil der Beschäftigten Mitglied der Gewerkschaft, es existiert ein aktiver Betriebsrat, und häufig arbeiten gewerkschaftliche Vertrauensleute aktiv im Betrieb. Mit der Unternehmensleitung bzw. der Personalabteilung werden zu einzelnen Themen Verhandlungen geführt und einzelne Konflikte ausgetragen – zu Themen wie Arbeitszeitregelungen, Eingruppierungsfragen, Umstrukturierungen usw. Während der Tarifrunden, bei Aktionen und Warnstreiks, »wird das Klima rauer«. Hier sind die Konflikte und die gegensätzlichen Interessen zwischen Unternehmern und Beschäftigten unmittelbar sichtbar. Ist der Tarifkonflikt gelöst, tritt im Rahmen der tariflichen Friedenspflicht wieder eine Phase der »relativen Ruhe« ein.

  Diese Situation einer »geregelten Konfliktaustragung« kann plötzlich gestört werden, wenn die Unternehmensleitungen grundsätzliche Konflikte beginnen, wie z.B. Umstrukturierungen, Arbeitsplatzabbau, Massenentlassungen, Austritt aus dem Arbeitgeberverband und Unterlaufen des Flächentarifvertrages oder den Verkauf des Unternehmens z.B. an einen Hedge-Fonds. Viele Beschäftigten sind dann überrascht und schockiert. Etliche sagen dann: Das haben wir nicht für möglich gehalten, dass »unsere« Unternehmensleitung so reagiert.

- In anderen Betrieben kann es ganz anders aussehen. Konflikte treten gar nicht oder nur sehr selten zutage, frei nach dem Motto »schöne, heile Arbeitswelt«. Diese Situation kann verschiedene Ursachen haben. Es gibt Betriebe, deren wirtschaftliche Situation so gut ist, dass sie es sich leisten können, gute Entgelte zu zahlen und gute Arbeitsbedingungen zu bieten. In wenigen dieser Betriebe wird freiwillig mehr als der Flächentarifvertrag gezahlt.

- In Betrieben, die nicht tarifgebunden sind, liegen die Entgelte unter dem Niveau des Flächentarifvertrages, die wöchentliche Arbeitszeit ist deutlich höher und nur wenige Beschäftigte sind Mitglied in der Gewerkschaft. Gleichzeitig tritt die Unternehmensleitung gegenüber den Beschäftigten »partnerschaftlich« auf und versucht sie dazu zu bringen, sich stark mit dem Unternehmen zu identifizieren. Es existiert gar kein oder nur ein sehr schwacher Betriebsrat, der diese Situation akzeptiert oder

als nicht veränderbar ansieht. Warnstreiks oder ähnliche Aktionen haben dort über viele Jahre nicht stattgefunden. Derartige Situationen finden sich häufig in neu gegründeten Betrieben, in denen noch keine gewerkschaftlichen Strukturen aufgebaut werden konnten. Beispiele finden sich bei einigen Windanlagenherstellern, bei Ingenieurdienstleistern sowie in IT- bzw. Softwarebetrieben.
- Es gibt auch das genaue Gegenteil: Große und harte Konflikte sind an der Tagesordnung. Mehrheitlich fährt die Unternehmensleitung einen harten Konfliktkurs gegenüber der Belegschaft. Die Gegenwehr der Beschäftigten wird versucht zu unterdrücken, die Wahl von Betriebsräten wird versucht zu verhindern und da, wo dies nicht gelingt, wird der Betriebsrat in seiner Arbeit massiv behindert und unter Druck gesetzt. Es gibt auch Fälle, in denen unternehmensnahe Listen bei der Betriebsratswahl unterstützt werden. Teilweise wird mit aggressiven Rechtsanwaltsbüros durch zweifelhafte Maßnahmen versucht, aktiven Interessenvertretern und Betriebsratsmitgliedern zu kündigen oder sie mit hohen Geldsummen zum Ausscheiden aus dem Unternehmen zu drängen.

> Die von Betrieb zu Betrieb unterschiedlichen Bedingungen gilt es zu berücksichtigen, wenn über Gewerkschaften, Betriebsräte und Vertrauensleute gesprochen wird. Patentrezepte für das gewerkschaftliche Handeln gibt es nicht, aber einige Prinzipien, an denen sich die gewerkschaftlichen Interessenvertreter im Betrieb orientieren können.

Ähnlich sieht es in der Gesellschaftspolitik bei Themen aus der *Arbeitswelt* aus. Auch dort gibt es Unterschiede zwischen den einzelnen Branchen und Phasen der »relativen Ruhe« oder der harten Konfliktaustragung. Die Resonanz in den Medien ist entsprechend. Mal kommen Themen der »Arbeitswelt« überhaupt nicht vor, dann wird über bestimmte Konfliktthemen täglich im Netz, im Fernsehen und in den Zeitungen berichtet. In der jüngeren Geschichte der Bundesrepublik gibt es dafür zahlreiche Beispiele:
- In den 1970er Jahren gelang es den Gewerkschaften in der Reform-Ära der SPD-FDP-Regierungen, zahlreiche Gesetze zugunsten der Beschäftigten durchzusetzen. Dies geschah gegen den heftigen Widerstand der Unternehmer und der Arbeitgeberverbände. Beispiele: Verbesserung des Betriebsverfassungsgesetzes und der Arbeitsschutzgesetze. Im Jahre 1976 wurde das »Mitbestimmungsgesetz 76« verabschiedet, das die paritätische Mitbestimmung der Beschäftigten in den Aufsichtsräten von Betrieben mit mehr als 2.000 Beschäftigten regelt. Trotz zahlreicher aufweichender Regelungen wurde das Gesetz von den Arbeitgeberverbänden massiv bekämpft. Sie versuchten dieses Gesetz sogar mit einer Klage vor dem Bundesverfassungsgericht für verfassungswidrig erklären zu lassen – was allerdings misslang.
- In den 1980er und 1990er Jahren setzten die CDU/CSU-FDP-Regierungen zahlreiche Verschlechterungen in den Sozialgesetzen durch und betrieben einen massiven Sozialabbau. Durch eine Veränderung des »Streikparagrafen« im Arbeitsförderungsgesetz wurden die Streikmöglichkeiten der Gewerkschaften, insbesondere

der IG Metall, stark eingeschränkt. Der größte gesellschaftspolitische Konflikt entstand, als die Kohl-Regierung zusammen mit den Arbeitgeberverbänden versuchte, die Lohnfortzahlung im Krankheitsfall massiv einzuschränken. Dagegen gab es zahlreiche Proteste in den Betrieben und eine Großdemonstration in der damaligen Bundeshauptstadt Bonn. Das Entgeltfortzahlungsgesetz wurde deutlich verschlechtert, kam aber nie zur Anwendung, da tarifliche Regelungen zur Entgeltfortzahlung bestanden und Belegschaften der Großbetriebe massive Protestaktionen durchführten. Im Pilotabschluss der niedersächsischen Metallindustrie konnte die tarifliche Regelung zur Entgeltfortzahlung im Krankheitsfall neu und »wasserdicht« vereinbart werden, was dann bundesweit übernommen wurde. Die Verschlechterungen des Entgeltfortzahlungsgesetzes wurden erst zu Beginn der rot-grünen Regierung im Jahr 1998 wieder rückgängig gemacht.

- In der Endphase der rot-grünen Koalition und in der ersten CDU/CSU-SPD-Koalition kam es zu massiven Verschlechterungen im Rentenrecht (Absenkung des Rentenniveaus, Heraufsetzung des Rentenalters auf 67 Jahre) sowie im Sozialbereich durch die Agenda 2010. Verschlechterungen beim Arbeitslosengeld (»Hartz IV«), die Ausweitung der Leiharbeit und des Niedriglohnsektors waren die unmittelbaren Folgen. Die Gewerkschaften organisierten dazu Widerstand mit zahlreichen Großdemonstrationen in ganz Deutschland.

- In der zweiten CDU/CSU-SPD-Koalition gelang es aufgrund des Drucks der Gewerkschaften, einige dieser Regelungen wieder rückgängig zu machen, wie z.B. die bessere Regulierung der Leiharbeit. Darüber hinaus konnten erstmals ein gesetzlicher Mindestlohn und Verbesserungen im Rentenrecht durchgesetzt werden.

> Die betrieblichen, tariflichen und die gesellschaftlichen Beispiele zeigen die Konflikte zwischen Unternehmern und Beschäftigten bzw. ihren Gewerkschaften. Ohne die langjährigen Aktivitäten der Gewerkschaften wären die heutigen Bedingungen in den Betrieben und in der Arbeitswelt nicht durchsetzbar gewesen: akzeptable Entgelte, 30 Tage Urlaub, die 35- bzw. 38-Stunden-Woche, Entgeltfortzahlung im Krankheitsfall, Urlaubs- und Weihnachtsgeld usw. Vieles von dem, was heute als selbstverständlich angesehen wird, musste den Unternehmern abgerungen und somit von den Gewerkschafter*innen erkämpft und verteidigt werden.

Wenn in diesem Zusammenhang von »*den Unternehmern*« gesprochen wird, ist dies eine sprachliche Vereinfachung für verschiedene *Eigentumsverhältnisse*. Als »*Unternehmer*« werden alle Personen und Institutionen verstanden, die Kapital in Betriebe zur Gewinnerzielung investieren. In Kapitalgesellschaften überlassen die Kapitaleigner die Leitung der Unternehmen von ihnen bezahlten Managern – in einer Aktiengesellschaft sind dies die Vorstandsmitglieder, in einer GmbH die Geschäftsführer*innen. Diese werden in diesem Handbuch als »Unternehmensleitungen« bezeichnet. Im einzelnen Betrieb können Werkleiter diese Leitungsrolle übernehmen. Vereinfacht gesprochen können »Unternehmer« die folgenden Personen bzw. Institutionen sein:

- *Privatpersonen:* Diese finden sich überwiegend in Klein- und Mittelbetrieben, aber auch in einigen Großunternehmen, wie z.B. die Familien Quandt und Klatten bei der BMW AG, die Familien Porsche und Piëch bei der Volkswagen AG und die Familie Schaeffler bei der Schaeffler AG und der Continental AG. Die Zeitschrift »Manager Magazin« veröffentlicht jährlich im Herbst eine Auflistung der 500 reichsten deutschen Familien (vgl. Kapitel 8.3.1).
- *Aktionäre:* Dies können entweder Kleinaktionäre sein, die über wenige Aktien eines Unternehmens verfügen, oder aber Großaktionäre, die große Aktienpakete von Unternehmen besitzen. Dies sind entweder Privatpersonen, Unternehmen oder Finanzfonds.
- *Finanzfonds:* Dies können Vermögensverwalter wie das amerikanische Unternehmen BlackRock sein, Pensionskassen wie CalPers, sogenannte Private-Equity-Unternehmen wie Blackstone oder Hedgefonds wie Soros Fund Management.
- *Staatsfonds und staatliche Beteiligungen:* In Deutschland gibt es staatliche Beteiligungen an zahlreichen Unternehmen, wie z.B. bei der Bahn AG, der Telekom AG, der Volkswagen AG und der Salzgitter AG. Viele Länder mit hohen Einnahmen aus der Öl- und Gasförderung haben ihr Kapital in Staatsfonds gebündelt, so z.B. Norges Invest aus Norwegen sowie zahlreiche Staatsfonds aus den Golfstaaten wie die Qatar Investment Authority.
- *Stiftungen:* In Deutschland befinden sich einige große Konzerne im Besitz von Stiftungen, so z.B. die Robert Bosch GmbH und die ZF AG aus Friedrichshafen.

> Personen bzw. Institutionen, die unternehmerisch tätig sind, eint die Tatsache, dass sie ihr Kapital mit dem Ziel investieren, eine möglichst hohe Rendite zu erzielen. Die Rendite ist das Verhältnis vom erzielten Gewinn zum eingesetzten Kapital. Sie wird auch Profitrate oder auf Englisch ROCE (return on capital employed) genannt.

1.2 Gegensätzliche Interessen von Beschäftigten und Unternehmern

»Wenn es dem Betrieb gut geht, geht es auch den Beschäftigten gut« – so kann man es oft auf Betriebsversammlungen vom Personalchef hören. Diese Aussage ist trickreich. Auf den ersten Blick scheint sie zu stimmen. Bei weiterem Nachdenken fühlt man sich aufs Glatteis geführt.

Selbstverständlich ist eine Situation, bei der die Auftragslage und die wirtschaftliche Situation im Betrieb stabil sind, auch für die Beschäftigten günstiger als eine Situation mit schlechter Auftragslage und Kurzarbeit oder gar eine Situation kurz vor der Insolvenz des Unternehmens.

Auf der anderen Seite verstellt die Aussage den Blick auf die unterschiedlichen Interessen der Unternehmer und der Beschäftigten. Den Beschäftigten wird nahegelegt, dass sie sich – quasi im eigenen Interesse – dafür einsetzen sollen, dass es »dem Betrieb gut geht«. Es wird versucht, den Beschäftigten nahezulegen, dass Unternehmer und Beschäftigte dieselben Interessen hätten, damit es dem Betrieb und den Beschäftigten gut geht. So soll beispielsweise den Beschäftigten in Tarifrunden nahegelegt werden, auf hohe Entgeltforderungen zu verzichten, weil diese die wirtschaftliche Situation des Betriebes beeinträchtigen könnten. Höhere Entgelte führen letztlich zu niedrigeren Gewinnen für die Unternehmer. Aber aufgrund von Tariferhöhungen ist noch kein Unternehmen in eine Schieflage geraten. Höhere Entgelte oder höhere Gewinne, das ist – vereinfacht gesagt – die Fragestellung, bei der die gegensätzlichen Interessen deutlich werden (vgl. Übersicht 1-1).

Konflikte im Betrieb und in der Gesellschaft sind letztlich auf die unterschiedlichen Interessen von Unternehmern und Beschäftigten zurückzuführen. Dieser Interessengegensatz ist nicht auf subjektive Verhaltenseigenschaften der Unternehmer zurückzuführen, sondern liegt in den objektiven Bedingungen einer kapitalistischen Marktwirtschaft. Die gegensätzlichen Interessen sind nicht immer in der betrieblichen Wirklichkeit präsent, sondern vor allem in Konfliktsituationen zu einzelnen Themen greifbar.

Übersicht 1-1: Interessengegensatz zwischen Beschäftigten und Unternehmern

Interessen der Beschäftigten		Interessen der Unternehmer
Gute Arbeit und ein gutes Leben für alle		möglichst hoher Gewinn und möglichst hohe Rendite

Alle Unternehmer versuchen, in jedem Jahr einen möglichst hohen Gewinn zu realisieren, um damit eine möglichst hohe Rendite auf ihr eingesetztes Kapital zu erzielen. Dabei kommt es aus Sicht der Beschäftigten darauf an, möglichst viele finanzielle Mittel für Investitionen und Innovationen im Betrieb zu halten. Das heißt: Der Großteil der Gewinne soll wieder im Betrieb eingesetzt und nicht an Gesellschafter und Aktionäre ausgeschüttet werden. Dabei drängen in Aktiengesellschaften die Großaktionäre und die Vertreter der Kleinaktionäre auf eine möglichst hohe Ausschüttungsquote des erzielten Überschusses in Form von Dividenden. In Gesellschaften mit beschränkter Haftung (GmbH) können einzelne Gesellschafter ähnliche Ziele verfolgen, z.B. einzelne Familienangehörige in »Familiengesellschaften«.

Einzelne Finanzinvestoren geben sich nicht mit einer »branchenüblichen Rendite« zufrieden, sondern versuchen, darüber hinaus Gewinne zu erzielen. So bedrängen im Jahr 2018 beispielsweise bei Siemens und ThyssenKrupp Fonds und Finanzinvestoren den Vorstand, den Konzern aufzuteilen, da die einzelnen Konzernteile getrennt betrachtet, einen höheren Börsenwert hätten als der gesamte Konzern. Durch den Verkauf der einzelnen Konzernteile ließen sich höhere Renditen erzielen.

Die gegensätzlichen Interessen zwischen Beschäftigten und Unternehmern lassen sich an einzelnen Aspekten des Arbeitsverhältnisses verdeutlichen (vgl. Übersicht 1-2). Sie sind nicht immer im Betrieb sichtbar, da sich häufig eine Art »Kräfte-Gleichgewicht« eingepegelt hat. Immer dann, wenn eine Seite beginnt, die gewachsenen Konstellationen infrage zu stellen, werden die gegensätzlichen Interessen sichtbar. Dies

Übersicht 1-2: Einzelne Aspekte des Interessengegensatzes

Interessen der Beschäftigten	Interessen der Unternehmer
Arbeitsverhältnis: Ein unbefristetes Vollzeitarbeitsverhältnis zu guten Tarifbedingungen (bzw. auf Wunsch der einzelnen Beschäftigten ein Teilzeitarbeitsverhältnis). Gute Regelungen zum Kündigungsschutz.	**Arbeitsverhältnis:** Freie Entscheidung über die Gestaltung des Arbeitsverhältnisses, z.B. unbefristete Arbeitsverhältnisse mit geringem Kündigungsschutz für die »Stammbelegschaft« und für relevante Teile der Belegschaft befristete Arbeitsverhältnisse oder Leiharbeit oder Werkverträge.
Entgelt: Möglichst hohes, gleichmäßiges und stabiles Arbeitsentgelt auf der Grundlage von Flächentarifverträgen.	**Entgelt:** Möglichst niedriges Entgelt mit hohen variablen leistungs- und gewinnabhängigen Bestandteilen. Möglichst viele Entgeltbestandteile auf freiwilliger Basis.
Arbeitszeit: Möglichst kurze wöchentliche Arbeitszeit, z.B. 35 Stunden pro Woche. Lage und Verteilung der Arbeitszeit an den Interessen der Beschäftigten orientiert.	**Arbeitszeit:** Möglichst lange Arbeitszeiten, z.B. 40 Stunden und mehr. Freie Verfügbarkeit über die Lage und Verteilung der Arbeitszeit.
Arbeitspensum (Leistung): Ein Arbeitspensum, das von den Beschäftigten für die Dauer eines Arbeitslebens ohne Gesundheitsbeeinträchtigung erbracht werden kann. Ausreichende Personalbesetzung.	**Arbeitspensum (Leistung):** Ein möglichst hohes Arbeitspensum, auch wenn dadurch langfristige Leistungsgrenzen überschritten werden. Knappe Personalbesetzung.
Arbeitsbedingungen: Humane, gesundheitsförderliche Arbeitsbedingungen. Ergonomische Gestaltung der Arbeitsplätze und herausfordernde Arbeitsinhalte.	**Arbeitsbedingungen:** Gestaltung der Arbeitsbedingungen am Prinzip der Kostenminimierung orientiert. Arbeitsinhalte bzw. Arbeitsteilung am Prinzip der höchsten Produktivität orientiert.
Qualifizierung: Möglichkeiten, sich im Verlauf eines Arbeitslebens mehrmals während der Arbeitszeit auf Kosten des Unternehmers weiterzuqualifizieren.	**Qualifizierung:** Begrenzung der Qualifizierungsansprüche auf betriebliche Notwendigkeiten. Darüber hinausgehende Qualifizierung nur außerhalb der Arbeitszeit auf Kosten der Beschäftigten.
Mitbestimmung/Beteiligung: Umfassende Mitbestimmung über gewerkschaftliche Vertrauensleute und Betriebsräte. Mitbestimmung über Unternehmenspolitik durch Arbeitnehmervertreter*innen im Aufsichtsrat. Umfassende Beteiligungsmöglichkeit der Belegschaft bei betrieblichen und arbeitsplatzbezogenen Themen.	**Mitbestimmung/Beteiligung:** Priorität liegt auf der alleinigen unternehmerischen Entscheidungsfreiheit. Möglichst wenig Mitbestimmung, allenfalls nach den zwingenden gesetzlichen Regelungen. Beteiligungsmöglichkeiten der Belegschaft nur im Sinne der Akzeptanzförderung für unternehmerische Entscheidungen.

kann beispielsweise dann geschehen, wenn der Unternehmer Stammarbeitsplätze ausgliedern und durch Werkverträge die Leistungen billiger beziehen will. Andererseits wird beispielsweise bei Forderungen der Interessenvertretung nach einer höheren Personalbemessung sofort von der Unternehmensseite mit den gesteigerten Kosten argumentiert, die die Rendite verringern würden.

Wenn Unternehmer im Betrieb versuchen, Personal abzubauen oder den Leistungsdruck zu erhöhen, tun sie dies, um die Gewinne zu erhöhen. Diese Verhaltensweisen, mit denen viele Betriebsräte und Vertrauensleute es vor Ort zu tun haben, sind nicht auf Charaktereigenschaften des Unternehmers oder seiner Führungskräfte zurückzuführen (»Unser Chef ist ein harter Hund«, oder: »Der Werkleiter ist ein Pfennigfuchser«). Sie sind das Ergebnis einer gewinnorientierten Produktion in einer kapitalistischen Wettbewerbswirtschaft. Ein Unternehmen, das über mehrere Jahre keine Gewinne erzielt, wird am Markt keinen Bestand haben. Aus ihrer Interessenlage müssen Unternehmer Gewinne erzielen, um im Wettbewerb mit anderen inländischen oder ausländischen Konkurrenzunternehmen bestehen zu können. Ein Unternehmer ist »bei Strafe des eigenen Untergangs« in einer kapitalistischen Marktwirtschaft gezwungen, möglichst hohe Gewinne zu erzielen. Für die Betriebsräte, Vertrauensleute und Belegschaften kann dies aber nicht heißen, dass sie diese Interessen der Unternehmer zu ihren eigenen Interessen machen. Die Interessen der Beschäftigten an hohen Entgelten und guten Arbeitsbedingungen stehen häufig im Konflikt mit den Maßnahmen der Unternehmer. Die einzige Möglichkeit, sich in einer kapitalistischen Wettbewerbswirtschaft dieser Logik zu entziehen, ist der Zusammenschluss der Beschäftigten in starken Gewerkschaften, um gemeinsam die Interessen der Beschäftigten gegenüber den Unternehmern durchzusetzen.

Bei Vorschlägen der Unternehmer zur Änderung der Entgelt- und Arbeitsbedingungen oder zur Geschäftsstrategie sind nicht in allen Fällen die gegensätzlichen Interessen sofort sichtbar. Gleiches gilt für Vorschläge der Arbeitgeberverbände oder der politischen Parteien zu Gesetzesänderungen. Bei der Analyse kann eine klassische Fragestellung hilfreich sein, die schon im Lateinischen als »*Cui bono?*« benutzt wurde: »*Wem nützt das?*«

Bei Aussagen, Positionen oder Maßnahmen kann es sinnvoll sein, zu prüfen, wem diese nützen und wer welche Interessen verfolgt. Häufig scheinen manche Vorschläge auf den ersten Blick einleuchtend zu sein, bei näherem Hinsehen wird aber deutlich, dass sie überwiegend den Unternehmern nützen. Dazu finden sich zahlreiche Beispiele. So wurde in Zeiten hoher Arbeitslosigkeit die These vertreten, die Entgelte müssten deutlich sinken, damit die Arbeitslosigkeit gesenkt werden könnte. Auf dieser Grundlage wurde dann u.a. im Rahmen der »Agenda 2010« der rot-grünen Bundesregierung unter Bundeskanzler Gerhard Schröder ein großer Niedriglohnsektor geschaffen, der dazu führte, dass Millionen Menschen keine ausreichenden Entgelte erzielen können, aber gleichzeitig die Einkommen und Vermögen der Unternehmer drastisch gestiegen sind.

Häufig werden Verschlechterungen der Entgelt- und Arbeitsbedingungen oder der Sozialleistungen für die Mehrheit der Bevölkerung von Unternehmern und Politikern vorgeschlagen, obwohl diese davon nicht betroffen sind und selber viel bessere Leistungen erhalten. So wird zum Beispiel eine drastische Senkung des Rentenniveaus von Personen gefordert, deren eigene Altersversorgung um ein Vielfaches höher liegt als die gesetzliche Rente. Dies ist eine Verhaltensweise, auf die schon der deutsche Dichter Heinrich Heine im Jahr 1844 in seinem Gedicht »Deutschland. Ein Wintermärchen« hingewiesen hat:

> »Ich kenne die Weise, ich kenne den Text
> Ich kenn auch die Herren Verfasser;
> Ich weiß, sie tranken heimlich Wein
> und predigten öffentlich Wasser.«
>
> Heinrich Heine, Dichter

Der *Interessengegensatz zwischen Unternehmern und Beschäftigten* ist weitreichender als ein Interessengegensatz zwischen Mietern und Vermietern oder zwischen Supermärkten und Kunden. Denn die gegensätzlichen Interessen in der Arbeitswelt prägen die gesamte Gesellschaft. Deshalb wird auch vom *Grundwiderspruch zwischen Kapital und Arbeit* gesprochen. Dazu erfolgt im nächsten Kapitel ein kurzer Ausflug in die Arbeitswert-Theorie und zur Frage, wer unseren Wohlstand erarbeitet und wer ihn sich aneignet.

1.3 Wer unseren Wohlstand erschafft

Zur Frage, wer unseren Wohlstand erschafft, gibt es eine häufig verbreitete Auffassung, die in etwa wie folgt lautet: Die Unternehmer stellen das Kapital in Form von Maschinen und IT-Systemen sowie Grundstücken und Gebäuden zur Verfügung, und die Beschäftigten bringen ihre Arbeitskraft ein. Beide leisten gemeinsam ihren Beitrag zur Produktion des gesellschaftlichen Wohlstandes und haben dementsprechend Anspruch auf einen Teil des erarbeiteten Wohlstandes – die Unternehmer erhalten den Gewinn und die Beschäftigten das Entgelt. Diese Sichtweise wird auch *Produktionsfaktoren-Theorie* genannt, mit den *drei Produktionsfaktoren Kapital, Boden und Arbeit*. Aus dieser Sichtweise leiten die Unternehmer die Berechtigung ab, Teile der erarbeiteten Werte in Form von Gewinn für sich zu vereinnahmen. Letztlich prägt diese Annahme die Sichtweise der Mehrheit der Politiker und der Wirtschaftswissenschaftler.

Einen gänzlich anderen, kritischen Blickwinkel nimmt die *Arbeitswert-Theorie* ein. Auch hier wird nicht bestritten, dass die Arbeitskraft der Beschäftigten sowie Maschinen, Anlagen und IT-Systeme für den Produktionsprozess von Gütern erforderlich sind. Es wird jedoch hinterfragt, wie die Maschinen und Anlagen, die die Unternehmer besitzen und zur Produktion einsetzen, entstanden sind. Denn die Maschinen im Produktionsprozess sind letztlich ebenfalls das Ergebnis eines vorherigen Produktionsprozesses, bei dem Arbeitskraft und Maschinen eingebracht wurden. Diese Maschinen sind letztlich in dem vorgelagerten Prozess wieder das Ergebnis der menschlichen Arbeitskraft mit anderen Maschinen. Verfolgt man dies für Produktionsanlagen zurück, landet man letztlich bei der Produktion von Erz und Kohle zur Stahlherstellung und anderen Rohstoffen. Bei IT-Systemen und Software ist es offensichtlicher, dass sie das Ergebnis von Programmierarbeit sind. Denkt man dies ganzheitlich über die verschiedenen

Stufen des Produktionsprozesses zu Ende, sind letztlich alle Maschinen und Anlagen, alle IT-Systeme und die Software ausschließlich durch den Faktor Arbeit entstanden. Vereinfacht kann formuliert werden: »*Maschinen sind vergegenständlichte Arbeit*«.

> In der Arbeitswertlehre wird formuliert: Es ist die menschliche Arbeitskraft, und zwar ausschließlich die Arbeitskraft, die die Werte schafft. Dies wird besonders deutlich, wenn in einem Streik die Beschäftigten gemeinsam die Arbeit niederlegen. Damit kommen sämtliche Produktionsprozesse zum Erliegen; es wird deutlich: Ohne den Faktor Arbeit ist keine Wertschöpfung möglich.

Fragen eines lesenden Arbeiters

Wer baute das siebentorige Theben?
In den Büchern stehen die Namen von Königen.
Haben die Könige die Felsbrocken herbeigeschleppt?
Und das mehrmals zerstörte Babylon,
Wer baute es so viele Male auf? In welchen Häusern
Des goldstrahlenden Lima wohnten die Bauleute?
Wohin gingen an dem Abend, wo die chinesische Mauer fertig war,
Die Maurer? Das große Rom
Ist voll von Triumphbögen. Über wen
Triumphierten die Cäsaren? Hatte das vielbesungene Byzanz
Nur Paläste für seine Bewohner? Selbst in dem sagenhaften Atlantis
Brüllten doch in der Nacht, wo das Meer es verschlang,
Die Ersaufenden nach ihren Sklaven.
Der junge Alexander eroberte Indien.
Er allein?
Cäsar schlug die Gallier.
Hatte er nicht wenigstens einen Koch bei sich?
Philipp von Spanien weinte, als seine Flotte
Untergegangen war. Weinte sonst niemand?
Friedrich der Zweite siegte im Siebenjährigen Krieg. Wer
Siegte außer ihm?
Jede Seite ein Sieg.
Wer kochte den Siegesschmaus?
Alle zehn Jahre ein großer Mann.
Wer bezahlte die Spesen?
So viele Berichte,
So viele Fragen.

Bertolt Brecht, Dramatiker

Die Erkenntnisse der Arbeitswertlehre haben weitgehende Konsequenzen bei der Frage, wer berechtigt ist, sich die Ergebnisse des Produktionsprozesses anzueignen. Im Grunde genommen sind es ausschließlich die Beschäftigten, da sie letztlich alle Werte erschaffen, aber nicht die Besitzer von Maschinen, Anlagen und IT-Systemen.

Die Sichtweise der Arbeitswertlehre wird in der gesellschaftlichen und betrieblichen Praxis dadurch überdeckt, dass ausschließlich die Unternehmer über die Produktionsmittel (also die Maschinen, Anlagen und IT-Systeme) verfügen. Die abhängig Beschäftigten besitzen keine Produktionsmittel und sind daher gezwungen, bei einem Unternehmer ihre Arbeitskraft anzubieten und dort gegen Entgelt in den Produktionsprozess einzubringen. Sie verkaufen ihre Arbeitskraft an den Unternehmer, der dafür ein Entgelt bezahlt. Dieses Entgelt ist aber nicht der vollständige Gegenwert für die tatsächlich geleistete Arbeit, sondern nur ein Teil ihres Wertes. Den anderen Teil, den sogenannten *Mehrwert*, eignen sich die Unternehmer an. Aus diesem Blickwinkel lässt sich ein Arbeitstag in bezahlte und unbezahlte Arbeit unterteilen (vgl. dazu Übersicht 1-3). *Der gemeinschaftlich erarbeitete Mehrwert wird privat durch die Unternehmer angeeignet.* Zur Arbeitswertlehre und zur politischen Ökonomie wird auf das Buch »Kapitalismus verstehen« von Ralf Krämer im VSA: Verlag verwiesen.

Übersicht 1-3: Arbeitszeit und Mehrwert

Da die Beschäftigten gegenüber einem mächtigen Unternehmen oder Konzern als Einzelne schwach sind, sind sie häufig »froh und dankbar«, in einem Betrieb einen Arbeitsplatz zu finden, insbesondere zu Zeiten hoher Arbeitslosigkeit. Es besteht aber kein Grund für Bescheidenheit und Dankbarkeit für die Bezahlung eines Arbeitsentgeltes, da letztlich die Beschäftigten nur einen Teil der von ihnen erschaffenen Werte in Form von Entgelt erstattet bekommen. Dieses »strukturelle Ungleichgewicht der Macht« können einzelne Beschäftigte nur dadurch überwinden, dass sie sich in Gewerkschaften organisieren und gemeinsam für möglichst hohe Entgelte kämpfen.

Die Begriffe »Arbeitgeber« und »Arbeitnehmer«

Es ist heute üblich, die Unternehmer als »Arbeitgeber« und die Beschäftigten als »Arbeitnehmer« zu bezeichnen. Aus Sicht der Arbeitswertlehre ist diese Sprachregelung allerdings falsch. Denn sie verkehrt das Verhältnis der beiden Seiten sprachlich in ihr Gegenteil: Es sind die Beschäftigten, die ihre Arbeitskraft geben – sie stellen ihre Arbeitskraft dem Unternehmer zur Verfügung. Die Unternehmer nehmen dagegen die Arbeitskraft der Beschäftigten in Anspruch und nutzen sie zur Erzielung von Gewinnen. Im Grunde sind es die Beschäftigten, die die Arbeit geben, und die Unternehmer, die die Arbeit nehmen.

In diesem Handbuch wird grundsätzlich von »*Unternehmern*« und »*Beschäftigten*« gesprochen. Bei einzelnen Begriffen lässt sich allerdings die im Grunde genommen falsche Formulierung nicht vermeiden: Beispielsweise bei den Begriffen »Arbeitgeberverband« oder »Arbeitnehmervertreter im Aufsichtsrat«.

Die private Aneignung des gemeinschaftlich erarbeiteten Mehrwertes ist nicht rechtswidrig. Denn in der deutschen Rechtsordnung ist die Macht der Unternehmer als Eigentümer der Produktionsmittel (Maschinen, Anlagen und IT-Systeme) durch vier zentrale gesetzliche Regelungen abgesichert. Aber andererseits ist es zulässig, durch

Übersicht 1-4: Eigentums- und Direktionsrecht der Unternehmer

Eigentumsrecht und Direktionsrecht der Unternehmer

Artikel 14 Grundgesetz:
(1) »Das Eigentum und das Erbrecht werden gewährleistet. Inhalt und Schranken werden durch die Gesetze bestimmt.«

Verfügungsgewalt über die Produktionsmittel § 903 BGB:	Weisungsrecht über die Beschäftigten § 106 GewO:	Arbeitsvertrag § 611a BGB
»Der Eigentümer einer Sache kann, soweit nicht das Gesetz oder Rechte Dritter entgegenstehen, mit der Sache nach Belieben verfahren und andere von jeder Einwirkung ausschließen.«	»Der Arbeitgeber kann Inhalt, Ort und Zeit der Arbeitsleistung nach billigem Ermessen näher bestimmen, soweit diese nicht durch den Arbeitsvertrag, Bestimmungen einer Betriebsvereinbarung, eines anwendbaren Tarifvertrages oder gesetzlicher Vorschriften festgelegt sind. Dies gilt auch hinsichtlich der Ordnung und des Verhaltens der Arbeitnehmer im Betrieb.«	»(1) Durch den Arbeitsvertrag wird der Arbeitnehmer im Dienst eines anderen zur Leistung weisungsgebundener, fremdbestimmter Arbeit in persönlicher Abhängigkeit verpflichtet. Das Weisungsrecht kann Inhalt, Durchführung, Zeit und Ort der Tätigkeit betreffen ... (2) Der Arbeitgeber ist zur Zahlung der vereinbarten Vergütung verpflichtet.«

gesetzliche Regelungen in Teilbereichen die unternehmerische Macht einzuschränken (vgl. dazu die Übersichten 1-4 und 1-5).

Dabei handelt es sich im Einzelnen um:

- *Artikel 14, Absätze 1 und 2 Grundgesetz (GG):* »(1) Das Eigentum und das Erbrecht werden gewährleistet. Inhalt und Schranken werden durch die Gesetze bestimmt. (2) Eigentum verpflichtet. Sein Gebrauch soll zugleich dem Wohle der Allgemeinheit dienen.«
- *§ 903 Bürgerliches Gesetzbuch (BGB):* »Der Eigentümer einer Sache kann, soweit nicht das Gesetz oder Rechte Dritter entgegenstehen, mit der Sache nach Belieben verfahren und andere von jeder Einwirkung ausschließen.«
- *§ 106 Gewerbeordnung (GewO):* »Der Arbeitgeber kann Inhalt, Ort und Zeit der Arbeitsleistung nach billigem Ermessen näher bestimmen, soweit diese nicht durch den Arbeitsvertrag, Bestimmungen einer Betriebsvereinbarung, eines anwendbaren Tarifvertrages oder gesetzliche Regelungen festgelegt sind. Dies gilt auch hinsichtlich der Ordnung und des Verhaltens der Arbeitnehmer im Betrieb.«
- *§ 611a Bürgerliches Gesetzbuch (BGB):* »(1) Durch den Arbeitsvertrag wird der Arbeitnehmer im Dienste eines anderen zur Leistung weisungsgebundener, fremdbestimmter Arbeit in persönlicher Abhängigkeit verpflichtet. Das Weisungsrecht kann

Übersicht 1-5: Einschränkung des Eigentums- und Direktionsrechts der Unternehmer

Einschränkung des Eigentumsrechts und Direktionsrechts der Unternehmer

Artikel 9 Absatz 3 Grundgesetz:
»Das Recht, zur Wahrung und Förderung der Arbeits- und Wirtschaftsbeziehungen Vereinigungen zu bilden, ist für jedermann und für alle Berufe gewährleistet.«

Betriebsverfassungsgesetz Überwachungsrechte, Informations- und Beratungsrechte und Mitbestimmungsrechte des Betriebsrates	**Tarifvertragsgesetz** Inhalt und Form von Tarifverträgen Tarifvertragsparteien Wirkung von Tarifverträgen u.a.
Mitbestimmungsgesetze Mitbestimmung im Aufsichtsrat in Kapitalgesellschaften mit mehr als 2.000 Beschäftigten Mitbestimmung im Aufsichtsrat in der Stahlindustrie und im Bergbau Mitbestimmung in Kapitalgesellschaften mit mehr als 500 Beschäftigten	**Weitere Gesetze** Arbeits- und Gesundheitsschutz Umweltschutz Sozialversicherung Entgeltfortzahlung im Krankheitsfall u.a.

Inhalt, Durchführung, Zeit und Ort der Tätigkeit betreffen. ... (2) Der Arbeitgeber ist zur Zahlung der vereinbarten Vergütung verpflichtet.«

Unter »Eigentum« und »Eigentümer einer Sache« wird nicht nur das Privateigentum wie z.b. ein Auto oder ein Smartphone verstanden, sondern auch der Besitz von Produktionsmitteln, also von Maschinen, Anlagen, IT-Systemen, und ganzen Unternehmen und Konzernen. Dazu zählen auch die sogenannten Unternehmenswerte wie gewachsene Kunden- und Lieferantenbeziehungen, Markennamen sowie Know-how und Patente. Insofern dürfen die Eigentümer einer Sache, in diesem Fall eines Unternehmens, zunächst einmal nach Belieben mit diesem Unternehmen verfahren und andere von der Einwirkung ausschließen.

In seiner gesellschaftlichen Bedeutung ist das Eigentum an einem Unternehmen natürlich wesentlich größer als das private Eigentum in Form von Möbeln oder Smartphones. Deshalb ist es legitim und erforderlich, die Verfügungsgewalt der Eigentümer von Produktionsmitteln bzw. Unternehmen einzuschränken. Gesetze wie die Mitbestimmungsgesetze, das Betriebsverfassungsgesetz, das Tarifvertragsgesetz und andere Arbeitnehmerschutzgesetze können das unternehmerische Verfügungsrecht über die Produktionsmittel und die Betriebe begrenzen (vgl. dazu Übersicht 1-5).

In diesem Zusammenhang kann auf zwei weitere Einschränkungsmöglichkeiten der Eigentumsrechte hingewiesen werden, die von grundsätzlicher gesellschaftspolitischer Bedeutung sind:

- *Artikel 14, Abs. 3 GG:* »Eine Enteignung ist nur zum Wohle der Allgemeinheit zulässig. Sie darf nur durch Gesetz oder aufgrund eines Gesetzes erfolgen, das Art und Ausmaß der Entschädigung regelt. Die Entschädigung ist unter gerechter Abwägung der Interessen der Allgemeinheit und der Beteiligten zu bestimmen. Wegen der Höhe der Entschädigung steht im Streitfall der Rechtsweg vor den ordentlichen Gerichten offen.«
- *Artikel 15 GG:* »Grund und Boden, Naturschätze und Produktionsmittel können zum Zwecke der Vergesellschaftung durch ein Gesetz, das Art und Ausmaß der Entschädigung regelt, in Gemeineigentum oder in andere Formen der Gemeinwirtschaft überführt werden. Für die Entschädigung gilt Artikel 14 Abs. 3 Satz 3 und 4 entsprechend.«

Das Grundgesetz schreibt also – anders als oft behauptet – nicht die heutige kapitalistische Wirtschaftsweise als unabänderlich fest, sondern lässt verschiedene Wirtschaftsformen als grundgesetzkonform zu. In der Geschichte nach 1945 wurde dies lange Zeit im Hinblick auf die Frage »Kapitalismus oder Sozialismus?« diskutiert. Nachdem diese Artikel des Grundgesetzes lange Zeit fast in Vergessenheit geraten waren, erlangten sie in der großen Finanzkrise in den Jahren 2008/2009 eine ungeahnte Aktualität. Die CDU/CSU-SPD-Koalition unter Bundeskanzlerin Angela Merkel enteignete beispielsweise auf dieser Grundlage die Groß-Bank HRE (Hypo Real Estate). Vor dem Hintergrund der Krisensituation wurden erneut Debatten über die Konzeption einer *»Wirtschaftsdemokratie«* geführt (vgl. dazu Kapitel 8.13).

1.4 Sozial- oder Konfliktpartnerschaft?

In den Medien sind häufig Begriffe wie »*Sozialpartnerschaft*« oder »*Sozialpartner*« zu finden. Gemeint sind damit die Vertreter der Arbeitgeberverbände und der Gewerkschaften, die auf vielfältigen Ebenen in der Gesellschaft verhandeln und Konflikte austragen. Dies sind beispielsweise die Tarifvertragsparteien, also die Arbeitgeberverbände und die einzelnen Gewerkschaften, die Tarifverträge für die einzelnen Branchen aushandeln. Gemeint sind damit auch Vertreter der Unternehmer und der Gewerkschaften in den Gremien der Renten- und Krankenversicherung, die paritätisch, also hälftig, besetzt sind. Ähnliche Gremien und Entscheidungsprozesse finden sich in der Bundesagentur für Arbeit, in den Gremien der Berufsbildung und der Unfallversicherung (Berufsgenossenschaften).

Einerseits sind derartige Handlungs- und Beteiligungsmöglichkeiten im Rahmen einer demokratischen Gesellschaft positiv zu sehen, wenn man sie mit der Alleinentscheidung der Unternehmer bzw. der staatlichen Institutionen vergleicht. Andererseits ist der Begriff der Sozialpartnerschaft problematisch, da er identische Interessen der Unternehmer und der Beschäftigten bzw. der Gewerkschaften unterstellt. Es wird unterstellt, dass Kapital und Arbeit gemeinsam zum Wohle der Allgemeinheit arbeiten. Es wird dabei vernachlässigt, dass die Beschäftigten und ihre Interessenvertreter ihre Ziele und Forderungen eigenständig erarbeiten und gegenüber den Unternehmern vertreten. Der Begriff »Sozialpartnerschaft« steht im engen Zusammenhang mit dem Konzept der »sozialen Marktwirtschaft« (vgl. Kapitel 8.13).

Bei gegensätzlichen Interessen kann es aber keine wirkliche Partnerschaft geben. Deswegen ist es besser, von »*Konfliktpartnerschaft*« zu sprechen, da damit einerseits die Konflikte bzw. gegensätzlichen Interessen betont werden, andererseits aber deutlich wird, dass diese Konflikte »partnerschaftlich« und nach festen Regeln ausgetragen werden. Derartige Regeln sind beispielsweise in der Tarifpolitik in sogenannten Schieds- und Schlichtungsabkommen vereinbart, wie Regelungen zur Kündigung von Tarifverträgen, der Forderungsübermittlung, dem Zeitablauf von Verhandlungen und dem Scheitern der Verhandlungen.

1.5 Gemeinsam sind wir stark – das Prinzip der Solidarität

Wollen einzelne Beschäftigte ihre Interessen gegenüber dem Unternehmer durchsetzen, sind sie von vornherein in einer schwachen Position. Denn in der Regel sind sie auf ihren Arbeitsplatz angewiesen, da sie nicht wie die Unternehmer über Maschinen, IT-Systeme und Produktionshallen verfügen. Bei einem Konflikt müssen einzelne Beschäftigte immer befürchten, dass sie vom Unternehmer diskriminiert oder ihnen gar gekündigt wird und sie damit arbeitslos werden. Gerade bei hoher Arbeitslosigkeit besteht die Gefahr, durch einen anderen Beschäftigten ersetzt zu werden. Ungewollt befinden sich so die einzelnen Beschäftigten in einer wechselseitigen Konkurrenzsituation. Da sie den Arbeitsplatz und das Entgelt für die Sicherung ihres Lebensunterhaltes benötigen, ist jeder Konflikt für einzelne Beschäftigte mit einem hohen Risiko behaftet. Die logische Schlussfolgerung aus dieser Analyse liegt auf der Hand:

> Beschäftigte schließen sich in einer Gewerkschaft zusammen, um so die gegenseitige Konkurrenzsituation zu überwinden und gemeinsam ihre Interessen gegenüber den Unternehmern wirkungsvoll vertreten zu können. Dies ist der Grundgedanke der Gewerkschaften.

Die gegenseitige Konkurrenz zwischen den Beschäftigten beschreibt der französische Schriftsteller Emile Zola in seinem 1885 erschienenen Roman »Germinal«. Die Szene spielt in einer Zeit, in der es noch keine Flächentarifverträge und noch keine Gewerkschaften gab. In einer Versteigerung, bei der – anders als üblich – »von oben nach unten« geboten wurde, versteigert ein Bergbauunternehmer Abbauplätze an diejenigen, die für den geringsten Lohn bereit sind zu arbeiten:

> »Vor einem kleinen, in einer Ecke errichteten Podium standen fünf- bis sechshundert Bergleute. Die Versteigerung ging so schnell vonstatten, dass man nur ein dumpfes Stimmengewirr hörte, das Ausrufen von Zahlen, die von anderen überschrien wurden. Einen Augenblick befürchtete der (Hauer) Maheu, keinen der vierzig von der Gesellschaft angebotenen Abbauplätze mehr zu erhalten. Durch die Krisengerüchte beunruhigt und von panischer Angst vor Arbeitslosigkeit ergriffen, unterboten sich alle Bewerber.«
>
> Emile Zola, Germinal, 1885

Um Mitglied einer Gewerkschaft zu werden, muss man nicht jede gewerkschaftliche Position teilen. Es ist schlichtweg vernünftig, in eine Gewerkschaft einzutreten, weil gemeinsam mit vielen anderen Beschäftigten bessere Entgelt- und Arbeitsbedingungen durchgesetzt werden können, als dies ein Einzelner könnte.

Für diesen einfachen und vernünftigen Grundgedanken muss in der betrieblichen Praxis immer wieder argumentiert werden, denn es ist für viele Beschäftigte keine Selbstverständlichkeit, sich gewerkschaftlich zu organisieren.

- Relativ einfach ist dies in Betrieben, in denen es im Verlauf der letzten Jahrzehnte gelungen ist, die große Mehrheit der Beschäftigten in der Gewerkschaft zu organisieren und Strukturen der Interessenvertretung aufzubauen, wie einen Betriebsrat und gewerkschaftliche Vertrauensleute. Hier kommt es vor allem darauf an, neu eingestellte Beschäftigte und Auszubildende zu überzeugen, Mitglied in der Gewerkschaft zu werden. In manchen dieser Betriebe gehört es seit vielen Jahren quasi »zum guten Ton«, Mitglied der Gewerkschaft zu sein.
- Dagegen gibt es Betriebe, in denen nur sehr wenige Beschäftigte Mitglied der Gewerkschaft sind, sowie Betriebe, in denen es keinen Betriebsrat gibt, beispielswei-

se im Handwerk oder in neu gegründeten Betrieben. Dies gilt etwa für viele Betriebe der Windkraftindustrie und der Sofwarebranche. Hier ist es schwierig, aber nicht unmöglich, den gewerkschaftlichen Grundgedanken zu diskutieren und die Beschäftigten zum Eintritt in die Gewerkschaft zu bewegen. Häufig werden Initiativen zur Mitgliederwerbung und zum Aufbau von gewerkschaftlichen Strukturen von den Unternehmern systematisch behindert. Die Unternehmensleitung versucht dann die Belegschaft zu überzeugen, dass sie ohne eine Gewerkschaft und ohne Betriebsrat letztlich besser fährt. Teilweise wird durch unfaire bis aggressive Maßnahmen auch versucht, die Wahl und die Arbeit von Betriebsräten zu behindern. Durch eine systematische, mehrjährige Arbeit der regionalen Gewerkschaften und einiger engagierter Betriebsangehöriger ist es in etlichen Betrieben gelungen, dort die Zahl der Gewerkschaftsmitglieder zu erhöhen und gewerkschaftliche Strukturen aufzubauen.
Der Grundgedanke, sich zusammenzuschließen und gemeinsam für die Interessen Aller einzusetzen, wird durch den Begriff der *Solidarität* auf den Punkt gebracht. Von gewerkschaftlicher Solidarität wird gesprochen, wenn sich Beschäftigte eines Betriebs bzw. einer Branche in einer Gewerkschaft zusammenschließen, um so gemeinsam ihre Interessen gegenüber dem Unternehmer durchzusetzen. Dies beinhaltet die Aufstellung von Forderungen und das Verhandeln mit den Unternehmern, um diese Forderungen durchzusetzen. Darüber hinaus ist in der Praxis häufig konkretes Handeln notwendig: vom Verteilen von Flugblättern, Redebeiträgen auf Betriebsversammlungen bis hin zur Beteiligung an Warnstreiks in einer Tarifrunde.

> Gewerkschaftliche Solidarität bedeutet, dass sich »die Starken« und »die Schwachen« gemeinsam für ihre Interessen gegenüber den Unternehmern einsetzen, um so bessere Entgelt- und Arbeitsbedingungen im Betrieb und in der Gesellschaft für alle zu erreichen.

Spezialisten und hoch qualifizierte Beschäftigte (»die Starken«) sind gegenüber den Unternehmern in einer stärkeren Position, da sie in der Regel schwerer zu ersetzen sind als diejenigen, die beispielsweisen keine abgeschlossene Berufsausbildung vorweisen können (»die Schwachen«). *Gewerkschaftliche Solidarität* bedeutet auch, dass »die Starken« darauf verzichten, für ihre Gruppe Privilegien durchzusetzen, die letztlich zulasten der Schwachen gehen. Das ist das Grundverständnis aller Gewerkschaften im Deutschen Gewerkschaftsbund (DGB). Die IG Metall versteht sich beispielsweise als eine Gewerkschaft, die für die Interessen aller eintritt – vom »Angelernten« bis zum Ingenieur mit Doktor-Titel. Damit unterscheidet sie sich grundsätzlich von anderen Organisationen, die ausschließlich die Interessen von privilegierten Beschäftigten durchsetzen und nicht für die Interessen aller Beschäftigten streiten. Beispiele sind der Marburger Bund für die Ärzte und die Gewerkschaft der Lokführer (GDL) (vgl. Kapitel 1.10).

> »Leben einzeln und frei wie ein Baum
> und dabei geschwisterlich wie ein Wald,
> diese Sehnsucht ist alt.«
>
> Nazim Hikmet, türkischer Dichter

In zugespitzten Situationen kann gewerkschaftliche Solidarität auch bedeuten, dass kurzfristig Nachteile in Kauf genommen werden, um langfristig für alle bessere Konditionen zu erkämpfen. Dies wird bei der Betrachtung von großen Streikbewegungen besonders sichtbar. Bei einem Streik verweigern alle Gewerkschaftsmitglieder die Arbeitsaufnahme, um so die Produktion zum Erliegen zu bringen und Druck auf die Unternehmer auszuüben. Da ein Streik mehrere Wochen dauern kann, bedeutet dies für alle Streikteilnehmer zunächst einmal Entgeltverluste. Das Arbeitsentgelt wird während des Streiks vom Unternehmer nicht weitergezahlt. Gewerkschaftsmitglieder erhalten dabei Streikunterstützung, die die Entgeltverluste teilweise ausgleicht. Die Zahlung von Streikunterstützung an Tausende von Gewerkschaftsmitgliedern setzt voraus, dass »die Streikkasse gut gefüllt ist«, damit die Gewerkschaft einen Streik auch über mehrere Wochen durchhalten kann. Die finanziellen Rücklagen für die Streikunterstützung werden durch die monatlichen Gewerkschaftsbeiträge der Mitglieder aufgebaut. *Insofern ist die Zahlung des monatlichen Gewerkschaftsbeitrages ein entscheidender Beitrag zur Solidarität.*

> Viele Errungenschaften für die Beschäftigten konnten nur durch einen Streik oder dessen glaubhafte Androhung durchgesetzt werden.

In der Metallindustrie streikten die Metallarbeiter in Schleswig-Holstein im Jahr 1956 viele Wochen für die Durchsetzung der Entgeltfortzahlung im Krankheitsfall. 1984 streikten Tausende Beschäftigte der Metallindustrie in Nordwürttemberg-Nordbaden und Hessen für die Durchsetzung der 35-Stunden-Woche. Viele tarifliche Regelungen konnten in den letzten Jahren in Verhandlungen durchgesetzt werden, die zwar von Warnstreiks begleitet waren, aber bei denen es nicht zum Streik kam. Die wirksame und glaubhafte Androhung, dass die IG Metall in der Lage ist, einen Streik zu beginnen, brachte in vielen Tarifrunden die Unternehmer dazu, kurz vor der Entscheidung über Urabstimmung und Streik nachzugeben und einem Kompromiss zuzustimmen. Das beste Beispiel ist die Tarifrunde 2018, bei der ca. eine Million Beschäftigte an Warnstreiks und zusätzlich weitere 500.000 an sogenannten Tages-Streiks bzw. 24-Stunden-Streiks teilnahmen.

Der Fisch Fasch

Es war einmal ein FISCH mit Namen Fasch
Der hatte einen weißen Asch
Er hatte keine Hände zum Arbeiten nicht
Und er hatte keine Augen zum Sehen im Gesicht
In seinem Kopf war gar nichts drin
Und er hatte auch für nichts einen Sinn
Er kannte nicht das Einmaleins
Und von allen Ländern kannte er keins
Er war nur der Fisch Fasch
Und er hatte eben seinen weißen Asch.

Und wenn die Menschen ein Haus bauten
Und wenn die Menschen Holz hauten
Und wenn die Menschen einen dicken Berg durchlochten
Und wenn die Menschen Suppe kochten
Dann sah der Fisch Fasch ihnen stumpfsinnig zu
Und wenn sie ihn fragten: und was machst du?
Dann sagte er: ich bin doch der Fisch Fasch
Und dies hier ist mein weißer Asch.

Gingen sie aber am Abend in die Häuser hinein
Dann ging der Fisch Fasch hinter ihnen drein
Und wenn sie sich setzten zum Ofen, nanu
Dann setzte sich der Fisch Fasch auch dazu
Und wenn die Suppe kam auf den Tisch
Dann saß da gleich auch mit einem großen Löffel
ein Fisch und rief ganz laut, jetzt esset rasch
Dann zeige ich euch meinen weißen Asch.

Da lachten die Leute und ließen ihn mitessen
Und hätten wohl auch seine Faulheit vergessen
Wenn nicht eine Hungersnot gekommen wäre
Und zwar keine leichte, sondern eine schwere
Und jetzt musste jeder etwas bringen für die Hungersnot
Der eine brachte ein Stück Käse, der andere eine Wurst, der dritte ein Brot
Nur der Fisch Fasch brachte nichts als den Löffel mit
Das sahen einige Leute, sie waren grad zu dritt
Und da fragten sie mal den Fisch Fasch, na und du

> Was gibst uns jetzt eigentlich du dazu?
> Und da sagte der Fisch Fasch
> Ja, wenn ich vielleicht meinen weißen Asch ...
>
> Aber da wurden die Leute zum erstenmal sehr bitter zu dem Fisch Fasch
> Und redeten mit ihm plötzlich ganz barsch
> Und warfen ihn mal ganz rasch durch die Eichentür und verhauten ihm draußen seinen weißen Asch.
>
> Bertolt Brecht, Dramatiker

1.6 Je mehr Mitglieder, desto stärker

> Die praktische Erfahrung einer langjährigen Gewerkschaftsarbeit zeigt: Je mehr Mitglieder eine Gewerkschaft hat, desto einflussreicher ist sie, desto mehr kann sie durchsetzen. Dies gilt im einzelnen Betrieb, in Tarifrunden und in der Gesellschaftspolitik.

Eine Gewerkschaft mit wenigen Mitgliedern wird von den Gegnern nicht ernst genommen, geschweige denn, dass sie etwas gegen Unternehmer oder Regierungen durchsetzen könnte. Damit wird die Mitgliederfrage letztlich zur entscheidenden Größe für die Durchsetzungsmacht von Gewerkschaften. *Die Werbung von neuen Mitgliedern ist deshalb hoch politisch und kein Selbstzweck.* Hohe Organisationsgrade sind eine Grundvoraussetzung, um Konflikte erfolgreich bestehen zu können. Die Beteiligung und die gemeinsame Aktion von Mitgliedern, z.B. bei Tarifkonflikten, sind entscheidende Voraussetzungen dafür, wieviel eine Gewerkschaft durchsetzen kann. Deshalb darf aber nicht nur die Zahl der Mitglieder das Maß der Dinge sein, sondern auch das Engagement der organisierten Kolleginnen und Kollegen in der Gewerkschaft.

Diese Zusammenhänge müssen immer wieder mit jungen Beschäftigten und Gewerkschaftsmitgliedern, mit neu gewählten Vertrauensleuten und Betriebsratsmitgliedern erarbeitet werden. Dies ist ein entscheidender Teil der gewerkschaftlichen Grundlagenbildung. Die Gewinnung neuer Mitglieder für die Gewerkschaft verbessert deren Durchsetzungsmöglichkeiten. Die Motivation und Qualifizierung, Mitgliederwerbegespräche erfolgreich führen zu können, ist ebenfalls ein zentraler Bestandteil gewerkschaftlicher Grundlagenbildung. Zum einen geht es dabei um die Motivation und Qualifizierung zur Führung von Werbegesprächen, wobei verbindliche Verabredungen und Zielgrößen hilfreich sind. Zum anderen muss immer wieder an der eigenen gewerkschaftlichen Haltung gearbeitet werden, um Werbegespräche inhaltlich überzeugend führen zu können. Die praktischen Aspekte der Mitgliedergewinnung im Betrieb sind im Kapitel 16 erläutert.

Die positive Mitgliederentwicklung beispielsweise der IG Metall in den letzten Jahren ist insofern bemerkenswert, da andere Großorganisationen wie Parteien und Kirchen Mitgliederverluste verzeichnen. Die IG Metall hat mit ihren über 2,2 Millionen Mitgliedern inzwischen viermal so viele Mitglieder wie die CDU oder die SPD.

> Die Mitgliederfrage wird im Betrieb entschieden. Für den Einfluss im einzelnen Betrieb reicht es in Konfliktsituationen nicht aus, dass eine Gewerkschaft bundesweit eine starke Organisation ist. Entscheidend ist vielmehr die Frage, ob im einzelnen Betrieb die Mitgliederbasis so hoch ist, dass ein Konflikt mit dem Unternehmer erfolgreich geführt werden kann.

Hier ist der Ansatzpunkt, um die Mitgliederbasis auszubauen. Voraussetzung ist die Tatsache, dass sich im einzelnen Betrieb eine relevante Zahl von Gewerkschaftsmitgliedern findet, die bereit sind, sich aktiv in die Mitgliederwerbung einzubringen. Dies werden überwiegend Betriebsratsmitglieder und Vertrauensleute sein. Die Frage, mit welchem Zeitaufwand und mit welchem Engagement im Betrieb systematisch Mitgliederwerbegespräche geführt werden, ist letztlich für die zukünftige Handlungsfähigkeit der betrieblichen Interessenvertretung entscheidend.

Der gewerkschaftliche Grundgedanke, sich zusammenzuschließen und gemeinsam die Interessen der Beschäftigten gegenüber den Unternehmern durchzusetzen, ist über 130 Jahre alt. Bereits im Jahr 1881 brachte dies ein Weggefährte von Karl Marx auf den Punkt. Friedrich Engels schrieb damals: »Wenn der einzelne Arbeiter mit dem Kapitalisten handelseins zu werden versucht, wird er leicht geschlagen und muss sich ihm auf Gnade und Ungnade ergeben; wenn aber die Arbeiter eines ganzen Gewerbes eine mächtige Organisation bilden, unter sich einen Fonds sammeln, um imstande zu sein, den Unternehmern nötigenfalls die Stirn zu bieten, und sich dadurch in die Lage zu versetzen, als eine Macht mit den Unternehmern zu verhandeln, dann und nur dann, haben die Arbeiter Aussicht, wenigstens das bisschen zu erhalten, das bei der ökonomischen Struktur der gegenwärtigen Gesellschaft als ein gerechter Tageslohn für ein gerechtes Tagewerk bezeichnet werden kann.« Auch wenn die Sprache heute eher ungewöhnlich klingt, ist es doch erstaunlich, dass der Inhalt des Zitats auch heute, nach über 130 Jahren, immer noch richtig ist.

Auf der Basis einer ausreichenden Mitgliederzahl sind weitere Faktoren für den Einfluss der Gewerkschaften in der Gesellschaft und im Betrieb wichtig. Wissenschaftler der Universität Jena um Klaus Dörre sehen vier Machtfaktoren, die sie »Machtressourcen« nennen:

- *Wirtschaftliche Macht:* Hier geht es beispielsweise darum, ob die wirtschaftliche Situation es ermöglicht, mit einem Streik oder der Androhung eines Streiks Druck auf die Unternehmer auszuüben, um Interessen der Beschäftigten durchzusetzen.
- *Organisationsmacht:* Hierbei ist wichtig, dass in einer Gewerkschaft stabile und handlungsfähige Strukturen und Gremien bestehen und dort Personen arbeiten, die eine konsequente Arbeit als Interessenvertreter leisten und konfliktfähig sind.

1.6 Je mehr Mitglieder, desto stärker

- *Institutionelle Macht* bezeichnet den Einfluss von Gewerkschaftsmitgliedern in Gremien, z.B. Betriebsrat, Aufsichtsrat, aber auch in Gremien der Sozialversicherung.
- *Kommunikative Macht:* Hier geht es darum, wie die Gewerkschaft ihre Themen und Positionen in den vielfältigen Medien verankern kann – sowohl in der Gesellschaft als auch im Betrieb.

1.7 Mitmach-Gewerkschaft: Mehr als Serviceorganisation

Eine Gewerkschaft ist nicht der ADAC für die Arbeitswelt. Wenn jemand Mitglied eines Automobilclubs oder einer Mietervereinigung wird, kann erwartet werden, dass sich diese Organisationen für ihre Mitglieder einsetzen und die Probleme für sie regeln, z.B. durch Hilfestellungen oder durch Klagen gegen einen Vermieter. Nun bieten die Gewerkschaften ihren Mitgliedern auch Rechtsschutz für Arbeitsstreitigkeiten an, ähnlich wie bei einer Rechtsschutzversicherung. Aber die Mitgliedschaft in einer Gewerkschaft bedeutet mehr. Sie bedeutet auch, sich aktiv einzubringen und gemeinsam zu handeln, um bessere Bedingungen für alle Mitglieder zu erreichen.

Im Betrieb ist hin und wieder zu hören: »Dann soll die Gewerkschaft das mal für uns durchsetzen.« Diese Aussage greift zu kurz, denn eine Gewerkschaft ist nur so durchsetzungsstark, wie ihre Mitglieder sich aktiv engagieren. Deutlich wird dies bei den Tarifrunden. Ohne die aktive Beteiligung ihrer Mitglieder an Warnstreiks oder Streiks könnten die Gewerkschaften kaum Verbesserungen gegen den Widerstand der Unternehmer durchsetzen. Dies geht nur, wenn sich möglichst viele Mitglieder an Warnstreiks beteiligen und deutlich machen, dass sie auch bereit wären, einen längeren, mehrwöchigen Streik durchzustehen. Dies ist der entscheidende Unterschied zu Automobilclubs oder Mieterschutzvereinigungen. *Es wird nicht nur für die Mitglieder gehandelt, sondern alle Mitglieder handeln gemeinsam.* Insofern ist eine Gewerkschaft eine Selbsthilfeorganisation, also eine Mitmach-Gewerkschaft.

In den Gewerkschaften handeln einerseits Menschen, die von den Mitgliedern bzw. Belegschaften gewählt worden sind, um ihre Interessen zu vertreten – Betriebsräte, Vertrauensleute, Tarifkommissionsmitglieder, aber auch Bevollmächtigte der örtlichen Geschäftsstellen der Gewerkschaft. Andererseits ist es sinnvoll, dass sich möglichst viele der Gewerkschaftsmitglieder an Diskussionen über gewerkschaftliche Fragestellungen, an der Entwicklung von Forderungen und an deren Durchsetzung beteiligen. Voraussetzung ist eine ausführliche Information aller Mitglieder und die Eröffnung von Möglichkeiten zur Beteiligung: von der Diskussion auf Betriebsversammlungen, über schriftliche Befragungsaktionen bis hin zu Warnstreiks in Tarifrunden. Den gewählten Repräsentanten wie etwa Betriebsräten und Vertrauensleuten kommt dabei die Rolle zu, Vorschläge für Positionen zu machen und eine klare Orientierung zu geben, die nach Diskussionen mit der Mitgliedschaft dann ggf. korrigiert oder modifiziert werden (»Gegenstromverfahren«). Diese Zusammenhänge sind ausführlich im Kapitel 6.5 »Beteiligung plus Orientierung = Beteiligungsorientierung« erläutert.

Vom Storch und den Fröschen

Stolz stolziert der starre Storch
durch den feuchten Sumpf hindurch
und schnappt gierig nach den Kröten,
will sie fressen, will sie töten.
Und der spitze Schnabel klappert
und er geifert und er sabbert,
denkt ans Schlemmen und ans Prassen,
kann sein Glück noch gar nicht fassen.
Wehrlos, denkt er, sind die Unken,
brauch sie nur noch einzutunken,
in den Zeitgeistsumpf der Not
und schon sind sie gar und tot.
Und so keift er über den Weiher:
»Heute gibt's 'ne große Feier,
alle Frösche, Unken, Kröten,
gilt es heute abzutöten.«
Und er sieht sich selbst als Sieger,
als ein echter Überflieger,
roter Schnabel, weiße Weste,
schwarze Seele und das Beste
ist sein Tanz der Arroganz!
Kopf im Nacken, viel Gezeter,
große Klappe, ja so steht er,
wie an einem Rednerpult:

»Kröten sind an allem Schuld.«
Doch die Unken, Frösche, Quappen,
schreiben sich jetzt auf ihr Wappen:
Wenn wir uns zusammen tun,
rupfen wir den Storch als Huhn.
Und am dunklen Teichesgrunde
sitzen sie in großer Runde
und besiegeln ihren Plan:
Stürzen wir den Größenwahn!

Alle Unken, Kröten, Frösche
gehen ihm jetzt an die Wäsche,
springen ihm in das Genick,
packen ihn mit viel Geschick,
reißen ihm die Stelzen weg,
Adebar kracht in den Dreck.
Nass und matschig liegt er da
und weiß nicht wie ihm geschah.
Und die Kröten, Unken quaken:
»Manchmal trifft es auch den starken,
stolzen, sturen, starren Storch –
Adebar, da musst du durch!«

Thorsten Stelzner, Lyriker und Satiriker

1.8 Definition, Werte und Ziele der Gewerkschaften

Wird bei *Wikipedia* der Begriff »*Gewerkschaft*« eingegeben, erscheint folgende Definition: »Eine Gewerkschaft ist eine Vereinigung von in der Regel abhängig Beschäftigten zur Vertretung ihrer wirtschaftlichen, sozialen und kulturellen Interessen.« Genauer und besser wird im »Lexikon der Politik – Gesellschaft und Staat« formuliert: »Gewerkschaften sind Interessenverbände von Arbeitnehmern, die durch kollektives Handeln, notfalls durch Streik, die sozialen, wirtschaftlichen, beruflichen und auch politischen Forderungen der Arbeitnehmer gegenüber den Arbeitgebern und dem Staat vertreten.«

In der Satzung der IG Metall ist dazu Folgendes festgelegt:

»Die IG Metall hat die Aufgabe, die wirtschaftlichen, sozialen, beruflichen und kulturellen Interessen der Mitglieder zu fördern. Ihre Unabhängigkeit gegenüber Regierungen, Verwaltungen, Unternehmern, Konfessionen und politischen Parteien hat sie jederzeit zu wahren. Sie bekennt sich zur freiheitlich-demokratischen Grundordnung der Bundesrepublik Deutschland und setzt sich für die Sicherung und den Ausbau des sozialen Rechtsstaates und die weitere Demokratisierung von Wirtschaft, Staat und Gesellschaft, für Frieden, Abrüstung und Völkerverständigung und den Schutz der natürlichen Umwelt zur Sicherung der Existenz der Menschheit ein. Vor dem Hintergrund der globalisierten Wirtschaft schließt dies eine Internationalisierung der IG Metall ein. Sie fördert aktiv die Gleichstellung von Frauen und Männern in Gesellschaft, Betrieb und Gewerkschaft, unabhängig von ethnischer Herkunft, Geschlecht, Religion oder Weltanschauung, Behinderung oder sexueller Identität.«

Ausführlich und prägnant ist das Selbstverständnis der Gewerkschaften im Grundsatzprogramm des Deutschen Gewerkschaftsbundes (DGB) aus dem Jahr 1996 formuliert (vgl. dazu die Übersicht 1-6).

Das Recht, sich in Gewerkschaften zu organisieren, ist im Grundgesetz und in der Charta der Grundrechte der Europäischen Union verankert. *Im Artikel 9 Abs. 3 des Grundgesetzes* sind Gewerkschaften nicht ausdrücklich benannt, sondern es wird der Begriff »Vereinigungen zur Wahrung und Förderung der Arbeits- und Wirtschaftsbeziehungen« verwendet. Es ist in der Rechtsprechung unstrittig, dass damit Gewerkschaften und Arbeitgeberverbände gemeint sind. Für diese wird in der Rechtsprechung auch der Begriff der »Koalition« verwendet. (Dies hat nichts mit einer Koalition zu einer Regierungsbildung zu tun!)

Artikel 9 Abs. 3 Grundgesetz gewährleistet die sogenannte *Koalitionsfreiheit* und zwar in einem doppelten Sinne: (1) Einzelne Beschäftigte haben das Recht, sich in Gewerkschaften zu organisieren *(individuelle Koalitionsfreiheit)*. (2) Bestand und Betätigung der Gewerkschaften werden garantiert *(kollektive Koalitionsfreiheit)*. Der Arbeitsrechtler Michael Kittner schreibt dazu: »In Artikel 9 (3) des Grundgesetzes wird anerkannt, dass die Arbeitnehmer nur solidarisch dem systembedingten Machtvorsprung der Arbeitgeber zu begegnen vermögen: Artikel 9 (3) bedeutet ein Grundrecht auf Solidarisierung. Mit ihm hat der Kampf der Arbeiterbewegung um Anerkennung und Betätigungsfreiheit seinen Ausdruck im geltenden Recht gefunden.«

In Artikel 12 der EU-Grundrechte-Charta sind Gewerkschaften ausdrücklich erwähnt.

Artikel 9 (3) Grundgesetz: »Das Recht, zur Wahrung und Förderung der Arbeits- und Wirtschaftsbeziehungen Vereinigungen zu bilden, ist für jedermann und für alle Berufe gewährleistet. Abreden, die dieses Recht einschränken oder zu behindern suchen, sind nichtig, hierauf gerichtete Maßnahmen sind rechtswidrig.«
Artikel 12 (1) EU-Grundrechte-Charta: »Jede Person hat das Recht, sich insbesondere im politischen, gewerkschaftlichen und zivilgesellschaftlichen Bereich auf allen Ebenen frei und friedlich mit anderen zu versammeln und frei mit anderen zusam-

Übersicht 1-6: Auszug aus dem Grundsatzprogramm des Deutschen Gewerkschaftsbundes (DGB), November 1996

> Gewerkschaften vertreten die Interessen der Menschen, die im Arbeitsleben stehen, die eine Ausbildung und Arbeit anstreben, arbeitslos oder im Ruhestand sind. Sie sind Interessenorganisationen, die ihre Ziele und Forderungen in Auseinandersetzungen mit anderen Interessen, notfalls mit dem Mittel des Streiks, durchsetzen.
>
> Sie wurden gebildet, um durch Zusammenhalt wirksame Gegenmacht gegen Arbeitgeber- und Kapitalmacht zu schaffen und um Ausbeutung und Unterdrückung zu überwinden.
>
> Gewerkschaften sind aber auch gesellschaftliche Organisationen mit einem übergreifenden Gestaltungsauftrag, den sie mit anderen sozialen Bewegungen und politischen Kräften umsetzen.
>
> Die Vision einer lebenswerten Zukunft, in der Freiheit, soziale Gerechtigkeit, Wohlstand und ökologische Verantwortung gewährleistet sind, leitet unsere Arbeit.
>
> Wir streiten für eine solidarische Gesellschaft, in der Einkommen, Vermögen und Lebenschancen gerecht verteilt sind.
>
> Wir streiten für die Emanzipation der Geschlechter und für deren Gleichstellung, um eine partnerschaftliche Gestaltung der Erwerbs- und Familienarbeit zu erreichen.
>
> Wir engagieren uns für die Ausgestaltung der sozialen Einheit: Wir streiten für einheitliche Arbeits- und Lebensbedingungen in ganz Deutschland.
>
> Die parlamentarische und repräsentative Demokratie ist die wichtigste Errungenschaft moderner Gesellschaften. Nur sie bietet Chancen für gesellschaftliche Reformen. Die Gewerkschaften werden sie gegen alle Angriffe verteidigen; dabei berufen sie sich auch auf das Widerstandsrecht der Verfassung. Aus der Geschichte wissen wir: Freie Gewerkschaften und Demokratie bedingen einander.
>
> Wir engagieren uns für eine weitere Demokratisierung von Arbeitswelt, Wirtschaft und Gesellschaft, für Menschen- und Bürgerrechte wie für die Rechte und Chancen der Arbeitnehmerinnen und Arbeitnehmer, selbstbestimmt arbeiten und leben zu können.
>
> Die Gewerkschaftsbewegung in Deutschland ist ihrer Tradition und Geschichte verpflichtet: Demokratie und Freiheit, Gleichheit und Gerechtigkeit, Solidarität und Toleranz leiten seit jeher unser Handeln. Sie sind auch an der Schwelle zum 21. Jahrhundert die entscheidende Grundlage, den Frieden in Europa wie weltweit zu sichern und soziale Interessengegensätze und Konflikte ausgleichen zu können.
>
> Gewerkschaften bleiben auch in Zukunft interessenbezogene Kampforganisationen und gesellschaftliche Reformbewegung. Sie müssen für eine andere Zukunft, für gesellschaftliche Alternativen, für die Überwindung sozial ungerechter und ökologisch unerträglicher Verhältnisse kämpfen. Sie müssen Widerstand und Gegenmacht ebenso entwickeln wie vorwärtsweisende Initiativen und zukunftsfähige Konzepte, um Freiheit und Demokratie, Solidarität und Gerechtigkeit durchzusetzen.

menzuschließen, was das Recht jeder Person umfasst, zum Schutz ihrer Interessen Gewerkschaften zu gründen und Gewerkschaften beizutreten.«

Nicht jede Vereinigung von Beschäftigten kann sich Gewerkschaft nennen. Die aktuelle Rechtsprechung zum *Gewerkschaftsbegriff* fasst Christian Schoof im Lexikon »Betriebsratspraxis von A bis Z« wie folgt zusammen:

»Eine Gewerkschaft ist hiernach eine Vereinigung von Arbeitnehmern, die folgende Merkmale aufweist:

1. Es muss sich um einen freiwilligen Zusammenschluss von Arbeitnehmern auf überbetrieblicher Ebene handeln.
2. Die Arbeitnehmervereinigung muss so organisiert sein, dass sie unabhängig vom Wechsel ihrer Mitglieder besteht.
3. Sie muss gegnerfrei sein, das heißt, in ihr dürfen nur Arbeitnehmer, nicht aber gleichzeitig Arbeitgeber des in Frage kommenden Organisationsbereiches Mitglied sein.
4. Die Arbeitnehmervereinigung muss außerdem unabhängig vom sozialen Gegenspieler sein.
5. Ihre innere Struktur sowie ihre Willensbildung haben demokratischen Erfordernissen zu entsprechen. Insbesondere sind die Mitglieder der Vereinigung an der Willensbildung zu beteiligen.
6. Die Arbeitnehmervereinigung muss das geltende Tarifrecht anerkennen und es sich zur Aufgabe gemacht haben, die Arbeitsbedingungen ihrer Mitglieder durch Abschluss von Tarifverträgen zu gestalten.
7. Dabei muss eine grundsätzliche Bereitschaft zum Einsatz von Arbeitskampfmitteln gegeben sein.
8. Schließlich muss die Arbeitnehmervertretung über eine gewisse »soziale Mächtigkeit« verfügen. Das heißt, sie muss insbesondere von ihrer Mitgliederzahl und Leistungsfähigkeit der Organisation (größere Zahl Hauptamtlicher, Finanzkraft) in der Lage sein, so viel Druck auf den sozialen Gegenspieler (Arbeitgeberverband bzw. einzelner Arbeitgeber) auszuüben, dass dieser sich auf Tarifverhandlungen einlassen muss.«

Der Grundsatz der Vereinigungsfreiheit im Artikel 9 Abs. 3 des Grundgesetzes umfasst mehrere Aspekte. Teil dieser Vereinigungsfreiheit bzw. Koalitionsfreiheit ist die *Tarifautonomie*, die den Tarifvertragsparteien (Arbeitgeberverbände und Gewerkschaften) das Recht garantiert, ohne staatlichen Einfluss Tarifverträge abzuschließen. Teil der Koalitionsfreiheit und der Tarifautonomie ist auch das *Streikrecht* der Gewerkschaften. Dazu formulierte das Bundesarbeitsgericht 1984 wie folgt:

> »Tarifverträge kommen nur zustande, wenn sie gegebenenfalls von den Gewerkschaften mit den Mitteln eines Arbeitskampfes erzwungen werden können. …. Bei diesem Interessengegensatz wären Tarifverhandlungen ohne das Recht zum Streik nicht mehr als kollektives Betteln.« (BAG vom 12.9.1984)

Eine Arbeitnehmervereinigung, die die Voraussetzungen des Gewerkschaftsbegriffes nicht erfüllt, ist nicht tariffähig. Schließt sie dennoch Tarifverträge ab, sind diese unwirksam. Damit wird sichergestellt, dass sogenannte Schein- oder Gefälligkeitstarifverträge von Vereinigungen, die den Unternehmern nahestehen, nicht wirksam werden. Dazu ein Beispiel: In der Zeit, als die DGB-Gewerkschaften noch keine Tarifverträge mit den Arbeitgeberverbänden der Leiharbeitsbranche vereinbart hatten, schloss eine sogenannte Tarifgemeinschaft Christlicher Gewerkschaften für Zeitarbeit und Personalserviceagenturen (CGZP) Tarifverträge in der Leiharbeitsbranche ab, die extrem niedrige Entgelte vorsahen. Hier lag der Verdacht eines an Unternehmerinteressen orientierten »Gefälligkeits-Tarifvertrages« vor. Mit Beschluss des Bundesarbeitsgerichtes vom 14.12.2010 wurde diese Vereinigung nicht als Gewerkschaft anerkannt und die abgeschlossenen »Tarifverträge« waren nichtig.

1.9 Eine gemeinsame Gewerkschaft (Einheitsgewerkschaft)

Heute ist es in Deutschland überwiegend üblich, dass in einer Branche eine einheitliche Gewerkschaft die Interessen aller Beschäftigten vertritt. Dies ist sinnvoll, aber nicht selbstverständlich. Eine einheitliche Gewerkschaft für alle Beschäftigten einer Branche wird auch als *Einheitsgewerkschaft* bezeichnet. Das Gegenteil sind *Spartengewerkschaften*, die sich nur für Teile der Beschäftigten bzw. einzelne Berufsgruppen als zuständig definieren, oder Richtungsgewerkschaften, die sich durch die ausschließliche Orientierung auf politische Parteien auszeichnen. Der Gedanke einer Einheitsgewerkschaft hat mehrere Aspekte.

1.9.1 Parteipolitische Unabhängigkeit

In den Gewerkschaften des Deutschen Gewerkschaftsbundes (DGB) sind die Beschäftigten einer Branche *unabhängig von ihrer parteipolitischen Orientierung* organisiert. Die DGB-Gewerkschaften orientieren sich nicht an einer politischen Partei, achten beispielsweise bei den Wahlen zum Bundestag oder zu den Landtagen konsequent darauf, dass nicht zur Wahl einer bestimmten politischen Partei aufgerufen wird, und entwickeln eigenständige politische Positionen. Sie gehen davon aus, dass ihre Mitglieder eigenständig entscheiden wollen, welcher Partei sie ihre Stimme geben.

Das hat mehrere Vorteile: Durch die parteipolitische Unabhängigkeit können die Interessen aller Beschäftigten, unabhängig von ihrer parteipolitischen Orientierung, vertreten werden. Damit stehen die DGB-Gewerkschaften auch offen für Parteilose. Durch diesen Ansatz werden die Gewerkschaften nicht in parteipolitische Konflikte hineingezogen. Gäbe es zum Beispiel getrennte Gewerkschaften, die an CDU, SPD oder die Linke angebunden wären, käme es zu Streit über die Positionen und Handlungsweisen zwischen den einzelnen Gewerkschaften. Eine einheitliche Gewerkschaft für alle kann besser die Interessen aller Mitglieder vertreten als möglicherweise zerstrittene Richtungsgewerkschaften.

In Frankreich und Italien existieren Richtungsgewerkschaften, die sich an politischen Parteien orientieren. In der Praxis führt dies häufig bei Konflikten mit den Unternehmern dazu, dass sich die Gewerkschaften untereinander streiten und nicht gemeinsam den Unternehmern gegenübertreten und die Interessen der Beschäftigten nicht optimal vertreten werden. Auch in der deutschen Geschichte finden sich Zeiten, in denen es parteipolitische Richtungsgewerkschaften gab. In der Weimarer Republik waren diese Gewerkschaften zerstritten und nicht in der Lage, eine gemeinsame Vorgehensweise abzustimmen. Dies hatte fatale Konsequenzen. Als im Januar 1933 der

NSDAP und Adolf Hitler die Macht übertragen wurde, waren die parteipolitisch orientierten Gewerkschaften unfähig, gemeinsam gegen die Nationalsozialisten Widerstand zu leisten. Nach dem 2. Mai 1933 wurden die Gewerkschaften zerschlagen und viele Gewerkschafterinnen und Gewerkschafter in Konzentrationslagern festgesetzt. Etliche wurden von den Nazis dort ermordet.

Vor diesem Hintergrund wurde 1945 nach der Befreiung vom Faschismus großer Wert darauf gelegt, die Zerstrittenheit der Gewerkschaftsbewegung zu überwinden und eine parteipolitisch unabhängige Einheitsgewerkschaft zu schaffen. Dies war bei der Neugründung der einzelnen Branchengewerkschaften und des Deutschen Gewerkschaftsbundes ein zentrales Thema. Geschichtlich betrachtet sind in den einzelnen Gewerkschaften im DGB sozialdemokratische, sozialistische, kommunistische und christliche Strömungen aufgegangen. Da dies eine schwierige und nicht widerspruchsfreie Entwicklung war, ist es umso bemerkenswerter, dass das Modell der parteipolitisch unabhängigen Einheitsgewerkschaft seit langer Zeit ein Erfolgsmodell ist. Daher folgendes Fazit:

> Das Modell von parteipolitisch unabhängigen Einheitsgewerkschaften sichert eine wirkungsvolle Interessenvertretung aller Mitglieder, unabhängig von ihren parteipolitischen Überzeugungen.

Gegenüber rechten Parteien beziehen die DGB-Gewerkschaften jedoch klar Stellung, da sie ihren Zielen und Werten völlig entgegenstehen. Für die neo-nazistische Partei NPD gibt es einen sogenannten Unvereinbarkeitsbeschluss der einzelnen DGB-Gewerkschaften: Wer Mitglied der NPD ist, kann kein Mitglied einer DGB-Gewerkschaft sein und wird im Zweifelsfall aus der Gewerkschaft ausgeschlossen. Auch gegenüber der AfD haben die DGB-Gewerkschaften mehrfach eindeutig ablehnend Stellung bezogen.

1.9.2 Gemeinsame Interessenvertretung für »Arbeiter« und »Angestellte«
Heute gibt es keine rechtlichen Unterschiede zwischen »Arbeitern« und »Angestellten« mehr – weder im Sozialrecht noch in den Tarifverträgen. Dies war bis in die 1990er Jahre anders. Erst dann konnten die Gewerkschaften einen *einheitlichen Arbeitnehmerstatus* durchsetzen. Die über hundertjährige Trennung in Arbeiter und Angestellte wirkt aber bis heute im Selbstverständnis vieler Beschäftigter nach. Die Beschäftigten in der Produktion werden auch heute noch als »Arbeiterinnen und Arbeiter« angesehen, während die Beschäftigten im Büro, in der Verwaltung, der Konstruktion und im Forschungs- und Entwicklungsbereich als »Angestellte« bezeichnet werden.

Im Laufe der Geschichte bildeten sich unterschiedliche Gewerkschaften für »Arbeiter« und »Angestellte« heraus. In Deutschland gab es bis zum Jahr 2001 eine eigenständige »Deutsche Angestellten Gewerkschaft« (DAG), die nicht Mitglied im Deutschen Gewerkschaftsbund war. In der DAG waren »Angestellte« aus allen Branchen vertreten. In der Metallindustrie war es damals beispielsweise üblich, dass bei Betriebsratswahlen im Angestelltenbereich neben der IG Metall-Liste eine DAG-Liste zur Wahl stand. Häufig kam es im Betrieb zu Streitigkeiten. Die technische und organisatorische Entwicklung führte dazu, dass sich immer mehr Tätigkeiten herausbildeten, die nicht eindeutig als »Arbeitertätigkeit« oder als »Angestelltentätigkeit« zu identifizieren waren (vgl. Kapitel 6.1 und Übersicht 6-2). Dazu kam die Forderung der DGB-Gewerkschaften, die künstliche Spaltung in zwei Beschäftigtengruppen zu überwinden. Das Modell einer reinen Angestelltengewerkschaft war nicht länger haltbar. Die DAG löste sich 2001 auf und ging in der neuen Vereinten Dienstleistungsgewerkschaft (ver.di) auf. Seitdem gibt es in der Metallindustrie keine spezielle Angestelltengewerkschaft mehr. Doch in anderen Ländern gibt es bis heute getrennte Gewerkschaften für »Arbeiter« und »Angestellte«.

Auch wenn im Produktionsbereich die Organisationsgrade höher sind als in der Verwaltung und im Forschungs- und Entwicklungsbereich, hat beispielsweise die IG Metall seit langer Zeit das Image einer »Arbeitergewerkschaft« überwunden. Grundsatz aller DGB-Gewerkschaften ist es, alle Beschäftigten in einem Betrieb bzw. einer Branche zu vertreten, unabhängig von deren Tätigkeit und unabhängig davon, ob sie sich selbst als »Arbeiter« oder »Angestellte« einschätzen. Darüber hinaus bietet beispielsweise die IG Metall für einzelne Beschäftigtengruppen spezifische Angebote, so z.B. Ingenieurarbeitskreise oder Netzwerke für IT-Beschäftigte, an.

1.9.3 Ein Betrieb – eine Gewerkschaft

Heute gilt im Wechselverhältnis der DGB-Gewerkschaften der Grundsatz »*Ein Betrieb – eine Gewerkschaft*«. Das hat beispielsweise zur Konsequenz, dass ein Chemielaborant in der Qualitätskontrolle eines Stahlwerkes in der IG Metall und nicht in der IG BCE organisiert ist. Andererseits ist ein Industriemechaniker, der in einem Chemiebetrieb arbeitet, nicht in der IG Metall, sondern in der Gewerkschaft Bergbau, Chemie, Energie (IG BCE) organisiert. Auch dies ist keine Selbstverständlichkeit. In der Gründungszeit der Gewerkschaften in den 1890er Jahren gab es zahlreiche, an Berufsgruppen orientierte Gewerkschaften, beispielsweise der Mechaniker, der Elektriker, ja sogar der Feilenhauer. Mit Gründung der Vorgängerorganisation der IG Metall, des deutschen Metallarbeiterverbands (DMV), hat man sich für den Grundsatz »Ein Betrieb – eine Gewerkschaft« entschieden. So können im einzelnen Betrieb die Interessen aller Berufsgruppen wirksamer vertreten werden und es gibt keinen Streit zwischen mehreren Gewerkschaften im Betrieb, von dem letztlich nur die Unternehmer profitieren würden.

1.10 Spartengewerkschaften und Standesorganisationen

In einigen Branchen arbeiten sogenannte Spartengewerkschaften bzw. Standesorganisationen, die ausschließlich die Interessen einer Berufsgruppe und nicht aller Beschäftigten vertreten. Dies sind beispielsweise die Gewerkschaft der Lokomotivführer (GDL), die Pilotengewerkschaft Cockpit oder der Marburger Bund für die Ärzte. Alle diese Organisationen gehören dem Deutschen Gewerkschaftsbund (DGB) an. Einige sind Mitglied im »Deutschen Beamtenbund und Tarifunion«. Da Spartengewerkschaften meistens privilegierte Gruppen organisieren, die an bestimmten Schaltstellen der Unternehmen arbeiten, versuchen sie für ihre spezielle Mitgliedschaft bessere Entgelt- und Arbeitsbedingungen durchzusetzen.

> Die DGB-Gewerkschaften orientieren sich am Grundsatz der Solidarität und treten gemeinsam für die Interessen der »Schwachen« und der »Starken« ein, um für alle gemeinsam bessere Entgelt- und Arbeitsbedingungen zu erstreiten. Die »Spartengewerkschaften« verletzen den Grundsatz der Solidarität, da sie ausschließlich für kleine Gruppen von Spezialisten bessere Bedingungen als für die Gesamtheit der Belegschaft durchsetzen wollen.

Ziel muss es sein, in allen Branchen und Betrieben den Grundsatz »Ein Betrieb – eine Gewerkschaft« durchzusetzen. Dafür muss in der gemeinsamen Gewerkschaftspolitik ständig daran gearbeitet werden, dass sich alle unterschiedlichen Beschäftigtengruppen in einer Gewerkschaft gut vertreten fühlen und ihre besonderen Interessen berücksichtigt werden, z.B. bei Tarifforderungen.

1.11 »Gelbe« Gewerkschaften

Unter »gelben« Gewerkschaften fasst man Vereinigungen zusammen, die sich an den Unternehmern orientieren oder sogar von Unternehmern finanziert werden; sie geben sich nur den Anschein, eine Gewerkschaft zu sein. Der Begriff geht auf die frühe Zeit der Gewerkschaftsgründungen im 19. Jahrhundert in Frankreich zurück; damals hatten unternehmerorientierte Vereinigungen die Symbolfarbe Gelb im Unterschied zum Rot der sozialistischen Gewerkschaften.

Die sogenannte *Christliche Gewerkschaft Metall (CGM)* ist nicht Mitglied im Deutschen Gewerkschaftsbund. Sie ist nur in sehr wenigen Metallbetrieben vertreten und tritt dort bei Betriebsratswahlen mit einer eigenen Liste an. In der großen Mehrheit der Metallbetriebe hat sie keine Mitglieder. In einigen wenigen Metallbetrieben hat sie bei den Betriebsratswahlen einige Mandate gewonnen. Die Zahl der errungenen Betriebsratsmandate liegt schätzungsweise bei 0,26% aller Mandate. Aufgrund der relativ geringen Mitgliederzahl ist diese Organisation nicht in der Lage, mit den Unternehmerverbänden der Metallindustrie Tarifverträge abzuschließen. Fast alle Unternehmerverbände nehmen die CGM nicht ernst und führen mit ihr auch keine Tarifverhandlungen. Ihre Mitglieder haben deshalb keinen unmittelbaren rechtlichen Anspruch auf tarifliche Leistungen, wie dies die Mitglieder der IG Metall haben. Die CGM präsentiert sich in den Betrieben, in denen sie vertreten ist, als Opposition zur IG Metall, hat damit aber insgesamt wenig Erfolg. Darüber hinaus schließt sie ohne eine eigene Mitgliederbasis in einigen Handwerksbereichen mit den dort zuständigen Unternehmerverbänden des Handwerkes Tarifverträge ab.

Die *Arbeitsgemeinschaft unabhängiger Betriebsräte (AUB)* ist eine Organisation, die nicht anstrebt, Tarifverträge abzuschließen, sondern sich ausschließlich auf die Beratung von Betriebsräten konzentriert. Die AUB wurde jahrzehntelang vom *Siemens-Konzern* unterstützt und sogar finanziert. Siemens wollte damit eine Gegenorganisation zur IG Metall im Konzern aufbauen. Im Jahr 2007 wurden die diesbezüglichen Vermutungen der IG Metall bewiesen. Der damalige Vorstandsvorsitzende von Siemens, Heinrich von Pierer, stürzte auch über diesen Sachverhalt; einer seiner Nachfolger, Peter Löscher, entschuldigte sich öffentlich bei der IG Metall. Der damalige Vorsitzende der AUB, Wilhelm Schelsky, wurde inhaftiert und rechtskräftig verurteilt. Heute spielt die AUB – bis auf ganz wenige Betriebe – kaum noch eine Rolle. Sie stellt im Bereich der IG Metall noch 0,07% der Betriebsratsmitglieder.

1.12 Arbeitgeberverbände

Arbeitgeberverbände sind der Zusammenschluss einzelner Unternehmen, um die Interessen der Unternehmen und ihrer Eigentümer gegenüber den Gewerkschaften und dem Staat zu vertreten. Es gibt in Deutschland zahlreiche Arbeitgeberverbände, die sich in der Öffentlichkeit zu Wort melden. Der Einfluss dieser Verbände ist beachtlich. Schon allein ihre Existenz zeigt, wie notwendig Gewerkschaften als Gegengewicht sind. Die Vielfalt der Arbeitgeberverbände ist unübersichtlich und geschichtlich gewachsen. Vereinfacht lassen sich zwei Gruppen von Arbeitgeberverbänden unterscheiden:
- tarifpolitisch orientierte Arbeitgeberverbände (»Tarifverbände«),
- allgemeinpolitisch orientierte oder branchenorientierte Arbeitgeberverbände (»Wirtschaftsverbände«).

Die erste Gruppe schließt mit den Gewerkschaften Tarifverträge ab, die zweite Gruppe vertritt die Interessen ihrer Mitglieder auf der politischen Ebene (vgl. Übersicht 1-7). Einige der Verbände arbeiten sowohl auf der tarifpolitischen Ebene als auch allgemeinpolitisch oder branchenpolitisch. Die Arbeitgeberverbände bieten ihren Mitgliedsfir-

Übersicht 1-7: Arbeitgeberverbände in Deutschland (vereinfacht)

Tarif-Verbände	Wirtschafts-Verbände
Gesamtmetall mit den regionalen Mitgliedsverbänden wie SüdwestMetall, bayme vbm, Metall NRW, NiedersachsenMetall, VSME usw.	BDA: Bundesvereinigung der deutschen Arbeitgeberverbände
Arbeitgeberverband Stahl	BDI: Bundesverband der deutschen Industrie
Regionale Arbeitgeberverbände der Holz- und Kunststoffindustrie	Branchenverbände wie VDA, VDMA, ZVEI, Bitkom, Wirtschaftsvereinigung Stahl, HDH
Gesamtverband Textil und Mode mit den regionalen Arbeitgeberverbänden der Textil- und Bekleidungsindustrie	DIHK: Deutscher Industrie- und Handelskammertag mit regionalen Industrie- und Handelskammern (IHK)
Verbände anderer Branchen	Verbände anderer Branchen

men eine umfassende Rechtsberatung im Arbeitsrecht, was für die Unternehmen finanziell wesentlich günstiger ist als die Beauftragung von Rechtsanwälten.

Die Arbeitgeberverbände haben meistens eine »Doppelspitze«: Der Präsident ist ein Unternehmer oder Manager eines Unternehmens und nimmt die Funktion im Arbeitgeberverband ehrenamtlich wahr. Die operative Arbeit wird von einem Hauptgeschäftsführer geleistet, der hauptamtlich beim Arbeitgeberverband beschäftigt ist. Bei den regionalen Tarifverbänden kommt als drittes die Position des Verhandlungsführers bei Tarifverhandlungen hinzu; auch diese Position ist ehrenamtlich. In den Verbänden werden Entscheidungen durch den Vorstand, die Tarifkommission und die Mitgliederversammlung getroffen.

Seit den 1990er Jahren haben die tarifpolitisch orientierten Arbeitgeberverbände von Gesamtmetall eine sogenannte *OT-Mitgliedschaft* eingeführt *(OT = ohne Tarifvertrag)*. Firmen können damit Mitglied in den regionalen Arbeitgeberverbänden sein, ohne an die Flächentarifverträge gebunden zu sein. Während in der Mehrheit der Regionen nur wenige und kleinere Firmen eine OT-Mitgliedschaft haben, ist beispielsweise in Bayern eine erhebliche Zahl von Betrieben im Arbeitgeberverband ohne Tarifbindung organisiert. Die IG Metall kritisiert diese Verfahrensweise der Arbeitgeberverbände seit langer Zeit.

Die Arbeitgeberverbände vertreten »naturgemäß« andere Interessen, als es die Gewerkschaften tun. Insofern sind in der Öffentlichkeit häufig gegensätzliche Positionen zu einzelnen Fragen zu hören. Dies ergibt sich aus den unterschiedlichen Interessen von Beschäftigten und Unternehmern (vgl. Kapitel 1.2). Insbesondere bei Tarifrunden werden zwischen den Gewerkschaften und den Arbeitgeberverbänden in den jeweiligen Branchen heftige Konflikte ausgetragen, bis hin zu Warnstreiks und Streiks. Am Ende eines Tarifkonfliktes steht ein Kompromiss und ein neuer Tarifvertrag, der rechtlich verbindlich ist und für dessen Einhaltung beide Seiten geradestehen.

Trotz aller Konflikte ist das Verhältnis einer Gewerkschaft zum jeweiligen tarifpolitisch orientierten Arbeitgeberverband differenziert. Dies wird deutlich, wenn man sich diejenigen Branchen anschaut, in denen keine tarifpolitisch orientierten Arbeitgeberverbände existieren, die das Ziel verfolgen, mit einer Gewerkschaft Tarifverträge abzuschließen. Dies ist beispielsweise in der Call-Center-Branche der Fall, und die Gewerkschaften sind dort nicht stark genug, um die Unternehmer zum Abschluss von Tarifverträgen zu bewegen.

Dies wird auch deutlich, wenn einzelne Mitgliedsunternehmen aus einem tarifpolitisch orientierten Arbeitgeberverband austreten und versuchen, Entgelte und Arbeitsbedingungen unterhalb des Niveaus des Flächentarifvertrages durchzusetzen. In solchen Fällen fordert die IG Metall das Unternehmen auf, in den Arbeitgeberverband zurückzukehren und die Flächentarifverträge anzuwenden.

Trotz aller Konflikte bei vielen Themen und in einzelnen Tarifrunden *haben auch die Gewerkschaften ein Interesse an handlungsfähigen Arbeitgeberverbänden*, mit denen nach offiziell oder inoffiziell festgelegten Regeln Tarifkonflikte ausgefochten und Flächentarifverträge abgeschlossen werden.

Dies kann als »*Konfliktpartnerschaft*« bezeichnet werden und wird der Situation eher gerecht als der beschönigende Begriff der »Sozialpartnerschaft« (vgl. Kapitel 1.4). Darüber hinaus arbeiten Gewerkschaften und branchenorientierte Arbeitgeberverbände gegenüber der Politik zusammen, wenn sich gemeinsame Interessen abzeichnen. Weiter sind beide in den Gremien der Sozialversicherung und der Berufsausbildung vertreten.

Unternehmer agieren in der Öffentlichkeit und machen gegenüber der Regierung und den Parteien eine systematische Lobbyarbeit. Seit einigen Jahren arbeiten sie zusätzlich in einer verdeckten Form, bei der nicht sofort ersichtlich ist, dass Arbeitgeberverbände dahinterstecken. Die *»Initiative Neue Soziale Marktwirtschaft« (INSM)* in Berlin platziert in den Medien Botschaften, Anzeigen und Kampagnen, mit denen die Positionen der Arbeitgeberverbände transportiert werden. Die INSM wird ausschließlich von den Arbeitgeberverbänden der Metall- und Elektroindustrie finanziert und zwar mit einem jährlichen Etat von sieben Millionen Euro. Vorsitzender des Beirats ist der Präsident von Gesamtmetall.

2. Aufgaben der Gewerkschaften

2.1 Schutz- und Gestaltungsfunktion auf drei Ebenen

Die Gewerkschaften haben einerseits die Aufgabe, ihre Mitglieder vor Angriffen und Verschlechterungen durch Maßnahmen der Unternehmer und der Regierung zu schützen. Andererseits haben sie die Aufgabe, für ihre Mitglieder Verbesserungen durchzusetzen. In der Fußballsprache heißt dies: Die Gewerkschaften brauchen eine gute Verteidigung und einen guten Sturm – eine gute Defensive und eine gute Offensive. In der gewerkschaftlichen Debatte wird von einer *Schutzfunktion und einer Gestaltungsfunktion der Gewerkschaften* gesprochen.

> »Wenn der Wind der Veränderung weht,
> bauen die einen Mauern und die anderen Windmühlen.«
>
> Chinesisches Sprichwort

Diese Aufgaben müssen die Gewerkschaften auf *drei Ebenen* leisten: *im Betrieb, in der Tarifpolitik und in der Gesellschaft*. Die Zusammenhänge sind in der Übersicht 2-1 dargestellt. Diese Überlegungen sind auf den ersten Blick eine Selbstverständlichkeit, waren aber in der Geschichte der Gewerkschaften Gegenstand heftiger Debatten und wurden über die Jahre schrittweise entwickelt.

Übersicht 2-1: Funktionen und Handlungsebenen der Gewerkschaften

	Schutzfunktion	Gestaltungsfunktion
Gesellschaftspolitik	STOP	◇
Tarifpolitik	STOP	◇
Betriebspolitik	STOP	◇

In Zeiten von hoher Arbeitslosigkeit oder in Betrieben mit nur wenigen Gewerkschaftsmitgliedern ist die Machtposition der Arbeitgeber so stark, dass sie versuchen, Verschlechterungen in den Entgelt- und Arbeitsbedingungen durchzusetzen. Dann liegt es nahe, alle gewerkschaftliche Kraft auf die Abwehr von Verschlechterungen zu setzen, also die Schutzfunktion in den Mittelpunkt zu stellen. Auch für den einzelnen Beschäftigten kommt in diesen Zeiten dem individuellen Schutz eine große Bedeutung zu – sei es durch gemeinsame Aktionen oder durch den gewerkschaftlichen Rechtsschutz.

Auf Dauer reicht aber eine rein defensive Gewerkschaftsarbeit nicht aus. Denn Gewerkschaften sind dafür angetreten, Verbesserungen für ihre Mitglieder durchzusetzen. Eine Politik, die ausschließlich gegen etwas gerichtet ist, ist auf Dauer nicht tragfähig. Beschäftigte werden die Vertreter der Gewerkschaft fragen: »Ihr sagt immer nur ›nein‹. Was wollt ihr denn?« Je nach betrieblicher Situation muss dann entschieden werden, dass auf Aktivitäten der Arbeitgeber nicht mehr nur reagiert, sondern dass agiert wird, also eigene Forderungen aufgestellt werden. Eine Betriebsratspolitik, die sich darauf beschränkt, Kündigungen zu verhindern und bestehende Regelungen zu verteidigen, greift zu kurz.

Die Wahrnehmung der gewerkschaftlichen Gestaltungsfunktion durch den Betriebsrat und die Vertrauensleute bedeutet beispielsweise, dass konkrete Vorstellungen über betriebliche Entgeltgestaltung, Arbeitszeitregelungen und zur Gestaltung der Arbeitsbedingungen formuliert werden. Angesichts vielfältiger technologischer und arbeitsorganisatorischer Veränderungen haben Betriebsrat und Vertrauensleute die Aufgabe, diese Veränderungsprozesse sozial zu gestalten und aktiv zu beeinflussen. Dazu zählen auch Vorschläge zur Gestaltung der betrieblichen Abläufe oder zu notwendigen Investitionen und zum Aufbau neuer Beschäftigungsfelder. Gerade die beiden letzten Aspekte setzen eine gute Verzahnung der Betriebsratsarbeit mit der Arbeit der Arbeitnehmervertreter*innen im Aufsichtsrat voraus.

Gleiches gilt in der Tarifpolitik. In Zeiten niedriger Arbeitslosigkeit sind die Gewerkschaften so stark, dass sie regelmäßig Verbesserungen in den Tarifverträgen vereinbaren können. Bei hoher Massenarbeitslosigkeit treten demgegenüber Unternehmer dazu an, Tarifverträge zu kündigen, um bestehende Regelungen zu verschlechtern. Dann müssen sich die Gewerkschaften in den Tarifrunden auf die Verteidigung bestehender Regelungen konzentrieren.

Die Ebene der Tarifpolitik bietet den Gewerkschaften die Chance, eigenständig Forderungen aufzustellen, für sie zu streiten und zu kämpfen. Je nach gewerkschaftlicher Stärke in einer Branche gelingt es, mit den Arbeitgeberverbänden Kompromisse abzuschließen. In der Bundesrepublik Deutschland ist es seit 1949 gelungen, schrittweise entscheidende Verbesserungen der Entgelt- und Arbeitsbedingungen durchzusetzen. Dazu waren manchmal mehrwöchige Streiks erforderlich, aber in der Regel immer massive Warnstreiks. Beispiele gibt es genug: laufende Entgelterhöhungen, die Reduzierung der Arbeitszeit von über 40 Stunden auf

35 Stunden (bzw. 38 Stunden in Ostdeutschland), den Grundsatz des arbeitsfreien Wochenendes, 30 Tage Urlaub, Tarifverträge zur Beschäftigungssicherung und zur Altersteilzeit, Entgelt-Rahmentarifverträge und vieles mehr.

Auch auf der politischen Ebene kommt es auf das Kräfteverhältnis an. Je nachdem, welche Parteien die Regierung stellen und welche konkrete Politik sie betreiben, wird dies Auswirkungen auf die Handlungsweise der Gewerkschaften haben. Zu Zeiten der CDU/CSU-FDP-Regierung unter Bundeskanzler Helmut Kohl mussten die Gewerkschaften regelmäßig gegen Sozialabbau und gesetzliche Verschlechterungen kämpfen. Gleiches galt in der Schlussphase der rot-grünen Koalition unter Bundeskanzler Gerhard Schröder: Die Gewerkschaften mobilisierten zu großen Protestaktionen gegen die »Agenda 2010«. In den Jahren der zweiten CDU/CSU-SPD-Regierung unter Bundeskanzlerin Angela Merkel ließen die Angriffe auf Arbeitnehmerinteressen nach und die Gewerkschaften konnten Druck entwickeln, um auf der gesetzlichen Ebene Verbesserungen durchzusetzen, z.B. die Regelung eines gesetzlichen Mindestlohns.

Die Gestaltungsfunktion der Gewerkschaften beinhaltet aber auch, über die heutige Form der kapitalistischen Wirtschaftsordnung hinauszublicken und Alternativen zu formulieren. Die heutige Wirtschaftsordnung ist nicht unveränderbar. So haben einige Gewerkschaften zum Höhepunkt der großen Finanzkrise in den Jahren 2008 und 2009 eine Debatte begonnen, ob die heutige Wirtschaftsordnung nicht zu einer *Wirtschaftsdemokratie* umgestaltet werden sollte; vgl. dazu Kapitel 8.13. Darüber hinaus setzen sich die Gewerkschaften für eine demokratische, humane und solidarische Gesellschaft ein, in der auch die Rechte von Minderheiten gewährleistet werden. Deshalb treten die Gewerkschaften deutlich gegen Neo-Nazis, Rechtsextreme und Rechtspopulisten auf (vgl. Kapitel 8.11).

Die Übersicht 2-2 zeigt Beispiele für die Schutz- und Gestaltungsfunktion der Gewerkschaften auf der betrieblichen, tariflichen und gesellschaftspolitischen Ebene.

Des Öfteren fordern Arbeitgebervertreter und konservative oder neoliberale Politiker, die Gewerkschaften sollten sich aus der Politik heraushalten und sich auf ihre »Kernaufgaben« im Betrieb und in der Tarifpolitik konzentrieren. Sie sollten die Politik den Parteien überlassen. Diese Ansichten werden von den Gewerkschaften strikt zurückgewiesen.

> Die Gewerkschaften sind kein Ersatz für politische Parteien, aber sie müssen ihre Stimme auch in der Politik erheben und auch dort durch gemeinsames Handeln aktiv werden. Denn Entscheidungen auf der politischen Ebene können die Arbeits- und Lebensbedingungen der Gewerkschaftsmitglieder entscheidend verändern.

Ziel ist es, die Parteien und Regierungen zu entsprechenden Gesetzesinitiativen zu drängen. In einer Demokratie ist dies nicht nur legitim, sondern es ist die Aufgabe von Ge-

Übersicht 2-2: Beispiele für die Aufgaben der Gewerkschaften

	Schutzfunktion	Gestaltungsfunktion
Gesellschaftspolitik	■ Verhinderung von Gesetzesverschlechterungen, z.B. Entgeltfortzahlung im Krankheitsfall (1996) ■ Aktionen gegen die Agenda 2010 ■ Aktionen gegen die »Rente mit 67«	■ Forderung einer besseren Vereinbarkeit von Beruf und Familie ■ Forderung nach einem höheren Rentenniveau ■ Forderung nach mehr Mitbestimmung und einem besseren Wirtschaftssystem (z.B. Wirtschaftsdemokratie)
Tarifpolitik	■ Abwehr von Forderungen zur Kürzung von Urlaub und Urlaubsgeld (1994) ■ Abwehr von Entgelterhöhung unterhalb der Inflationsrate ■ Abwehr von weiterer Arbeitszeitflexibilisierung, die ausschließlich dem Arbeitgeber nützt	■ Forderung nach realen Entgelterhöhungen ■ Forderung nach Tarifverträgen zur Altersteilzeit ■ Forderung zur Arbeitszeitverkürzung, z.B. für Schichtarbeits-Beschäftigte
Betriebspolitik	■ Verhinderung von Kündigungen ■ Verhinderung der Umwandlung von Stammarbeitsplätzen in Werkverträge oder Leiharbeit ■ Einhaltung der tariflichen Arbeitszeit sicherstellen	■ Forderung nach Neueinstellungen ■ Bessere Modelle der Schichtarbeit fordern ■ Im Aufsichtsrat mehr Investitionen und mehr Innovationen fordern

werkschaften, die Interessen ihrer Mitglieder auch in der Bundes-, Landes- und Kommunalpolitik zu vertreten. Insofern haben die Gewerkschaften auch ein *politisches Mandat* für ihre Mitglieder. Diejenigen Unternehmer, die die Aufgaben der Gewerkschaften auf den Betrieb und die Tarifpolitik beschränken wollen, müssen gefragt werden, ob dann die Unternehmerverbände auch ihre politischen Aktivitäten und ihre Lobbyarbeit einstellen. Dann wird sofort sichtbar, wie einseitig derartige Vorschläge sind.

2.2 Gute Arbeit für alle!

Wenn Beschäftigten im Betrieb gekündigt wird und sie arbeitslos werden, hat das für sie zwei entscheidende Konsequenzen:
■ *Finanzielle Verluste:* Bei einer Kündigung durch den Unternehmer und anschließender Arbeitslosigkeit wird zwar Arbeitslosengeld I bezahlt, aber die finanziellen Verluste sind immens. Das Arbeitslosengeld I beträgt lediglich 60% des letzten Netto-Entgeltes (mit Kind 67%). Für die arbeitslos gewordenen Menschen hat dies gravierende Einschnitte zur Folge. Die Betroffenen und ihre Familien können sich weniger leisten und müssen ihren Lebensstandard drastisch einschränken. Insbesondere, wer Schulden zu bedienen hat, kommt sehr schnell in eine finanziell schwierige Situation. Darüber hinaus wird das Arbeitslosengeld I nur für die Dauer von zwölf Monaten gezahlt. Lediglich bei älteren Beschäftigten gibt es eine längere Bezugsdauer (über 50 Jahre 15 Monate, über 55 Jahre 18 Monate und über 58 Jahre 24 Monate). Nach Ende der Bezugsdauer wird dann nur noch das Arbeitslosengeld II

(»Hartz IV«) bezahlt. Der Regelsatz beträgt für Ledige 416 Euro plus Warmmiete (Stand: 2018) (vgl. Kapitel 9.4).
- *Anerkennungs-Verluste:* Wer keine Arbeit hat, genießt bei anderen Menschen häufig eine wesentlich geringere Anerkennung – bei Freunden, Nachbarn, ja sogar in der eigenen Familie. Die Gesellschaft in Deutschland baut auf dem Leitbild auf, dass die Menschen einen Arbeitsplatz haben und für ihr Dasein und das ihrer Familie eigenständig sorgen. Auch wenn Arbeitslosigkeit meistens auf die unternehmerische Entscheidung zur Kündigung zurückzuführen ist, haben viele arbeitslose Menschen Selbstzweifel und suchen den Grund für ihre Arbeitslosigkeit bei sich selber. Psychische Störungen und psychosomatische Krankheiten sind die Folge. Dies gilt insbesondere für Langzeitarbeitslose.

Aus diesen Gründen kommt es darauf an, dass möglichst viele Menschen einen sicheren, unbefristeten Arbeitsplatz zu guten Tarifbedingungen haben und die Zahl der Arbeitslosen möglichst niedrig ist. Dies stellt für die Gewerkschaften als Vertreter der Beschäftigten eines ihrer Hauptziele dar. Gewerkschaftliche Handlungsmöglichkeiten gibt es auf den genannten drei Ebenen:
- Betrieblich: Widerstand gegen Entlassungen aufbauen. Kurzarbeit oder Arbeitszeitverkürzung aufgrund der Tarifverträge zur Beschäftigungssicherung (vgl. Kapitel 19).
- Tariflich: tarifliche Arbeitszeitverkürzung, Tarifverträge zur Beschäftigungssicherung, Tarifverträge zur Übernahme der Ausgebildeten und Tarifverträge zur Altersteilzeit.
- Gesellschaftlich: beschäftigungsorientierte Wirtschaftspolitik, Investitionsprogramme zur Ankurbelung der Konjunktur.

Eine niedrige Arbeitslosigkeit hat auch für die Menschen, die in Beschäftigung sind, eine entscheidende Bedeutung. In Zeiten hoher Arbeitslosigkeit ist die Durchsetzungsfähigkeit der Gewerkschaften gegenüber den Unternehmern schlechter als zu Zeiten der Hochkonjunktur. Denn wenn die Beschäftigten sich von Entlassungen und Arbeitslosigkeit bedroht sehen, sind sie aus nahe liegenden Gründen nur schwer in der Lage, in den Gewerkschaften für bessere Entgelte zu kämpfen. Gewerkschaften sind auch in Zeiten der Massenarbeitslosigkeit handlungsfähig, aber ihre Durchsetzungsmacht ist geringer. Ist in vielen Betrieben Kurzarbeit vereinbart, sind die Druckmittel von Warnstreiks und Streiks geringer als zu Zeiten der Vollbeschäftigung.

Bei langanhaltender Massenarbeitslosigkeit sehen sich viele Menschen vor die brutale Alternative gestellt: Arbeitslos oder Arbeit zu schlechten Bedingungen? Diese Situation nutzen Unternehmer dann häufig aus, um flächendeckend schlechtere Bedingungen durchzusetzen. Zum Beispiel: Streichung übertariflicher Zulagen, Austritt aus dem Arbeitgeberverband und Bezahlung unterhalb des Niveaus der Flächentarifverträge, verstärkte Einführung von Leiharbeit und Werkverträgen zu schlechteren Bedingungen usw.

In der Politik wurden in Phasen von lang anhaltender Massenarbeitslosigkeit Konzepte zu Verschlechterungen der Arbeitsbedingungen durchgesetzt. Zu Beginn der

2000er Jahre wurde auch unter dem Motto »Sozial ist, was Arbeit schafft« völlig vernachlässigt, dass es sich dabei um »Gute Arbeit« zu guten Tarifbedingungen handeln muss. Die Agenda 2010 der rot-grünen Regierung unter Bundeskanzler Gerhard Schröder zeigt diesen Weg deutlich. In der Folge wurde ein großer Niedriglohnsektor aufgebaut, der häufig prekäre Arbeitsverhältnisse umfasst (befristete Arbeitsverhältnisse, tariflose Zustände, unbegrenzte Leiharbeit und Werkverträge). Die Gewerkschaften und Sozialverbände haben massiv gegen diese Entwicklung argumentiert und demonstriert. Auch heute hat ein relevanter Teil der Beschäftigten nur Arbeit in prekären Arbeitsverhältnissen bzw. im Niedriglohnbereich. Das Ziel der Gewerkschaften ist klar: Die Gewerkschaften setzen sich dafür ein, dass alle Menschen, die arbeiten wollen, einen sicheren, unbefristeten Arbeitsplatz zu guten Tarifbedingungen erhalten. In Zeiten, in denen die Arbeitslosigkeit steigt, müssen auf allen Ebenen Maßnahmen zur Beschäftigungssicherung und zum Abbau der Arbeitslosigkeit ergriffen werden. Auf den Punkt gebracht: Die Gewerkschaften fordern: Gute Arbeit für alle!

Im deutschen Grundgesetz ist kein *»Recht auf Arbeit«* als Grundrecht verankert, was von den Gewerkschaften seit vielen Jahren kritisiert wird. Denkbar wäre, eine Formulierung ins Grundgesetz zu übernehmen, wie sie in der *Allgemeinen Erklärung der Menschenrechte der UNO* vom Dezember 1948 verankert ist:

»Recht auf Arbeit, gleichen Lohn
1. Jeder hat das Recht auf Arbeit, auf freie Berufswahl, auf gerechte und befriedigende Arbeitsbedingungen sowie auf Schutz vor Arbeitslosigkeit.
2. Jeder, ohne Unterschied, hat das Recht auf gleichen Lohn für gleiche Arbeit.
3. Jeder, der arbeitet, hat das Recht auf gerechte und befriedigende Entlohnung, die ihm und seiner Familie eine der menschlichen Würde entsprechende Existenz sichert, gegebenenfalls ergänzt durch andere soziale Schutzmaßnahmen.
4. Jeder hat das Recht, zum Schutz seiner Interessen Gewerkschaften zu bilden und solchen beizutreten.«

(Allgemeine Erklärung der Menschenrechte der UNO, Artikel 23)

2.3 Das »doppelte K«: Konflikt und Kooperation

Die Betriebsräte und Vertrauensleute stehen im Betrieb in einem Spannungsverhältnis zu den Unternehmensvertretern. Genauso liegt zwischen den Gewerkschaften und Arbeitgeberverbänden ein besonderes Spannungsverhältnis vor. Dies ist zunächst einmal geprägt von den gegensätzlichen Interessen von Beschäftigten und Unternehmern (vgl. Kapitel 1.2). Andererseits sind beide Seiten darauf angewiesen, mit der jeweils anderen Seite zu kooperieren, um tragfähige Kompromisse zu erzielen. Dieses Wechselverhältnis zwischen *Konflikt und Kooperation* wird durch den Begriff *»Das doppelte K«* auf den Punkt gebracht (vgl. Übersicht 2-3).

In der praktischen Arbeit der Betriebsräte, aber auch in der Tarifpolitik steht am Ende eines Konflikts immer ein Kompromiss, der letztlich durch das Kräfteverhältnis

Übersicht 2-3: Das »doppelte K«: Konflikt und Kooperation

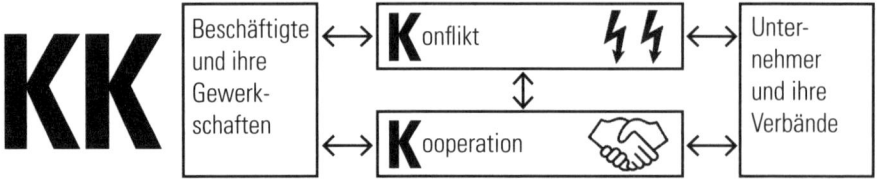

der beiden Seiten bestimmt wird. Zur täglichen Praxis von Betriebsräten und Management gehört es, zu kooperieren, also Betriebsvereinbarungen abzuschließen, konkrete Absprachen über Entgelte, Arbeitszeiten und Arbeitsbedingungen zu treffen. Genauso gehört es zur Praxis der Gewerkschaften und Arbeitgeberverbände, miteinander in Tarifverhandlungen zu kooperieren – sei es in den jährlichen Tarifrunden oder bei der praktischen Umsetzung von Tarifverträgen im einzelnen Betrieb. Kann in Verhandlungen kein Ergebnis erzielt werden, kommt es zwischen beiden Seiten zum Konflikt. Dies können betriebliche Protestaktionen sein oder in Tarifrunden Warnstreiks und im Zweifelsfall länger dauernde Streiks.

> Die Einheit von Konflikt und Kooperation mit all ihren Widersprüchen kennzeichnet die Arbeit jeder gewerkschaftlichen Interessenvertretung, im einzelnen Betrieb genauso wie in der Tarifpolitik und letztlich auch in der Gesellschaftspolitik. Eine ausschließlich auf Konflikt orientierte Arbeit der gewerkschaftlichen Interessenvertretung ist genauso zum Scheitern verurteilt wie eine ausschließliche Orientierung auf Kooperation. Beide Elemente stehen zudem in einem Wechselverhältnis.

Um die Interessen der Beschäftigten wirkungsvoll vertreten zu können, muss die gewerkschaftliche Interessenvertretung in der Lage sein, auf die Unternehmer Druck auszuüben. Am Ende der Konfliktmaßnahmen muss aber ein Ergebnis stehen, also ein Kompromiss. Dieser Kompromiss wird umso besser für die Beschäftigten ausfallen, je wirkungsvoller der Konflikt geführt werden kann. Protestaktionen der Belegschaften können dabei hilfreich sein – von der Unterschriftensammlung über Unmutsbekundungen auf Betriebsversammlungen bis hin zu spontanen Arbeitsniederlegungen. In der Praxis der Interessenvertretung hilft es häufig, wenn glaubhaft Konfliktmaßnahmen angedroht werden und die Unternehmer einschätzen, dass ohne ein Nachgeben tatsächlich Konfliktmaßnahmen stattfinden. Liegt diese Konfliktfähigkeit nicht vor, endet die Kooperation mit der Unternehmerseite letztlich in einer traditionellen Sozialpartnerschaft, bei der die Interessenvertretung letztlich die unternehmerischen Zielvorstellungen nur nachvollzieht, allenfalls in Details beeinflusst.

> Auf der Grundlage von gewerkschaftlicher Stärke und der Fähigkeit, im Zweifelsfall Konflikte offensiv führen zu können, ist eine Kooperation zwischen der Interessenvertretung und der Unternehmensleitung möglich und sinnvoll.

Das Verhältnis von Konflikt und Kooperation lässt sich mit einer abgewandelten Formulierung des Schriftstellers Gerhard Bramster beschreiben: »Konflikt und Kooperation sind wie zwei Beine – ist eins zu kurz, hinkt man.«

Dies gilt nicht nur für die betriebliche Interessenvertretung, sondern auch für die gewerkschaftliche Tarifpolitik. Finden in einer Branche oder im einzelnen Betrieb Tarifverhandlungen statt, bei denen die Gewerkschaft nicht zu Warnstreiks aufrufen oder wirksam mit längeren Streiks drohen kann, werden die erzielten Kompromisse nicht befriedigend sein. Ist die Gewerkschaft aber in der Lage, den Tarifkonflikt offensiv zu führen, indem sich die Belegschaften in großer Zahl an Warnstreiks und im Zweifelsfall an einem mehrwöchigen Streik beteiligen, werden die erzielten Kompromisse für die Beschäftigten besser sein. Am Ende eines Tarifkonfliktes steht ein gemeinsamer Tarifvertrag, den beide Seiten aushandeln und formulieren. Tarifverträge haben immer eine bestimmte Laufzeit, häufig von einem bis zwei Jahren. Die Kooperation beim Abschluss eines Tarifvertrages beendet nicht grundsätzlich den Konflikt zwischen den Beschäftigten und den Unternehmern, sondern schafft für die Laufzeit des Vertrages Stabilität für beide Seiten. Aus diesem Blickwinkel betrachtet, sind Tarifverträge »Friedensabkommen auf Zeit«.

2.4 Der Deutsche Gewerkschaftsbund und seine Einzelgewerkschaften

Der Deutsche Gewerkschaftsbund (DGB) ist der Zusammenschluss von acht Einzelgewerkschaften aus verschiedenen Branchen und dem öffentlichen Dienst. Die IG Metall und die Vereinte Dienstleistungsgewerkschaft ver.di sind mit jeweils etwa zwei Millionen Mitgliedern die beiden größten Gewerkschaften (vgl. hierzu Übersicht 2-4). Insgesamt sind in den acht DGB-Gewerkschaften knapp sechs Millionen Mitglieder organisiert.

Übersicht 2-4: Mitgliedsgewerkschaften im DGB

Gewerkschaft	Mitgliederzahl
DGB insgesamt	5.995.437
Industriegewerkschaft Metall (IG Metall)	2.262.661
Vereinte Dienstleistungsgewerkschaft (ver.di)	1.987.336
Industriegewerkschaft Bergbau, Chemie, Energie (IG BCE)	637.623
Gewerkschaft Erziehung und Wissenschaft (GEW)	278.243
Industriegewerkschaft Bauen-Agrar-Umwelt (IG BAU)	254.525
Gewerkschaft Nahrung-Genuss-Gaststätten (NGG)	199.921
Eisenbahn- und Verkehrsgewerkschaft (EVG)	189.975
Gewerkschaft der Polizei (GDP)	185.153

Zahlreiche Organisationen, die in den Medien als Gewerkschaften bezeichnet werden, sind nicht Mitglied im DGB, so z.b. der Deutsche Beamtenbund, der Marburger Bund, die Gewerkschaft der Lokomotivführer (GDL), die Pilotenvereinigung Cockpit, die Deutsche Polizeigewerkschaft, die Steuergewerkschaft und die christlichen Gewerkschaften wie z.B. die Christliche Gewerkschaft Metall (CGM).

Die zentrale Aufgabe des DGB besteht darin, in allen übergeordneten Fragen für die acht Mitgliedsgewerkschaften in der Öffentlichkeit und gegenüber der Politik Position zu beziehen und die Arbeit der Mitgliedsgewerkschaften zu koordinieren. Das gilt beispielsweise auch für Stellungnahmen zu Gesetzesentwürfen im Bund und in den Ländern, wo der DGB als *Spitzenorganisation* zu Stellungnahmen aufgefordert wird. Bei speziellen Fällen werden zusätzlich Stellungnahmen der Einzelgewerkschaften abgegeben. Der DGB koordiniert die gewerkschaftliche Arbeit in den Gremien der Sozialversicherung und bei den Sozialwahlen (vgl. Kapitel 9). Jedes Gewerkschaftsmitglied hat bei Streitigkeiten mit der Unternehmensleitung Anspruch auf Rechtsschutz, d.h. auf juristische Beratung, und Anspruch auf Prozessvertretung bei den Arbeits- und Sozialgerichten. Dies wird durch eine Tochtergesellschaft des DGB, die DGB Rechtsschutz GmbH, organisiert, die bundesweit über 100 regionale Büros mit Rechtssekretär*innen und Rechtsanwälten unterhält (DGB-Rechtsstellen).

Der DGB ist bundesweit in drei bzw. vier Ebenen organisiert:
- der DGB-Bundesvorstand in Berlin;
- neun Bezirke in den einzelnen Bundesländern, wobei einige Bezirke mehrere Bundesländer umfassen; die Bezirke werden von Bezirksvorsitzenden geleitet;
- 59 Regionen. In den einzelnen Bezirken werden Regionen gebildet, die von Regionsvorsitzenden geleitet werden;
- darüber hinaus können unterhalb der Regionen ehrenamtlich besetzte Kreis- und Stadtverbände gewählt werden; davon gibt es über 300.

Die Hans-Böckler-Stiftung des DGB engagiert sich in der Studienförderung sowie der Mitbestimmungs- und Wissenschaftsförderung (boeckler.de). Zur Hans-Böckler-Stiftung gehören das Wirtschafts-und Sozialwissenschaftliche Institut (WSI), das Institut für Makroökonomie und Konjunkturforschung (IMK) und das Hugo-Sinzheimer-Institut für Arbeitsrecht (HSI) (vgl. Übersicht 2-5).

2.5 Der 1. Mai

Jährlich am 1. Mai rufen der DGB und seine Mitgliedsgewerkschaften zu Kundgebungen auf, um für die Interessen und Ziele der Beschäftigten und ihrer Gewerkschaften gemeinsam zu demonstrieren. In fast allen größeren Städten finden Demonstrationen, Kundgebungen und Familienfeste statt, aber auch in vielen kleineren Städten und Orten gibt es Kundgebungen. Im Jahr 2017 waren es bundesweit knapp 500 Veranstaltungen mit über 360.000 Teilnehmerinnen und Teilnehmern. Da in den Medien über die Positionen der Gewerkschaften kaum oder gar nicht berichtet wird, liegt heute die

Übersicht 2-5: Der DGB und verbundene Organisationen

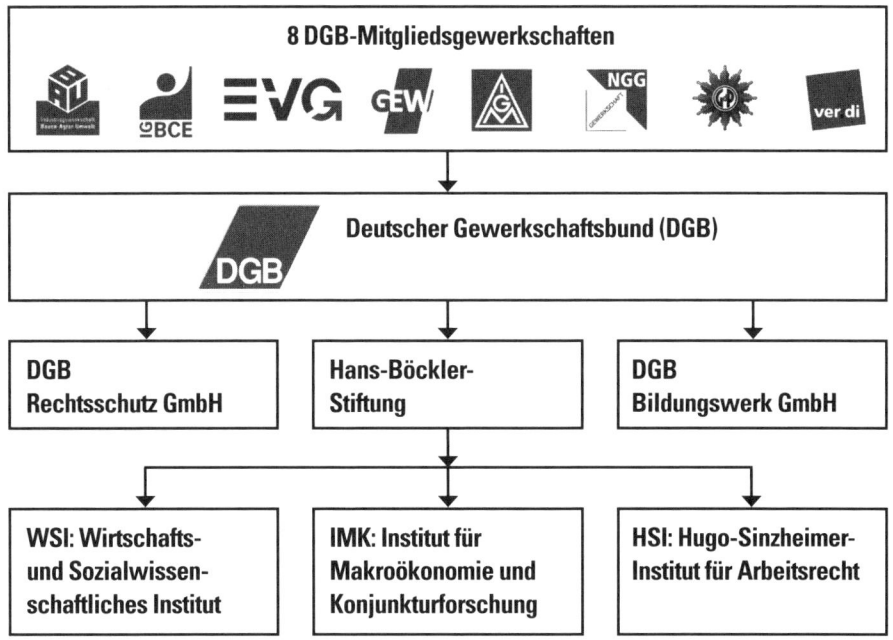

Bedeutung des 1. Mai auch darin, Gegenöffentlichkeit zu organisieren und auf die Belange der Gewerkschaften und der Beschäftigten aufmerksam zu machen. Nach vielen Kundgebungen werden heute Familienfeste mit Info-Ständen der Gewerkschaften und befreundeter Organisationen veranstaltet. Da insbesondere in Südeuropa der 1. Mai eine lange Tradition hat, beteiligen sich viele Beschäftigte mit Migrationshintergrund an den Festen. Menschen vieler Nationen kämpfen und feiern gemeinsam. Insofern ist der 1. Mai heute auch ein Tag der multikulturellen Gemeinsamkeit und der internationalen Solidarität.

Der 1. Mai ist ein internationaler Feiertag. Dies ergibt sich auch aus dessen Geschichte. Schon 1889 beschloss ein internationaler Kongress der Arbeiterbewegung – die sogenannte 2. Internationale –, dass jedes Jahr am 1. Mai in allen Ländern Protestaktionen stattfinden sollten. Damals waren die Proteste eng mit der Forderung nach dem 8-Stunden-Tag verbunden. Das Datum des 1. Mai wurde gewählt, weil am 1. Mai 1886 in Chicago auf dem Haymarket eine Demonstration von Arbeitern von der Polizei blutig niedergeschlagen wurde. Die Tatsache, dass die Tradition des 1. Mai über 120 Jahre Bestand hat, spricht für die Beständigkeit der Gewerkschaftsbewegung.

Damals wie heute gilt: Je mehr Beschäftigte sich an den Kundgebungen am 1. Mai beteiligen, desto überzeugender können die Gewerkschaften gegenüber den Unternehmern und gegenüber der Politik ihre Forderungen durchsetzen.

2.6 Internationale Gewerkschaftsarbeit

Angesichts der Globalisierung und weltweit tätiger Konzerne kommt der internationalen Gewerkschaftsarbeit eine hohe Bedeutung zu. Dazu haben sich internationale Gewerkschaftsbünde – sowohl auf europäischer Ebene als auch weltweit gebildet. Dort wird versucht, Absprachen über gemeinsame Initiativen in der Gewerkschaftsarbeit in den einzelnen Ländern zu treffen und koordinierte Initiativen zu starten. Eine Koordinierung der Arbeit gestaltet sich oft sehr schwierig, da es in den einzelnen Ländern völlig unterschiedliche Strukturen der Gewerkschaften gibt und ihr Einfluss sehr unterschiedlich ausgeprägt ist. Gewerkschaftsarbeit in unterentwickelten Ländern unterscheidet sich stark von der europäischen Gewerkschaftsarbeit, weil in vielen Ländern aktive Gewerkschafter mit massiven Repressionen rechnen müssen – bis hin zu Gefängnisstrafen.

Die Gewerkschaftsbünde existieren auf Branchenebene, aber auch branchenübergreifend (vgl. Übersicht 2-6). Sie starten regelmäßig europaweite oder weltweite Kampagnen für eine bessere Arbeitswelt, z.B. für die Situation der Textilarbeiter*innen in Bangladesch und inhaftierte Gewerkschafterinnen und Gewerkschafter.

Übersicht 2-6: Internationale Gewerkschaftsorganisationen

Deutschland	IG Metall I igmetall.de	DGB I dgb.de
Europa	IndustriAll – European Trade Union industriall-europe.eu	Europäischer Gewerkschaftsbund (EGB) etuc.org
Welt	IndustriAll – Global Union industriall-union.org	Internationaler Gewerkschaftsbund (IGB) ituc-csi.org

Die *internationale Arbeitsorganisation ILO (International Labor Organization)* in Genf ist eine Sonderorganisation der Vereinten Nationen. Vertreter aus 183 Staaten sind Mitglied. Ihre Gremien sind drittelparitätisch besetzt: Gewerkschaften, Arbeitgeberverbände und Regierungen. Dort wurden im Laufe der Jahre die sogenannten *ILO-Kernarbeitsnormen* verabschiedet; sie sind in mehreren ILO-Übereinkommen festgelegt. Das sind völkerrechtlich bindende Verträge. Damit sie ihre Bindungswirkung entfalten können, müssen sie von den Mitgliedstaaten ratifiziert werden (vgl. Übersicht 2-7).

Die ILO-Kernarbeitsnormen umfassen:
- *Vereinigungsfreiheit:* Diese umfasst u.a. das Recht, Arbeitgeberverbände und Gewerkschaften zu gründen und ihnen beizutreten; sie sieht einen umfassenden Schutz gegenüber staatlicher Einmischung vor.
- *Vereinigungsrecht und Recht zu Kollektivverhandlungen:* Staaten müssen den Abschluss von Kollektivverträgen ermöglichen und dürfen Bewerber bzw. Beschäftigte nicht benachteiligen, weil sie Mitglieder einer Gewerkschaft sind.
- *Beseitigung der Zwangsarbeit:* Jede Form von unfreiwilliger Arbeit, die unter Androhung von Strafe oder anderen Sanktionen erzwungen werden soll.
- *Gleichheit des Entgelts:* Männer und Frauen müssen für gleiche Arbeit gleich entlohnt werden; das gilt auch für Nichtdiskriminierung aufgrund ethnischer, politischer, religiöser u.a. Gründe.

Übersicht 2-7: ILO-Kernarbeitsnormen

ILO-Kernprinzipien	ILO-Kernarbeitsnormen
Vereinigungsfreiheit	No. 29 (1930) Zwangs- und Pflichtarbeit
	No. 87 (1948) Vereinigungsfreiheit und Schutz des Vereinigungsrechte
Abschaffung der Zwangsarbeit	No. 98 (1949) Vereinigungsrecht und Recht zu Kollektivverhandlungen
	No. 100 (1951) Gleichheit des Entgelts
Beseitigung der Kinderarbeit	No. 105 (1957) Abschaffung der Zwangsarbeit
	No. 111 (1958) Diskriminierung in Beschäftigung und Beruf
Gleichheit	No. 138 (1973) Mindestalter für die Zulassung zur Beschäftigung
	No. 182 (1999) Schlimmste Formen der Kinderarbeit

- *Abschaffung der Kinderarbeit:* Jugendliche dürfen erst arbeiten, wenn ihre »volle körperliche und geistige Entwicklung gesichert ist« (nicht unter 15 Jahren).

Insbesondere für unterentwickelte Länder stellen die ILO-Kernarbeitsnormen keine Selbstverständlichkeit dar; häufig wird gegen sie in der Praxis verstoßen. Mitunter wird kritisiert, dass die Durchsetzung der Normen auch bei erfolgter Ratifizierung äußerst kompliziert ist. In der Tat ist der existierende Überwachungsprozess sehr komplex. Dennoch bietet er gerade für gewerkschaftliche Akteure Chancen, Missstände im eigenen Land mit Verweis auf internationale Rechtsnormen anzuprangern. Selbst der Bundesrepublik ist u.a. wegen des fehlenden Streikrechts für Beamte bereits mehrfach eine Rüge erteilt worden. Die USA haben bisher erst zwei der insgesamt acht Übereinkommen zu wesentlichen Arbeitsnormen ratifiziert (Abschaffung der Zwangsarbeit und Verbot der schlimmsten Formen von Kinderarbeit). Insbesondere die bereits 1948 und 1949 abgeschlossenen Übereinkommen zur Vereinigungsfreiheit und zum Recht auf Kollektivverhandlungen sind bis heute durch die USA nicht ratifiziert. In den »Right-to-work-Staaten« im Süden der USA sind die Arbeitsgesetze bis heute äußerst restriktiv. Gewerkschaften und Gewerkschafter werden zum Teil offen bekämpft.

Die ILO-Kernarbeitsnormen bieten ein Grundgerüst für menschenwürdige Arbeitsbedingungen. In mehreren großen deutschen Konzernen konnten Vereinbarungen abgeschlossen werden, in denen u.a. die ILO-Kernarbeitsnormen für alle Standorte und für alle Zulieferfirmen weltweit verankert wurden (Internationale Rahmenvereinbarungen). Auf dem Weg zu einer solchen Vereinbarung kann es sinnvoll sein, im Rahmen der Berichtspflicht der großen Unternehmen zur Nachhaltigkeit detailliert über die Arbeitsbedingungen an allen internationalen Standorten berichten zu lassen (vgl. § 289c Handelsgesetzbuch und Kapitel 5.3). In einigen deutschen Großbetrieben konnte durchgesetzt werden, dass weltweit auch die Lieferanten Mindestbedingungen bei den Arbeitsverhältnissen einhalten müssen (»code of conduct«).

3. Sieben Elemente des Arbeitsverhältnisses

Wenn Beschäftigte in einem Betrieb eingestellt werden, schließen sie rechtlich betrachtet einen Arbeitsvertrag ab. Die Beschäftigten stellen damit dem Unternehmer ihre Arbeitskraft zur Verfügung und unterwerfen sich dem Weisungsrecht des Unternehmers (vgl. § 611a BGB). Dieses Weisungsrecht ist jedoch durch gesetzliche und tarifvertragliche Regelungen begrenzt. *Ein Arbeitsverhältnis kann zunächst in drei zentrale Elemente gegliedert und in einem zweiten Schritt auf sieben Elemente erweitert werden.*

Wenn Beschäftigte ein Arbeitsverhältnis eingehen, stellen sich zunächst *drei zentrale Fragen:* Wie hoch ist das *Entgelt*, welches *Arbeitspensum* muss dafür erbracht werden und wie lang ist die wöchentliche *Arbeitszeit* (vgl. Übersicht 3-1)? Gäbe es keine Gesetze und Tarifverträge, gäbe es keine Betriebsräte und Gewerkschaften, würde der Unternehmer durch sein Weisungs- bzw. Direktionsrecht über die drei zentralen Elemente alleine entscheiden.

Dies ergibt sich aus einer zentralen Bestimmung der Gewerbeordnung. In § 106 GewO heißt es: »Der Arbeitgeber kann Inhalt, Ort und Zeit der Arbeitsleistung nach billigem Ermessen näher bestimmen, soweit diese Arbeitsbedingungen nicht durch den Arbeitsvertrag, Bestimmungen einer Betriebsvereinbarung, eines anwendbaren Tarifvertrages oder gesetzliche Vorschriften festgelegt sind. Dies gilt auch hinsichtlich der Ordnung und des Verhaltens der Arbeitnehmer im Betrieb.«

> Aus Sicht der gewerkschaftlichen Interessenvertretung lässt sich das Ziel ableiten, auf alle Elemente des Arbeitsverhältnisses einen möglichst starken Einfluss zu gewinnen, um so das Direktionsrecht des Unternehmers zu begrenzen.

Übersicht 3-1: Drei zentrale Elemente des Arbeitsverhältnisses

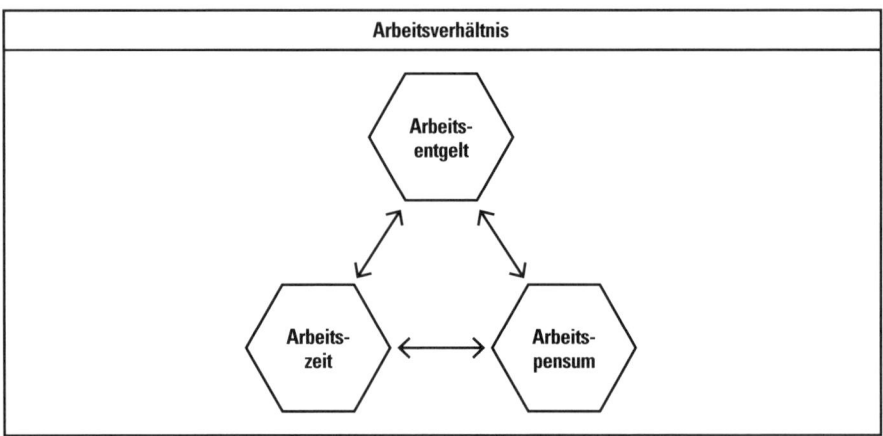

Zu den drei zentralen Elementen des Arbeitsverhältnisses gibt es zahlreiche Aspekte, die zu beachten sind. An dieser Stelle werden grundsätzliche Aspekte beleuchtet, die in den späteren Kapiteln vertieft werden.

3.1 Arbeitsentgelt

Da das Arbeitsentgelt für die große Mehrheit der Beschäftigten die einzige Einnahmequelle ist, muss es so hoch sein, dass die Beschäftigten für sich und ihre Familien einen akzeptablen Lebensstandard verwirklichen können. Die gegensätzlichen Interessen zwischen Beschäftigten und Unternehmern sind bei der Entgelthöhe unmittelbar sichtbar. Während das Interesse der Beschäftigten bei möglichst hohen Entgelten liegt, haben die Unternehmer ein Interesse, diese möglichst niedrig zu halten, um so ihre Personalkosten zu minimieren.

Die gezahlten Entgelte sind in Deutschland stark gespreizt. Die Untergrenze liegt beim gesetzlichen Mindestlohn von 8,84 Euro pro Stunde (Stand 2018; ab 2019 voraussichtlich 9,19 Euro). Dies entspricht bei einer 35-Stunden-Woche einem Monatsentgelt von 1.346 Euro und bei einer 40-Stunden-Woche einem Monatsentgelt von 1.538 Euro (gerechnet mit dem Faktor von 4,35 Wochen pro Monat). Mindestlöhne haben in denjenigen Branchen eine Relevanz, in denen es aus den unterschiedlichsten Gründen nicht gelingt, ausreichende Tariflöhne zu vereinbaren. Eine Untersuchung der Hans-Böckler-Stiftung aus dem Jahr 2018 zeigt, dass in der betrieblichen Praxis häufig die Zahlung des Mindestlohns unterlaufen wird, insbesondere in Betrieben ohne Betriebsräte. Das gesetzeswidrige Unterlaufen des Mindestlohns findet sich insbesondere in den Branchen Gastronomie und Einzelhandel sowie in privaten Haushalten.

Die Schwelle für den sogenannten Niedriglohnbereich liegt bei einem Stundenentgelt von ca. zehn Euro pro Stunde (Stand 2014). Dies entspricht einem Monatsentgelt zwischen 1.523 Euro (bei 35 Stunden) bzw. 1.740 Euro (bei 40 Stunden). Die Niedriglohnschwelle wird definiert als der Wert, der unterhalb von zwei Dritteln des Medians aller Einkommen liegt. (Der »Median« teilt die Summe aller Einkommensempfänger in zwei gleiche Hälften.) Weder von den Entgelten im Niedriglohnbereich und schon gar nicht vom Mindestlohn lässt sich ein halbwegs akzeptabler Lebensstandard realisieren. Dennoch arbeiten in Deutschland im Niedriglohnbereich über 7,65 Millionen Beschäftigte, was einem Anteil von 21,4% entspricht. Diese Erhebungen wurden im Jahr 2014, also vor der Einführung des gesetzlichen Mindestlohnes, vorgenommen.

Die tariflichen Entgelte in der Industrie liegen deutlich höher. So beträgt das niedrigste Entgelt beispielsweise in der niedersächsischen Metallindustrie 16,00 Euro pro Stunde, was bei einer 35-Stunden-Woche einem Monatsentgelt von 2.437 Euro entspricht (Stand 2018). In den anderen Regionen sind ähnlich hohe Entgelte vereinbart. Die tariflichen Entgelte liegen je nach Anforderung der Tätigkeit in einer Spanne von etwa 2.390 bis ca. 6.000 Euro pro Monat. Beispielsweise werden Tätigkeiten, für die eine mindestens dreijährige Berufsausbildung erforderlich ist, je nach regionalem Tarifgebiet der Metallindustrie mit etwa 3.120 Euro pro Monat bezahlt (monatliches Grundentgelt ohne Zulagen).

> Zielsetzung der Gewerkschaften ist es, für möglichst alle Beschäftigten ausreichend hohe Tarifentgelte durchzusetzen. Es kann nicht die hauptsächliche Zielsetzung der Gewerkschaften sein, vom Gesetzgeber ständig steigende Mindestlöhne zu fordern. Der Grundsatz der Tarifautonomie ist im Grundgesetz verankert und sieht die eigenständige (autonome) Aushandlung der Entgelte durch die Gewerkschaften und die Arbeitgeberverbände ohne Einmischung des Staates vor. Die gewerkschaftliche Entgeltpolitik zielt darauf ab, in möglichst allen Branchen und allen Betrieben ausreichend hohe Tarifentgelte durchzusetzen. Dies setzt voraus, dass sich die Beschäftigten in Gewerkschaften organisieren und dort gemeinsam für ausreichend hohe Tarifentgelte streiten. Eine Entgeltpolitik, die den Schwerpunkt auf die Erhöhung der Mindestlöhne legt, greift zu kurz. Vereinfacht kann formuliert werden: Mindestlohn ist Silber, Tariflohn ist Gold.

3.2 Arbeitszeit

Neben der Frage des Arbeitsentgeltes stellt sich die Frage, für welche Zeitdauer die Beschäftigten ihre Arbeitskraft dem Unternehmer zur Verfügung stellen müssen. In der westdeutschen Metallindustrie beträgt die tarifliche Arbeitszeit 35 Stunden pro Woche, in Ostdeutschland 38 Stunden (vgl. Kapitel 18.2). Hier wird deutlich, dass im Arbeitsverhältnis ein Austauschverhältnis begründet wird. Die Beschäftigten stellen dem Unternehmer für 35 bzw. 38 Stunden pro Woche ihre Arbeitskraft zur Verfügung und erhalten dafür ein monatliches Grundentgelt von beispielsweise ca. 3.000 Euro. In Ostdeutschland müssen die Beschäftigten bei in etwa gleichem Monatsentgelt ihre Arbeitskraft dem Unternehmer pro Woche drei Stunden länger zur Verfügung stellen.

In der Metall- und Elektroindustrie gilt die 35- bzw. 38-Stunden-Woche für die Mehrheit der Beschäftigten. Für 18% der Beschäftigten kann die Arbeitszeit auf bis zu 40 Stunden bei entsprechender Bezahlung ausgedehnt werden (Quote). In der Tarifrunde 2018 wurde vereinbart, dass diese Quote im selben Umfang erhöht werden kann, in dem andere Beschäftigte ihre Arbeitszeit auf bis zu 28 Stunden absenken. Das durchschnittliche Arbeitszeitvolumen im Betrieb muss dabei konstant bleiben.

Bei der Dauer der Arbeitszeit ist zu klären, ob es sich um ein Vollzeit- oder ein Teilzeit-Arbeitsverhältnis handelt. Der Regelfall sollte ein Vollzeitarbeitsverhältnis sein, auf eigenen Wunsch der Beschäftigten auch ein Teilzeitarbeitsverhältnis. In manchen Branchen, z.B. im Einzelhandel, bieten die Unternehmer überwiegend Teilzeit an, auch wenn die Beschäftigten Vollzeit wünschen. Neben der Dauer der wöchentlichen Arbeitszeit sind zahlreiche Formen zur Regelung der Arbeitszeit zu vereinbaren (vgl. Kapitel 18.2).

3.3 Arbeitspensum (Leistung)

Neben der Höhe des Arbeitsentgeltes und der Dauer der Arbeitszeit stellt sich eine dritte entscheidende Frage: Wie hoch ist das Arbeitspensum, das für das vereinbarte Entgelt in der vereinbarten Arbeitszeit erbracht werden muss? Oder anders formuliert: Wie hoch ist die erwartete Arbeitsleistung? In den einzelnen Arbeitsgruppen oder Abteilungen eines Unternehmens ist die Frage des Arbeitspensums im engen Zusammenhang mit der Personalbemessung zu sehen. Die Frage ist: Wie viele Personen werden in einer Abteilung zur Bewältigung des Arbeitspensums eingesetzt?

Als gewerkschaftliche Zielstellung kann dazu definiert werden: »*Ein zumutbares Arbeitspensum (ZAP)* bezeichnet das quantitative Arbeitspensum, das von den Beschäftigten für die Dauer des Arbeitslebens und bei Einhaltung der vereinbarten Arbeitszeit ohne Gesundheitsbeeinträchtigung erbracht werden kann. Diese Definition des Arbeitspensums ist Maßstab für die Leistungs- und Personalbemessung.«

Bei der Regelung des Arbeitspensums wird in den Tarifverträgen der Metallindustrie zwischen Zeitentgelt und Leistungsentgelt unterschieden (vgl. Kapitel 18.3). Im Entgeltgrundsatz Zeitentgelt entscheidet der Unternehmer alleine darüber, welches Arbeitspensum erbracht werden muss. Mit zahlreichen direkten und indirekten Methoden versuchen die Unternehmer das Arbeitspensum möglichst hoch zu halten. Dies geschieht zum Beispiel durch direkte oder indirekte Stückzahl- oder Terminvorgaben, durch Motivationsstrategien, um Beschäftigte zu einer möglichst hohen Leistung zu veranlassen, oder durch eine zu niedrige Personalbemessung. Im Zeitentgelt erhalten die Beschäftigten aufgrund der regionalen Entgelt-Rahmenverträge Leistungszulagen zwischen acht und 15 %. Im Entgeltgrundsatz Leistungsentgelt wird dagegen das Arbeitspensum nicht einseitig, sondern aufgrund von tariflichen Regelungen festgelegt oder vereinbart. Betriebsrat und Beschäftigte haben dazu Mitbestimmungs- bzw. Reklamationsrechte. Im Leistungsentgelt werden aufgrund der regionalen Entgelt-Rahmentarifverträge leistungsorientierte Entgelte zwischen 15 % und 20 % gezahlt.

Zwischen den drei zentralen Elementen des Arbeitsverhältnisses bestehen *Wechselwirkungen*. Gut sichtbar wurden sie in einigen Branchen bei der Einführung des gesetzlichen Mindestlohns, insbesondere dort, wo keine Tarifverträge existieren. Da vor der Einführung des Mindestlohns von damals 8,50 Euro in diesen Branchen Stundenentgelte von 6 bis 7 Euro gezahlt wurden, hatte dies für die Unternehmer teilweise erhebliche Kostensteigerungen zur Folge. Manche Unternehmer versuchten diese Kostensteigerungen dadurch zu umgehen, dass sie einseitig die Arbeitszeit heraufsetzten, ohne entsprechende Bezahlung. Andere erhöhten die Vorgaben für das Arbeitspensum, so z.B. die Zahl der zu reinigenden Zimmer durch das Reinigungspersonal in Hotels. An dieser Situation kann plastisch gezeigt werden, dass es nicht ausreicht, ausschließlich das Arbeitsentgelt festzulegen, sondern dass eine Regelung aller drei Elemente des Arbeitsverhältnisses erforderlich ist.

Um die Situation der Beschäftigten im Rahmen eines Arbeitsverhältnisses akzeptabel zu gestalten, dürfen die drei zentralen Elemente Arbeitsentgelt, Arbeitszeit und Arbeitspensum nicht einseitig von den Unternehmern festgesetzt werden, sondern müssen zwischen der Unternehmensseite und der Beschäftigtenseite vereinbart werden – durch Tarifverträge und ergänzende Betriebsvereinbarungen.

Bei näherer Betrachtung reicht eine Regelung der drei zentralen Elemente des Arbeitsverhältnisses nicht aus. Eine Erweiterung auf insgesamt sieben Elemente scheint sinnvoll zu sein. Zusätzlich kommen hinzu: der rechtliche Charakter des Arbeitsverhältnisses, die Arbeitsbedingungen, die Qualifizierungsmöglichkeiten sowie die Mitbestimmungs- und Beteiligungsmöglichkeiten (vgl. Übersicht 3-2).

Übersicht 3-2: Sieben erweiterte Elemente des Arbeitsverhältnisses

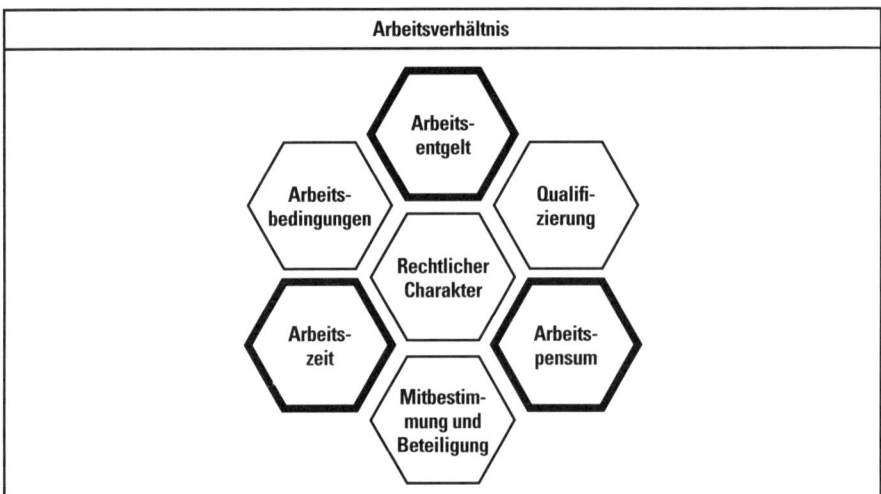

3.4 Rechtlicher Charakter des Arbeitsverhältnisses

Der rechtliche Charakter des Arbeitsverhältnisses umfasst zunächst die Frage, ob der Arbeitsvertrag auf der Grundlage eines Flächentarifvertrages zustande kommt, oder ob es sich um einen tariflosen Betrieb handelt. Dann ist zu klären, ob es sich um ein befristetes oder unbefristetes Arbeitsverhältnis handelt. Beide Sachverhalte sind für die Situation der Beschäftigten entscheidend. Weiter ist zu beachten, ob das Arbeitsverhältnis im »Stammbetrieb« abgeschlossen wurde, oder ob es sich um ein Leiharbeitsverhältnis handelt. In einigen Bereichen existieren auch Arbeitsverhältnisse bei einem Werkvertragsunternehmen, das im Stammbetrieb tätig ist, bei dem aber die Tarifbedingungen deutlich schlechter sind (vgl. die Kapitel 6.3 und 18.4). Mindestanforderungen für den Abschluss eines Arbeitsvertrages finden sich in § 611a des Bürgerlichen Gesetzbuches (BGB) und in § 2 des Nachweisgesetzes (NachwG):

- Namen und Anschrift der Vertragsparteien,
- Zeitpunkt des Beginns der Beschäftigung,
- bei einem befristeten Vertrag die geplante Dauer der Beschäftigung,
- der Arbeitsort, bei wechselnden Orten einen Hinweis dazu,
- eine Tätigkeitsbeschreibung,
- die Höhe des Arbeitsentgelts einschließlich Zuschlägen,
- vereinbarte Arbeitszeit,
- Dauer des jährlichen Erholungsurlaubs,
- Kündigungsfristen,
- Hinweis auf für dieses Arbeitsverhältnis geltende Tarifverträge, Betriebs- oder Dienstvereinbarungen.

3.5 Arbeitsbedingungen

Bei den Arbeitsbedingungen steht deren menschengerechte Gestaltung im Mittelpunkt. Schlechte Arbeitsbedingungen können die physische und psychische Gesundheit der Beschäftigten gefährden – kurz- und langfristig. Dabei geht es zunächst um klassische Fragen des Arbeits- und Gesundheitsschutzes und der Verhütung von Arbeitsunfällen. Wichtig ist, dass durch ergonomische Gestaltung der Arbeitsplätze zu hohe körperliche Belastungen und Beanspruchungen vermieden, zumindest gemindert werden. Die Zahl der psychischen arbeitsbedingten Erkrankungen stieg in den letzten Jahren kontinuierlich (Stichwort: Burnout). Viele Beschäftigte klagen über erhöhten Stress am Arbeitsplatz. Dem ist einerseits durch eine menschengerechte Gestaltung der Arbeitsorganisation, aber auch durch die Sicherstellung eines zumutbaren Arbeitspensums und einer ausreichenden Personalbemessung entgegenzuwirken (vgl. das Element »Arbeitspensum«).

Bei der Gestaltung der Arbeitsorganisation geht es u.a. darum, dass die Beschäftigten weder unterfordert noch überfordert werden, ihnen abwechslungsreiche und ganzheitliche Tätigkeiten übertragen werden (innovative Arbeitsorganisation).

3.6 Qualifizierung

Qualifizierung oder Weiterbildung im Laufe eines Berufslebens wird für alle Beschäftigten immer wichtiger. Dies liegt an einer sich schnell wandelnden Arbeitswelt, u.a. bedingt durch die Digitalisierung. In Sonntagsreden formulieren die Unternehmer ständig, wie wichtig es sei, dass alle Beschäftigten lebenslang lernen. Wenn es dann allerdings um Qualifizierungsangebote für die Beschäftigten während der Arbeitszeit geht, sind die meisten Unternehmen nur begrenzt bereit, Beschäftigte während der Arbeitszeit freizustellen und die Weiterbildungsmaßnahmen zu finanzieren. Während die Beschäftigten ein Interesse an einer regelmäßigen Weiterbildung haben, beschränken die Unternehmer dies auf das Notwendigste und häufig auf einzelne Personengruppen. Viele Beschäftigte, insbesondere in den unteren Entgeltgruppen, arbeiten für zehn und mehr Jahre im Betrieb, ohne auch nur einmal die Möglichkeit zur Weiterqualifizierung erhalten zu haben.

3.7 Mitbestimmung und Beteiligung

Das Element der Mitbestimmung und Beteiligung ist zwischen Beschäftigten und ihrer Interessenvertretung auf der einen Seite und den Unternehmen auf der anderen Seite umstritten. Unternehmer haben ein Interesse, die Mitbestimmungsrechte der Betriebsräte möglichst gering zu halten und möglichst wenig Einschränkungen ihres Direktions- und Weisungsrechtes zuzulassen. Häufig genug wird versucht, selbst die gesetzlich verbrieften Mitbestimmungsrechte zu unterlaufen. Für Beschäftigte ist es dagegen entscheidend, ob sie in einem Betrieb arbeiten, in dem ein Betriebsrat existiert, oder nicht. Beschäftigte sehen sich nicht als Befehlsempfänger, sondern wollen an wichtigen Entscheidungen, die ihren Arbeitsplatz betreffen, beteiligt werden. Dabei kommt es darauf an, dass sich Betriebsräte und Vertrauensleute bei Konflikten und Forderungen eng mit der Belegschaft abstimmen, um so gemeinsam handeln zu können. Insbesondere in neu gegründeten Unternehmen (Start-ups) existieren meistens keine Betriebsräte und die Unternehmensleitung versucht dies durch unverbindliche Strukturen der Beteiligung zu ersetzen. Die Erfahrung zeigt jedoch, dass Beteiligung ohne verbindliche Mitbestimmungsrechte der Betriebsräte häufig nichts anderes als Scheinbeteiligung ist.

> Um die Situation von Beschäftigten im Rahmen eines Arbeitsverhältnisses umfassend zu regeln, sind neben den Elementen Arbeitsentgelt, Arbeitszeit und Arbeitspensum weitere Elemente zu beachten: der rechtliche Charakter des Arbeitsverhältnisses, die Arbeitsbedingungen, die Möglichkeiten zur Qualifizierung und die Möglichkeiten für Mitbestimmung und Beteiligung. Die Gewerkschaften streben an, die Regelung aller sieben Elemente des Arbeitsverhältnisses nicht allein den Unternehmern zu überlassen, sondern bei diesen Elementen mitzubestimmen und sie im Interesse der Beschäftigten zu beeinflussen.

4. Wettbewerbsfähigkeit und Beschäftigungssicherung

4.1 Wettbewerbsfähigkeit von Betrieben

»Wenn wir diese Rationalisierungs-Maßnahmen nicht durchführen, ist die Wettbewerbsfähigkeit des Betriebes nicht mehr gewährleistet.« Belegschaften und Betriebsräte kennen derartige Äußerungen von Unternehmern auf den Betriebsversammlungen. »Wenn die Forderungen der Gewerkschaften umgesetzt würden, ist die Wettbewerbsfähigkeit der deutschen Wirtschaft auf den Weltmärkten akut gefährdet.« Derartige Äußerungen gehören zu den Standard-Argumenten von Vertretern der Arbeitgeberverbände sowohl bei den Tarifverhandlungen als auch in abendlichen Talkshows. Der Hinweis auf die angeblich gefährdete Wettbewerbsfähigkeit entwickelt sich bisweilen zum Totschlags-Argument gegen jegliche Forderung der Betriebsräte und Gewerkschaften. Betriebsräte, Belegschaften und Gewerkschaften sollen damit zu Zugeständnissen und zur Zurückhaltung veranlasst werden.

Für Betriebsräte, Vertrauensleute und die Gewerkschaften ist es von großer Bedeutung, wie sie auf diese Argumentation reagieren. Zunächst einmal: In der Argumentation der Unternehmer steckt »ein Körnchen Wahrheit«. In einer kapitalistischen Marktwirtschaft gelten die Gesetze des Marktes, das heißt: Jeder Betrieb steht im Wettbewerb mit anderen Betrieben in seiner Branche – sowohl national als auch international. Kein Betrieb kann in einer wettbewerbsorientierten Wirtschaftsordnung auf Dauer Bestand haben, wenn er seine Produkte auf den Märkten nicht verkauft bekommt und Marktanteile an Konkurrenzbetriebe verliert. Ein Unternehmen, das in einer kapitalistischen Markwirtschaft auf Dauer Verluste schreibt bzw. keine übliche Rendite erzielt, wird im Wettbewerb keinen Bestand haben. In letzter Konsequenz werden diese Betriebe von der Konkurrenz übernommen oder müssen Insolvenz anmelden und verschwinden vom Markt.

Trotz »des Körnchens Wahrheit« führt die unternehmerische Argumentation zur Wettbewerbsfähigkeit in die Irre. Sie ist zunächst einmal auf den einzelnen Betrieb bezogen. Dieselbe Argumentation führen die Unternehmer in den Konkurrenzbetrieben, um auch dort Zugeständnisse der Betriebsräte und Belegschaften durchzusetzen. Würden die Betriebsräte in allen Betrieben dieser Argumentation der einzelnen Unternehmer folgen, wäre der Wettbewerbsvorteil dahin und alle hätten schlechtere Bedingungen. Dies wird in dem berühmten »Kino-Beispiel« deutlich: »Wenn jemand in der zweiten Reihe eines Kinos gegen den Hinterkopf seines Vordermannes schaut und sich dadurch einen Vorteil verschafft, indem er aufsteht, hat dies zur Folge, dass alle Kinobesucher in den hinteren Reihen ebenfalls aufstehen. Am Ende stehen alle Kinobesucher und niemand hat einen Vorteil.«

Die Frage der Wettbewerbsfähigkeit kann nicht nur aus dem Blickwinkel des einzelnen Betriebes betrachtet werden, sondern muss auch überbetrieblich gesehen werden. Dazu spielen die Flächentarifverträge eine entscheidende Rolle. Sie gewährleisten für alle Betriebe einer Branche gleiche Wettbewerbsbedingungen bei zentralen Größen wie dem Entgelt und der Arbeitszeit. Entscheidend ist, dass möglichst alle, zumindest die große Mehrheit der Betriebe Mitglied im tarifgebundenen Arbeitgeberverband sind und somit die Flächentarifverträge anwenden. Damit kann eine Drucksituation auf einzelne Betriebsräte bzw. Belegschaften eingeschränkt werden. Die anderen Faktoren für die Wettbewerbsfähigkeit sind zunächst einmal Aufgaben der Unternehmer und der Unternehmensleitungen: Entwicklung von marktfähigen Produkten und ihre ständige Verbesserung, rechtzeitiges Reagieren auf neue Tendenzen in den jeweiligen Märkten, Entwicklung innovativer Produkte, ausreichende Investitionen, technische und arbeitsorganisatorische Verbesserungen in der Produktion und den anderen Unternehmensbereichen sowie eine umfassende Weiterqualifizierung der Belegschaft.

> Die langjährige gewerkschaftliche Erfahrung hat gezeigt: Wenn Betriebe in eine »wirtschaftliche Schieflage« geraten sind oder gar die Insolvenz beantragen, liegt dies nicht an den tariflichen Entgelten oder Arbeitszeiten, sondern daran, dass wichtige unternehmerische Entscheidungen verschlafen wurden. Betriebsräte und Belegschaften werden in derartigen Situationen nicht akzeptieren können, dass sie für Managementfehler bluten sollen.

Internationale Wettbewerbsfähigkeit
Bis zum Jahr 1990 wurden von den Unternehmern bei der Frage der internationalen Wettbewerbsfähigkeit insbesondere Länder wie Japan, Malaysia und Thailand ins Feld geführt. Vereinzelt fanden Verlagerungen von Betrieben nach Südostasien statt, was aber vergleichsweise unbedeutend war. Eine dramatische Wende kam ab dem Jahr 1990 mit den politischen und wirtschaftlichen Umwälzungen in den Ländern *Osteuropas*. Systematisch wurden insbesondere in der Automobilindustrie, der Zulieferindustrie, aber auch in anderen Branchen Arbeitsplätze nach Polen, Tschechien, Ungarn, Rumänien und andere Länder in Osteuropa verlagert. Die Lohnkosten betragen dort nur einen Bruchteil der deutschen Lohnkosten, die Arbeitszeiten sind deutlich länger und in vielen Betrieben gibt es nur eine schwache oder gar keine gewerkschaftliche Interessenvertretung. Ein Angleichungsprozess der Entgelt- und Arbeitsbedingungen an deutsche oder westeuropäische Standards findet faktisch nicht statt – der Abstand bei den Löhnen ist seit vielen Jahren unverändert hoch. Für Unternehmer sind dies »paradiesische« Zustände und die Drohung mit einer Verlagerung in osteuropäische Billiglohn-Standorte wurde zum neuen Standard-Argument, um Belegschaften zu Zugeständnissen zu bewegen. (Interessant ist, dass Unternehmen sich mit dieser »Billig-Strategie« nicht ganz wohl fühlen. Deshalb heißt es in vielen Konzernen nicht »Billiglohn-Standort«, sondern beschönigend »Best-Cost-Standort«.) Darüber hinaus finden Unternehmer in diesen Ländern niedrigere Arbeitsschutzstandards, schwache Gewerkschaften und niedrige Steuersätze vor.

Das Resultat dieser Entwicklung hat zwei scheinbar widersprüchliche Seiten:

- Einerseits wurden Tausende von Produktionsarbeitsplätzen trotz gewerkschaftlicher Gegenwehr nach Osteuropa verlagert.
- Andererseits ist Deutschland seit Jahren Export-Weltmeister und die Beschäftigung, insbesondere in der Metall- und Elektroindustrie, ist in den letzten Jahren konstant, ja sogar leicht steigend.

Die Auflösung dieses scheinbaren Widerspruchs liegt einerseits in einer Ausweitung des Umsatzes von Produkten aus deutschen Betrieben, auch in Osteuropa. Die in Deutschland hergestellten Produkte sind offensichtlich auf den Weltmärkten konkurrenzfähig. Interessant ist, dass es diejenigen Branchen mit den höchsten tariflichen Entgelten sind, die die höchsten Exportüberschüsse erzielen (z.B. die Autoindustrie, deren Zulieferindustrie, der Maschinenbau und die chemische und pharmazeutische Industrie).

Andererseits führt diese Entwicklung beispielsweise in der Auto- und Zulieferindustrie zu einer Strukturverschiebung in den Belegschaften – bei gleichbleibender Zahl von Beschäftigten. Bei den großen Entgeltdifferenzen zu Osteuropa ist es häufig betriebswirtschaftlich nicht mehr darstellbar, dass einfachste Produkte und Komponenten in Deutschland gefertigt werden. Andererseits sind innovative, hochwertige Produkte in Deutschland wettbewerbsfähig zu produzieren, und zwar über die gesamte Wertschöpfungskette. Verbunden mit der technischen Entwicklung in der Produktion hat der Anteil der Beschäftigten in den unteren Entgeltgruppen kontinuierlich abgenommen, während qualifizierte Spezialisten in der Produktion sowie in der Forschung und Entwicklung zugenommen haben. Die Gewerkschaften und Betriebsräte nehmen die Tatsache zur Kenntnis, dass zahlreiche Arbeitsplätze verlagert wurden, setzen aber darauf, die Beschäftigung an den deutschen Standorten zu erhalten. Gleichzeitig versuchen sie, mit den osteuropäischen Gewerkschaften und Belegschaften eine Diskussion über die Notwendigkeit der Angleichung der Entgelt- und Arbeitsbedingungen zu führen. Dieser Prozess ist schwierig und nicht widerspruchsfrei.

Eine neue Herausforderung ist auf die rasante industrielle Entwicklung in China zurückzuführen. Während China seit vielen Jahren ein idealer Absatzmarkt für deutsche Produkte ist, nimmt der Trend zu, dass chinesische Firmen ihrerseits mit eigenen Produkten auf den deutschen und europäischen Markt drängen. Aktuelle Beispiele sind Handys, Tablets und Laptops. Aber auch in der Stahlindustrie und der Bahnindustrie konkurrieren chinesische Anbieter im europäischen Markt mit deutschen Firmen. Hier kommt es darauf an, einerseits faire Wettbewerbsbedingungen herzustellen und andererseits Innovationen bei Produkten und Produktionsprozessen zu verstärken.

4.2 Produktivität und Beschäftigungssicherung

Die Produktivität ist eine betriebswirtschaftliche Messgröße und ergibt sich aus dem *Produktionsergebnis je geleisteter Arbeitsstunde* (genau genommen lautet der Begriff »*Arbeitsproduktivität*«). Durch Vergleiche zum Vorjahr erhält man die jährliche Produktivitätssteigerung. In einem einzelnen Unternehmen ergibt sich die Produktivität aus der jährlichen gesamten Produktionsmenge geteilt durch alle geleisteten Arbeitsstunden der Belegschaft. Für die gesamte Volkswirtschaft bzw. die einzelnen Branchen wird jährlich eine Produktivitätssteigerung vom Bundesamt für Statistik bzw. von einzelnen Wirtschaftsinstituten ausgewiesen. Der Prozess der Steigerung der Produktivität wird auch als Rationalisierung bezeichnet.

Zur Erhöhung der Rendite des eingesetzten Kapitals und der Wettbewerbsfähigkeit versuchen die Unternehmer, die Produktivität beständig zu steigern. Es geht dabei um Maßnahmen, die es ermöglichen, dieselbe Menge an Produkten in weniger Arbeitsstunden bzw. mit weniger Personal herzustellen. Dazu haben sie – vereinfacht gesprochen – drei Möglichkeiten:
1. Einsatz von neuen technischen Anlagen, Maschinen und IT-Systemen;
2. Veränderung der Arbeitsorganisation:
3. Erhöhung des Arbeitspensums bzw. Verringerung der Personalbesetzung bei unveränderter Technik und Arbeitsorganisation (»Leistungsverdichtung«).

Während die dritte Möglichkeit aus Sicht der Beschäftigten schlicht abzulehnen ist und bekämpft werden sollte, sind die beiden ersten Maßnahmen widersprüchlich zu beurteilen. Damit wird die generelle Position der Gewerkschaften zu technischem Wandel, Innovation und Rationalisierung angesprochen.

> In einem kapitalistischen Wirtschaftssystem hat die Rationalisierung »zwei Gesichter«: Einerseits ist sie ein unternehmerisches Mittel, um die Gewinne und die Rendite zu steigern, andererseits wird die Möglichkeit eröffnet, den Wohlstand einer Gesellschaft und der Beschäftigten zu erhöhen sowie die Arbeitszeit zu verkürzen. Es kommt darauf an, wie die Ergebnisse der Rationalisierung zwischen den Unternehmern und den Beschäftigten verteilt werden.

In den jährlichen Tarifrunden begründen die Gewerkschaften ihre Entgeltforderungen unter anderem mit der gesteigerten Produktivität. Gelingt es, relevante Teile der verbesserten Produktivität für höhere Entgelte und kürzere Arbeitszeiten zu nutzen, ist dies für die Beschäftigten als positiv zu beurteilen. Aus diesem Grund haben sich die Gewerkschaften in ihrer Geschichte nie generell gegen den technischen Wandel bzw. die Rationalisierung gestellt, sondern immer versucht, die Ergebnisse von arbeitssparenden Techniken zugunsten der Beschäftigten zu verwenden. Betrachtet man die Entwicklung über einen langen Zeitraum von der Industrialisierung ab ca. 1880 bis zur heutigen Digitalisierung, kommt man zu dem Schluss, dass die Verbesserungen, die die Gewerkschaften für die Beschäftigten erkämpfen konnten, auch vor dem Hintergrund der Rationalisierung zu sehen sind.

Dies heißt nicht, dass jede Technologie oder jede Rationalisierungsmaßnahme von den Gewerkschaften gutgeheißen werden kann. Bestimmte Technologien wie die Kernenergie sind abzulehnen, bei anderen Technologien versuchen die Gewerkschaften auf die Gestaltung der Systeme Einfluss zu nehmen mit dem Ziel einer menschengerechten Gestaltung der Arbeit.

Die größten Probleme treten auf, wenn die Einführung von neuen, arbeitssparenden Technologien im Betrieb plötzlich und massiv erfolgt, ohne dass andere Beschäftigungsmöglichkeiten für die Belegschaft zur Verfügung gestellt werden. Dies hat in zahlreichen Betrieben und ganzen Branchen zu bestimmten Zeitpunkten zu Massenentlassungen geführt. Bei einer grundsätzlichen Bejahung von arbeitssparenden Technologien fordern die Gewerkschaften, dass der Einführungsprozess so zu gestalten ist, dass niemand entlassen wird. Von den Unternehmern und vom Management wird gefordert, dass alternative Beschäftigungsmöglichkeiten verbunden mit der notwendigen Weiterbildung gewährleistet sind. In der betrieblichen Praxis führt dies häufig zu massiven Konflikten (vgl. Kapitel 18.12 und 19).

4.3 »Besser statt billiger« – Innovation statt Tarifdumping

In vielen Betrieben, die in eine wirtschaftliche Schieflage geraten sind, stellen Unternehmer Anträge auf Reduzierungen der tariflichen Leistungen wie Arbeitsentgelt, Weihnachtsgeld, Urlaubsgeld oder auf eine Verlängerung der wöchentlichen Arbeitszeit ohne Entgeltausgleich. Ein solcher Antrag ist nach den Tarifverträgen der IG Metall prinzipiell möglich. (Nach dem Ort des Tarifabschlusses im Jahr 2004 heißen diese Anträge in der IG Metall intern auch »Pforzheim-Fälle«.) Wird ein solcher Antrag auf einen abweichenden Ergänzungs-Tarifvertrag gestellt, finden Verhandlungen zwischen der IG Metall und dem Arbeitgeberverband unter Hinzuziehung des Unternehmers und des Betriebsrats statt. Die Entscheidung über die Verhandlungsaufnahme und über ein mögliches Verhandlungsergebnis treffen die betriebliche Tarifkommission und die Mitglieder der IG Metall (vgl. Kapitel 7.1.8).

Übersicht 4-1: Kampagnen »Besser statt billiger«

Bei vielen dieser Verhandlungen stellte sich heraus, dass die Ursachen für die wirtschaftliche Schieflage des Betriebes nicht in den tariflichen Leistungen lagen, sondern in Managementfehlern und in versäumten Innovationsprozessen. Deshalb startete die IG Metall zunächst im Bezirk Nordrhein-Westfalen und dann bundesweit die Initiative »Besser statt billiger – Innovation statt Tarifdumping« (vgl. Übersicht 4-1).

Der Ansatz sieht vor, dass durch »bessere« Produkte und innovative Produktionsprozesse die wirtschaftliche Situation des Betriebes tatsächlich verbessert werden kann, ohne dass es zu schlechteren (»billigeren«) tariflichen Regelungen kommt. Erfahrungsgemäß können viele erfahrene Betriebsräte und Belegschaftsmitglieder gute und innovative Verbesserungsvorschläge machen, da sie die betriebliche Situation vor Ort am besten kennen.

Als im Zuge der VW-Krise im Jahr 2016 der Vorstand massive Kostensenkungen und Einschnitte bei den Beschäftigten forderte, konterte der Gesamtbetriebsrat dies mit der Übergabe eines Ordners, in dem auf 400 Seiten Innovationsvorschläge der Beschäftigten zusammengefasst waren. Letztlich gelang es in der großen »VW-Diesel-Krise«, einen Zukunftspakt zwischen Vorstand und Gesamtbetriebsrat auszuhandeln, ohne dass es zu Kürzungen im VW-Haustarifvertrag kam. Dort ist auch vereinbart, dass die *Wettbewerbsfähigkeit und die Beschäftigungssicherung gleichwertige Unternehmensziele* sind.

Dieser Prozess einer *offensiven Innovationspolitik des Betriebsrats* muss systematisch organisiert und teilweise auch von Unternehmensberatern begleitet werden. In zahlreichen Fällen war das Management gezwungen, eigene Fehler der Vergangenheit zuzugeben und mit der IG Metall und den Betriebsräten systematisch zu diskutieren, wie durch Innovationen die wirtschaftliche Situation des Betriebes verbessert werden kann. Insbesondere in zahlreichen Klein- und Mittelbetrieben (KMU) fehlt es an einem systematischen Innovations-Management, das im Rahmen der Verhandlungen vereinbart und eingeführt werden konnte. Durch diese Herangehensweise ist es in vielen Fällen einerseits gelungen, den Betrieb wieder wettbewerbsfähig aufzustellen, und andererseits, die Beschäftigung zu Bedingungen des Flächentarifvertrages langfristig zu sichern.

Ausgehend von dem »Besser-statt-billiger-Ansatz« in Krisenfällen führte dies zu Überlegungen, frühzeitig – bevor ein Krisenfall eintritt – auch vonseiten der Betriebsräte Innovationsprozesse anzustoßen und an ihnen mitzuarbeiten. Dazu bietet die IG Metall unter dem Motto »Arbeit und Innovation« projektbezogene Angebote für Betriebsräte an. Gegen diesen Ansatz wird manchmal kritisch eingewandt, dass »es nicht die Aufgabe von Betriebsräten ist, sich den Kopf des Unternehmers zur Verbesserung der wirtschaftlichen Situation zu zerbrechen«. Es wird dann auch davor gewarnt, dass Betriebsräte ihre Rolle als Interessenvertreter der Belegschaft verlassen und zu sogenannten *Co-Managern* werden. Diese Kritik ist zwar bedenkenswert, führt aber nicht zum Ziel der Beschäftigungssicherung und zur Einhaltung der Flächentarifverträge.

> Sicherlich ist es richtig, dass Fragen von Innovation, Investition und Produktentwicklung zunächst eindeutig Aufgaben des Unternehmers und des Managements sind. Wenn allerdings die Innovationsprozesse vom Management »verschlafen« werden und zahlreiche Fehler in der Unternehmensführung auftreten, reicht es für eine fortschrittliche Betriebsratspolitik nicht aus, dies nur zu kritisieren.

In Kapitel 2.1 wurde herausgearbeitet, dass die Gewerkschaften und Betriebsräte nicht nur eine Schutzfunktion haben, sondern auch eine Gestaltungsfunktion.

> Vor dem Hintergrund eines hohen gewerkschaftlichen Organisationsgrades und mit der klaren Orientierung auf langfristige Beschäftigungssicherung gehört es auch zu den Aufgaben der Betriebsräte und Gewerkschaften, sich in Fragen der Innovation und der Unternehmensstrategie einzuschalten. Dies ist eine offensive Wahrnehmung ihrer gewerkschaftlichen Gestaltungsfunktion.

Wichtig ist es dabei, diesen Ansatz im Betriebsrat, mit den Vertrauensleuten und der Belegschaft intensiv zu diskutieren. Andernfalls besteht die Gefahr, dass die Belegschaft den Betriebsrat tatsächlich als Co-Manager wahrnimmt. Genauso wichtig ist es, klar und unmissverständlich den Unternehmer bzw. das Management zu kritisieren, wenn sie unakzeptable Vorschläge machen, wie z.B. betriebsbedingte Kündigungen oder tarifwidrige Entgelt- und Arbeitsbedingungen. Hier sind die Betriebsräte gefordert, »klare Kante« zu zeigen und diese Vorschläge der Unternehmer zurückzuweisen und zu bekämpfen. Die Erfahrung der letzten Jahre hat gezeigt, dass diese Gratwanderung in einer engen Abstimmung zwischen den Gewerkschaften, den Betriebsräten und den Belegschaften erfolgreich gestaltet werden konnte. Es gibt zahlreiche Betriebe, in denen es so gelang, die wirtschaftliche Situation zu verbessern sowie die Beschäftigung und die Tarifverträge zu sichern.

5. Mitbestimmung

5.1 Grundgedanke der Mitbestimmung

Das private Eigentum an den Unternehmen mit ihren Maschinen, Anlagen und IT-Systemen gibt den Unternehmern wirtschaftliche und politische Macht. Der Grundgedanke der Mitbestimmung zielt darauf ab, die Verfügungsmacht der Unternehmer einzugrenzen und die Entscheidungen im Unternehmen und im Betrieb nicht allein den Unternehmern zu überlassen. Das Eigentums- und Direktionsrecht der Unternehmer wird zwar durch die gesetzliche Ordnung in Deutschland grundsätzlich abgesichert, aber gleichzeitig wird auch die Möglichkeit eröffnet, diese Rechte durch Gesetze einzugrenzen (vgl. Kapitel 1.3 sowie die Übersichten 1-4 und 1-5).

> Es geht bei der Mitbestimmung zunächst einmal darum, die Entscheidungsstrukturen zu verändern: Die Unternehmer, das Management, die Personalleiter und Vorgesetzten sollen wichtige Entscheidungen nicht mehr allein treffen, sondern die gewählten Interessenvertreter der Beschäftigten und die Beschäftigten selber sollen bei diesen Entscheidungen mitbestimmen. Dies reicht von personellen Einzelmaßnahmen bis zu wirtschaftlichen Investitionsentscheidungen.

Die Mitbestimmung umfasst verschiedene Ebenen: von der Mitbestimmung am Arbeitsplatz bis zur überbetrieblichen Mitbestimmung (vgl. Übersicht 5-1).

Die Mitbestimmung der Arbeitnehmervertreter*innen im Aufsichtsrat und die Mitbestimmungsrechte des Betriebsrats sind durch detaillierte gesetzliche Bestimmungen abgesichert und schaffen die rechtliche Möglichkeit, unternehmerische Entscheidungen zu beeinflussen. (Auf die Mitbestimmung durch Personalräte im öffentlichen Dienst kann hier nicht eingegangen werden.) Betriebsratsmitglieder und Arbeitnehmervertreter*innen im Aufsichtsrat werden umso wirkungsvoller agieren können, je

Übersicht 5-1: Ebenen der Mitbestimmung

Überbetriebliche Mitbestimmung

Mitbestimmung im Unternehmen (Aufsichtsrat)

Mitbestimmung im Betrieb: Betriebsrat (bzw. Personalrat)	Mitbestimmung im Betrieb: Gewerkschaftliche Vertrauensleute

Mitbestimmung am Arbeitsplatz und in Arbeitsgruppen

höher die Mitgliederzahl in der Gewerkschaft im jeweiligen Betrieb ist und je stärker Vertrauensleute und Beschäftigte an den Entscheidungen der gewählten Vertreter im Betriebsrat und Aufsichtsrat beteiligt werden.

Die Begriffe »Freiheit« und »Mitbestimmung«

»Freiheit ist für uns nicht nur ein politischer Begriff, sondern vor allem eine soziale Kategorie. Wir wissen, dass die Freiheit des Menschen außerhalb seines Arbeitslebens nicht vollständig und gesichert ist, solange der Mensch in seinem Arbeitsleben der Herrschaft anderer unterworfen bleibt. Die Demokratisierung des öffentlichen Lebens, das freie Wahl-, Versammlungs-, Rede- und Presserecht, bedarf der Ergänzung durch die Demokratisierung der Wirtschaft durch die Mitbestimmung der arbeitenden Menschen über die Verwendung ihrer Arbeitskraft und der von ihnen geschaffenen Werte. ... Der Gedanke der Mitbestimmung bedeutet im Grunde nichts anderes als eine Ausprägung der gewerkschaftlichen Idee der Freiheit.«

Otto Brenner, ehemaliger Vorsitzender der IG Metall

Die Mitbestimmungsrechte des Betriebsrats sind auf die Ebene des Betriebes begrenzt, umfassen aber keine Mitbestimmungsrechte auf Unternehmensebene (vgl. Übersicht 5-2). Sie sind im Betriebsverfassungsgesetz geregelt und umfassen beispielsweise Mitbestimmungsrechte bei der Gestaltung der Arbeitszeit, der Entgeltgestaltung, dem Arbeits- und Gesundheitsschutz, der Gestaltung der Arbeitsbedingungen usw. (vgl. Kapitel 6 und 13.2). Die Mitbestimmung der Arbeitnehmervertreter*innen im Aufsichtsrat umfasst dagegen grundsätzliche Entscheidungen auf der Unternehmensebene wie zum Beispiel Investitionsentscheidungen, Gewinnverwendung, Bestellung von Vorstandsmitgliedern usw. Die verschiedenen Typen der Mitbestimmung im Aufsichtsrat sind im Kapitel 5.3 erläutert.

Die heutige Ausprägung der Mitbestimmung geht auf heftige Konflikte und Entscheidungen in der Zeit nach 1949 zurück. Man blickte damals auf die Zeit des Auf-

Übersicht 5-2: Mitbestimmung im Unternehmen und im Betrieb

Unternehmen	Arbeitnehmer-vertreter*innen im Aufsichtsrat	Mitbestimmung beispielsweise bei: ■ Investitionen ■ Gewinnverwendung ■ Bestellung und Vergütung von Vorstandsmitgliedern bzw. Geschäftsführern ■ Kauf von anderen Unternehmen, Verkauf von Unternehmensteilen bzw. Tochtergesellschaften
Betrieb	Betriebsrat	Mitbestimmung beispielsweise bei: ■ Gestaltung der Arbeitszeit ■ Arbeits- und Gesundheitsschutz ■ Betriebliche Entgeltgestaltung

5.1 Grundgedanke der Mitbestimmung

stiegs der Nationalsozialisten zurück und auf die politische und finanzielle Unterstützung der NSDAP durch weite Teile der deutschen Großindustrie. In der unmittelbaren Nachkriegszeit waren sich zunächst alle Parteien einig, dass die Macht der Großindustrie begrenzt werden müsste. Es gab damals für kurze Zeit in allen Parteien auch Debatten darüber, die kapitalistische Wirtschaftsordnung in eine wie auch immer gestaltete Form des Sozialismus zu überführen. Eine grundsätzliche Änderung des Wirtschaftssystems erfolgte in der Bundesrepublik bekanntermaßen nicht. Aber im Jahr 1951 konnte für die damals dominierende Stahlindustrie und den Steinkohle-Bergbau die paritätische Mitbestimmung der Beschäftigten im Aufsichtsrat durchgesetzt werden (vgl. Kapitel 5.3.1). Die Gewerkschaften kritisierten, dass sie auf diese Branchen beschränkt blieb. Im Jahr 1952 verabschiedete der Bundestag das Betriebsverfassungsgesetz, das die Mitbestimmung der Betriebsräte regelte, aber keine paritätische Mitbestimmung im Aufsichtsrat vorsah. Erst im Jahr 1976 beschloss die SPD-FDP-Koalition unter Bundeskanzler Helmut Schmidt nach heftigen Konflikten ein Gesetz, das in allen Kapitalgesellschaften mit mehr als 2.000 Beschäftigten eine begrenzte paritätische Mitbestimmung im Aufsichtsrat vorsah (vgl. Kapitel 5.3.2). Trotz der Beschränkungen dieser Mitbestimmungsregelung liefen die Arbeitgeber gegen das Gesetz Sturm. Nach der Verabschiedung riefen sie sogar das Bundesverfassungsgericht an, das aber ihre Klage abwies. Bis heute gehen die Angriffe der Unternehmer gegen die Mitbestimmung im Aufsichtsrat weiter.

5.2 Mitbestimmung im Betrieb: Betriebsrat

5.2.1 Grundlagen

Schwerpunkt dieses Kapitels sind die generellen Prinzipien der Mitbestimmung des Betriebsrats im Zusammenspiel mit anderen Ebenen der Mitbestimmung; zu den praktischen Hinweisen für die Betriebsratsarbeit wird auf die Kapitel 6 und 13 verwiesen. In Betrieben des öffentlichen Dienstes arbeiten Personalräte. Dies ist im Bundespersonalvertretungsgesetz und in den Landespersonalvertretungsgesetzen der Länder geregelt. In kirchlichen Einrichtungen gibt es weder Betriebs- noch Personalräte, sondern nur sogenannte Mitarbeitervertretungen mit eingeschränkten Beteiligungsrechten. Die Ausführungen in diesem Handbuch beziehen sich ausschließlich auf Betriebsräte.

Grundlage der Mitbestimmung des Betriebsrats ist das Betriebsverfassungsgesetz (BetrVG), in dem die Zusammensetzung, die Aufgaben und Rechte des Betriebsrats sowie die Prinzipien der Betriebsratswahlen geregelt sind. Die Betriebsratswahlen finden alle vier Jahre statt (2018, 2022 usw.).

In § 1 des BetrVG heißt es vereinfacht: In Betrieben mit mehr als fünf Arbeitnehmern werden Betriebsräte gewählt. Einerseits sieht das Gesetz keine Sanktion für den Fall vor, dass kein Betriebsrat gewählt wird, sodass es etliche betriebsratslose Betriebe gibt. Dabei handelt es sich überwiegend um Klein- und Kleinstbetriebe oder neu gegründete Betriebe (Start-ups). Wünscht andererseits eine Mehrheit der Belegschaft in einem betriebsratslosen Betrieb die Wahl eines Betriebsrats, so ist eine Betriebsratswahl einzuleiten. Insofern hängt die Existenz eines Betriebsrats letztlich davon ab, ob die Mehrheit der Belegschaft dies wünscht. In der Praxis ist die erstmalige Wahl eines Betriebsrats häufig mit heftigen Konflikten verbunden, da Unternehmer oftmals versuchen, die Belegschaft von der Wahl abzuhalten (vgl. Kapitel 17.1).

Im Bereich der IG Metall existieren über 10.000 Betriebsratsgremien mit über 70.000 Betriebsratsmitgliedern, die ca. 3,5 Millionen Beschäftigte repräsentieren. Vergleicht man die Situation der Beschäftigten in Betrieben mit Betriebsrat mit der Situation in betriebsratslosen Betrieben, liegen die Vorteile auf der Hand. Eine einseitige, kaum transparente Allein-Entscheidung des Unternehmers wird durch Informations-, Beratungs- und Mitbestimmungsrechte des Betriebsrats verhindert.

Im Bereich der IG Metall sind weit über 70% der gewählten Betriebsratsmitglieder Mitglied der IG Metall; von den Betriebsratsvorsitzenden sind es über 83%. Entweder wurden sie bei einer Persönlichkeitswahl oder bei einer Listenwahl über die Wahlliste der IG Metall gewählt. Viele der neu gewählten Betriebsratsmitglieder, die nicht Gewerkschaftsmitglied sind, treten im Laufe der Amtsperiode in die Gewerkschaft ein, da sie in der praktischen Arbeit sehen, wie sinnvoll eine enge Zusammenarbeit zwischen Betriebsrat und Gewerkschaft ist (vgl. Kapitel 6.4).

Bei der Verabschiedung des Betriebsverfassungsgesetzes im Jahr 1952 haben die Gewerkschaften die Ausgestaltung dieses Gesetzes heftig kritisiert, da es weit hinter den gewerkschaftlichen Vorschlägen zurückblieb.

> Das heutige Betriebsverfassungsgesetz stellt einen Kompromiss dar, der sich letztlich vor dem Hintergrund der gesellschaftlichen und politischen Kräfteverhältnisse herausgebildet hat. Im Betriebsverfassungsgesetz gibt es Bestimmungen, die für eine wirksame Interessenvertretung der Beschäftigten nützlich sind, andere Bestimmungen behindern dies eher.

Eine Betriebsratsarbeit, die sich auf eine wortgetreue Anwendung der Paragrafen des Betriebsverfassungsrechtes beschränkt, wird vergleichsweise wenig bewirken. Ein Betriebsrat, der mit der Gewerkschaft zusammenarbeitet und sich eng mit den gewerkschaftlichen Vertrauensleuten und der Belegschaft abstimmt, wird wesentlich mehr bewirken können.

In § 2 BetrVG ist geregelt: »Arbeitgeber und Betriebsrat arbeiten … zum Wohle der Arbeitnehmer und des Betriebes zusammen.« Hinter dieser Formulierung steckt eine Sichtweise, nach der die Interessen des Betriebes und der Arbeitnehmer mehr oder weniger identisch sind. Diese Formulierung geht an der Praxis vorbei, da in vielen Fällen gegensätzliche Interessen zwischen den Beschäftigten und den Unternehmern existieren (vgl. Kapitel 1.2). Ein Betriebsrat wird bei Konflikten gar nicht darum herumkommen, als eindeutiger Interessenvertreter der Beschäftigten zu handeln. Insofern spielt diese Formulierung in § 2 BetrVG in der Praxis kaum eine Rolle.

Wichtiger ist dagegen eine Bestimmung in § 74 Abs. 2 BetrVG, nach der Maßnahmen des Arbeitskampfes zwischen Arbeitgeber und Betriebsrat unzulässig sind. Das heißt: Ein Betriebsrat oder ein Betriebsratsmitglied darf bei Konflikten die Belegschaft nicht zum Streik oder zu einer Arbeitsniederlegung aufrufen. Kommt es zu spontanen Arbeitsniederlegungen der Belegschaft, darf der Betriebsrat umgekehrt auch nicht die Belegschaft dazu aufrufen, die Arbeit wieder aufzunehmen, da er gemäß § 77 Abs. 1 nicht durch einseitige Handlungen in die Leitung des Betriebes eingreifen darf. Dies steht ausschließlich nach § 106a der Gewerbeordnung dem Unternehmer zu.

Die nicht vorhandene Möglichkeit, als Betriebsrat die Belegschaft zum Streik aufzurufen, behindert eine wirksame Interessenvertretung durch den Betriebsrat. Von der Bestimmung in § 74 Abs. 2 BetrVG sind allerdings Streiks, zu denen die Gewerkschaft aufruft, ausgenommen. Hier können auch Betriebsratsmitglieder in ihrer Eigenschaft als Gewerkschaftsmitglied für die gewerkschaftlichen Warnstreiks mobilisieren.

> Der Betriebsrat hat nach dem BetrVG umfangreiche Informations-, Überwachungs- und Beratungsrechte. Die starke Stellung des Betriebsrats im deutschen Mitbestimmungsmodell liegt allerdings bei den Mitbestimmungsrechten. Diese sind beispielsweise in den §§ 87, 98 und 112 BetrVG geregelt und umfassen Sachverhalte wie z.B. die Lage und Verteilung der Arbeitszeit, die Gestaltung von Schichtplänen, Mehrarbeit, Kurzarbeit, Urlaubsgrundsätze und Sozialpläne. Diese »harten« Mitbestimmungsrechte bedeuten, dass der Arbeitgeber über diese Sachverhalte nicht alleine entscheiden darf, sondern der Zustimmung des Betriebsrats bedarf oder eine Betriebsvereinbarung abschließen muss. Darüber hinaus kann der Betriebsrat von sich aus initiativ werden und zu einem der genannten Sachverhalte Forderungen stellen. Über diese muss der Unternehmer mit dem Betriebsrat verhandeln.

Kommt es in den Verhandlungen bei »harten« Mitbestimmungsrechten zu keiner Einigung, kann jede der beiden Seiten die Verhandlungen für gescheitert erklären und nach § 76 BetrVG die *Einigungsstelle* mit einem neutralen Vorsitzenden anrufen. In einigen Tarifgebieten ist per Tarifvertrag die Einigungsstelle durch eine *tarifliche Schlichtungsstelle* ersetzt worden. Die Einigungsstelle setzt sich aus einer gleichen Anzahl von Beisitzern, die vom Unternehmer und Betriebsrat bestellt werden, sowie einem Vorsitzenden zusammen, auf den sich beide Seiten einigen müssen oder der vom Arbeitsgericht bestellt wird (Einzelheiten im Kapitel 13.7.1). Es wird zunächst versucht, in der Einigungsstelle zwischen beiden Seiten eine Einigung herbeizuführen. Gelingt dies nicht, kommt es zur Abstimmung der Beisitzer in der Einigungsstelle. Bei Stimmengleichheit entscheidet die Stimme des Vorsitzenden. Der Spruch der Einigungsstelle hat dann den Charakter einer Betriebsvereinbarung. Bei den Sachverhalten, die einer »harten« Mitbestimmung unterliegen, kann keine Seite alleine entscheiden – weder der Arbeitgeber noch der Betriebsrat.

Das Verfahren der Einigungsstelle ist ein Mechanismus zur Lösung von Konflikten. Die Anrufung der Einigungsstelle ist mit Risiken behaftet, da letztlich keine der beiden Seiten vorhersagen kann, wie sich der Vorsitzende der Einigungsstelle entscheiden wird. Dadurch wird auf jede Seite ein erhöhter Einigungsdruck ausgeübt, sodass

Unternehmer und Betriebsrat sich in der Praxis »kurz vor der Anrufung der Einigungsstelle« doch noch einigen und einen Kompromiss schließen. Im Vergleich zu einem »Allein-Entscheidungsrecht« des Arbeitgebers kann der Betriebsrat bei den Sachverhalten, bei denen er »harte« Mitbestimmungsrechte hat, viel für die Beschäftigten durchsetzen. So wird das Prinzip der Mitbestimmung tagtäglich in den Betrieben wirksam.

5.2.2 AT-Beschäftigte und leitende Angestellte

Der Betriebsrat ist zuständig für die Beschäftigten des Betriebes, einschließlich der Auszubildenden. Sie sind bei der Betriebsratswahl wahlberechtigt. Häufig bestehen in der betrieblichen Praxis Missverständnisse über die Zuständigkeit des Betriebsrats für außertariflich Beschäftigte (»AT-Beschäftigte« oder auch »AT-Angestellte«) und leitende Angestellte. Dies ist jedoch klar geregelt:

> Der Betriebsrat ist auch für die außertariflich Beschäftigten (»AT-Beschäftigte«) zuständig, nicht jedoch für die leitenden Angestellten.

Dieser Sachverhalt wird in der Übersicht 5-3 dargestellt.

Übersicht 5-3: AT-Beschäftigte und leitende Angestellte

Beschäftigtengruppe	Betriebsverfassungsgesetz	Tarifverträge	Regelung in
Alle Beschäftigten und Auszubildenden	Ja	Ja	§ 5 BetrVG und § 1 Mantel-Tarifvertrag (Geltungsbereich)
AT-Beschäftigte	Ja	Nein	§ 5 BetrVG und § 1 Mantel-Tarifvertrag (Geltungsbereich)
Leitende Angestellte	Nein	Nein	§ 5 Abs. 5 BetrVG

In § 5 Abs. 3 BetrVG sind die leitenden Angestellten ausdrücklich von der Zuständigkeit des Betriebsrats ausgenommen. Eine solche Ausnahmeklausel findet sich in § 5 für die AT-Beschäftigten nicht; also ist der Betriebsrat auch für AT-Beschäftigte ohne jede Einschränkung zuständig. Die Unterscheidung zwischen AT-Beschäftigten und den Tarifbeschäftigten findet sich meistens in § 1 »Geltungsbereich« des jeweiligen Manteltarifvertrages. Dort sind Beschäftigte mit einem Jahresverdienst von X% oberhalb der höchsten Entgeltgruppe des jeweiligen Entgelt-Rahmentarifvertrages von der Geltung der Tarifverträge ausgenommen (X% sind regional unterschiedlich geregelt). Diese Ausnahme vom Tarif hat aber keine Relevanz für das Betriebsverfassungsgesetz. Hier ist der Betriebsrat voll zuständig und kann für diesen Beschäftigtenkreis auch Regelungen zu Eingruppierungsgrundsätzen und zur Arbeitszeit vereinbaren.

In § 5 Abs. 3 BetrVG sind die sogenannten leitenden Angestellten ausdrücklich von den Regelungen des Betriebsverfassungsgesetzes ausgenommen. Als leitender Angestellter gilt demnach, wer nach Arbeitsvertrag und Stellung im Unternehmen oder im Betrieb

- zur selbständigen Einstellung und Entlassung von Beschäftigten berechtigt ist oder
- Generalvollmacht bzw. Prokura hat oder
- regelmäßig Aufgaben wahrnimmt, die für den Bestand und die Entwicklung des Unternehmens oder eines Betriebes von Bedeutung sind, und wenn er dabei entweder die Entscheidungen frei von Weisungen trifft oder sie maßgeblich beeinflusst.

In etlichen Betrieben gibt es bei der regelmäßigen Betriebsratswahl Streitigkeiten, welche Personen zum Kreis der leitenden Angestellten zählen und welche nicht. Streitigkeiten zwischen dem Wahlvorstand und dem Unternehmer werden im Zweifelsfall von den Arbeitsgerichten entschieden. Nicht zu den leitenden Angestellten zählen die Vorstandsmitglieder einer Aktiengesellschaft bzw. die Geschäftsführer einer GmbH, weil diese die Funktion des Unternehmers bzw. Arbeitgebers ausfüllen.

Sind mehr als zehn leitende Angestellte im Betrieb beschäftigt, werden *Sprecherausschüsse* für diese gebildet. Dies ist im Sprecherausschussgesetz (SprAuG) geregelt. Derartige Ausschüsse existieren in der Regel nur in Großbetrieben und Konzernen. Die Sprecherausschüsse werden ausschließlich von den leitenden Angestellten gewählt. Der Sprecherausschuss ist – im Unterschied zum Betriebsrat – ein Gremium, das ausschließlich Informations- und Beratungskompetenz besitzt, aber keine »harten« Mitbestimmungsrechte. Zwar können nach § 28 SprAuG Richtlinien und Vereinbarungen zwischen dem Sprecherausschuss und dem Unternehmer getroffen werden; sie sind jedoch im Streitfall nicht über eine Einigungsstelle zu erzwingen. Bei Kündigungen von leitenden Angestellten ist der Sprecherausschuss vorher anzuhören.

5.2.3 Betriebsrat und Aufsichtsrat

Die Mitbestimmungsebenen Betriebsrat und Aufsichtsrat sind eng verbunden. In Betrieben, in denen neben dem Betriebsrat ein Aufsichtsrat besteht, kommt es auf eine enge Abstimmung und Zusammenarbeit zwischen dem Betriebsrat und den gewählten Arbeitnehmervertreter*innen im Aufsichtsrat an. Es empfiehlt sich, dass der/die Betriebsratsvorsitzende auch Arbeitnehmervertreter*in im Aufsichtsrat ist. Gleiches gilt für Gesamt- bzw. Konzernbetriebsratsvorsitzende. Dies hat nichts mit »Ämterhäufung« zu tun, sondern verbessert den Informationsfluss und die Koordination zwischen den beiden Gremien entscheidend.

5.3 Mitbestimmung im Unternehmen: Aufsichtsrat

Für die Mitbestimmung im Aufsichtsrat sehen die deutschen Gesetze vier Konstellationen vor (vgl. Übersicht 5-4). Die Gemeinsamkeiten und Unterschiede werden im Folgenden erläutert, ohne auf alle Details einzugehen.

Bei allen Typen der Mitbestimmung im Aufsichtsrat ist vorgesehen, dass sich die Arbeitnehmervertreter*innen im Aufsichtsrat sowohl aus betriebsangehörigen Beschäftigten als auch aus Vertreter*innen, die von den Gewerkschaften benannt werden, zusammensetzen. Diese Arbeitsteilung ist sinnvoll und hat sich in der Praxis als wirkungsvoll

Übersicht 5-4: Typen der Mitbestimmung im Aufsichtsrat (Stand 2017)

Volle paritätische Mitbestimmung (»Montan-Mitbestimmung«)	Begrenzte paritätische Mitbestimmung (»76er Mitbestimmung«)	Begrenzte paritätische Mitbestimmung (»SE-Mitbestimmung«)	Drittelbeteiligung
Kapitalgesellschaften der Stahlindustrie und Bergbau mit mehr als 1.000 Beschäftigten	Kapitalgesellschaften (z.B. AG oder GmbH) mit mehr als 2.000 Beschäftigten	Europäische Kapital-Gesellschaften (SE = Societas Europaea)	Kapitalgesellschaften (AG oder GmbH) mit mehr als 500 Beschäftigten
24 Unternehmen (18 Stahl, 6 Bergbau)	635 Unternehmen	21 Unternehmen	ca. 1.500 Unternehmen

erwiesen. Während die betriebsangehörigen Arbeitnehmervertreter*innen die betriebliche Situation bis ins Detail kennen und in die Debatten einbringen können, ist es die Aufgabe der Gewerkschaftsvertreter*innen, auch eine überbetriebliche Sichtweise in die Debatten im Aufsichtsrat einzubringen, z.B. die Situation in der Branche oder der Region. Darüber hinaus haben die Gewerkschaftsvertreter*innen die Möglichkeit, bei komplexen rechtlichen oder bilanziellen Fragen auf die Fachkompetenz in den Stäben der Gewerkschaft zurückgreifen zu können. Die Vertretung der Gewerkschaften im Aufsichtsrat zeigt, dass es bei der Mitbestimmung nicht nur um eine Mitbestimmung geht, die auf das einzelne Unternehmen bezogen ist, sondern dass es auch darum geht, auf einer überbetrieblichen Ebene mitzubestimmen. Einige Kapitalvertreter*innen und Politiker*innen versuchen hin und wieder, gegen die Vertretung der Gewerkschaften in den Aufsichtsräten zu argumentieren, indem sie behaupten, Betriebsfremde hätten im Aufsichtsrat nichts zu suchen. Diese Argumentation ist letztlich billige Polemik, da alle (!) Kapitalvertreter*innen im Aufsichtsrat »betriebsfremd« sind.

Frauenquote im Aufsichtsrat
Für die Zusammensetzung des Aufsichtsrats hinsichtlich der Geschlechter (Männer und Frauen) gibt es seit 2016 unabhängig vom Typ der Mitbestimmung gesetzliche Vorschriften und zwar in § 96 Absätze 2 und 3 Aktiengesetz. Da bis heute in fast allen Aufsichtsräten die Männer dominieren, wird dies auch umgangssprachlich als »Frauenquote« im Aufsichtsrat bezeichnet. Für Unternehmen, die börsennotiert sind und bei denen die Mitbestimmung für Unternehmen mit mehr als 2.000 Beschäftigten gilt, ist verbindlich vorgeschrieben, dass jedes Geschlecht im Aufsichtsrat zu mindestens 30% vertreten sein muss. Hierbei ist eine Gesamtbetrachtung unter Einbeziehung der Kapital- und Beschäftigtenseite möglich, aber auch eine getrennte Betrachtung der beiden Seiten. Die Gewerkschaften empfehlen, eine getrennte Betrachtung zu beschließen. Die gesetzlichen Bestimmungen gelten ab 2016 und sind ab den nächsten Aufsichtsratswahlen verbindlich. Aufsichtsratswahlen finden alle fünf Jahre statt.

Für börsennotierte Unternehmen oder für Unternehmen mit mehr als 500 Beschäftigten, bei denen ein mitbestimmter Aufsichtsrat existiert, gibt es keine verbindliche Zahl wie etwa 30%, sondern lediglich die Vorschrift, dass der Aufsichtsrat eine Zielgröße für die Vertretung des jeweiligen Geschlechts festlegen muss. Die Gewerkschaften empfehlen auch in diesen Unternehmen eine Quote von mindestens 30%. Die IG Metall hat intern beschlossen, dass in den Betrieben, in denen sie drei Gewerkschaftsvertreter*innen im Aufsichtsrat stellt, davon mindestens eine Frau ist. In den Fällen, in denen die IG Metall zwei Gewerkschaftsvertreter*innen stellt, wird angestrebt, dass davon ebenso mindestens eine Frau ist.

*Abführung der Tantiemen durch die Arbeitnehmervertreter*innen*
Die Aufsichtsratsmitglieder sowohl von der Kapital- als auch von der Beschäftigtenseite erhalten gleich hohe Tantiemen bezahlt, wobei Aufsichtsratsvorsitzende, stellvertretende Aufsichtsratsvorsitzende und Ausschussmitglieder höhere Tantiemen erhalten. Die Tantiemen liegen in einer Größenordnung zwischen ca. 5.000 Euro und ca. 30.000 Euro, in Großkonzernen können sie über 100.000 Euro liegen. Dazu kommen sogenannte Sitzungsgelder bzw. Aufwandsentschädigungen, die sich in einer Größenordnung von mehreren Hundert Euro bewegen können, in Großbetrieben über 1.000 Euro pro Sitzung.

Für Arbeitnehmervertreter*innen sind Aufsichtsratsmandate ein Ehrenamt, das zusätzlich zur sonstigen Beschäftigung ausgeführt wird. Um keine finanzielle Besserstellung oder gar Abhängigkeiten entstehen zu lassen, müssen alle Arbeitnehmervertreter*innen ihre Tantiemen zu ca. 90% an die *Hans-Böckler-Stiftung des DGB* abführen. Diese gemeinnützige Stiftung verwendet diese Gelder zur Studienförderung von Arbeitnehmerkindern, zur Förderung des Mitbestimmungsgedankens und zur Wissenschaftsförderung. Bei einer Aufsichtsratswahl können nur Personen auf einer Liste der jeweiligen Gewerkschaft kandidieren, die vor der Wahl schriftlich erklärt haben, dass sie die Aufsichtsratstantiemen nach den Regelungen des DGB an die Hans-Böckler-Stiftung abführen. In der Satzung der IG Metall ist in § 3 Abs. 11 diese Pflicht zur Abführung ausdrücklich festgehalten, sodass die IG Metall diese Gelder im Zweifelsfall auch einklagen kann. Einmal pro Jahr werden in der Metallzeitung alle Aufsichtsratsmitglieder der IG Metall namentlich abgedruckt und vermerkt, ob sie ihre Tantiemen abgeführt haben oder nicht; bis auf einen kleinen Prozentsatz ist das der Fall. Da es sich in Großunternehmen um Summen von mehr als 100.000 Euro handelt, haben beispielsweise die Arbeitnehmervertreter*innen bei der Volkswagen AG und der Continental AG darauf gedrungen, dass im offiziellen Geschäftsbericht des Unternehmens vermerkt wird, dass die Arbeitnehmervertreter*innen ihre Tantiemen an die Hans-Böckler-Stiftung abführen.

Nachhaltigkeit (Corporate Social Responsibility – CSR)
Seit dem Geschäftsjahr 2017 sind Unternehmen mit mehr als 500 Beschäftigten verpflichtet, mit dem Lagebericht auch eine Berichterstattung zur Nachhaltigkeit abzugeben. Dies geht auf eine EU-Richtlinie zur Corporate Social Responsibility – CSR zurück (auf Deutsch: soziale bzw. gesellschaftliche Verantwortung von Unternehmen). In Deutschland wurde dazu der neue § 289c in das Handelsgesetzbuch (HGB) eingefügt. Danach müssen die Unternehmen auch zu folgenden Punkten berichten:

- Umweltbelange;
- Arbeitnehmerbelange;
- Sozialbelange;
- Achtung der Menschenrechte;
- Bekämpfung von Korruption und Bestechung.

Die Berichterstattung kann nach einem eigenen System oder in Anlehnung an internationale Systeme wie die GRI erfolgen (GRI = Global Reporting Initiative = Internationale Berichtserstattungs-Initiative zur Nachhaltigkeit). Der Aufsichtsrat ist im Rahmen des § 171 Aktiengesetz verpflichtet, die Berichterstattung des Vorstandes bzw. der Geschäftsführung zu kontrollieren und eine externe Prüfung zu veranlassen. Damit ergeben sich für die Arbeitnehmervertreter*innen im Aufsichtsrat Informationsmöglichlichkeiten, z.B. zu den Arbeitsbedingungen an allen internationalen Standorten des Unternehmens, insbesondere zu Themen wie Entgelt, Arbeitszeit, Tarifbindung, Zusammenarbeit mit den Gewerkschaften und prekäre Arbeitsverhältnisse.

Umgehungsmöglichkeiten der Mitbestimmung
Es gibt verschiedene Möglichkeiten, die Mitbestimmung im Aufsichtsrat zu unterlaufen, was von einigen Unternehmen auch genutzt wird (vgl. Übersicht 5-5).

Das Mitbestimmungsgesetz von 1976 gilt ausschließlich für Kapitalgesellschaften mit mehr als 2.000 Beschäftigten, also vor allem Aktiengesellschaften (AG) und Gesellschaften mit beschränkter Haftung (GmbH). Infolgedessen fallen alle sogenannten Personengesellschaften nicht unter das Mitbestimmungsgesetz, also z.B. eine offene Handelsgesellschaft (OHG) oder eine GmbH & Co. KG. Damit ist es auch größeren Unternehmen möglich, die Mitbestimmungsregelungen zu umgehen. Gleiches gilt für sogenannte Tendenzbetriebe wie Zeitungsverlage und Medienunternehmen. In letzter Zeit versuchen die Unternehmer »trickreiche« Rechtsformen anzuwenden. So fällt beispielsweise eine »Ltd. & Co KG« nicht unter das Mitbestimmungsgesetz, da als persönlich haftender Gesellschafter der KG ein englisches Unternehmen in Form einer »Limited Company« (Ltd.) fungiert. Alle drei »Schlupflöcher« werden von den Ge-

Übersicht 5-5: Umgehungsmöglichkeiten der Mitbestimmung im Aufsichtsrat

Das Mitbestimmungsgesetz von 1976 gilt **nicht** für:	
Sachverhalt	**Beispiele**
Personengesellschaften, z.B. OHG oder GmbH & Co. KG	- Enercon - Aldi - Lidl
Tendenzbetriebe und Medienunternehmen	- Bertelsmann - Axel Springer Verlag - Holtzbrinck Verlag
Ausländische Unternehmenskonstruktionen, z.B. »Ltd. & Co. KG«	- UPS - H&M - Esprit

werkschaften kritisiert. Die Forderungen laufen darauf hinaus, die paritätische Mitbestimmung bei allen Unternehmensformen greifen zu lassen.

Neben den beiden rechtlich abgesicherten Ebenen der Mitbestimmung im Betriebsrat und Aufsichtsrat fordern die Gewerkschaften eine umfassende Konzeption zur Mitbestimmung (vgl. Übersicht 5-1). Im Rahmen einer stärkeren Demokratisierung der Wirtschaft ist es denkbar, weitere Gremien der Mitbestimmung auf der überbetrieblichen Ebene zu schaffen, beispielsweise für eine Branche oder eine Region. Damit bestünde die Möglichkeit, wichtige unternehmerische Entscheidungen nicht nur im Hinblick auf den einzelnen Betrieb, sondern auch hinsichtlich ihrer Bedeutung für eine Branche, eine Region oder die gesamte Volkswirtschaft zu beeinflussen (vgl. Kapitel 8.13). Darüber hinaus ist es sinnvoll, die rechtlich verbrieften Mitbestimmungsrechte des Betriebsrats durch Beteiligungsrechte der Vertrauensleute und der Belegschaften zu ergänzen. Diese Überlegungen werden auch »Mitbestimmung am Arbeitsplatz und in Arbeitsgruppen« genannt (vgl. Kapitel 14 und 22).

5.3.1 Stahlindustrie und Bergbau

In der Stahlindustrie und im Bergbau findet sich heute die weitestgehende Mitbestimmung, da dort eine echte gleichgewichtige (paritätische) Besetzung des Aufsichtsrats zwischen Kapital und Arbeit vorgesehen ist. Das Gesetz findet Anwendung auf Aktiengesellschaften und GmbHs mit mehr als 1.000 Beschäftigten. Häufig wird dafür der Begriff der *»Montan-Mitbestimmung«* verwendet. Dies geht auf eine in den 1950er Jahren übliche Bezeichnung für die Industrie zurück, die mit der Gewinnung, Aufbereitung und Weiterverarbeitung von Bodenschätzen und Rohstoffen befasst ist, also Kohle und Erz (»Montan« kommt von »mons«, der Berg). Diese Industriezweige waren im letzten Jahrhundert bis ca. 1975 dominierende Sektoren der Wirtschaft bei gleichzeitig hohen gewerkschaftlichen Organisationsgraden. Vor diesem Hintergrund konnten die weitestgehenden Mitbestimmungsmöglichkeiten durchgesetzt werden. Das Gesetz aus dem Jahr 1951 hat den Namen »Gesetz über die Mitbestimmung der Arbeitneh-

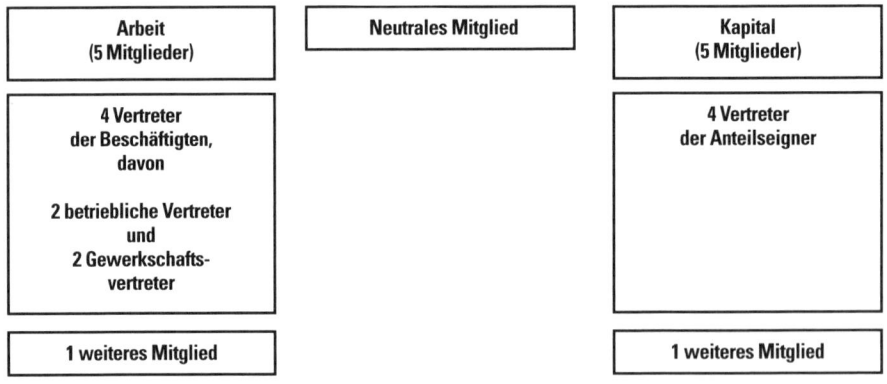

Übersicht 5-6: Zusammensetzung des Aufsichtsrats in der Stahlindustrie (Beispiel: 11 Mandate)

mer in den Aufsichtsräten und Vorständen der Unternehmen des Bergbaus und der Eisen und Stahl erzeugenden Industrie *(Montan-Mitbestimmungsgesetz)*«. Die Gewerkschaften fordern seit Langem die Einführung dieser »Montan-Mitbestimmung« auf Großbetriebe aller Branchen.

Die Besonderheit dieses Typs der Mitbestimmung liegt darin, dass beide Seiten – Kapital und Arbeit – die gleiche Anzahl von Aufsichtsratsmitgliedern stellen, jede Seite fünf Personen (vgl. Übersicht 5-6). Beide Seiten müssen sich auf eine weitere Person einigen – das sogenannte neutrale Mitglied. Kommt es bei Abstimmung zu einer Stimmengleichheit der Vertreter*innen von Kapital und Arbeit, kommt dem neutralen Mitglied die entscheidende Stimme zu. Die fünf Kapitalvertreter*innen setzen sich aus vier Vertretern der Anteilseigner und einem weiteren Mitglied zusammen, das nicht im unmittelbarem Zusammenhang mit dem Unternehmen steht. Die fünf Vertreter*innen der Arbeitnehmerseite setzen sich in der Regel aus zwei betrieblichen Vertreter*innen, zwei Gewerkschaftsvertreter*innen und einem weiteren Mitglied zusammen, das nicht im Betrieb und bei einer Gewerkschaft beschäftigt ist. Die Vertreter*innen der Kapitalseite werden von der Hauptversammlung einer AG oder der Gesellschafterversammlung einer GmbH gewählt. Die Vertreter*innen der Arbeitnehmer*innen werden durch die Mitglieder der Betriebsräte des Unternehmens gewählt.

Eine weitere Besonderheit der Mitbestimmung in der Stahlindustrie und im Bergbau liegt darin, dass ein Vorstandsmitglied einer AG bzw. ein Geschäftsführer einer GmbH als *Arbeitsdirektor*in* bestellt wird. Er bzw. sie kann nicht gegen die Stimmen der Arbeitnehmervertreter*innen im Aufsichtsrat bestellt werden. Damit hat praktisch die Arbeitnehmerseite ein Vorschlagsrecht und entscheidenden Einfluss auf die Personenauswahl. Als Arbeitsdirektor oder Arbeitsdirektorin werden daher Personen bestellt, die das besondere Vertrauen der Arbeitnehmerseite haben. Im Unterschied zu anderen Typen der Mitbestimmung im Aufsichtsrat ist damit die Arbeitnehmerseite nicht nur im Aufsichtsrat, sondern auch im operativen Entscheidungsorgan vertreten, also im Vorstand einer AG oder in der Geschäftsführung einer GmbH. Die Arbeitsdirektor*innen in der Stahlindustrie und im Bergbau gestalten über Jahrzehnte hinweg eine fortschrittliche und arbeitnehmerorientierte Personalpolitik.

Im Laufe der Zeit wurde das Gesetz aus dem Jahr 1951 mehrfach ergänzt, so z.B. durch das sogenannte Montan-Mitbestimmungs-Ergänzungsgesetz, das die Konzernobergesellschaften betrifft. Im Jahr 2018 gilt das Gesetz für zwölf Stahl-Unternehmen unmittelbar, bei einem gilt das Mitbestimmungs-Ergänzungsgesetz und in weiteren fünf Unternehmen gibt es eine vertragliche Vereinbarung zur Mitbestimmung zwischen der IG Metall und dem Unternehmen, die sich am Gesetz orientiert. Im Bergbau gilt es für sechs Unternehmen.

5.3.2 Unternehmen mit mehr als 2.000 Beschäftigten
Dieses Gesetz gilt für alle Branchen, mit Ausnahme der Stahlindustrie und des Bergbaus. Es wurde nach langen Auseinandersetzungen im Jahr 1976 beschlossen; deswegen wird diese Form der Mitbestimmung auch als *»76er Mitbestimmung«* bezeichnet.

Übersicht 5-7: Zusammensetzung des Aufsichtsrats für ein Unternehmen mit mehr als 20.000 Beschäftigten

Arbeit (10 Mitglieder)	Kapital (10 Mitglieder)
9 Vertreter*innen der Beschäftigten, davon 6 betriebliche Vertreter*innen und 3 Gewerkschaftsvertreter*innen	10 Vertreter*innen der Anteilseigner, davon eine/r als Aufsichtsratsvorsitzende/r mit Doppelstimmrecht
1 Vertreter der leitenden Angestellten	

Das Gesetz stellt einen Kompromiss dar, der die Kräfteverhältnisse in der SPD-FDP-Regierung unter Bundeskanzler Helmut Schmidt widerspiegelt. Das Gesetz fällt weit hinter die Forderungen der Gewerkschaften zurück und ist deutlich schlechter als die Regelungen in der Stahlindustrie und im Bergbau.

Die Größe des Aufsichtsrats hängt von der Zahl der Beschäftigten in Deutschland ab:
- über 2.000 bis 10.000 Beschäftigte: je sechs Aufsichtsratsmandate,
- über 10.000 bis 20.000 Beschäftigte: je acht Aufsichtsratsmandate,
- über 20.000 Beschäftigte: je zehn Aufsichtsratsmandate.

Übersicht 5-7 zeigt die Zusammensetzung des Aufsichtsrats in einem Unternehmen mit mehr als 20.000 Beschäftigten in Deutschland.

Die Kapitalseite hat in diesem Fall zehn Mandate und stellt den bzw. die *Aufsichtsratsvorsitzende/n*, der/die bei Abstimmungen mit Stimmengleichheit ein *Doppelstimmrecht* hat. Den oder die stellvertretende Aufsichtsratsvorsitzende/n stellt die Arbeitnehmerseite. Hier ist es üblich, dass entweder ein Gewerkschaftsvertreter oder ein Betriebsratsvorsitzender diesen Posten übernimmt. In größeren Aufsichtsräten wird ein *Präsidium* gebildet, dem neben dem Aufsichtsratsvorsitzenden, dem stellvertretenden Aufsichtsratsvorsitzenden von jeder Seite jeweils ein oder zwei weitere Aufsichtsratsmitglieder angehören. Das Präsidium bereitet die Aufsichtsratssitzungen vor und kann vom Aufsichtsrat beauftragt werden, in der Zeit zwischen den Aufsichtsratssitzungen Entscheidungen zu treffen. In vielen größeren Aufsichtsräten bildet das Präsidium eine Art »Machtzentrum«. Darüber hinaus können vom Aufsichtsrat weitere paritätisch besetzte Ausschüsse gebildet werden. In den meisten größeren Aufsichtsräten existiert ein *Prüfungsausschuss (audit committee)*, der den Jahresabschluss und die Rechnungslegung im Detail überprüft.

Trotz aller Defizite stellt das Mitbestimmungsgesetz in vielen Unternehmen eine wirksame Basis für die Interessenvertretung der Beschäftigten dar, um nicht nur im Betrieb, sondern auch in übergeordneten Unternehmensfragen mitbestimmen zu können. Durch die Anwesenheit von Arbeitnehmervertreter*innen im Aufsichtsrat ist eine erhöhte Transparenz in allen Fragen der Unternehmensentwicklung, der Bilanzen und

Finanzierung sowie der langfristigen Strategieentwicklung gegeben. Die Mitbestimmungsrechte umfassen alle Themen, über die der Aufsichtsrat zu entscheiden hat, also beispielsweise Themen wie Unternehmensplanung, Investitionen, Gewinnverwendung, Bestellung der Vorstandsmitglieder bzw. der Geschäftsführer.

Die Wirksamkeit dieser Form der Mitbestimmung ist allerdings durch vier Faktoren begrenzt:

- *Eine/r der Arbeitnehmervertreter*innen muss ein/e leitende/r Angestellte/r sein:* Die Arbeitnehmerseite setzt sich in Unternehmen mit mehr als 20.000 Beschäftigten aus sechs betrieblichen Arbeitnehmervertreter*innen, drei Gewerkschaftsvertreter*innen und einem leitenden Angestellten zusammen. Die Definition des bzw. der »leitenden Angestellten« ergibt sich aus § 5 BetrVG. Die Rolle des bzw. der leitenden Angestellten ist widersprüchlich: Einerseits sind leitende Angestellte abhängig Beschäftigte, andererseits besteht eine gewisse Nähe zum Vorstand oder zur Geschäftsführung, da sie Führungsaufgaben wahrnehmen. Wie sich die leitenden Angestellten in harten Konfliktsituationen verhalten, hängt sehr stark von der individuellen Haltung der Person ab, aber auch davon, inwieweit es gelingt, auf der Arbeitnehmerseite gemeinsame Positionen zu entwickeln. Es hat sich bewährt, dass der/die Vertreter*in der leitenden Angestellten an den *Vorbesprechungen der Arbeitnehmervertreter*innen* teilnimmt, sofern geklärt werden kann, dass er/sie die internen Debatten nicht an den Vorstand bzw. die Geschäftsführung weiterträgt. Bei Abstimmungen in zugespitzten Konfliktsituationen ist die entscheidende Frage, wie der Vertreter der leitenden Angestellten abstimmt. Stimmt er mit der Arbeitnehmerseite oder mit der Kapitalseite? Manche leitende Angestellte entscheiden sich in derartigen Situationen für eine Stimmenthaltung, was dann der Kapitalseite die Mehrheit verschafft. Es gibt aber auch Beispiele z.B. bei Standortschließungen, in denen die Vertreter der leitenden Angestellten mit der Arbeitnehmerseite gegen die Kapitalseite stimmen.
- *Doppelstimmrecht für die Kapitalseite:* Liegt bei einer Abstimmung im Aufsichtsrat zwischen den Kapitalvertretern und den Arbeitnehmervertretern Stimmengleichheit vor, hat der Aufsichtsratsvorsitzende, den die Kapitalseite stellt, ein sogenanntes *Doppelstimmrecht*. Das heißt: Bei Stimmengleichheit erfolgt eine zweite Abstimmung, bei der der Vorsitzende ein Doppelstimmrecht hat und so die Arbeitnehmerseite überstimmt werden kann. Insofern liegt bei dieser Form der Mitbestimmung kein tatsächliches paritätisches Gleichgewicht zwischen der Kapital- und Beschäftigtenseite vor. In der Praxis wird allerdings mehrheitlich versucht, die Wahrnehmung des Doppelstimmrechts zu vermeiden und vorher einen Kompromiss zu erzielen. In den meisten Aufsichtsräten gelingt es der Arbeitnehmerseite so, wichtige Punkte in den Beschlüssen des Aufsichtsrats zu verankern.

Darüber hinaus sind die unterschiedlichsten Konstellationen in mitbestimmten Aufsichtsräten zu beobachten. In der Mehrheit der Betriebe ist die Bindung zwischen dem Vorstand und den Kapitalvertretern im Aufsichtsrat sehr eng. Es gibt andere Situationen, in denen die Arbeitnehmerseite im Aufsichtsrat mit Teilen der Kapitalvertreter gemeinsame Positionen durchsetzen kann. In anderen Aufsichtsräten gibt es enge Verbindungen des Vorstands zur Arbeitnehmerseite, um den Einfluss bestimmter Kapitalvertreter zu begrenzen. In diesem Geflecht unterschiedlicher Interessen lässt sich durch eine kluge Politik der Arbeitnehmervertreter*innen viel für die Interessen der Beschäftigten bewegen.

- *Kein Vorschlagsrecht der Arbeitnehmerseite für den Arbeitsdirektor:* Der Arbeitsdirektor oder die Arbeitsdirektorin ist zwar im Gesetz vorgesehen. Im Unterschied zur Mitbestimmung in der Stahlindustrie und im Bergbau kann der Arbeitsdirektor auch gegen die Stimmen der Arbeitnehmerseite bestimmt werden; die Arbeitnehmerseite hat kein Vorschlagsrecht. Eine Vertretung der Beschäftigtenseite im Vorstand bzw. in der Geschäftsführung ist – anders als in der Stahlindustrie – nicht gegeben.
- *Kein zwingender Katalog zustimmungspflichtiger Geschäfte:* Im Gesetz ist kein Katalog von zustimmungspflichtigen Geschäften verbindlich festgelegt, sodass die Inhalte, über die der Aufsichtsrat mitbestimmen kann, sehr begrenzt sind. Dies ist in manchen Unternehmen der Fall, sodass z.B. vonseiten des Vorstands oder der Geschäftsführung Standorte geschlossen werden können, ohne dass dazu eine Beschlussfassung im Aufsichtsrat erfolgt.

In einigen Aufsichtsräten ist es der Arbeitnehmerseite gelungen, gemäß § 111 Abs. 4 Aktiengesetz in der Geschäftsordnung des Aufsichtsrats einen *Katalog von zustimmungspflichtigen Geschäften* zu vereinbaren (nach § 52 GmbH-Gesetz ist dieser Paragraf entsprechend auch bei GmbHs anzuwenden). Darin kann ausdrücklich festgelegt werden, bei welchen Maßnahmen der Vorstand bzw. die Geschäftsführung nicht allein, sondern nur mit Zustimmung des Aufsichtsrats entscheiden kann, so z.B. bei Jahresplanung, Investitionsplanung, Schließung von Betriebsstätten oder Teilbetrieben, Erwerb oder Verkauf von Betriebsteilen bzw. Tochtergesellschaften, Neuaufnahme oder Aufgabe von Geschäftsbereichen oder bei Änderungen der Unternehmensorganisation. Übersicht 5-8 zeigt ein Beispiel für einen Katalog zustimmungspflichtiger Geschäfte, der an die jeweiligen betrieblichen Bedingungen angepasst werden muss. Einige DAX-Konzerne veröffentlichen die Geschäftsordnung des Aufsichtsrats und den Katalog zustimmungspflichtiger Geschäfte im Internet, so z.B. die Continental AG.

Aufsichtsratswahl
Die Wahl der Mitglieder im Aufsichtsrat erfolgt alle fünf Jahre. Die Mitglieder der Kapitalseite werden von der Hauptversammlung bzw. der Gesellschafterversammlung gewählt. Die Vertreter der Arbeitnehmerseite werden entweder in *Urwahl* oder durch eine *Versammlung von Wahldelegierten* gewählt. Das Wahlverfahren auf Arbeitnehmerseite ist sehr kompliziert. Es ist in den §§ 10-24 Mitbestimmungsgesetz (MitbestG) geregelt und wird durch mehrere Wahlordnungen ergänzt, die vom Bundesministerium für Arbeit gemäß § 39 MitbestG erlassen werden: Die *1. Wahlordnung* gilt für Unternehmen mit einem Betrieb, die *2.* für Unternehmen mit mehreren Betrieben und die *3. Wahlordnung* für Konzerne. Vereinfacht gesagt gibt es drei Wahlvorgänge: die Wahl der betrieblichen Arbeitnehmervertreter*innen, die Wahl der Gewerkschaftsvertreter*innen

Übersicht 5-8: Beispiel für einen Katalog zustimmungspflichtiger Geschäfte im Aufsichtsrat

Der Vorstand bedarf zu folgenden Geschäften und Maßnahmen der Zustimmung des Aufsichtsrates:
a) Jahresplanung und jährliche Investitionspläne für Sach- und Finanzinvestitionen;
b) Schließung von Betriebsstätten oder Teilbetrieben;
c) Aufnahme neuer und Aufgabe wesentlicher bestehender Geschäftsbereiche;
d) Wesentliche Änderungen der Unternehmens- oder Konzernorganisation;
e) Erteilung und Widerruf von Generalbevollmächtigten der Gesellschaft;
f) Erwerb oder Veräußerung von oder sonstige Verfügung über Tochter- und Beteiligungsunternehmen und Beteiligungen an anderen Unternehmen, wenn der Wert im Einzelfall XXX Euro übersteigt.
g) Erwerb und Veräußerung von Gegenständen des Anlagevermögens, falls die Maßnahme nicht ausdrücklich im genehmigten Plan für Sachinvestitionen erfasst ist und der Wert im Einzelfall XXX Euro übersteigt;
h) Erwerb, Veräußerung und Belastung von Grundstücken, soweit diese Vorgänge nicht ausdrücklich im genehmigten Plan für Sachinvestitionen erfasst sind und den Betrag von XXX Euro übersteigen.
i) Aufnahme von Anleihen oder Krediten mit einer Laufzeit von mehr als 12 Monaten, wenn der Betrag im Einzelfall XXX Euro übersteigt. Ausgenommen ist die Verlängerung der Laufzeit bestehender Anlagen und Kredite;
j) Übernahme von Bürgschaften und Gewährung sonstiger Sicherheiten für Dritte außerhalb des Konzerns, wenn die Sicherheit im Einzelfall den Betrag von XXX Euro übersteigt;
k) Beschlussfassung über die oben genannten Geschäfte und Maßnahmen bei Tochter- und Beteiligungsgesellschaften.

und die Wahl des oder der leitenden Angestellten. In mitbestimmten und börsennotierten Unternehmen müssen 30% der Aufsichtsratsmitglieder Frauen sein.

Es wird empfohlen, dass auf Arbeitnehmerseite die Vorsitzenden des Konzernbetriebsrats bzw. des Gesamtbetriebsrats im Aufsichtsrat vertreten sind, sodass eine enge Kooperation zwischen den Arbeitnehmervertretern im Aufsichtsrat sowie dem Konzern- bzw. Gesamtbetriebsrat erfolgen kann. In Unternehmen mit mehreren Standorten wird es darauf ankommen, dass die Arbeitnehmervertreter*innen möglichst aus verschiedenen Standorten kommen, damit eine breite Basis der Interessenvertretung sichergestellt ist.

Das Mitbestimmungsgesetz sieht in § 9 zwei unterschiedliche Wahlverfahren vor:

- In Unternehmen mit mehr als 8.000 Beschäftigten werden die Aufsichtsratsmitglieder durch *Delegierte* gewählt, die wiederum von den Beschäftigten gewählt werden. Davon kann abgewichen werden, wenn sich mehr als 50% der Beschäftigten für die unmittelbare Wahl aussprechen.
- In Unternehmen bis zu 8.000 Beschäftigten werden die Arbeitnehmervertreter*innen durch *unmittelbare Wahl* der Beschäftigten gewählt (Urwahl). Davon kann abgewichen werden, wenn sich mehr als 50% der Beschäftigten für eine Wahl durch Delegierte entscheiden.

In der Praxis hat es sich als sinnvoll erwiesen, auch in Unternehmen mit weniger als 8.000 Beschäftigten die Wahl durch Wahldelegierte durchzuführen, da dann die zahlreichen Kriterien bei der Auswahl der Aufsichtsratsmitglieder besser berücksichtigt werden können und die Beschäftigten kleinerer Standorte bessere Chancen haben, im Aufsichtsrat vertreten zu sein.

5.3.3 Europäische Aktiengesellschaft (SE)
In der Europäischen Union ist es möglich, eine Gesellschaft europäischen Rechts zu gründen (SE = Societas Europaea). Dies geht ausschließlich auf dem Weg der Umwandlung aus einer oder mehreren bereits existierenden Gesellschaften. In der EU war die Frage der Mitbestimmung lange Zeit strittig. Eine entsprechende EU-Richtlinie wurde 2004 in Deutschland durch das SE-Beteiligungsgesetz umgesetzt. Dieses sieht für die Mitbestimmung eine Verhandlungslösung bzw. für den Fall der Nicht-Einigung eine Auffanglösung vor.

Für die Verhandlungslösung wird ein »besonderes Verhandlungsgremium« gebildet, das sich aus Arbeitnehmervertreter*innen aus den einzelnen Ländern zusammensetzt und mit der Unternehmensseite eine Vereinbarung über die Arbeitnehmerbeteiligung verhandelt. Dabei geht es einmal um einen *SE-Betriebsrat* und die Arbeitnehmerbeteiligung im *Aufsichtsrat*. Kommt im Rahmen der Verhandlungslösung keine Einigung zustande, kommt die sogenannte Auffanglösung zum Tragen. Diese sieht einerseits einen Europäischen Betriebsrat vor und andererseits eine Regelung, dass die bestehende Form der Mitbestimmung erhalten bleibt.

Die Verbreitung der SE ist vergleichsweise gering. Von den bestehenden SE-Gesellschaften ist nur ein Bruchteil operativ tätig, häufig handelt es sich um Finanzunternehmen. Dennoch haben 21 größere deutsche Konzerne diesen Weg gewählt, z.B. MAN SE, Porsche SE, BASF SE. In diesen Fällen konnten gute Verhandlungslösungen erzielt werden, die die deutsche Mitbestimmung für Kapitalgesellschaften mit mehr als 2.000 Beschäftigten im Kern absichern (vgl. das Datenblatt zu den Europäischen Aktiengesellschaften: boeckler.de/34750.htm).

5.3.4 Unternehmen mit mehr als 500 Beschäftigten
In Kapitalgesellschaften mit mehr als 500 Beschäftigten stehen den Beschäftigten lediglich ein Drittel der Aufsichtsratsmandate zu. Dies ist im Drittelbeteiligungsgesetz festgelegt. Die Größe des Aufsichtsrats ergibt sich aus § 95 des Aktiengesetzes. Grundsätzlich besteht der Aufsichtsrat aus drei Mandaten und ist darüber hinaus abhängig vom Grundkapital der Gesellschaft. Bei einem Grundkapital bis 1,5 Millionen Euro besteht der Aufsichtsrat aus neun Mandaten, davon drei für die Arbeitnehmerseite (bei mehr als 1,5 Millionen sind es 15 Mandate und bei mehr als zehn Millionen sind es 21 Mandate).

Sind mehr als zwei Arbeitnehmervertreter*innen zu wählen, so müssen mindestens zwei von ihnen im Unternehmen beschäftigt sein. Darüber hinaus kann auch ein Vertreter der Gewerkschaften ein Mandat erhalten. Die Wahl der Arbeitnehmervertreter

Übersicht 5-9: Zusammensetzung des Aufsichtsrats in Kapitalgesellschaften mit mehr als 500 Beschäftigten (Beispiel Unternehmen mit einem Grundkapital von mehr als zehn Millionen Euro)

Arbeit (3 Mitglieder)	Kapital (6 Mitglieder)
3 Vertreter der Beschäftigten, davon mindestens 2 betriebliche Vertreter. Der 3. Vertreter kann auch ein Gewerkschaftsvertreter sein.	6 Vertreter der Anteilseigner

erfolgt durch Urwahl aller betroffenen Beschäftigten. Einzelheiten dazu finden sich in der Wahlordnung (WODrittelbG), die das Bundesministerium für Arbeit erlässt. Die Übersicht 5-9 zeigt die Zusammensetzung eines Aufsichtsrats mit neun Mandaten.

Durch die Begrenzung der Beschäftigtenseite auf ein Drittel der Mandate besteht so gut wie keine Chance, auf der Unternehmensebene wirksam mitzubestimmen. Es besteht für die Arbeitnehmervertreter*innen lediglich die Chance, in allen Unternehmensfragen informiert zu werden und die Positionen der Beschäftigten zu artikulieren.

5.3.5 Volkswagen AG

Aus geschichtlichen Gründen gibt es bei der Volkswagen AG seit 1949 eine erweiterte Form der Mitbestimmung, die im sogenannten *Volkswagengesetz* geregelt ist. Dieses Gesetz wurde in den letzten Jahren mehrfach geändert. Es ergänzt die Rechte der Arbeitnehmervertreter im Aufsichtsrat nach dem Mitbestimmungsgesetz für Unternehmen mit mehr als 2.000 Beschäftigten. Entscheidend im heutigen VW-Gesetz ist folgende Bestimmung in § 4 Abs. 2: »Die Errichtung und die Verlegung von Produktionsstätten bedürfen der Zustimmung des Aufsichtsrats. Der Beschluss bedarf der Mehrheit von zwei Dritteln der Mitglieder des Aufsichtsrats.« Die gleiche Bestimmung ist auch in der Satzung der Volkswagen AG verankert. Da die Hälfte der Mandate des Aufsichtsrats Arbeitnehmermandate sind, ist die Verlagerung von Standorten gegen die Stimmen der Arbeitnehmerseite nicht möglich. Vor dem Hintergrund dieser Bestimmung, des hohen gewerkschaftlichen Organisationsgrades und der Beteiligung des Landes Niedersachsen in Höhe von 20% ist es auch in schwierigen wirtschaftlichen Situationen den Betriebsräten und der IG Metall gelungen, alle deutschen Standorte zu erhalten und betriebsbedingte Kündigungen zu vermeiden.

6. Betriebspolitik

Ausgangspunkt der Gewerkschaftsarbeit ist der Betrieb. Hier arbeiten die Beschäftigten bzw. die betrieblichen Gewerkschaftsmitglieder zusammen, bilden eine Interessenvertretung und führen Verhandlungen bzw. Konflikte mit den Unternehmern.

Dem deutschen Modell der Mitbestimmung liegt der Gedanke zugrunde, dass es im Betrieb gewählte Betriebsräte gibt und gleichzeitig im Betrieb und in der Tarifpolitik Gewerkschaften aktiv sind. Dies wird auch als »*duale Struktur der Interessenvertretung*« bezeichnet. Hierbei muss berücksichtigt werden, dass fast alle Betriebsratsmitglieder auch Gewerkschaftsmitglieder sind und in den Gremien der regionalen Gewerkschaft mitarbeiten, wie z.B. in der Delegiertenversammlung, dem Ortsvorstand und den Tarifkommissionen.

Die duale Struktur der Interessenvertretung wird auch in den unterschiedlichen Aufgaben der Betriebsräte und der Vertrauensleute sichtbar, aber auch bei der Frage, welche Themen der Betriebsrat regeln kann und welche die Gewerkschaften z.B. im Rahmen der Tarifverhandlungen regeln. Insofern bestehen enge Beziehungen zwischen der Betriebs- und Tarifpolitik (vgl. die Kapitel 7.1.7 und 14).

6.1 Unterschiedliche Bedingungen von Betrieb zu Betrieb

Auch wenn das Betriebsverfassungsgesetz für alle Betriebe gilt und somit die Grundlage für die Arbeit der Betriebsräte darstellt, gibt es von Betrieb zu Betrieb erhebliche Unterschiede in der praktischen Situation der Interessenvertretung. Diese beziehen sich vorrangig auf die Betriebsgröße, die Struktur der Belegschaften (im Normalarbeitsverhältnis, prekär Beschäftigte, Höherqualifizierte usw.), die Branchen (»von der Gießerei bis zur Softwareentwicklung«) und den gewerkschaftlichen Einfluss im Betrieb.

6.1.1 Betriebsgröße

Die Spanne der Betriebsgrößen reicht vom kleinen Handwerksbetrieb mit beispielsweise 20 Beschäftigten bis zum Großkonzern mit mehr als 100.000 Beschäftigten. Es liegt auf der Hand, dass damit die Einflussmöglichkeiten der Belegschaften und ihrer Interessenvertretung sehr unterschiedlich sind. Im Betriebsverfassungsgesetz ist die Zahl der Betriebsratsmitglieder, auch die der freigestellten, in einer Staffel in Abhängigkeit von der Betriebsgröße geregelt. Die Übersicht 6-1 gibt einen Überblick zu den unterschiedlichen Größenordnungen, wobei über die Abgrenzung zwischen Klein-, Mittel- und Großbetrieb sicherlich diskutiert werden kann.

Wichtige Schwellwerte sind z.B.
- 200 Beschäftigte: ab dieser Größe ist ein Betriebsratsmitglied von der Arbeit freizustellen;

Übersicht 6-1: Unterschiedliche Größen von Betrieben und Betriebsräten

	Beschäftigte	Betriebsratsmitglieder	Freigestellte Betriebsratsmitglieder
Kleinbetriebe	< 20 < 50 < 200	1 3 7	– – –
Mittelbetriebe	200 bis 500	9 bis 11	1
Großbetriebe	> 500 > 2.000 > 10.000	11 bis 17 19 bis 35 > 35	2 bis 4 5 bis 12 > 12

- 500 Beschäftigte: ab dieser Größenordnung ist in Kapitalgesellschaften ein drittel-paritätischer Aufsichtsrat vorgesehen;
- 2.000 Beschäftigte: ab dieser Zahl von Beschäftigten ist in Kapitalgesellschaften ein paritätischer Aufsichtsrat vorgeschrieben.

6.1.2 Struktur der Belegschaften

Es ist merkwürdig: In der betrieblichen Praxis wird wie selbstverständlich von »den *Arbeitern*« und »den *Angestellten*« gesprochen. Dabei gibt es seit 2009 kein einziges Kriterium mehr, nach dem sich Arbeiter*innen und Angestellte unterscheiden lassen – weder im Arbeits- und Sozialrecht noch in den Tarifverträgen. Dennoch weist diese Unterscheidung ein bemerkenswertes Beharrungsvermögen auf und wirkt bei der Selbstwahrnehmung vieler Beschäftigter bis heute nach. Dies hat auch Auswirkungen auf die Interessenvertretung.

Seit Beginn der Industrialisierung bis weit in die 1980er Jahre hinein gab es eine klare Trennung zwischen den Arbeitern, die in der unmittelbaren Produktion beschäftigt waren, und den Angestellten, die im Büro, also in der Verwaltung, Konstruktion, Forschung und Entwicklung tätig waren. Diese Unterscheidung spiegelte sich in getrennten gesetzlichen Regelungen, getrennten Tarifverträgen, unterschiedlichen Organisationen für die gesetzliche Rente und getrennten Regelungen im Betriebsverfassungsgesetz wider, das bis 2001 getrennte Listen für Arbeiter und Angestellte vorsah. Die Gewerkschaften haben diese Unterscheidung nie befürwortet, da sie ein gemeinsames, solidarisches Vorgehen aller Beschäftigten eher behinderte, und forderten seit Langem einen »*einheitlichen Arbeitnehmerstatus*«. Etwa beginnend mit den 1990er Jahren wurden bis 2009 sämtliche rechtlichen und tariflichen Unterschiede zwischen Arbeitern und Angestellten abgeschafft und einheitliche Regelungen für alle Beschäftigten durchgesetzt. Entscheidend war dafür der Abschluss gemeinsamer Entgeltrahmen-Tarifverträge in der Metallindustrie in der Zeit von 2003 bis 2005 sowie die Schaffung einer einheitlichen Rentenversicherung (vgl. Übersicht 6-2).

Auch heute gibt es objektive Unterschiede zwischen der Situation in der Produktion und in der Verwaltung und Konstruktion, auch wenn die Grenzen mehr und mehr aufweichen. Da es keine allseits anerkannten »neuen« Begriffe gibt, werden umgangssprachlich die alten Begriffe »Arbeiter« und »Angestellte« weiter benutzt. Die Begriffe

Übersicht 6-2: Angleichungsprozess von Arbeitern und Angestellten am Beispiel der niedersächsischen Metallindustrie

Arbeits- und Sozialrecht	Jahr	Tarifliche Regelung
	1956	Tarifliche Lohnfortzahlung auch für Arbeiter
Angleichung der Leistungen der Rentenversicherung, aber weiterhin getrennte Systeme in LVAs und BfA	1957	
Lohnfortzahlungsgesetz	1969	
	1973	Angleichung der Gehälter von kaufmännischen und technischen Angestellten
Einheitliche Krankenversicherung	1989	
	1990	Freiwillige Einführung des Monatslohns für Arbeiter anstelle des Stundenlohns
	1992	Erste Tarifverhandlungen zum gemeinsamen Entgeltrahmen-Tarifvertrag
Einheitliche gesetzliche Kündigungsfristen	1993	
	1994	Gemeinsamer Manteltarifvertrag für Arbeiter, Angestellte und Auszubildende. Verbindliche Einführung des Monatslohns für Arbeiter; Angleichung aller Bestimmungen
Reform des Betriebsverfassunggesetzes und des Mitbestimmungsgesetzes »76«: Keine Unterscheidung mehr zwischen Arbeitern und Angestellten	2001	Erstes Teilverhandlungsergebnis zum Entgelt-Rahmentarifvertrag
	2002	Abschluss in Baden-Württemberg und anschließend in Niedersachsen: Verbindlicher Zeitplan zur Einführung des Entgelt-Rahmentarifvertrages
Beschluss des Verbandes Deutscher Rentenversicherungsträger (VDR) über ein neues Organisationsmodell für die Rentenversicherung: Aufhebung der Unterscheidung zwischen Arbeitern und Angestellten	2003	24.11. Abschluss des Entgelt-Rahmentarifvertrages in der niedersächsischen Metallindustrie
	2004	Beginn der Einführungsphase des Entgelt-Rahmentarifvertrages; Umsetzung bis 2009
Am 1. Januar tritt das Gesetz über die Organisationsreform der gesetzlichen Rentenversicherung in Kraft. Damit gibt es keinerlei Unterschiede mehr zwischen Arbeitern und Angestellten	2006	
Ab 2009 einheitlicher Arbeitnehmerstatus		

»direkte Beschäftigte« und »indirekte Beschäftigte« kommen der Situation am nächsten, haben sich aber nicht durchgesetzt und werden von einigen »indirekten Beschäftigten« als diskriminierend empfunden. Auch wenn sich die Grenzen mehr und mehr verwischen, können näherungsweise folgende Unterschiede benannt werden:
- Die Beschäftigten in der Produktion arbeiten unmittelbar am Produkt oder dem Werkstoff, häufig im Zusammenspiel mit Bearbeitungsmaschinen, während die Beschäf-

tigten in der Verwaltung, Konstruktion, im Einkauf, Vertrieb und der Forschung und Entwicklung am Schreibtisch und am PC arbeiten.
- In der Produktion haben nicht alle Beschäftigten einen direkten Zugang zu einem ihnen zugeordneten PC und haben oft keine eigene Email-Adresse. Dies muss bei der Kommunikation zwischen Betriebsrat und Beschäftigten berücksichtigt werden (vgl. Kapitel 22).
- In der Produktion ist Schichtarbeit wesentlich stärker verbreitet als in der Verwaltung, Konstruktion usw. Auch wenn der Anteil von stark beanspruchender körperlicher Arbeit oder Arbeit unter Umgebungsbelastungen rückläufig ist, kommen diese jedoch ausschließlich in der Produktion vor.
- Nicht in allen, aber in vielen Betrieben ist festzustellen, dass der gewerkschaftliche Organisationsgrad in der Produktion höher ist als in der Verwaltung, Konstruktion usw. Nicht in allen, aber in vielen Betrieben ist die Beteiligung an Warnstreiks von »Arbeitern« höher als die von »Angestellten«.

Für die gewerkschaftliche Betriebspolitik, also die Arbeit von Betriebsräten und Vertrauensleuten, haben die realen oder wahrgenommenen Unterschiede zwischen »Arbeitern« und »Angestellten« eine große Bedeutung. Betriebsrat und Vertrauensleute haben die Aufgabe, die Gemeinsamkeiten aller Beschäftigtengruppen in den Vordergrund der Diskussion zu stellen. Einerseits müssen die jeweiligen spezifischen Interessen wahrgenommen und angesprochen werden, andererseits muss die Gemeinsamkeit als Beschäftigte gegenüber den Unternehmern betont werden. So haben beispielsweise Beschäftigte im Drei-Schicht-Betrieb andere Interessen als Ingenieur*innen, die von häufigen Auslandsreisen gestresst sind. Bei Konflikten um die Beschäftigungssicherung oder in Tarifrunden stehen dann die gemeinsamen Interessen im Vordergrund. Die IG Metall versteht sich als eine Gewerkschaft, die vom Produktionshelfer bis zum Ingenieur mit Doktortitel alle Beschäftigten gemeinsam vertritt. Es sollte sehr konsequent darauf geachtet werden, dass im Betriebsratsgremium und bei den Vertrauensleuten alle Beschäftigtengruppen im Unternehmen angemessen vertreten sind, sodass die jeweiligen spezifischen Interessen in die Arbeit der Gremien einfließen. Dies gilt auch für die Reihenfolge der Listenplätze bei der Betriebsratswahl. Bei Betriebsversammlungen sollte darauf geachtet werden, dass die Themen aller Bereiche angesprochen und ggf. durch die Diskussion in Abteilungsversammlungen vertieft werden.

6.1.3 Mobiles Arbeiten

In einigen Betrieben arbeitet ein relevanter Teil der Belegschaft von zu Hause oder unterwegs mit vernetzten Laptops, Tablets oder Smartphones. So können zahlreiche Tätigkeiten in den Bereichen Verwaltung, Konstruktion, Forschung und Entwicklung erledigt werden, ohne dass eine permanente Anwesenheit im Betrieb erforderlich ist. In einigen Engineering-Betrieben und IT-Unternehmen besteht diese Möglichkeit der mobilen Arbeit fast für die gesamte Belegschaft. Dazu sind zahlreiche Punkte in Tarifverträgen bzw. Betriebsvereinbarungen zu regeln (vgl. Kapitel 18.2). Darüber hinaus gibt es in etlichen Betrieben einen relevanten Anteil von Monteuren und Außendienstbeschäftigten, die in der Regel nicht auf dem Betriebsgelände arbeiten, sondern bei Kunden deutschlandweit oder sogar weltweit.

Arbeitet ein relevanter Teil der Belegschaft nicht ständig auf dem Betriebsgelände, stellt dies die gewerkschaftliche Betriebspolitik vor besondere Herausforderungen. Der Betrieb als Ort des gemeinsamen Arbeitens wird in diesen Fällen teilweise aufgelöst. Für Betriebsräte und Vertrauensleute stellt sich die Frage, wie mit der gesamten Belegschaft kommuniziert wird und wie gemeinsame gewerkschaftliche Aktivitäten durch die Interessenvertretung organisiert werden können. Neben der Kommunikation über E-Mails und das Intranet des Unternehmens ist es sinnvoll, wenn in einer Betriebsvereinbarung eine Mindestanzahl von Anwesenheitstagen pro Monat im Betrieb festgeschrieben wird, sodass persönliche Gespräche zwischen Betriebsrat, Vertrauensleuten und Beschäftigten möglich sind. Hilfreich ist es, wenn für die Tage, an denen Betriebsversammlungen stattfinden, alle Beschäftigten im Betrieb anwesend sind.

6.2 Gewerkschaftliche Stärke im Betrieb (GSB-Skala)

Wie stark der Einfluss der Gewerkschaft im einzelnen Betrieb ist, hängt im entscheidenden Maße von der Zahl der Gewerkschaftsmitglieder ab, genauer: von der Zahl der Gewerkschaftsmitglieder im Verhältnis zur gesamten Belegschaft. Diese Verhältniszahl heißt: *gewerkschaftlicher Organisationsgrad*. Je höher der gewerkschaftliche Organisationsgrad im einzelnen Betrieb ist, desto bessere Einfluss- und Durchsetzungsmöglichkeiten haben Betriebsrat und Gewerkschaft. Neben dem gewerkschaftlichen Organisationsgrad haben die Existenz eines Betriebsrats, eines Tarifvertrags, die Wahl von gewerkschaftlichen Vertrauensleuten und die Streikfähigkeit der Belegschaft entscheidende Bedeutung. Dieser Zusammenhang kann näherungsweise mit der GSB-Skala abgebildet werden (*GSB = Gewerkschaftliche Stärke im Betrieb*, vgl. Übersicht 6-3).

Es gibt vereinzelt Betriebe, in denen es keine oder nur sehr wenige Gewerkschaftsmitglieder gibt und folglich auch keine Interessenvertretung (Level von Null bis Eins). Der erste Schritt zum Ausbau des gewerkschaftlichen Einflusses im Betrieb ist die Wahl eines Betriebsrats, der die Interessen der Beschäftigten gegenüber dem Unternehmer organisiert und Kontakt zur Gewerkschaft hält (Level 2). Mit steigender Mitgliederzahl wird es möglich sein, die Anwendung der Flächentarifverträge und die Wahl von gewerkschaftlichen Vertrauensleuten durchzusetzen (Level 3 bis 4). Inwieweit es Gewerkschaften gelingt, in Tarifrunden erfolgreiche Abschlüsse zu erzielen, hängt auch davon ab, in wie vielen Betrieben die Belegschaften in der Lage sind, Warnstreiks durchzuführen und ggf. auch im Rahmen eines Flächenstreiks sich mehrere Wochen an einem Streik zu beteiligen (Level 5 bis 6). Je mehr Betriebe in einer Branche auf der GSB-Skala hohe Punktzahlen erreichen, um so bessere Durchsetzungsmöglichkeiten bestehen im Rahmen von Tarifauseinandersetzungen. Insofern ist es eine gewerkschaftliche Zielsetzung, schrittweise in allen Betrieben den gewerkschaftlichen Einfluss und damit die Möglichkeiten der Interessenvertretung der Beschäftigten zu

Übersicht 6-3: Gewerkschaftliche Stärke im Betrieb – GSB-Skala

Level	Mitglieder (Organisationsgrad)	Betriebsrat	Tarif-vertrag	Gewerkschaftliche Vertrauensleute	Streikfähigkeit
6		Ja	Ja	Ja	Streikbetrieb im Rahmen eines längeren Flächenstreiks
5		Ja	Ja	Ja	mehrmalige und längere Warnstreiks
4		Ja	Ja	Ja	regelmäßige, kurze Warnstreiks
3		Ja	Ja	Nein	gelegentliche, kurze Warnstreiks
2		Ja	Nein	Nein	Nein
1		Nein	Nein	Nein	Nein
0		Nein	Nein	Nein	Nein

erhöhen. Vergleicht man einzelne Branchen unter diesem Gesichtspunkt, werden die Unterschiede offensichtlich.

6.3 Leiharbeitsbeschäftigte und Beschäftigte mit Werkverträgen (ganzheitlicher Betriebsbegriff)

Idealerweise haben alle Beschäftigten in einem Betrieb mit diesem Betrieb auch einen Arbeitsvertrag abgeschlossen. Dieser Grundsatz wurde in den letzten Jahren von den Unternehmern schrittweise durch den Einsatz von Leiharbeit und Werkverträgen unterlaufen. Nach Angaben der Bundesregierung gab es im Jahr 2017 über eine Million Leiharbeitsbeschäftigte. Die Ziele der Unternehmer sind erhöhte Personalflexibilität und Kostensenkung, um so die Gewinne erhöhen zu können.

Mit Leiharbeit nutzen die Unternehmer ein System, das es ihnen erlaubt, einerseits Tarifentgelte zu unterlaufen und andererseits über eine Personalreserve im Betrieb zu verfügen, die sie flexibel absenken oder erhöhen können. Leiharbeitsbeschäftigten braucht vom Entleihbetrieb nicht gekündigt zu werden, sondern sie werden dort lediglich »abgemeldet«. Im Vergleich zu »Stammbeschäftigten« brauchen keine Kündigungsfristen und Mitbestimmungsrechte der Betriebsräte beachtet zu werden. Betriebswirtschaftlich laufen die Kosten für Leiharbeitsbeschäftigte nicht unter Personalkosten, sondern unter Sachkosten. Anfangs galten für Leiharbeitsbeschäftigte keine oder nur sehr unzureichende Tarifverträge. Mittlerweile ist es beispielsweise in der Metall- und

Übersicht 6-4: Unterschiedliche Formen der Beschäftigung auf einem Betriebsgelände

- »Stammbeschäftigte«, also Beschäftigte, die einen unbefristeten Arbeitsvertrag mit dem Stammbetrieb haben

- »Stammbeschäftigte«, also Beschäftigte, die einen befristeten Arbeitsvertrag mit dem Stammbetrieb haben

- Leiharbeitsbeschäftigte im Stammbetrieb, die einen Arbeitsvertrag mit einer Leiharbeitsfirma haben

- Beschäftigte bei Fremdfirmen, die einen unbefristeten Arbeitsvertrag bei dieser Fremdfirma haben

- Beschäftigte bei Fremdfirmen, die einen befristeten Arbeitsvertrag bei dieser Fremdfirma haben

- Leiharbeitsbeschäftigte bei einer Fremdfirma, die einen Arbeitsvertrag mit einer Leiharbeitsfirma haben, aber bei der Fremdfirma eingesetzt werden

Elektroindustrie gelungen, akzeptable Tarifverträge für Leiharbeitsbeschäftigte durchzusetzen (vgl. Kapitel 7.3.3).

Durch die Vergabe von Tätigkeiten per Werkvertrag oder an Fremdfirmen mit niedrigeren Tarifniveaus werden die gleichen Ziele verfolgt. So liegen die Stunden- bzw. Monatsentgelte in den Tarifverträgen für die Logistikbranche deutlich unter denen der Metallindustrie. Dies führte dazu, dass Unternehmen bestimmte Logistikleistungen ausgliederten und sie von Fremdfirmen erledigen ließen.

In vielen Betrieben hält sich die Zahl der Leiharbeitsbeschäftigten in Grenzen, in anderen Betrieben wurde der Einsatz von Leiharbeit stark vorangetrieben. Bei Ausgliederungen in Form von Werkverträgen bzw. der Ausgliederung an Fremdfirmen begann dies in vielen Betrieben in Bereichen wie der Kantine, der Reinigungsarbeiten und dem Werkschutz, in anderen Betrieben sind dagegen Tätigkeiten des »Kerngeschäftes« betroffen. In einigen Firmen wurden diese Prozesse durch die Unternehmer so stark vorangetrieben, dass die »Stammbeschäftigten« zu einer Minderheit wurden und am jeweiligen Standort mehrheitlich Beschäftigte bei Leiharbeitsfirmen und bei Werkvertragsfirmen beschäftigt sind. Da bei den Werkvertragsfirmen ebenfalls Leiharbeit eingesetzt wird, finden sich dann auf dem Betriebsgelände eines Betriebes bis zu sechs Beschäftigtengruppen, die in der Übersicht 6-4 dargestellt sind.

Insbesondere in den Betrieben, in denen zahlreiche Beschäftigte in Leiharbeit oder mit Werkverträgen tätig sind, stellt dies Betriebsräte und Vertrauensleute vor große Herausforderungen. Es führt kein Weg daran vorbei, dass sich die betriebliche Interessenvertretung auch um die Belange der Leiharbeitsbeschäftigten und Beschäftigten mit Werkverträgen kümmert. Dabei sollte ein *»ganzheitlicher Betriebsbegriff«* zugrunde gelegt werden, der neben den Stammbeschäftigten auch die Beschäftigten in Leihar-

Übersicht 6-5: Ganzheitlicher Betriebsbegriff (Quelle: IG Metall)

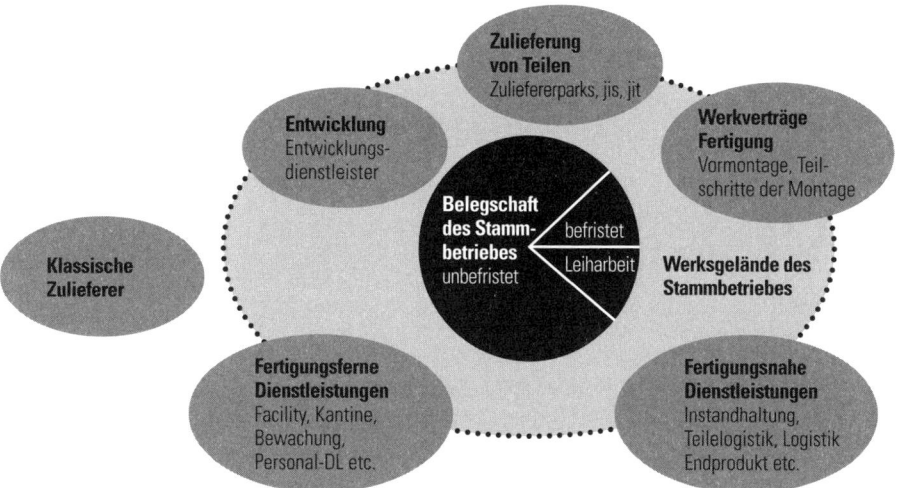

beit und Werkverträgen miteinschließt (vgl. dazu Übersicht 6-5). Die IG Metall erhebt den Anspruch, für alle Abschnitte der *Wertschöpfungskette* tarifliche und betriebliche Regelungen abzuschließen. Hier besteht der Anspruch, dass die Interessenvertretung im Stammbetrieb sich auch um die Situation der Beschäftigten in Leiharbeit und Verträgen kümmert, sie als Mitglied der Gewerkschaft wirbt und an der Verbesserung ihrer Arbeitssituation beteiligt.

So hat die IG Metall seit etwa 2004 verstärkt Leiharbeitsbeschäftigte organisiert und deren Bedingungen im Betrieb verbessert. Zurzeit sind etwa 30.000 Leiharbeitsbeschäftigte in der IG Metall organisiert. So konnte die IG Metall schrittweise ein System von Tarifverträgen durchsetzen, das die Situation der Leiharbeitsbeschäftigten deutlich verbessert hat (vgl. Kapitel 7.3.3).

Im Bereich der sogenannten Kontraktlogistik werden beispielsweise in Automobilkonzernen Logistik- und teilweise Montageleistungen auf dem Werksgelände erbracht. Diese Logistikfirmen fielen ursprünglich unter die Tarifverträge für das Speditionsgewerbe, deren Niveau deutlich unterhalb der Metall-Tarifverträge liegt. Hier gelang es in vielen Bereichen, diese Beschäftigten in der IG Metall zu organisieren und für sie bessere Tarifverträge durchzusetzen – meistens auf dem Gelände von großen Automobilkonzernen. Durch eine Vereinbarung zwischen der IG Metall und ver.di wurden die jeweiligen Zuständigkeiten in diesem Bereich geregelt. Die IG Metall fordert einen Flächentarifvertrag für die Kontraktlogistik. Unabhängig davon erhebt sie den Anspruch, für alle Beschäftigten in allen Bereichen der Wertschöpfungskette Tarifverträge abzuschließen.

> Das Überwachungsrecht des Betriebsrats nach § 80 BetrVG umfasst auch Personen, die nicht in einem Arbeitsverhältnis zum Arbeitgeber stehen. So heißt es wörtlich: »Zur Durchführung seiner Aufgaben nach diesem Gesetz ist der Betriebsrat rechtzeitig und umfassend vom Arbeitgeber zu unterrichten; die Unterrichtung erstreckt sich auch auf Personen, die nicht in einem Arbeitsverhältnis zum Arbeitgeber stehen, und umfasst insbesondere den zeitlichen Umfang, den Einsatzort und die Arbeitsaufgaben der Personen.« (§ 80 Abs. 2 BetrVG)

Zu den Unterlagen, die dem Betriebsrat dazu vorzulegen sind, gehören auch die Verträge, die der Beschäftigung dieser Personengruppe zugrunde liegen. Hier kann der Betriebsrat überprüfen, ob es sich möglicherweise um Scheinwerkverträge handelt (vgl. Kapitel 18.4).

6.4 Betriebsräte, Gewerkschaft und Vertrauensleute

Mit der Verabschiedung des *Betriebsverfassungsgesetzes* durch den deutschen Bundestag im Jahr 1952 wurde »der Betriebsrat« als eigenständige Institution eingeführt, die unabhängig von den Gewerkschaften definiert wurde. Dies ist anders als in anderen Industrieländern, wo auch die betriebliche Interessenvertretung ausschließlich an die Gewerkschaften gebunden ist. Durch das *Tarifvertragsgesetz* wurde andererseits den Gewerkschaften die exklusive Kompetenz zum Abschluss von Tarifverträgen zugewiesen. Das deutsche System wird auch als »*Duales System der Interessenvertretung*« bezeichnet (vgl. Übersicht 6-6).

Innerhalb dieses Systems gibt es zwischen den beiden Säulen zahlreiche Verbindungen und Wechselwirkungen. So ist die große Mehrheit der Betriebsratsmitglieder auch Mitglied in der Gewerkschaft und arbeitet in den Gremien der Gewerkschaft ehrenamtlich mit. Die Gewerkschaft hält über ihre Betriebsbeauftragten engen Kontakt zu den Betriebsräten und stimmt eine gemeinsame Vorgehensweise ab. Die Tarifverträge enthalten vielfache Gestaltungsklauseln, mit denen den Betriebsräten die Kompetenz zugewiesen wird, die tariflichen Regelungen im Betrieb umzusetzen. So ist beispielsweise die Dauer der wöchentlichen Arbeitszeit in der westdeutschen Metallindustrie abschließend mit 35 Stunden pro Woche im Tarifvertrag festgeschrieben, andererseits enthält der Tarifvertrag Gestaltungsklauseln, nach denen die Lage und Verteilung der Arbeitszeit im Betrieb durch Betriebsvereinbarung zu regeln ist. Die Entgelthöhe für die einzelnen Entgeltgruppen ist abschließend im Entgelt-Tarifvertrag geregelt, kann aber innerhalb eines tariflichen Rahmens durch Betriebsvereinbarungen zu variablen Entgeltbestandteilen ergänzt werden, also z.B. Grundsätze der Verteilung der Leistungszulage im Zeitentgelt oder Regelungen zum Leistungsentgelt aufstellen.

> Eine klare Abgrenzung der Regelungskompetenzen zwischen Gewerkschaft und Betriebsrat findet sich in § 77 Abs. 3 BetrVG. Dort ist geregelt, dass Sachverhal-

Übersicht 6-6: Das Duale System der Interessenvertretung in Deutschland

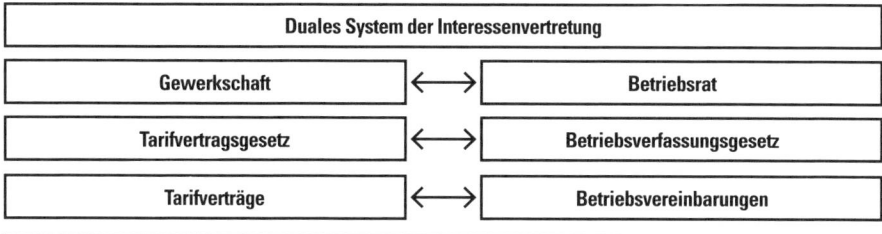

§ 77 (3) Betriebsverfassungsgesetz:
Arbeitsentgelte und sonstige Arbeitsbedingungen, die durch Tarifvertrag geregelt sind oder üblicherweise geregelt werden, können nicht Gegenstand einer Betriebsvereinbarung sein. Dies gilt nicht, wenn ein Tarifvertrag den Abschluss ergänzender Betriebsvereinbarungen ausdrücklich zulässt.

te, die im Tarifvertrag geregelt sind oder üblicherweise dort geregelt werden, nicht Gegenstand einer Betriebsvereinbarung sein dürfen. Die einzige Ausnahme liegt darin, wenn der Tarifvertrag in Gestaltungsklauseln den Abschluss von ergänzenden Betriebsvereinbarungen ausdrücklich zulässt.

Dieser Sachverhalt wird auch *Tarifvorbehalt* genannt. Mit dieser Bestimmung wird sichergestellt, dass die grundlegenden tariflichen Bedingungen übertariflich in Flächentarifverträgen für eine Branche und Region vereinbart werden. Auf diese Weise wird die *Ordnungsfunktion des Flächentarifvertrags* unterstrichen, der in wesentlichen Elementen des Arbeitsverhältnisses für alle Beschäftigten einer Branche und Region ein gleiches Niveau sicherstellt. Damit wird verhindert, dass durch schlechtere Regelungen in einzelnen Betrieben die Wettbewerbsfähigkeit der anderen Betriebe leidet und sie letztlich in eine Situation kommen, bei den schlechteren Bedingungen nachziehen zu müssen. Für die Beschäftigten sichert der Flächentarifvertrag den Schutz vor der wechselseitigen Konkurrenz einzelner Belegschaften und damit ein gemeinsames, solidarisches gewerkschaftliches Vorgehen. Für die Unternehmen sichert der Flächentarifvertrag auf der Entgeltseite gleiche Konkurrenzbedingungen in einer Branche und Region (vgl. Kapitel 7.1.2). Der Tarifvorbehalt gilt auch für Situationen, in denen in Betriebsvereinbarungen etwas Besseres als im Tarifvertrag geregelt ist. Das sogenannte Günstigkeitsprinzip gilt hier nicht, um die ausschließliche Regelungskompetenz der Gewerkschaften als Tarifvertragspartei sicherzustellen.

Soll in einem Betrieb eine andere Regelung getroffen werden – sei sie nun schlechter oder besser als der Tarifvertrag –, geht dies nicht durch Betriebsvereinbarung, sondern nur durch einen betrieblichen Ergänzungstarifvertrag der Gewerkschaft mit dem Arbeitgeberverband oder dem einzelnen Arbeitgeber (vgl. Kapitel 7.1.8). Häufig tritt dies in wirtschaftlichen Krisensituationen auf, in denen die Unternehmer Verschlechterungen am Tarif durchsetzen wollen und die IG Metall auf Beschäftigungssicherung dringt. In diesem Fall ist eine betriebliche Tarifkommission zu bilden, in der ausschließlich IG Metall-Mitglieder vertreten sind, in erster Linie Betriebsratsmitglieder und Vertrauensleute. Sie werden auf einer Mitgliederversammlung im Betrieb gewählt. Über die Entscheidung, ob Tarifverhandlungen mit dem Unternehmen aufgenommen werden, und über ein mögliches Verhandlungsergebnis entscheidet zunächst die betriebliche Tarifkommission der IG Metall und anschließend in einer Abstimmung die Mitglieder der IG Metall. Beschäftigte, die nicht Mitglied der IG Metall sind, haben kein Stimmrecht, da für sie der Tarifvertrag auch nicht unmittelbar gilt.

Die politische Bedeutung des § 77 Abs. 3 BetrVG wurde in den 1990er und frühen 2000er Jahren deutlich. Neoliberale Politiker in der CDU und FDP, Teile der Arbeitgeberverbände und zahlreiche Wissenschaftler und Medienvertreter forderten, dass zentrale Elemente des Arbeitsverhältnisses nicht in Flächentarifverträgen, sondern durch Betriebsvereinbarung geregelt werden müssten. Damit sollte das Entgeltniveau durch eine schrittweise Regulierung von Betrieb zu Betrieb gesenkt werden. Dies wurde teilweise mit dem Begriff »betriebliche Bündnisse für Arbeit« bezeichnet und stellte letztlich die verfassungsgemäßen Aufgaben der Gewerkschaften als Tarifvertragspartei infrage. Durch die heftigen Proteste und Aktionen der Gewerkschaften konnte eine Streichung bzw. Verschlechterung des § 77 Abs. 3 BetrVG verhindert werden. Dazu kam, dass die IG Metall im Jahr 2004 im sogenannten Pforzheimer Abkommen die Möglichkeit für betriebliche Ergänzungsverträge regelte (vgl. Kapitel 7.1.8). Insgesamt konnten die Angriffe auf die Tarifautonomie abgewehrt werden und seit etwa 2009 werden die Flächentarifverträge und der Tarifvorrang gemäß § 77 Abs. 3 von (fast) allen relevanten politischen Parteien und Institutionen wieder akzeptiert.

Das System der dualen Interessenvertretung beinhaltet viele Verbindungen und Wechselwirkungen zwischen den beiden Säulen. So ist an mehreren Stellen des Betriebsverfassungsgesetzes auch die Rolle der Gewerkschaft angesprochen, so z.B.:

- Zusammenarbeit von Betriebsrat und Gewerkschaft (§ 2, Abs. 1 BetrVG);
- Zutrittsrecht der Beauftragten der Gewerkschaft zum Betrieb (§ 2 Abs. 2 BetrVG);
- Teilnahme der Beauftragten der Gewerkschaft an Betriebsratssitzungen und Betriebsversammlungen (§ 31 und § 46 BetrVG);
- Aufstellung von Wahlvorschlägen (Listen) für die Betriebsratswahl (§ 14 Abs. 3 BetrVG).

Entscheidend für das Zusammenwirken der beiden Säulen der dualen Interessenvertretung ist aber die Tatsache, dass die Betriebsratsmitglieder mehrheitlich auch Mitglied der Gewerkschaft sind, in den gewerkschaftlichen Gremien Funktionen übernehmen und an der Willensbildung in den Gewerkschaften mitwirken (vgl. Übersicht 6-7).

Damit wird weitgehend sichergestellt, dass in den Betriebsratsgremien gewerkschaftliche Positionen vertreten werden und in die Beratung der Gremien der Gewerkschaft die Sichtweise der Betriebsräte eingebracht wird. Die Ortsvorstände in den Geschäftsstellen der regionalen Gewerkschaft bestehen fast ausschließlich aus Betriebsräten und Vertrauensleuten. In den Tarifkommissionen der Gewerkschaften sind Betriebsräte, Vertrauensleute und Bevollmächtigte der regionalen Geschäftsstellen der Gewerkschaft vertreten. Dieses produktive Miteinander ist für eine erfolgreiche Gewerkschaftsarbeit im Betrieb, in der Tarifpolitik und in der Gesellschaftspolitik eine wichtige Voraussetzung.

Übersicht 6-7: Beispiel für mehrere Funktionen einer Person in der IG Metall und im Betriebsrat

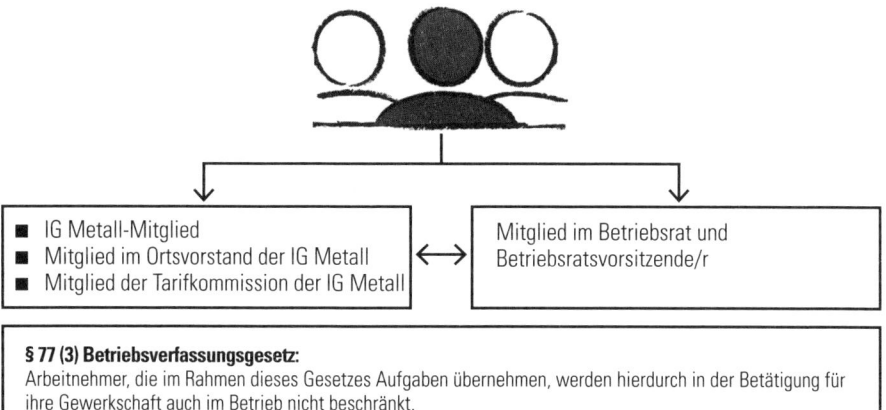

- IG Metall-Mitglied
- Mitglied im Ortsvorstand der IG Metall
- Mitglied der Tarifkommission der IG Metall

⟷ Mitglied im Betriebsrat und Betriebsratsvorsitzende/r

§ 77 (3) Betriebsverfassungsgesetz:
Arbeitnehmer, die im Rahmen dieses Gesetzes Aufgaben übernehmen, werden hierdurch in der Betätigung für ihre Gewerkschaft auch im Betrieb nicht beschränkt.

> Eine Gewerkschaftsarbeit, die die Situation in den Betrieben nicht zur Kenntnis nimmt, ist genauso zum Scheitern verurteilt wie eine Betriebsratsarbeit, die nicht in den gewerkschaftlichen Gesamtzusammenhang eingebunden ist.

Gewerkschaftliche Vertrauensleute
Nicht in allen, aber in sehr vielen Betrieben werden regelmäßig aus dem Kreis der Gewerkschaftsmitglieder im Betrieb Vertrauensleute gewählt. Beispielsweise wurden bei der Vertrauensleutewahl im Jahr 2016 im Bereich der IG Metall rund 75.000 Vertrauensleute gewählt, von denen rund 48.000 keine Funktion nach dem Betriebsverfassungsgesetz haben. In rund 85% der Großbetriebe mit mehr als 1.000 Beschäftigten wurden Vertrauensleute gewählt. In Klein- und Mittelbetrieben liegt dieser Prozentsatz deutlich niedriger. Die IG Metall strebt an, in möglichst vielen Betrieben neben dem Betriebsrat auch gewerkschaftliche Vertrauensleute wählen zu lassen. So wurden im Jahr 2016 in 466 Betrieben erstmals Vertrauensleute gewählt. In Betrieben ohne gewerkschaftliche Vertrauensleute wird die Gewerkschaftsarbeit durch die Gewerkschaftsmitglieder im Betriebsrat getragen. Die unterschiedlichen Aufgaben der Vertrauensleute und des Betriebsrats sind in Kapitel 14 und der Übersicht 14-1 erläutert.

In den Betrieben, in denen gewerkschaftliche Vertrauensleute gewählt wurden, ist eine intensivere und verbreiterte Gewerkschaftsarbeit möglich, die die Belegschaft stärker an Entscheidungsprozessen beteiligt. Vertrauensleute werden für einzelne Abteilungen oder Bereiche des Betriebes von den Gewerkschaftsmitgliedern gewählt. Wenn im Produktionsbereich Schichtarbeit vereinbart ist, kommt es auch darauf an, dass in den einzelnen Bereichen jede Schichtgruppe einen Vertrauensmann oder eine Vertrauensfrau wählt. Gerade in Großbetrieben kommen beispielsweise auf 1.000 Beschäftigte lediglich ein bis zwei Betriebsratsmitglieder. Durch die Wahl von Vertrauensleuten besteht die Möglichkeit, dass alle IG Metall-Mitglieder eine/n Ansprechpartner*in »vor Ort« haben.

Die gewerkschaftspolitische Bedeutung der Vertrauensleutearbeit liegt darin, dass die Gewerkschaft zusammen mit den Vertrauensleuten eigenständig agieren kann, ohne an die Grenzen des Betriebsverfassungsgesetzes gebunden zu sein. Eine zentrale Aufgabe der Vertrauensleute liegt in der Mitgliedergewinnung, um so die gewerkschaftlichen Handlungsbedingungen im Betrieb zu verbessern. Die Vertrauensleute vertreten die Politik und die Positionen der Gewerkschaft, gewährleisten eine entsprechende Informations- und Öffentlichkeitsarbeit und beteiligen die Gewerkschaftsmitglieder im Betrieb an der Willensbildung. Dies spielt gerade bei Tarifrunden eine entscheidende Rolle. In der Phase der Forderungsaufstellung debattieren Vertrauensleute mit den Gewerkschaftsmitgliedern im Betrieb über die Höhe der Tarifforderung, informieren über die Beschlüsse der Tarifkommission und den Verhandlungsverlauf. Falls es in Tarifrunden erforderlich ist, den Druck auf die Unternehmer zu erhöhen, rufen die Gewerkschaften ihre Mitglieder zu Warnstreiks auf. In der Vorbereitung und Durchführung von Warnstreiks spielen die Vertrauensleute eine entscheidende Rolle. Gerade hier wird die gewerkschaftliche Bedeutung deutlich. Das Gremium »Betriebsrat« darf gemäß § 74 Abs. 2 BetrVG nicht zu Arbeitskampfmaßnahmen aufrufen. Wenn die Gewerkschaft zu Warnstreiks oder Streiks aufruft, liegt die Mobilisierung in den Händen der Vertrauensleute bzw. der örtlichen Geschäftsstelle der Gewerkschaft. Auch die Betriebsratsmitglieder können jedoch im Rahmen des § 74 Abs. 3 BetrVG einen Aufruf zum Warnstreik der Gewerkschaft unterstützen. Dort ist geregelt, dass Betriebsratsmitglieder durch das BetrVG nicht in der Betätigung für ihre Gewerkschaft im Betrieb beschränkt sind (vgl. Übersicht 6-7).

Die Arbeit der Vertrauensleute ist beispielsweise in der IG Metall in den »Richtlinien für Vertrauensleute« geregelt. Näheres zu den Aufgaben und zur Organisation der Vertrauensleutearbeit im Betrieb findet sich im Kapitel 14.

6.5 Beteiligung plus Orientierung gleich Beteiligungsorientierung

Im Betrieb ist hin und wieder zu hören: »Dann soll die Gewerkschaft das mal für uns durchsetzen.« Diese Aussage greift zu kurz, denn eine Gewerkschaft ist nur so durchsetzungsstark, wie ihre Mitglieder sich aktiv engagieren. Deutlich wird dies bei den Tarifrunden. Je mehr die Mitglieder an der Forderungsdiskussion beteiligt werden, umso stärker werden sie hinter der Forderung stehen. Ohne die aktive Beteiligung ihrer Mitglieder an Warnstreiks oder an Streiks könnten die Gewerkschaften kaum Verbesserungen gegen den Widerstand der Unternehmer durchsetzen. *Es wird nicht nur für die Mitglieder gehandelt, sondern alle Mitglieder handeln gemeinsam.* Insofern ist eine Gewerkschaft eine Selbsthilfeorganisation, also eine Mitmach-Gewerkschaft. Für Betriebsräte und Vertrauensleute besteht die Anforderung: *Wir handeln nicht nur für die Kolleg*innen, sondern mit ihnen.*

Von den 2,2 Millionen Mitgliedern der IG Metall sind über 100.000 Menschen als gewählte Repräsentant*innen der Gewerkschaft aktiv – Betriebsräte, Vertrauensleute, Tarifkommissionsmitglieder, aber auch Bevollmächtigte und Gewerkschaftssekretär*innen der örtlichen Geschäftsstellen. Es ist sinnvoll, dass sich darüber hinaus möglichst viele Gewerkschaftsmitglieder an Diskussionen über gewerkschaftliche Fragestellungen, an der Entwicklung von Forderungen und an deren Durchsetzung beteiligen.

Das Verhältnis und die Aufgabenverteilung zwischen den gewählten Repräsentant*innen und den Gewerkschaftsmitgliedern ist Gegenstand zahlreicher Diskussionen. Sind Betriebsräte oder Vertrauensleute gewählt, bedeutet das nicht, dass sie für die nächsten vier Jahre ihre Arbeit machen und Entscheidungen treffen, ohne dies mit den Mitgliedern bzw. der Belegschaft rückzukoppeln. Den gewählten Repräsentant*innen kommt dabei die Aufgabe zu, Grundstimmungen, Wünsche und bisherige Diskussionen in der Mitgliedschaft aufzugreifen und sie in Vorschlägen und Forderungen zusammenzufassen. Zusätzlich kommt den gewählten Repräsentant*innen die Aufgabe zu, die Diskussionen aus anderen Betrieben sowie Positionen und Beschlüsse der Gewerkschaften in die Diskussion einzubringen und eine Orientierung zu geben. Dies hat nichts mit »Bevormundung« der Mitglieder zu tun, denn nicht jedes Gewerkschaftsmitglied hat sich mit jeder einzelnen Fragestellung beschäftigt und möchte sich in die Details vertiefen.

> Gewerkschaftsmitglieder haben einerseits einen Anspruch darauf, dass ihre gewählten Vertreter*innen ihnen zu einzelnen Themen Informationen, Vorschläge und Orientierung geben. Andererseits haben sie einen Anspruch auf Beteiligung bei der Entwicklung von Positionen und Forderungen.
> Beteiligung + Orientierung = Beteiligungsorientierung.

Voraussetzung für die Beteiligung der Mitglieder bzw. Beschäftigten ist ausführliche Information und die Eröffnung von Möglichkeiten zur Beteiligung: von der Diskussion auf Betriebsversammlungen und in der Diskussion mit den Vertrauensleuten über schriftliche Befragungsaktionen bis hin zu Warnstreiks in Tarifrunden. Den gewählten Repräsentant*innen wie etwa Betriebsräten und Vertrauensleuten kommt dabei die Rolle zu, Vorschläge für Positionen einzubringen und eine klare Orientierung zu geben, die nach Diskussionen mit der Mitgliedschaft dann ggf. korrigiert oder modifiziert werden (»Gegenstromverfahren«). Diese Zusammenhänge sind in der Übersicht 6-8 zusammengefasst.

Nicht alle Gewerkschaftsmitglieder bzw. Beschäftigten wünschen im gleichen Maße Beteiligung. Viele legen großen Wert darauf, sich an den Debatten zu beteiligen, und formulieren diese Ansprüche auch gegenüber den gewählten Repräsentant*innen. Andere sind zunächst eher passiv nach dem bereits erwähnten Motto: »Die Gewerkschaft soll das mal für uns durchsetzen.« Auf diese unterschiedlichen Einstellungen muss Rücksicht genommen werden. Die Erfahrung hat gezeigt, dass viele derjenigen, die sich zunächst eher passiv verhalten, motiviert werden können, sich an gewerkschaftlichen Diskussionen und Aktionen zu beteiligen. So beteiligen sich bei den Warnstreiks

Übersicht 6-8: Beteiligung, Orientierung und Gegenstromverfahren

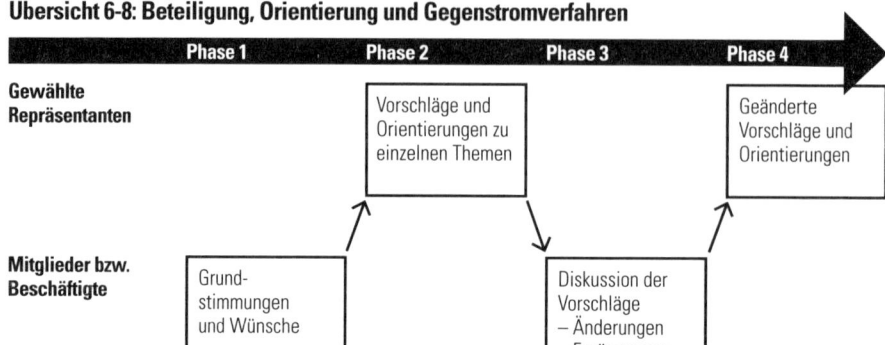

der IG Metall bundesweit über 1.000.000 Personen. An der Befragungsaktion der IG Metall im Jahr 2017 haben sich über 680.000 Personen beteiligt und ihre Meinung zu Themen der Bundestagswahl, der Tarifpolitik und der Arbeitszeitgestaltung kundgetan. Die Ergebnisse dieser Befragung flossen sowohl in den Forderungskatalog der IG Metall zur Bundestagswahl als auch in die Tarifforderungen zur Arbeitszeit im Jahr 2018 ein.

Auch außerhalb von Tarifrunden kommt es für eine *beteiligungsorientierte Gewerkschaftspolitik* darauf an, den Mitgliedern auf den verschiedenen Ebenen Angebote zur Beteiligung zu eröffnen. Dies kann in der regionalen Geschäftsstelle der Gewerkschaft durch Diskussionsveranstaltungen, Ausschüsse, Arbeitskreise und Projekte zu einzelnen Themen erfolgen. Aber auch im Betrieb kommt es darauf an, dass neben den Betriebsversammlungen ergänzende Angebote zum Dialog mit der Belegschaft eröffnet werden. In Betrieben mit gewerkschaftlichen Vertrauensleuten spielen diese dabei eine entscheidende Rolle, da sie in ihren Bereichen das direkte Gespräch mit den Beschäftigten führen können. In einigen Betrieben hat es sich auch bewährt, anstelle von Betriebsversammlungen teilweise Abteilungsversammlungen durchzuführen. Dort ist die Teilnehmerzahl geringer und die Möglichkeiten, einen Dialog zu führen, besser.

Der Gewerkschaftstag der IG Metall formulierte im Jahr 2015 im Leitantrag »Beteiligungsgewerkschaft IG Metall« dazu: »Die direkte Beteiligung von Mitgliedern an wichtigen Themen im Betrieb und in der Organisation ist die Grundlage für eine erfolgreiche Interessenvertretung. Beteiligung ist dabei nicht als Konkurrenz zum bewährten repräsentativen System zu sehen – sondern als wichtige Ergänzung und Stärkung. Dies weiter auszubauen und miteinander zu verzahnen, stärkt unsere Verankerung in den Betrieben und die fundierte Willensbildung in den gewählten Gremien.«

Gerade in Konfliktsituationen hat eine starke Beteiligung der Belegschaften für Betriebsräte und Vertrauensleute einen entscheidenden Vorteil: Je besser Belegschaften über den Konfliktverlauf informiert sind, je besser sie bei der Entwicklung von Forderungen und möglichen Kompromisslinien beteiligt sind, desto eher werden sie bereit sein, durch Aktionen die Verhandlungsposition des Betriebsrats zu unterstützen, und am Ende des Konflikts Kompromisse mittragen.

6.6 Gesamtbetriebsrat, Konzernbetriebsrat und Eurobetriebsrat

Für die Betriebspolitik ist es wichtig, ob es sich um ein Unternehmen mit einem Standort handelt oder ob das Unternehmen auf mehrere Standorte verteilt ist. Im zweiten Fall ist ein Gesamtbetriebsrat zu wählen. Existieren in einem Konzern mehrere eigenständige Gesellschaften mit eigenen Betriebsräten, ist ein Konzernbetriebsrat zu wählen. Für ein Unternehmen mit mehreren Standorten in Europa ist ein europäischer Betriebsrat zu bilden.

Die Arbeit der Gesamt- und Konzernbetriebsräte ist in den §§ 47-59 BetrVG geregelt. Die Arbeit des »Euro-Betriebsrats« ist im Gesetz über europäische Betriebsräte geregelt. Es kommt darauf an, in allen übergeordneten Fragen eine gemeinsame Betriebspolitik herauszuarbeiten, die ein gegenseitiges Ausspielen der einzelnen Standorte möglichst vermeidet. Im Einzelfall ist jeweils zu klären, ob der Gesamt- bzw. der Konzernbetriebsrat von den einzelnen Betriebsräten ein Verhandlungsmandat für ein Themenfeld erhält, um beispielsweise eine Gesamt- oder Konzernbetriebsvereinbarung abzuschließen. Der europäische Betriebsrat hat kein Verhandlungsmandat und ist in erster Linie ein Gremium zur Information und Beratung.

6.6.1 Gesamtbetriebsrat (GBR)

Hat ein Unternehmen mehrere Standorte oder Betriebsstätten, an denen jeweils eigene Betriebsräte gewählt wurden, ist ein Gesamtbetriebsrat (GBR) zu errichten. Nach § 47 BetrVG entsendet jeder Betriebsrat mit bis zu drei Mitgliedern eines seiner Mitglieder, bei größeren Betriebsräten jeweils zwei Mitglieder in den Gesamtbetriebsrat. Jedes Mitglied des GBR hat so viele Stimmen, wie Beschäftigte in dem jeweiligen Betrieb tätig sind. Dies wird auch umgangssprachlich *»Stimmengewicht«* oder *»Stimmenwucht«* genannt. Die Zusammenarbeit im Gesamtbetriebsrat ist u.a. davon geprägt, wie viele Standorte vertreten und wie groß sie jeweils sind. Bei etwa gleich großen Standorten ist eine solidarische Zusammenarbeit im GBR häufig einfacher, als wenn ein großer Standort, z.B. die Hauptverwaltung, und mehrere kleinere Standorte existieren. In diesem Fall ist das Gewicht der Betriebsräte aus dem größten Standort auch am größten. Für die kleineren Standorte bietet dies Chancen und Risiken. Einerseits können sie von den Regelungen und der Durchsetzungskraft der Betriebsräte an dem größeren Standort profitieren, andererseits besteht das Risiko, dass Entscheidungen zugunsten des größten Standortes und zulasten kleinerer Standorte getroffen werden. Hier kommt es darauf an, eine gemeinsame solidarische Betriebspolitik, die den Beschäftigten an allen Standorten nutzt, zu praktizieren. Dies gelingt in der Mehrheit der Fälle. In einzelnen Fällen sind Konflikte innerhalb des GBR nicht ausgeschlossen. Die Gewerkschaften benennen für alle Gesamtbetriebsräte Unternehmensbeauftragte, die die Gesamtbetriebsräte beraten und unterstützen. Bei internen Konflikten versuchen sie, die Konfliktsituation zu entschärfen.

Die Zuständigkeit des Gesamtbetriebsrats beschränkt sich gemäß § 50 Abs. 1 BetrVG zunächst auf die Behandlung von Angelegenheiten, »die das Gesamtunternehmen oder mehrere Betriebe betreffen und nicht durch die einzelnen Betriebsräte innerhalb ihrer Betriebe geregelt werden können«. Was darunter fällt, ist in jedem Einzelfall zu prüfen; dazu existiert eine umfangreiche Rechtsprechung. Beispiele sind etwa die betriebliche Altersversorgung, eine finanzielle Erfolgsbeteiligung, Dienstreiserahmenregelungen oder die Regelung von unternehmensweiten IT-Systemen.

Darüber hinaus kann ein einzelner Betriebsrat per Beschluss den Gesamtbetriebsrat beauftragen, eine Angelegenheit für ihn mit dem Unternehmer zu verhandeln. Der Betriebsrat kann sich dabei die letztliche Entscheidungsbefugnis vorbehalten. Genauso ist es möglich, dass der Betriebsrat per Beschluss dem Gesamtbetriebsrat die Verhandlungsbefugnis wieder entzieht. Bei Standortschließung und Massenentlassungen an einem einzelnen Standort muss der einzelne Betriebsrat sehr sorgfältig diskutieren und entscheiden, ob er die Verhandlungen über einen Interessenausgleich und Sozialplan selber führen will, oder ob er die Kompetenz dem Gesamtbetriebsrat übertragen will. Beides kann Vor- und Nachteile haben und muss im jeweiligen Einzelfall entschieden werden. In einigen Fällen werden auch Rahmenbetriebsvereinbarungen auf GBR-Ebene abgeschlossen, die dann vor Ort durch die Betriebsvereinbarungen konkretisiert werden.

6.6.2 Konzernbetriebsrat (KBR)

In einem Konzern sind mehrere rechtlich eigenständige Gesellschaften zusammengefasst. Dies ist in *§ 18 Abs. 1 Aktiengesetz* geregelt: »Sind ein herrschendes und ein oder mehrere abhängige Unternehmen unter der einheitlichen Leitung des herrschenden Unternehmens zusammengefasst, so bilden sie einen Konzern.« Anders als beim Gesamtbetriebsrat ist in diesem Fall ein Konzernbetriebsrat (KBR) nicht vorgeschrieben, sondern lediglich dann zu errichten, wenn die Betriebsräte bzw. Gesamtbetriebsräte gemäß § 54 BetrVG entsprechende Beschlüsse fassen. Dabei sind drei Konstellationen denkbar:

- Das herrschende Unternehmen hat mehrere »Tochtergesellschaften«, in denen jeweils ein Betriebsrat gewählt wurde. In diesem Fall setzt sich der KBR aus Vertretern der Betriebsräte des »Mutterunternehmens« und denen der »Tochterunternehmen« zusammen. Ein GBR existiert in diesem Falle nicht.
- Das »Mutterunternehmen« hat mehrere Tochtergesellschaften, die jeweils mehrere Standorte haben und in denen jeweils GBRs existieren. In diesem Falle setzt sich der Konzernbetriebsrat aus Vertretern der Betriebsräte des »Mutterunternehmens« und der GBRs aus den »Tochterunternehmen« zusammen.
- Das »Mutterunternehmen« hat mehrere Tochtergesellschaften, von denen einige mehrere Standorte mit GBRs haben und andere »Tochterunternehmen« mit nur jeweils einem Standort und einem Betriebsrat. In diesem Falle setzt sich der Konzernbetriebsrat aus Vertretern der Betriebsräte des »Mutterunternehmens« sowie der GBRs und der Betriebsräte der einzelnen »Tochterunternehmen« zusammen.

Zusammensetzung und Kompetenzen des KBR sind in den §§ 54-59 BetrVG geregelt. In den KBR entsendet jeder GBR zwei seiner Mitglieder; existiert kein GBR, entsendet jeder Betriebsrat zwei seiner Mitglieder. Jedem der beiden KBR-Mitglieder stehen die Stimmen der Mitglieder des entsendenden Gesamtbetriebsrats bzw. Betriebsrats je zur Hälfte zu (»Stimmengewicht« oder »Stimmenwucht«).

Je nach der Zahl der Standorte bzw. Unternehmen können GBRs und KBRs eine große Zahl von Mitgliedern haben. In vielen Unternehmen wird deshalb ein *Gesamt-Betriebsausschuss (GBA)* bzw. ein *Konzern-Betriebsausschuss (KBA)* gewählt. Die Aufgaben und Kompetenzen des GBA und des KBA sind in einer Geschäftsordnung zu regeln (vgl. §§ 51 und 59 BetrVG).

Je nach der Konstellation im Unternehmen hat der GBR oder KBR im Zusammenspiel mit den einzelnen Betriebsräten und den Arbeitnehmervertreter*innen im Aufsichtsrat einen entscheidenden Einfluss bei Fragen, die über den einzelnen Betrieb hinausgehen und das gesamte Unternehmen oder den gesamten Konzern betreffen.

6.6.3 Europäischer Betriebsrat (EBR)

Immer mehr Unternehmen haben Tochtergesellschaften im europäischen Ausland. Vor diesem Hintergrund wurden von der Europäischen Union (EU) nach jahrelangem Drängen der Gewerkschaften in den 1990er Jahren die ersten Richtlinien für europäische Betriebsräte verabschiedet und mehrfach weiterentwickelt. Die Richtlinie 2009/38/EG des europäischen Parlaments und des Rats aus dem Jahr 2009 ist die aktuelle Grundlage für europäische Betriebsräte. Sie gilt in allen Mitgliedstaaten der EU sowie durch Zusatzabkommen auch für Norwegen, Island und Lichtenstein. Die Richtlinie gilt bis zum Abschluss der Brexit-Verhandlungen auch für Großbritannien und Nordirland. Inwieweit eine Fortgeltung dieser Regelungen bei den Brexit-Verhandlungen vereinbart wird, muss bis März 2019 entschieden werden.

Das größte Problem bei der Verabschiedung der EU-Richtlinie zu europäischen Betriebsräten bestand in den unterschiedlichen Systemen der Interessenvertretung der Beschäftigten in den verschiedenen Mitgliedsländern der EU. Das deutsche duale System der Interessenvertretung von Betriebsräten und Gewerkschaften ist in anderen Mitgliedsländern der EU unbekannt, und die Interessenvertretung ist völlig anders geregelt. Da es auf absehbare Zeit nicht möglich und sinnvoll ist, eine einheitliche Regelung der betrieblichen und gewerkschaftlichen Interessenvertretung für die gesamte EU zu vereinbaren, musste die Richtlinie zu europäischen Betriebsräten diese unterschiedlichen Situationen berücksichtigen. In Deutschland wurde die EU-Richtlinie durch das *Europäische Betriebsrätegesetz (EBRG)* umgesetzt.

Ein europäischer Betriebsrat ist für grenzüberschreitende, EU-gemeinschaftsweite Unternehmen bzw. Konzerne vorgesehen. Es gibt drei Möglichkeiten, wie ein europäischer Betriebsrat (EBR) gebildet wird:

- *Fortbestand* von freiwilligen Regelungen zu einem EBR, die bis zum 22. September 1996 vereinbart wurden. Das Datum dieses Stichtages liegt zwei Jahre nach der Verabschiedung der ersten Richtlinie der EU am 22. September 1994 und reagiert auf die Tatsache, dass in zahlreichen Unternehmen schon vor diesem Datum Regelungen zu einem EBR bestanden, die für beide Seiten akzeptabel sind.

- Vereinbarungen zwischen der Arbeitnehmerseite und dem Unternehmen *(Verhandlungslösung)*. Die Verhandlungen dazu werden vom Unternehmen und einem »besonderen Verhandlungsgremium« geführt, in das die Interessenvertretungen der einzelnen Länder Vertreter entsenden. Je nach Situation in den einzelnen Ländern können dies Betriebsratmitglieder oder Vertreter der Gewerkschaften sein. In Deutschland entsendet der GBR oder – falls nur ein Betrieb vorhanden ist – der Betriebsrat die Mitglieder. Für eine Vereinbarung zwischen dem Unternehmen und dem »besonderen Verhandlungsgremium« sind in § 17 EBRG Mindestanforderungen fixiert.
- Kommt es zu keiner Vereinbarung zwischen dem Unternehmen und dem »besonderen Verhandlungsgremium«, ist ein *europäischer Betriebsrat gemäß den §§ 21 und folgende im EBRG* einzurichten. In diesen EBR entsendet die Interessenvertretung der Beschäftigten aus jedem Mitgliedsland Vertreter; dies können je nach dem System der Interessenvertretung der einzelnen Länder Betriebsräte oder Gewerkschaftsvertreter sein. In Deutschland entsendet nach § 23 EBRG der Gesamtbetriebsrat die Vertreter oder – wenn es nur einen Betrieb gibt – der Betriebsrat.

Die erstmalige Gründung eines EBR ist sehr schwierig und komplex, da zu den Interessenvertretern der einzelnen Länder Kontakt aufgenommen werden muss und Sprachbarrieren überwunden werden müssen. In den Vorstandsverwaltungen der Gewerkschaften arbeiten dazu kompetente Experten, die zur Bildung von EBRs über langjährige Erfahrung verfügen und Kontakt zu den Gewerkschaften der jeweiligen Länder herstellen.

Zwischen einem Betriebsrat oder einem GBR oder einem KBR und einem EBR gibt es einen entscheidenden Unterschied:

> Der europäische Betriebsrat (EBR) ist ein Gremium zur grenzüberschreitenden Unterrichtung und Anhörung. Anders als Betriebsräte, Gesamtbetriebsräte oder Konzernbetriebsräte verfügt der EBR über keine Mitbestimmungsrechte. Der EBR ist insofern den einzelnen Betriebsräten, GBR und KBR, nicht übergeordnet, sondern stellt eine Ergänzung dieser Gremien dar.

Die »zentrale Leitung des Unternehmens« hat den EBR einmal im Kalenderjahr über die Geschäftslage und die Perspektive des Unternehmens zu unterrichten und ihn anzuhören. In § 29 EBRG sind zehn Themen aufgeführt, über die mindestens zu berichten ist, so. z.B. die Beschäftigungslage, Investitionen, geplante Massenentlassungen usw. Darüber hinaus hat die zentrale Leitung den EBR gemäß § 30 EBRG bei außergewöhnlichen Umständen wie z.B. bei der Stilllegung oder Verlagerung von Unternehmen, Betrieben und wesentlichen Betriebsteilen oder bei geplanten Massenentlassungen rechtzeitig unter Vorlage von Unterlagen zu unterrichten und ihn anzuhören.

Die unterschiedlichen Systeme der Interessenvertretung in den einzelnen Ländern erfordern eine wechselseitige Kenntnis und Akzeptanz durch die einzelnen EBR-Mitglieder. So werden aus einigen Ländern Betriebsratsmitglieder und aus anderen Ländern Gewerkschaftsmitglieder entsandt. In der Regel sind Sprachbarrieren zu überwinden. Die Sitzungen des EBR müssen meistens simultan von Dolmetschern übersetzt werden, teilweise in zahlreiche Sprachen. Die Kosten für die technische Ausrüstung und die Dolmetscher trägt das herrschende Unternehmen. Sitzungen des EBR finden mit Vertretern des Unternehmens statt. Daher ist es wichtig, beispielsweise am Vortag der offiziellen EBR-Sitzung eine *Vorbesprechung* durchzuführen, bei der die EBR-Mitglieder »unter sich« sind und ihre Angelegenheiten ohne die Anwesenheit der Unternehmensvertreter diskutieren können. In immer mehr Unternehmen gelingt es im Laufe der Jahre, eine kontinuierliche und professionelle EBR-Arbeit zu entwickeln, die eine gemeinsame Vorgehensweise der Interessenvertretungen aus den einzelnen Ländern fördert. Insgesamt gibt es in der EU 1.153 europäische Betriebsräte.

In einigen weltweit tätigen Unternehmen konnten die EBRs in Richtung eines *Welt-Betriebsrats* weiterentwickelt werden. Die weitgehendste Regelung zu einem Welt-Betriebsrat existiert bei der Volkswagen AG.

6.7 Betriebspolitik und Tarifpolitik

Zwischen der gewerkschaftlichen Betriebspolitik und der Tarifpolitik bestehen mehrere enge Wechselwirkungen (vgl. dazu Übersicht 6-9).

Übersicht 6-9: Betriebspolitik und Tarifpolitik

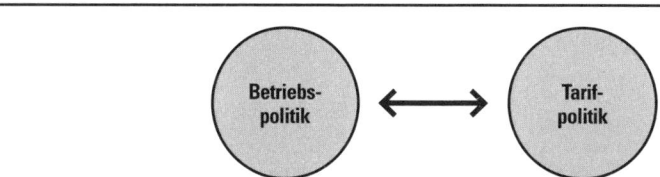

- Betriebspolitik beeinflusst Tarifpolitik: Aktive Belegschaften und Interessenvertretungen sind die Grundlage für eine aktive Tarifpolitik.
- Tarifpolitik beeinflusst Betriebspolitik: Tarifverträge verbessern die Entgelt und Arbeitsbedingungen im Betrieb und eröffnen den Betriebsräten erweiterte Handlungsmöglichkeiten.
- Jeder erfolgreiche Warnstreik in einer Tarifrunde verschiebt das betriebliche Kräfteverhältnis zugunsten der Belegschaft und der Interessenvertretung.
- In Sondersituationen wie beim Abschluss von Haustarifverträgen oder von Ergänzungstarifverträgen »verschmelzen« die Grenzen von Betriebspolitik und Tarifpolitik.

- *Die Betriebspolitik beeinflusst die Tarifpolitik:* Ohne eine relevante Anzahl von Betrieben mit einer möglichst hohen Zahl von Gewerkschaftsmitgliedern und aktiven Betriebsräten und Vertrauensleuten wird eine Tarifpolitik zum Abschluss und zur Verbesserung von Flächentarifverträgen nicht möglich sein. Je mehr Betriebe und Mitglieder zu einem Tarifgebiet gehören und je mehr Mitglieder bereit sind, sich zu engagieren, desto eher wird es der Gewerkschaft möglich sein, gute Tarifverträge abzuschließen. Je mehr Betriebe in einem Tarifgebiet vorhanden sind, in denen Belegschaften zum Warnstreik oder Streik aufgerufen werden können, desto mehr

Druck kann eine Gewerkschaft in den Tarifverhandlungen mit den Unternehmern erzeugen und desto bessere Tarifkompromisse können erzielt werden (vgl. auch die GSB-Skala für die gewerkschaftliche Stärke im Betrieb in Kapitel 6.3 bzw. Übersicht 6-1).

- *Die Tarifpolitik beeinflusst die Betriebspolitik:* Für die gewerkschaftliche Betriebspolitik ist es mitentscheidend, ob der Betrieb tarifgebunden ist oder nicht. In tariflosen Betrieben haben die Gewerkschaftsmitglieder keinen einklagbaren Anspruch auf Entgelte, Arbeitszeiten und andere Regelungen, die im Flächentarifvertrag vereinbart sind. Die Betriebsräte in tariflosen Betrieben müssen für viele Themen streiten und kämpfen, die in tarifgebundenen Betrieben selbstverständlich sind, da sie im Flächentarifvertrag geregelt sind. Die Flächentarifverträge enthalten zahlreiche Gestaltungsklauseln, die die Grundlage für eine betriebliche Umsetzung der tariflichen Bestimmungen bilden. Auf dieser Grundlage werden die Mitbestimmungsrechte der Betriebsräte ergänzt und konkretisiert. So sind in den Manteltarifverträgen der westdeutschen Metallindustrie beispielsweise die Dauer der Arbeitszeit mit 35 Stunden festgeschrieben und für die Lage und Verteilung der Arbeitszeit Rahmenregelungen vereinbart (z.B. Verteilung der wöchentlichen Arbeitszeit in der Regel auf die Werktage von Montag bis Freitag). Für die jeweilige betriebliche Regelung der Lage und Verteilung der Arbeitszeit müssen – auf der Grundlage der tariflichen Gestaltungsklauseln – Betriebsvereinbarungen abgeschlossen werden. Die Umsetzung der Flächentarifverträge im jeweiligen Betrieb prägt die gewerkschaftliche Betriebspolitik entscheidend.
- Jeder erfolgreiche *Warnstreik* stärkt die Position von Betriebsrat und Vertrauensleuten: Die Gewerkschaften rufen während der Tarifrunden regelmäßig die Belegschaften dazu auf, mit Warnstreiks den Druck auf die Arbeitgeber zu erhöhen. Die Mobilisierung der Belegschaft zur Teilnahme an den Warnstreiks liegt in den Händen der betrieblichen Interessenvertreter, also der Betriebsratsmitglieder und Vertrauensleute. Die Unternehmer beobachten sehr genau, wie hoch die Beteiligung an den Warnstreiks ist. Beteiligt sich nur ein geringer Teil der Belegschaft, wird deutlich, dass große Teile die gewerkschaftlichen Forderungen und Interessenvertreter im Betrieb nicht unterstützen. Ein erfolgreicher Warnstreik mit hoher Beteiligung ist hingegen ein klares Signal an den Unternehmer, dass die gewerkschaftlichen Interessenvertreter im Betrieb sich auf die Unterstützung der Belegschaft verlassen können. In diesem Sinne ist jeder Warnstreik eine Art Test über die *Kräfteverhältnisse im Betrieb*. Finden mehrfach erfolgreiche Warnstreiks statt, kann der Betriebsrat auch bei schwierigen betrieblichen Konflikten auf eine »warnstreikerprobte« Belegschaft zählen und dies gegenüber dem Unternehmer deutlich machen.
- *Betriebsbezogene Tarifpolitik:* Es gibt Situationen, in denen Betriebs- und Tarifpolitik »Hand in Hand« gehen. Gilt für den Betrieb kein Flächentarifvertrag, besteht möglicherweise ein *Anerkennungs- oder Haustarifvertrag*. Tritt ein Unternehmen aus dem Arbeitgeberverband aus, um nicht mehr an den Flächentarifvertrag gebunden zu sein, wird auf der betrieblichen Ebene für den Erhalt der Tarifbindung ge-

stritten werden müssen. Wenn ein tarifgebundener Betrieb in eine »wirtschaftliche Schieflage« gerät, kann der Unternehmer bei den Tarifvertragsparteien einen Antrag für einen *betriebsbezogenen Ergänzungstarifvertrag* stellen, in dem beispielsweise für eine befristete Zeit auf tarifliche Leistungen verzichtet und im Gegenzug Beschäftigungssicherung vereinbart wird. In allen genannten Situationen wird von den Gewerkschaften eine *betriebliche Tarifkommission* gebildet, in der Betriebsräte, Vertrauensleute und Gewerkschaftssekretär*innen vertreten sind. Darüber hinaus wird im Grundsatz über den Abschluss eines Ergänzungstarifvertrags eine *Abstimmung bei den Gewerkschaftsmitgliedern im Betrieb* durchgeführt. Hier bieten sich Chancen für eine unmittelbare Beteiligung der Gewerkschaftsmitglieder im Betrieb und für die Mitgliederwerbung (vgl. die Kapitel 7.1.3, 7.1.8, 17.4 und 20.3).

7. Tarifpolitik

Die Handlungsmöglichkeiten der Gewerkschaften auf der Ebene der Tarifpolitik unterscheiden sich von den beiden anderen Ebenen in zweierlei Weise:
- Anders als auf der Ebene der Betriebspolitik können die Gewerkschaften mit ihrer Tarifpolitik *überbetrieblich handeln*. Flächentarifverträge gelten – je nach der Größe der Tarifgebiete – für mehrere Hundert, teilweise über 1.000 Betriebe einer Branche bzw. Region. Damit besteht die Möglichkeit, bei den Entgelt- und Arbeitsbedingungen tarifliche Standards zu setzen, die in allen Betrieben eingehalten werden müssen. Die Durchsetzungskraft der Gewerkschaften ist auf der Ebene der Tarifpolitik deutlich stärker als auf der betrieblichen Ebene, insbesondere weil sie die Möglichkeit haben, eine große Zahl von Betrieben zu Warnstreiks und Streiks aufzurufen.
- Anders als auf der Ebene der Gesellschaftspolitik können die Gewerkschaften mit ihrer Tarifpolitik *eigenständig handeln* und Tarifverträge abschließen, ohne darauf angewiesen zu sein, dass Regierungen oder Parlamente ihre Forderungen aufnehmen. Diese eigenständige bzw. autonome Handlungsmöglichkeit der Gewerkschaften ist im Grundgesetz verankert *(Tarifautonomie)*.

7.1 Grundlagen

7.1.1 Tarifautonomie: Grundgesetz (GG) und Tarifvertragsgesetz

Im *Grundgesetz* ist verankert, dass Gewerkschaften eigenständig bzw. autonom handeln können, Tarifverträge abschließen und diese auch durch Streik durchsetzen können. Diese Rechte leiten sich aus *Artikel 9 Abs. 3 GG* ab, in dem aus historischen Gründen von »Vereinigungen zur Wahrung und Förderung der Arbeits- und Wirtschaftsbeziehungen« die Rede ist. Dies sind im Wesentlichen Gewerkschaften und Arbeitgeberverbände.

Wörtlich heißt es dort: »Das Recht, zur Wahrung und Förderung der Arbeits- und Wirtschaftsbeziehungen Vereinigungen zu bilden, ist für jedermann und für alle Berufsgruppen frei. Abreden, die dieses Recht einschränken oder zu behindern suchen, sind nichtig, hierauf gerichtete Maßnahmen sind rechtswidrig.« Nach ständiger Rechtsprechung des Bundesverfassungsgerichts fallen darunter auch die Tarifautonomie und das Streikrecht.

> Das Bundesverfassungsgericht hat klargestellt, dass die Aushandlung von Tarifverträgen autonom, d.h. ohne die Einmischung des Staates, zu erfolgen hat (im Text wird für das Wort »Vereinigungen« der Begriff »Koalitionen« verwendet): »Die Aushandlung von Tarifverträgen gehört zu den wesentlichen Zwecken der Koalitionen. Hierin sollen sie nach dem Willen des Grundgesetzes frei sein. Der Staat enthält sich in

> diesem Betätigungsfeld grundsätzlich einer Einflussnahme und überlässt die erforderlichen Regelungen der Arbeits- und Wirtschaftsbeziehungen den Koalitionen, die sie autonom durch Vereinbarung treffen.« (Bundesverfassungsgericht, 24.4.1969)

In der *EU-Grundrechte-Charta* sind die Tarifautonomie und das Streikrecht ebenfalls verankert: »Artikel 28: Recht auf Kollektivverhandlungen und Kollektivmaßnahmen: Die Arbeitnehmerinnen und Arbeitnehmer sowie die Arbeitgeberinnen und Arbeitgeber oder ihre jeweiligen Organisationen haben nach dem Unionsrecht und den einzelstaatlichen Rechtsvorschriften und Gepflogenheiten das Recht, Tarifverträge auf den geeigneten Ebenen auszuhandeln und zu schließen sowie bei Interessenkonflikten kollektive Maßnahmen zur Verteidigung ihrer Interessen, einschließlich Streik, zu ergreifen.«

In Deutschland wird das Grundrecht der Tarifautonomie durch das *Tarifvertragsgesetz (TVG)* konkretisiert. Hierin ist u.a. festgeschrieben:

- »Der Tarifvertrag regelt die Rechte und Pflichten der Tarifvertragsparteien und enthält Rechtsnormen, die den Inhalt, den Abschluss und die Beendigung von Arbeitsverhältnissen sowie betriebliche und betriebsverfassungsrechtliche Fragen ordnen können.« (§1 Abs. 1 TVG)
- »Tarifgebunden sind die Mitglieder der Tarifvertragsparteien und der Arbeitgeber, der selbst Partei des Tarifvertrages ist. Rechtsnormen des Tarifvertrages über betriebliche und betriebsverfassungsrechtliche Fragen gelten für alle Betriebe, deren Arbeitgeber tarifgebunden ist.« (§ 3 Abs. 1 und 2 TVG)
- »Die Rechtsnormen des Tarifvertrages, die den Inhalt, den Abschluss und die Beendigung von Arbeitsverhältnissen ordnen, gelten unmittelbar und zwingend zwischen den beiderseits Tarifgebundenen, die unter den Geltungsbereich des Tarifvertrages fallen. Diese Vorschrift gilt entsprechend für Rechtsnormen des Tarifvertrages über betriebliche und betriebsverfassungsrechtliche Fragen.« (§ 4 Abs. 1 TVG)
- »Abweichende Abmachungen sind nur zulässig, soweit sie durch den Tarifvertrag gestattet sind oder eine Änderung der Regelungen zugunsten des Arbeitnehmers enthalten.« (§4 Abs. 3 TVG)
- Gekündigte Tarifverträge wirken so lange weiter, bis ein neuer Tarifvertrag vereinbart ist (*Nachwirkung* gemäß § 4 Abs. 5 TVG).
- Bei einem Austritt aus dem Arbeitgeberverband bleibt die Tarifgebundenheit so lange bestehen, bis der Tarifvertrag endet (*Nachbindung* bzw. *Fortgeltung* gemäß § 3 Abs. 3 TVG) (vgl. Kapitel 20.3).

7.1.2 Flächentarifverträge

Die größte Bedeutung haben die Flächentarifverträge zwischen den Gewerkschaften und den Arbeitgeberverbänden. Für einzelne Unternehmen, die nicht Mitglied in einem Arbeitgeberverband sind, schließen die Gewerkschaften – als zweitbeste Lösung – Anerkennungstarifverträge oder Haustarifverträge ab (vgl. Kapitel 7.1.3).

> Flächentarifverträge werden zwischen den Gewerkschaften und den Arbeitgeberverbänden abgeschlossen; beide werden auch Tarifvertragsparteien genannt. Die Inhalte des Flächentarifvertrags gelten unmittelbar und zwingend für alle Gewerkschaftsmitglieder und alle Unternehmen, die Mitglied im jeweiligen Arbeitgeberverband sind. Flächentarifverträge werden für einzelne Branchen bzw. einzelne Regionen abgeschlossen.

In der Metall- und Elektroindustrie werden sie zwischen den Bezirksleitungen der IG Metall und den jeweiligen regionalen Arbeitgeberverbänden ausgehandelt und gelten in der Regel für ein Tarifgebiet, das ein oder mehrere Bundesländer umfasst. Beispiel: Die IG Metall-Bezirksleitung für Baden-Württemberg schließt mit dem regionalen Arbeitgeberverband SüdwestMetall Tarifverträge ab, die dann für alle Betriebe in Baden-Württemberg gelten, die Mitglied bei SüdwestMetall sind. In § 1 des jeweiligen Tarifvertrags wird u.a. der exakte räumliche Geltungsbereich von den Tarifvertragsparteien vereinbart. In der Metall- und Elektroindustrie sind trotz aller regionalen Besonderheiten die Entgeltbeträge in allen Tarifgebieten in etwa auf dem gleichen Niveau. Die jährlichen bzw. zweijährlichen Entgeltsteigerungen werden in allen regionalen Tarifgebieten in derselben Höhe vereinbart. Mit Ausnahme der um drei Stunden längeren Arbeitszeit in Ostdeutschland sind so bundesweit vergleichbare Tarifbedingungen vereinbart.

Umgangssprachlich und in den Medien wird häufig von »dem« Flächentarifvertrag gesprochen. Dies ist eine Vereinfachung, denn genau genommen existiert meistens ein *System von mehreren Flächentarifverträgen*, z.B. Entgelt-Tarifvertrag, Entgeltrahmen-Tarifvertrag, Manteltarifvertrag u.a. (vgl. Kapitel 7.1.6).

Vorteile des Flächentarifvertrags
Um die Vorteile der Flächentarifverträge zu verdeutlichen, ist es sinnvoll, zu überlegen, wie die Situation aussähe, wenn es keine gäbe. Die einzelnen Beschäftigten müssten individuell mit der Unternehmensleitung bzw. der Personalleitung ihre Entgelt- und Arbeitsbedingungen aushandeln und einen Einzelarbeitsvertrag abschließen. Übersicht 7-1 zeigt die Unterschiede zwischen einem Einzelarbeitsvertrag und einem Flächentarifvertrag.

Ohne Flächentarifvertrag würden die einzelnen Beschäftigten vom Unternehmer gegeneinander ausgespielt und ihm gegenüber in einer schwächeren Position verharren. Die Unternehmer würden gerade so hohe Entgelte zahlen, zu denen genügend Beschäftigte bereit sind zu arbeiten. In Zeiten hoher Arbeitslosigkeit könnten die Unternehmer die Entgelte nach unten drücken, da sich viele arbeitslose Menschen vor der brutalen Alternative sähen, entweder Arbeit zu schlechten Bedingungen anzunehmen oder arbeitslos zu bleiben. Auch die im Betrieb Beschäftigten kämen unter Druck, da die Unternehmer ihnen gegenüber argumentieren, es gäbe genügend arbeitslose Menschen, die bereit wären, ihren Job zu übernehmen. Nur in Zeiten geringer Arbeitslosigkeit und in Zeiten eines Fachkräftemangels wären die Unternehmer gezwungenermaßen bereit, die Entgelte zu erhöhen.

Übersicht 7-1: Unterschiede zwischen Einzelarbeitsvertrag und Flächentarifvertrag

Einzelarbeitsvertrag	Flächentarifvertrag
Einzelne Beschäftigte sind dem Unternehmer unterlegen.	Viele gewerkschaftlich organisierte Beschäftigte haben gegenüber den Unternehmern ein stärkeres Gewicht.
Einzelne Beschäftigte können gegeneinander ausgespielt werden.	Gemeinsame Interessenvertretung und geregelte Entgelt- und Arbeitsbedingungen für alle.
Arbeitsverweigerung oder Streik nicht möglich	Gemeinsames Handeln durch Warnstreiks und ggf. Streik möglich
Keine Möglichkeit, Verbesserungen der Entgelt- und Arbeitsbedingungen durchzusetzen	Verbesserungen der Entgelt- und Arbeitsbedingungen können in Tarifverhandlungen durchgesetzt werden.
Einzelarbeitsvertrag kann vom Unternehmer jederzeit gekündigt werden und die Anspruchsgrundlage entfällt ohne Nachwirkung.	Gekündigte Flächentarifverträge wirken so lange nach, bis ein neuer Tarifvertrag abgeschlossen ist (Nachwirkung).

Ohne Flächentarifverträge würden die Gesetze des »freien« Marktes, also die Gesetze von Angebot und Nachfrage, gelten. Auf den Arbeitsmärkten würde die menschliche Arbeitskraft genauso behandelt wie jedes andere Produkt. Ist die Nachfrage nach Arbeitskräften gering und das Angebot hoch, werden niedrigere Entgelte gezahlt. Nur wenn das Angebot von Arbeitskräften sinkt und die Unternehmer mehr Arbeitskräfte nachfragen, würden die Entgelte steigen. Dieser »Marktmechanismus« auf dem Arbeitsmarkt wird durch den Abschluss von Flächentarifverträgen durchbrochen und zwar aus guten Gründen: Die menschliche Arbeitskraft ist keine Ware wie ein Auto; es geht um Menschen, die eine Würde haben und ein Anrecht auf anständige und stabile Entgelt- und Arbeitsbedingungen.

Mitte der 1990er Jahre war die Arbeitslosigkeit in West- und Ostdeutschland wesentlich höher als heute. Marktradikale Politiker sahen dies als Chance, das von ihnen ungeliebte Instrument der Flächentarifverträge auszuhöhlen oder gar abzuschaffen. Der damalige Präsident des Bundesverbandes der deutschen Industrie, Michael Rogowski, formulierte im Jahr 2003 dazu wörtlich: »Ich wünsche mir manchmal ein großes Lagerfeuer, um das Betriebsverfassungsgesetz und die Tarifverträge hineinzuwerfen. Danach könnte man einfach wieder von vorne anfangen.«

Nicht alle, aber große Teile der Unternehmer folgten damals dieser radikalen Sichtweise. Große Teile der CDU und die FDP forderten, das System der Flächentarifverträge zu unterlaufen und Vereinbarungen zu Entgelt- und Arbeitsbedingungen auf der einzelbetrieblichen Ebene zu ermöglichen. Dazu sollte § 77 Abs. 3 BetrVG geändert werden (vgl. Kapitel 7.1.7). Dabei ging es unausgesprochen immer um Abweichungen nach unten, also um niedrigere Entgelte als im Flächentarifvertrag. Im Gegenzug sollten die Unternehmer garantieren, dass es nicht zu betriebsbedingten Kündigungen kommt. Dies wurde auch als »betriebliche Bündnisse für Arbeit« bezeichnet. In der Zeit von etwa 1985 bis 2005 stand das System des Flächentarifvertrags in der massiven Kritik. Es ist einer der großen Erfolge der Gewerkschaften, dass sie es verteidigen konnten, wobei auch die Möglichkeit für betriebliche Ergänzungstarifverträge geschaffen wurde (vgl. Kapitel 7.1.8). Heute sind die Kritiker der Flächentarifverträge weitgehend verstummt.

> Durch Flächentarifverträge werden die Entgelt- und Arbeitsbedingungen der Beschäftigten in allen Betrieben für eine Branche bzw. Region geregelt. Sie gelten unabhängig von der jeweiligen wirtschaftlichen Lage in einem Betrieb und unabhängig von der jeweiligen Konjunkturlage für die Dauer ihrer Laufzeit. Damit werden einheitliche Standards für die Entgelt- und Arbeitsbedingungen geschaffen, sodass es nicht zu einer »Unterbietungskonkurrenz« der Belegschaften in den einzelnen Betrieben kommt.

Warum schließen Unternehmer Flächentarifverträge ab?
Die Vorteile der Flächentarifverträge für die Beschäftigten liegen auf der Hand. Aber warum schließen Unternehmer mit den Gewerkschaften Flächentarifverträge ab? Aus deren Sicht wäre es zunächst am besten, wenn sie alleine die Entgelt- und Arbeitsbedingungen festlegen könnten. Aber sie müssen sich der Realität stellen und zur Kenntnis nehmen, dass sich Beschäftigte in Gewerkschaften organisieren und gemeinsam für ihre Entgelt- und Arbeitsbedingungen kämpfen. Wenn sich in einem Betrieb die Belegschaft mehrheitlich in einer Gewerkschaft organisiert, könnte sie den Unternehmer jederzeit mit Forderungen nach höheren Entgelten oder kürzeren Arbeitszeiten konfrontieren. Insbesondere in Zeiten der Hochkonjunktur sähen sich diese Unternehmer ständig in der Situation, dass sie mit Verhandlungen und Streiks rechnen müssten.

Da Flächentarifverträge in der Regel für die Dauer von einem oder zwei Jahren abgeschlossen werden und während der Laufzeit des Vertrages für die Gewerkschaften eine sogenannte *Friedenspflicht* gilt, haben die Unternehmer die Garantie, dass es in dieser Zeit nicht zu weiteren Entgeltforderungen und Arbeitskampfmaßnahmen der Belegschaften kommen kann. Sie haben damit für die Laufzeit der Flächentarifverträge eine Art Schutz vor gewerkschaftlichen Aktionen erworben und hinsichtlich der Entgeltkosten eine mehrjährige betriebswirtschaftliche *Planungssicherheit*.

Wenn die einzelnen Unternehmer Mitglied im Arbeitgeberverband sind, haben sie die Gewissheit, dass ihre Konkurrenzbetriebe mit den gleichen Entgelterhöhungen rechnen müssen wie sie selbst. Insofern kommt es nicht zu Wettbewerbsverzerrungen, da für alle Unternehmen einer Branche bzw. Region hinsichtlich der Personalkosten die gleichen Bedingungen gelten. Für die einzelnen Unternehmer gibt es einen weiteren Vorteil: Sie können die teilweise komplexen und langwierigen Verhandlungen über neue Tarifverträge an den Arbeitgeberverband delegieren.

Die genannten Vorteile für die einzelnen Unternehmer gelten allerdings nur dann, wenn sie sich im Betrieb mit gewerkschaftlich organisierten Belegschaften konfrontiert sehen. Insofern ist eine möglichst hohe Zahl von Gewerkschaftsmitgliedern in möglichst vielen Betrieben einer Branche beziehungsweise Region die Voraussetzung dafür, dass das System der Flächentarifverträge funktioniert. Dies ist in fast allen Industriebranchen der Fall.

Es gibt allerdings auch Branchen, in denen die Gewerkschaften nur wenige Mitglieder haben oder in denen es sehr kleine Betriebseinheiten gibt, in denen das System der Flächentarifverträge nicht funktioniert. Beispiele sind Handwerksbranchen, die Gastronomie, die Call-Center-Branche und etliche Dienstleistungsbereiche. Nachdem die Unternehmer in diesen Branchen in tariflosen Betrieben extrem niedrige Entgelte von teilweise weniger als sechs Euro die Stunde durchsetzen konnten, kam es zu einer gesellschaftlichen Diskussion, an deren Ende der gesetzliche Mindestlohn steht. Mindestlöhne sind gegenüber tariflichen Entgelten aber immer nur eine Art »Not-Lösung« – für Branchen, in denen keine Strukturen zum Abschluss von Flächentarifverträgen existieren (vgl. Kapitel 7.1.9).

7.1.3 Anerkennungs- und Haustarifverträge
Flächentarifverträge sind die dominierende und häufigste Form von Tarifverträgen. Daneben existieren für etliche Firmen, die nicht Mitglied in einem Arbeitgeberverband sind, Anerkennungs- oder Haustarifverträge.

Anerkennungstarifverträge
Ein Anerkennungstarifvertrag kann zwischen einem Unternehmen, das nicht Mitglied in einem Arbeitgeberverband ist, und der zuständigen Gewerkschaft vereinbart werden. Er gilt dann für die Gewerkschaftsmitglieder in dem jeweiligen Unternehmen unmittelbar und zwingend. In einem Anerkennungstarifvertrag wird – vereinfacht gesagt – vereinbart, dass alle Regelungen, die in dem Flächentarifvertrag vereinbart sind, auch für das jeweilige Unternehmen gelten. Dies gilt für bestehende und zukünftige Flächentarifverträge. Neben einer Generalklausel wird in dem Tarifvertrag eine Anlage vereinbart, in der alle relevanten Flächentarifverträge der jeweiligen Branche bzw. Region aufgeführt sind. Außerdem wird vereinbart, dass die Streikfreiheit und Friedenspflicht aus den jeweiligen Flächentarifverträgen gilt.

Für die Gewerkschaftsmitglieder in dem jeweiligen Betrieb heißt das: Sie haben einen verbindlichen und einklagbaren Anspruch auf alle tariflichen Leistungen, die in den Flächentarifverträgen vereinbart sind. Dies gilt ebenso für zukünftige Entgelterhöhungen. Bei Tarifrunden gelten die Forderungen der Gewerkschaft an den Arbeitgeberverband auch gegenüber dem Unternehmen. Die Beschäftigten können sich im Rahmen von Tarifrunden ebenfalls an Warnstreiks und Streiks beteiligen.

Anerkennungstarifverträge werden meistens für kleinere Unternehmen vereinbart, bei denen der jeweilige Unternehmer – aus was für Gründen auch immer – nicht Mitglied im zuständigen Arbeitgeberverband werden will. Er hat in den Gremien des Arbeitgeberverbandes kein Stimmrecht, ist aber beispielsweise bei der Vereinbarung von Entgelterhöhungen in Tarifrunden indirekt an die Entscheidungen dieser Gremien gebunden.

Für die Beschäftigten und die Gewerkschaften ist der Abschluss von Anerkennungstarifverträgen die zweitbeste Lösung. Einerseits können für die Gewerkschaftsmitglieder verbindliche tarifliche Leistungen auf dem Niveau des Flächentarifvertrages vereinbart werden. Andererseits können die Belegschaften in einer Tarifrunde mit ihren

Warnstreiks keinen unmittelbaren, sondern nur indirekten Druck auf die Entscheidungsgremien des Arbeitgeberverbandes ausüben. Von ihrer Logik her können Anerkennungstarifverträge nur die Ausnahme sein, da sie die Existenz von Flächentarifverträgen voraussetzen. Soll für bisher nicht tarifgebundene Unternehmen eine Tarifbindung durchgesetzt werden, befürworten die Gewerkschaften vorrangig einen Eintritt des Unternehmens in den zuständigen Arbeitgeberverband, da dann die Flächentarifverträge auch für das Unternehmen gelten. Wenn sich der Unternehmer weigert, Mitglied im Arbeitgeberverband zu werden, aber andererseits bereit ist, die Flächentarifverträge anzuerkennen, schließen die Gewerkschaften auch Anerkennungstarifverträge ab.

Haustarifverträge
In Ausnahmefällen ist es auch möglich, dass die Gewerkschaft mit einem einzelnen Unternehmen einen eigenständigen Haustarifvertrag abschließt. Hierin werden alle wichtigen Themen wie Entgelte, Arbeitszeiten, Urlaubs- und Weihnachtsgeld usw. eigenständig vereinbart. Dabei ist der Verhandlungsaufwand für beide Seiten unverhältnismäßig hoch. Manche Unternehmer haben die Hoffnung, durch den Abschluss eines Haustarifvertrages für sie günstigere Bedingungen vereinbaren zu können als ihre Konkurrenzunternehmen. Die Gewerkschaften können und werden aber keine Haustarifverträge unterschreiben, die für die Beschäftigten schlechter sind als der Flächentarifvertrag. Denn diese Haustarifverträge würden dann für andere Unternehmen zur Berufungsinstanz und sie würden von der Gewerkschaft die gleichen Bedingungen verlangen. Damit wäre der Flächentarifvertrag gefährdet. Deshalb schließen die Gewerkschaften ausschließlich Haustarifverträge ab, die zumindest wertgleich mit dem Flächentarifvertrag sind. Bis auf wenige Ausnahmen gelten Haustarifverträge eher für kleinere Unternehmen.

Der Haustarifvertrag der Volkswagen AG
In den Medien wird häufig über Tarifverhandlungen zum Haustarifvertrag der Volkswagen AG berichtet. Volkswagen ist der einzige große Automobilhersteller, der nicht Mitglied im zuständigen Arbeitgeberverband ist. Dies hat geschichtliche Gründe. In der Zeit nach 1945 waren die Eigentumsverhältnisse unklar. Zunächst wurde Volkswagen in Regie der britischen Besatzungsmacht geführt und später der Bundesrepublik Deutschland als staatliches Unternehmen übereignet. Aus diesen Gründen war Volkswagen nie Mitglied im Arbeitgeberverband. In der Zeit nach 1945 vereinbarte die IG Metall mit Volkswagen schrittweise zahlreiche Tarifverträge. Als das Unternehmen 1960 dann privatisiert wurde, hatte sich schon ein System von Haustarifverträgen zwischen der IG Metall und Volkswagen entwickelt, sodass keine Seite daran Interesse zeigte, dass Volkswagen Mitglied im niedersächsischen Metallarbeitgeberverband wird. Diese Situation gilt bis heute.

»Der« Haustarifvertrag bei Volkswagen ist genau genommen ein System von mehreren Tarifverträgen, ähnlich den Flächentarifverträgen, also mit einem Entgelt-Tarifvertrag, einem Manteltarifvertrag usw. Die Verträge werden zwischen Volkswagen und der IG Metall Bezirksleitung Niedersachsen und Sachsen-Anhalt abgeschlossen. Es besteht eine Tarif- und eine Verhandlungskommission. Die Haustarifverträge gelten für ca. 100.000 IG Metall-Mitglieder in den Werken Wolfsburg, Hannover, Kassel, Emden, Salzgitter und Braunschweig sowie für die VW Financial Service in Braunschweig. Für die Volkswagenwerke in Osnabrück, Zwickau (Mosel), Chemnitz und Dresden gelten die jeweiligen Flächentarifverträge in der Metall- und Elektroindustrie. Vom Niveau der tariflichen Leistungen entspricht der Haustarifvertrag bei den Entgelten in etwa dem Niveau dieser Flächentarifverträge, wobei in zahlreichen einzelnen Tarifverträgen gute ergänzende Regelungen vereinbart sind, so z.B. zur Beschäftigungssicherung, aber auch zur Altersvorsorge, der Altersteilzeit und zur tariflichen Erfolgsbeteiligung.

7.1.4 Wie verbreitet sind Tarifverträge? (Tarifbindung)

Die Verbreitung von Flächentarifverträgen in den einzelnen Branchen ist sehr unterschiedlich. Für die gesamte Wirtschaft gibt es regelmäßige Erhebungen über die Verbreitung von Tarifverträgen *(Tarifbindung)*. Dabei werden in der Regel zwei Zahlen genannt: Einmal die Zahl der tarifgebundenen Betriebe und zum anderen die Zahl der Beschäftigten, für die Tarifverträge gelten. Die Zahlen für die tarifgebundenen Beschäftigten sind höher als die für die tarifgebundenen Betriebe, da Großbetriebe häufiger tarifgebunden sind als Kleinbetriebe. Die Übersicht 7-2 zeigt die Daten des Instituts für Arbeitsmarkt- und Berufsforschung (IAB) der Bundesagentur für Arbeit für das Jahr 2016, und zwar für die Beschäftigten. In dem sogenannten Betriebspanel wird eine große Stichprobe von allen Betrieben aus allen Branchen erhoben, wobei nur Betriebe mit mehr als 20 Beschäftigten berücksichtigt werden. Ferner muss in Rechnung gestellt werden, dass sich viele tariflose Betriebe an den Flächentarifverträgen orientieren.

In allen Erhebungen sind drei Aussagen relativ sicher:
- Die Tarifbindung in Westdeutschland ist deutlich höher als in Ostdeutschland.
- Die Tarifbindung in Großbetrieben ist wesentlich höher als in Klein- und Mittelbetrieben.

Übersicht 7-2: Verbreitung von Tarifverträgen (TV) 2016 (in % der Beschäftigten)

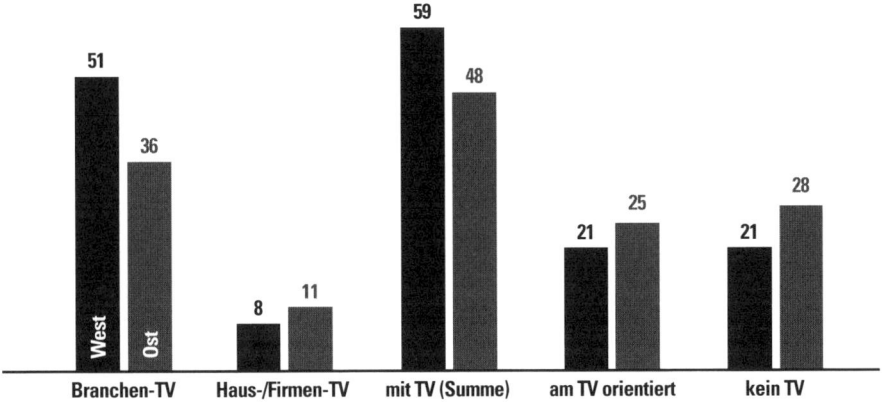

- Die Summe der tarifgebundenen Betriebe und der Betriebe, die sich am Tarifvertrag orientieren, liegt im Westen bei 80% und im Osten bei 73%.

Im Organisationsbereich der IG Metall gelten für über 95% der Beschäftigten in Großbetrieben Tarifverträge, in den Mittelbetrieben sind es immerhin noch über 70%, während in den Kleinbetrieben nur für knapp 50% der Beschäftigten Tarifverträge gelten. In anderen Branchen wie z.B. im Einzelhandel sieht die Situation dagegen dramatisch aus: Dort arbeiten nur noch 34% aller Beschäftigten in tarifgebundenen Unternehmen.

Es ist im Grunde genommen nicht akzeptabel, dass sich einzelne Unternehmen weigern, mit den Gewerkschaften Tarifverträge abzuschließen, da das Grundgesetz ausdrücklich vorsieht, dass die Entgelt- und Arbeitsbedingungen der Beschäftigten durch Tarifverträge zu regeln sind. In einzelnen Branchen haben Unternehmer in den vergangenen Jahren gezielt darauf gesetzt, die Entgelte nach unten zu drücken und so einen großen Niedriglohnbereich geschaffen, in dem Löhne in der Größenordnung von sechs bis sieben Euro pro Stunde üblich waren. Dies provozierte eine gesellschaftliche Initiative für gesetzliche Mindestlöhne, die dann von den gleichen Unternehmern massiv bekämpft wurde. Erst die Einführung eines gesetzlichen Mindestlohns von zunächst 8,50, später dann 8,84 Euro pro Stunde schuf für den Niedriglohnbereich eine Lohnuntergrenze. In 2019 steigt der Mindestlohn voraussichtlich auf 9,19 Euro.

Die Gewerkschaften fordern, dass für möglichst alle Betriebe und möglichst alle Beschäftigten Tarifverträge gelten. Dazu starten sie in vielen Branchen Initiativen zur Erhöhung der Tarifbindung durch eine systematische Vorgehensweise in Betrieben ohne Tarifvertrag. Dies ist im Einzelfall mühsam, aber ohne Alternative (vgl. Kapitel 17.4).

7.1.5 Geltungsbereich und Laufzeit von Tarifverträgen

In allen Flächentarifverträgen sind am Anfang des Vertrages ein Geltungsbereich und am Ende die Laufzeit bzw. die Kündigungsmöglichkeiten des Tarifvertrages vereinbart.

Geltungsbereich

In jedem Flächentarifvertrag wird ein fachlicher, räumlicher und persönlicher Geltungsbereich vereinbart.
- Im *persönlichen Geltungsbereich* wird geregelt, dass der Tarifvertrag für *Mitglieder der jeweiligen Gewerkschaft* und für Betriebe des jeweiligen Arbeitgeberverbandes gilt. Anschließend wird geregelt, für wen der Tarifvertrag gilt; in der Regel sind dies die Beschäftigten und die Auszubildenden. Dann wird geregelt, für wen der Tarifvertrag nicht gilt; in der Regel sind dies die leitenden Angestellten gemäß § 5 des Betriebsverfassungsgesetzes und die sogenannten außertariflichen Beschäftigten (AT-Beschäftigte). Für diese wird in verschiedenen Formen ein »Tarif-Grenzentgelt« vereinbart, z.B. Entgelte von mehr als 15% oberhalb des Betrages der höchsten Entgeltgruppe. Beschäftigte mit höheren Einkommen gelten dann als AT-Beschäftigte.
- Im *fachlichen Geltungsbereich* werden die Branchen aufgelistet, für die der Tarifvertrag gilt, also z.B. die Metall- und Elektroindustrie, die Stahlindustrie oder die holz- und kunststoffverarbeitende Industrie.

- Im *räumlichen Geltungsbereich* wird die Region beschrieben, für die der Tarifvertrag gilt. Dies ist meistens ein Bundesland *(Tarifgebiet)* oder das gesamte Bundesgebiet.

Laufzeit und Kündigungsmöglichkeiten
Am Ende eines Flächentarifvertrags findet sich immer ein Paragraf mit der Überschrift Schlussbestimmungen oder Kündigungsmöglichkeiten. Hier vereinbaren die Tarifvertragsparteien, ab wann der Tarifvertrag gilt und wann er von jeder Seite erstmals gekündigt werden kann. Letzteres wird auch als *Laufzeit* des Tarifvertrages bezeichnet. Entgelt-Tarifverträge werden meistens für eine Laufzeit von ein bis zwei Jahren abgeschlossen, Manteltarifverträge haben dagegen häufig eine längere Laufzeit. Entgelt-Tarifverträge werden fast immer zum Ende der Laufzeit von den Gewerkschaften gekündigt, um dann in einer Tarifrunde höhere Entgelte durchzusetzen. Manteltarifverträge werden dagegen manchmal viele Jahre nicht gekündigt. Wenn ein Tarifvertrag zu einem bestimmten Zeitpunkt von der Gewerkschaft gekündigt wird, endet ab diesen Zeitpunkt die sogenannte *Friedenspflicht* und die Gewerkschaften können ihre Mitglieder zu Aktionen aufrufen (vgl. Kapitel 7.2.4). In der zentralen Schieds- und Schlichtungsvereinbarung zwischen der IG Metall und Gesamtmetall ist eine sogenannte nachlaufende Friedenspflicht von vier Wochen nach der Kündigung vereinbart. In einigen Tarifrunden wurde vereinbart, auf diese nachlaufende Friedenspflicht zu verzichten.

7.1.6 Welche Arten von Tarifverträgen gibt es?

Wenn über »*den*« Flächentarifvertrag einer Branche gesprochen wird, ist dies eine Vereinfachung. Denn es wird in der Regel für eine Branche bzw. Region immer ein System von mehreren Flächentarifverträgen vereinbart. Die wichtigsten Tarifverträge sind die Entgelt-Tarifverträge, die Entgeltrahmen-Tarifverträge und die Manteltarifverträge, die durch zahlreiche weitere Tarifverträge zu Spezialthemen ergänzt werden (vgl. Übersicht 7-3).

Die einzelnen Arten von Flächentarifverträgen lassen sich wie folgt beschreiben:
- *Entgelt-Tarifverträge (ETV):* Hier sind die Eurobeträge pro Monat für die einzelnen Entgeltgruppen des Entgeltrahmen-Tarifvertrages vereinbart. Entgelt-Tarifverträge regeln die Entgeltbeträge von einfachen Arbeiten über Facharbeiten bis hin zu Tätigkeiten, für die ein Hochschulabschluss erforderlich ist. Je nach Branche und Region sind hier ca. 11 bis 17 Entgeltgruppen vereinbart, wobei einzelne Entgeltgruppen noch in Entgeltstufen unterteilt sind. In der Metall- und Elektroindustrie bewegen sich die Monatsgrundentgelte in einer Größenordnung von ca. 2.400 Euro bis ca. 6.000 Euro pro Monat (Stand 2018) (vgl. Kapitel 18.1). In einigen Branchen sind statt der Entgeltbeträge, die für alle Tarifbeschäftigten gelten, noch getrennte Tabellen für Löhne und Gehälter vereinbart. Teilweise sind statt der Monatsentgelte auch noch Stundenlöhne vereinbart.
- *Entgeltrahmen-Tarifverträge (ERTV oder auch ERA):* Hier sind die Merkmale für die Tätigkeiten in den einzelnen Entgeltgruppen ebenso vereinbart wie Regelungen zur Leistungszulage im Zeitentgelt und Bestimmungen zum Leistungsentgelt.

Übersicht 7-3: Arten von Tarifverträgen in der Metallindustrie

Name des Tarifvertrages	Inhalte des Tarifvertrages
Entgelt-Rahmentarifvertrag (ERTV oder ERA)	■ Definition von Entgeltgruppen für die Eingruppierung ■ Zeitentgelt und Leistungsentgelt ■ Belastungszulagen
Entgelt-Tarifvertrag (ETV)	■ Euro-Beträge für die einzelnen Entgeltgruppen
Manteltarifvertrag (MTV)	■ Arbeitszeit: Dauer sowie Lage und Verteilung ■ Urlaub, Urlaubsvergütung, zusätzliche Urlaubsvergütung (in Höhe von ca. 69% eines Monatsentgeltes) ■ Entgeltfortzahlung im Krankheitsfall ■ Kündigungsschutz und Verdienstsicherung für ältere Beschäftigte ■ Zahlreiche weitere Rahmenregelungen
Tarifvertrag über Sonderzahlungen	■ »Weihnachtsgeld« (55% eines Monatsentgeltes, z.T. 50%)
Tarifvertrag Aufbau und Sicherung von Beschäftigung	■ Beschäftigungssicherung durch Reduzierung der Arbeitszeit ohne Entgeltausgleich ■ Übernahme der Auszubildenden ■ Möglichkeit für Ergänzungstarifverträge bei der Sanierung von Betrieben
Tarifvertrag zum flexiblen Übergang in die Rente (TV FlexÜ)	■ Altersteilzeit: Anspruch, Dauer, Entgelthöhe während der Altersteilzeit, Rahmenregelungen
Tarifvertrag über altersvorsorgewirksame Leistungen	■ Ca. 26 Euro pro Monat für eine betriebliche Altersvorsorge (Auszubildende: ca. 13 Euro)
Tarifvertrag Bildung	■ Regelungen zur Qualifizierung und zur Bildungsteilzeit
Tarifvertrag Einstiegsqualifizierung	■ Qualifizierung für förderungsbedürftige Jugendliche vor Beginn der Berufsausbildung
Tarifverträge zur Leiharbeit	■ Verschiedene Tarifverträge zu den Bedingungen der Leiharbeit, inkl. Entgeltregelungen und Branchenzuschläge, Dauer des Übernahmeanspruches usw.
Verschiedene weitere Tarifverträge	■ Diverse Themen, teilweise regionalspezifisch

Die Beschäftigten werden nicht nach ihrer persönlichen Qualifikation eingruppiert, sondern entsprechend den Tätigkeiten, die sie im Betrieb ausführen. Die Bewertung der Tätigkeiten erfolgt in der Metall- und Elektroindustrie in den regionalen Entgeltrahmen-Tarifverträgen nach unterschiedlichen Systemen, z.B. der summarischen Bewertung oder nach einem Stufen-Wertzahl-Verfahren (vgl. Kapitel 18.1.).

In den Entgeltrahmen-Tarifverträgen sind darüber hinaus je nach Region detaillierte Regelungen zu den Entgeltgrundsätzen vereinbart, also der Frage, ob die Beschäftigten im Zeit- oder Leistungsentgelt beschäftigt werden. Vereinfacht kann gesagt werden: Für die Beschäftigten im Zeitentgelt sind Leistungszulagen geregelt, die je nach Region durchschnittlich 8% bis 15% betragen. Für die Beschäftigten im Leistungsentgelt, z.B. im Prämienentgelt, sind detaillierte Regelungen zur Leistungsbemessung vereinbart. Darüber hinaus finden sich in den Entgeltrahmen-Tarifverträgen auch Bestimmungen zu Zielvereinbarungen bzw. Zielentgelten.

- *Manteltarifverträge (MTV):* Für Außenstehende ist der Begriff Manteltarifvertrag zunächst ungewohnt. Der Begriff ist historisch entstanden und bezeichnet wichtige allgemeine tarifliche Bestimmungen. Die wichtigsten Regelungspunkte sind: die Dauer der wöchentlichen Arbeitszeit, Regelungen zur Lage, Verteilung und Flexibilisierung der Arbeitszeit, Urlaubsregelungen, einschließlich Urlaubsgeld, Entgeltfortzahlung im Krankheitsfall, Regelungen zum Schutz älterer Beschäftigter usw.
- *Sonstige Tarifverträge:* Je nach Branche und Region sind einzelne Themen in separaten Tarifverträgen vereinbart. Dies können beispielsweise sein: Tarifverträge zur Altersteilzeit und Qualifizierung, zur Beschäftigungssicherung, zum mobilen Arbeiten, zum tariflichen Zusatzgeld usw.

7.1.7 Was wird in Tarifverträgen und was in Betriebsvereinbarungen geregelt?

In Kapitel 6.3 wurde die in Deutschland übliche Form der *dualen Interessenvertretung* beschrieben: einerseits Betriebsräte und andererseits Gewerkschaften. Vereinfacht kann gesagt werden, dass die *Gewerkschaften für Tarifverträge* und die *Betriebsräte für Betriebsvereinbarungen* zuständig sind. Die Frage, welche Themen durch Tarifvertrag und welche durch Betriebsvereinbarung geregelt werden, wird in § 77 Abs. 3 BetrVG klar beantwortet. Dort heißt es:

> »Arbeitsentgelte und sonstige Arbeitsbedingungen, die durch Tarifvertrag geregelt sind oder üblicherweise geregelt werden, können nicht Gegenstand einer Betriebsvereinbarung sein. Dies gilt nicht, wenn ein Tarifvertrag den Abschluss ergänzender Betriebsvereinbarungen ausdrücklich zulässt.« (§ 77 Abs. 3 BetrVG)

Im Einklang mit dieser zentralen Bestimmung lautet der Eingangssatz des § 87 BetrVG:

> »Der Betriebsrat hat, soweit eine gesetzliche oder tarifliche Regelung nicht besteht, in folgenden Angelegenheiten mitzubestimmen …« (§ 87 Abs. 1 BetrVG)

Diese Bestimmungen werden auch *Tarifvorrang* oder *Tarifvorbehalt* genannt. Durch die Bestimmung wird sichergestellt, dass in einer Branche bzw. Region zentrale Elemente des Arbeitsverhältnisses überbetrieblich durch Tarifverträge zu regeln sind. Über diese Themen dürfen keine Betriebsvereinbarungen abgeschlossen werden. Sollte dies dennoch geschehen, sind die Vereinbarungen rechtswidrig, nichtig und begründen beim Arbeitsgericht keine individuellen Ansprüche von Beschäftigten. Zu diesen Themen können nur dann Betriebsvereinbarungen abgeschlossen werden, wenn der Tarifvertrag dies ausdrücklich zulässt. Dazu einige Beispiele:
- Die Höhe der Monatsentgelte in den einzelnen Entgeltgruppen wird in den Entgelt-Tarifverträgen geregelt. Gleiches gilt für die durchschnittliche Höhe der Leistungszulage im Zeitentgelt. Die regionalen Tarifverträge sehen teilweise vor, dass die Verteilungsgrundsätze bzw. Beurteilungsverfahren für die Leistungszulage durch Betriebsvereinbarung geregelt werden können.

- Die durchschnittliche Dauer der wöchentlichen Arbeitszeit ist in der Metallindustrie im Manteltarifvertrag festgelegt: 35 Stunden in Westdeutschland und 38 Stunden in Ostdeutschland. Die Manteltarifverträge sehen allerdings vor, dass die Lage, Verteilung und Flexibilisierung der Arbeitszeit durch Betriebsvereinbarungen geregelt werden.
- Die Dauer des Urlaubs ist in Manteltarifverträgen mit 30 Tagen pro Jahr vereinbart. Die Verteilungsgrundsätze für die Urlaubsentnahme werden dagegen durch Betriebsvereinbarung geregelt.

> Die Regelung des Tarifvorrangs in § 77 Abs. 3 BetrVG stellt eine wichtige Schutzvorschrift für die Belegschaften und die Betriebsratsgremien dar. Auch in wirtschaftlich schwierigen Zeiten kann kein einzelner Unternehmer einen Betriebsrat unter Druck setzen, um beispielsweise niedrigere Monatsentgelte als im Flächentarifvertrag durchzusetzen.

Umgekehrt hat der Unternehmer die Gewissheit, dass ihn in wirtschaftlich guten Zeiten der Betriebsrat nicht zu Verhandlungen über betriebliche Entgelterhöhungen auffordert. Insofern ist der § 77 Abs. 3 BetrVG eine Regelung, die für das Funktionieren des Tarifsystems entscheidend ist und sich auch letztlich aus dem Grundsatz der Tarifautonomie im Grundgesetz herleiten lässt (vgl. Kapitel 7.1).

Zu Themen, die üblicherweise im Tarifvertrag geregelt werden, dürfen auch dann keine Betriebsvereinbarungen abgeschlossen werden, wenn sie für die Beschäftigten günstiger sind als der Flächentarifvertrag. Einerseits stellt der Flächentarifvertrag Mindestbedingungen dar und der Unternehmer kann freiwillig mehr zahlen, z.B. übertarifliche Zulagen. Andererseits darf dies nicht in Form von Betriebsvereinbarungen vereinbart werden.

Auch in Betrieben, die nicht tarifgebunden sind, dürfen nach § 77 Abs. 3 BetrVG keine Regelungen zu Tarifthemen abgeschlossen werden. Unternehmer, die sich weigern, für ihren Betrieb Tarifverträge abzuschließen, versuchen manchmal den Betriebsrat dazu zu verlocken, alle Tarifthemen in Betriebsvereinbarungen zu regeln. Ließe sich der Betriebsrat darauf ein, hätte er für die Belegschaft gar nichts erreicht, da derartige Betriebsvereinbarungen rechtswidrig und nichtig sind und auch für die einzelnen Beschäftigten im Konfliktfall beim Arbeitsgericht keine Rechtsgrundlage bilden. Aus diesem Grund empfehlen die Gewerkschaften, in allen nicht tarifgebundenen Betrieben den Unternehmer dazu zu bewegen, eine Tarifbindung einzugehen (vgl. Kapitel 17.4).

7.1.8 Betriebliche Ergänzungstarifverträge

Wenn ein einzelner Betrieb in wirtschaftliche Schwierigkeiten gerät, finden die Unternehmer häufig sehr schnell einen »Schuldigen« für die Misere. Sie behaupten dann, die Entgelte des Flächentarifvertrages seien zu hoch und könnten vom Betrieb nicht mehr finanziert werden. Wenn die Personalkosten nicht gesenkt würden, seien Entlassungen unvermeidlich. Mit derartigen Behauptungen werden dann Betriebsräte, Belegschaften und die Gewerkschaft unter Druck gesetzt. Dabei handelt es sich um ein Ablenkungsmanöver, da letztlich die Unternehmer dafür verantwortlich sind, wenn ein Betrieb in wirtschaftliche Schieflage gerät. Das ist zwar einerseits richtig, hilft aber in zugespitzten Drucksituationen wenig weiter. Deshalb sehen die Tarifverträge in der Metall- und Elektroindustrie vor, dass in Ausnahmefällen nach einem streng geregelten Verfahren für eine befristete Zeit Abstriche vom Flächentarifvertrag vereinbart werden können. In diesem Fall kann zwischen der IG Metall und dem zuständigen Arbeitgeberverband ein betrieblicher Ergänzungstarifvertrag vereinbart werden. Derartige Regelungen werden auch *Härtefallregelungen* oder *Sanierungstarifverträge* genannt (manchmal wird auch der Begriff »Pforzheim-Fälle« verwendet – nach der Stadt, in der der entsprechende Tarifabschluss im Jahr 2004 vereinbart wurde).

Um die Funktion des Flächentarifvertrags nicht zu gefährden, müssen derartige betriebliche Ergänzungstarifverträge die Ausnahme bleiben. Deshalb hat beispielsweise die IG Metall sehr *strikte interne Kriterien* verabschiedet. Die wichtigsten sind:

- Zunächst ist zu prüfen, ob die Angaben über die wirtschaftlichen Schwierigkeiten des Unternehmens korrekt sind. Dazu muss der Unternehmer gegenüber der IG Metall »die Bücher offenlegen«, d.h. er muss der IG Metall sämtliche erforderlichen Unterlagen zur Verfügung stellen, wie z.B. die Bilanz, die Gewinn- und Verlustrechnung, den Bericht der Wirtschaftsprüfer sowie die Prognosen über die weitere Geschäftsentwicklung. Die IG Metall lässt diese Unterlagen bei Bedarf von Unternehmensberatern bzw. Wirtschaftsexperten analysieren.
- Dann ist zu klären, ob die wirtschaftlichen Probleme durch finanzielle Beiträge der Unternehmer, also der Gesellschafter bzw. der Aktionäre, gelöst werden können.
- Die IG Metall hat ferner die Pflicht, zu überprüfen, welche Auswirkungen sich auf die Belegschaften von Konkurrenzbetrieben ergeben. Denn eine Reduzierung von tariflichen Leistungen in einem Betrieb kann schnell dazu führen, dass ein Konkurrenzbetrieb verlangt, genauso behandelt zu werden.
- Bevor über einen Ergänzungstarifvertrag verhandelt wird, muss geprüft werden, ob durch betriebliche Maßnahmen Kosten reduziert werden können; z.B. Kürzung von übertariflichen Zahlungen, Einführung von Kurzarbeit oder Reduzierung der Arbeitszeit ohne Entgeltausgleich auf der Grundlage des Tarifvertrages zur Beschäftigungssicherung.
- Auf der Grundlage dieser Informationen bzw. Analysen entscheidet dann die IG Metall, ob Verhandlungen über einen Ergänzungstarifvertrag aufgenommen werden sollen. Dazu wird eine *betriebliche Tarifkommission der IG Metall* gebildet, in der Betriebsratsmitglieder, Vertrauensleute und hauptamtliche Gewerkschaftssekretäre der IG Metall vertreten sind. Kommt die Tarifkommission zu der Auffassung, dass Verhandlungen aufgenommen werden sollten, wird dies den Mitgliedern der IG Metall zur Entscheidung vorgelegt. Die Entscheidung findet entweder auf einer Mitgliederversammlung oder in einer schriftlichen *Abstimmung der IG Metall-Mitglieder* statt. An der Abstimmung können sich nur Mitglieder der IG Metall beteiligen, da nur für sie der Tarifvertrag unmittelbar gilt.

- Die Verhandlungen finden dann zwischen der IG Metall und dem zuständigen Arbeitgeberverband statt, wobei in den Verhandlungskommissionen selbstverständlich auch das Unternehmen, der Betriebsrat und die Vertrauensleute vertreten sind. In den Verhandlungen wird dann beispielsweise über ein zeitlich befristetes Aussetzen von tariflichen Leistungen verhandelt, z.B. Reduzierung des tariflichen Weihnachtsgeldes um die Hälfte. Im Gegenzug müssen die Unternehmer schriftlich zusichern, dass während der Laufzeit des Ergänzungstarifvertrages keine betriebsbedingten Kündigungen ausgesprochen werden. Darüber hinaus müssen die Unternehmer Maßnahmen zusichern, die die wirtschaftliche Situation nachhaltig zu verbessern in der Lage sind, z.B. Investitionen in neue Produkte und neue Anlagen.
- Eine Kürzung von tariflichen Leistungen sollte ausschließlich Einmalzahlungen wie das Weihnachtsgeld oder das zusätzliche Urlaubsgeld umfassen, nicht jedoch die monatlichen Tarifentgelte. Unternehmer versuchen häufig, in den Verhandlungen eine Verlängerung der Arbeitszeit ohne Entgeltausgleich durchzusetzen. Dies ist in den meisten Fällen nicht sinnvoll, da es in der Regel darum geht, betriebsbedingte Kündigungen zu vermeiden; dabei hilft eine Verkürzung, nicht aber eine Verlängerung der Arbeitszeit.
- Wird ein Verhandlungsergebnis über einen Ergänzungstarifvertrag erzielt, muss dies zunächst von der betrieblichen Tarifkommission und anschließend auf einer Mitgliederversammlung der IG Metall genehmigt werden. Nach einer Entscheidung des Vorstands der IG Metall wird der Ergänzungstarifvertrag von der IG Metall und dem Arbeitgeberverband unterzeichnet.

Betriebliche Ergänzungstarifverträge werden meistens in Sanierungsfällen abgeschlossen; es sind aber auch andere Konstellationen denkbar. So sehen die Flächentarifverträge beispielsweise die Möglichkeit vor, betriebliche Ergänzungstarifverträge auch schon so rechtzeitig abzuschließen, dass es erst gar nicht zu einer wirtschaftlichen Schieflage kommt; denkbar ist hier die Vereinbarung von größeren Investitionsvorhaben. Ein anderes Beispiel betrifft die *Dual Studierenden* im Betrieb (vgl. Kapitel 10.4). Da sich die Arbeitgeberverbände weigern, die Entgelt- und Arbeitsbedingungen von Dual Studierenden im Flächentarifvertrag zu regeln, ist es der IG Metall in mehreren Betrieben und Konzernen gelungen, dazu betriebliche Ergänzungstarifverträge abzuschließen.

7.1.9 Was wird im Tarifvertrag und was im Gesetz geregelt?

Etliche Punkte der Entgelt- und Arbeitsbedingungen sind sowohl in den Flächentarifverträgen als auch in Gesetzen geregelt. Dies erscheint auf den ersten Blick verwirrend, aber das Nebeneinander von Tarifvertrag und Gesetz hat sich eingespielt. Dabei gilt der Grundsatz, dass in Tarifverträgen Regelungen vereinbart sind, die für die Beschäftigten günstiger sind als das Gesetz. Zahlreiche gesetzliche Regelungen haben nur in den Betrieben und Branchen eine unmittelbare Relevanz, in denen es keine Flächentarifverträge gibt. Der entscheidende Unterschied liegt aber darin: Anspruch auf die günstigeren Tarifverträge haben nur Gewerkschaftsmitglieder, Anspruch auf die gesetzlichen Regelungen haben alle Beschäftigten, auch diejenigen, die nicht Ge-

Übersicht 7-4: Gesetzliche und tarifliche Regelungen (Metallindustrie)

Thema	Gesetz	Flächentarifvertrag
Arbeitszeit pro Woche	48 Stunden	35 bzw. 38 Stunden
Entgelt in Euro pro Stunde	2018: 8,84 Euro 2019: 9,19 Euro	Niedrigstes Tarifentgelt: ca. 16 Euro sowie detaillierte Regelungen
Urlaub	4 Wochen	6 Wochen
Zusätzliche Urlaubsvergütung	Keine Regelung	69% eines Monatsentgeltes
Weihnachtsgeld	Keine Regelung	55% eines Monatsentgeltes
Entgelt bei Altersteilzeit	70% des Nettoverdienstes	Ca. 82% bis 90% eines Nettoverdienstes
Übernahme der Auszubildenden	Keine Regelung	Grundsätzlich: unbefristete Übernahme in ein Arbeitsverhältnis
Altersvorsorge	Keine Regelung	Ca. 26 Euro pro Monat

werkschaftsmitglied sind. Die Übersicht 7-4 zeigt die wichtigsten Unterschiede zwischen den tariflichen und gesetzlichen Regelungen. Die Verdeutlichung dieser Unterschiede zwischen Tarifvertrag und Gesetz ist eines der entscheidenden Argumente bei der Werbung neuer Gewerkschaftsmitglieder (vgl. Kapitel 16).

Zu dem Nebeneinander von tariflichen und gesetzlichen Regelungen sollen im Folgenden beispielhaft einige Aspekte verdeutlicht werden.

- *Mindestbedingungen:* Die gesetzlichen Regelungen stellen Mindestbedingungen dar, die durch tarifliche Regelungen für die Beschäftigten verbessert werden können. Tarifliche Regelungen, die schlechter als das Gesetz sind, sind grundsätzlich nicht zulässig, es sei denn, das Gesetz sieht ausdrücklich eine andere Regelungsmöglichkeit durch die Tarifvertragsparteien vor. Besonders deutlich wird dies bei den Themen Arbeitszeit, Urlaubsdauer und Urlaubsgeld sowie beim Entgelt. Es existieren auch Gesetze, in denen ausdrücklich geregelt ist, dass die Tarifvertragsparteien für Teilaspekte andere Regelungen treffen können, z.B. bei der Altersteilzeit und der Leiharbeit.
- *Arbeitszeit:* Die tarifliche Arbeitszeit in der Metall- und Elektroindustrie beträgt im Westen 35 Stunden und im Osten 38 Stunden pro Woche. Das Arbeitszeitgesetz lässt dagegen in nicht tarifgebundenen Betrieben eine Arbeitszeit von 48 Stunden zu (acht Stunden an den sechs Werktagen von Montag bis Samstag). Hier werden die Vorteile des Flächentarifvertrages besonders deutlich. Andere Regelungen im Arbeitszeitgesetz können im Betrieb dann relevant werden, wenn sie nicht ausdrücklich im Tarifvertrag geregelt sind, so z.B. der Anspruch auf eine 30-minütige unbezahlte Pause (AZG-Pause) oder der Anspruch auf eine elfstündige Ruhezeit zwischen Arbeitsende und erneuter Arbeitsaufnahme am folgenden Tag.
- *Urlaub:* Im Bundesurlaubsgesetz ist ein Anspruch auf 24 Tage Urlaub geregelt (vier Wochen mit jeweils sechs Tagen, einschließlich des Samstags). Die Flächentarifverträge sehen dagegen 30 Tage Urlaub vor (sechs Wochen mit jeweils fünf Tagen). In Flächentarifverträgen ist neben der Fortzahlung des Entgelts während des Urlaubs eine zusätzliche Urlaubsvergütung von 50% geregelt (50% von sechs Wochen Ur-

laub entsprechend 69% eines zusätzlichen Monatsentgeltes). Im Bundesurlaubsgesetz ist nur die Fortzahlung des Entgeltes während des Urlaubes geregelt; eine zusätzliche Urlaubsvergütung ist nicht vorgesehen.

- *Entgelt:* Die Entgelte für die untersten Entgeltgruppen der Flächentarifverträge liegen deutlich oberhalb des gesetzlichen Mindestlohns. Da in der Metallindustrie Monatsentgelte vereinbart sind, ist ein Vergleich zwischen dem gesetzlichen und dem tariflichen Mindestentgelt nur mit einer kurzen Rechnung darstellbar. In der Tarifpolitik wird damit gerechnet, dass ein Monat im Durchschnitt 4,35 Wochen hat. Das Stundenentgelt ergibt sich daraus, dass das Monatsentgelt durch die wöchentliche Arbeitszeit und den Faktor 4,35 geteilt wird. Beispiel: Im Flächentarifvertrag der bayerischen Metallindustrie ist geregelt, dass für die unterste Entgeltgruppe ein Betrag von ca. 2.400 Euro pro Monat gezahlt wird (Stand 2018). Bei einer Arbeitszeit von 35 Stunden ergibt sich ein Stundenentgelt von 15,76 Euro pro Stunde (2.400 geteilt durch 35 geteilt durch 4,35). Bei den höheren Entgeltgruppen mit einem Monatsentgelt von 5.000 Euro und mehr ergeben sich tarifliche Stundenentgelte von 30 Euro und mehr. Hier zeigt sich, dass die tariflichen Stundenentgelte in der Metallindustrie deutlich höher liegen als der gesetzliche Mindestlohn.

Der *gesetzliche Mindestlohn* spielt vor allem in den Betrieben und Branchen eine Rolle, in denen keine Tarifverträge existieren. Im *Mindestlohngesetz (MiLoG)* ist vorgesehen, dass eine ständige Kommission der Tarifpartner (Mindestlohnkommission) regelmäßig alle zwei Jahre Erhöhungen des gesetzlichen Mindestlohns vorschlägt – und zwar orientiert an den durchschnittlichen Tariferhöhungen der vergangenen Jahre. Aufgrund dieses Vorschlags kann die Bundesregierung durch Rechtsverordnung eine Erhöhung des Mindestlohns festsetzen.

Darüber hinaus gelten in zahlreichen Branchen sogenannte bundesweite, branchenbezogene Mindestlöhne, die von den Tarifvertragsparteien ausgehandelt werden und auf der Grundlage des Arbeitnehmerentsendegesetzes (AEntG) als allgemeinverbindlich erklärt wurden. Beispiele sind das Bauhauptgewerbe, das Elektrohandwerk, das Gebäudereinigerhandwerk, die Fleischindustrie, die berufliche Aus- und Weiterbildung und die Pflegebranche.

Zur Frage, wie hoch der allgemeine gesetzliche Mindestlohn sein sollte, gibt es unterschiedliche politische Auffassungen. Einerseits wird gefordert, den gesetzlichen Mindestlohn auf zehn oder zwölf Euro zu erhöhen. Auf der anderen Seite ist zu bedenken, dass der *Grundsatz der Tarifautonomie* vorsieht, dass Entgelt- und Arbeitsbedingungen nicht durch den Staat, sondern durch die Tarifvertragsparteien zu regeln sind. Dies ist in Artikel 9 Abs. 3 GG ausdrücklich so vorgesehen und wird von den Gewerkschaften als große Errungenschaft betrachtet. Aus dieser Sichtweise ist es nicht zielführend, vom Gesetzgeber ständig höhere Mindestlöhne zu fordern. Denn die Alternative liegt darin, in den tariflosen Betrieben und Branchen die Beschäftigten davon zu überzeugen, dass sie sich in Gewerkschaften organisieren müssen, um dann gemeinsam für gute Tarifentgelte zu kämpfen. Dies sicherzustellen, ist vorrangige Aufgabe der Gewerkschaften.

7.2 Tarifrunden

Die Entgelt-Tarifverträge werden zwischen den Gewerkschaften und den Arbeitgeberverbänden üblicherweise mit einer Laufzeit von ein bis zwei Jahren vereinbart. Genau genommen wird ein Datum geregelt, zu dem jede Seite den Tarifvertrag erstmals kündigen kann. Üblicherweise kündigen die Gewerkschaften diese Tarifverträge, um dann für einen neuen Tarifvertrag mit höheren Entgelten zu kämpfen. Der Ablauf einer Tarifrunde lässt sich vereinfacht in fünf bzw. sechs Phasen einteilen (vgl. Übersicht 7-5).

Übersicht 7-5: Phasen einer Tarifrunde (vereinfacht)

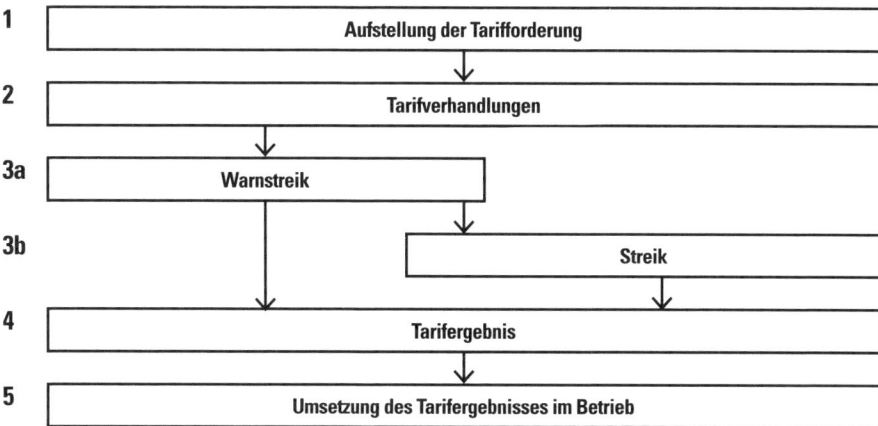

Zunächst findet eine interne Phase der Forderungsaufstellung statt, an die sich eine Verhandlungsphase anschließt. Die Verhandlungen werden mit Warnstreiks begleitet, um den Druck auf die Arbeitgeber zu erhöhen. Führt dies zu keinem Tarifergebnis, ist danach die Phase der Urabstimmung und des Streiks möglich. In einer entscheidenden letzten Verhandlung wird schließlich ein Tarifergebnis erzielt. Abschließend geht es darum, dieses Tarifergebnis in den Betrieben umzusetzen.

Während dieses Ablaufs werden alle wichtigen Entscheidungen durch eine Tarifkommission und danach durch den Vorstand der Gewerkschaft getroffen. Je nach Größe des Tarifgebiets besteht eine *Tarifkommission* aus 20 bis 100 Mitgliedern. Dies sind Betriebsratsmitglieder, Vertrauensleute und hauptamtliche Gewerkschaftssekretär*innen aus den regionalen Gliederungen. In der IG Metall werden die Mitglieder der Tarifkommission in den Delegiertenversammlungen der örtlichen Geschäftsstellen gewählt und von der Bezirkskonferenz bestätigt (vgl. Kapitel 11.1). In der Tarifkommission wird in allen Phasen die aktuelle Situation ausführlich diskutiert und die notwendigen Entscheidungen getroffen. Insbesondere entscheiden die Tarifkommissionen über die Höhe der Forderung und über die Annahme eines Verhandlungsergebnisses. Die letztliche Entscheidung trifft der Vorstand der IG Metall. Damit wird eine überregionale Koordination der Entscheidungen der regionalen Tarifkommissionen gewährleistet.

Die eigentlichen Verhandlungen mit dem Arbeitgeberverband führt eine *Verhandlungskommission*, die aus den Reihen der Tarifkommission gebildet wird. In der Metall- und Elektroindustrie liegt die Verhandlungsführung bei dem Bezirksleiter bzw. der Bezirksleiterin der IG Metall. In kleineren Tarifgebieten erfolgt dies durch einen bzw. eine beauftragte Bezirkssekretär*in.

Da in der Metallindustrie die Tarifverhandlungen in den einzelnen regionalen Tarifgebieten zeitlich parallel stattfinden, stimmen sich die Bezirksleiter mit dem Vorstand regelmäßig über die Verhandlungsstände und die weiteren Maßnahmen ab. Am Ende der Verhandlungsphase verständigen sich beide Seiten auf einen sogenannten *Pilotbezirk*, in dem ein Verhandlungsergebnis erzielt wird, das dann auf die anderen Tarifgebiete übertragen wird. Die entscheidende Tarifverhandlung wird im Hintergrund von den Bezirksleiter*innen der anderen Tarifgebiete und dem Vorstand der IG Metall begleitet.

Aufseiten der Unternehmer gibt es entsprechende Gremien und Entscheidungsstrukturen (vgl. Übersicht 7-6).

Übersicht 7-6: Gremien während der Tarifrunden aufseiten der IG Metall und der Arbeitgeberverbände in der Metallindustrie

IG Metall	Arbeitgeberverband
Vorstand der IG Metall	Vorstand von Gesamtmetall
Bezirksleiter*in (Verhandlungsführer*in)	Ehrenamtliche/r Verhandlungsführer*in und hauptamtliche/r Hauptgeschäftsführer*in
Verhandlungskommission	Verhandlungskommission
Tarifkommission	Tarifkommission

Da in Tarifrunden die gegensätzlichen Interessen der Beschäftigten und der Unternehmer direkt aufeinandertreffen und dies häufig von heftigen Konflikten begleitet wird, ist es für beide Seiten wichtig, verlässliche Strukturen auf der eigenen Seite, aber auch auf der gegnerischen Seite zu haben. Trotz kontroverser Interessenlagen gelingt es meistens, zu einem Tarifkompromiss zu gelangen, der für beide Seiten akzeptabel ist. Für beide Seiten spielt dabei das *Konzept des »doppelten K« – Konflikt und Kompromiss* – eine entscheidende Rolle (vgl. Kapitel 2.3).

7.2.1 Entgeltforderungen und qualitative Forderungen

In den Tarifrunden wird von der Gewerkschaft entweder ausschließlich eine Entgelterhöhung gefordert oder zusätzlich weitere *qualitative Forderungen* gestellt. Unter den Begriff der qualitativen Tarifforderungen fallen Themen wie z.B. Arbeitszeitverkürzung, mehr Urlaubstage, Verbesserungen bei der Altersteilzeit, Übernahme von Auszubildenden oder Verbesserungen bei der Entgeltfortzahlung im Krankheitsfall. Der Begriff der »qualitativen« Tarifforderung ist missverständlich, da die Realisierung immer mit quantitativen Kosten verbunden ist. Werden von der Gewerkschaft auch qualitative Forderungen gestellt, müssen in der Regel neben dem Entgelt-Tarifvertrag auch andere Tarifverträge gekündigt werden. In der Tarifrunde 2018 forderte die IG Metall beispielsweise eine Entgelterhöhung von 6% und eine Änderung der Arbeitszeitbestimmungen für eine bessere Vereinbarkeit von Arbeit und Privatleben. Dementsprechend kündigte sie die regionalen Entgelt-Tarifverträge und die Manteltarifverträge, in denen Arbeitszeitthemen geregelt sind. Die Darstellung in den folgenden Kapiteln bezieht sich überwiegend auf eine Entgeltforderung in der Metall- und Elektroindustrie.

7.2.2 Aufstellung von Tarifforderungen

Die Phase der Aufstellung von Tarifforderungen zieht sich über mehrere Wochen hin, die von unterschiedlichen Vorstellungen, Prioritäten und Diskussionen geprägt sind. Am Ende dieser Phase steht eine Entscheidung der Tarifkommission und anschließend des Vorstands der IG Metall. In dieser Phase spielen unterschiedliche Faktoren eine Rolle, im Wesentlichen sind dies die wirtschaftliche Lage, die Erwartungen der Gewerkschaftsmitglieder und das Kräfteverhältnis zwischen Gewerkschaft und Arbeitgeberverband. Zwischen diesen Faktoren bestehen Wechselwirkungen (vgl. Übersicht 7-7).

Übersicht 7-7: Relevante Faktoren bei der Aufstellung von Tarifforderungen

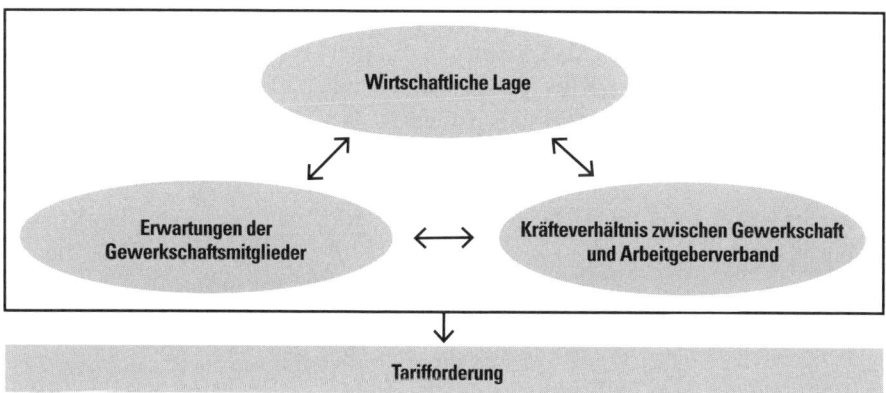

Dabei haben die Entscheidungsgremien der Gewerkschaft die Aufgabe, diesen Diskussions- und Entscheidungsprozess so zu gestalten, dass am Ende eine ebenso herausfordernde wie realistische Tarifforderung steht, die von den Belegschaften in allen Betrieben getragen wird.

Wirtschaftliche Lage
Bei der Aufstellung von Tarifforderungen spielen natürlich die objektiven Daten zur wirtschaftlichen Entwicklung eine Rolle, also Themen wie das Wirtschaftswachstum, die Arbeitslosigkeit, die Auslastung der Betriebe, die bisherige Entwicklung von Entgelten und Gewinnen, die Inflation und die Produktivitätssteigerungen. In den Tarifverhandlungen begründet die IG Metall ihre Tarifforderung mit *drei Komponenten: Inflation (Preissteigerungsrate), Produktivitätssteigerung und Umverteilung.* Im Jahr

2018 wurde beispielsweise die Tarifforderung von 6% mit folgenden Faktoren begründet: Zielinflationsrate 2%, erwartete Produktivitätssteigerung 1-1,5% und Umverteilung 2,5-3%. Dabei handelt es sich nicht um Vergangenheitswerte, sondern um die für die Laufzeit des Tarifvertrags zu erwartenden Entwicklungen; dazu werden Prognosedaten der führenden Wirtschaftsinstitute herangezogen.

- *Inflation:* Die Inflationsrate bezeichnet die prozentuale Erhöhung der Preise gegenüber dem Vorjahr. Sie wird vom Statistischen Bundesamt monatlich gegenüber dem Vorjahr ermittelt, wobei ein repräsentativer »Warenkorb« zugrunde gelegt ist. Dadurch werden die durchschnittlichen Steigerungen der Preise für unterschiedliche Produkte und Dienstleistungen berücksichtigt, wie z.B. Lebensmittel oder Energiekosten. Dafür geben die führenden Wirtschaftsinstitute Prognosedaten ab. Die Europäische Zentralbank (EZB) legt eine sogenannte Zielinflationsrate von 2% zugrunde. Die Gewerkschaften streben Tarifabschlüsse an, die deutlich über der voraussichtlichen Inflationsrate liegen, denn ein Teil der Tariferhöhung wird durch die Preissteigerungsrate »aufgefressen«. Beispiel: Bei einer Tariferhöhung von 4% und einer Inflationsrate von 2% ergibt sich eine Erhöhung der *Reallöhne* von lediglich 2%.
- *Produktivitätssteigerung:* Die Produktivität ist eine wirtschaftliche Kennzahl, die – vereinfacht gesagt – zum Ausdruck bringt, wie viele Produkte von wie vielen Beschäftigten hergestellt werden. Werden in den Betrieben technische oder organisatorische Maßnahmen ergriffen, mit denen es möglich ist, mehr Produkte mit einer geringeren Personenzahl herzustellen, steigt die Produktivität. Da in Betrieben ständig an der Steigerung der Produktivität gearbeitet wird (Rationalisierung), spielt diese Größe in jeder Tarifrunde eine Rolle. Die Produktivitätssteigerungen sind von Branche zu Branche unterschiedlich hoch. Die IG Metall legt für ihre Forderungsbegründung die erwartete *gesamtwirtschaftliche Produktivitätssteigerung* zugrunde, da sie einerseits für mehrere Branchen verhandelt und anderseits aufgrund der gesamtwirtschaftlichen Bedeutung der Metallindustrie auch eine gesamtwirtschaftliche Verantwortung für die Entwicklung der Löhne sieht.
- *Umverteilung:* Wenn ein Tarifergebnis der Summe von Inflation und Produktivitätssteigerung entspricht, verändert sich nichts an der Verteilungsrelation von Löhnen und Gewinnen. Die Summe dieser beiden Faktoren wird daher auch als »*verteilungsneutraler Spielraum*« bezeichnet. Liegt ein Tarifabschluss über diesem Wert, erfolgt eine Umverteilung zugunsten der Beschäftigten und zulasten der Unternehmer. Liegt der Tarifabschluss unterhalb des verteilungsneutralen Spielraums, kommt es zu einer Umverteilung zugunsten der Unternehmer. Die Gewerkschaften streben mit ihrer Tarifpolitik grundsätzlich an, die Verteilungsrelation zugunsten der Beschäftigten zu verbessern, deshalb fordern sie in jeder Tarifrunde auch eine sogenannte *Umverteilungskomponente*. Die Übersicht 7-8 zeigt, dass gesamtgesellschaftlich die Gewinne wesentlich stärker als die Löhne gestiegen sind. Dies ist insbesondere auf die Einführung des Niedriglohnsektors zurückzuführen. Die Abbildung 7-9 zeigt, dass in der Metallindustrie und in der chemischen Industrie die Tarifsteigerungen deutlich höher als in anderen Branchen liegen.

Übersicht 7-8: Entwicklung von Löhnen und Gewinnen
(jährliche Steigerung in %, Basisjahr 2000)

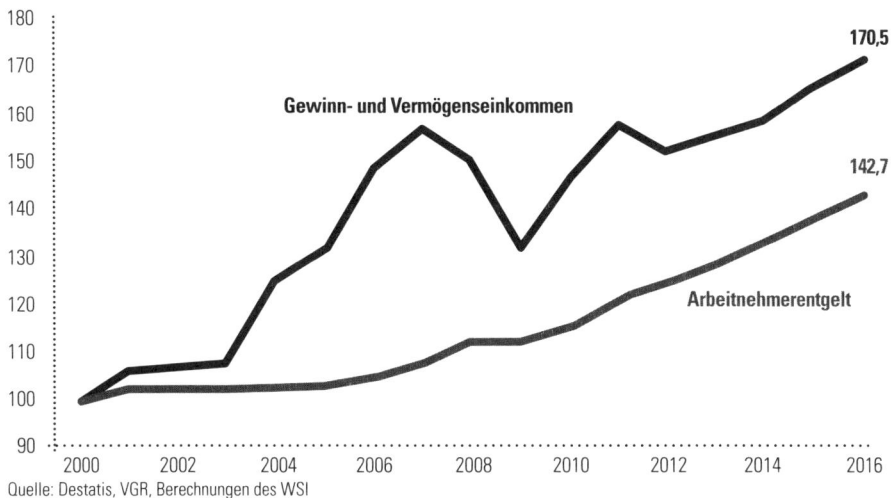

Quelle: Destatis, VGR, Berechnungen des WSI

Übersicht 7-9: Entwicklung der Tarifentgelte in verschiedenen Branchen
(jährliche Steigerung in %, Basisjahr 2000)

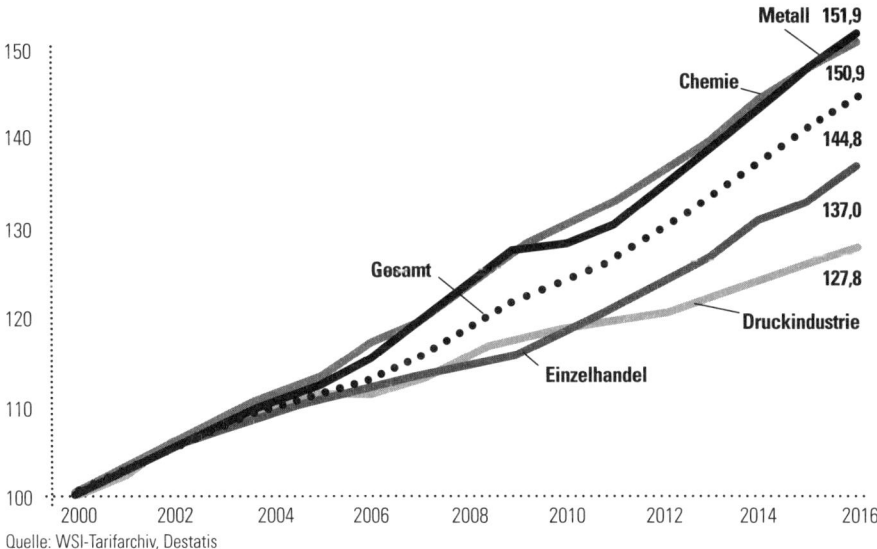

Quelle: WSI-Tarifarchiv, Destatis

Kräfteverhältnis zwischen Gewerkschaft und Arbeitgeberverband
Für die Aufstellung einer Tarifforderung ist die Einschätzung des Kräfteverhältnisses zwischen der Gewerkschaft und dem Arbeitgeberverband von entscheidender Bedeutung. In Zeiten der Hochkonjunktur verdienen die Unternehmer gut und sind eher zu

Zugeständnissen bereit als in wirtschaftlichen Krisenzeiten. In Zeiten der Hochkonjunktur haben die Unternehmer das Ziel, möglichst alle Aufträge schnell abzuarbeiten. Warnstreiks und Streiks können für die Unternehmer hohe finanzielle Verluste zur Folge haben; daher sind sie in diesen Zeiten mit Streikmaßnahmen oder der Androhung von Streikmaßnahmen leichter unter Druck zu setzen und zu Kompromissen zu bewegen. In wirtschaftlichen Krisenzeiten, in denen viele Betriebe Kurzarbeit vereinbart haben, kann mit Warnstreiks weniger wirtschaftlicher Druck erzeugt werden. In diesen Zeiten haben Warnstreiks eher gewerkschaftspolitische Bedeutung, indem die Belegschaften deutlich machen, dass sie auch in Krisenzeiten für ihre Interessen kämpfen.

Erwartungen der Gewerkschaftsmitglieder in den Betrieben
In wirtschaftlichen Krisenzeiten sind darüber hinaus Teile der Belegschaften schwerer davon zu überzeugen, sich an Warnstreiks zu beteiligen, da sie um die Sicherheit ihres Arbeitsplatzes fürchten. In der Hochkonjunktur sind dagegen fast alle Beschäftigten bereit, sich aktiv an Warnstreiks zu beteiligen. Die wirtschaftliche Lage prägt auch die Erwartungen der Gewerkschaftsmitglieder. In wirtschaftlichen Krisenzeiten liegen die Erwartungen eher niedrig (»Wir sollten die Kirche im Dorf lassen«). In wirtschaftlich guten Zeiten werden dagegen hohe, herausfordernde Erwartungen an die zukünftigen Entgeltsteigerungen gestellt. In den Debatten vor Ort in den Betrieben kommt den Betriebsratsmitgliedern und den gewerkschaftlichen Vertrauensleuten die Aufgabe zu, einerseits die Erwartungen der Mitglieder aufzunehmen, andererseits aber auch eine Orientierung zu geben.

In Zeiten der Hochkonjunktur werden von einigen Mitgliedern schnell sehr hohe Forderungsvorschläge in die Debatte eingebracht. Dies kann in einigen Betrieben zu einem Prozess des Hochschaukelns bei Forderungsvorschlägen führen. Dabei ist auf eine Erfahrung der Gewerkschaften in den langen Jahrzehnten von Tarifverhandlungen hinzuweisen:

> Nicht die höchste Forderung ist die beste Forderung. Eine gute Tarifforderung muss einerseits herausfordernd sein, andererseits muss sie aber in gewisser Hinsicht auch realistisch sein, damit am Ende einer Tarifrunde ein tragfähiger Kompromiss erzielt werden kann.

Liegt eine Forderung zu hoch, kommen schnell Debatten auf, die nicht die Forderung, sondern ein mögliches Ergebnis betreffen (»Wir fordern zwar 8%, aber ein Tarifergebnis darf nicht unter 4% liegen.«). Derartige Debatten verwirren nur. Jedem ist klar, dass in einer Tarifforderung ein gewisser Verhandlungsspielraum enthalten ist, um am Ende der Tarifverhandlungen kompromissfähig zu sein. *Aber ein Tarifabschluss ist nicht automatisch dann höher, wenn möglichst viel gefordert wird.*

Die Debatte über eine Tarifforderung findet in Tausenden von Betrieben statt. Dabei kann es möglich sein, dass bei den Gewerkschaftsmitgliedern in den einzelnen Betrieben sehr unterschiedliche Erwartungen formuliert werden. In den Betrieben, die sich in einer guten wirtschaftlichen Lage befinden, werden höhere Erwartungen formuliert werden als in Betrieben, in denen Kurzarbeit oder Entlassungen auf der Tagesordnung stehen. Hier haben die Gremien der Gewerkschaft die Aufgabe, den Diskussionsprozess aus den unterschiedlichen Betrieben zusammenzuführen. Die unterschiedlichen Sichtweisen müssen in den Tarifkommissionen ausführlich diskutiert werden. Eine Tarifforderung ist dann gut, wenn sie von den Gewerkschaftsmitgliedern in möglichst vielen Betrieben getragen wird. Es kommt darauf an, bei der endgültigen Forderungsaufstellung so etwas wie einen »politischen Mittelwert« zu finden. Einige Belegschaften werden dann sagen: »Aus unserer Sicht könnte die Forderung höher sein, aber wenn die Mehrheit das so sieht, können wir dabei mitgehen.« Andere Belegschaften werden dann formulieren: »Aus unserer betrieblichen Situation scheint die Forderung zu hoch zu sein, aber wenn die Mehrheit es so sieht, sind wir bereit, diese Forderung mitzutragen.«

Die Debatte findet in der Metall- und Elektroindustrie parallel in den sieben regionalen Bezirken und den 155 örtlichen Geschäftsstellen statt. Der Prozess der Entwicklung einer Forderung, die dann in allen Tarifgebieten gestellt wird, dauert mehrere Wochen. Zunächst veröffentlicht der Vorstand der IG Metall eine Einschätzung der wirtschaftlichen Situation. Dann folgt eine Phase, in der in Betrieben und den regionalen Tarifkommissionen diskutiert wird und in der Tarifkommission ein »vorläufiges Meinungsbild« zur Tariferhöhung entwickelt wird. Da dies in den verschiedenen Regionen unterschiedlich sein kann, kommt dem Vorstand der IG Metall die Aufgabe zu, die verschiedenen Meinungsbilder zu bewerten und zusammenzuführen. Er gibt danach eine Empfehlung an die Tarifkommissionen, die dann in der Regel in allen Bezirken am selben Tag die endgültige Forderung beschließen.

Die am Ende des Entscheidungsprozesses beschlossene Forderung sollte so hoch sein, dass sie von möglichst vielen IG Metall-Mitgliedern getragen und unterstützt wird. In diesem Diskussionsprozess kommt es einerseits darauf an, möglichst viele Mitglieder an der Debatte zu beteiligen, andererseits in den Diskussionen auch orientierend zu wirken. Die langjährigen Erfahrungen der Gewerkschaften zeigen, dass dies möglich ist. Die Verankerung der Forderung bei den Mitgliedern ist die entscheidende Voraussetzung dafür, dass sich möglichst viele Mitglieder an Warnstreiks beteiligen, wenn diese notwendig werden.

7.2.3 Tarifverhandlungen

Im jeweiligen Tarifvertrag ist geregelt, mit welcher Frist er gekündigt werden kann. Bei Entgelt-Tarifverträgen beträgt die Frist meistens einen Monat vor dem Zeitpunkt der erstmaligen Kündigung (Beispiel: »Dieser Tarifvertrag kann mit einer Frist von einem Monat gekündigt werden, erstmals zum 31.3.2020.«). Wenn die Kündigung des Tarifvertrags von der Tarifkommission beschlossen und vom Vorstand bestätigt wurde, teilt die Gewerkschaft dies dem Arbeitgeberverband fristgemäß mit.

Gleiches gilt, wenn die Tarifkommission die Tarifforderung beschlossen und der Vorstand sie bestätigt hat. In einem Forderungsschreiben teilt die Gewerkschaft dem Arbeitgeberverband die Höhe der Forderung mit. In der Metall- und Elektroindustrie sind die wichtigsten Termine für diesen Ablauf in der Schlichtungs- und Schiedsvereinbarung vom 14.12.1979 durch Gesamtmetall und den Vorstand der IG Metall bundesweit geregelt: Übermittlung der Forderung spätestens vier Wochen vor Ablauf des Tarifvertrages sowie Aufnahme der Verhandlungen spätestens zwei Wochen vor Ablauf des Tarifvertrags.

In der ersten Tarifverhandlung erläutert und begründet die Gewerkschaft im Einzelnen ihre Forderung. Üblicherweise entgegnet der Arbeitgeberverband in der zweiten Tarifverhandlung darauf, schildert seine Sicht der Situation und weist die Tarifforderung der Gewerkschaft zurück. Der weitere Verlauf der Verhandlungen kann je nach aktueller Lage sehr unterschiedlich sein.

In den Verhandlungen treten die gegensätzlichen Interessen von Unternehmern und Beschäftigten unmittelbar zutage (vgl. Kapitel 1.2). Dabei stellen die Gewerkschaften die Notwendigkeit von Entgelterhöhungen für die Beschäftigten in den Mittelpunkt und verweisen auf die Tatsache, dass Entgelterhöhungen die Kaufkraft der Beschäftigten erhöhen und so die Konjunktur stärken. Dagegen verweisen die Arbeitgeber auf die Kostensteigerungen, die sich durch Entgelterhöhungen ergeben, und betonen in der Regel, dass dadurch die internationale Wettbewerbsfähigkeit der Unternehmen gefährdet sei, was zu Arbeitsplatzverlusten führen würde. Auch wenn von beiden Seiten die Argumente mit großer Professionalität und Leidenschaft vorgetragen werden, ist der Schlagabtausch mit Argumenten für ein Tarifergebnis von geringerer Bedeutung als allgemein angenommen wird. Für die Gewerkschaften ist es entscheidend, mit Warnstreiks und letztlich auch mit einem unbefristeten Streik glaubhaft drohen zu können.

Häufig präsentiert der Arbeitgeberverband in der dritten Tarifverhandlung ein erstes Angebot, das deutlich unterhalb der Gewerkschaftsforderung liegt. Der Arbeitgeberverband hat auch die Möglichkeit, gar kein Angebot vorzulegen. Bei harten Tarifkonflikten stellen die Arbeitgeberverbände sogar Gegenforderungen zur Verschlechterung bestehender Tarifverträge. Gibt es in den Verhandlungen keine Fortschritte, kann die Gewerkschaft ihre Mitglieder zu Warnstreiks aufrufen. Damit wird dann die »heiße Phase« der Tarifrunde eingeleitet. Seit vielen Jahren ist die Situation in der Metall- und Elektroindustrie so, dass erst nach den ersten Warnstreiks »Bewegung in die Tarifverhandlungen kommt«.

7.2.4 Warnstreiks

Auch wenn Vertreter des Arbeitgeberverbands die Warnstreiks öffentlich als »Rituale« oder »Theaterdonner« verspotten, analysieren sie intern sehr genau, wie hoch die Beteiligung an den Warnstreiks ist. Jeder Betrieb muss dem Arbeitgeberverband entsprechend berichten. Die Beteiligung an den Warnstreiks und die Einschätzung, ob die Gewerkschaft tatsächlich zu einem Streik aufrufen kann, ist letztlich für den Arbeitgeberverband entscheidend, wann und inwieweit er sich in Richtung eines Kompromisses bewegt.

Während der vereinbarten Laufzeit des Tarifvertrags besteht für jede Partei eine sogenannte Friedenspflicht. Während dieser Zeit darf die Gewerkschaft ihre Mitglieder nicht zu Warnstreiks aufrufen. Ist der Tarifvertrag zu einem bestimmten Tag gekündigt, sind vier Wochen später Warnstreiks möglich. Dies ist in der Schieds- und Schlichtungsvereinbarung zwischen Gesamtmetall und dem Vorstand der IG Metall so geregelt. In einigen Tarifrunden wurde diese Frist einvernehmlich gestrichen.

Nach ständiger Rechtsprechung des Bundesarbeitsgerichtes sind Warnstreiks zulässig. Durch sie soll der Druck auf den Arbeitgeberverband erhöht werden, einen akzeptablen Tarifkompromiss zu schließen. Die ersten Warnstreiks in einer Tarifrunde der Metallindustrie dauern meistens ein bis zwei Stunden. Ergibt sich dadurch bei den Tarifverhandlungen kein Fortschritt, wird der Druck mit weiteren Warnstreikwellen schrittweise erhöht. Hier demonstrieren dann häufig die Belegschaften einer Stadt gemeinsam und führen beispielsweise auf dem Marktplatz eine Kundgebung durch. In der Metall- und Elektroindustrie nahmen im Jahr 2018 bundesweit über eine Million IG Metall-Mitglieder aus Tausenden von Betrieben an Warnstreiks teil.

Wer an einem Warnstreik teilnimmt, muss damit rechnen, dass der Unternehmer ihm oder ihr für die ausgefallene Arbeitszeit das Monatsentgelt kürzt. Angesichts der großen Zahl der Teilnehmer*innen erhalten die IG Metall-Mitglieder für Warnstreiks keine Streikunterstützung. Die Streikkasse der IG Metall wird damit für längere Streiks geschont. Häufig nehmen auch Beschäftigte an Warnstreiks teil, die nicht Gewerkschaftsmitglied sind. Damit zeigen sie ihre Unterstützung für die gewerkschaftlichen Forderungen und eine grundsätzliche Sympathie für die Gewerkschaft. Im Rahmen der Mitgliederwerbung ist dies ein guter Zeitpunkt, diese Beschäftigten auf eine Gewerkschaftsmitgliedschaft anzusprechen, da während der Tarifrunden die Gewerkschaft sowohl in der Öffentlichkeit als auch im Betrieb sehr präsent ist. Hier kann gut verdeutlicht werden, dass eine Gewerkschaft umso mehr durchsetzen kann, je mehr Mitglieder sie hat. Zu einer systematischen Mitgliederwerbung vergleiche auch das Kapitel 16.

Maßregelungsklausel
Auch wenn Warnstreiks rechtmäßig sind, haben manche Beschäftigte Befürchtungen, dass ihnen durch die Teilnahme an Warnstreiks Nachteile entstehen könnten. Um »doppelt sicher« zu gehen, schließt die IG Metall in jedem Tarifergebnis eine sogenannte Maßregelungsklausel ab, die auch vom Arbeitgeberverband unterschrieben wird. Darin wird erklärt, dass die Unternehmer auf jegliche Maßregelung von Beschäftigten im Zusammenhang mit Warnstreiks verzichten werden.

Tagesstreiks
In der Tarifrunde 2018 praktizierte die IG Metall eine neue, erweiterte Form von Warnstreiks. In ausgewählten Betrieben wurden nach den ersten beiden Warnstreikwellen die Warnstreiks auf einen ganzen Tag ausgeweitet. In Betrieben mit Schichtarbeit wurde die Arbeit in allen drei Schichten, also 24 Stunden, niedergelegt. Zusätzlich zu den Warnstreikteilnehmer*innen von über einer Million nahmen in der Tarifrunde 2018 ca. 500.000 IG Metall-Mitglieder aus ca. 280 Betrieben an derartigen »Tagesstreiks« teil. Unter der Voraussetzung, dass in den ausgewählten Betrieben bereits vorher zwei-

> **Richtig streiken …**
>
> Lasst uns doch mal richtig streiken
> und nicht nur auf Facebook liken,
> dass uns die Idee gefällt.
> Von dem Grundgedanken
> – ohne Schranken –
> und von 'ner gerechten Welt.
> Lasst uns mal im Kalten zittern
> und nicht vom warmen Sofa twittern.
> »Hey, wir sind doch stets bereit,
> für 'ne andere Welt zu fighten
> und zu streiten
> für 'ne bess're Zeit!«
> Lasst uns auf die Straße gehen
> und nicht nur im Display sehen,
> was auf dieser Welt geschieht –
> mit den Menschen an den Rändern.
> Damit wir heute was verändern,
> vielleicht sogar mit diesem Lied.
> Lasst es uns doch ausprobieren
> und nicht länger diskutieren,
> was hier wirklich machbar ist.
> Mit vereinten Kräften
> jenseits von Geschäften –
> als der pure Egoist!
> Lasst mich ruhig naiv erscheinen
> alle die, die's von mir meinen,
> haben letztlich resigniert,
> leider ihren Mut verloren
> und dem Streiten abgeschworen
> und das Unrecht akzeptiert …
>
> Thorsten Stelzner, Lyriker und Satiriker

mal kürzere Warnstreiks stattgefunden haben, erhalten die Teilnehmer*innen an Tagesstreiks eine finanzielle Unterstützung, die in der Höhe der *Streikunterstützung* bei längeren Streiks entspricht; vgl. Kapitel 7.2.6. Bei einem monatlichen Gewerkschaftsbeitrag von 25 Euro liegt die tägliche Streikunterstützung je nach Dauer der Gewerkschaftsmitgliedschaft bei 60 bis 70 Euro; bei einem Gewerkschaftsbeitrag von 30 Euro liegt die Streikunterstützung zwischen 72 und 84 Euro. In der Tarifrunde 2018 konnte mit Warn- und Tagesstreiks der Druck auf den Arbeitgeberverband so erhöht werden, dass ein akzeptabler Tarifkompromiss zustande kam.

7.2.5 Tarifergebnis und die Umsetzung im Betrieb

Am Ende einer Tarifrunde steht vor und in der letzten Tarifverhandlung immer die Frage im Mittelpunkt, ob ein akzeptabler Tarifabschluss erzielt werden kann, ohne dass die Gewerkschaft eine Urabstimmung durchführt und ggf. zu einem längeren Streik aufruft. Dabei reichen Drohgebärden nicht aus, sondern diese müssen in der Hinsicht Substanz haben, dass tatsächlich eine Urabstimmung und ein Streik durchgeführt werden können. Dazu ist es innerhalb der IG Metall üblich, dass alle sieben Bezirksleitungen ein Streikkonzept erarbeiten und dem Vorstand präsentieren müssen. Darin sind neben der Auswahl der Streikbetriebe und der Streiktaktik entsprechende Zeitpläne zu erstellen. Es wird sichergestellt, dass die Interessenvertretungen in den geplanten Streikbetrieben an Streikschulungen teilgenommen und für jeden einzelnen Betrieb einen detaillierten Maßnahmeplan erstellt haben, wie der Streik ablaufen wird. Die Ernsthaftigkeit und Konsequenz dieser Vorbereitungen bleibt den Unternehmern natürlich nicht verborgen. In den vergangenen Jahren ist es der IG Metall gelungen, allein durch die glaubhafte Androhung von Urabstimmung und Streik gute Tarifkompromisse zu erzielen, ohne sie durchzuführen. Dies war durch die hohe Beteiligung an Warnstreiks und an Tagesstreiks möglich. Voraussetzung ist, dass alle Gliederungen der Gewerkschaft in jeder Tarifrunde darauf vorbereitet sind, »im Falle eines Falles« eine Urabstimmung und einen Streik durchzuführen.

Wird bei der letzten Tarifverhandlung – häufig spät in der Nacht – ein Kompromiss erzielt, wird dieser zunächst in einem *Verhandlungsergebnis* schriftlich fixiert. Darin wird eine sogenannte *Erklärungsfrist* vereinbart, z.B. zwei Wochen. Innerhalb der Erklärungsfrist kann jede Seite die Annahme oder Ablehnung des Verhandlungsergebnisses erklären. Dies gibt der Gewerkschaft, aber auch dem Arbeitgeberverband die Möglichkeit, das Ergebnis in ihren Gremien zu diskutieren. In der IG Metall ist es üblich, dass zunächst in der Tarifkommission informiert und diskutiert wird, dann erfolgt eine Phase, in der die Information und Diskussion mit den Mitgliedern erfolgt. Erst danach wird in einer zweiten Sitzung der Tarifkommission über die Annahme des Verhandlungsergebnisses entschieden. Stimmt die Tarifkommission und der Vorstand der IG Metall zu, wird ein rechtlich verbindlicher Tarifvertrag von beiden Seiten unterzeichnet.

Wurde nach der Diskussion und der Abstimmung in den Tarifkommissionen der Tarifvertrag unterzeichnet, ist es sinnvoll, diesen Kompromiss aktiv zu vertreten. Jeder Kompromiss hat gute und schlechte Seiten. Wenn allerdings die Entscheidung in der Tarifkommission gefallen ist, bringt es überhaupt nichts mehr, am Ergebnis »herumzumäkeln«. Es gilt dann, das Tarifergebnis als positiven und als akzeptablen Kompromiss zu vertreten.

»Stellschrauben« für Kompromisse

Die Prozentzahl eines Tarifkompromisses liegt meistens in der Spanne zwischen der Gewerkschaftsforderung und dem letzten Angebot des Arbeitgeberverbands. Bei einem Tarifkompromiss wird in der Regel neben der Prozentzahl mit mehreren »Stellschrauben« gearbeitet. Die wichtigsten sind: die Laufzeit, Einmalbeträge für die ersten Monate, Nullmonate, mehrjährige Tarifverträge mit zwei Erhöhungsstufen sowie die Flexibilisierung von Erhöhungsbeträgen.

- *Laufzeit des Tarifvertrages:* Die Bewertung eines Tarifabschlusses bezieht sich zunächst einmal auf den *Zeitraum von zwölf Monaten*. Hat ein Tarifvertrag eine längere Laufzeit als zwölf Monate, ist seine Wertigkeit niedriger, da dann die übernächste Tariferhöhung erst nach 13, 14 oder 15 Monaten kommt. Dadurch entgehen für die Monate, die über zwölf liegen, den Gewerkschaftsmitgliedern Erhöhungsbeträge der übernächsten Tarifrunde. Bei einer kürzeren Laufzeit als zwölf Monate sieht es andersherum aus. Unter bestimmten Annahmen kann versucht werden, diesen Sachverhalt in Zahlen zu fassen. Dazu wird die sogenannte *Westrick-Formel* herangezogen, die nach einem Politiker namens Ludger Westrick benannt ist, der in einer Tarifrunde als Schlichter herangezogen wurde.

Beispiel: Ausgangspunkt ist ein Tarifabschluss von 4% mit einer Laufzeit von zwölf Monaten. Wird ein Tarifabschluss von 4% für 13 Monate abgeschlossen, ist seine Wertigkeit nach der Westrick-Formel: 12 geteilt durch 13, also 0,92 mal 4% = 3,68%. Bei einer Laufzeit von elf Monaten ergibt sich dann: 12 geteilt durch 11, also 1,09 mal 4% = 4,36%. Die Anwendung der Westrick-Formel ist in der Tarifpolitik umstritten, denn sie geht von der Annahme aus, dass bei der übernächsten Tarifrunde derselbe Erhöhungs-Prozentsatz abgeschlossen wird. Da aber niemand diese Höhe weiß, stellt die Formel nur einen Näherungswert dar. Außerdem sind bei den Gewerkschaftsmitgliedern derartige »Rechenkunststücke« unbeliebt, da sie nur schwer nachzuvollziehen sind. In der Diskussion ist es besser, den Tarifkompromiss mit seiner Prozentzahl und seiner Laufzeit »ohne Rechnerei« darzustellen.

- *Einmalbeträge zu Beginn oder Nullmonate:* Da sich Tarifverhandlungen häufig lange hinziehen und ein Tarifabschluss manchmal erst zwei oder mehr Monate nach dem Auslaufen des alten Tarifvertrags erzielt wird, vereinbaren die Tarifvertragsparteien für die ersten Monate des neuen Tarifvertrages häufig spezielle Regelungen. Um den Betrieben komplizierte Nachberechnungen zu ersparen, werden für die ersten Monate häufig feste Entgeltbeträge festgelegt. Üblich sind entweder ein, zwei oder drei Beträge pro Monat für die ersten Monate des neuen Tarifvertrages oder ein Gesamtbetrag für ein, zwei oder drei Monate. Um einen Kompromiss mit einer akzeptablen prozentualen Erhöhung erzielen zu können, haben Gewerkschaften in speziellen Situationen für die ersten Monate auch sogenannte Nullmonate akzeptiert, was natürlich bei den Mitgliedern nicht auf große Begeisterung stößt. Auf der anderen Seite konnten in speziellen Situationen den Unternehmern vergleichsweise hohe Einmalbeträge abgerungen werden, die insbesondere für die unteren Entgeltgruppen eine Besserstellung bedeuten – eine sogenannte soziale Komponente.

- *Zweijährige Tariferhöhungen mit zwei Erhöhungsstufen:* Bei dieser Form eines Tarifkompromisses wird ein längerer Tarifabschluss vereinbart – von beispielsweise zwei Jahren. Dabei erfolgt eine erste Erhöhung zu Beginn der Laufzeit und eine zweite zusätzliche Erhöhung beispielsweise nach weiteren zwölf Monaten. Dies sind natürlich nur Beispiele, in der Praxis sind derartige Tarifverträge auch mit anderen Laufzeiten für die einzelnen Stufen denkbar. Beispiel: Gesamtlaufzeit 20 Monate mit X% für elf Monate und weitere Y% für 9 Monate. Die Berechnung derartiger Tarifverträge mit der Westrick-Formel ist zwar möglich, aber noch zweifelhafter als bei einstufigen Tarifverträgen. Bei der Darstellung eines derartigen Tarifkompromisses sollten die beiden Tariferhöhungen auf keinen Fall zusammengezählt werden, da damit ein falscher Eindruck vermittelt wird. Basis für die Bewertung von Tarifabschlüssen ist immer die Dauer von zwölf Monaten. Längerfristige Tarifverträge sind für beide Seiten nicht ohne Risiko, da es schwierig ist, die wirtschaftliche Situation für einen derart langen Zeitraum einzuschätzen.

- *Flexibilisierung von Erhöhungsbeträgen:* Auf Drängen der Unternehmer wurden in der Metall- und Elektroindustrie in den letzten Jahren verschiedene Formen der Flexibilisierung von Erhöhungsbeträgen in einzelnen Betrieben vereinbart. Die

IG Metall hat dem nur zugestimmt, um eine akzeptable Prozentzahl zur Tariferhöhung durchzusetzen. Wichtig ist dabei, dass die zeitliche Verschiebung nur für eine befristete Zeit, z.B. maximal drei Monate, vereinbart wird, sodass danach wieder der Flächentarifvertrag im vollen Umfang wirkt. Denkbar sind Regelungen, nach denen die Tarifvertragsparteien für einzelne Betriebe, die dies beantragen, niedrigere oder gar keine Einmalbeträge zu Beginn der Laufzeit vereinbaren, falls diese im Flächentarifvertrag geregelt sind.

Denkbar ist auch, dass die Zeitpunkte der prozentualen Erhöhungen um einige Monate nach hinten verschoben werden. Damit soll nach Meinung der Arbeitgeber Betrieben, die in einer wirtschaftlich schwierigen Situation sind, eine befristete Entlastung zugestanden werden. Diese Regelungen verhandeln IG Metall und Arbeitgeberverband für einzelne Betriebe, die es beantragen. Dazu wird aufseiten der IG Metall eine betriebliche Tarifkommission gebildet, die darüber berät. Außerdem wird der Sachverhalt den Mitgliedern der IG Metall in dem jeweiligen Betrieb zur Abstimmung gestellt. Allerdings werden diese Möglichkeiten nur von sehr wenigen Betrieben überhaupt beantragt.

Eine Umsetzung des Tarifergebnisses in den einzelnen Betrieben ist immer dann problemlos, wenn ausschließlich eine Prozentzahl zur Tariferhöhung vereinbart wurde. Dann ist es in der Regel lediglich Aufgabe der Abteilungen »Entgeltabrechnung« in den Betrieben, die erhöhten Entgeltbeträge in die Entgeltberechnungsprogramme einzustellen. Wurden in den Tarifverhandlungen auch qualitative Elemente vereinbart, wie z.B. Altersteilzeit, Bildungsteilzeit oder Regelungen zur Arbeitszeitgestaltung, kann eine Umsetzung im Betrieb mehrere Monate dauern und für die Interessenvertretung einen erheblichen Arbeitsaufwand zur Folge haben.

Mit einer Tarifanhebung erhöhen sich auch die *Gewerkschaftsbeiträge*, da sie nach dem Grundsatz »Gewerkschaftsbeitrag = 1% vom Brutto-Entgelt« erhoben werden. Die Mitglieder werden über diesen Vorgang vorab informiert.

7.2.6 Urabstimmung, Streik und Aussperrung

Ist nach mehreren Verhandlungsrunden und nach Warnstreikwellen keine Kompromissbereitschaft aufseiten der Unternehmer erkennbar, kann die Gewerkschaft gegenüber dem Arbeitgeberverband die *Verhandlungen für gescheitert erklären*. Nach internen Beratungen und sorgfältigen Vorbereitungen werden danach die Weichen in Richtung Urabstimmung und Streik gestellt.

Urabstimmung vor Streikbeginn
Die Urabstimmung in einem Tarifgebiet setzt einen Beschluss der Tarifkommission und des Vorstands der Gewerkschaft voraus. Bei einer Urabstimmung werden alle Gewerkschaftsmitglieder in *allen* betroffenen Betrieben, nicht nur in möglichen Streikbetrieben, schriftlich befragt, ob sie bereit sind, für die Durchsetzung der Forderungen in den Streik zu treten. Die Urabstimmung findet an zwei bis drei Tagen statt. Alle Gewerkschaftsmitglieder in einem Tarifgebiet erhalten einen Stimmzettel, auf dem sie die

Übersicht 7-10: Stimmzettel bei der Urabstimmung in der Tarifrunde 1995 in der bayrischen Metall- und Elektroindustrie

Frage der Streikbereitschaft mit »ja« oder »nein« beantworten können (vgl. Übersicht 7-10).

In der Regel findet die Urabstimmung während der Arbeitszeit im Betrieb statt. Verweigert der Unternehmer die Zustimmung zu diesem Verfahren, errichtet die Gewerkschaft vor den Werkstoren ein Abstimmungslokal. Da in einem Streik eine hohe Geschlossenheit der Gewerkschaftsmitglieder erforderlich ist, wird die intern gesetzte Schwelle für die Zustimmung zu einem Streik bewusst sehr hoch gesetzt.

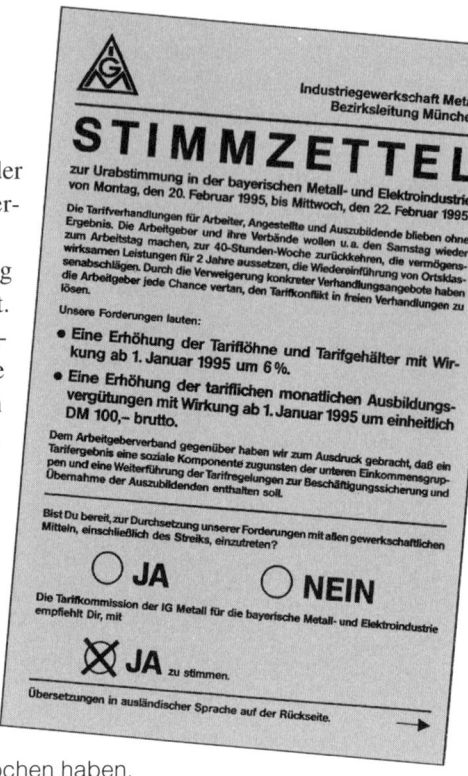

Ein Streikbeschluss setzt voraus, dass sich bei der Urabstimmung mehr als 75% der Gewerkschaftsmitglieder für einen Streik ausgesprochen haben.

Die Erfahrungen der Gewerkschaften in der Vergangenheit haben gezeigt, dass es zu riskant ist, wenn lediglich 51% der Gewerkschaftsmitglieder für Streik stimmen. Die hohe Zahl von 75% sichert eine breite Beteiligung und minimiert das Risiko, dass der Streik durch Streikbrecher unterlaufen wird. Die hohe Zahl von 75% spielt auch in der zweiten Urabstimmung am Ende eines Streiks eine wichtige Rolle (vgl. dazu weiter unten).

Streik
Nach einer erfolgreichen Urabstimmung wird auf Vorschlag der Bezirksleitung vom Vorstand beschlossen, wann Streikbeginn ist und in welchen ausgewählten Betrieben zunächst gestreikt wird. Es werden betriebliche, örtliche und bezirkliche *Streikleitungen* gebildet. Zu Beginn werden nicht in allen infrage kommenden Betrieben die Gewerkschaftsmitglieder zum Streik aufgerufen, sondern die Zahl der Streikbetriebe wird im Laufe der Streiks erhöht. In der Regel beginnt der Streik in den Betrieben, in denen die besten gewerkschaftlichen Voraussetzungen vorliegen. Im Unterschied zu einem Warnstreik werden in den bestreikten Betrieben die Werkstore von *Streikposten* besetzt, die vor dem üblichen Arbeitsbeginn die Beschäftigten auffordern, die Arbeit nicht aufzunehmen. Stattdessen findet am ersten Streiktag eine Streikversammlung statt, an die sich die *Registrierung der streikenden Gewerkschaftsmitglieder* anschließt. Streik-

> **Wer zu Hause bleibt,**
> **wenn der Kampf beginnt**
>
> Wer zu Hause bleibt, wenn der Kampf beginnt
> Und lässt andere kämpfen für seine Sache
> Der muss sich vorsehen: denn
> Wer den Kampf nicht geteilt hat
> Der wird teilen die Niederlage.
> Nicht einmal den Kampf vermeidet
> Wer den Kampf vermeiden will: denn
> Es wird kämpfen für die Sache des Feinds
> Wer für seine eigene Sache nicht gekämpft hat.
>
> Bertolt Brecht, Dramatiker

posten sind mehrheitlich Vertrauensleute und Betriebsratsmitglieder, aber auch andere Gewerkschaftsmitglieder im Betrieb. Sie werden von hauptamtlichen Gewerkschaftssekretär*innen und Kolleg*innen aus Nachbarbetrieben unterstützt. Die Aufgabe der Streikposten besteht darin, sicherzustellen, dass in dem Betrieb nicht produziert wird. Die Streikposten machen also »die Werkstore dicht« und versuchen sicherzustellen, dass niemand den Betrieb betritt. Ausnahmen werden nur für Vorstandsmitglieder, Geschäftsführer bzw. Werkleiter des Betriebs gemacht und für diejenigen Beschäftigten, die einen *Notdienstausweis* vorlegen können. Die Notdienstausweise werden von der Gewerkschaft ausgestellt beispielsweise für die Beschäftigten, die für die Betriebssicherheit und den Brandschutz des Betriebs zuständig sind. Die Unternehmer versuchen, den Kreis der Notdienstbeschäftigten möglichst weit auszudehnen. Dazu finden Gespräche zwischen Betriebsleitung und Gewerkschaft statt, bei denen eine Notdienstvereinbarung abgeschlossen wird. Die Entscheidung liegt ausschließlich bei der Gewerkschaft. Der Betriebsrat ist beim Abschluss einer Notdienstvereinbarung kein Vertragspartner, wird dies aber in der Regel mit der regionalen Gewerkschaft diskutieren.

Wollen Beschäftigte, die nicht Mitglied der Gewerkschaft sind, trotz Streikaufruf dennoch arbeiten, können die Streikposten sie durch eine deutliche Ansprache darauf hinweisen, dass sie ihren Kolleg*innen nicht in den Rücken fallen und damit zu *Streikbrechern* werden sollen. Die Arbeitgeberverbände bezeichnen Streikbrecher mit dem irreführenden Wort »Arbeitswillige«, das dem unsolidarischen Verhalten dieser Beschäftigten nicht gerecht wird und von Gewerkschafter*innen deshalb nicht benutzt wird. Nach ständiger Rechtsprechung können Streikposten »durch gütliches Zureden« auf die Beschäftigten einwirken. Auf Antrag der Unternehmer beim Gericht wird in der Regel verfügt, dass die Streikposten bei der Besetzung der Werkstore eine Gasse lassen müssen, durch die Streikbrecher dann in den Betrieb gelangen. Da diese Situation für viele Beschäftigte, die nicht Mitglied der Gewerkschaft sind, sehr schwierig ist, kann versucht werden, sie von der Notwendigkeit zu überzeugen, Gewerkschaftsmitglied zu werden. Viele nicht organisierte Beschäftigte entziehen sich der Situation dadurch, dass sie Gleitzeittage oder Urlaub nehmen.

Alle streikenden Gewerkschaftsmitglieder werden am ersten Streiktag registriert und erhalten einen Streikausweis. Während eines Streiks erhalten die Beschäftigten vom Unternehmer kein Entgelt. Stattdessen erhalten sie von der Gewerkschaft eine *finanzielle Streikunterstützung*, die abhängig von ihrem Gewerkschaftsbeitrag ist. Bei der IG Metall gibt es eine Staffelung entsprechend der Dauer der Gewerkschaftszugehörigkeit. In der Satzung ist die Unterstützung pro Streikwoche wie folgt festgelegt: Bei einer Mitgliedschaft von drei bis zwölf Monaten das Zwölffache, bei zwölf bis 60 Monaten das 13-Fache und bei einer Mitgliedschaft von mehr als 60 Monaten das 14-Fache eines Monatsbeitrags.

Da heute überwiegend mit Monatsentgelten gerechnet wird, vermittelt das folgende Beispiel eine Größenordnung: Bei einem Gewerkschaftsbeitrag von 25 Euro liegt die monatliche Streikunterstützung zwischen ca. 1.300 und ca.1.500 Euro; bei einem Gewerkschaftsbeitrag von 30 Euro liegt sie zwischen ca. 1.550 und ca. 1.800 Euro. Die Beteiligung an einem Streik ist immer ein solidarischer Beitrag, um für alle bessere Bedingungen durchzusetzen. Mit der Zahlung der Streikunterstützung ist sichergestellt, dass die Gewerkschaftsmitglieder auch einen längeren Streik durchhalten können, ohne in finanzielle Not zu geraten.

Streiktaktik und Auswahl der Streikbetriebe
Zu Beginn eines Streiks wird von der Gewerkschaft entschieden, welche Betriebe als erste in den Streik treten. Dies sind in der Regel Betriebe mit kampfstarken Belegschaften und Interessenvertretungen, die auf der »Skala der gewerkschaftlichen Stärke im Betrieb (GSB)« Level 6 erreichen (vgl. Übersicht 6-2). Um den Druck zu erhöhen, kommen im Verlauf des Streiks weitere Betriebe hinzu. Zur Dauer des Streiks in den einzelnen Betrieben gibt es – vereinfacht – zwei Möglichkeiten: Entweder alle ausgewählten Streikbetriebe treten dauerhaft und unbefristet in den Streik, bis ein Tarifergebnis in einer zweiten Urabstimmung akzeptiert wird. Oder es wird ein sogenanntes *Flexi-Streik-Konzept* angewendet. Dabei treten einige Betriebe für ein bis drei Tage in den Streik und werden dann von anderen Betrieben ebenfalls für eine befristete Zeit abgelöst, um erneut in den Streik zu treten. Diese Streiktaktik ist für die Unternehmer nicht kalkulierbar und erzielt damit eine breite Wirkung. Angesichts der Rechtsprechung zur sogenannten kalten Aussperrung kommt Flexi-Streiks eine erhöhte Bedeutung zu (siehe dazu weiter unten).

»Heiße« Aussperrung
In einem Arbeitskampf können die Unternehmer zum Mittel der Aussperrung greifen. Aussperrung bedeutet: Die Unternehmer schließen befristet den Betrieb und sperren die Belegschaft aus, d.h. sie verhindern, dass die Belegschaft die Arbeit aufnimmt. Diese Form der Aussperrung wird auch als »heiße« Aussperrung bezeichnet – im Unterschied zur »kalten« Aussperrung, die durch Fernwirkung verursacht wird (siehe weiter unten). Nach der ständigen Rechtsprechung erhalten die Beschäftigten während einer Aussperrung kein Entgelt. Die Gewerkschaften zahlen ausgesperrten Mitgliedern im Streikgebiet eine finanzielle Unterstützung in gleicher Höhe wie die Streikunterstützung (siehe oben). Die Unternehmer zielen mit der Aussperrung u.a. darauf ab, die

Kosten für die Gewerkschaft angesichts der gezahlten Unterstützung zu erhöhen und sie dementsprechend eher zu Kompromissen zu bewegen.

Häufig wird die Aussperrung so dargestellt, als wenn sie ein gerechtfertigtes Gegenmittel der Unternehmer gegen einen Streik der Gewerkschaft sei. Diese Betrachtung ist jedoch bei näherem Hinsehen falsch. Die Unternehmer haben die Verfügungsgewalt über die Betriebe und Konzerne und dementsprechend eine große Macht. Um diese Macht zu begrenzen, haben die Gewerkschaften die Möglichkeit des Streiks; Aussperrung steigert demgegenüber die Macht der Unternehmer und zielt auf die finanzielle Schwächung der Gewerkschaften. Deshalb sehen die Gewerkschaften in der Aussperrung auch eine Verletzung der Tarifautonomie, zumal beispielsweise in der hessischen Landesverfassung ein ausdrückliches Verbot der Aussperrung geregelt ist.

Die Gewerkschaften haben mehrfach gegen die Aussperrung geklagt. Das Bundesarbeitsgericht und das Bundesverfassungsgericht haben aber entgegen der Position der Gewerkschaften die grundsätzliche Zulässigkeit der Aussperrung bestätigt. Durch Rechtsprechung des Bundesarbeitsgerichts wird der *Umfang der Aussperrung* allerdings wie folgt *begrenzt*:

- Die Aussperrung darf nur solche Beschäftigte erfassen, die dem räumlichen, fachlichen und persönlichen Geltungsbereich des umkämpften Tarifvertrags zuzuordnen sind. Eine Ausweitung der Aussperrung auf andere Tarifgebiete ist unzulässig.
- Erfasst der Streikaufruf 25% oder weniger Beschäftigte des Tarifgebiets, so wird die Aussperrung auf insgesamt weitere 25% der Beschäftigten des Tarifgebiets beschränkt.
- Werden mehr als 25% zum Streik aufgerufen, so dürfen die Unternehmer nur so viele Beschäftigte aussperren, dass Streikende und Ausgesperrte zusammen nicht mehr als 50% der Beschäftigten des Tarifgebietes ausmachen.
- Die Aussperrung ist unzulässig, wenn bereits etwa 50% der Beschäftigten des Tarifgebiets zum Streik aufgerufen werden.

In der Metallindustrie wurde das letzte Mal im Jahr 1984 von den Arbeitgeberverbänden zum Mittel der Aussperrung gegriffen, wobei sie mehr Beschäftigte aussperrten, als die IG Metall zum Streik aufgerufen hatte (vgl. auch Übersicht 7-11). Im Laufe der Zeit geriet die Debatte um die Zulässigkeit der Aussperrung in den Hintergrund. Da für die Unternehmer im Zweifelsfall diese Möglichkeit immer noch besteht, muss sie bei der Streikplanung der Gewerkschaften in jedem Falle mitberücksichtigt werden.

»Kalte« Aussperrung

Zwischen der Automobilindustrie und den Automobilzulieferern besteht eine zeitlich eng *getaktete Produktionsverflechtung* (just in time). Zulieferteile werden auf die Stunde genau angeliefert und eine Lagerhaltung existiert entweder gar nicht mehr oder für maximal einen Tag. Wird die Produktion in einem Zulieferwerk durch Streik oder Aussperrung gestoppt, kommt es kurzfristig in der Automobilproduktion zu einem Stopp der Lieferung von Zulieferteilen, was den Stopp der gesamten Produktion zur Folge hat. Dies wird auch *Fernwirkung* genannt. Umgekehrt passiert der gleiche

Effekt: Wenn in einem Automobilunternehmen die Produktion stoppt, wird das Unternehmen vom Zulieferbetrieb keine Zulieferteile mehr abnehmen, was auch dort zu einem Produktionsstillstand führt. Dieser Sachverhalt gilt nicht nur für die Automobilindustrie, sondern für alle Industriebetriebe, deren Zulieferbeziehungen ebenfalls zeitlich eng getaktet sind.

Bis Mitte der 1980er Jahre konnten die indirekt durch Fernwirkung betroffenen Betriebe Kurzarbeit vereinbaren und die Beschäftigten erhielten Kurzarbeitergeld. Im Jahr 1986 wurde von der CDU/CSU-FDP-Regierung unter Bundeskanzler Helmut Kohl diese bewährte Rechtsprechung geändert. Damals wurde der § 116 Arbeitsförderungsgesetz geändert, der heute dem §§ 100 bzw. 160 Sozialgesetzbuch III (SGB III) entspricht. Demnach erhalten durch *Fernwirkung* aufgrund von Streik oder Aussperrung indirekt betroffene Beschäftigte *kein Kurzarbeitergeld* mehr, wenn sie im umkämpften Tarifgebiet beschäftigt sind oder in anderen Tarifgebieten derselben Branche arbeiten und dort dieselbe Tarifforderung erhoben wurde. Deshalb wird hier von »*kalter Aussperrung*« gesprochen. Die eigentliche Aussperrung wird dagegen auch als »*heiße Aussperrung*« bezeichnet (siehe oben). Diese Entscheidung verschob das Kräfteverhältnis in erheblichem Maße zugunsten der Unternehmer und begrenzte das Streikrecht der Gewerkschaften spürbar. Die Gewerkschaften haben dagegen vor dem Bundesverfassungsgericht geklagt, sind aber unterlegen.

Die Machtverschiebung zugunsten der Unternehmer soll am Beispiel des Jahres 1984 in der Metall- und Elektroindustrie verdeutlicht werden. Damals forderte die IG Metall die Einführung der 35-Stunden-Woche und begann Streiks in den Tarifgebieten Baden-Württemberg und Hessen. Die Unternehmer griffen massiv zum Mittel der Aussperrung, was erhebliche Fernwirkungen auslöste (vgl. Übersicht 7-11).

Übersicht 7-11: Streik, Aussperrung und kalte Aussperrung im Arbeitskampf der Metall- und Elektroindustrie im Jahr 1984

Tarifgebiet	Streikende	»heiß« Ausgesperrte	»kalt« Ausgesperrte
Nordwürttemberg-Nordbaden	24.500	123.000	49.200
Hessen	33.000	32.000	8.000
Andere	–	–	315.000
Summe	57.500	155.000	372.200

57.500 Streikenden standen 155.000 »heiß« und 372.000 »kalt« ausgesperrte Kolleg*innen gegenüber. Auch an diesen Zahlen wird deutlich, dass die *Aussperrung kein gerechtfertigtes Gegengewicht zum Streik* darstellt, sondern die Macht der Unternehmer unverhältnismäßig vergrößert. Damals verfügte der Vorsitzende der Bundesanstalt für Arbeit in einem Erlass, dass die »kalt« ausgesperrten Kolleg*innen kein Kurzarbeitergeld erhalten. Dieser Erlass wurde später für rechtswidrig erklärt. Daraufhin änderte die CDU/CSU-FDP-Bundesregierung unter Bundeskanzler Helmut Kohl das entsprechende Gesetz. Auch große überregionale Protestaktionen der Gewerkschaften konnten das Gesetz letztlich nicht verhindern.

Auch wenn die »Streikkasse« der IG Metall so groß ist, dass sie in einem oder mehreren Tarifgebieten einen mehrwöchigen Streik gut finanziell aushalten kann, würden durch eine bundesweite kalte Aussperrung auch die finanziellen Reserven der IG Metall sehr schnell an ihre Grenzen kommen. Dementsprechend haben nach der Satzung der IG Metall *»kalt« ausgesperrte Kolleg*innen keinen Anspruch auf Streikunterstützung*, wie sie Streikende und »heiß« Ausgesperrte erhalten. Eine Situation, in der Mitglieder der IG Metall weder Streikunterstützung noch Kurzarbeitergeld bekommen, muss nach Möglichkeit vermieden werden. Deshalb war nach der Gesetzesänderung die IG Metall gezwungen, ihre Streikkonzepte zu ändern.

Flexi-Streikkonzept
Angesichts der geänderten Rechtsprechung und der zeitlich eng getakteten Lieferbeziehungen, insbesondere zwischen der Automobilindustrie und der Zulieferindustrie, muss die IG Metall diese Sachverhalte bei ihrer Streik-Strategie berücksichtigen. Einerseits kommt es darauf an, durch Streikmaßnahmen einen möglichst hohen Druck auf die Unternehmer auszuüben. Andererseits muss eine Situation vermieden werden, in der Beschäftigte für längere Zeit »kalt« ausgesperrt werden und weder Streikunterstützung noch Kurzarbeitergeld bekommen. Die IG Metall hat dazu ein sogenanntes *Flexi-Streikkonzept* entwickelt. Danach werden zunächst die Belegschaften einiger Betriebe für beispielsweise ein bis drei Tage in den Streik treten, um danach die Arbeit wiederaufzunehmen.

Gleichzeitig würden andere Betriebe neu in den Streik treten, ebenfalls für beispielsweise ein bis drei Tage. Danach würden die ersten Betriebe erneut streiken. Dadurch, dass den Unternehmern nicht vorab bekannt ist, in welchen Betrieben wie lange gestreikt wird, entwickelt ein derartiges Konzept einen erheblichen Druck auf die Unternehmer. Andererseits kommt es zu nur *geringen und zeitlich befristeten Fernwirkungen*, die durch betriebliche Maßnahmen aufgefangen werden können. Damit wird die kalte Aussperrung eingegrenzt. Es ist klar, dass die Wirksamkeit eines derartigen Streikkonzepts geringer ist als ein unbefristeter Dauerstreik, aber angesichts der derzeitigen Rechtslage ist ein Flexi-Streikkonzept in der Metall- und Elektroindustrie letztlich ohne Alternative. Denkbar ist es auch, in ausgewählten Betrieben mit geringer Fernwirkung unbefristete Streiks von mehreren Wochen durchzuführen.

Zweite Urabstimmung zum Ende des Streiks
Auch am Ende eines Streiks steht immer ein Kompromiss. Nach einer gewissen Zeit des Streiks wird es zu erneuten Verhandlungen zwischen der Gewerkschaft und dem Arbeitgeberverband kommen. Häufig wird dann auch ein »unparteiischer« Schlichter hinzugezogen, auf den sich beide Seiten einigen. Wird während eines Streiks ein Verhandlungsergebnis erzielt, braucht dies nicht nur die Zustimmung der Tarifkommission und des Vorstands, sondern über das Verhandlungsergebnis entscheiden die

Gewerkschaftsmitglieder in einer zweiten Urabstimmung. Die Debatten über einen Kompromiss werden häufig leidenschaftlich geführt. Hierbei kommt es darauf an, ob der erzielte Kompromiss von der Mehrheit der Streikenden als »guter, akzeptabler Kompromiss« bewertet wird. Gleichzeitig muss diskutiert werden, ob durch eine Fortführung des Streiks realistischerweise ein besserer Kompromiss erzielt werden kann.

Bei einer Ablehnung des Verhandlungsergebnisses ist die zweite Urabstimmung zugleich eine Abstimmung über die Annahme des Verhandlungsergebnisses, aber gleichzeitig auch eine Abstimmung über die Fortsetzung des Streiks. Auch dafür muss eine hohe Geschlossenheit gewährleistet sein. *Wie bei der ersten Urabstimmung müssen sich mehr als 75% der Gewerkschaftsmitglieder für eine Streikfortsetzung und gegen das Verhandlungsergebnis aussprechen.* Das heißt: Selbst eine Mehrheit von beispielsweise 60% gegen das Verhandlungsergebnis hätte zur Folge, dass der Streik nicht fortgesetzt wird, sondern das Verhandlungsergebnis angenommen ist. Im Extremfall könnte ein Verhandlungsergebnis – umgekehrt betrachtet – mit einer Mehrheit von 26% angenommen werden. Dies ist für die innergewerkschaftliche Debatte nicht gut, da es zeigt, dass die Mitgliedschaft mit dem Ergebnis mehrheitlich unzufrieden ist, andererseits wäre das Risiko, den Streik bei einer geringen Unterstützung fortzusetzen, zu hoch. In den letzten Arbeitskämpfen ergab sich in der zweiten Urabstimmung eine deutliche Zustimmung zu dem erzielten Kompromiss.

7.3 Spezielle Themen

7.3.1 Prozentuale Erhöhung oder Festbetrag?

Es ist seit vielen Jahren in Tarifrunden üblich, dass die Gewerkschaften prozentuale Tariferhöhungen fordern und in Tarifabschlüssen auch prozentuale Erhöhungen vereinbart werden. Dementsprechend werden die Entgeltbeträge für die einzelnen Entgeltgruppen um den vereinbarten Prozentsatz erhöht.

In den Entgelt-Tarifverträgen bzw. in den Entgeltrahmen-Tarifverträgen sind die Relationen für die einzelnen Entgeltgruppen zueinander vereinbart. Einfache Tätigkeiten werden in die unteren, Facharbeiten in die mittleren und Tätigkeiten, für die eine Hochschulausbildung erforderlich ist, in die höchsten Entgeltgruppen eingestuft. Auf die Wertigkeit der Tätigkeiten und die Relationen zueinander haben sich im Zuge eines Kompromisses die Gewerkschaft und der Arbeitgeberverband geeinigt. Entsprechend dieser Relation werden bei einer prozentualen Tariferhöhung die Entgeltbeträge erhöht. In absoluten Zahlen betrachtet heißt das auch, dass die Beschäftigten in den oberen Entgeltgruppen einen höheren Steigerungsbetrag in Euro haben als diejenigen in den unteren Entgeltgruppen. Beispiel: Eine Tariferhöhung von 3% führt bei einem Beschäftigten mit einem Monatsentgelt von 2.500 Euro zu einem Erhöhungsbetrag von 75 Euro, bei einem Beschäftigten mit einem Monatsentgelt von 4.000 Euro hingegen zu einer Erhöhung um 120 Euro. Wenn die Relationen zwischen den einzelnen Entgeltgruppen im Entgeltrahmen-Tarifvertrag so akzeptiert werden, sind unterschiedliche Erhöhungsbeträge in den einzelnen Entgeltgruppen logisch und gewollt, da sie die vereinbarten Relationen nicht verändern.

In Tarifrunden kommen immer wieder Diskussionen auf, in denen die unterschiedlichen Erhöhungsbeträge als ungerecht bezeichnet werden und stattdessen vorgeschlagen wird, in einer Tarifrunde einen Festbetrag in Euro zu fordern, der für alle Entgeltgruppen gleich hoch ist. Es wird argumentiert, dass ein Festbetrag sozial gerechter sei, da dann die Beschäftigten in den unteren Entgeltgruppen bessergestellt würden gegenüber denjenigen in den oberen Gruppen. Diese Debatten sind einerseits solidarisch gemeint, da die Beschäftigten in den unteren Entgeltgruppen begünstigt werden sollen. Andererseits sprechen *gute Gründe gegen die Forderung eines Festbetrags*. Die wichtigsten Gegenargumente sind:

- Die Vereinbarung von unterschiedlich hohen Monatsentgelten für die einzelnen Entgeltgruppen wird von der Annahme getragen, dass Tätigkeiten mit höheren Anforderungen höher bezahlt werden als solche mit niedrigeren. Diese unterschiedliche Wertigkeit wird auch von der großen Mehrheit der Beschäftigten so gesehen. Eine Art »Einheits-Entgelt« für alle ist keine gewerkschaftliche Forderung. Die Relation ist in längerfristigen Entgeltrahmen-Tarifverträgen zwischen der Gewerkschaft und dem Arbeitgeberverband vereinbart worden. Soll sie verändert werden, müssten die Entgeltrahmen-Tarifverträge neu verhandelt und dann ggf. eine neue Relation zwischen den unteren und oberen Entgeltgruppen vereinbart werden. Es ist nicht klug, in jährlichen Tarifrunden durch Festbeträge diese Relation zu verändern. Würde dies mehrere Jahre hintereinander vereinbart, ergäbe sich eine gänzlich andere Relation zwischen den einzelnen Tätigkeiten.
- Würde in einer Tarifrunde ein Festbetrag vereinbart, hätten die Beschäftigten in den unteren Entgeltgruppen prozentual höhere, diejenigen in den oberen Entgeltgruppen prozentual niedrigere Steigerungen. Dies würde unweigerlich von den Beschäftigten in den oberen Entgeltgruppen als ungerecht angesehen werden. Es ist zu befürchten, dass sie sich dann durch die Gewerkschaft nicht mehr repräsentiert sehen. Im Extremfall würden sich separate »Spezialisten-Gewerkschaften« gründen, die dann nur für ihre Mitgliedschaft versuchen, bessere, überdurchschnittliche Entgelterhöhungen durchzusetzen. Dies würde zu einer Spaltung und Schwächung der Gewerkschaft und der Beschäftigten führen (vgl. Kapitel 1.10).
- Angesichts des sogenannten Fachkräftemangels, z.B. bei Ingenieuren, könnte es sein, dass die Unternehmer dann zusätzliche übertarifliche Entgeltbeträge zahlen, die den Tarifvertrag faktisch entwerten. Diese Tendenz ist teilweise heute schon sichtbar und würde durch Abschlüsse von Festbeträgen verstärkt.
- Die soziale Ungerechtigkeit liegt nicht zwischen den unteren und oberen Tarifgruppen, sondern zwischen dem Niedriglohnbereich auf der einen Seite und den Entgelten von leitenden Angestellten und Managern auf der anderen Seite. Die niedrigsten Entgelte in der Metallindustrie liegen bei ca. 2.400 Euro pro Monat bzw. bei ca. 16 Euro pro Stunde. Im Niedriglohnbereich werden dagegen Stundenentgelte bezahlt, die nur leicht über dem gesetzlichen Mindestlohn von 8,84 Euro liegen, etwa in Höhe

von neun bis zehn Euro pro Stunde. Die Forderungen der Gewerkschaften laufen auf deutliche Tarifsteigerungen im Niedriglohnbereich hinaus. Die soziale Ungerechtigkeit im oberen Bereich liegt nicht bei einem Ingenieur, der ein Tarifentgelt von bis zu 6.000 Euro pro Monat erhält, sondern bei den Entgelten von Managern, die teilweise über 100.000 Euro pro Monat betragen (vgl. dazu Kapitel 8.3.1).

- Da die gesamte Kosten- und Finanzplanung von Unternehmen auf der Basis von jährlichen Steigerungsraten für Entgelte, Materialkosten usw. basiert, erklären die Arbeitgeberverbände unmissverständlich ihre grundsätzliche Ablehnung von Festbeträgen. Dies würde zusätzlich die Unternehmen je nach Belegschaftsstruktur unterschiedlich hoch belasten, was eine Kompromissfindung im Arbeitgeberverband erschwert. Es ist daher davon auszugehen, dass eine Forderung nach einem Festbetrag nur durch einen unbefristeten Streik durchgesetzt werden kann. Einmal angenommen, eine Gewerkschaft fordert einen Festbetrag und droht mit Streik: Der Arbeitgeberverband hätte dann immer die Möglichkeit, durch ein »gutes« bzw. akzeptables prozentuales Angebot zu reagieren. Es ist zweifelhaft, ob in dieser Situation die Mehrheit der Beschäftigten zu einem Streik für einen Festbetrag bereit wäre. Auch aus dieser taktischen Überlegung sprechen sich die Gewerkschaften gegen die Forderung nach Festbeträgen in Tarifrunden aus und fordern stattdessen wie bisher prozentuale Tariferhöhungen.

7.3.2 Tariflicher Bonus für Gewerkschaftsmitglieder?

Es ärgert zu Recht viele Gewerkschaftsmitglieder, dass die vereinbarten Tariferhöhungen alle Beschäftigten erhalten, auch diejenigen, die nicht Mitglied in der Gewerkschaft sind. Dies wird als ungerecht erachtet, da die unorganisierten Beschäftigten keinen monatlichen Gewerkschaftsbeitrag zahlen, aber dieselbe Tariferhöhung erhalten. Dazu gibt es Diskussionen, ob Gewerkschaftsmitglieder durch eine Bonuszahlung gegenüber unorganisierten Beschäftigten bessergestellt werden sollen.

Eigentlich ist die Rechtslage klar. Die Tarifverträge gelten unmittelbar nur für Gewerkschaftsmitglieder, denn nur sie haben die Gewerkschaft beauftragt, Tariferhöhungen auszuhandeln. Die Gewerkschaft hat kein Mandat für Beschäftigte, die nicht Mitglied sind. Darüber hinaus ist in § 1 jedes Tarifvertrags im persönlichen Geltungsbereich vereinbart, dass der Vertrag nur für Gewerkschaftsmitglieder gilt. Auch beim Arbeitsgericht könnte nur ein Gewerkschaftsmitglied die tariflichen Leistungen einklagen.

So sieht die Rechtslage aus. Doch in der Praxis zahlen die Unternehmer allen Beschäftigten die tariflichen Leistungen, auch den Unorganisierten. Teilweise geschieht dies freiwillig oder durch eine Klausel im individuellen Arbeitsvertrag, in der auf die Tarifverträge Bezug genommen wird. Die Unternehmer verhalten sich aus einem einfachen Grund in dieser Weise: Würden sie die tariflichen Leistungen nur an Gewerkschaftsmitglieder zahlen, wäre dies für alle anderen ein Anreiz, in der Gewerkschaft Mitglied zu werden und diese zu stärken.

Nun wird seit vielen Jahren debattiert, ob es möglich ist, im Tarifvertrag Klauseln zu vereinbaren, dass bestimmte tarifliche Leistungen nur für Gewerkschaftsmitglieder gelten. Dies wird auch *Mitgliederbonus* genannt. Das Bundesarbeitsgericht hat u.a. am 18. März 2009 entschieden, dass ein derartiger Mitgliederbonus grundsätzlich zulässig ist, aber nur innerhalb einer bestimmten Grenze vereinbart werden darf (BAG 4 AZR 64/08). Durch die Höhe des Mitgliederbonus darf kein übermäßiger Druck auf die Beschäftigten zum Eintritt in die Gewerkschaft ausgeübt werden. In dem genannten Fall wurde entschieden, dass ein Mitgliederbonus von 535 Euro pro Jahr zulässig ist.

In der Praxis ist allerdings Folgendes zu bedenken: Die Vereinbarung eines Mitgliederbonus für Gewerkschaftsmitglieder setzt voraus, dass dem Unternehmer mitgeteilt wird, welche Beschäftigten Mitglied in der Gewerkschaft sind, denn nur dann kann eine Auszahlung an sie erfolgen. Nicht alle Beschäftigten akzeptieren es, dass der Unternehmer dies erfährt. Gerade in Betrieben mit niedrigen Organisationsgraden befürchten einzelne Beschäftigte Nachteile. Dies muss zunächst mit den Gewerkschaftsmitgliedern in einer Mitgliederversammlung besprochen werden. Eine Alternative besteht darin, dass die Beträge über eine unabhängige Stelle, z.B. einen Rechtsanwalt als Treuhänder, ausgezahlt werden. Insbesondere in Großbetrieben bedeutet dies dann aber einen hohen Verwaltungsaufwand.

7.3.3 Tarifverträge für Leiharbeitsbeschäftigte

Die Gewerkschaften fordern unbefristete Vollzeitarbeitsverhältnisse für alle und lehnen Leiharbeit grundsätzlich ab. Durch die De-Regulierung des Arbeitnehmerüberlassungsgesetzes durch die rot-grüne Regierung unter Bundeskanzler Gerhard Schröder erlebte die Leiharbeit einen rasanten Anstieg. Parallel dazu schlossen die sogenannten christlichen Gewerkschaften mit einzelnen Arbeitgeberverbänden Tarifverträge mit sehr niedrigen Entgeltbeträgen ab. Im Jahr 2018 gibt es über eine Million Leiharbeitsbeschäftigte. Deshalb hat sich beispielsweise die IG Metall entschlossen, Leiharbeitsbeschäftigte als Gewerkschaftsmitglieder zu werben sowie für und mit ihnen spezielle Tarifverträge abzuschließen. Zurzeit sind über 30.000 Leiharbeitsbeschäftigte Mitglied der IG Metall.

Im Jahr 2017 wurde durch eine Änderung des Arbeitnehmerüberlassungsgesetzes die Situation der Leiharbeitsbeschäftigten ein Stück verbessert. Das Gesetz lässt zu, dass die Tarifvertragsparteien branchenspezifische Regelungen vereinbaren. Die derzeitige Situation von Leiharbeit ist in der Metall- und Elektroindustrie durch das *Arbeitnehmerüberlassungsgesetz* (AÜG) sowie in drei Tarifverträgen geregelt (vgl. Übersicht 7-12).

Die Regelungen im Einzelnen:
- Im AÜG ist geregelt, dass die Überlassungsdauer eines Leiharbeitsbeschäftigten maximal 18 Monate betragen darf. Zum Grundsatz »*gleiches Geld für gleiche Arbeit*« oder auch »*Equal Pay*« ist festgehalten, dass Leiharbeitsbeschäftigte nach neun Monaten den Anspruch auf gleiches Entgelt wie die »Stammbeschäftigten« haben. Das AÜG enthält keine Regelungen, wie sie üblicherweise in Manteltarifverträgen festgehalten sind, wie z.B. Arbeitszeit, Urlaub, Entgeltfortzahlung im Krankheitsfall usw. Das AÜG enthält eine Klausel, nach der die Tarifvertragsparteien eigene branchenspezifische Regelungen vereinbaren können. Diese Klausel hat die IG Me-

Übersicht 7.12: Regelung der Entgelt- und Arbeitsbedingungen für Leiharbeitsbeschäftigte in der Metall- und Elektroindustrie

Arbeitnehmerüberlassungsgesetz (2017)
- Allgemeine Regelungen
- Höchstüberlassungsdauer: 18 Monate
- Equal Pay-Regelung: nach 9 Monaten
- Öffnung für tarifliche Regelungen

**Tarifvertrag Leiharbeit
DGB-Gewerkschaften sowie BAP/iGZ (2017)**
- Manteltarifvertrag und Entgelt-Tarifvertrag
- Entgelttabellen mit niedrigen Entgelten EG1: 9,48 Euro/Std.-West und 9,27 Euro/Std.-Ost
- Unterschiedliche Tabellen in West und Ost

**Tarifvertrag Leiharbeit/Zeitarbeit (TV LeiZ)
IGM Bezirke und regionale AGVs**
- Keine Betriebsvereinbarung: Nach 24 Monaten Übernahmeanspruch auf unbefristete Übernahme
- Bestandsschutz für bestehende Betriebsvereinbarung
- Freiwillige Betriebsvereinbarung mit maximaler Höchstüberlassungsdauer von 48 Monaten.

**Tarifvertrag Branchenzuschläge (TV BZ)
IGM Vorstand und BAP/iGZ (2017)**
- Bei Einsatz in Metallbetrieben: Branchenzuschlag auf die Entgelte nach TV DGB/BAP/iGZ
- Gestaffelt von »nach 6 Wochen« bis »nach 15 Monaten«
- EG 1 nach 15 Monaten: 15,66 Euro/Std. West und 15,30 Euro/Std. Ost (dies entspricht 100% des tariflichen Monatsentgeltes); Stand April 2018

tall genutzt und mehrere Tarifverträge für die Leiharbeitsbeschäftigten in der Metall- und Elektroindustrie abgeschlossen.

- Zunächst wurde ein *Tarifvertrag zur Leiharbeit zwischen allen DGB-Gewerkschaften und den beiden großen Arbeitgeberverbänden der Leiharbeitsbranche* abgeschlossen – dem Bundesarbeitgeberverband Personaldienstleister (BAP) und dem Interessenverband deutscher Zeitarbeitsunternehmen (iGZ). Dort sind Regelungen vereinbart wie Arbeitszeit, Urlaub und Entgeltfortzahlung im Krankheitsfall sowie neun Entgeltgruppen. Dieser Tarifvertrag gilt für alle Branchen, auch die Niedriglohnbereiche, und beinhaltet sehr niedrige tarifliche Grundentgelte. Die meisten Leiharbeitsbeschäftigten sind in der Entgeltgruppe 1 eingruppiert und erhalten in Westdeutschland 9,48 Euro pro Stunde und in Ostdeutschland 9,27 Euro. In der höchsten Entgeltgruppe 9 liegen die Beträge bei 21,07 Euro bzw. 19,50 Euro (Stand April 2018). In der Metall- und Elektroindustrie sind Branchenzuschläge zu diesen Entgelten vereinbart, die zusätzlich bezahlt werden.

- In der Metallindustrie wurden identische regionale Tarifverträge zwischen den IG Metall-Bezirksleitungen und den regionalen Metallarbeitgeberverbänden zu allgemeinen Regelungen der Leiharbeit im *Tarifvertrag Leih- und Zeitarbeit (TV LeiZ)* abgeschlossen. Dort ist keine Höchstüberlassungsdauer wie im AÜG geregelt, sondern ein Übernahmeanspruch nach 24 Monaten. Das heißt: Nach einem Einsatz von 24 Monaten muss der Unternehmer den bzw. die Leiharbeitsbeschäftigte in ein Arbeitsverhältnis im Entleihbetrieb übernehmen. Weil in vielen Großbetrieben der Metallindustrie gute Betriebsvereinbarungen zur Leiharbeit abgeschlossen wurden, ist ein Bestandsschutz für derartige Betriebsvereinbarungen vereinbart. Da in etlichen dieser Betriebsvereinbarungen keine Höchstüberlassungsdauer bzw. Übernah-

Übersicht 7-13: Entwicklung der Stundenentgelte für Leiharbeitsbeschäftigte in der Metall- und Elektroindustrie inkl. Branchenzuschlag

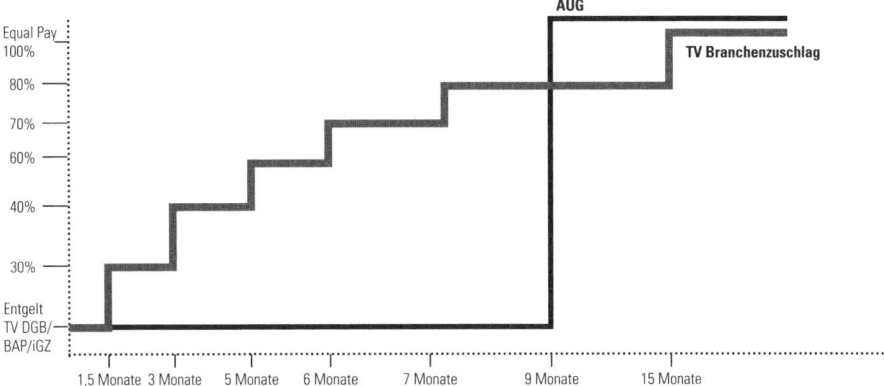

meanspruch geregelt ist, kann durch freiwillige Betriebsvereinbarung die Frist für den Übernahmeanspruch auf 48 Monate ausgedehnt werden. Stimmt der Betriebsrat der Ausweitung nicht zu, bleibt es bei der Frist von 24 Monaten.
- Der Tarifvertrag *Branchenzuschläge* wurde zwischen dem Vorstand der IG Metall und den beiden großen Arbeitgeberverbänden der Leiharbeitsbranche BAP und iGZ vereinbart. Dort ist geregelt, dass Leiharbeitsbeschäftigte für die Einsatzzeit in einem Betrieb der Metall- und Elektroindustrie zusätzlich zum DGB-Tarifvertrag Leiharbeit sogenannte Branchenzuschläge erhalten. Sie sind nach der Zeitdauer des Einsatzes gestaffelt: nach sechs Wochen, nach 3, 5, 7, 9 und 15 Monaten (vgl. Übersicht 7-13).

Mit dem Branchenzuschlag erhalten die Leiharbeitsbeschäftigten nach 15 Monaten in etwa dasselbe tarifliche Monatsentgelt wie die »Stammbeschäftigten«. Dies bedeutet beispielsweise für Leiharbeitsbeschäftigte in der Entgeltgruppe 1 in Westdeutschland folgende Entgeltentwicklung (Stand April 2018):
– bis zu sechs Wochen: 9,49 Euro
– nach sechs Wochen: 10,91 Euro
– nach drei Monaten: 11,39 Euro
– nach fünf Monaten: 12,34 Euro
– nach sieben Monaten: 13,76 Euro
– nach 9 Monaten: 14,24 Euro
– nach 15 Monaten: 15,66 Euro.

Diese Werte werden nach einer Tariferhöhung in der Metall- und Elektroindustrie auf Antrag einer Seite mit einem Zeitversatz regelmäßig erhöht. Angesichts der aktuellen Gesamtsituation hat dieser Regelungsansatz für die Leiharbeitsbeschäftigten mehrere Vorteile gegenüber dem AÜG:
- Branchenzuschläge sind im Zweifelsfall für Leiharbeitsbeschäftigte leichter beim Arbeitsgericht einzuklagen als ein abstrakter Anspruch auf gleiche Bezahlung wie

die Stammbeschäftigten, da im Rahmen der Klage erst nachgewiesen werden müsste, was vergleichbare »Stammbeschäftigte« verdienen.
- Da viele Leiharbeitsbeschäftigte Einsatzzeiten von wenigen Monaten haben, erhalten sie gemäß Tarifvertrag bereits nach sechs Wochen schrittweise mehr Entgelt und nicht erst nach neun Monaten, wie es das AÜG vorsieht.
- Die Stundenentgelte liegen schon nach drei Monaten deutlich über dem gesetzlichen Mindestlohn von 8,84 Euro und steigern sich kontinuierlich auf bis zu 15,66 Euro in der Entgeltgruppe 1 in Westdeutschland.
- Durch den Tarifvertrag ist auch geregelt, dass die Leiharbeitsbeschäftigten die Branchenzuschläge während des Urlaubs und der Entgeltfortzahlung im Krankheitsfall erhalten.
- Die Regelung eines Übernahmeanspruchs wie im Tarifvertrag ist für die Beschäftigten günstiger als die Regelung einer maximalen Überlassungsdauer.
- Es wird davon ausgegangen, dass die Ausweitung der Frist für den Übernahmeanspruch auf 48 Monaten durch eine freiwillige Betriebsvereinbarung nur im Rahmen der Fortführung der guten Betriebsvereinbarungen in mehreren Großbetrieben erfolgt. In der Zeit ab dem 15. Monat erhalten dann Leiharbeitsbeschäftigte in der Entgeltgruppe 1 in Westdeutschland ein Stundenentgelt von 15,66 Euro, was deutlich höher liegt als der gesetzliche Mindestlohn.

7.3.4 Ein Betrieb – eine Gewerkschaft – ein Tarifvertrag

Anders als in anderen Ländern gilt in Deutschland der *Grundsatz »Ein Betrieb – eine Gewerkschaft«*. Diese Gemeinsamkeit ermöglicht es den Beschäftigten und ihrer Gewerkschaft, im Betrieb wirkungsvoll dem Unternehmer gegenüberzutreten. Dies ist einer der Aspekte des Grundsatzes der *Einheitsgewerkschaft*, wie er im Kapitel 1.9 entwickelt wurde. Gewerkschaften sind dem *Grundsatz der Solidarität* verpflichtet, das heißt: Sie treten für alle Beschäftigten ein, gemeinsam für die »Schwachen« und die »Starken«. An diesen Grundsatz halten sich alle Gewerkschaften im Deutschen Gewerkschaftsbund (DGB).

In einigen Branchen und Betrieben haben sich jedoch *Spartengewerkschaften bzw. Standesorganisationen* herausgebildet, die nicht für alle Beschäftigten gemeinsam, sondern ausschließlich für ihre spezielle Mitgliedschaft eintreten. Meistens handelt es sich dabei um Spezialisten, die ihre besondere Stellung ausnutzen, um für sich Vorteile durchzusetzen. Beispiele sind die Gewerkschaft der Lokomotivführer (GDL), der Marburger Bund für Ärzte und Cockpit für die Piloten.

In den meisten Betrieben und Branchen wird der Anspruch »ein Betrieb – eine Gewerkschaft« erweitert um den *Grundsatz »ein Betrieb – eine Gewerkschaft – ein Tarifvertrag«*. Dies hat sich bewährt und dadurch wird eine schlagkräftige Position der Gewerkschaft, die alle Beschäftigten und nicht nur wenige Spezialisten vertritt, gesichert. In einigen Branchen bzw. Betrieben haben Spartengewerkschaften spezielle Tarifverträge durchgesetzt, die nur für die von ihnen vertretenen Spezialisten gelten. Dann gelten im Betrieb zwei Tarifverträge, jeweils für die Mitglieder der jeweiligen

Gewerkschaft. Juristisch heißt dieser Sachverhalt: *Tarifkollision*. Aufgrund einer Änderung der Rechtsprechung des Bundesarbeitsgerichts zur Tarifkollision entstand ein neuer Sachverhalt, der dazu führte, dass im Jahr 2016 das Tarifvertragsgesetz in § 4a um den *Grundsatz der Tarifeinheit* ergänzt wurde. Jetzt gilt der Grundsatz, dass im Betrieb nur ein Tarifvertrag gelten kann und zwar der Tarifvertrag derjenigen Gewerkschaft, die die meisten Mitglieder im Betrieb vertritt (»*Mehrheitsgewerkschaft*«). Damit wird sowohl dem demokratischen Prinzip der Mehrheitsentscheidung als auch den Prinzipien der Einheitsgewerkschaft Rechnung getragen.

Gegen diese Gesetzesänderung haben u.a. mehrere Standesorganisationen geklagt, da sie sich in ihren Rechten beschnitten sahen. Insbesondere sahen sie das Streikrecht der »Minderheitsgewerkschaft« eingeschränkt. Das Bundesverfassungsgericht hat 2017 die Gesetzesänderung im Grundsatz für verfassungskonform erklärt, aber die Bundesregierung aufgefordert, hinsichtlich der Rechte der »Minderheitsgewerkschaften« Nachbesserungen in das Gesetz einzuarbeiten.

7.3.5 Allgemeinverbindliche Tarifverträge

Grundsätzlich gelten Flächentarifverträge ausschließlich für Gewerkschaftsmitglieder und Unternehmen, die Mitglied im Arbeitgeberverband sind. Das heißt: Einerseits haben Beschäftigte, die nicht Mitglied in der Gewerkschaft sind, keinen unmittelbaren Anspruch auf tarifliche Leistungen. Andererseits gelten in Betrieben, die nicht Mitglied im Arbeitgeberverband sind, die Flächentarifverträge nicht, weder für Gewerkschaftsmitglieder noch für unorganisierte Beschäftigte.

Von diesem Grundsatz kann es Ausnahmen geben, wenn ein Tarifvertrag für »allgemeinverbindlich« erklärt wird. Das heißt: Ein allgemeinverbindlicher Flächentarifvertrag gilt in allen Betrieben, auch in denjenigen, die nicht Mitglied im Arbeitgeberverband sind, sowie für alle Beschäftigten, ob Gewerkschaftsmitglieder oder nicht.

Über die Allgemeinverbindlichkeit von Tarifverträgen entscheiden das Bundesarbeitsministerium bzw. die Landesarbeitsministerien auf Antrag im Einvernehmen mit einem sogenannten Tarifausschuss. Das Verfahren ist in § 5 Tarifvertragsgesetz (TVG) geregelt. Danach kann ein Tarifvertrag als allgemeinverbindlich erklärt werden, wenn er in einer Branche überwiegende Bedeutung hat und die Absicherung des Tarifvertrags »gegen die Folgen wirtschaftlicher Fehlentwicklung eine Allgemeinverbindlichkeitserklärung verlangt«.

Die Entscheidung fällt das Ministerium im Einvernehmen mit dem Tarifausschuss, in dem je drei Vertreter*innen der Gewerkschaften und der Arbeitgeberverbände vertreten sind. In der Regel erklären die Ministerien Tarifverträge nur dann für allgemeinverbindlich, wenn es dafür im Tarifausschuss eine Mehrheit gibt. Beantragen beide Tarifvertragsparteien die Allgemeinverbindlichkeit, wird sie meistens erklärt. Häufig blockieren aber die Vertreter der Bundesvereinigung der Arbeitgeberverbände (BDA) aus ideologischen Gründen im Tarifausschuss die Erklärung der Allgemeinverbindlichkeit.

Aus Sicht der Beschäftigten und der Gewerkschaften ist die Allgemeinverbindlichkeit widersprüchlich.

- Einerseits ist es nicht akzeptabel, dass Tarifverträge auch für Beschäftigte unmittelbar gelten sollen, die gar nicht Mitglied in einer Gewerkschaft sind und auch dort keine Mitgliedsbeiträge bezahlen. Vonseiten der Gewerkschaftsmitglieder wird dies als ungerecht angesehen.
- Andererseits kann es in einigen Branchen mit vielen kleineren Betrieben, in denen die gewerkschaftliche Interessenvertretung schwer zu verwirklichen ist, sinnvoll sein, die Tarifverträge als allgemeinverbindlich zu erklären, um in dieser Branche eine Entgeltkonkurrenz nach unten zu stoppen. Beispiele für allgemeinverbindliche Tarifverträge finden sich beispielsweise in der Baubranche.

In den großen Tarifgebieten der Industrie und des öffentlichen Dienstes, in denen die DGB- Gewerkschaften stark sind, werden die Tarifverträge nicht für allgemeinverbindlich erklärt. Von den Gewerkschaften ist dies dort auch ausdrücklich nicht gewollt, damit die Tarifverträge ausschließlich für Gewerkschaftsmitglieder unmittelbar gelten. In anderen Branchen, wie z.B. dem Einzelhandel, fordern die Gewerkschaften die Erklärung der Allgemeinverbindlichkeit, um die »Tarifflucht« der Unternehmer zu stoppen.

8. Gesellschaftspolitik

8.1 Ein gutes Leben und gute Arbeit für alle!

Neben der Betriebs- und Tarifpolitik ist die Gesellschaftspolitik die dritte Handlungsebene für Gewerkschaften. Entscheidungen »der Politik« haben häufig unmittelbare Auswirkungen auf die Beschäftigten – das gilt für Entscheidungen des Bundestags, der Landtage und der Stadt- und Gemeinderäte. Deshalb mischen sich Gewerkschaften in die politischen Debatten ein und formulieren die Interessen ihre Mitglieder bzw. der Beschäftigten. Sie tun dies mit dem gleichen Recht, wie dies auch mächtige Arbeitgeberverbände tun. Für die Verwirklichung der gewerkschaftlichen Ziele spielen die Mitbestimmung, die Tarifautonomie und der Sozialstaat eine entscheidende Rolle. Diese Themen sind in anderen Kapiteln dieses Handbuchs behandelt (Mitbestimmung in Kapitel 5, Tarifpolitik in Kapitel 7 und der Sozialstaat in Kapitel 9). In diesem Kapitel werden die Themen der Gesellschaftspolitik behandelt, die direkt oder indirekt die Situation der Beschäftigten betreffen.

> »Nicht Ruhe, nicht Unterwürfigkeit gegenüber der Obrigkeit ist die erste Bürgerpflicht, sondern Kritik und ständige demokratische Wachsamkeit.«
>
> Otto Brenner, ehemaliger 1. Vorsitzender der IG Metall

Gewerkschaften sind keine Ersatzparteien. In den DGB-Gewerkschaften arbeiten Menschen unterschiedlicher parteipolitischer Orientierung zusammen; die meisten Gewerkschaftsmitglieder gehören keiner politischen Partei an. Dieses Modell der *Einheitsgewerkschaft* hat sich seit vielen Jahren bewährt (vgl. Kapitel 1.9). Deshalb geben die Gewerkschaften bei Bundes- oder Landtagswahlen keine Wahlempfehlungen für eine bestimmte Partei ab. Die einzigen negativen Ausnahmen sind neo-nazistische und rechtsextreme Parteien, da sie den gewerkschaftlichen Zielen und Werten entgegenstehen.

Vor Bundes- und Landtagswahlen formulieren der DGB und die Einzelgewerkschaften Forderungskataloge, mit denen sie alle Parteien konfrontieren. Darüber hinaus stehen die Gewerkschaften im ständigen Kontakt mit den Regierungen, Parlamenten und politischen Parteien. Bei neuen Gesetzesvorhaben nehmen sie Stellung und entsenden Vertreter für parlamentarische Beratungen der Gesetzesvorhaben. Aber gewerkschaftliche Gesellschaftspolitik ist mehr als Lobbyarbeit in Berlin oder Brüssel. In der Geschichte und jüngsten Vergangenheit haben Gewerkschaften häufig gegen Gesetzesvorhaben zu *Protestaktionen* aufgerufen, wie z.B. gegen den Sozialabbau und die Einschränkung der Entgeltfortzahlung im Krankheitsfall während der Regierungszeit von Bundeskanzler Helmut Kohl oder gegen die Agenda 2010 der Regierung von Bundeskanzler Gerhard Schröder.

Die Ziele der Gewerkschaften in der Gesellschaftspolitik leiten sie aus ihren grundsätzlichen Zielen und Werten ab:

> Die Gewerkschaften fordern ein gutes Leben und gute Arbeit für alle. Der Gewerkschaftstag der IG Metall hat dazu in seiner gesellschaftspolitischen Entschließung im Jahr 2015 beschlossen: »Die IG Metall setzt sich für eine freie, gerechte und solidarische Gesellschaft ein, in der demokratische Teilhabe und Selbstbestimmung für alle Menschen – unabhängig von Herkunft, Geschlecht und Alter – gesichert sind. Wir kämpfen für eine Gesellschaft, die allen Menschen ein gutes Leben ermöglicht und in der wirtschaftliche Wertschöpfung nicht nur wenigen nutzt, sondern in soziale Gerechtigkeit und sozialen Fortschritt für alle verwandelt wird. Das Ziel unserer gewerkschaftlichen Politik ist das gute Leben. Wir wollen die Lebenschancen und die Lebensqualität jedes Einzelnen verbessern. In unserer heutigen Gesellschaft steht Arbeit im Zentrum der sozialen Frage: Die Arbeitswelt prägt unser Leben und unseren Alltag und definiert den sozialen Status der Menschen. Ein gutes Leben ist ohne gute Arbeit nicht denkbar. Denn gute Arbeit ist die Voraussetzung für die Integration in die Gesellschaft.«

Für die Verwirklichung des Grundsatzes »Gute Arbeit« spielt zunächst die Frage eine Rolle, ob es sich bei einem Arbeitsverhältnis um ein sogenanntes Normalarbeitsverhältnis handelt oder um ein prekäres oder atypisches Arbeitsverhältnis. Zu Letzteren gehören befristete Arbeitsverhältnisse, Leiharbeitsverhältnisse, Werkverträge, Arbeitsverhältnisse, für die keine Tarifverträge gelten, sowie 450-Euro-Jobs.

> Nach Angaben des Statistischen Bundesamtes arbeitete im Jahr 2016 jeder fünfte Beschäftigte in prekären oder atypischen Arbeitsverhältnissen. 25,6 Millionen Menschen (69,2%) arbeiten in Normalarbeitsverhältnissen; 7,6 Millionen Menschen (20,7%) arbeiten in atypischen Arbeitsverhältnissen.

In einzelnen Branchen hat die Politik der Unternehmer zu dramatischen Entwicklungen geführt. So hatten im Jahr 2000 im Einzelhandel noch die Hälfte aller Beschäftigten ein Vollzeit-Arbeitsverhältnis. Im Jahr 2017 arbeiteten noch nur 37% in Vollzeit, dagegen 36% in sozialversicherungspflichtiger Teilzeit, und 27% sind geringfügig beschäftigt (450-Euro-Job).

> Das Leitbild der Gewerkschaften ist ein Normalarbeitsverhältnis, also ein unbefristetes Vollzeitarbeitsverhältnis im Stammbetrieb zu guten Tarifbedingungen. Denkbar ist auch ein unbefristetes Teilzeitarbeitsverhältnis, sofern dies auf Wunsch der Beschäftigten besteht und ein Rückkehrrecht auf Vollzeit besteht.

8.2 Ausgewählte Gesetze für die Arbeitswelt

Es gibt kein umfassendes »Arbeitsgesetzbuch« – Versuche, die bestehenden Gesetze in einem Gesetzbuch zusammenzufassen, sind in der Vergangenheit mehrfach gescheitert. Relevante Aspekte der Arbeitswelt sind heute in einer Vielzahl von einzelnen Gesetzen geregelt. An dieser Stelle werden nicht alle, sondern nur die wichtigsten Gesetze für die Arbeitswelt aufgeführt, soweit sie nicht an anderer Stelle dieses Handbuchs behandelt werden, wie z.B. das Betriebsverfassungsgesetz, das Tarifvertragsgesetz und die Mitbestimmungsgesetze. Im Übrigen wird auf die Gesetzessammlung »Arbeits- und Sozialordnung« verwiesen, die jährlich von Michael Kittner und Olaf Deinert herausgegeben wird *(»Der Kittner«)*. Hier sind die aktuellen Gesetze für die Arbeitswelt zusammengefasst und jeweils mit einer historischen und gesellschaftspolitischen Vorbemerkung versehen.

Zahlreiche Sachverhalte sind sowohl in Gesetzen als auch in Tarifverträgen geregelt. Dabei werden im Gesetz Mindestbedingungen formuliert, an die sich auch tariflose Betriebe halten müssen. Diese Mindestbedingungen können durch tarifvertragliche Regelungen besser gestaltet werden. Dies gilt beispielsweise für die Arbeitszeit, das Entgelt, den Urlaub und die Entgeltfortzahlung im Krankheitsfall (vgl. Übersicht 7-4 in Kapitel 7.1.9). In der Geschichte gab es häufig Wechselwirkungen zwischen den gesetzlichen und tariflichen Regelungen. Häufig waren Tarifverträge die Vorreiter für eine gesetzliche Regelung. In der Übersicht 8-1 ist dies am Beispiel der Entgeltfortzahlung im Krankheitsfall dargestellt. Daran wird auch deutlich, dass zahlreiche *Gesetze* nicht »am grünen Tisch« im deutschen Bundestag formuliert werden, sondern das *Ergebnis von heftigen Konflikten* darstellen und immer auch das *Kräfteverhältnis* zwischen Unternehmern und Beschäftigten reflektieren. Beispiele aus der Zeit der CDU/CSU-SPD-Regierung von 2013 bis 2017: Obwohl das SPD-geführte Arbeitsministerium eine »Anti-Stress-Verordnung« mit allen Ressorts abgestimmt hatte, wurde sie im letzten Augenblick vom Kanzleramt gestoppt. In der Koalitionsvereinbarung war ein gesetzliches Rückkehrrecht von Teilzeit in Vollzeit vorgesehen, was jedoch 2017 von der CDU und der CSU abgeblockt wurde. Mehrere Zeitungen berichteten über Hinweise, dass diese Blockaden auf massiven Druck der Arbeitgeberverbände zustande kamen. 2018 wurde es erneut in die Koalitionsvereinbarung aufgenommen.

Ohne Anspruch auf Vollständigkeit sind in Übersicht 8-2 relevante Gesetze für die Arbeitswelt aufgeführt. Vor der Verabschiedung dieser Gesetze durch den Bundestag haben sich Gewerkschaften aktiv in die Debatte eingemischt, häufig auch mit Aktionen oder Protesten. Bei Änderungen dieser Gesetze werden der DGB und die einzelnen Gewerkschaften vom Bundestag zu Anhörungen eingeladen, wo sie ihre Positionen vertreten können. Bei geplanten Verschlechterungen dieser Gesetze können die Gewerkschaften ihre Mitglieder zu Protestaktionen aufrufen.

Übersicht 8-1: Konflikte um die Regelung der Entgeltfortzahlung im Krankheitsfall

Bis 1956	Nur für Angestellte existiert eine gesetzliche Regelung für die Gehaltsfortzahlung im Krankheitsfall für 6 Wochen. Für Arbeiter existiert keine entsprechende Regelung.
1956	Die IG Metall fordert in der Metallindustrie in Schleswig-Holstein die 6-wöchige Lohnfortzahlung auch für Arbeiter. Als keine Einigung mit den Arbeitgebern erzielt wird, ruft die IG Metall ihre Mitglieder zur Urabstimmung über einen Streik auf. 77,5% der Abstimmungsberechtigten stimmen für einen Streik, der am 24. Oktober 1956 beginnt und erst nach 16-wöchiger Dauer und vier Urabstimmungen beendet wird. In die Verhandlungen griff mehrmals Bundeskanzler Konrad Adenauer (CDU) zugunsten der Arbeitgeber ein.
1957	Anfang 1957 wird in der Metallindustrie ein Verhandlungsergebnis erzielt und am 15. Februar 1957 wird der Streik beendet. Der Tarifvertrag sieht den Einstieg für die Lohnfortzahlung auch für Arbeiter vor (teilweise 90% Lohnfortzahlung, teilweise Karenztage mit 50% Lohnfortzahlung).
1957	Verabschiedung des Arbeiterkrankheitsgesetzes, das für Arbeiter die Lohnfortzahlung für 6 Wochen ab dem 3. Karenztag vorsieht, die Lohnfortzahlung auf 65 bis 75% des Lohns vorschreibt, wobei die Arbeitgeber einen Zuschuss auf 90% des Netto-Entgeltes zahlen müssen. 1961 leichte Verbesserungen.
1969	Die SPD-FDP-Regierung unter Bundeskanzler Willy Brandt setzt im Bundestag ein Lohnfortzahlungsgesetz durch, das die 6-wöchige Lohnfortzahlung auch für Arbeiter in Höhe von 100% vorsieht.
1996	Auf Drängen der Arbeitgeberverbände bringt die CDU/CSU-FDP-Bundesregierung unter Bundeskanzler Helmut Kohl einen Gesetzentwurf zur Verschlechterung der Lohnfortzahlung in den Bundestag ein. Begleitet wird dies von einer breiten Kampagne in den Medien, in der herausgestellt wird, wie gefährlich angeblich die Lohnfortzahlung im Krankheitsfall für den Wirtschaftsstandort Deutschland sei. Die Gewerkschaften antworten mit heftigen Protestaktionen. Höhepunkt der gewerkschaftlichen Protestaktionen ist eine Demonstration und Kundgebung in der damaligen Bundeshauptstadt Bonn am 15.6.1996 mit mehr als 350.000 Teilnehmern. Am 25.9.1996 wird die Gesetzesänderung vom Bundestag beschlossen. Die Entgeltfortzahlung wird auf 80% gesenkt, die Beschäftigten können aber die volle Lohnfortzahlung für 5 Tage durch Verzicht auf einen Urlaubstag erlangen.
1996	Die metallindustriellen Arbeitgeberverbände fordern ihre Mitgliedsfirmen auf, ab 1.10.1996 nur noch 80% Lohnfortzahlung im Krankheitsfall zu zahlen. Nach Auffassung der IG Metall ist dies ein Bruch des Manteltarifvertrages, da auch dort die Lohnfortzahlung zu 100% vereinbart war. Die Arbeitgeber argumentieren, dies sei nur ein Verweis auf das Gesetz, während die IG Metall darauf pocht, dass es eine eigenständige tarifliche Regelung sei, die unabhängig vom Gesetz gelte. Am 24. Oktober kommt es bundesweit zu einem betrieblichen Protesttag, an dem sich hunderttausende Beschäftigte beteiligen.»Die Front« der Arbeitgeber bröckelt, da zahlreiche Firmen weiterhin 100% Lohnfortzahlung anwenden. In der Nacht vom 4. auf den 5. Dezember 1996 wird in der niedersächsischen Metallindustrie ein neuer Tarifvertrag vereinbart, der 100% Lohnfortzahlung festlegt – und zwar ausdrücklich unabhängig von der jeweiligen Gesetzeslage. Dieser niedersächsische Pilotabschluss wird anschließend in allen Tarifgebieten der Metallindustrie übernommen.
1999	Zu Beginn der rot-grünen Koalition unter Bundeskanzler Gerhard Schröder werden die gesetzlichen Verschlechterungen zurückgenommen und das Entgeltfortzahlungsgesetz verabschiedet, das für alle Beschäftigten die 6-wöchige Entgeltfortzahlung zu 100% sicherstellt.

8.3 Steuer- und Verteilungspolitik

Im internationalen Vergleich zählt Deutschland zu den reichen Ländern. Viele Beschäftigte mit Normalarbeitsverhältnissen – insbesondere in der Industrie – haben im internationalen Vergleich gute Verdienste und einen akzeptablen Lebensstandard. Neben dieser »Mitte der Gesellschaft« existiert einerseits eine große Gruppe von armen Menschen, die arbeitslos sind oder im Niedriglohnbereich beschäftigt sind. Andererseits gibt es eine kleine Gruppe von Menschen, die extrem hohe Verdienste haben und

Übersicht 8-2: Ausgewählte relevante Gesetze für die Arbeitswelt

- Betriebsrat: Betriebsverfassungsgesetz (BetrVG)
- Tarifverträge: Tarifvertragsgesetz (TVG)
- Mitbestimmung im Aufsichtsrat: Verschiedene Mitbestimmungsgesetze
- Arbeitsvertrag: Grundsatz im § 611a des Bürgerlichen Gesetzbuches (BGB), Details im Nachweisgesetz (NachwG)
- Unbefristeter bzw. befristeter Arbeitsvertrag: §§ 14 bis 21 des Teilzeit- und Befristungsgesetzes (TzBfG)
- Leiharbeit: Arbeitnehmerüberlassungsgesetz (AÜG)
- Teilzeit: §§ 6 bis 13 des Teilzeit- und Befristungsgesetzes (TzBfG)
- Mindestlohn: Mindestlohngesetz (MiLoG)
- Arbeitszeit: Arbeitszeitgesetz (ArbZG)
- Urlaub: Bundesurlaubsgesetz (BurlG)
- Altersteilzeitgesetz (AltTZG)
- Kündigung: Kündigungsschutzgesetz (KSchG)
- Entgelttransparenzgesetz ((EntgTranspG)
- Gleichberechtigte Teilhabe an Führungspositionen von Frauen und Männern: Ergänzungen in den §§ 96 und 111(5) des Aktiengesetzes und § 52 des GmbH-Gesetzes
- Berufsausbildung: Berufsbildungsgesetz (BBiG)
- Jugend: Jugendarbeitsschutzgesetz (JArbSchG)
- Arbeits- und Gesundheitsschutz: Arbeitsschutzgesetz (ArbSchG) sowie zahlreiche darauf aufbauende Verordnungen
- Mutterschutz: Mutterschutzgesetz (MuSchG)
- Elternzeit/Elterngeld: Bundeselterngeld- und Elternzeitgesetz (BEEG)
- Schwerbehinderte Menschen: Sozialgesetzbuch IX (SGB IX)
- Bundesdatenschutzgesetz (BDSG)
- Arbeitsgerichte: Arbeitsgerichtsgesetz (ArbGG)

über große Vermögen verfügen. Ein Vergleich mit dem Publikum eines Bundesligaspiels: Die große Mehrheit hat normale Sitz- oder Stehplätze, eine kleine Gruppe sitzt in der VIP-Lounge und etliche Menschen bleiben außen vor, da sie sich keine Stadionkarte leisten können.

Neben der Tarifpolitik und der Sozialpolitik ist die Steuerpolitik ein entscheidender Hebel, um zu einer gerechteren Verteilung von Einkommen, Vermögen und damit von Lebenschancen zu kommen.

8.3.1 Verteilung von Einkommen und Vermögen

»Reicher Mann und armer Mann standen da und sahn sich an.
Und der Arme sagte bleich: ›Wär ich nicht arm, wärst du nicht reich.‹«

Bertolt Brecht, Dramatiker

Die Fragen, wer »arm« und wer »reich« ist, sind statistisch nicht leicht zu beantworten. Im *Armuts- und Reichtumsbericht* der Bundesregierung werden die Begriffe und die Methodik, die die Wirtschafts- und Sozialwissenschaft in den letzten Jahrzehnten erarbeitet hat, zugrunde gelegt.

Einkommen
Zunächst einmal wird Armut immer in Relation zum »durchschnittlichen Einkommen« in einer Gesellschaft berechnet. *Armut ist folglich ein relativer Begriff.* Es wird nicht das Einkommen in unterschiedlichen Ländern verglichen, sondern immer innerhalb eines Landes. Das »durchschnittliche Einkommen« wird wie folgt berechnet: Von allen Haushalten werden alle Nettoeinkünfte plus die staatliche Unterstützungsleistung zusammengezählt. Um die Situation der unterschiedlichen Haushalte (ledig, verheiratet, Kinder) zu bewerten, wird mit gewichteten Faktoren gearbeitet. Dies hat den komplizierten Begriff: *Netto-Äquivalenz-Einkommen.* Für die Berechnung des »Durchschnitts« wird nicht der rechnerische Mittelwert, sondern der sogenannte Median des Einkommens genommen. (Der Median teilt die Gesamtbevölkerung in zwei gleich große Hälften.)

Die *Armutsgrenze wurde auf weniger als 60%* des Medians der Netto-Äquivalenz-Einkommen festgelegt. Die *Reichtumsgrenze liegt oberhalb von 200%.* Der Me-

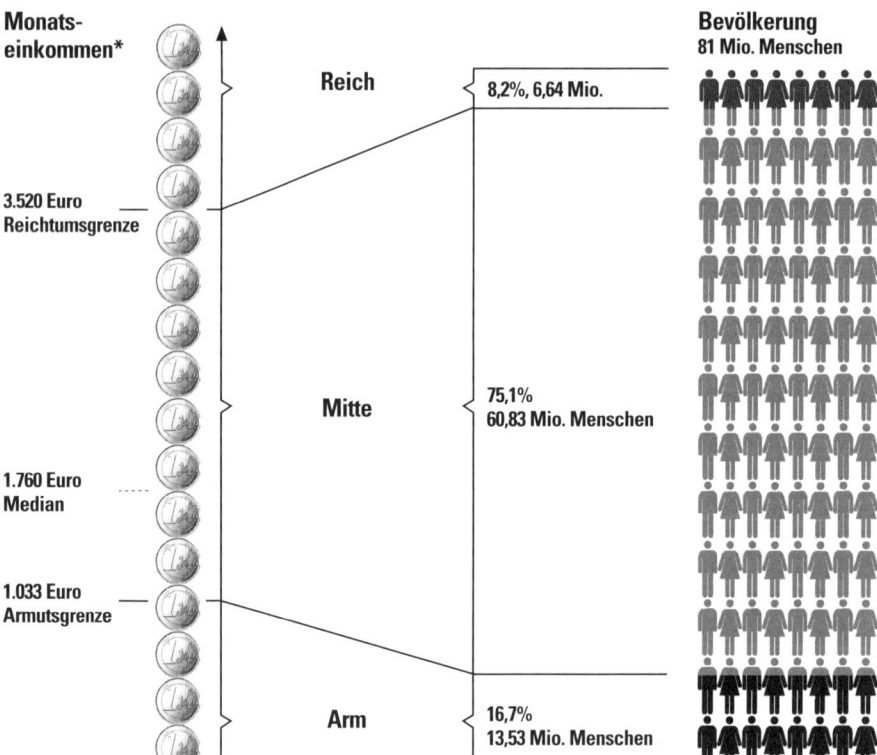

Übersicht: 8-3: Armut und Reichtum in Deutschland im Jahr 2014

Netto-Äquivalenz-Einkommen = gesamtes Nettoeinkommen eines Haushaltes, gewichtet nach Haushaltsmitgliedern.
Armutsgrenze: < 60% des Medianeinkommens, Reichtumsgrenze: > 200% des Medianeinkommens.
Quelle: 5. Armuts- und Reichtumsbericht der deutschen Bundesregierung (BMAS), 2016.

dian lag 2014 bei 1.760 Euro pro Monat, die Armutsgrenze unterhalb von 1.033 Euro und die Reichtumsgrenze oberhalb von 3.520 Euro. Übersicht 8-3 zeigt die Verteilung auf die Gesamt-Bevölkerung von rund 81 Millionen Menschen auf der Grundlage des Armuts- und Reichtumsberichts der Bundesregierung.

> Im Jahr 2014 galten in Deutschland 16,7% der Bevölkerung als »arm« – das sind 13,53 Millionen Menschen. Als »reich« galten 8,2% oder rund 6,64 Millionen Menschen.

Nach dieser Definition gelten über *69% der arbeitslosen Menschen als arm*. Auch bei der Verteilung der Entgelte der Beschäftigten zeigen sich große Differenzen. Im Armuts- und Reichtumsbericht wurden dazu die Brutto-Stundenentgelte aller Beschäftigten ermittelt und in zehn Gruppen unterteilt, die jeweils dieselbe Anzahl von Personen umfassen (»Zehntel« oder »Dezile«). Im Jahr 2015 kam das unterste Zehntel auf ein Brutto-Stunden-Entgelt von 5,51 Euro – hier muss berücksichtigt werden, dass die Einführung des Mindestlohns in der Statistik noch keinen Niederschlag fand. Beim höchsten Zehntel der Beschäftigten lag das Brutto-Stunden-Entgelt bei 30,50 Euro. Übersicht 8-4 zeigt auch, dass in der Zeit von 1995 bis 2015 die Entgelte des niedrigsten Zehntels um 7% gesunken sind, während sie im obersten Zehntel um 8% stiegen. Hier wird der *»gespaltene Arbeitsmarkt«* sichtbar – auf der einen Seite ein *Niedriglohnbereich* und auf der anderen Seite ein *Bereich mit guten Flächentarifverträgen*.

In der Debatte über die Verteilung der Einkommen der Beschäftigten und der Einkommensbezieher aus Gewinnen und Vermögen wird häufig die sogenannte *Lohnquote* herangezogen. Sie weist den Anteil der Einkommen der abhängig Beschäftigten am

Übersicht 8-4: Durchschnittliche Brutto-Stundenentgelte und ihre Veränderung von 1995 bis 2015

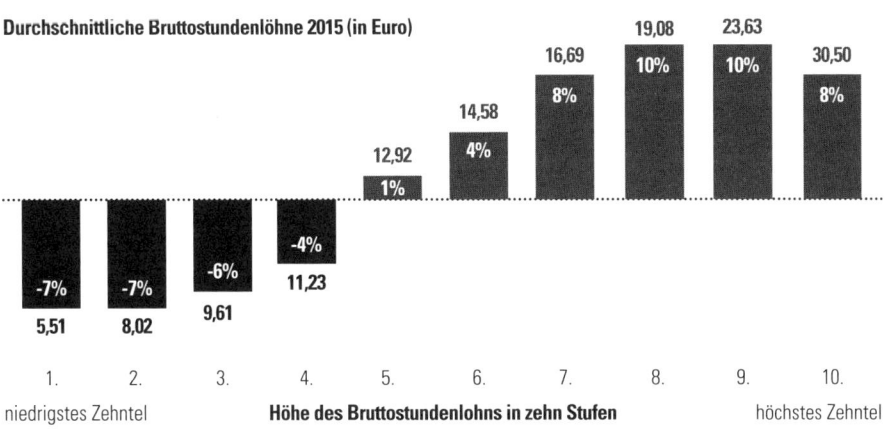

Nach Abzug der Inflation; Quelle: Bundesministerium für Arbeit und Soziales

Übersicht 8-5: Bereinigte Lohnquote von 1970 bis 2016 (in %)

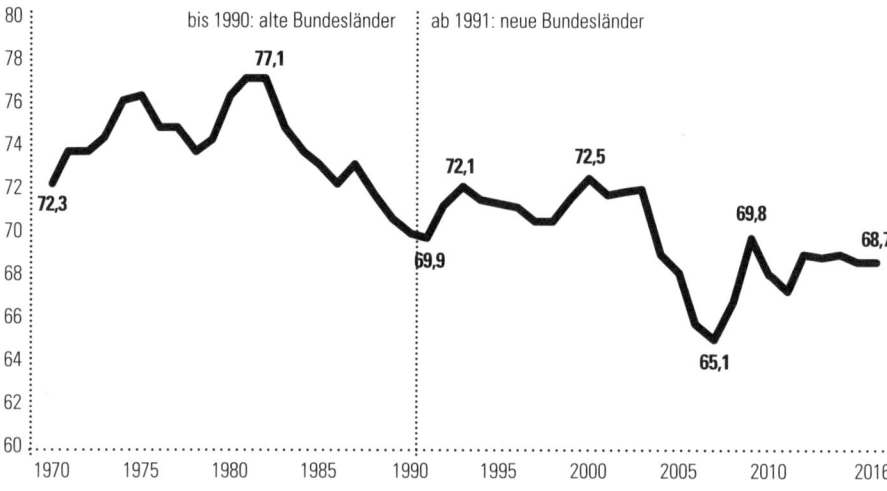

Quelle: Destatis, VGR, Reinhard Bispinck

gesamten Volkseinkommen aus. Die bereinigte Lohnquote berücksichtigt dabei Verschiebungen zwischen den Gruppen der Beschäftigten und den Selbständigen. Übersicht 8-5 zeigt die Entwicklung der bereinigten Lohnquote von 1970 bis 2016. Im Jahr 2016 erhielten die abhängig Beschäftigten 68,7% des gesamten Volkseinkommens. Die wesentlich kleinere Gruppe der Selbständigen erhielt 31,3%. Die Übersicht zeigt, dass die Lohnquote 2016 deutlich niedriger liegt als 1970 – auch eine Folge der Ausweitung des Niedriglohnsektors.

Übersicht 8-6: Jahresentgelte der Vorstandsvorsitzenden der DAX-Konzerne (Top 10; 2016)

	Name	Unternehmen	Jahresentgelt in Euro
1.	Bill McDermott	SAP	15.331.600
2.	Dieter Zetsche	Daimler	13.784.000
3.	Bernd Scheifele	HeidelbergCement	9.994.000
4.	Frank Appel	Deutsche Post	9.934.036
5.	Joe Kaeser	Siemens	8.417.000
6.	Kurt Bock	BASF	8.352.000
7.	Rice Powell	Fresenius Med. Care	7.835.103
8.	Matthias Müller	Volkswagen	7.778.518
9.	Heinrich Hiesinger	ThyssenKrupp	7.209.394
10.	Thomas Ebeling	ProSiebenSat 1	6.042.100

Quelle: Infografik Die Welt

Bei den offiziellen Statistiken muss immer berücksichtigt werden, dass auch die Top-Manager zu den abhängig Beschäftigten gezählt werden, da sie einen Arbeitsvertrag mit einem Unternehmen haben. Deren Einkommen sind in den letzten 20 Jahren dramatisch gestiegen. Übersicht 8-6 zeigt die Jahresentgelte der führenden zehn Vorstandsvorsitzenden der DAX-Konzerne. Mit 15,3 Millionen Euro Einkommen steht der Chef des Software-Unternehmens SAP, Bill McDermott, an der Spitze. Um einen Eindruck von der Höhe dieser Einkommen zu bekommen, ist es sinnvoll, ein Stundenentgelt zu berechnen. Wenn man zugrunde legt, dass Manager 60 Stunden pro Woche arbeiten, ergibt sich für den SAP-Chef ein Stundenentgelt von 4.895 Euro!

Vermögen
Im Armuts- und Reichtumsbericht der Bundesregierung wird neben den Einkommen auch die Verteilung der Vermögen in Deutschland untersucht. Auch hier weist der Bericht eine gewaltige Schieflage zwischen Arm und Reich aus, obwohl es statistisch schwierig ist, die Vermögen der Reichen und Superreichen zu erfassen.

> Im Armuts- und Reichtumsbericht wird festgestellt: Das reichste Zehntel der deutschen Bevölkerung besitzt über 50% aller Vermögenswerte. Die restlichen 90% der Bevölkerung besitzen zusammen knapp 50% der Vermögen. Das unterste Zehntel hat kein Vermögen, sondern ist verschuldet. Nach einer Studie des Deutschen Instituts für Wirtschaftsforschung (DIW) aus dem Jahr 2018 sieht die tatsächliche Verteilung noch drastischer aus: Danach besitzen die reichsten 5% der Bevölkerung mit 51,1% mehr als die Hälfte des gesamten Vermögens in Deutschland.

Übersicht 8-7: Die zehn reichsten deutschen Milliardäre; 2016

	Name	Vermögen in Euro	Hintergrund
1.	Familie Reimann	33.000.000.000	Mischkonzerne: Reinigungsmittel, Kosmetik, Kaffee
2.	Geschwister Stefan Quandt und Susanne Klatten	31.500.000.000	BMW, Altana, Delton u.a.
3.	Georg Schaeffler und Maria-Elisabeth Schaeffler-Thumann	22.000.000.000	Schaeffler-Gruppe, Continental AG
3.	Dieter Schwarz	22.000.000.000	Lidl
5.	Familien Albrecht und Heister	21.500.000.000	Aldi/Süd
6.	Familien Theo Albrecht, junior und Babette Albrecht	18.000.000.000	Aldi/Nord
7.	Familie Otto	13.000.000.000	Otto Versandhandel u.a.
8.	Klaus-Michael Kühne	11.000.000.000	Kühne & Nagel Logistik u.a.
9.	Familie Heinz Hermann Thiele	9.600.000.000	Knorr Bremse, Vossloh
10.	Familie Würth	9.200.000.000	Würth-Gruppe (Handel für Schrauben und Befestigungssysteme)

Quelle: Manager Magazin, Sonderheft Oktober 2017

Die schlechte Gesellschaft

Sie sind in schlechter Gesellschaft,
wenn Sie hören: »Ich bin Aktionär!«
Sie sind in dubioser Gesellschaft,
wenn Sie hören: »Ich bin Milliardär!«
Sie sind in mieser Gesellschaft,
wenn Sie hören: »Und ich will noch mehr!«
Sie sind in übelster Gesellschaft,
wenn Sie hören: »Ist egal woher!«
Was ist das für eine Gesellschaft,
mit Milliarden-Überschuss,
die sich Arbeitslose, Kinderarmut
und Hungerlöhne leisten muss?
Was ist das für eine Gesellschaft,
vom Kapital regiert,
in der die Jugend ihre Hoffnung,
ihre Freiheit, ihre Zukunft verliert?
Was ist das für eine Gesellschaft,
die tatsächlich Suppenküchen
braucht,
während man in Chefetagen
handgemachte Einzelstücke raucht?
Was ist das für eine Gesellschaft,
in der man Schwarzarbeiter jagt,
aber millionenschwere Steuerräuber
freundlich nach Selbstanzeige fragt?
Was ist das für eine Gesellschaft –
geprägt von Geiz und Gier,
erfüllt von Angst und Sorgen,
verdammt, was machen wir denn hier?
Sie sind in guter Gesellschaft,
wenn Sie hören: »Jetzt ist Schluss!«
Sie sind in bester Gesellschaft,
wenn Sie hören, dass man was tun muss!
Sie sind in ausgezeichneter Gesellschaft,
wenn Sie hören: »Nicht mehr mit mir!«
Du bist in allerbester Gesellschaft,
wenn Du hörst: »Wir helfen Dir!«

Thorsten Stelzner, Lyriker und Satiriker

Da es über das Vermögen reicher Menschen in Deutschland nach dem Verzicht auf die Vermögenssteuer nur unzureichende Statistiken gibt, kann die Zahl der Millionäre und Milliardäre nur geschätzt werden. Das amerikanische Unternehmen »Merill Lynch – Cap Gemini« erstellt seit über 20 Jahren Erhebungen über die Zahl der US-Dollar-Millionäre und veröffentlicht jährlich einen Welt-Reichtums-Report (World Wealth Report). Im Jahr 2016 werden für Deutschland 1.199.000 Menschen ausgewiesen, die über ein Vermögen von mehr als einer Million US-Dollar verfügen. Von denen besitzen nach Schätzungen des Manager-Magazins etwa 146 Menschen ein Vermögen von mehr als einer Milliarde Euro (vgl. Übersicht 8-7).

> In Deutschland leben über eine Million Menschen, die ein Vermögen von mehr als einer Million US-Dollar besitzen. Von denen besitzen 146 ein Vermögen von mehr als einer Milliarde Euro.

Wirtschaftliche Macht bedeutet auch politische Macht. Einen Hinweis liefern die jährlichen finanziellen Zuwendungen an Parteien. *Parteispenden* über 50.000 Euro müssen angezeigt werden und werden vom Bundestag veröffentlicht: www.bundestag.de/parlament/praesidium/parteienfinanzierung/fundstellen50000/2017.

Dabei fällt auf, dass zahlreiche Unternehmen, reiche Einzelpersonen, aber auch Arbeitgeberverbände ihre Spenden überwiegend an die CDU/CSU und die FDP leisten. Details dazu liefert die *Organisation »Lobby Control«* in ihrem jährlichen »Lobbybericht«.

8.3.2 Steuerpolitik

Bei ihrer monatlichen Entgeltabrechnung stöhnen viele Beschäftigte über die hohe Differenz zwischen Brutto- und Nettoeinkommen. Dies ist auf den ersten Blick verständlich, bei näherem Nachdenken greift diese Sichtweise zu kurz. Der Staat benötigt ausreichende Gelder, um die Versorgung der Bevölkerung mit wichtigen Dingen sicherzustellen: Krankenversorgung, Kitas, Schulen und Universitäten genauso wie Straßen, Tunnel und Brücken, öffentlicher Nahverkehr, Breitband-Internetversorgung, Wasser- und Abwasserversorgung, Schwimmbäder und Sicherheit durch Polizei und Feuerwehr – um nur einige Beispiele zu nennen. Vor diesem Hintergrund sind Forderungen nach pauschalen Steuersenkungen grob fahrlässig. Im Wahlkampf 2013 argumentierte die FDP, bekanntermaßen die Partei der »Besser-Verdienenden«, mit dem Slogan »Mehr Netto vom Brutto!« für pauschale Steuersenkungen. Die Antwort auf die Frage, wie die öffentlichen Haushalte versorgt werden sollten, blieb sie schuldig. Die Formulierung *»Nur reiche Menschen können sich einen armen Staat leisten«* bringt es auf den Punkt. Im Zweifelsfall können reiche Menschen ohne öffentliche Krankenhäuser auskommen, da sie sich in privaten Krankenhäusern versorgen lassen. Wer einen privaten Swimmingpool besitzt, braucht keine öffentlichen Schwimmbäder. Wer seine Kinder auf Privatschulen und private Universitäten schickt, ist nicht auf ein gutes öffentliches Bildungssystem angewiesen.

> Die Gewerkschaften treten für eine Steuerpolitik ein, die dem Staat ausreichende Mittel zur Versorgung der Bevölkerung mit öffentlichen Einrichtungen und Dienstleistungen zur Verfügung stellt. Bei der Gestaltung der Steuerarten und Steuertarife muss der Grundsatz gelten, dass »starke Schultern« mehr tragen können als »schwache«. Für Spitzenverdiener und Vermögende müssen überproportional höhere Steuersätze gelten.

Bei der Frage der Höhe und Gestaltung von Steuern geht es letztlich um Verteilungspolitik, bei der sich gegensätzliche Interessen einerseits von armen Menschen und »Normalverdienern« und andererseits von »Spitzenverdienern« gegenüberstehen. Dabei treten die Gewerkschaften für die Armen und »Normalverdiener« ein, bei denen es sich mehrheitlich um abhängig Beschäftigte handelt. Insofern fordern die Gewerkschaften, dass Spitzenverdiener und Vermögende einen höheren Beitrag zur Finanzierung des Staates leisten, z.B. durch die Erhöhung des Spitzensteuersatzes und die Einführung der Vermögenssteuer. Diese Forderungen wurden in der Koalitionsvereinbarung von CDU/CSU und SPD im Frühjahr 2018 nicht berücksichtigt. Übersicht 8-8 zeigt die wichtigsten Steuerarten, von denen einige im Folgenden knapp erläutert und um Veränderungsvorschläge ergänzt werden.

Übersicht 8-8: Ausgewählte wichtige Steuerarten

- Lohnsteuer bzw. Einkommenssteuer
- Reichensteuer
- Solidaritätszuschlag
- Kirchensteuer
- Kapitalertragssteuer
- Körperschaftssteuer
- Gewerbesteuer
- Vermögenssteuer (ausgesetzt)

- Erbschaftssteuer
- Grunderwerbssteuer
- Grundsteuer
- Mehrwertsteuer
- Mineralöl-Steuer
- KFZ-Steuer
- u.a.

- *Lohnsteuer und Einkommenssteuer:*
Abhängig Beschäftigte zahlen Lohnsteuer auf ihren Lohn bzw. ihr Entgelt, dagegen zahlen Selbständige Einkommenssteuer. Die Steuersätze der Lohnsteuer und der Einkommenssteuer sind identisch. Die Lohnsteuer wird vom Unternehmer monatlich einbehalten und an das Finanzamt überwiesen, dagegen wird die Einkommenssteuer nach einer Veranlagung (»Einkommensteuererklärung«) erhoben. Die Beschäftigten müssen sich dagegen jedes Jahr im Rahmen des Lohnsteuerjahresausgleichs ihre eventuell zu viel bezahlten Steuerbeträge vom Finanzamt zurückholen.
Im Hinblick auf die Steuertarife bzw. Steuerhöhe sind zunächst folgende Begriffe zu unterscheiden:
– *Jährliches Bruttoeinkommen:* Dies sind alle monatlichen Einkünfte plus Einmalzahlungen wie Weihnachts- und Urlaubsgeld und ggf. eine betriebliche Erfolgsbeteiligung.
– *Zu versteuerndes Einkommen:* Dies ist das Bruttoentgelt, gemindert um Werbungskosten, Sonderausgaben und außergewöhnliche Belastungen sowie Kinderfreibeträge usw. Das zu versteuernde Einkommen ist maßgeblich für die Steuertabelle bzw. den Steuertarif.
– *Jährliches Nettoeinkommen:* Das Nettoeinkommen entspricht dem Bruttoeinkommen gemindert um die Steuerzahlung sowie die Sozialversicherungsbeiträge für Renten-, Pflege-, Kranken- und Arbeitslosenversicherung. Das Nettoeinkommen ist das Einkommen, das die Beschäftigten ausbezahlt bekommen.

Bei der Höhe der Lohn- und Einkommenssteuer sind verschiedene Sachverhalte zu berücksichtigen (alle Angaben beziehen sich auf das Jahr 2018; vgl. Übersicht 8-9).
– *Steuerklassen:* Je nach Familienstand gibt es verschiedene Steuerklassen. Ledige Beschäftigte fallen in die Steuerklasse 1, verheiratete Beschäftigte können zwischen den Steuerklassen 3-5 wählen. Hat nur eine/r der Ehepartner ein Einkommen und der andere nicht, zahlen sie bedeutend weniger Steuern als Ledige (»Ehegatten-Splitting«).
– *Grundfreibetrag:* Bis zu einem Betrag von jährlich 9.000 Euro zu versteuerndem Einkommen fallen keine Steuern an (bei Verheirateten bis 18.000 Euro). Dies ist der sogenannte Grundfreibetrag.

Übersicht 8-9: Grenzsteuersätze der Lohn- bzw. Einkommenssteuer (Stand 2018), ohne Solidaritätszuschlag und Kirchensteuer

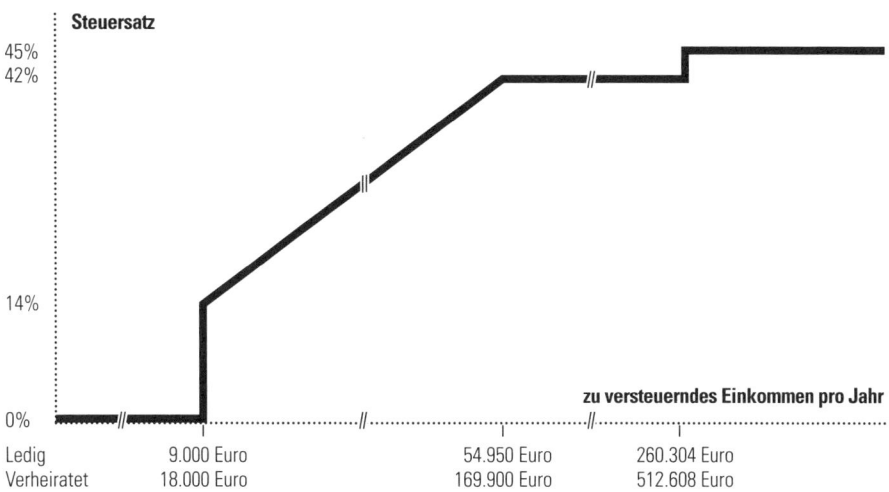

- *Kinderfreibetrag:* Für jedes Kind wird ein Kinderfreibetrag in Höhe von 7.428 Euro gewährt (Stand 2018). Das hat zum Beispiel zur Folge, dass ein Ehepaar mit einem Kind erst ab einem zu versteuernden Einkommen von 25.428 Euro Steuern zahlen muss (18.000 plus 7.428 Euro).
- *Steigende Steuersätze (»Steuerkurve«):* Ab 9.001 Euro Jahreseinkommen bei Ledigen bzw. ab 18.001 Euro bei Verheirateten ist der Eingangssteuersatz von 14% zu zahlen. In einer Kurve bzw. Tabelle sind die Grenzsteuersätze bis zum *Spitzensteuersatz* von 42% festgelegt.
- *Grenzsteuersatz und durchschnittlicher Steuersatz:* In den Steuertabellen sind die sogenannten Grenzsteuersätze angegeben, die nur auf die Einkommensbestandteile, die jeweils zusätzlich über dem darunterliegenden Wert liegen, zu zahlen sind. Der Grenzsteuersatz ist somit der individuelle Steuersatz, mit dem beispielsweise eine Entgelterhöhung besteuert wird. Der Durchschnittssteuersatz gibt hingegen an, wie viel Prozent des Einkommens an das Finanzamt abgeführt werden müssen. Der durchschnittliche Steuersatz ist deutlich niedriger als der Grenzsteuersatz. Dazu ist eine komplexe Formel in den Steuertabellen bzw. Steuerrechnern hinterlegt. Beispiel 1: Bei einem Einkommen von 36.000 Euro pro Jahr beträgt der Grenzsteuersatz 34% und der durchschnittliche Steuersatz 20%. Beispiel 2: Bei einem Einkommen von 100.000 Euro pro Jahr beträgt der Grenzsteuersatz 42%, der durchschnittliche Steuersatz dagegen 33%.
- *Spitzensteuersatz:* Der Spitzensteuersatz liegt ab einem zu versteuernden Einkommen von 54.950 Euro (bei Verheirateten ab 109.900 Euro) bei 42%. Jedes Einkommen, das über diesem Wert liegt, ist mit dem Spitzensteuersatz zu versteuern. Einkommen, die darunter liegen, sind mit den niedrigeren Steuersätzen

zu versteuern, sodass sich auch für »Spitzenverdiener« ein niedrigerer Durchschnittsteuersatz ergibt als der Spitzensteuersatz (siehe oben). Der Spitzensteuersatz wurde in den letzten 20 Jahren mehrmals gesenkt; noch 1996 betrug er 53%. Die Gewerkschaften treten für eine deutliche Erhöhung des Spitzensteuersatzes ein.

– *Reichensteuer:* Für Einkommen ab 260.533 Euro ist zusätzlich die sogenannte Reichensteuer in Höhe von weiteren 3% zu bezahlen (bei Verheirateten ab 521.066 Euro). Zusammen mit dem Spitzensteuersatz von 42% ergibt sich ein Grenzsteuersatz von 45%.

– *Solidaritätszuschlag (»Soli«):* Seit der deutschen Vereinigung wird in West- und Ostdeutschland der sogenannte Solidaritätszuschlag in Höhe von 5,5% erhoben. Bemessungsgrundlage ist nicht das zu versteuernde Einkommen, sondern die jeweilige Lohn- bzw. Einkommenssteuer. Zusammen mit dem Solidaritätszuschlag ergibt sich für ein Einkommen von 36.000 Euro ein Grenzsteuersatz von 38% und ein durchschnittlicher Steuersatz von 23%. Bei einem Einkommen von 100.000 Euro liegt der Grenzsteuersatz inklusive »Soli« bei 48% und der durchschnittliche Steuersatz bei 38%. In der Koalitionsvereinbarung der CDU/CSU-SPD-Regierung vom Frühjahr 2018 ist eine schrittweise Reduzierung des »Solis« für die große Mehrheit der Steuerzahler vereinbart; lediglich ca. 10% der Spitzenverdiener sollen weiterhin den »Soli« zahlen.

– *Kirchensteuer:* Für Kirchenmitglieder ist zusätzlich Kirchensteuer zu zahlen. Sie beträgt in Bayern und Baden-Württemberg 8%, in jedem anderen Bundesland 9% der jeweiligen Lohn- bzw. Einkommenssteuer.

Die Gewerkschaften des DGB schlagen Änderungen im System der Lohn- und Einkommenssteuer vor, die hier nicht alle dargestellt werden können. Denkbar sind folgende Reformen auf dem Weg zu einem gerechteren Steuersystem:

– Erhöhung des steuerfreien Grundfreibetrags,
– niedrigere Steuersätze unterhalb des Spitzensteuersatzes,
– Erhöhung des Spitzensteuersatzes (hierbei muss jeweils beachtet werden, ab welcher Einkommenshöhe der Spitzensteuersatz zu zahlen ist),
– Integration der »Reichensteuer« in den allgemeinen Steuertarif,
– schrittweise Überführung des Ehegattensplittings in zusätzliche finanzielle Förderung von Eltern mit Kindern.

■ *Kapitalertragssteuer:* Die Kapitalertragssteuer beträgt pauschal 25% der Kapitaleinkünfte (Zinsen, Dividenden usw.). Sie wird von den Banken direkt einbehalten. Für Spitzenverdiener, die in der Regel über hohe Kapitaleinkünfte verfügen, hat dies einen deutlichen Vorteil. Sie brauchen für Kapitaleinkünfte wesentlich weniger Steuern zu zahlen als nach ihrem individuellen Steuersatz, der bei diesem Personenkreis deutlich über 25% liegt. Deswegen schlagen die Gewerkschaften vor, dass zukünftig auch die Kapitaleinkünfte mit dem jeweiligen individuellen Steuersatz belegt werden. In der Koalitionsvereinbarung der CDU/CSU-SPD-Regierung vom Frühjahr 2018 ist vereinbart, dass die bisherige pauschale Abgeltung für Zinseinkünfte

abgeschafft und mit dem jeweiligen individuellen Steuersatz besteuert werden soll. Bei Dividenden und Veräußerungsgewinnen bleibt es allerdings bei der bisherigen Abgeltungssteuer.
- *Körperschaftssteuer:* Diese Steuer zahlen Unternehmen (sie werden im Steuerrecht auch »Körperschaften« genannt) auf ihren jeweiligen Gewinn. Die Körperschaftssteuer wurde vor einigen Jahren deutlich gesenkt und beträgt heute lediglich 15%. Die Gewerkschaften schlagen hier eine Erhöhung auf 25% vor.
- *Vermögenssteuer (ausgesetzt):* Bis zum Jahr 1996 mussten Besitzer großer Vermögen eine spezielle Vermögenssteuer zahlen. Der Satz betrug 1% bei einem Freibetrag von 120.000 D-Mark (etwa 60.000 Euro) pro Person. Nach einer Entscheidung des Bundesverfassungsgerichts müssen bei der Bewertung von Grundstücken und Vermögen nicht die (niedrigen) sogenannten Einheitswerte, sondern die aktuellen Verkehrswerte zugrunde gelegt werden. Anstatt nun die Grundstücke und Gebäude neu zu bewerten, setzte die CDU/CSU-FDP-Regierung unter Helmut Kohl die Steuer aus. Keine Nachfolgeregierung hat ernsthaft an einer erneuten Erhebung der Vermögenssteuer gearbeitet, sodass sie in der Praxis als abgeschafft gelten muss. Die Gewerkschaften fordern eine Wiedereinführung der Vermögenssteuer, wobei entsprechend hohe Freibeträge angesetzt werden sollen, sodass Beschäftigte, die beispielsweise ein Haus geerbt haben, nicht steuerpflichtig werden. Vorgeschlagen wird beispielsweise ein Steuersatz von 1% bei einem Vermögen von mehr als einer Million Euro.
- *Mehrwertsteuer:* Die Mehrwertsteuer gehört zu den indirekten Steuern, die ein Käufer von Waren und Dienstleistungen zu zahlen hat. Sie beträgt für die meisten Waren 19%, für einige Warengruppen nur 7%. Für Unternehmen ist die gezahlte Mehrwertsteuer auf Vormaterialien abzugsfähig, sodass nur der erarbeitete Mehrwert besteuert wird. Neben der Lohn- und Einkommenssteuer erzielt der Staat mit der Mehrwertsteuer die höchsten Einnahmen. In der Vergangenheit haben sich CDU/CSU und vor allem die FDP häufig für eine Erhöhung der Mehrwertsteuer ausgesprochen und dies auch durchgesetzt (im Jahr 1968 betrug die Mehrwertsteuer lediglich zehn Prozent). Die Gewerkschaften betrachten die Mehrwertsteuer als eine »unsoziale Steuer«, da Geringverdiener fast ihr gesamtes Einkommen für ihren Lebensunterhalt benötigen und auf alle gekauften Waren Mehrwertsteuer zahlen müssen. Anders als bei der Lohn- und Einkommenssteuer werden somit Geringverdiener stärker belastet. Deshalb sprechen sich die Gewerkschaften deutlich gegen Versuche aus, die Mehrwertsteuer zu erhöhen.
- *Steuerhinterziehung und »Steuerflucht«:* Seit vielen Jahrzehnten ist es für Spitzenverdiener und Unternehmen möglich, Einkommen bzw. Gewinne in Länder zu transferieren, in denen niedrige Steuersätze gelten, sogenannte Steueroasen. Auf diesem Weg sind dem deutschen Staat im Laufe der Jahre Hunderte von Milliarden Steuereinnahmen entgangen. Erst in der Zeit nach der großen Finanzkrise im Jahr 2009 wurden schrittweise zwischenstaatliche Vereinbarungen geschlossen, die Teile dieser »kalten Steuerhinterziehung« erschweren. Dennoch konnten Journalisten in den Jahren 2015 bis 2017 Mechanismen der Steuerhinterziehung über den Weg von »Steu-

eroasen« aufdecken – die »Panama Papers« und die »Paradise Papers« zeigen dies deutlich. 2017 veröffentlichte die EU eine »schwarze Liste« mit Ländern, die als »*Steueroasen*« bezeichnet werden können. Bemerkenswert ist, dass auch innerhalb der Europäischen Union Steueroasen existieren, in denen sehr niedrige Steuern erhoben werden, so z.B. in den Niederlanden, Luxemburg, Irland und Malta. Darüber hinaus existieren »Steueroasen« in unmittelbarer Nähe zu Großbritannien, wie z.B. die Isle of Man. Die Gewerkschaften fordern eine europaweite und letztlich weltweite Koordinierung der Steuersysteme, sodass es »Superreichen« und Konzernen nicht möglich ist, sich ihrer Verantwortung, Steuern zu zahlen, zu entziehen.

8.4 Gleichstellung von Frauen und Männern

Frauen sind gegenüber Männern immer noch benachteiligt – in der Gesellschaft, in der Arbeitswelt und im Betrieb. Die Gewerkschaften treten für die vollständige Gleichstellung von Frauen und Männern in allen gesellschaftlichen Bereichen ein. Dies wird als ein zentraler Teil einer demokratischen und gerechten Gesellschaft verstanden. Es geht auch darum, dass unterschiedliche Lebensentwürfe von Frauen und Männern akzeptiert und gelebt werden können. Einige Unternehmen sehen heute Chancen darin, wenn in Teams Männer und Frauen zusammenarbeiten. Dies wird mit dem englischen Begriff *»Diversity« (Vielfalt)* bezeichnet.

In den acht Gewerkschaften des DGB sind über zwei Millionen Frauen organisiert, das entspricht einem Anteil von gut einem Drittel (IG Metall: über 400.000 = 18%). Der Anteil der weiblichen Gewerkschaftsmitglieder entspricht in etwa dem Beschäftigtenanteil. Viele weibliche Gewerkschaftsmitglieder nehmen Positionen im Betriebsrat, bei den Vertrauensleuten, in den Tarifkommissionen und in den Frauenausschüssen der Gewerkschaften ein.

Mit 18% liegt der Frauenanteil in der IG Metall deutlich unter denen anderer Gewerkschaften. Das liegt daran, dass der Anteil der Männer in der Metall- und Elektroindustrie erheblich höher ist als in anderen Branchen. In den letzten Jahren ergreifen aber immer mehr Frauen technische Ausbildungsberufe; in einigen Metallbetrieben liegt der Anteil junger Frauen bei den neuen Auszubildenden über 30%. Auch die Zahl junger Frauen, die technische und naturwissenschaftliche Berufe und Studiengänge belegen, steigt, wenn auch langsam. Nach jahrzehntelangen Debatten treten heute auch die meisten Unternehmen in der Metall- und Elektroindustrie dafür ein, den Anteil der weiblichen Beschäftigten zu steigern, auch wenn die konkrete Umsetzung im Betrieb unzureichend ist.

Bei der konkreten Gleichstellung von Frauen und Männern gibt es erhebliche Defizite:
- *Hausarbeit und Kindererziehung:* Die klassische Arbeitsteilung in der Familie bzw. im Haushalt, in der der Mann ein Vollzeit-Arbeitsverhältnis hat und die Frau sich ausschließlich um den Haushalt und die Kindererziehung kümmert, hat sich in zahlreichen Familien verändert. Die Erwerbstätigkeit von Frauen hat sich in den letz-

Übersicht 8-10: Kindererziehung und die Arbeit der Eltern

So viel Prozent der Mütter und Väter mit Kindern unter drei Jahren in Deutschland arbeiteten im Jahr 2015

Beide Vollzeit	8,3
Vater Vollzeit, Mutter nicht berufstätig*	51,4
Vater Vollzeit, Mutter Teilzeit	24,0
Vater Teilzeit, Mutter Vollzeit	0,9
Vater Teilzeit, Mutter Teilzeit	1,4
Vater Teilzeit, Mutter nicht berufstätig*	3,6
Vater nicht berufstätig, Mutter Vollzeit	1,1
Vater nicht berufstätig, Mutter Teilzeit	1,1
beide nicht berufstätig	8,2

* einschließlich Mütter in Mutterschutz und Mütter/Väter in Elternzeit
Quelle: Statistisches Bundesamt, Mikrozensus 2015

ten Jahren deutlich auf knapp 70% erhöht. Dabei muss aber berücksichtigt werden, dass ein Großteil der Frauen in Teilzeit arbeitet. Insbesondere in Zeiten der Kindererziehung reduzieren überwiegend Frauen ihre Arbeitszeit oder steigen für einige Zeit aus dem Berufsleben aus, während Männer überwiegend weiter in Vollzeit arbeiten. Im zweiten Gleichstellungsbericht wurde noch im Jahr 2017 festgestellt, dass Frauen 87 Minuten pro Tag oder 50% mehr Arbeit für Kinder, Haushalt, Pflege und Ehrenamt erledigen als Männer. Nur 34% der Männer nehmen während der Kindererziehung das Elterngeld in Anspruch. Dieser Anteil hat sich zwar erhöht, aber fast 80% der Männer beantragen das Elterngeld lediglich für zwei Monate. Letztlich übernehmen nach wie vor Frauen den größten Anteil der Erziehungs- und Hausarbeit (vgl. Übersicht 8-10).

■ *Entgelt:* Bis in die 1950er Jahre gab es in den Tarifverträgen sogenannte Frauenlohngruppen, nach denen Frauen bei gleicher Arbeit weniger Lohn erhielten als Männer. Diese offene *Entgelt-Diskriminierung von Frauen* wurde erst 1955 vom Bundesarbeitsgericht für rechtswidrig erklärt. In der Zeit danach gab es aber in zahlreichen Tarifverträgen eine indirekte Diskriminierung von Frauen: aus »Frauen-Lohngruppen« wurden sogenannte Leichtlohngruppen. Das heißt: Tätigkeiten, die mehrheitlich oder üblicherweise von Frauen ausgeführt wurden, wurden niedrigen tariflichen Lohngruppen zugewiesen. Durch zahlreiche Aktionen engagierter Gewerkschafterinnen gelang es in der Zeit von etwa 1980 bis 2000, gegen diese indirekte Diskriminierung vorzugehen. Mit dem Abschluss der *Entgeltrahmen-Tarifverträge* in den Jahren 2003 bis 2005 in der Metall- und Elektroindustrie wurden sämtliche indirekt diskriminierenden Beschreibungen in den tariflichen Entgeltgruppen abgeschafft. *Dennoch verdienen Frauen auch heute noch im Durchschnitt 21% weniger als Männer.* Hierbei handelt es sich um den »unbereinigten« Entgeltunterschied, der unterschiedliche Berufe, Branchen und Merkmale wie Minijobs nicht berücksichtigt. Aber auch bei der Ausführung gleichwertiger Tätigkeiten werden Frauen häufig diskriminiert. Der Entgeltunterschied ist in Betrieben mit Tarifvertrag deutlich niedriger als in Betrieben ohne Tarifvertrag (18% gegenüber 28%). Die Differenz in tarifgebundenen Betrieben ist vor allem auf zwei Ursachen zurückzuführen: 1. Frauen üben überdurchschnittlich Tätigkeiten mit Anforderungen aus, die unteren Entgeltgruppen zugeordnet sind, weil ihnen der Aufstieg in höhere Entgeltgruppen verwehrt wird. In höheren Entgeltgruppen sinkt der Anteil der Frauen deutlich.

2. Die Entgeltrahmen-Tarifverträge werden nicht korrekt angewendet. Entweder werden Frauen in niedrigere Gruppen eingruppiert, als es der Tarifvertrag vorsieht, oder sie erhalten im Zeitentgelt niedrigere Leistungszulagen als Männer bzw. niedrigere Belastungszulagen. Dauerhafte Entgeltdiskriminierung von Frauen führt auch zu einem niedrigeren Rentenniveau.

- *Ausgeübte Tätigkeiten und Aufstieg:* In zahlreichen Branchen üben Frauen überwiegend Tätigkeiten aus, die niedrigeren Entgeltgruppen zugeordnet sind, z.B. im Einzelhandel, im Reinigungsgewerbe, in der Pflege und im Produktionsbereich verschiedener Industriebetriebe. In der Metall- und Elektroindustrie nimmt der Anteil von Frauen mit steigenden Qualifikationsanforderungen kontinuierlich ab. Selbst bei der Besetzung von Meisterstellen sind Frauen immer noch die Ausnahme. Gleiches gilt für Führungstätigkeiten. In der Geschäftsführung von GmbHs und im Vorstand von Aktiengesellschaften finden sich bis heute kaum Frauen. So liegt heute der Frauenanteil in den Vorständen der 30 DAX-Konzerne bei lediglich ca. 6%. Appelle und freiwillige Regelungen wirken in der Praxis kaum.
- *Teilzeit und Minijobs:* Viele Frauen in den Betrieben erzielen kein existenzsicherndes Einkommen. Obwohl sie ein Vollzeit-Arbeitsverhältnis wünschen, wird ihnen ausschließlich ein Teilzeit-Arbeitsverhältnis angeboten. Viele Frauen sehen auch keine andere Chance, als Minijobs bzw. 450-Euro-Jobs zu akzeptieren, auch wenn sie an einem Vollzeit-Arbeitsverhältnis interessiert sind. Diese Situation findet sich im hohen Maße in der Gastronomie, im Reinigungsgewerbe und im Einzelhandel. Viele Frauen sitzen für viele Jahre in dieser »Falle« und sehen keine Chance, daraus zu entweichen, da ihnen keine Vollzeitstellen angeboten werden. Dies wirkt sich auf die gesamte Lebenssituation der Frauen und auch auf die spätere Altersversorgung aus. Altersarmut betrifft mehrheitlich Frauen.

Es existieren zahlreiche gesetzliche Regelungen, in denen die Gleichstellung von Männern und Frauen angesprochen ist. Einige formulieren lediglich allgemeine Ansprüche mit wenig praktischer Relevanz, andere können für Gewerkschafter*innen in der Praxis eine Hilfestellung sein, um schrittweise die Situation von Frauen zu verbessern:

- *Grundgesetz (GG) Artikel 3:* »(1) Alle Menschen sind vor dem Gesetz gleich. (2) Männer und Frauen sind gleichberechtigt. Der Staat fördert die tatsächliche Durchsetzung der Gleichberechtigung von Frauen und Männern und wirkt auf die Beseitigung bestehender Nachteile hin. (3) Niemand darf wegen seines Geschlechtes … benachteiligt oder bevorzugt werden.«
- *Betriebsverfassungsgesetz (BetrVG):* Das Betriebsverfassungsgesetz eröffnet zahlreiche Handlungsmöglichkeiten, um für eine Gleichstellung von Frauen und Männern aktiv zu werden. In § 80 Abs. 2a BetrVG heißt es: »Der Betriebsrat hat folgende allgemeine Aufgaben: … 2a: die Durchsetzung der tatsächlichen Gleichstellung von Frauen und Männern, insbesondere bei der Einstellung, Beschäftigung, Aus-, Fort- und Weiterbildung und dem beruflichen Aufstieg zu fördern.« Der Arbeitgeber hat gemäß § 43 Abs. 2 einmal im Jahr auf einer Betriebsversammlung über den Stand der Gleichstellung von Frauen und Männern im Betrieb zu berichten.

In § 15 Abs. 2 BetrVG heißt es: »Das Geschlecht, das in der Minderheit ist, muss mindestens entsprechend seinem zahlenmäßigen Verhältnis im Betriebsrat vertreten sein, wenn dieser aus mindestens drei Mitgliedern besteht.« Diese Bestimmung stellt sicher, dass Frauen entsprechend ihrem Anteil an den Beschäftigten im Betriebsrat vertreten sind – mit Konsequenzen für das Wahlverfahren bei der Betriebsratswahl.

- *Allgemeines Gleichbehandlungsgesetz (AGG):* Ziel des Gesetzes ist es, Benachteiligungen u.a. wegen des Geschlechts zu verhindern oder zu beseitigen. Hierzu sind allgemeine Ansprüche formuliert, unter anderem in § 12 auch zu Maßnahmen und Pflichten des Arbeitgebers.
- *Bundeselterngeld- und Elternzeitgesetz (BEEG):* Für Geburten ab dem 1.7.2015 besteht ein Anspruch von drei Jahren Elternzeit für beide Elternteile. Davon können bis zu 24 Monate auf den Zeitraum zwischen dem dritten Lebensjahr und der Vollendung des achten Lebensjahrs genommen werden. Jedes Elternteil kann den Zeitraum auf drei Zeitabschnitte verteilen. Das Elterngeld wird an Vater oder Mutter für maximal 14 Monate gezahlt. Ein Elternteil kann höchstens zwölf Monate Geld beziehen, zwei weitere Monate sind als Option für den anderen Partner möglich. Die Höhe des Elterngeldes beträgt 67% vom Nettoeinkommen, höchstens jedoch 1.800 Euro. Beim »Elterngeld plus« erhöht sich die Dauer generell auf 14 Monate, wenn sich die Eltern die Elternzeit teilen und der Partner bzw. die Partnerin die Tätigkeit mindestens zwei Monate ganz oder teilweise ausüben. »Elterngeld plus« bedeutet, dass die Eltern pro Monat nur das halbe Elterngeld beziehen, dafür aber doppelt so lange, also maximal 28 Monate.
- *Entgelt-Transparenz-Gesetz (EntgTranspG):* 2017 trat das Entgelttransparenzgesetz in Kraft, das den Betriebsräten und Beschäftigten neue Handlungsmöglichkeiten eröffnet. Zunächst ist in § 3 Abs. 1 folgender Grundsatz verankert. »Bei gleicher oder gleichwertiger Arbeit ist eine unmittelbare oder mittelbare Benachteiligung wegen des Geschlechts verboten.« Darüber hinaus ist die Unternehmensleitung gehalten, bei Benachteiligungen geeignete Gegenmaßnahmen zu ergreifen. Dazu heißt es in § 19: »Ergeben sich aus einem betrieblichen Prüfverfahren Benachteiligungen wegen des Geschlechts in Bezug auf das Entgelt, ergreift der Arbeitgeber die geeigneten Maßnahmen zur Beseitigung der Benachteiligung.« Es fehlt allerdings eine Sanktionsmöglichkeit für den Betriebsrat bzw. die Beschäftigten, wenn der Arbeitgeber die Maßnahmen nicht ergreift.

Zur Überprüfung der Einhaltung des Entgeltgleichheitsgebots haben die einzelnen Beschäftigten einen individuellen Auskunftsanspruch über die Entgelthöhe von Beschäftigten, die Vergleichstätigkeiten ausführen. Die Beschäftigten wenden sich dazu an den Betriebsrat, der das Auskunftsbegehren in anonymisierter Form an den Unternehmer weiterleitet. Zur Überprüfung ist jeweils ein Verfahren für tarifgebundene und tarifanwendende Arbeitgeber bzw. für nicht tarifgebundene und nicht tarifanwendende Arbeitgeber beschrieben (vgl. §§ 10 bis 15 EntgTranspG).

Darüber hinaus kann der Betriebsausschuss Einsicht in aufbereitete Brutto-Entgeltlisten nehmen. Dazu heißt es in § 13 Abs. 3 EntgTranspG: »3) Der Arbeitgeber hat dem Betriebsausschuss Einblick in die Listen über die Bruttolöhne und -gehälter der Beschäftigten zu gewähren und diese aufzuschlüsseln. Die Entgeltlisten müssen nach Geschlecht aufgeschlüsselt alle Entgeltbestandteile enthalten einschließlich übertariflicher Zulagen und solcher Zahlungen, die individuell ausgehandelt und gezahlt werden. Die Entgeltlisten sind so aufzubereiten, dass der Betriebsausschuss im Rahmen seines Einblicksrechts die Auskunft ordnungsgemäß erfüllen kann.« So kann beispielsweise bei einer ungleichmäßigen Verteilung der Leistungszulage der Betriebsrat bzw. der Betriebsausschuss Auskunft über die geschlechtsspezifische Verteilung der Leistungszulage in den einzelnen Entgeltgruppen verlangen (vgl. Kapitel 18.7).

- *Geplante gesetzliche Regelung zum Teilzeitanspruch und zum Rückkehrrecht auf Vollzeit:* Im Koalitionsvertrag von CDU/CSU und SPD vom Frühjahr 2018 ist vereinbart, dass Beschäftigte einen Anspruch auf Teilzeit für einen bestimmten Zeitraum bekommen sollen und ein Rückkehrrecht auf Vollzeit. Diese Ansprüche sollen allerdings nach Betriebsgrößen gestaffelt werden. Eine vergleichbare Regelung fand sich schon in der Koalitionsvereinbarung von 2014, wurde aber auf Druck der CDU nicht umgesetzt.

- *Tarifliche Regelungen zur kurzen Vollzeit in der Metallindustrie:* In der Tarifrunde 2018 konnte in der Metall- und Elektroindustrie für maximal zehn Prozent der Belegschaft ein Anspruch auf eine Reduzierung der Arbeitszeit auf bis zu 28 Stunden vereinbart werden, um sich beispielsweise um die Erziehung von Kindern oder die Pflege von Familienangehörigen zu kümmern. Dieser Anspruch ist auf eine Dauer von maximal zwei Jahren befristet; danach erfolgt eine Rückkehr zur Vollzeitarbeit. Ab 2019 kann ein neues tarifliches Zusatzgeld in eine Freistellungszeit umgewandelt werden. Mit einem Beitrag der Unternehmer können so acht zusätzliche freie Tage realisiert werden.

- *Gesetz über gleichberechtigte Teilhabe an Führungspositionen von Frauen und Männern:* Mit diesem Gesetz wurde u.a. das Aktiengesetz und das GmbH-Gesetz geändert. In § 96 Aktiengesetz (AktG) wird für Unternehmen, die börsennotiert sind *und* unter das Mitbestimmungsgesetz von 1976 bzw. das Montan-Mitbestimmungsgesetz fallen (vgl. Kapitel 5.3), festgelegt, dass jedes Geschlecht mindestens 30% der Aufsichtsratsmandate stellen muss. In der Praxis wird damit sichergestellt, dass mindestens 30% der Aufsichtsratsmandate von Frauen besetzt werden. Für Unternehmen, die börsennotiert sind *oder* unter das Mitbestimmungsgesetz fallen, sind lediglich Zielgrößen zu vereinbaren. Für die börsennotierten oder mitbestimmten Unternehmen sind Zielgrößen für den Frauenanteil im Vorstand bzw. der Geschäftsführung und für zwei Führungsebenen darunter vom Vorstand festzulegen (vgl. § 111 AktG bzw. § 52 GmbHG). Während in den börsennotierten und mitbestimmten Unternehmen bei Nichterreichen der Mindestzahl ein Sitz unbesetzt bliebe, gibt es bei den anderen Betrieben – außer einer Berichtspflicht – keine Sanktionen.

> Auch wenn in den letzten Jahren zahlreiche Fortschritte bei der Gleichstellung von Frauen und Männern erreicht wurden, reichen diese bei Weitem nicht aus. Deshalb streiten die Gewerkschaften weiterhin für sehr konkrete Maßnahmen zur tatsächlichen Gleichstellung von Frauen und Männern in allen gesellschaftlichen Bereichen, in der Arbeitswelt und im einzelnen Betrieb. Auch und gerade im Betrieb kommt es darauf an, das Thema der Gleichstellung von Frauen und Männern im Betriebsrat aktiv zu bearbeiten.

Gleichstellung von Frauen und Männern ist eine Frage der Gerechtigkeit und der Demokratie und somit eine Frage des gesellschaftlichen Lebens. Zentrale Forderungen sind:
- partnerschaftliche Aufteilung von Arbeit, Haushalt und Kindererziehung;
- familienfreundliche Infrastruktur: Ausbau der Kita- und Hortstruktur mit der Möglichkeit der Ganztagsbetreuung, Ausbau von Ganztagsschulen und Betriebskindergärten;
- Abschaffung jeglicher Form der Diskriminierung in der Gesellschaft und im Betrieb;
- partnerschaftliche Nutzung der tariflichen und der geplanten gesetzlichen Möglichkeiten, die Arbeitszeit zu reduzieren, um sich um Kinder und pflegebedürftige Familienmitglieder zu kümmern;
- überall, wo es im Betrieb möglich ist, sollte eine familienfreundliche Arbeitszeit umgesetzt werden, z.B. nach dem Motto: »kein Meeting nach 16 Uhr«; insbesondere in Betrieben mit Schichtarbeit sind besondere Regelungen erforderlich;
- verbindliche Frauenförderpläne im Betrieb, um möglichst vielen Frauen die Möglichkeit zu eröffnen, auch höherwertige Tätigkeiten auszuüben;
- mehr Frauen in Führungspositionen; dies beginnt auf der Ebene der Meister*innen und Abteilungsleiter*innen und endet beim Vorstand bzw. der Geschäftsführung. Dazu sind in allen Unternehmen verbindliche gesetzliche Mindestquoten festzulegen.

Auch wenn zur Durchsetzung dieser Forderungen insbesondere Frauen streiten und kämpfen, ist es doch gemeinsame Aufgabe von Männern und Frauen, mehr Gleichstellung in allen Bereichen durchzusetzen. Für Frauen ist es wichtig, neben der Arbeit in den Frauenausschüssen und in den wichtigen Entscheidungsgremien vertreten zu sein, z.B. im Betriebsrat, in der Tarifkommission, in der Verhandlungskommission usw. Die IG Metall hat beispielsweise in einer Richtlinie festgelegt, dass in allen Gremien Frauen entsprechend ihrem Beschäftigtenanteil vertreten sein müssen. Dies gilt auch für die Ortsvorstände, die örtlichen Delegiertenversammlungen, die Bezirkskommissionen und Bezirkskonferenzen, die Tarifkommissionen und den Vorstand und Beirat der IG Metall.

Um erfolgreich zu sein, ist es erforderlich, die Situation von Frauen in der Gesellschaft, in der Arbeitswelt und im einzelnen Betrieb immer wieder öffentlich darzustellen. Hierzu nutzen viele Gewerkschafterinnen jedes Jahr den *8. März – den internationalen Frauentag*. Darüber hinaus ist in den letzten Jahren ein *Equal Pay Day* ins

Leben gerufen worden. Dies ist der Tag im Jahr, bis zu dem Frauen im Vergleich zu Männern arbeiten müssen, um den Verdienst zu erzielen, den Männer bereits bis 31.12. des Vorjahres erzielt haben. 2018 war dies der 18. März.

> **Brot und Rosen**
>
> »Wenn wir zusammengehen, geht mit uns ein schöner Tag
> durch all' die dunklen Küchen, und wo grau ein Werkshof lag,
> beginnt plötzlich die Sonne unsere arme Welt zu kosen
> und jeder hört uns singen: Brot und Rosen! Brot und Rosen!
> Wenn wir zusammengehen, kämpfen wir auch für den Mann,
> weil unbemuttert kein Mensch auf die Erde kommen kann.
> Und wenn ein Leben mehr ist als nur Arbeit, Schweiß und Bauch,
> wollen wir mehr: gebt uns das Brot, doch gebt uns die Rosen auch.
> Wenn wir zusammengehen, gehen unsre Toten mit.
> Ihr unerhörter Schrei nach Brot schreit auch durch unser Lied.
> Sie hatten für die Schönheit, Liebe, Kunst – erschöpft – nie Ruh.
> Drum kämpfen wir um's Brot und wollen die Rosen dazu.
> Wenn wir zusammengehen, kommt mit uns ein bessrer Tag.
> Die Frauen, die sich wehren, wehren aller Menschen Plag.
> Zu Ende sei: dass kleine Leute schuften für die Großen.
> Her mit dem ganzen Leben: Brot und Rosen! Brot und Rosen!«
>
> Lied von amerikanischen Gewerkschafterinnen,
> entstanden während eines Streiks in einer Textilfabrik, 1912.

8.5 Einheitliche Arbeitsbedingungen in West und Ost

Seit der deutschen Vereinigung im Jahr 1990 gibt es ein Gefälle der Arbeits- und Lebensbedingungen zwischen Ost und West. Die teilweise erhebliche Schlechterstellung der Menschen in Ostdeutschland konnte in den letzten Jahren zwar schrittweise verringert werden, aber auch im Jahr 2018 – also 28 (!) Jahre nach der Vereinigung – gibt es immer noch erhebliche Unterschiede. Die *Arbeitslosigkeit* ist im Osten immer noch höher als im Westen (Stand Dezember 2017 West: 4,9%, Ost: 7,1%), weist allerdings große regionale Unterschiede auf. Die Arbeitslosenquote liegt beispielsweise in Nordrhein-Westfalen mit 7,0% höher als in Thüringen mit 5,6%.

Auch der Anteil der Beschäftigten im *Niedriglohnsektor* bzw. in *prekären Arbeitsverhältnissen* ist im Osten deutlich höher, der der Industriearbeitsplätze dagegen deutlich niedriger. Die Konzernzentralen für Forschung & Entwicklung liegen fast ausschließlich in Westdeutschland. Viele Industriebetriebe im Osten sind sogenannte verlängerte Werkbänke von westdeutschen Unternehmen. Die *Angleichung des Rentensystems* wird aufgrund eines Gesetzes der Bundesregierung erst im Jahr 2023 vollständig zwischen Ost und West angeglichen sein. Die Bertelsmann Stiftung prognostiziert für die Jahre 2031 bis 2036 eine drastisch erhöhte Altersarmut in Ostdeutschland (35,9% im Osten gegenüber 16,6% im Westen). Der Grund liegt darin, dass viele zukünftige Rentner in den 1990er Jahren langzeitarbeitslos beziehungsweise im Niedriglohnsektor beschäftigt waren.

Auch tarifpolitisch gibt es in der Metall- und Elektroindustrie 28 Jahre nach der deutschen Vereinigung immer noch erhebliche Unterschiede zwischen Ost und West:

- Die *Tarifbindung in Ostdeutschland* ist erheblich niedriger als in Westdeutschland. Während in Westdeutschland für 31% aller Betriebe Tarifverträge gelten, sind dies in Ostdeutschland nur 21%. Im Westen fallen 59% der Beschäftigten unter einen Tarifvertrag, im Osten nur 48% (vgl. Übersicht 7-2). Die Ursache liegt darin, dass zahlreiche ostdeutsche Betriebe infolge der überstürzten Währungsunion ab Anfang der 1990er Jahre nicht mehr konkurrenzfähig waren. Massenentlassungen und Betriebsschließungen führten zu einer offiziellen Arbeitslosigkeit von über 20%. Diese Situation wurde von den Unternehmen systematisch ausgenutzt. Viele Beschäftigte sahen sich vor die brutale Alternative gestellt, entweder arbeitslos zu werden oder Beschäftigung zu Bedingungen unterhalb des Tarifvertrages anzunehmen. Viele Betriebe traten aus dem Arbeitgeberverband aus, neu angesiedelte Betriebe traten erst gar nicht ein. Dies führte einerseits zu einer niedrigen Tarifbindung und andererseits zu einem deutlich niedrigeren Entgeltniveau in den nicht tarifgebundenen Betrieben. Erst seit ca. 2005 konnte und kann die Tarifbindung schrittweise wieder erhöht werden.
- *Entgelte:* Die tariflichen Monatsgrundentgelte liegen in Ostdeutschland spätestens seit dem Abschluss der Entgeltrahmen-Tarifverträge Mitte der 2000er Jahre auf Westniveau. Die Unterschiede zwischen den einzelnen Tarifgebieten sind hier zwischen Ost und West nicht größer als zwischen westlichen Tarifgebieten. Die Effektivverdienste liegen aber immer noch deutlich darunter, weil in Ostdeutschland kaum übertarifliche Leistungen oder Erfolgsbeteiligungen gezahlt werden und weil für zahlreiche Betriebe Ergänzungs-Tarifverträge mit befristeten Abweichungen vom Flächentarifvertrag gelten. In den zahlreichen nicht tarifgebundenen Betrieben liegt das Entgeltniveau deutlich unter dem der Flächentarifverträge.
- Die *tarifliche Arbeitszeit* in der Metall- und Elektroindustrie liegt mit 38 Stunden pro Woche deutlich über der 35-Stunden-Woche in Westdeutschland. Für das gleiche Monatsentgelt müssen die Beschäftigten im Osten pro Woche drei Stunden länger arbeiten. Die Unternehmer und ihre Verbände verweigern jegliche Verhandlungen zu einer Angleichung der Arbeitszeit. Ein Streik zur Durchsetzung der 35-Stunden-Woche in Ostdeutschland wurde 2003 erfolglos abgebrochen. In der Tarifrunde 2018 wurde vereinbart, dass IG Metall und Gesamtmetall empfehlen, in den ostdeutschen Tarifgebieten Verhandlungen über eine Angleichung der Arbeitszeit aufzunehmen. Dies wird aber von mehreren ostdeutschen Arbeitgeberverbänden abgelehnt.
- Die Gewerkschaften fordern eine *umfassende Angleichung der Arbeits- und Lebensbedingungen in Ost und West*. Dazu beschloss der Gewerkschaftstag der

IG Metall im Jahr 2015: »Der Anspruch, die Lebensbedingungen für alle Menschen in Deutschland annähernd gleich zu gestalten, ist auch nach 25 Jahren deutscher Einheit noch nicht verwirklicht. Soziale Gerechtigkeit und gleichwertige Lebensbedingungen bleiben daher für die IG Metall Ziel und Aufgabe. Die IG Metall setzt sich dafür ein, die organisationspolitische Durchsetzungsfähigkeit zu stärken, die Tarifbindung auszubauen, Gute Arbeit in den Betrieben durchzusetzen, den demografischen Wandel mitzugestalten sowie industrie- und strukturpolitische Konzepte zu entwickeln.« (Entschließung 1, Ziffer 9)

8.6 Ökologischer Umbau und Arbeitsplätze

Nach vielen Jahren und teilweise kontroversen Debatten ist es heute in der deutschen Gesellschaft unstrittig, dass eine nachhaltige, klimaschonende Wirtschaftsweise erforderlich ist. Dabei geht es vor allem um den sparsamen Umgang mit Rohstoffen (Ressourcen), den Verzicht auf Atomenergie und einen schrittweisen Wandel zu kohlenstoffarmen Technologien. Nur so lassen sich die globalen Klimaziele erreichen, nur so kann die Erderwärmung auf zwei Grad begrenzt werden, wie es im Pariser Klimaabkommen von 2015 vereinbart wurde.

Alle Gewerkschaften im DGB unterstützen diesen Weg. So tritt beispielsweise die IG Metall ausdrücklich für eine *ökologische Industriegesellschaft* ein: »Die IG Metall hält einen grundlegenden Wandel hin zu kohlenstoffarmen Technologien für den richtigen Weg. Die Energiewende und neue Mobilitätskonzepte sind technologisch machbar. Heute geht es nicht mehr um das ›ob‹, sondern um das ›wie‹. Die Voraussetzungen für die deutsche Industrie sind dabei aufgrund ihres breiten Green-Tech-Produktspektrums sehr gut. Investitionen in die Energiewende können mehr industrielle Beschäftigung schaffen – von den erneuerbaren Energien über Effizienztechnologien und Elektromobilität bis zu neuen Werkstoffen.« (IG Metall Gewerkschaftstag 2015, Entschließung 1) In der gleichen Entschließung wird formuliert: »Gleichzeitig geht es aber auch um den Erhalt industrieller Wertschöpfungsketten in Deutschland durch eine Absicherung energieintensiver Industriezweige mit hohem internationalem Wettbewerbsdruck. Die Energiewende muss so ausgestaltet werden, dass die gesamte industrielle Wertschöpfungskette in Deutschland – vom Stahl bis zu den weiterverarbeitenden Branchen – erhalten bleibt.«

Der ökologische Umbau der Industriegesellschaft verläuft nicht widerspruchsfrei und kann in einzelnen Branchen und Betrieben zur Gefährdung bestehender Arbeitsplätze führen. Beispiele sind die Arbeitsplätze in Atomkraftwerken, in der Braunkohleförderung und -verstromung, aber auch bei der Produktion von Verbrennungsmotoren in der Auto- und Zulieferindustrie. Hier machen Gewerkschaften und Betriebsräte deutlich, dass ein ökologischer Umbau nicht zulasten der Beschäftigten gehen darf. Die Gewerkschaften fordern daher einen sozial flankierten Strukturwandel u.a. durch die Absicherung bestehender Beschäftigungsverhältnisse, die Umschulung und Qualifizierung der betroffenen Belegschaften für andere Arbeitsplätze und die Schaffung von Ersatzarbeitsplätzen.

Auf der anderen Seite führt der ökologische Wandel auch zur Schaffung von neuen Arbeitsplätzen, beispielsweise in der Windkraftindustrie. Allerdings sind die Arbeitsbedingungen in zahlreichen Betrieben der Windkraftindustrie nicht akzeptabel, auch wenn sich diese Branche nach außen ein fortschrittliches Image verleiht. Die Mehrheit der Betriebe weigert sich beispielsweise, die Flächentarifverträge der Metallindustrie anzuerkennen oder Haustarifverträge abzuschließen. Insbesondere beim Marktführer Enercon werden Betriebsräte und Gewerkschaften systematisch in ihrer Arbeit behindert. Die Gewerkschaften fordern, dass ökologische Produkte auch zu guten Entgelt- und Arbeitsbedingungen hergestellt werden müssen.

Der international anerkannte Umweltforscher Christian von Weizsäcker weist in seinem Buch »Faktor Fünf – Die Formel für nachhaltiges Wachstum« auf die Notwendigkeit der staatlichen Regulierung des ökologischen Umbaus der Wirtschaft hin. Diese Prozesse dürfen nicht allein dem Marktgeschehen überlassen werden, sondern erfordern eine staatliche Regulierung auf der Grundlage von demokratisch legitimierten Entscheidungen. Er schreibt: »Auch für die Umwelt brauchen wir wirtschaftliche Regulierungen, die verhindern, dass das Kapital in zerstörerische Aktivitäten wandert statt in wertschaffende, welche die Naturschätze erhalten. …. Märkte sind ausgezeichnet, um für eine effiziente Verwendung begrenzter Ressourcen zu sorgen und Innovationen anzuregen; aber Märkte sind sehr schlecht, oft sogar kontraproduktiv, wenn es um die Sicherung und den Schutz öffentlicher Güter geht oder darum, den Fortschritt in eine langfristig nachhaltige Richtung zu lenken. Menschliche Gesellschaften und die Umwelt brauchen eine gesunde Balance zwischen öffentlichen und privaten Gütern – oder zwischen dem Staat und den Märkten.« (Vgl. auch das Konzept der Wirtschaftsdemokratie in Kapitel 8.13.)

8.7 Wirtschaftspolitik

8.7.1 Volkswirtschaft

Die Gewerkschaften treten für eine Wirtschaftspolitik ein, die vier Ziele in den Mittelpunkt stellt:
- Vollbeschäftigung,
- Verteilungsgerechtigkeit,
- ökologische Nachhaltigkeit,
- Erhöhung der Lebensqualität.

Die Gewerkschaften sehen die Notwendigkeit, dass der Staat regulierend in die Wirtschaftsprozesse eingreift. Mit diesem Ansatz stehen sie im Widerspruch zu den Unternehmern, die die Wirtschaftsprozesse überwiegend dem »freien Spiel des Marktes« überlassen wollen.

> In der aktuellen Wirtschaftspolitik und Wirtschaftstheorie stehen sich zwei Denkrichtungen gegenüber: eine nachfrage- und eine angebotsorientierte. Der erste Ansatz wird in Bezug auf den englischen Wirtschaftswissenschaftler John Maynard Keynes auch als »Keynesianismus« bezeichnet, während die angebotsorientierte Wirtschaftspolitik eng mit dem Konzept des »Neoliberalismus« verbunden ist.

Der Unterschied zwischen diesen beiden Ansätzen wird bei der Betrachtung des Lohns bzw. des Entgelts sichtbar. Die Löhne haben in einer Volkswirtschaft einen »Doppelcharakter«: Einerseits sind sie ein betriebswirtschaftlicher Kostenfaktor, andererseits ein volkswirtschaftlicher Nachfragefaktor. Die *angebotsorientierte Wirtschaftspolitik* drängt darauf, dass Löhne möglichst niedrig sein sollen, um den Unternehmern eine bessere Kostensituation zu ermöglichen, in der Erwartung, dass diese das Wirtschaftswachstum ankurbeln und die Arbeitslosigkeit senken. Die *nachfrageorientierte Wirtschaftspolitik* betont dagegen den Zusammenhang, dass hohe Löhne die Nachfrage nach Produkten und Dienstleistungen steigern; stärkere Nachfrage führt dann zu weiterem Wirtschaftswachstum und damit zu mehr Arbeitsplätzen. Diese unterschiedlichen Denkweisen sind nicht nur bei der Lohnhöhe relevant, sondern ebenso bei vielen anderen wirtschaftlichen Themen. Während die Unternehmer und die angebotsorientierten Wirtschaftswissenschaftler*innen für niedrige Steuern, weniger Sozialabgaben und niedrige Umweltstandards eintreten, sehen dies die Gewerkschaften und die nachfrageorientierten Wirtschaftswissenschaftler*innen genau entgegengesetzt: Der Staat und die Sozialversicherungsträger brauchen ausreichende Finanzmittel, um ihre Aufgaben zu erfüllen und die Nachfrage nach Gütern und Dienstleistungen zu erhöhen.

Während in anderen Ländern, sogar in den USA, an den Hochschulen Wissenschaftler beider Denkrichtungen arbeiten, ist in Deutschland die große Mehrheit der Wirtschaftswissenschaftler*innen an den Universitäten und Instituten einer angebotsorientierten Wirtschaftspolitik verpflichtet. Dies spiegelt sich auch in der personellen Zusammensetzung des *»Sachverständigenrats zur Begutachtung der gesamtwirtschaftlichen Entwicklung«* (SVR) wider; in der Presse werden die Mitglieder auch als *»Wirtschaftsweise«* bezeichnet. In dem zweimal jährlich vorgelegten Bericht des SVR veröffentlichen sieben Professor*innen ihre Sichtweise und geben regelmäßig Empfehlungen an die Bundesregierung, die meistens einer angebotsorientierten Wirtschaftstheorie verpflichtet sind. Man kann allerdings große Zweifel haben, ob alle der ernannten Sachverständigen wirklich sachverständig und weise sind. So hat der SVR beispielsweise massiv vor den wirtschaftlichen Folgen der Einführung eines gesetzlichen Mindestlohns gewarnt, musste dann aber feststellen, dass in der Praxis davon nichts eintrat. Auch damit wird deutlich, dass es keine »objektive und wertfreie« Wirtschaftswissenschaft gibt. Manche Mitglieder des SVR scheuen nicht davor zurück, schlicht ideologische Positionen der Arbeitgeberverbände als wissenschaftliche Empfehlung darzustellen.

Es gibt in Deutschland nur wenige Professor*innen, die eine nachfrageorientierte Wirtschaftspolitik favorisieren. Dazu gehören beispielsweise die Wissenschaftler*innen am *Institut für Makroökonomie und Konjunkturforschung (IMK) der Hans-Böckler-Stif-

tung. Jährlich im Mai publiziert eine Gruppe von Wirtschaftswissenschaftler*innen und Gewerkschafter*innen ein »alternatives Memorandum zur Wirtschaftspolitik« – die sogenannte *Memorandum-Gruppe* oder auch Memo-Gruppe (alternative-wirtschaftspolitik.de).

8.7.2 Industrie

Die Arbeit der Beschäftigten in der Industrie ist das Fundament für Wachstum und Wohlstand in Deutschland. Rund 23% des Bruttoinlandsprodukts (BIP) werden im industriellen Sektor erwirtschaftet. Beispiele sind die Auto- und Zulieferindustrie, die Stahlindustrie, der Maschinenbau, die Elektroindustrie, die Bahnindustrie, der Schiffbau, die Holz- und Textilindustrie, aber auch die chemische Industrie und die Nahrungsmittelindustrie und viele andere. Der Wert von 23% liegt deutlich höher als in Ländern wie Frankreich, Spanien oder Italien, von Großbritannien ganz zu schweigen. Zusammen mit den industrienahen Dienstleistungen hängen 60% der volkswirtschaftlichen Wertschöpfung direkt oder indirekt von der industriellen Produktion ab.

Debatten, wir befänden uns auf dem Weg in eine Dienstleistungs- oder Wissensgesellschaft, gehen an der Realität vorbei und setzen falsche Schwerpunkte. In der Zeit um das Jahr 2000 wurde der industrielle Sektor als veraltet dargestellt (»old economy«), und zahlreiche neoliberale Politiker, Wissenschaftler und Medienvertreter setzten auf die »new economy« mit den Schwerpunkten Finanzsektor und internetbasierte Technologien. Spätestens nach der großen Finanzkrise im Jahr 2008 brachen diese Visionen in sich zusammen. *Es wurde deutlich, dass nur eine Volkswirtschaft mit einem starken industriellen Sektor zukunftsfähig ist* und sich darauf aufbauend industrienahe und allgemeine Dienstleistungen ebenso wie ein Forschungs- und Entwicklungssektor entwickeln. Industrielle Wertschöpfung bildet darüber hinaus auch eine gute Grundlage für die Entwicklung der verschiedenen Handwerksbranchen (vgl. Kapitel 8.7.4).

Gewerkschaftliche Industriepolitik muss zunächst zur Kenntnis nehmen, dass in einer kapitalistischen Marktwirtschaft die Entscheidungen über private Investitionen bei den Unternehmern liegen. Gewerkschaften können versuchen, diese Investitionsentscheidungen zu beeinflussen, sowohl über die Formulierung von Konzepten, Forderungen und öffentlichen Debatten, aber auch in gewisser Hinsicht über die Arbeitnehmervertreter*innen in den Aufsichtsräten der Großbetriebe. Darüber hinaus stellen Gewerkschaften Anforderungen an eine Industrie- und Wirtschaftspolitik des Staates und arbeiten dabei auch in verschiedenen Gremien mit.

Der Gewerkschaftstag der IG Metall formulierte dazu im Jahr 2015: »Beschäftigung und Gute Arbeit sollen nicht nur erhalten bleiben, sondern über alle Wertschöpfungsstufen hinweg ausgebaut werden. … Deshalb ist eine umfassende Perspektive auf die gesamte Breite und Vielfalt der deutschen Industrie – und damit auf Technologien und Innovationen, auf Investitionen und Modernisierung der Infrastruktur, auf eine bezahlbare und nachhaltige Versorgung durch erneuerbare Energien, auf Bildung und Qualifizierung zur Fachkräftesicherung – dringend notwendig.« (Entschließung 1, Ziffer 2) Gefordert werden »Investitionen in nachhaltige Stromerzeugung, eine moderne Verkehrsinfrastruktur, in die Energie- und Ressourceneffizienz, in einen flächendeckenden Ausbau der Breitbandnetze und in Bildung und Ausbildung.« Insbesondere der Erhalt und die Weiterentwicklung der dualen Berufsausbildung und der dualen Studiengänge können einen wichtigen Beitrag zur Fachkräftesicherung leisten.

Die IG Metall arbeitet in verschiedenen Gremien zur Industriepolitik mit, so z.b. in der »Nationalen Plattform Elektromobilität«, im »Bündnis für Industrie« und in Branchendialogen u.a. für die Auto-und Zulieferindustrie, die Elektroindustrie, die Stahlindustrie, den Maschinenbau, die Luft- und Raumfahrtindustrie, die Bahnindustrie und die maritime Wirtschaft.

8.7.3 Dienstleistung

Der Dienstleistungssektor wird auch als tertiärer Sektor bezeichnet. Im Unterschied zu den Bereichen Land- und Forstwirtschaft (primärer Sektor) und produzierendes Gewerbe (sekundärer Sektor) werden dort keine Sachgüter produziert, sondern Dienstleistungen erbracht. Das Angebot des Dienstleistungssektors ist sehr breit. Den größten Anteil der Beschäftigten in diesem Sektor weist der öffentliche Dienst des Bundes, der Länder und der Kommunen auf. Darüber hinaus umfasst der Dienstleistungssektor z.B. Leistungen des Handels und Verkehrs, des Bank- und Versicherungsgewerbes, der freien Berufe (z.B. Ärzte, Steuerberater, Rechtsanwälte oder Architekten), des Grundstücks- und Wohnungswesens, des Gesundheits- und Sozialwesens, der Bereiche Information und Kommunikation, Kunst und Unterhaltung, Tourismus. In der volkswirtschaftlichen Gesamtrechnung zählen zum Dienstleistungssektor die Wirtschaftsbereiche Handel, Gastgewerbe und Verkehr, Finanzierung, Vermietung und Unternehmensdienstleister sowie öffentliche und private Dienstleister. 2016 waren ca. 74% der Beschäftigten im Dienstleistungssektor beschäftigt, die ca. 68% des BIP erwirtschafteten.

Die Abgrenzung des Dienstleistungssektors zum Industriesektor ist in Teilbereichen schwierig, insbesondere bei den industrienahen Dienstleistungen wie z.B. dem technischen Service oder der Kontraktlogistik. In den Satzungen der Einzelgewerkschaften finden sich dazu Regelungen, die teilweise durch spezielle Vereinbarungen der Einzelgewerkschaften ergänzt werden.

8.7.4 Handwerk

Mit fast einer Million Betrieben und 5,4 Millionen Beschäftigten sind die unterschiedlichen Handwerksbranchen wichtige Wirtschaftsbereiche. Im Handwerk werden ca. 360.000 Auszubildende beschäftigt; diese Zahl liegt prozentual deutlich höher als in der Gesamtwirtschaft. Die Unternehmen des Handwerks werden bundesweit durch den Zentralverband des Handwerks (ZDH) repräsentiert. Unter den Begriff »Handwerk« fallen die unterschiedlichsten Unternehmen: Vom Friseursalon mit zwei Beschäftigten bis zum Autohaus mit mehreren Niederlassungen und über 1.000 Beschäftigten. Die meisten Beschäftigten finden sich in den Handwerksbranchen im Organisationsbereich der IG Metall: Kraftfahrzeughandwerk (KFZ), Sanitär, Heizung, Klima (SHK), metallverarbeitendes Handwerk, Elektrohandwerk, das Tischlerhandwerk sowie zahlreiche kleinere Handwerksbranchen. Für diese Branchen schließt die IG Metall Flächentarifverträge ab, die in der Regel mit den jeweiligen Landesinnungsverbänden vereinbart werden. Wichtige Handwerksbranchen finden sich darüber hinaus im Bauhauptgewerbe (Zimmerleute, Fliesenleger usw.), und der Nahrungsmittelbranche (Bäcker, Fleischer usw.). Die Gewerkschaften sehen neben der Industrie das Handwerk als eine zentrale Stütze der deutschen Wirtschaft an. Sie setzen sich u.a. dafür ein, dass dem Handwerk im Rahmen der allgemeinen Wirtschaftspolitik ein entsprechender Stellenwert zukommt.

Die rechtliche Grundlage für das Handwerk findet sich in der *Handwerksordnung (HwO)*, in der u.a. die Arbeit der Handwerkskammern, der Innungen und der Landesinnungen einschließlich der Prüfungsordnung geregelt ist. Ein Drittel der Mitglieder der Mitgliederversammlung (Vollversammlung) müssen Arbeitnehmer*innen sein, in der Regel Gewerkschaftsvertreter*innen. Die Arbeitnehmerseite stellt auch einen der Vizepräsidenten der Handwerkskammer. Dies sichert den Beschäftigten und ihren Gewerkschaften einen nicht zu unterschätzenden Einfluss in den Handwerkskammern. Der DGB fordert den Ausbau der drittelparitätischen zur vollen paritätischen Mitbestimmung in allen Gremien. Ab Mitte der 1990er Jahre haben einige Handwerksinnungen versucht, sich der Bindung der abgeschlossenen Flächentarifverträge zu entziehen, und führten eine OT-Mitgliedschaft ein (OT = ohne Tarif). Im Jahr 2016 entschied das Bundesverwaltungsgericht, dass eine OT-Mitgliedschaft in der Innung nicht zulässig ist.

In vielen Handwerksbranchen klagen die Handwerksunternehmer lautstark über den Fachkräftemangel. Dazu schrieb der DGB: »Seit Jahren wirbt der Zentralverband des Deutschen Handwerks (ZDH) mit einer millionenschweren Imagekampagne um Nachwuchskräfte fürs Handwerk. Auch für den DGB und seine Mitgliedsgewerkschaften im Handwerk ist klar: Die Beschäftigten im Handwerk können stolz auf ihre Arbeit sein: Sie sind mit ihrem Know-how der Erfolgsgarant der Branche. Das Handwerk muss zukunftsfähig bleiben – dafür braucht es qualifizierten Nachwuchs. Aber: Für den DGB und seine Mitgliedsgewerkschaften ist auch klar, dass gute Bezahlung, gute Arbeitsbedingungen und gute Aufstiegschancen besser sind als jede Werbekampagne. Daran hapert es in manchen Bereichen des Handwerks noch. Mit der Initiative ›Handwerk: Gute Arbeit, fairer Lohn‹ setzen wir uns für gute Ausbildungs-, Arbeits- und Einkommensbedingungen im Handwerk ein.« (handwerk.dgb.de/handwerk-gute-arbeit-fairer-lohn)

Es ist bezeichnend, dass gerade diejenigen Handwerksbranchen, die die niedrigsten Ausbildungsvergütungen und Entgelte bezahlen, am lautesten über den Fachkräftemangel klagen. *Mit einer Niedriglohnstrategie im Handwerk wird das Fachkräfteproblem verstärkt.* Im Handwerk werden realistischerweise nicht so hohe Entgelte gezahlt wie in der Industrie. Aber der Abstand der Entgelte zwischen Industrie und Handwerk darf nicht zu groß sein. Diesen Zusammenhang haben bisher nur wenige Handwerksunternehmer und Handwerksbranchen verstanden. Einige setzen immer noch auf eine Strategie der Tarifflucht und des Niedriglohns, andere kehren nach Jahren zurück in die Tarifbindung, wie z.B. das bundesweite Tischlerhandwerk und das metallverarbeitende Handwerk in Sachsen-Anhalt.

8.7 Wirtschaftspolitik

8.8 Alternde Gesellschaft und Fachkräfteentwicklung

8.8.1 Altersstruktur der Bevölkerung, der Erwerbstätigen und der Belegschaften

Das Durchschnittsalter der deutschen Bevölkerung hat sich in den letzten Jahren schrittweise erhöht und wird auch in den nächsten Jahren weiter steigen. Dieser demografische Wandel lässt sich auch in vielen Betrieben beobachten (das Wort *Demografie* bezeichnet die Bevölkerungsentwicklung). Da die Zahl der Geburten bis zum Jahr der Zukunftsprognose und aller Jahre davor bekannt ist, können Wissenschaftler relativ zuverlässig vorhersagen, wie beispielsweise die Alterszusammensetzung der Bevölkerung im Jahr 2030 aussieht. Dabei muss neben der durchschnittlichen Lebenserwartung, der Sterbe- und Geburtenrate auch die Zahl der Zu- und Abwanderungen berücksichtigt werden.

Übersicht 8-11 zeigt die Altersstruktur der deutschen Bevölkerung im Jahr 2008 und eine Prognose für das Jahr 2030. Es ist deutlich zu sehen, dass die Zahl der Älteren über 65 Jahre erheblich zunimmt, während die Zahl der Jüngeren bis zum 20. Lebensjahr abnimmt. Große Teile der geburtenstarken Jahrgänge etwa zwischen 1948 bis 1958 – die sogenannten Babyboomer – werden in 2030 Rente beziehen. In den jüngeren Jahrgängen nimmt die Zahl der Geburten deutlich ab.

Diese gesellschaftliche Entwicklung spiegelt sich auch in den Betrieben wider, wobei dort weitere Faktoren eine Rolle spielen: (1) die Zahl und das Alter derjenigen, die in Rente oder in Altersteilzeit gehen; (2) die Zahl der neu eingestellten Beschäftigten, Auszubildende, dual Studierende und sonstige Einstellungen »von außen«. Für eine Prognose der Altersstruktur ist es auch wesentlich, ob die Gesamtzahl der Arbeitsplätze konstant bleibt, abnimmt oder zunimmt. Eine professionelle Personalabteilung ent-

Übersicht 8-11: Altersgruppen in Tausend und in % der Gesamtbevölkerung in 2008 und 2030

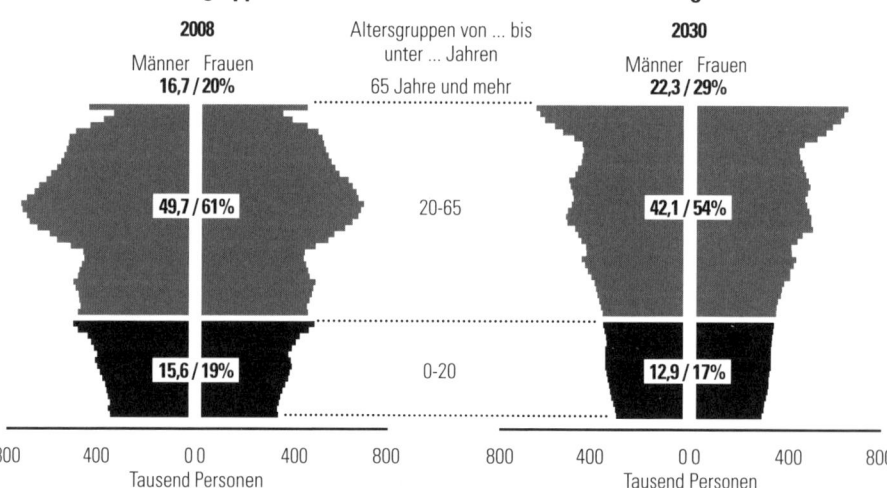

2030 Ergebnisse der 12. koordinierten Bevölkerungsvorausberechnung (Variante Untergrenze der »mittleren« Bevölkerung).

wickelt dafür verschiedene Prognosevarianten im Sinne einer demografieorientierten Personalplanung. Betriebsräte sollten nach derartigen Berechnungen und Prognosen fragen und ggf. darauf drängen, dass sie erstellt werden. Aufgrund einer Analyse der jeweiligen zukünftigen Entwicklung im Betrieb können dann bestimmte Entscheidungen getroffen werden, z.B. für Angebote der Altersteilzeit, eine Erhöhung der Zahl von Auszubildenden und dual Studierenden, deren unbefristete Übernahme, Neueinstellungen, Weiterbildungsangebote und Maßnahmen der Arbeitsgestaltung im Hinblick auf durchschnittlich älter werdende Belegschaften.

8.8.2 Fachkräfteentwicklung

Lange Zeit war Massenarbeitslosigkeit eines der wichtigsten gesellschaftspolitischen Themen. Die offiziellen Arbeitslosenquoten lagen in den 1990er Jahren im Westen über 10% und im Osten über 20%. Im Jahr 2018 sind die Arbeitslosenquoten zwar deutlich niedriger (West: 4,9%; Ost: 7,1%, Stand Dezember 2017), aber es sind immer noch über zwei Millionen Menschen offiziell als arbeitslos gemeldet. Im Hinblick auf diese Zahlen mag es auf den ersten Blick verwunderlich sein, wenn manche Politiker und Arbeitgebervertreter über einen »*Fachkräftemangel*« klagen oder ihn angesichts der demografischen Entwicklung für die nächsten Jahre voraussagen. Wenn es einerseits arbeitslose Menschen gibt und andererseits offene Stellen für Fachkräfte existieren, könnten dann nicht durch eine entsprechende Vermittlung beide Probleme gelöst werden?

Bei näherem Hinsehen spielen bei der Frage der Fachkräfteentwicklung auch andere Dinge eine Rolle. Trotz durchschnittlich hoher Arbeitslosigkeit gibt es in einigen Regionen niedrige Arbeitslosenzahlen von unter 3%. Dort kann es in der Tat bei der Besetzung von Stellen zu Engpässen kommen. Häufig suchen Unternehmer sehr spezielle Fachkräfte, die kurzfristig nur schwer zu finden sind; z.B. Softwareingenieure für die Programmierung von Fahrerassistenzsystemen oder Ingenieure für Batterietechnik, alle möglichst mit mehrjähriger Berufserfahrung.

> »Ein Arbeiter, der sich anbietet,
> ist nur halb so viel wert,
> wie einer, den man sucht.«
>
> B. Traven, deutscher Dichter

Am lautesten klagen Unternehmer über »Fachkräftemangel«, die die niedrigsten Entgelte und Ausbildungsvergütungen zahlen und die schlechtesten Arbeitsbedingungen anbieten, z.B. im Gastronomiegewerbe und im Pflegebereich. Es ist mehr als verständlich, wenn sich junge Menschen dort einen Ausbildungsplatz suchen, wo gute Ausbildungsvergütungen und später gute Entgelte gezahlt werden.

> Unternehmer, die unterhalb des Flächentarifvertrages zahlen, werden die Verlierer im Wettbewerb um qualifizierte Fachkräfte sein.

Unternehmer verhalten sich nicht zukunftsorientiert, wenn sie über drohenden »Fachkräftemangel« nur klagen, ohne die Ursachen anzugehen. Um eine gute Fachkräfteentwicklung im Betrieb zu gewährleisten, kommen beispielsweise folgende Maßnahmen infrage:
- Regelungen der Entgelt- und Arbeitsbedingungen durch Flächentarifverträge;
- Erhöhung der Zahl der Ausbildungsplätze und der Plätze für dual Studierende;
- unbefristete Übernahme von Auszubildenden und dual Studierenden;
- Stipendien an Studierende mit Regelungen zur Bindung an das Unternehmen;
- Neueinstellungen von Studierenden, auch ohne Berufserfahrung;
- gute Weiterbildungsmöglichkeiten im Betrieb;
- Angebote der Einstiegsqualifizierung für förderungsbedürftige Jugendliche.

Die Beantwortung der Frage nach der zukünftigen Fachkräfteentwicklung hängt auch stark damit zusammen, wie viele Arbeitsplätze von den Unternehmern angeboten werden. Rationalisierungsschübe durch Entwicklungen wie »Industrie 4.0« und »Digitalisierung« werfen dabei neue Fragen auf.

8.9 Industrie 4.0 = Arbeit 4.0?

Technologische Umbrüche haben vielfache Auswirkungen auf die Zahl der Arbeitsplätze und die Arbeitsbedingungen. Die jüngste Entwicklung wird in Deutschland mit dem Schlagwort »Industrie 4.0« bezeichnet.

8.9.1 Industrie 4.0, Digitalisierung der Arbeitswelt und das »Internet der Dinge«

Im Jahr 2011 wurde auf der Industriemesse in Hannover das Wort »Industrie 4.0« in die Welt gesetzt. Seitdem prägt dieser Begriff genauso wie die Begriffe »Digitalisierung der Arbeitswelt« oder »Internet der Dinge« die aktuelle Diskussion über die zukünftige Entwicklung von Industrie und Arbeit. Häufig wird auch über eine *»4. industrielle Revolution«* gesprochen, daher der Zusatz »4.0«. Dabei wird auf verschiedene geschichtliche Epochen Bezug genommen. Der Beginn der Industrialisierung mit Dampfmaschinen usw. wird als erste industrielle Revolution bezeichnet, die Einführung des Fließbandes und des Taylorismus als zweite und die Verbreitung von Mikroelektronik und elektronischer Datenverarbeitung ab den 1970er Jahren als dritte industrielle Revolution (vgl. Übersicht 8-12).

Was unter »Industrie 4.0« zu verstehen ist, ist nicht eindeutig definiert. Heute werden überwiegend folgende Entwicklungen dem Begriff *»Industrie 4.0«* zugeordnet:
- konsequente Weiterentwicklung der Automatisierungstechnik unter Ausnutzung aller Möglichkeiten der Informationstechnologie;
- »intelligente« Maschinen und Werkzeuge, die mit Sensoren ausgestattet sind; dadurch sind eigene Regulierungsmöglichkeiten und Verschleißoptimierungen möglich;
- informationstechnische Vernetzung von Maschinen und Produkten durch das Internet (»Internet der Dinge«) oder unternehmensinterne Netze; automatische Erken-

Übersicht 8-12: Entwicklungsstufen industrieller Fertigung

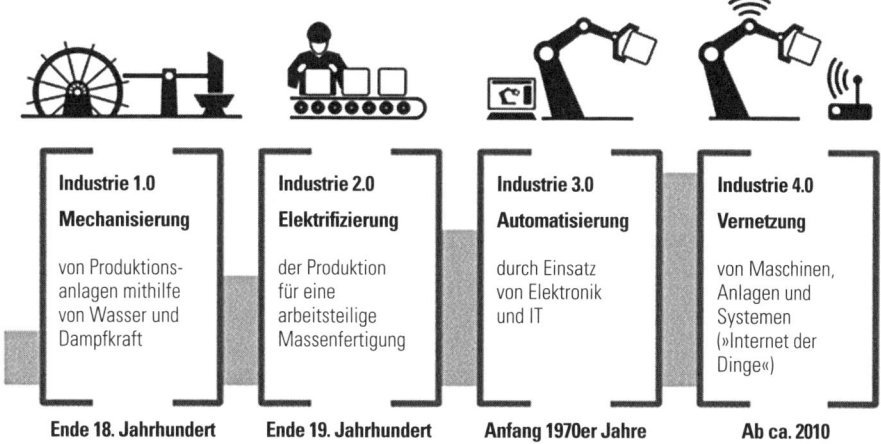

Industrie 1.0	Industrie 2.0	Industrie 3.0	Industrie 4.0
Mechanisierung	Elektrifizierung	Automatisierung	Vernetzung
von Produktionsanlagen mithilfe von Wasser und Dampfkraft	der Produktion für eine arbeitsteilige Massenfertigung	durch Einsatz von Elektronik und IT	von Maschinen, Anlagen und Systemen (»Internet der Dinge«)
Ende 18. Jahrhundert	Ende 19. Jahrhundert	Anfang 1970er Jahre	Ab ca. 2010

Quelle: yokogawa.com/de; geändert

nung durch die Bearbeitungsmaschinen, um welches Produkt es sich handelt und in welchem Bearbeitungszustand es sich befindet;
- optimierte vernetzte Logistik, wobei Produkte und Transportbehälter automatisch identifiziert werden können, da sie mit einem »Erkennungs-Chip« versehen sind (RFID-Transponder);
- neue Generation von kleineren, leichtgewichtigen und preiswerten Industrierobotern, die mit Sensoren ausgestattet sind und eine »Mensch-Roboter-Kollaboration« ermöglichen (Kollaboration = Zusammenarbeit);
- weitgehende Vernetzung der Produktion auf dem Weg zur »digitalen Fabrik«, wobei alle Informationen über Maschinenzustände, Auslastungen und die Orte der einzelnen Produkte in der Fabrik *in Echtzeit* vorliegen;
- Einsatz von 3-D-Druckern im Werkzeugbau, dem Musterbau und der Ersatzteilproduktion;
- auch wenn sie streng genommen nicht zur Produktionstechnik zählt, wird die Möglichkeit der mobilen Arbeit häufig auch im Zusammenhang mit »Industrie 4.0« genannt; dies meint die Arbeit am Laptop, Tablet oder Smartphone von zu Hause und unterwegs;
- computerbasierte Assistenzsysteme ermöglichen eine situationsangepasste Bereitstellung von Informationen und Entscheidungshilfen und können zugleich die Formalisierung und Standardisierung von Arbeitsabläufen vorantreiben (»digitale, softwarebasierte Workflows«); in diesem Zusammenhang werden auch die Begriffe *»künstliche Intelligenz«*, *»Augmented Reality«* oder *»Advanced Analytics«* verwendet.

In die Debatte über Industrie 4.0 werden häufig sehr drastische Zukunftsprognosen eingebracht. Nicht alles davon ist wirklich hilfreich. Da die Verbreitung von derartigen

Technologien im Betrieb und in den einzelnen Abteilungen sehr unterschiedlich sein kann, ist eine systematische Bestandsaufnahme erforderlich. Die IG Metall Bezirksleitung Nordrhein-Westfalen hat dazu den Ansatz einer »*Betriebslandkarte Arbeit und Industrie 4.0*« erarbeitet (vgl. www.igmetall-nrw.de/?id=1816). Für Betriebsräte, Vertrauensleute, Beschäftigte und die Gewerkschaften ist die entscheidende Frage, was diese Entwicklungen für die Zahl der Arbeitsplätze und die Gestaltung der Arbeit der Zukunft (»Arbeit 4.0«) bedeuten können.

8.9.2 Auswirkungen auf die Zahl der Arbeitsplätze

Die Auswirkungen auf die Zahl der Arbeitsplätze sind schwer abzuschätzen und es gibt dazu unterschiedliche Prognosen – sowohl gesamtwirtschaftlich als auch auf einzelne Branchen und Betriebe bezogen. Im Betrieb hört man häufig: »Letztlich sind alle betroffen.« Das ist zwar irgendwie richtig, zeigt aber nicht den unterschiedlichen Grad der Betroffenheit sowie die Art und Weise der Betroffenheit. Dies soll an einem Beispiel aus der Autoindustrie verdeutlicht werden. Durch den Einsatz von neuen Industrierobotern werden im Karosseriebau kaum Arbeitsplätze gefährdet, da dieser Bereich schon seit über 15 Jahren nahezu vollständig mit Industrierobotern automatisiert ist. Dagegen können in der Montage durch den Einsatz von kleineren Industrierobotern Arbeitsplätze entfallen, da dort bisher wenige Industrieroboter eingesetzt wurden. Es empfiehlt sich also, in jedem Betrieb eine abteilungsbezogene Risikoabschätzung für die nächsten Jahre vorzunehmen.

In der Vergangenheit haben Technologiesprünge in einzelnen Branchen und Betrieben dramatische Arbeitsplatzverluste zur Folge gehabt: Beispiele sind die Schreibmaschinenindustrie und die Fotoindustrie. Dagegen hat sich auch bei Technologiesprüngen die Steigerung der gesamtwirtschaftlichen Produktivität im üblichen Rahmen von 1,5% bis 2% gehalten.

Gesamtwirtschaftlich gibt es unterschiedliche Aussagen und Prognosen: Einerseits wird vor gewaltigen Verlusten von Industriearbeitsplätzen gewarnt. Andererseits sind die Einschätzungen führender deutscher Arbeitsmarktinstitute deutlich vorsichtiger. Auch wird angesichts der demografischen Entwicklung eher »Entwarnung« signalisiert. So kommt eine Studie des Instituts für die Geschichte und Zukunft der Arbeit (IGZA) zu dem Schluss, dass die Rationalisierungsschübe durch Industrie 4.0 aufgefangen werden können, weil dies zeitlich parallel zum altersbedingten Ausscheiden der geburtenstarken Jahrgänge von etwa 1955 bis 1969 (»Babyboomer«) fällt. Es wird sich in den nächsten Jahren zeigen, welche Prognosen sich bewahrheiten und ob durch Gewerkschaften gegengesteuert werden soll, z.B. durch eine weitere Verkürzung der Arbeitszeit in unterschiedlichen Formen.

8.9.3 Arbeit 4.0?

Je nachdem, welche Elemente von »Industrie 4.0« umgesetzt werden, wird sich die Arbeit im gesamten Betrieb verändern. Manche Arbeitsplätze werden entfallen, andere kommen neu hinzu; bei vielen werden sich die Inhalte und Anforderungen verändern. In einigen Bereichen besteht die Chance, dass z.B. körperlich und gesundheitlich belastende Arbeiten von Industrierobotern übernommen werden, in anderen Bereichen erhöhen sich die psychischen Belastungen am Arbeitsplatz. Manche Qualifikationen der Beschäftigten werden möglicherweise nicht mehr abgefordert, dafür kommen neue Qualifikationsanforderungen hinzu, wie z.B. Prozesswissen, Arbeiten in Teams und die Fähigkeit, über Fachgrenzen hinaus zu kooperieren. Auf der überbetrieblichen Ebene stellen sich neben der Frage nach der Zahl der Arbeitsplätze vor allem Fragen der zukünftigen Berufsausbildung. Die Rahmenpläne für viele klassische Ausbildungsberufe und Studiengänge werden überarbeitet. Teilweise entstehen neue Ausbildungsberufe, wie z.B. der MATSE (mathematisch-technische/r Software-Entwickler*in). In vielen Bereichen der Automobilindustrie wird beispielsweise die Bedeutung des Berufsbilds »Mechatroniker« zunehmen und sich möglicherweise zu einem neuen Berufsbild »IT-System-Mechatroniker« weiterentwickeln.

Für die einzelnen Branchen und Abteilungen in einem Betrieb können sich sehr unterschiedliche Entwicklungen ergeben. Dies soll *beispielhaft* an drei Arbeitskonzepten verdeutlicht werden:

- *Innovative Arbeitsorganisation:* In der Metall- und Elektroindustrie, insbesondere in der Automobil- und Zulieferindustrie, gab es in den letzten Jahrzehnten mehrere Phasen der Gestaltung der Arbeitsorganisation. Die ursprünglich stark an den Prinzipien des »Taylorismus« orientierte Produktion wurde zunehmend infrage gestellt. (Der Begriff des *»Taylorismus«* geht auf den US-amerikanischen Arbeitsingenieur F.W. Taylor zurück, der zu Beginn der 1900er Jahre Prinzipien einer stark arbeitsteiligen Organisation, der systematischen Arbeitsstudien, die Einführung der Stoppuhr für Zeitstudien und eine strikte Trennung von Planung, Ausführung und Kontrolle einführte. Diese Prinzipien dominierten die industrielle Arbeitsorganisation in den USA und Europa im Zeitraum von 1900 bis in die 1970er Jahre.) Ab Mitte der 1970er Jahre wurden und werden alternative Formen der Arbeitsorganisation in der industriellen Produktion angewendet. Stichworte dazu waren und sind: Arbeitsstrukturierung, Arbeitserweiterung und Arbeitsbereicherung (job enlargement und job enrichment), teilautonome Gruppenarbeit, Lean Production, Ganzheitliche Produktionssysteme. Organisationskonzepte wie Arbeitsanreicherung, Funktionsintegration, teambasierte Selbstorganisation und erweiterte Mitgestaltungsmöglichkeiten können zu einem *Konzept der »innovativen Arbeitsorganisation«* bzw. der »innovativen Arbeitspolitik« zusammengefasst werden, das am SOFI in Göttingen entwickelt wurde. Zu verschiedenen Teilaspekten der Arbeitsorganisation in der Produktion (»Dimensionen«) sind unterschiedliche Ausprägungen in der Praxis zu beobachten, beispielsweise hinsichtlich der Autonomie von Arbeitsgruppen – von niedrig bis hoch (vgl. Übersicht 8-13).

- *Agiles Arbeiten:* Seit den 2000er Jahren wird eine Organisationsform diskutiert, die sich »Agiles Arbeiten« nennt und in mehreren Betrieben und Bereichen eingesetzt wird. Manchmal wird dabei auch von *»Schwarmarbeit«* gesprochen. Sie orientiert sich stark an der Arbeitsweise, die häufig in kleineren *Start-up-Unternehmen* zu fin-

Übersicht 8-13: Konzept der innovativen Arbeitsorganisation

Dimension	Ausprägung »niedrig« (eher klassisch)	Ausprägung »hoch« (eher innovativ)
Reichweite Aufgabenintegration	sehr kurze Arbeitszyklen (< 1 Min.); keine indirekten, dispositiven, planenden Aufgaben	ganzheitliche Produktionsaufgabe; weitgehende Integration indirekter, dispositiver, planender Aufgaben
interne Aufgabenverteilung Rotation	keine Rotation, keinerlei Flexibilität, hohe Spezialisierung	volle Rotation (jede Person beherrscht jeden Arbeitsplatz)
betriebliche Organisation von Prozessoptimierungsaufgaben	Prozessoptimierung ausschließlich durch prozessferne Spezialisten/Planer	Übertragung von Prozessoptimierungsaufgaben auf die Prozessebene (weitreichende Einbindung)
Reichweite Selbstorganisation	keine Entscheidungskompetenz der Gruppe	weitreichende Entscheidungskompetenzen der Gruppe
Ressourcen der Selbstorganisation	geringe Möglichkeiten der Gruppenselbstorganisation	hohe Möglichkeiten der Gruppenselbstorganisation
Qualität/Charakter der Gruppengespräche (Wochenmeetings)	keine Gruppengespräche	regelmäßige, selbstorganisierte Gruppengespräche; hohe Diskursivität; betriebliche und soziale Themen
Rollendefinition des Team-/Gruppensprechers	(Quasi-)Vorarbeiter (Sonderfunktion, höhere Bezahlung)	gewählter, integrierter Gruppensprecher (Rolle: Klassensprecher)
Möglichkeiten der Zusammenarbeit in der Gruppe	Einzelarbeitsplatz ohne Kooperationsmöglichkeiten	ständige, intensive Kooperationsmöglichkeiten
Rollen-/Funktionszuschnitt der ersten Führungsebene	ausschließlich hierarchischer Vorgesetzer; enger Funktions-/Kompetenzuschnitt	Vorgesetzter/Unterstützer/Außenminister; erweiterter Kompetenzzuschnitt (ökonomische und planerische Entscheidungen)
Zusammenarbeit mit dem Umfeld (Lernfarbrik)	keine direkte Zusammenarbeit mit indirekten Bereichen	kontinuierliche, intensive Zusammenarbeit mit indirekten Bereichen und Fachabteilungen

Quelle: Martin Kuhlmann, SOFI Göttingen

den ist. Dazu werden kleinere Teams gebildet, die außerhalb der klassischen Hierarchien angesiedelt sind und einen hohen Grad der Selbstorganisation aufweisen. Sie sollen schnell und flexibel, eben »agil«, Probleme lösen bzw. einzelne Schritte des Entwicklungsprozesses bearbeiten. Eine dieser Methoden ist der sogenannte *Scrum-Ansatz*, bei dem die Teammitglieder ihre internen Arbeitsprozesse selbst organisieren und die Tätigkeiten auf die einzelnen Teammitglieder verteilen. Dabei werden die Projekte in kleinere Schritte unterteilt, die dann vom Team in sogenannten Sprints bearbeitet werden. Dazu finden regelmäßige »Scrum-meetings« statt, bei denen sich die Teammitglieder über den Arbeitsfortschritt und zu lösende Probleme austauschen. Einem/r Beschäftigten wird die Funktion des »Scrum-Masters« übertragen. Die Aufgabe ist nicht die eines klassischen Vorgesetzten, sondern eher die eines Moderators. Er/Sie ist für den Prozess zuständig, soll Störungen aus dem Weg räumen, Konflikte lösen und Kontakt zu den Auftraggebern des Projekts halten. Gerade bei der *»agilen Softwareerstellung«* wird nicht darauf fokussiert, erst am Ende eines strikt vorgeplanten Entwicklungsprozesses ein »fertiges Produkt« abzuliefern, sondern schon während des Entwicklungs- bzw. Programmierprozesses einzelne Abschnitte zu entwickeln und auch mit dem Kunden abzustimmen. Dadurch kann schnell auf Nutzererfahrungen und Änderungswünsche während des Entwicklungs- oder Programmierprozesses reagiert werden, um so nach jedem Schritt Verbesserungen einfließen zu lassen.

Zunächst war die Methode des agilen Arbeitens auf den Programmierprozess in IT-Abteilungen beschränkt, heute wird sie in einigen Unternehmen auch in Teilen des Konstruktions- und Entwicklungsprozesses und im Projektmanagement angewendet. Manche Beobachter sehen gar einen Trend zum agilen Unternehmen.

Viele Praktiker haben dazu eine andere, differenzierte Sichtweise. So antwortete ein Manager aus der Autoindustrie auf die Frage, ob agiles Arbeiten eins zu eins auf die Autoindustrie übertragen werden könnte, wie folgt: »Nein, das funktioniert nicht. Bei der Produktion eines Autos braucht man industrielle Prozesse. Es gibt Aufgaben, da wäre agiles Arbeiten sogar kontraproduktiv. Aber wir integrieren Start-up-Elemente dort, wo es sinnvoll ist. Den einen Pol bilden unsere IT-Labs, in denen wir sehr viel Start-up Kultur umsetzen, den anderen bildet die klassische Automobilproduktion. Dazwischen gibt es viele Mischformen.«

Die Methode des agilen Arbeitens bzw. der »Schwarmarbeit« ist für einige Beschäftigte hoch attraktiv, birgt aber immer die *Gefahr einer Überlastungssituation* in sich. Auch wenn der Grad der Selbstorganisation hoch ist, liegt auch beim »agilen Arbeiten« letztlich eine Kundenorientierung vor: Der Kunde oder Projekt-Auftraggeber erwartet die Einhaltung von Kosten, Terminen und Qualitätsstandards. Gerade beim »agilen Arbeiten« ist eine Regulierung der Arbeitszeit, des Arbeitspensums und der Personalbemessung erforderlich (vgl. Kapitel 18.2 und 18.3). Bei der Betriebsratsarbeit muss auf die besondere Arbeitsform Bezug genommen werden: Die zuständigen Betriebsratsmitglieder sollten Kontakt zu den Teams, aber auch zu den Scrum-Mastern halten. Es wird deutlich, wie wichtig auch bei diesen Organisationsformen die Mitbestimmung ist. Dazu stellt die zweite Vorsitzende der IG Metall, Christiane Benner, klar: »Die Mitbestimmung ist auch im Zeitalter der Digitalisierung kein Beiwerk, keine Zutat, sie ist die zentrale Voraussetzung für ihre erfolgreiche Gestaltung. Nur über die Mitbestimmung lassen sich kreative Freiräume für die Beschäftigten sichern – die Voraussetzung für innovatives Arbeiten.«

- *Crowdworking:* Dabei werden Arbeitsaufträge von Unternehmen auf Internetplattformen weltweit ausgeschrieben (»crowd« heißt Menschenmenge). In der Regel handelt es sich dabei um Tätigkeiten, die auf externen IT-Systemen, wie z.B. einem PC oder Laptop, ausgeführt werden können. Wer den Auftrag erhält, geht damit über die Plattform ein Dienstleistungsverhältnis mit dem vergebenden Unternehmen ein und erhält für seine Dienstleistung ein Entgelt. Arbeitsrechtlich sind diese Personen *Solo-Selbständige*. Das heißt u.a.: Sie müssen selbst für ihre Kranken- und Rentenversicherung sorgen. (Einzelheiten finden sich in dem Buch von Christiane Benner: »Crowdwork – zurück in die Zukunft?, Frankfurt a.M. 2015; auf einer Internetseite der IG Metall finden »Crowdworker« ausführliche Informationen: faircrowd.work.de.)

Mit dieser Form der Ausschreibung sind erhebliche Risiken verbunden. Im Vergleich zu einem Normalarbeitsverhältnis sind die Bedingungen von solo-selbständigen Crowdworkern wesentlich schlechter und risikoreicher. Es droht eine massive Verschlechterung der Entgelt- und Arbeitsbedingungen und der rechtlichen und sozialen Absicherung. Auch wenn derzeit vergleichsweise wenige Beschäftigte betroffen sind, kann es sein, dass sich diese Form von Arbeit ausdehnen wird. Deshalb haben sich die Gewerkschaften in diesem Feld engagiert. Auch Solo-Selbständige können unter bestimmten Bedingungen Mitglied einer DGB-Gewerkschaft werden; die IG Metall hat dazu 2015 ihre Satzung entsprechend angepasst, da Firmen aus dem Organisationsbereich der IG Metall einzelne Teilprojekte auf Plattformen ausschreiben.

Da es weder gesetzliche noch tarifliche Regelungen für »Crowdworker« gibt, hat sich die IG Metall zusammen mit verschiedenen Plattformen und dem deutschen Crowd-Sourcing-Verband an der Erstellung eines Regelwerks beteiligt (»code of conduct«), in dem verschiedene Dinge wie faire Bezahlung, klare Aufgabenbeschreibung und ausreichende Zeitplanung, ein geregelter Abnahmeprozess usw. thematisiert werden. Zusammen mit verschiedenen Plattformen und dem Verband hat die IG Metall eine Ombudsstelle eingerichtet, an die sich »Crowdworker« bei Verstößen wenden können. Diese Stelle ist paritätisch besetzt und wird von einer neutralen Arbeitsrichterin geleitet.

Bei allen technologischen und arbeitsorganisatorischen Entwicklungen stellt sich für Betriebsräte und Vertrauensleute die Frage, wie sie darauf reagieren sollen. Es gibt nicht »die eine« Entwicklung; die oben geschilderten Ansätze können in einem Unternehmen in verschiedenen Bereichen zeitlich parallel auftreten. Zunächst empfiehlt sich eine systematische, betriebsbezogene Analyse über die zukünftige Entwicklung im Betrieb und im Unternehmen (vgl. die oben erwähnte »Betriebslandkarte Arbeit und Industrie 4.0«). Dazu kann der Betriebsrat der Unternehmensleitung einen Katalog mit gezielten und systematischen Fragen vorlegen. Die Betriebsbeauftragten der regionalen Gewerkschaften können beratend tätig werden und gegebenenfalls auch Kontakte zu arbeitnehmerorientierten Wissenschaftlern und zu Spezialisten der Gewerkschaft vermitteln.

Nach einer entsprechenden Analyse ist zu prüfen, was möglicherweise im Betrieb neu zu regeln ist. Dabei hat die Erfahrung bei der Einführung früherer Technologiesprünge gezeigt, dass es *nicht sinnvoll ist, »Technologie zu regeln«, sondern Regelungen zu den sieben Kernelementen des Arbeitsverhältnisses (vgl. Kapitel 3) zu treffen* und bei Bedarf bestehende Regelungen anzupassen und zu ergänzen. Hier muss geprüft werden, ob Betriebsvereinbarungen und Regelungen geändert werden müssen und ob neue hinzukommen müssen. Unabhängig vom jeweiligen technologischen Niveau ist für die Regelung der Arbeit die Ausgestaltung der sieben Elemente des Arbeitsverhältnisses entscheidend; dies gilt auch für »Arbeit 4.0«, insbesondere für die Themenfelder Entgelt, Arbeitszeit, Arbeitspensum, die Arbeitsbedingungen und die Qualifizierung (vgl. Kapitel 18.12).

8.10 Zukunft der Arbeit: Kommission des DGB

Da sich in der Arbeitswelt der Zukunft mehrere grundlegende Änderungen abzeichnen, hat der DGB im Jahr 2016 eine *Expertenkommission* aus Gewerkschafter*innen, Betriebsräten, Wissenschaftler*innen und Unternehmensvertreter*innen gebildet, deren Ergebnisse 2017 veröffentlicht wurden. Die »großen Themen«, die untersucht wurden, waren: Digitalisierung, demografischer Wandel, Feminisierung und Wertewandel. Die Kommission formulierte dazu folgende »Mission«: »Wie münden technische Innovationen in sozialen Fortschritt, der möglichst vielen Menschen zugutekommt? Die Prämisse, die allen Überlegungen der Kommission zugrunde liegt, ist, dass der Wandel der Arbeitswelt keine zwangsläufige Folge der Technikentwicklung ist, sondern gesellschaftlich und politisch beeinflussbar ist.«

Der Vorsitzende des DGB, Reiner Hoffmann, der die Kommission mit leitete, hält fest: »Sicherheit ist das Entscheidende. Wir müssen den Menschen die Sicherheit geben, dass die Transformation gelingt, ohne dass sie langzeitarbeitslos werden, auf Hartz IV angewiesen sind, ihnen Altersarmut droht. … Die These von der disruptiven Entwicklung, also von der vollständigen Verdrängung bisheriger Produktionsweisen im Zuge der Digitalisierung, war mir immer viel zu reißerisch, zu skandalträchtig. Und ich bin auch nach wie vor überzeugt, dass da nichts zusammenbricht. Doch die Halbwertzeit von technologischen Innovationen wird immer kürzer, es findet eine rasante Beschleunigung statt. Dabei kann es in bestimmten Bereichen sicherlich auch so etwas wie Disruptionen geben. Das habe ich aus der Arbeit der Kommission mitgenommen, darüber lohnt es sich, weiter nachzudenken.«

Die wissenschaftliche Leiterin der Kommission, Prof. Kerstin Jürgens, brachte ein überraschendes Fazit der Kommission zum Ausdruck: »Am Ende gab es ein klares Bekenntnis der Wissenschaftler zu Mitbestimmung und Tarifbindung, weil die als Garanten für eine nachhaltige Gestaltung der Arbeitswelt wirken.« Der Bericht der Kommission ist online abrufbar unter: *www.arbeit-der-zukunft.de*. Parallel dazu entwickelte das Bundesministerium für Arbeit und Soziales im November 2016 ein *»Weißbuch – Arbeiten 4.0«* (vgl. bmas.de).

8.11 Gute Bildung für alle!

Gute Bildung ist entscheidend für ein selbstbestimmtes Leben. Dies beginnt in Kindertagesstätten und der Grundschule, geht über weitergehende Schulen bis zur Ausbildung an Universitäten. Eine gute Berufsausbildung im Betrieb, an Berufsschulen und an Hochschulen erhöht die Chancen, gute und qualifizierte Arbeitsplätze mit guter Bezahlung zu finden. *Politische Bildung* eröffnet Chancen, sich an der demokratischen Willensbildung qualifiziert beteiligen zu können, eigene Interessen zu formulieren und diese gemeinsam mit anderen durchzusetzen – sei es in Gewerkschaften, Parteien oder Bürgerinitiativen.

Die Gewerkschaften setzen sich für ein sozial gerechtes Bildungssystem ein. Denn nach wie vor werden bestimmte Gruppen im deutschen Bildungssystem benachteiligt. Ein entscheidender Punkt für die Bildungschancen ist die Ausbildung der Eltern. *Je besser die Ausbildung der Eltern ist, desto größere Chancen haben deren Kinder.* Über die Hälfte der Studierenden an Hochschulen haben Eltern, die ebenfalls einen Hochschulabschluss haben. Nur ein geringer Anteil der Studierenden kommt aus Elternhäusern, in denen die Eltern über einen Hauptschulabschluss nicht hinausgekommen sind. Zahlreiche Untersuchungen haben dies nachgewiesen; die Ergebnisse der 21. Sozialerhebung des Deutschen Studentenwerkes aus dem Jahr 2016 sind in Übersicht 8-14 wiedergegeben. In den Studien wurde auch nachgewiesen, dass Kinder, deren Eltern nach Deutschland eingewandert sind, schlechtere Chancen im deutschen Bildungssystem haben.

Gewerkschaften fordern eine gerechte Verteilung von Bildungschancen. Dies beginnt z.B. mit dem Recht auf gebührenfreie Kita- und Hortplätze. Sie fordern, dass die Schüler*innen nicht bereits nach der 4. Klasse auf Hauptschulen, Realschulen und Gymnasien verteilt werden. Stattdessen fordern sie, dass alle bis zur 10. Klasse gemeinsam unterrichtet werden. Die *integrierten Gesamtschulen und Ganztagsschulen* ermöglichen dies besser als andere Schulformen. Um auch Jugendlichen aus Familien mit niedrigem Einkommen ein Studium zu ermöglichen, war es wichtig, die Studiengebühren abzuschaffen, die in vielen Bundesländern erhoben wurden. In Niedersachsen hatte die CDU-FDP-Regierung beispielsweise Studiengebühren von ca. 500 Euro pro Semester eingeführt. In einer breit angelegten Aktion der IG Metall wurden innerhalb kurzer Zeit über 17.000 Unterschriften gesammelt – von Studierenden und Beschäftigten aus den Betrieben. Die Aktion lag mitten im Landtagswahlkampf des Jahres 2012 und die neue rot-grüne Landesregierung schaffte als eine ihrer ersten Maßnahmen die Studiengebühren ab.

Angesichts der niedrigen Wahlbeteiligung bei Bundestags- und Landtagswahlen kommt der Förderung der politischen Bildung eine hohe Bedeutung zu. Dazu gibt es in der Mehrheit der Bundesländer für die Beschäftigten einen Anspruch auf fünf Tage Freistellung (»Bildungsurlaub«). Im Bund und in fast allen Bundesländern arbeiten Bundes- bzw. Landeszentralen für politische Bildung.

Zahlreiche gewerkschaftliche Initiativen setzen sich für eine Verbesserung der Qualität der Ausbildung ein – und zwar in den allgemeinbildenden Schulen, in der dualen Berufsausbildung im Betrieb und den Berufsschulen sowie an den Hochschulen. Für eine Reform des Berufsbildungsgesetzes (BBIG) haben die Gewerkschaften sehr konkrete Forderungen formuliert (vgl. Kapitel 10.3 und Übersicht 10-2).

Es gibt zahlreiche Beschäftigte, die länger als zehn Jahre in einem Betrieb arbeiten und denen nicht eine einzige Weiterbildungsmaßnahme angeboten wurde. Dies trifft

Übersicht 8-14: Soziale Herkunft der Studierenden (Ausbildung der Eltern)

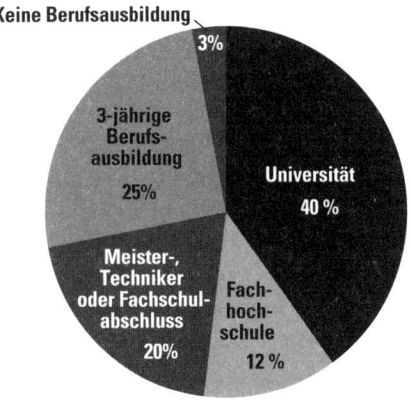

überwiegend auf Beschäftigte in den unteren Entgeltgruppen zu. Deswegen fordern die Gewerkschaften den Ausbau der beruflichen Weiterbildung für alle Beschäftigten. Dazu bestehen Mitbestimmungsrechte der Betriebsräte in den §§ 96-98 BetrVG und in der Metallindustrie Tarifverträge zur Qualifizierung und zur Bildungsteilzeit (vgl. Kapitel 18.10).

Angesichts der weiteren technologischen Entwicklung stellen sich für die Berufsausbildung neue Herausforderungen – vgl. dazu das vorherige Kapitel »Industrie 4.0 = Arbeit 4.0?«. Bestehende Ausbildungsberufe und Studiengänge müssen auf ihre Zukunftsfähigkeit überprüft und weiterentwickelt werden. Neue Berufsbilder entstehen. In den Betrieben müssen allen Beschäftigten Weiterbildungsmöglichkeiten eröffnet werden, um auf die neuen technologischen Entwicklungen vorbereitet zu sein.

8.12 Gemeinsam für Demokratie, Frieden und Menschenrechte

Die Gewerkschaften setzen sich von ihrem grundsätzlichen Selbstverständnis für die Festigung der Demokratie, für die Gleichstellung aller Menschen sowie für Frieden und Abrüstung ein. In ihrer Geschichte haben sich Gewerkschaften immer für diese Themen engagiert, haben zu Protestaktionen aufgerufen oder sich daran beteiligt. Dazu arbeiten sie themenbezogen auch mit Bürgerinitiativen und NGOs zusammen (*NGO = Non-Government-Organisationen*; d.h. regierungsunabhängige Organisationen wie z.B. Amnesty International, attac, BUND u.a.).

Gemeinsam gegen rechts!
Die Gewerkschaften treten für eine demokratische und freiheitliche Gesellschaft ein, in der für alle Menschen die demokratischen Grundrechte wie z.B. Presse- und Versammlungsfreiheit ebenso garantiert werden wie die Menschenrechte. Diese Aussage

SAGE NEIN!

Wenn sie jetzt ganz unverhohlen
Wieder Nazi-Lieder johlen,
Über Juden Witze machen,
Über Menschenrechte lachen,
Wenn sie dann in lauten Tönen
Saufend ihrer Dummheit frönen,
Denn am Deutschen hinterm Tresen
Muss nun mal die Welt genesen,
Dann steh auf und misch dich ein:
Sage nein!

Meistens rückt dann ein Herr Wichtig
Die Geschichte wieder richtig,
Faselt von der Auschwitzlüge,
Leider kennt man's zur Genüge –
Mach dich stark und misch dich ein,
Zeig es diesem dummen Schwein:
Sage nein!

Ob als Penner oder Sänger,
Banker oder Müßiggänger,
Ob als Priester oder Lehrer,
Hausfrau oder Straßenkehrer,
Ob du sechs bist oder hundert,
Sei nicht nur erschreckt, verwundert,
Tobe, zürne, misch dich ein:
Sage nein!

Und wenn aufgeblasene Herren
Dir galant den Weg versperren
Ihre Blicke unter Lallen
Nur in Deinen Ausschnitt fallen.
Wenn sie prahlen von der Alten,
Die sie sich zu Hause halten,
Denn das Weib ist nur was wert
Wie dereinst an Heim und Herd,
Tritt nicht ein in den Verein,
Sage nein!

Und wenn sie in deiner Schule
Plötzlich lästern über Schwule,
Schwarze Kinder spüren lassen,
Wie sie andre Rassen hassen,
Lehrer, anstatt auszusterben,
Deutschland wieder braun verfärben,
Hab dann keine Angst zu schrein:
Sage nein!

Ob als Penner oder Sänger,
Bänker oder Müßiggänger,
Ob als Priester oder Lehrer,
Hausfrau oder Straßenkehrer,
Ob du sechs bist oder hundert,
Sei nicht nur erschreckt, verwundert,
Tobe, zürne, misch dich ein:
Sage nein!

Konstantin Wecker, Sänger

mag vielen als Selbstverständlichkeit erscheinen. Angesichts der rechtsextremen Strömungen in Deutschland erhält sie eine ungeahnte Aktualität. In Befragungen haben Wissenschaftler herausgefunden, dass seit vielen Jahren bei ca. 15 bis 20% der Bevölkerung rechtsextremes Gedankengut in unterschiedlicher Form festzustellen ist. Dies wird teilweise nicht offen geäußert. Seit vielen Jahren wird dieses Gedankengut von der Nationaldemokratischen Partei Deutschlands (NPD) offen propagiert. Die Wahlerfolge der NPD waren allerdings so gering, dass sie nur in einige Länderparlamente einzog. Daneben entwickelten sich unabhängige neonazistische Organisationen wie »Schwarze Kameradschaften« u.a. Die Gewerkschaften haben über viele Jahre konsequent gegen die NPD Stellung bezogen und Anti-NPD-Demonstrationen anlässlich von

Übersicht 8-15: Werte der Gewerkschaften und Werte der Rechtsextremen

Werte der Gewerkschaften	Werte der Rechtsextremen
Demokratie und Garantie der Grundrechte und Menschenrechte	Autoritäre Staatsformen, bis hin zur Diktatur
Internationale Zusammenarbeit in Europa und der Welt	Starke Betonung der Nation (»Deutschland den Deutschen!«)
Solidarisches und respektvolles Zusammenleben von Deutschen, Ausländer*innen, Migrant*innen und Flüchtlingen. Grundrecht auf Asyl.	Ausländerfeindlichkeit. Abschottung von Deutschland gegen Zuwanderung von Ausländern. Unterschiedliche Wertigkeit von Kulturen
Freiheit und Respekt für alle Religionen	Judenfeindlichkeit (Antisemitismus) und Islamfeindlichkeit
Solidarität der »Starken« und der »Schwachen«	Recht der »Starken« zur Unterdrückung der »Schwachen«
Alle Menschen haben gleiche Rechte	Abwertung und Ungleichbehandlung von Schwulen und Lesben, aber auch von Obdachlosen, Behinderten und Langzeitarbeitslosen
Verurteilung des Nationalsozialismus (Antifaschismus). Gedenken an die Verbrechen und die Opfer des Nationalsozialismus	Verharmlosung bis hin zur Verherrlichung des Nationalsozialismus. Nutzung von offenen und verdeckten Nazi-Symbolen

Parteitagen organisiert oder unterstützt. Die IG Metall forderte viele Jahre ein Verbot der NPD. Nach dem Urteil des Bundesverfassungsgerichts wurde die NPD zwar nicht verboten, aber die Möglichkeit eröffnet, dass diese Partei nicht mit Staatsgeldern unterstützt wird. Dies hat der Bundestag genutzt, sodass die NPD zukünftig keine staatliche Wahlkampfunterstützung mehr erhält. Der Vorstand der IG Metall hat schon vor vielen Jahren beschlossen, dass eine Mitgliedschaft in der NPD mit der Mitgliedschaft in der IG Metall unvereinbar ist. Die relative Bedeutung der NPD in der rechten Szene hat in den letzten Jahren abgenommen.

Infolge der Kriegssituation in Syrien, im Irak, in Afghanistan und Somalia nahm die Zahl der Menschen zu, die ihr Heimatland verließen und nach Deutschland und Europa flüchteten. Die hohe Zahl der geflüchteten Menschen aus überwiegend muslimischen Ländern überforderte im Jahr 2015 teilweise die Kommunen und löste bei etlichen Menschen Befürchtungen aus. In dieser Situation entstanden rechte Organisationen, die teilweise skurrile Namen hatten, wie z.B. PEGIDA = »Patriotische Europäer gegen die Islamisierung des Abendlandes«. Nicht nur in Dresden demonstrierten monatelang Tausende von Menschen. Deren Proteste richteten sich nicht nur gegen die geflüchteten Menschen und die Flüchtlingspolitik der Bundesregierung, sondern formulierte grundsätzliche Positionen gegen die freiheitliche Demokratie (»Lügenpresse«, »Deutschland den Deutschen«). Diese Protestbewegung wurde verdeckt und offen von einer neu entstandenen rechten Partei unterstützt: der AfD, der Alternative für Deutschland. Ihr gelang es, in mehrere Landesparlamente einzuziehen und bei der Bundestagswahl im September 2017 12,6% der Stimmen zu erzielen. In der AfD finden sich nationalistische und europafeindliche Personen, aber auch offen rechtsextrem auftretende Parteimitglieder, die aus ihrer Nähe zu anderen rechtsextremen Organisationen keinen Hehl machen.

Alle Gewerkschaften haben klar und unmissverständlich gegen die AfD und Organisationen wie PEGIDA Stellung bezogen, Demonstrationen gegen diese Gruppen organisiert oder sich in Bündnissen daran beteiligt. Sie machen deutlich, dass die Werte der Gewerkschaften mit den Werten der Rechtsextremen nichts zu tun haben, ja auf das Gegenteil hinauslaufen (vgl. Übersicht 8-15). In der Auseinandersetzung mit *Wähler*innen* der AfD setzen Gewerkschaften auf das Konzept »*Klare Kante und offene Tür!*«: Es wird konsequent gegen die AfD argumentiert, ihren Wähler*innen werden gleichzeitig inhaltliche Alternativen zu den Positionen der AfD angeboten.

Neben eigenen Aktivitäten, insbesondere auch der Gewerkschaftsjugend, unterstützen die Gewerkschaften den Verein »*Mach meinen Kumpel nicht an*« (gelbehand.de). Die IG Metall startete eine Initiative unter dem Motto »*Respekt! Kein Platz für Rassismus*« *(respekt.tv)*. In vielen Betrieben organisierten Betriebsräte und Vertrauensleute, dass ein Schild mit dem Namen der Initiative am Werkseingang angebracht wurde.

Da rechtsextreme Parteien bis heute die Zeit des Nationalsozialismus relativieren oder sogar verherrlichen, kommt Gedenkveranstaltungen für die Opfer der Nazi-Zeit eine hohe Bedeutung zu. In vielen Regionen organisieren die Gewerkschaften zusammen mit anderen Gruppen Veranstaltungen am *8. Mai – dem Tag der Befreiung vom Faschismus* und dem Ende des Zweiten Weltkrieges 1945.

Für eine menschliche Zuwanderungs- und Flüchtlingspolitik
Deutschland ist ein Zuwanderungsland – schon seit langer Zeit. Dies gerät in der aktuellen Debatte über Flüchtlings- und Zuwanderungspolitik häufig in Vergessenheit. Schon in der Zeit um 1880 wanderten hunderttausende Polen aus und fanden Arbeit im Ruhrgebiet. In den Jahren nach 1945 kamen Millionen Flüchtlinge bzw. Vertriebene aus den ehemaligen deutschen Ostgebieten in die entstehende Bundesrepublik bzw. in die DDR. In den 1960er Jahren fanden Millionen Menschen aus Italien, der Türkei, aus Griechenland, Spanien und anderen südeuropäischen Ländern Arbeit in der Bundesrepublik. In all diesen Phasen war die erste Zeit für die Zugewanderten und die hier Lebenden nicht einfach und widerspruchsfrei, auch nicht in den Betrieben. Beide Seiten mussten sich aneinander gewöhnen und für die anderen Werte und Lebensweisen Respekt entwickeln. Es gab aber teilweise offene Ausländerfeindlichkeit. Ohne die Schwierigkeiten zu beschönigen, kann festgestellt werden, dass die Integration der zugewanderten Menschen in diesen Zeiten erfolgreich war.

Ein wichtiger Aspekt war die Integration in den Betrieben, bei der die Gewerkschaften und Betriebsräte hervorragende Arbeit geleistet haben. Heute arbeiten im Betrieb Menschen, deren Eltern und Großeltern aus Polen, der Türkei oder Italien nach Deutschland kamen, solidarisch zusammen. Darüber hinaus wurde das alltägliche Leben vielfältiger, unterschiedliche Kulturen leisteten dazu ihren Beitrag. Heute finden sich nicht nur Leberkäse und rheinischer Sauerbraten, sondern auch Pizza, Gyros und Döner auf den Speisekarten der Restaurants. Im Kader der deutschen Nationalmannschaft spielen nicht nur Müller und Neuer, sondern auch Lewandowski, Özil und Boateng. Diese Vielfalt der Kulturen, auch multikulturelle Gesellschaft genannt, sieht heute die große Mehrheit als eine Bereicherung des Lebens an.

In den Jahren 2015 und 2016 flüchteten viele Menschen vor Gewalt und Krieg, beispielsweise aus Syrien, dem Irak und Afghanistan. Die große Zahl der flüchtenden Menschen stellt die deutsche Gesellschaft vor eine große Bewährungsprobe. Viele Menschen halfen mit, die Geflüchteten zunächst mit dem Notwendigsten zu versorgen. Bei anderen löste die hohe Zahl der Geflüchteten Ängste aus, die rechtsextreme Parteien wie die AfD schamlos für ihre Ziele ausnutzten.

Die Gewerkschaften fordern verstärkte Anstrengungen zur Integration derjenigen geflüchteten Menschen, die dauerhaft in Deutschland bleiben wollen. Neben der Vermittlung von guten Kenntnissen der deutschen Sprache müssen den geflüchteten Menschen Chancen eröffnet werden, in den Betrieben gute Arbeit zu finden. Die aktuelle Erfahrung hat gezeigt, dass dafür umfangreiche Vorqualifizierungen erforderlich sind, an die sich eine Berufsausbildung anschließt. Zusammen mit den Agenturen für Arbeit wurden dazu konkrete Programme entwickelt. Letztlich stehen die Unternehmer in der Verantwortung, geflüchteten Menschen qualifizierte Arbeit anzubieten. 2015 beschloss dazu der Gewerkschaftstag der IG Metall: »Deutschland ist ein Einwanderungsland und profitiert wirtschaftlich, sozial und kulturell von der Zuwanderung. Deshalb tritt die IG Metall für die Entwicklung eines zeitgemäßen, unbürokratischen und sozialen Gesamtkonzepts ein, das Einwanderern und ihren Familien
- eine langfristige und sichere Perspektive auf einen Aufenthalt in Deutschland ermöglicht;
- einen möglichst unkomplizierten und zügigen Zugang in das Bildungs- und Ausbildungssystem und den Arbeitsmarkt eröffnet;
- die Anerkennung ausländischer Berufsabschlüsse und Bildungsabschlüsse vereinfacht und
- Mehrstaatlichkeit generell zulässt.

Darüber hinaus setzen wir uns auch für ein menschenwürdiges Asylrecht sowie die Rechte von Flüchtlingen ein.« (Entschließung 1)

Für Frieden und Abrüstung!
Die Gewerkschaften treten seit ihrer Gründung für Frieden und Abrüstung und gegen Krieg ein. Bereits in den 1950er Jahren protestierten Gewerkschafter*innen gegen die atomare Aufrüstung (»Kampf dem Atomtod«) und beteiligten sich an Ostermärschen für den Frieden. Sie waren aktiver Teil der Friedensbewegung in den 1980er Jahren gegen den NATO-Doppelbeschluss zur Installation von amerikanischen Pershing-II-Raketen und Cruise-Missiles ebenso wie gegen russische SS-20-Raketen. Gegen beide Kriege im Irak haben sich Gewerkschafter*innen an Demonstrationen beteiligt. Die IG Metall tritt für eine aktive Friedenspolitik ein und beschloss auf ihrem Gewerkschaftstag 2015: »Die Außen- und Sicherheitspolitik Deutschlands muss sich im Bewusstsein der historischen Verantwortung für Frieden in der Welt und insbesondere in

WOZU SIND KRIEGE DA?

»Keiner will sterben, das ist doch klar
wozu sind denn dann Kriege da?
Herr Präsident, du bist doch einer von diesen Herren
du musst das doch wissen
kannst du mir das mal erklären?
Keine Mutter will ihre Kinder verlieren
und keine Frau ihren Mann.
Also warum müssen Soldaten losmarschieren
Um Menschen zu ermorden – mach mir das mal klar
wozu sind Kriege da?

Herr Präsident, ich bin jetzt zehn Jahre alt
und ich fürchte mich in diesem Atomraketenwald.
Sag mir die Wahrheit, sag mir das jetzt
wofür wird mein Leben aufs Spiel gesetzt?
Und das Leben all der andern – sag mir mal warum
sie laden die Gewehre und bringen sich gegenseitig um
sie stehn sich gegenüber und könnten Freunde sein
doch bevor sie sich kennenlernen, schießen sie sich tot
Ich find das so bekloppt, warum muss das so sein?

Habt ihr alle Milliarden Menschen überall auf der Welt
gefragt, ob sie das so wollen
oder geht's da auch um Geld?
Viel Geld für die wenigen Bonzen,
die Panzer und Raketen bauen
und dann Gold und Brillanten kaufen
für ihre eleganten Frauen
oder geht's da nebenbei auch um so religiösen Mist
dass man sich nicht einig wird
welcher Gott nun der wahre ist?

Oder was gibt's da noch für Gründe
die ich genauso bescheuert find'
na ja, vielleicht kann ich's noch nicht verstehen
wozu Kriege nötig sind
ich bin wohl noch zu klein
ich bin ja noch ein Kind.«

Udo Lindenberg, Rockmusiker, Panik Orchester

Europa einsetzen. Daher lehnen wir jegliche politischen Handlungen und Entscheidungen, die Konflikte und Kriege befördern, sowie die Verfolgung von geopolitischen Interessen unter dem Vorwand der humanitären Hilfe ab und setzen uns für konfliktlösende Aktivitäten ein.« (Entschließung 1) Auslandseinsätze der Bundeswehr werden nur dann akzeptiert, wenn sie durch ein Votum des UN-Sicherheitsrats legitimiert sind.

Für die IG Metall existiert dadurch eine schwierige Situation, dass in der deutschen *Rüstungsindustrie* über 200.000 Menschen ihren Arbeitsplatz finden, von denen ein großer Teil in der IG Metall organisiert ist. Hier stehen sich die Interessen nach Abrüstung und dem Erhalt der Arbeitsplätze in den Rüstungsbetrieben gegenüber. Einfache und widerspruchsfreie Lösungen sind dabei schwierig zu erarbeiten. Die IG Metall fordert konkrete Projekte zur *Rüstungskonversion*, d.h. der Umstellung der Produktion von Waffen auf zivile Produkte. Als ein Zwischenschritt werden Projekte zur *Diversifizierung* (Verbreiterung des Produktspektrums) vorgeschlagen, um zusätzlich auch zivile Produkte herzustellen und dabei das Know-how dieser Betriebe im Hochtechnologiebereich zu nutzen. Zur Unterstützung derartiger Projekte fordert die IG Metall einen entsprechenden staatlichen Fonds. Der Gewerkschaftstag beschloss 2015: »Der IG Metall-Vorstand entwickelt mit den Vertrauensleuten und Betriebsräten aus wehrtechnischen Betrieben sowie den betroffenen Geschäftsstellen einen Leitfaden zur Diversifikation und Konversion. Dabei sind die Erfahrungen der 80er und 90er Jahre aufzunehmen.«

In den letzten Jahren haben weltweit Konflikte und Kriege zugenommen. Auch durch die Änderung der US-amerikanischen Außen- und Rüstungspolitik durch Präsident Donald Trump besteht die Gefahr, dass die Rüstungsausgaben, nicht nur in den USA, sondern auch in Europa und Deutschland massiv steigen werden. Die USA geben 3,3% ihres Bruttoinlandsprodukts (BIP) für Rüstung aus, Deutschland immerhin 1,2%. Die US-Regierung und die NATO drängen darauf, dass *alle NATO-Länder ihre Rüstungsausgaben auf mindestens 2% des BIP erhöhen sollen*. Für Deutschland würde dies bedeuten, dass sich die Rüstungsausgaben von ca. 37 Milliarden auf über 62 Milliarden Euro pro Jahr erhöhen würden. Eine Steigerung um 25 Milliarden Euro oder 67%! Dieser gewaltige Mehrbetrag könnte nur durch massive Steuererhöhungen oder drastische Einschnitte im Nicht-Rüstungsbereich erfolgen. Es ist offensichtlich, dass der Erhöhungsbetrag von 25 Milliarden Euro sinnvoller in Bildung, Gesundheit und Infrastrukturmaßnahmen zu investieren ist als in Rüstungsmaßnahmen. In der *Koalitionsvereinbarung* von CDU/CSU und SPD vom Frühjahr *2018* ist zu diesem Thema vereinbart worden, dass die Haushaltspolitik auch »dem Zielkorridor der Vereinbarungen in der NATO folgen« wird (vgl. Koalitionsvertrag 2018, Kapitel 12, Zeilen 6879 bis 6880). Auch vor diesem Hintergrund ist es notwendig, dass die Gewerkschaften die Begrenzung der Rüstungsausgaben wieder stärker thematisieren, wie sie es schon häufig in ihrer Geschichte getan haben.

8.13 Wirtschaftsdemokratie oder soziale Marktwirtschaft?

Als im Jahr 2008 mit der Pleite der amerikanischen Bank »Lehman Brothers« die größte Finanz- und Wirtschaftskrise seit 1929 begann, stellten viele die Frage: Wie konnte es dazu kommen? Schnell war man sich einig, dass die Umsetzung der Konzeptionen des *Neoliberalismus* und des *Finanzmarktkapitalismus* die eigentlichen Ursachen waren. Diese Konzeptionen hatten auf eine weitgehende Privatisierung aller staatlichen Unternehmen und Dienstleistungen gesetzt, auf den weitgehenden Rückzug des Staates aus der Regulierung der Wirtschaft, auf eine unregulierte Marktwirtschaft und insbesondere auf unregulierte Finanzmärkte. Alles sollte der Logik der »freien« Märkte untergeordnet werden. Die geforderten Kapitalrenditen schnellten in ungeahnte Höhen, die nicht nur langfristig, sondern kurzfristig (in jedem Quartal) zu erzielen waren. Kritiker fragten in dieser Zeit zynisch: »Gibt es ein ökonomisches Menschenrecht auf 14% Rendite des Eigenkapitals?«, wurden aber nicht gehört. Durch riskante Finanzierungsmodelle, sogenannte Verbriefungen von »faulen Krediten«, wurde die Profitorientierung immer weitergetrieben, bis die Blase platzte und die große Wirtschafts- und Finanzkrise ihren Lauf nahm.

Neben der Frage »Wie konnte es dazu kommen?«, wurde schrittweise auch über Alternativen zum Finanzmarktkapitalismus diskutiert. Während die beiden großen Parteien CDU und SPD das Konzept der »sozialen Marktwirtschaft« als Alternative sehen, wurde in den Gewerkschaften über das weitergehende Konzept der »Wirtschaftsdemokratie« debattiert.

Das *Konzept der sozialen Marktwirtschaft* wurde schon im Jahr 1946 entwickelt und in den 1950er Jahren vor allem von CDU-Politikern in die wirtschaftspolitische

Übersicht 8-16: Schematische Darstellung des Konzeptes der Wirtschaftsdemokratie

Ziele:
- Gute Arbeit für alle
- ökologische, nachhaltige Wirtschaft
- Verteilungsgerechtigkeit
- Gute Bildung für alle

Eckpunkte:
- Gestaltender Staat in der Wirtschaft
- Erweiterte Mitbestimmung
- Kombination von öffentlichem und privatem Eigentum an Unternehmen

Voraussetzungen:
- Politische Demokratie
- Sozialstaat
- Tarifautonomie

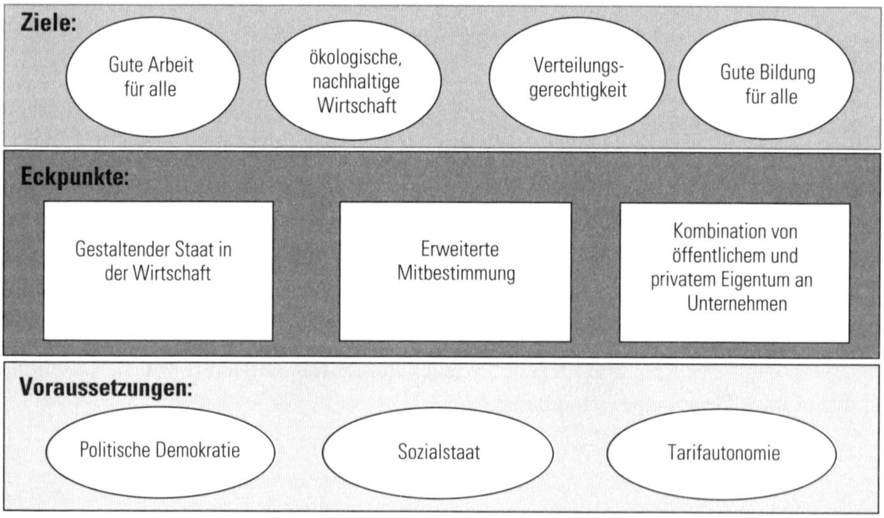

Debatte eingebracht. Die Diskussion wurde stark vom CDU-Wirtschaftsminister und späteren Bundeskanzler Ludwig Erhard geprägt. Romantisch verklärend wird Erhard auch als »Vater der sozialen Marktwirtschaft« bezeichnet. Das Konzept setzte auf die weitgehend unregulierte Marktwirtschaft und das Privateigentum an den Unternehmen. Im Unterschied zur klassischen Marktwirtschaft sollte durch den Zusatz »sozial« deutlich gemacht werden, dass der Staat auch für sozialen Ausgleich sorgen sollte. *Gewerkschaften oder die Mitbestimmung der Beschäftigten in den Betrieben kamen in diesem Konzept dagegen nicht vor.*

Es war auch gedacht als Gegenmodell der gewerkschaftlichen Vorstellungen über einen demokratischen Sozialismus, der in der damaligen Zeit viele Sympathien hatte. Schon allein aus diesen Gründen kann diese Konzeption kein Konzept der Gewerkschaften sein. Dies gilt umso mehr, als heute eine »Initiative Neue Soziale Marktwirtschaft« in der Öffentlichkeit Kampagnen startet und in den Medien Anzeigen schaltet. Bei näherem Hinsehen wird deutlich, dass es sich hierbei um eine Organisation handelt, die ausschließlich vom Arbeitgeberverband »Gesamtmetall« finanziert wird und dessen Interessen in der Öffentlichkeit vertritt (vgl. Kapitel 1.10).

Im Unterschied zum Konzept der »sozialen Marktwirtschaft« betont das *Konzept der Wirtschaftsdemokratie*:
- die Notwendigkeit, dass der Staat regulierend in die Wirtschaft eingreift;
- die Ausweitung der Mitbestimmung in den Betrieben und Unternehmen und

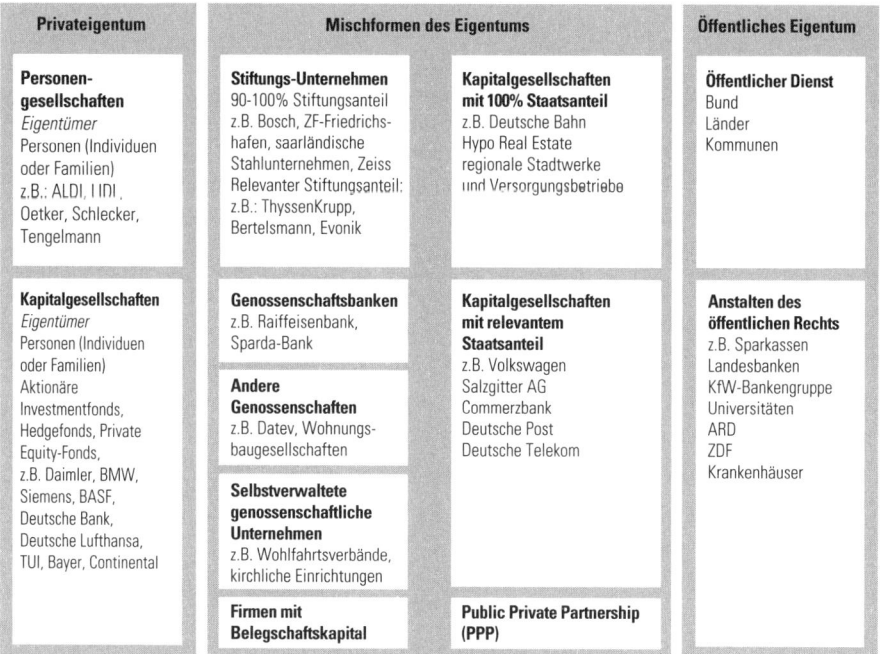

Übersicht 8-17: Vielfältige Eigentumsformen von Unternehmen und Banken

- gemischte Eigentumsformen an den Unternehmen, sowohl als Privateigentum als auch öffentliches Eigentum und Mischformen wie z.B. Stiftungen und Genossenschaften.

Neben diesen drei Eckpunkten der Wirtschaftsdemokratie kommen als Voraussetzungen die politische Demokratie, der Sozialstaat und die Tarifautonomie hinzu (vgl. Übersicht 8-16). Als infolge der großen Wirtschaftskrise in den Jahren 2008 und 2009 eine CDU/CSU-geführte Bundesregierung die Eigentümer der Bank »Hypo Real Estate« nach Artikel 15 GG enteignete und an der privaten Commerzbank einen Anteil von über 25% erwarb, wurde deutlich, dass eine Privatisierung öffentlicher Unternehmen, wie z.B. der Deutschen Bahn, nicht der richtige Weg ist. Es gilt die Vielfalt der Eigentumsformen zu erhalten und auszubauen (vgl. Übersicht 8-17).

Mit den genannten Zielrichtungen steht das Konzept der *Wirtschaftsdemokratie* auch gegen ein Modell von Wirtschaft und Gesellschaft, das als *Neoliberalismus* bezeichnet wird. Dieses Modell steht u.a. für eine sehr schwache Regulierung der Wirtschaft, die sich auf das Notwendigste beschränkt und ansonsten die Wirtschaft dem »freien Spiel der Märkte« überlässt. Steuern und Sozialabgaben sollen minimiert werden. Statt der Prinzipien des Sozialstaates soll stärker private Vorsorge durch die einzelnen Menschen betrieben werden. Gefordert wird zudem, die Mitbestimmungsrechte der Betriebsräte, der Gewerkschaften und der Arbeitnehmervertreter*innen im Aufsichtsrat einzuschränken. Die Vertreter des Neoliberalismus treten auch für die Privatisierung von staatlichem bzw. halbstaatlichem Eigentum an Unternehmen ein. Auch wenn das Konzept des Neoliberalismus nach der großen Finanzkrise in Deutschland ein Stück weit auf dem Rückzug ist, muss doch gesehen werden, dass es in vielen EU-Ländern und auch in zahlreichen Maßnahmen der Brüsseler EU-Bürokratie weiterhin einen hohen Einfluss hat.

Debatten über die Frage »Wirtschaftsdemokratie oder soziale Marktwirtschaft?« werden meistens zu Krisenzeiten aktuell, während sie in Zeiten einer stabilen wirtschaftlichen Entwicklung leicht in Vergessenheit geraten. Es ist auch Aufgabe der Gewerkschaften, diese Debatte voranzutreiben und Wirtschaftsmodelle jenseits der heutigen Wirtschaftsordnung zu entwickeln.

8.14 Generalstreik?

Bei großen gesellschaftspolitischen Konflikten, z.B. bei der Aufstellung von Mittelstreckenraketen in Europa, der Lohnfortzahlung im Krankheitsfall, der Agenda 2010 und der Rente mit 67, kommt hin und wieder lautstark der Ruf nach einem Generalstreik auf. Darunter versteht man einen Streik, bei dem alle Beschäftigten aller Branchen die Arbeit niederlegen und so die Wirtschaft und das öffentliche Leben lahmlegen. Dadurch soll Druck auf die Unternehmer bzw. die Regierung aufgebaut werden, um geplante Maßnahmen zurückzunehmen. Auch wenn die Rufer nach einem Generalstreik manchmal spontanen Beifall erhalten, sind aus guten Gründen in Deutschland

Generalstreiks kein Mittel der Gewerkschaften – mit der Ausnahme des Widerstandsrechtes nach Artikel 20, Abs. 4 GG. In anderen Ländern wie z.B. Frankreich und Italien sind Generalstreiks üblich, dauern aber meistens nur einen Tag; insofern sind sie dort Protestaktionen, aber keine unbefristete Aktion.

Folgende Gründe sprechen gegen das Mittel des Generalstreiks:
- Streiks zu politischen Themen sind in Deutschland rechtswidrig. Dies ergibt sich aus einem umstrittenen, aber rechtsgültigen Urteil des Bundesarbeitsgerichts aus dem Jahr 1955. Würden Gewerkschaften dennoch dazu aufrufen, wären sie schadensersatzpflichtig. In einer Situation, in der alle Branchen und das öffentliche Leben lahmgelegt würden, wäre die Höhe der Schadensersatzforderungen so hoch, dass die »Streikkassen« der Gewerkschaften sofort geleert würden.
- Da politische Generalstreiks rechtswidrig sind, können die Gewerkschaften keine finanzielle Streikunterstützung an ihre Mitglieder zahlen, wie sie es bei Streiks um Tarifthemen tun.
- Bei einem möglichen Aufruf zum Generalstreik ist keine Urabstimmung vorgesehen. Vor Streiks zu Tariffragen findet eine Urabstimmung unter allen betroffenen Gewerkschaftsmitgliedern statt. Ein Streik zu Tarifthemen kann nur beginnen, wenn sich mindestens 75% der Abstimmungsberechtigten für einen Streik aussprechen. Diese Prozentzahl wird von den Gewerkschaften so hoch angesetzt, damit sicher ist, dass möglichst viele Mitglieder sich am Streik beteiligen und der Streik nicht nach wenigen Tagen zusammenbricht.
- Bei einem möglichen Generalstreik ist vieles unklar: Wie lange soll der Streik dauern – so lange bis die Regierung oder die Unternehmer ihre geplanten Maßnahmen zurücknehmen? Wer verhandelt? Wer entscheidet über mögliche Kompromisse? In Ländern wie Frankreich und Italien finden in der Regel nur eintägige Warnstreiks statt. Das sind dort wichtige Protestaktionen, aber sie führen meistens nicht zu einem Ergebnis. Nach einem erfolglosen eintägigen Generalstreik stellt sich auch die Frage nach weiteren Steigerungsformen – ein nochmaliger Generalstreik?

Vom Generalstreik ist klar das sogenannte *Widerstandsrecht nach Artikel 20 Abs. 4 GG* zu unterscheiden. Hier geht es um die Beseitigung der verfassungsmäßigen Ordnung der Bundesrepublik Deutschland. Im Grundgesetz heißt es: »Gegen jeden, der es unternimmt, diese Ordnung zu beseitigen, haben alle Deutschen das Recht zum Widerstand, wenn andere Abhilfe nicht möglich ist.« In der Satzung der IG Metall wird dazu formuliert: »Die IG Metall wahrt und verteidigt die freiheitlich-demokratische Grundordnung sowie die demokratischen Grundrechte. Die Verteidigung dieser Rechte und der Unabhängigkeit sowie Existenz der Gewerkschaft erfolgt notfalls durch Aufforderung des Vorstandes an die Mitglieder, zu diesem Zwecke die Arbeit niederzulegen (Widerstandsrecht gemäß Artikel 20 Abs. 4 Grundgesetz)«. Als Beispiel wird hier häufig der sogenannte *Kapp-Putsch im Jahr 1920* herangezogen. Damals versuchte der ehemalige Wehrmachtsgeneral Kapp mit eigenen Truppen, die Macht im Staate zu übernehmen. Da alle Gewerkschaften gemeinsam zur Niederlegung der Arbeit aufriefen und diesem Aufruf breit gefolgt wurde, brach der Putsch nach wenigen Tagen zusammen.

9. Sozialstaat und Sozialpolitik

9.1 Das Prinzip des Sozialstaats

Das Prinzip des Sozialstaats ist im Grundgesetz verankert. In Artikel 20 heißt es: »Die Bundesrepublik Deutschland ist ein demokratischer und sozialer Bundesstaat.« In Artikel 28 wird vom »sozialen Rechtsstaat« gesprochen. Damit wird der Staat grundsätzlich darauf verpflichtet, für sozialen Ausgleich zu sorgen und seine Bürger*innen in Notlagen zu unterstützen. Das heißt: Wer Unterstützungsleistungen in Anspruch nimmt – sei es Krankengeld, Rente, Arbeitslosengeld oder Sozialhilfe –, nimmt keine Almosen in Empfang, sondern nutzt im Grundgesetz verankerte Rechte. Durch die jahrelange Einzahlung in die Renten-, Kranken- und Arbeitslosenversicherung erwerben die Beschäftigten darüber hinaus eigene Ansprüche gegenüber den Trägern der Sozialversicherung. Die konkrete Ausgestaltung des Sozialstaats ist nicht im Grundgesetz verankert, sondern in zahlreichen Gesetzen. Hierzu kam und kommt es auch zu gesellschaftspolitischen Konflikten. Beispiele sind: die Verschlechterung bestehender Leistungen (»Sozialabbau«) seit etwa Mitte der 1980er Jahre, der Versuch, die Entgeltfortzahlung im Krankheitsfall zu kürzen, die Agenda 2010 und der Konflikt um die Rente mit 67. *Insofern sind die jeweiligen Gesetze häufig das Ergebnis von gesellschaftlichen Auseinandersetzungen und spiegeln die Kräfteverhältnisse in der Gesellschaft wider.*

9.1.1 Sozialpolitik

Die Maßnahmen zur Umsetzung des Sozialstaats werden als Sozialpolitik bezeichnet. Dazu schreiben Gerhard Bäcker und andere Autor*innen im Handbuch »Sozialpolitik und soziale Lage in Deutschland« (5. Aufl. 2010, Heidelberg/Berlin):

> »Sozialpolitik lässt sich wie folgt definieren: Es handelt sich um all jene Maßnahmen, Leistungen und Dienste, die darauf abzielen,
> - dem Entstehen sozialer Risiken und Probleme vorzubeugen,
> - die Voraussetzungen dafür zu schaffen, dass die Bürgerinnen und Bürger befähigt werden, soziale Probleme zu bewältigen,
> - die Wirkungen sozialer Probleme auszugleichen und
> - die Lebenslage einzelner Personen und Personengruppen zu sichern und zu verbessern.«

Vorrangig geht es um die *Absicherung von Lebensrisiken* wie z.B. Alter, Krankheit, Pflegebedürftigkeit, Arbeitslosigkeit, Unfälle und soziale Notlagen. Dazu gibt es verschiedene öffentlich-rechtliche Versicherungsträger, die diese sozialen Leistungen erbringen. Diese werden im Prinzip durch Leistungen des Staates, der Beschäftigten und der Unternehmer finanziert. Sie sind überwiegend in den Sozialgesetzbüchern gere-

Übersicht 9-1: Soziale Risiken und Versicherungsträger

Soziales Risiko	Versicherung	Geregelt in SGB = Sozialgesetzbuch
Alter	Rentenversicherung	SGB IV
Krankheit	Krankenversicherung	SGB V
Pflegebedürftigkeit	Pflegeversicherung	SGB XI
Arbeitslosigkeit	Arbeitslosenversicherung	SGB II und SGB III
Soziale Notlage	Sozialhilfe (staatliche Leistung)	SGB XII
Unfall	Unfallversicherung (Berufsgenossenschaften)	SGB VII

gelt, die mit den römischen Ziffern I bis XII bezeichnet werden (SGB I bis XII) (vgl. Übersicht 9-1). Dazu kommen staatliche Leistungen und Leistungen der Unternehmer, so z.B. die Entgeltfortzahlung im Krankheitsfall, das Mutterschaftsgeld, das Elterngeld und andere.

9.1.2 Finanzierung des Sozialstaats

Die Leistungen der Sozialpolitik werden im Grundsatz durch staatliche Zahlungen und Sozialversicherungsbeiträge der Beschäftigten und der Unternehmer finanziert. Auf jeder Entgeltabrechnung finden die Beschäftigten die Abzüge vom Bruttoentgelt: Neben dem individuellen Steuersatz sind dies die Beiträge zur Renten-, Kranken-, Pflege- und Arbeitslosenversicherung. Entsprechende Zahlungen leisten die Unternehmer. Im deutschen Sozialstaat galt seit Gründung der Bundesrepublik der Grundsatz der hälftigen bzw. paritätischen Finanzierung, d.h. Beschäftigte und Unternehmer leisten die Bei-

Übersicht 9-2: Sozialversicherungsbeiträge der Beschäftigten und Unternehmer (Prinzip)

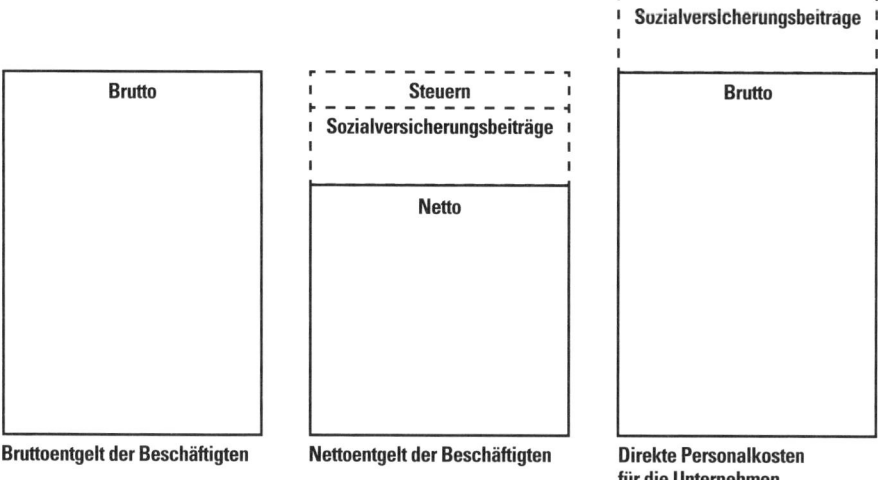

Übersicht 9-3: Aktuelle Beitragssätze für die Sozialversicherung (Stand: 2018)

Sozialversicherung	Beitrag der Beschäftigten	Beitrag der Unternehmer	Summe der Beiträge
Rentenversicherung	9,3%	9,3%	18,6%
Krankenversicherung*	8,3%*	7,3%*	15,6%*
Pflegeversicherung	1,25%**	1,25%	2,5%
Arbeitslosenversicherung	1,5%	1,5%	3,0%
Summe	**20,35%**	**19,35%**	**39,7%**

* Die Beiträge für die Krankenversicherung können von Kasse zu Kasse schwanken; die genannten Zahlen sind Durchschnittsbeiträge. Bei den Beschäftigten ist der durchschnittliche Zusatzbeitrag enthalten.
** Kinderlose zahlen ab dem 23. Lebensjahr zusätzlich 0,25%.

Die Beiträge für die Unfallversicherung schwanken je nach Branche und Gefahrenklasse. Im Durchschnitt betragen sie für die Unternehmer 1,22%. Die Unfallversicherung wird deswegen von den Unternehmern alleine finanziert, weil sie damit von der Haftung gegenüber den Beschäftigten freigestellt sind.

träge für die Sozialversicherung zu gleich hohen Prozentsätzen. Dieser Grundsatz der paritätischen Finanzierung wurde im Jahr 2015 bei der Krankenversicherung verletzt – zulasten der Beschäftigten und zugunsten der Unternehmer (vgl. unten). Übersicht 9-2 zeigt die Sozialversicherungsbeiträge für die Beschäftigten und die Unternehmer. In Übersicht 9-3 sind die derzeitigen Prozentsätze für die Sozialversicherung aufgelistet. Was dies für die einzelnen Beschäftigten bedeutet, zeigt beispielhaft Übersicht 9-4.

Viele Beschäftigte haben bei der Durchsicht der monatlichen Entgeltabrechnung schon einmal über »die hohen Abzüge« gestöhnt. Diese Grundstimmung versuchte in mehreren Bundestagswahlkämpfen die unternehmernahe FDP scheinheilig auszunutzen, in dem sie »Mehr Netto vom Brutto!« plakatieren ließ. Die FDP plädiert seit langer Zeit für mehr private Vorsorge anstelle der staatlichen Sozialversicherung. Sie verschweigt mit ihrer Parole allerdings, dass eine Umstellung auf eine private Vorsorge gerade für Beschäftigte erhebliche Nachteile bedeuten würde (vgl. unten: Solidarische Finanzierung des Sozialstaats). Gleichzeitig tritt die FDP für eine Senkung der »Lohnnebenkosten« ein. Es gehört zu den üblichen Argumentationen der Unternehmer, dass die »Lohnnebenkosten« zu hoch seien und dadurch die Wettbewerbsfähigkeit des Standorts Deutschland gefährdet sei. Diese Argumentation wird besonders lautstark in wirtschaftlichen Krisenzeiten mit hohen Arbeitslosenzahlen vorgetragen.

> Wer für eine Senkung der »Lohnnebenkosten« eintritt, fordert damit, dass die Unternehmer weniger in die Sozialversicherungssysteme einzahlen sollen. Dies hätte zur Folge, dass entweder die staatlichen Zuzahlungen oder die Beiträge der Beschäftigten höher ausfallen müssten. Beides liegt offensichtlich nicht im Interesse der Beschäftigten.

Übersicht 9-4: Beispiele für eine Entgeltabrechnung (Stand 2018)

	Ledig, kein Kind, Steuerklasse 1 Euro pro Monat	Verheiratet, 1 Kind, Steuerklasse 3 Euro pro Monat
Bruttoentgelt	3.000,00	3.000,00
Steuern	421,73	164,00
»Netto nach Steuern«	2.578,27	2.836,00
Rentenversicherung	280,50	280,50
Krankenversicherung	249,00	249,00
Pflegeversicherung	46,05	38,25
Arbeitslosenversicherung	45,00	45,00
Sozialversicherung, gesamt	620,55	612,75
Nettoentgelt	**1.957,72**	**2.223,25**

Land: Niedersachsen, ohne Kirchensteuer

Im internationalen Vergleich der Gesamteinnahmen aus Sozialbeiträgen und Steuern in Prozent des Bruttoinlandsprodukts liegt Deutschland in der EU im Mittelfeld. Für Panikmache wegen einer angeblichen Gefährdung der Wettbewerbsfähigkeit der deutschen Unternehmen besteht keine sachliche Grundlage.

Die volkswirtschaftlichen Leistungen zur Sicherstellung des Sozialstaats sind beträchtlich. Sie betrugen im Jahr 2016 insgesamt 918 Milliarden Euro (»*Sozialbudget*«). In Prozent des Bruttoinlandsprodukts sind dies 29,3%. Diese Zahl wird auch *Sozialleistungsquote* genannt. Die größten Posten in diesem Budget sind die Ausgaben für die Renten- (31%) und die Krankenversicherung (25%). Neben den genannten Sozialversicherungssystemen enthält das Sozialbudget auch Leistungen der Unternehmen für die Entgeltfortzahlung im Krankheitsfall und die betriebliche Altersvorsorge. Das gesamte Sozialbudget wird vereinfacht gesagt zu je einem Drittel vom Staat, den Beschäftigten und den Unternehmern finanziert. Eine genaue Auflistung findet sich auf der Homepage des Bundesministeriums für Arbeit und Soziales unter dem Stichwort »Sozialbudget«.

9.1.3 Das Prinzip der solidarischen Finanzierung

Die Finanzierung des Sozialstaates ist nach dem *Prinzip der Solidarität* organisiert. Dies soll am Beispiel der gesetzlichen Krankenversicherung erläutert werden. Die meisten abhängig Beschäftigten sind verpflichtet, z.B. 7,3% ihres monatlichen Einkommens in die Krankenversicherung einzuzahlen – und zwar unabhängig von der jeweiligen individuellen Art, Häufigkeit und Dauer von Erkrankungen. Dies hat im Extremfall zur Folge, dass jemand über sein gesamtes Arbeitsleben in die Krankenversicherung eingezahlt hat – auch dann, wenn er niemals krank war. Andererseits kann es passieren, dass ein junger Beschäftigter nach Beginn des Arbeitslebens nur wenige Monate Krankenversicherungsbeiträge zahlt, danach chronisch erkrankt und über viele Jahre seines Lebens Leistungen der Krankenversicherung in Anspruch nimmt.

> Auf den Punkt gebracht: Die Gesunden treten für die Kranken ein. Dieser Grundgedanke gilt im Prinzip auch für die Finanzierung der Renten- und Arbeitslosenversicherung: Die Jungen treten für die Alten; diejenigen, die Arbeit haben, treten für die Arbeitslosen ein. Dieses Prinzip der solidarischen Finanzierung der Sozialversicherung ist so gewollt und ein zentraler Baustein des deutschen Sozialstaats.

Ein Blick in die USA und die dortigen Auseinandersetzungen um die gesetzliche Krankenversicherung (»Obamacare«) zeigt die Konsequenzen. Bis zur Einführung einer verpflichtenden gesetzlichen Krankenkasse durch die Regierung von Präsident Obama war es den Beschäftigten freigestellt, eine Krankenversicherung abzuschließen. Die Folge war, dass arme Menschen es sich wegen ihres niedrigen Verdienstes nicht leisten konnten, eine teure Krankenversicherung abzuschließen. Im Krankheitsfall hatten sie dann keinen Anspruch auf gute und teure Behandlungsmethoden. Aktuell versucht der selbsternannte Anwalt der kleinen Leute, Donald Trump, die gesetzliche Krankenversicherung wieder abzuschaffen bzw. einzuschränken.

Das bewährte deutsche System der Finanzierung des Sozialstaats wird durch vier Elemente bedroht, die sowohl von den Gewerkschaften als auch von den Sozialverbänden kritisiert werden:

- *Aufweichung der paritätischen Finanzierung:* Der Grundsatz der hälftigen, also paritätischen Finanzierung von Beschäftigten und Unternehmern wurde 2013 von der CDU/CSU-SPD-Regierung aufgelöst. Der derzeitige Beitrag von jeweils 7,3% wurde für die Arbeitgeberseite gedeckelt. Notwendige Beitragserhöhungen gehen ausschließlich zulasten der Beschäftigten. Die Krankenkassen können für die Beschäftigten sogenannte Zusatzbeiträge erheben. Diese betragen im Jahr 2018 schon durchschnittlich 1,0%. Der Grundsatz der hälftigen, also paritätischen Finanzierung ist durchbrochen: Beschäftigte zahlen im Durchschnitt 8,3%, die Unternehmer lediglich 7,3%. Diese Regelung haben die Gewerkschaften kritisiert; allein die IG Metall hat dagegen über 100.000 Unterschriften gesammelt. In der *Koalitionsvereinbarung* der CDU/CSU-SPD-Regierung wurde im Frühjahr 2018 vereinbart, dass *ab 2019 auch in der Krankenversicherung wieder die paritätische Finanzierung* gelten soll. Der bisherige Zusatzbeitrag soll paritätisch finanziert werden.
- *Minijobs bzw. 450-Euro-Jobs:* Geringfügig Beschäftigte sind unfallversichert, aber versicherungsfrei in der gesetzlichen Krankenversicherung und Arbeitslosenversicherung, d.h., sie sind aufgrund ihrer Beschäftigung weder kranken- noch arbeitslosenversichert. Außerdem sind sie nicht pflegeversicherungspflichtig. »450-Euro-Jobs« sind rentenversicherungspflichtig, jedoch hat der Beschäftigte die Möglichkeit, sich auf Antrag von der Versicherungspflicht befreien zu lassen. Geringfügige Beschäftigungen als kurzfristige Beschäftigungen sind nicht rentenversicherungspflichtig. Der Arbeitgeber trägt den Beitrag zur gesetzlichen Unfallversicherung sowie pauschale Beiträge zur gesetzlichen Kranken- und Rentenversicherung. Trotzdem ist der Arbeitnehmer als geringfügig Beschäftigter nicht krankenversichert, sodass er sich selbst um einen Krankenversicherungsschutz kümmern muss.

- *Private Krankenversicherung oberhalb der Pflichtversicherungsgrenze:* Beschäftigte mit einem Monatseinkommen oberhalb von 4.950 Euro (Stand: 2018) sind nicht verpflichtet, sich in der gesetzlichen Krankenversicherung versichern zu lassen. Sie können eine private Krankenversicherung abschließen und tragen damit nicht zur solidarischen Finanzierung der Krankenversicherung bei. (Der Betrag von 4.950 Euro ist die sogenannte *Versicherungspflichtgrenze*; sie darf nicht mit den *Beitragsbemessungsgrenzen* in der Kranken- und Rentenversicherung verwechselt werden.)
- *Absenkung des Versorgungsniveaus:* In der Krankenversicherung wurde das Versorgungsniveau in den letzten Jahrzehnten konsequent verringert. So gibt es gar keine Zuzahlungen mehr für Brillen und Kontaktlinsen. Das Versorgungsniveau für Zahnersatz wurde drastisch reduziert, sodass auf Beschäftigte bei aufwendigem Zahnersatz Kosten von über 10.000 Euro anfallen können. Insofern müssen heute die Kosten für etliche Gesundheitsmaßnahmen einseitig von den Beschäftigten bezahlt werden, ohne dass die Unternehmer zur Kasse gebeten werden. Besonders drastisch ist der Abbau des Versorgungsniveaus bei der gesetzlichen Rentenversicherung (vgl. Kapitel 9.2).

9.1.4 Sozialwahlen

Charakteristisch für die Organisation der Sozialversicherung ist der Grundsatz der *Selbstverwaltung*. Vorstände und Vertreterversammlungen bzw. Verwaltungsräte der Renten-, Kranken- und Unfallversicherung sind hälftig, also paritätisch, von Vertreter*innen der Versicherten und der Unternehmer besetzt. Die Vertreter*innen der Versicherten werden bei den Sozialwahlen gewählt. Diese Wahlen finden alle sechs Jahre statt; zuletzt 2017. Zu den Sozialwahlen kandidieren nicht nur die Gewerkschaften des DGB und die Sozialverbände, sondern auch Versicherten-Gemeinschaften. Im Grundsatz werden alle Versicherten angeschrieben und ihnen Wahlunterlagen zugesandt *(»Briefwahl«)*. Es ist auch möglich, dass sich alle Organisationen der Versicherten auf eine Aufteilung der Sitze in den Gremien vorher verständigen *(»Friedenswahlen«)*.

Die Gremien der Arbeitslosenversicherung bei der Bundesagentur für Arbeit sind je zu einem Drittel von den Versicherten, den Unternehmern und dem Staat besetzt. Dort finden keine Sozialwahlen statt, sondern die Gewerkschaften, die Arbeitgeberverbände und die staatlichen Stellen benennen ihre Vertreter*innen.

In den folgenden Kapiteln wird kurz auf die jeweiligen Systeme der Sozialversicherung eingegangen. Weil es zurzeit dort die größten Konflikte gibt, wird die Rentenversicherung ausführlicher behandelt, die anderen Systeme kürzer. Für eine ausführliche Darstellung wird auf das Handbuch von Gerhard Bäcker u.a., »Sozialpolitik und soziale Lage in Deutschland«, hingewiesen.

9.2 Rentenversicherung

Die große Mehrheit der Beschäftigten ist bei der *Deutschen Rentenversicherung (DRV)* Bund und ihren 14 regionalen Trägern versichert. Die Zahl der aktiv Versicherten bei der DRV liegt bei über 37 Millionen Beschäftigten, die Zahl der Renten wegen Alters bei ca. 18 Millionen, die Zahl der Renten wegen Erwerbsminderung bei ca.1,8 Millionen. Dazu kommen Witwen-, Witwer-, Waisenrenten und Erziehungsrenten von insgesamt ca. 5,7 Millionen (Stand 2016). Auf den Rententräger »Knappschaft, Bahn, See« wird hier nicht eingegangen.

Der Rentenbeitrag beträgt jeweils für Beschäftigte und Unternehmer 9,3%, also zusammen 18,6% (Stand: 2018). Die *Beitragsbemessungsgrenze* liegt bei 6.500 Euro pro Monat im Westen und bei 5.800 Euro im Osten. Für Einkommen über diesem Wert müssen keine Rentenbeiträge eingezahlt werden; es entstehen für diese Einkommensbestandteile dann aber auch keine Rentenansprüche. Die Gewerkschaften fordern die Erhöhung der Beitragsbemessungsgrenze und die Einführung einer Beschäftigtenversicherung, in die alle Beschäftigten einzahlen.

9.2.1 Altersrente: Rentenzugangsalter

Das jahrelang *übliche Rentenzugangsalter von 65 Jahren* wurde durch die CDU/CSU-SPD-Regierung unter Bundeskanzlerin Angela Merkel und Vize-Kanzler Franz Müntefering schrittweise auf 67 angehoben. Nur für Beschäftigte mit 45 Versicherungsjahren besteht die Möglichkeit, mit 65 Jahren abschlagsfrei Rente zu beziehen. Beschäftigte, die keine 45 Versicherungsjahre erreichen, können vorzeitig Rente beziehen, müssen dann aber Rentenabschläge in Kauf nehmen – am Ende des Stufenplans gilt: Wollen Beschäftigte ab dem Jahrgang 1964 bereits mit 63 Jahren Rente beziehen, müssen sie 14,4% Abzüge in Kauf nehmen. Dagegen haben Gewerkschaften und Sozialverbände heftig protestiert und zu zahlreichen großen Demonstrationen aufgerufen. Insbesondere Beschäftigte mit hohen Arbeitsbelastungen erreichen das Rentenalter von 65 Jahren immer seltener und sehen in der Einführung der *Rente mit 67* eine Regelung, die sie vor eine brutale Alternative stellt: entweder auch bei hohen Belastungen bis 67 durchhalten oder eher Rente beziehen, dann aber mit erheblichen Abschlägen. Viele Beschäftigte waren empört, mit welcher Arroganz Politiker von CDU und SPD für die Rente mit 67 eintraten; viele sahen und sehen darin eine Missachtung ihrer Lebensleistung. Im Jahr 2015 wurde für eine befristete Zeit für Beschäftigte mit 45 Versicherungsjahren eine Korrektur vereinbart; ihnen wurde die Möglichkeit der *»Rente mit 63«* eröffnet.

Zusammengefasst ergeben sich für das Rentenzugangsalter bei Altersrente folgende Werte (Stand 2018):

- Die *Regelaltersgrenze* wird ab dem Jahr 2012 bis 2031 schrittweise von 65 Jahren auf 67 Jahre angehoben.
- Für *langjährig Versicherte (Wartezeit 35 Jahre)* ist ein vorzeitiger Renteneintritt ab dem 63. Lebensjahr möglich. Für jeden Monat eines früheren Rentenbeginns wer-

den monatlich 0,3% abgezogen. Beziehen Beschäftigte ab dem Jahrgang 1964 schon mit 63 Jahren Altersrente, ergeben sich folgende Abschläge: 0,3% mal vier Jahre mal zwölf Monate ergibt: minus 14,4%.

- Für *besonders langjährige Versicherte (45 Versicherungsjahre)* besteht die Möglichkeit, mit 65 Jahren eine abschlagsfreie Rente zu beziehen. Für eine befristete Zeit wurde für diese Personengruppe die Möglichkeit der Rente mit 63 geregelt. Diese Regelung wird aber schrittweise wieder abgebaut, sodass ab dem Jahrgang 1964 auch bei 45 Versicherungsjahren erst ab dem 65. Lebensjahr eine abschlagsfreie Rente möglich ist.

9.2.2 Altersrente: Rentenniveau

Die Höhe der Altersrente hängt – vereinfacht gesagt – davon ab, wieviel während des Arbeitslebens in den einzelnen Jahren verdient und wie viele Jahre gearbeitet wurde. Die Berechnung erfolgt mit der sogenannten *Rentenformel*. Dabei werden die Verdienste jährlich ins Verhältnis zum Durchschnittsverdienst aller Versicherten gesetzt und ergeben sogenannte *Entgeltpunkte (EP)*. Verdient ein Versicherter genauso viel wie der Durchschnitt, ist in diesem Jahr der Entgeltpunkt 1,0, verdient er mehr oder weniger als der Durchschnitt, ergeben sich Entgeltpunkte ober- und unterhalb von 1,0. Die Summe aller Entgeltpunkte über die Versicherungsjahre wird dann mit dem aktuellen Rentenwert multipliziert und ergibt die monatliche Rente. Der aktuelle Rentenwert beträgt ab dem 1. Juli 2017 im Westen 31,03 Euro und im Osten 29,69 Euro (wegen der bisherigen niedrigeren Verdienste in Ostdeutschland werden sie mit einem Umrechnungsfaktor multipliziert, sodass der Verdienst in Ostdeutschland höher bewertet wird; bis zum Jahr 2023 werden die Regelungen in West und Ost schrittweise einheitlich gestaltet). Die aktuellen Rentenwerte werden jährlich entsprechend der gesamtwirtschaftlichen Lohnentwicklung erhöht, wobei ab 2021 eine Entkopplung von der Lohnentwicklung schon heute im Gesetz festgeschrieben ist. Diese Betrachtung schildert das grundsätzliche Prinzip; im Einzelfall haben zahlreiche weitere Detailregelungen Einfluss auf die Rentenhöhe. Es wird dringend empfohlen, sich rechtzeitig von qualifizierten ehrenamtlichen Rentenberater*innen oder einem sogenannten Versichertenältesten individuell beraten zu lassen. Die regionalen Geschäftsstellen der Gewerkschaft vermitteln dazu qualifizierte Kolleg*innen.

In den geltenden Gesetzen ist schon heute festgelegt, dass bis zum Jahr 2030 das Rentenniveau deutlich sinken wird. Hintergrund ist ein grundsätzliches Umdenken in der Rentenpolitik: Stand früher das Ziel im Vordergrund, mit der Rente den Lebensstandard im Alter zu sichern, wird jetzt ein anderes Ziel in den Vordergrund gerückt: Die Rentenbeiträge sollen konstant bleiben und nicht erhöht werden. Dafür wird ein sinkendes Rentenniveau in Kauf genommen. Basis für das Rentenniveau ist der sogenannte *Eck-Rentner* – das ist jemand, der/die 45 Jahre in die Rentenversicherung eingezahlt hat und in jedem Jahr den Durchschnittsverdienst erzielte. Heute erreichen die wenigsten Beschäftigten die Vorgabe von 45 Versicherungsjahren. Wenn sie früher ausscheiden, müssen sie Rentenabschläge in Kauf nehmen. Das *Rentenniveau* lag im Jahr

2000 noch bei 53% und *im Jahr 2015 bei 47,5%* des letzten Nettoverdienstes. Durch die gesetzliche Verankerung von sogenannten Dämpfungsfaktoren in der Rentenanpassungsformel sollte das Niveau bis auf 43% im Jahr 2030 ursprünglich weiter absinken. Darüber hinaus werden von den Bruttorenten Beiträge zur Krankenversicherung abgezogen, und zukünftig werden Teile der Rente steuerpflichtig. In der Koalitionsvereinbarung der CDU/CSU-SPD-Regierung vom Frühjahr 2018 wurde dagegen vereinbart, das derzeitige Rentenniveau bis 2025 beizubehalten und für die weitere Entwicklung eine Rentenkommission einzusetzen.

> Angesichts der aktuellen gesetzlichen Bestimmungen droht auch vielen durchschnittlich verdienenden Beschäftigten ein derart niedriges Rentenniveau, dass ohne Übertreibung von Altersarmut gesprochen werden kann. Das gilt im noch höheren Maße für Beschäftigte, die wegen der hohen Belastungen vor dem 67. Lebensjahr Rente beziehen, da sie Abschläge von bis zu 14,4% in Kauf nehmen müssen. Das gleiche gilt für Menschen, die über mehrere Jahre arbeitslos waren oder im Niedriglohnsektor gearbeitet haben.
>
> Der DGB und die Einzelgewerkschaften fordern zusammen mit den Sozialverbänden eine grundsätzliche Umkehr in der Rentenpolitik. Das Rentenzugangsalter muss von 67 wieder auf 65 Jahre gesenkt werden. Das Rentenniveau darf nicht weiter absinken, sondern muss im Gegenteil schrittweise erhöht werden.

9.2.3 Private Vorsorge als Alternative?

Seit Beginn der 2000er Jahre gab es in der Rentenpolitik eine generelle Umkehr. Die Argumentation von CDU und SPD lautete etwa wie folgt: Wegen des zunehmenden Durchschnittsalters der Gesellschaft (demografischer Wandel) würde sich die Zahl der Rentner im Verhältnis zu den Beschäftigten erhöhen. Damit die Rentenbeiträge für die Unternehmer und Beschäftigten nicht weiter steigen, müsse das Niveau der Renten abgesenkt werden. Diese Absenkung solle durch private Vorsorge der Beschäftigten ausgeglichen werden. So können bis zu 4% des Bruttoeinkommens in eine private Rentenversicherung übertragen werden, die dann vom Staat finanziell gefördert wird (*»Riester-Rente«*). Alternativ besteht die Möglichkeit der sogenannten steuer- und abgabenfreien *Entgeltumwandlung* für maximal 4% des Bruttoeinkommens in ein System der betrieblichen Altersvorsorge. Die starke Betonung der privaten Vorsorge ist aus Sicht der Beschäftigten in mehrfacher Hinsicht zu kritisieren:

- *Bei der privaten Vorsorge zahlen nur die Beschäftigten, nicht aber die Unternehmer,* wie es bei der gesetzlichen Rente üblich ist (hälftige bzw. paritätische Finanzierung). Der teilweise Umstieg von gesetzlicher Rente auf private Vorsorge begünstigt ausschließlich die Unternehmer und geht zulasten der Beschäftigten. Im Endeffekt zahlen damit die Beschäftigten höhere Beiträge als die Unternehmer und der Grundsatz der paritätischen Finanzierung wird in der Praxis aufgegeben.
- Insbesondere Beschäftigte mit niedrigen Verdiensten benötigen fast ihr gesamtes monatliches Einkommen, um ihren Lebensunterhalt bestreiten zu können. Deshalb

können die meisten von ihnen es sich nicht leisten, 4% ihres monatlichen Einkommens für die private Vorsorge zu verwenden. Niedrigverdiener werden in Zukunft niedrige Renten haben; gerade sie hätten eine Aufstockung der Rente am nötigsten, können sich aber eine private Vorsorge nicht leisten. Die Zahlen der abgeschlossenen »Riester-Verträge« zeigen, dass nur sehr wenige Niedrigverdiener diese Möglichkeit einer staatlichen Förderung nutzen. Das Modell gilt heute überwiegend als gescheitert.

- Die Modelle der privaten Vorsorge bei Versicherungen bzw. privaten Finanzfirmen setzen darauf, dass die eingezahlten Beträge am Kapitalmarkt angelegt werden und eine entsprechend hohe Verzinsung erbringen. In Zeiten der niedrigen Zinsen bricht diese Logik in sich zusammen. Die erhoffte Höhe der späteren privaten Rente kann kaum realisiert werden. Es wird deutlich, dass es nicht klug ist, Teile eines Rentensystems auf der Logik der Finanzmärkte aufzubauen. Hinzu kommt die Tatsache, dass über sogenannte Verwaltungskosten ein Teil der eingezahlten Beiträge in die Taschen der Versicherungen fließt.

- Bei der Entgeltumwandlung werden Teile des Entgelts abgabenfrei in ein betriebliches Altersvorsorgesystem eingezahlt, d.h. für diese Teile des Entgeltes werden keine Rentenbeiträge fällig, weder für die Beschäftigten noch für die Unternehmer. Damit werden der gesetzlichen Altersvorsorge Mittel entzogen und die Ansprüche für die eigene gesetzliche Rente werden verringert. Durch eine neue gesetzliche Regelung wird für neue Verträge der Entgeltumwandlung ab 2019 gewährleistet, dass die Unternehmer ihre Einsparung in Höhe von 15% an die Beschäftigten weiterleiten müssen (Betriebsrentenstärkungsgesetz; vgl. Kapitel 18.14).

Neben der gesetzlichen Rente und der privaten Vorsorge haben knapp die Hälfte der Beschäftigten Anspruch auf eine *betriebliche Altersversorgung*. Dies ist allerdings überwiegend in westdeutschen Großbetrieben der Fall. In Klein- und Mittelbetrieben und in Ostdeutschland ist dies eher die Ausnahme. Die Gewerkschaften haben immer wieder deutlich gemacht, dass eine betriebliche Altersversorgung zusätzlich zu einer akzeptablen gesetzlichen Rente zu zahlen ist. Es ist nicht Sinn und Zweck der betrieblichen Altersversorgung, Absenkungen des gesetzlichen Rentenniveaus auszugleichen.

Bei dem Begriff »betriebliche Altersversorgung« ist Vorsicht geboten. Ursprünglich wurden mit dem Begriff Versorgungssysteme bezeichnet, die ausschließlich vom Unternehmer finanziert wurden. Heute firmieren als betriebliche Altersversorgung auch Systeme, bei denen ausschließlich die Beschäftigten durch eine sogenannte Entgeltumwandlung im Betrieb einzahlen und der Betrieb die Organisation des Vorsorgesystems übernimmt (vgl. Übersicht 18-8). Durch das *Betriebsrentenstärkungsgesetz* wurden im Jahr 2017 die Möglichkeiten für Systeme der betrieblichen Altersvorsorge ausgeweitet (vgl. dazu Kapitel 18.14).

9.2.4 Junge gegen Alte?

In der politischen Debatte werden öfter folgende Argumente vorgetragen: Der Altersdurchschnitt der Gesellschaft steigt; immer weniger Beschäftigte müssen immer mehr Rentner*innen finanzieren. Dadurch sei das bisherige Umlagesystem der Gesetzlichen Rentenversicherung nicht mehr zu halten. Die Entwicklung belaste insbesondere die jüngere Generation, da sie überdurchschnittlich für die ältere Generation bezahlen müsste. Die Argumentation endet in der Regel damit, dass die private Altersvorsorge zugunsten der gesetzlichen umlagefinanzierten Rente gestärkt werden müsse. Diese Argumente kommen aus Teilen der CDU (insbesondere aus der Jungen Union), der FDP und der Finanz- und Versicherungsbranche. Diese Argumentation führt in eine falsche Richtung, und zwar aus mehreren Gründen:

- Zunächst einmal ist es unverantwortlich, einen Spaltpilz zwischen die junge Generation und die älteren Generationen zu treiben. Es gibt keinen jungen Menschen, der sich nicht eine auskömmliche Rente für seine Eltern und Großeltern wünscht. Dieser Wunsch ergibt sich nicht allein aus dem Prinzip des Familienzusammenhalts, sondern auch aus der Überlegung, dass niedrige gesetzliche Renten der Großeltern und Eltern dazu führen, dass die Söhne, Töchter und Enkel die älteren Familienangehörigen dann aus der eigenen Tasche unterstützen müssten.

- Das Argument »Immer weniger Beschäftigte müssen immer mehr Rentner finanzieren – das kann nicht funktionieren« greift zu kurz, da es die gesamtwirtschaftlichen *Produktivitätssteigerungen* außer Acht lässt. Durch die rasante technische Entwicklung (Stichworte: Industrie 4.0 und Digitalisierung) arbeiten die Beschäftigten ständig produktiver und erwirtschaften einen höheren Lebensstandard. Eine einfache Überlegung aus einem anderen Bereich verdeutlicht den Zusammenhang: die Produktivitätssteigerungen in der Landwirtschaft. Um 1900 erwirtschaftete ein Bauer Nahrungsmittel, mit denen vier Personen aus anderen Wirtschaftszweigen ernährt wurden. Durch die gewaltigen Produktivitätssteigerungen in der Landwirtschaft produziert heute ein Bauer Nahrungsmittel für 131 Personen. Vereinfacht gesagt: Immer weniger Bauern ernähren immer mehr Menschen außerhalb der Landwirtschaft. Die gleiche Logik kann bei dem Verhältnis von arbeitenden Menschen und Rentnern angewendet werden. Durch das bewusste Ausblenden der Produktivitätssteigerungen aus der Rentendebatte werden gezielt bedrohliche Zukunftsszenarien eingebracht. Diese Argumentation nützt letztlich den Interessengruppen, die an einer privaten Altersversorgung verdienen, z.B. den Versicherungskonzernen. Die gesamtwirtschaftlichen Produktivitätssteigerungen fließen in Entgelterhöhungen und damit in höhere Beiträge zur Rentenversicherung ein. Das umlageorientierte Rentensystem wird aus dem erwirtschafteten Volkseinkommen und nicht aus einer Relation »Junge zu Alten« finanziert. Durch die Produktivitätssteigerungen ist es grundsätzlich möglich, dass auch zukünftig weniger Beschäftigte mehr Rentner*innen als heute finanzieren können.

- Das *Umlageverfahren* in der gesetzlichen Rentenversicherung funktioniert wie folgt: Die Ausgaben der gesetzlichen Rentenversicherung für die derzeitigen Renten im Laufe eines Jahres müssen grundsätzlich durch Einnahmen aus Rentenbeiträgen der Beschäftigten und der Unternehmer im selben Jahr ausgeglichen werden (hinzu kommen die Leistungen des Staates zum Rentensystem). Durch dieses Umlageverfahren trägt die jeweils erwerbstätige Generation die Finanzierung der Renten der älteren Generation. Gleichzeitig erwirbt die erwerbstätige Generation durch Zahlung der Rentenbeiträge einen Anspruch darauf, dass die nachfolgenden Generationen ihre Renten finanzieren. Die einzelnen Beschäftigten erwerben mit Zahlung der Rentenbeiträge einen individuellen Anspruch auf ihre eigene spätere Rente. Allerdings gibt es keinen Anspruch auf einen bestimmten Euro-Betrag, sondern einen Anspruch auf eine Rente nach den jeweiligen gesetzlichen Rentenberechnungen. Dieser Zusammenhang wird auch als »*Generationengerechtigkeit*« bezeichnet. Es wird deutlich, dass ein künstlich herbei geredeter Widerspruch zwischen »Jung und Alt« an der Realität vorbeigeht.

Die Alternative zum Umlageverfahren der gesetzlichen Rentenversicherung wäre ein »*Kapitaldeckungsverfahren*«, bei dem die einzelnen Beschäftigten monatlich Kapital in eine private Rentenversicherung einzahlen, um dann im Alter entsprechend der vereinbarten Vertragsbedingungen eine bestimmte Rente ausbezahlt zu kommen. Für diese Form der Altersvorsorge würden alle Risiken der Entwicklung auf den Finanzmärkten gelten. Seit der großen Finanzkrise in den Jahren 2008 und 2009 sowie der derzeitigen Niedrigzinsphase sind die Stimmen, die für eine Abschaffung des Umlageverfahrens und für die Einführung eines Kapitaldeckungsverfahrens plädieren, leiser geworden. Darüber hinaus ist zu beachten, dass bei der gesetzlichen Rente – anders als bei vielen privaten Rentenversicherungen auch die Hinterbliebenenrente, die Erwerbsminderungsrente und Reha-Maßnahmen mit eingeschlossen sind.

> Die Gewerkschaften sehen in dem bewährten Umlageverfahren zur Finanzierung der gesetzlichen Rente ein Zukunftsmodell, das es zu stärken gilt. Eine Umstellung auf ein Kapitaldeckungsverfahren wird abgelehnt.

Darüber hinaus fordern die Gewerkschaften:
- anstelle der Rente mit 67 die abschlagsfreie Altersrente mit 65;
- die abschlagsfreie Altersrente ab dem 63. Lebensjahr bei 45 Versicherungsjahren, und zwar dauerhaft und nicht als Übergangsregelung;
- eine Erhöhung des Rentenniveaus;
- eine Erhöhung der Beitragsbemessungsgrenze;
- eine Erwerbstätigenversicherung, in die alle Erwerbstätigen einzahlen, also auch Selbständige und Politiker;
- weiter ist infrage zu stellen, dass mehrere Leistungen nicht durch Steuermittel, sondern durch Beiträge der gesetzlichen Rentenversicherung finanziert werden, wie z.B. die sogenannte Mütterrente und die Ost-West-Angleichung (versicherungsfremde Leistungen);
- eine Ausweitung der betrieblichen Altersversorgung (bAV) als zusätzliche Leistung.

9.3 Kranken- und Pflegeversicherung

Die Kranken- und Pflegeversicherung wird über 113 gesetzliche Krankenversicherungen abgewickelt, die zusammen über 81 Millionen Versicherte betreuen. Von den 113 Kassen sind *elf allgemeine Ortskrankenkassen (AOKs)*, 88 *Betriebskrankenkassen (BKKs)*, sechs *Ersatzkassen (EKs)*, sechs *Innungskrankenkassen (IKKs)* sowie die Kassen »Landwirtschaft, Forsten und Gartenbau« sowie »Knappschaft-Bahn-See«. Rund 75% aller Versicherten sind bei den allgemeinen Ortskrankenkassen und den Ersatzkassen versichert.

Die Beiträge für die Krankenversicherung betragen im Jahr 2018 je nach Kasse für die Beschäftigten durchschnittlich 8,3%, für die Unternehmer nur 7,3%, zusammen also 15,6%. Der Prozentsatz für die Beschäftigten enthält den durchschnittlichen Zuzahlungsbetrag in Höhe von 1%. Die Beiträge und Zuzahlungen können zwischen den einzelnen Kassen variieren. Die Beiträge für die Pflegeversicherung betragen für Beschäftigte und Unternehmer jeweils 1,25%, zusammen also 2,5%. Kinderlose zahlen ab dem 23. Lebensjahr zusätzlich 0,25%.

Die Pflichtversicherungsgrenze liegt bei 4.950 Euro pro Monat. Das heißt: Beschäftigte mit höherem Einkommen müssen sich nicht bei der gesetzlichen Krankenversicherung versichern, sondern können eine private Krankenversicherung abschließen. (Davon zu unterscheiden ist die Beitragsbemessungsgrenze von 4.425 Euro monatlich.) Die beiden Systeme einer gesetzlichen und privaten Krankenversicherung führen zu wahrnehmbaren Ungerechtigkeiten für kranke Menschen, da privat versicherte Menschen schneller und besser behandelt werden als gesetzlich versicherte Menschen. Es ist nicht übertrieben, hier von einer *»Zwei-Klassen-Medizin«* zu sprechen. Die Gewerkschaften fordern eine *einheitliche Bürgerversicherung* für alle Menschen.

Neben der Behandlung von Krankheiten umfassen die Leistungen der gesetzlichen Krankenversicherung (GKV) die Förderung der Gesundheit und die Verhütung und Früherkennung von Krankheiten, die Rehabilitation (Reha) und die Zahlung des Krankengeldes. Im Einzelnen sind dies vor allem:

- ärztliche Behandlung: Inanspruchnahme von Kassenärzten sowie der Heil- und Hilfsberufe;
- zahnärztliche Behandlungen (bei Zahnersatz erhebliche Zuzahlungen der Patient*innen);
- Krankenhausaufenthalt;
- häusliche Krankenpflege;
- Arznei, Heil- und Hilfsmittel (teilweise erhebliche Zuzahlungen, z.B. bei Brillen und Kontaktlinsen);
- Krankengeld: dies wird nach der sechswöchigen Entgeltfortzahlung durch die Unternehmer für die Dauer von maximal 78 Wochen innerhalb von drei Jahren gezahlt. Das Krankengeld beträgt 70% des Bruttoeinkommens, jedoch nicht mehr als 90% des Nettoeinkommens (in einigen Manteltarifverträgen sind Zuzahlungen zum Krankengeld vereinbart);

- Mutterschaftshilfe und Mutterschaftsgeld: sechs Wochen vor und acht Wochen nach der Geburt wird Mutterschaftsgeld von bis zu 13 Euro je Tag gezahlt. Die Unternehmer sind verpflichtet, die Differenz zum Nettoeinkommen auszugleichen;
- Rehabilitation (Reha);
- hinzu kommen Leistungen im Rahmen der Pflegeversicherung.

Die gesetzliche Krankenversicherung ist durch das Prinzip der Solidarität geprägt und beinhaltet folgende sozialpolitisch gewollte Umverteilungsprozesse:

- *Solidarausgleich* zwischen Gesunden und Kranken: Gesunde Mitglieder zahlen für Krankheitsanfälligere mit. Die unterschiedliche Risikosituation wird jedoch bei den Beiträgen nicht berücksichtigt.
- *Einkommensumverteilung:* Erwerbstätige mit höherem Einkommen zahlen für Mitglieder mit geringerem Einkommen. Sind beide Ehepaare erwerbstätig, so zahlen diese auch für Familien, in denen nur ein Ehepartner erwerbstätig ist.
- *Familienlastenausgleich:* Ledige und kinderlose Mitglieder zahlen für Verheiratete und Familien mit Kindern.
- *Generationenausgleich:* Die hohen Krankheitsausgaben für Rentner*innen werden nur teilweise durch ihre Beiträge gedeckt. Im Erwerbsleben Stehende zahlen für die Rentner*innen mit.
- Allerdings wird das Solidarprinzip durch die Versicherungspflichtgrenze und die Beitragsbemessungsgrenze eingeschränkt.

An erster Stelle der gewerkschaftlichen Forderungen zur Krankenversicherung steht die Rückkehr zur hälftigen bzw. paritätischen Finanzierung durch Beschäftigte und Unternehmer. Es ist unfair und nicht akzeptabel, dass die Beschäftigten durchschnittlich einen Beitragssatz von 8,3% und die Unternehmer nur von 7,3% haben. Dazu kommt, dass der Arbeitgeberbeitrag auf 7,3% gedeckelt ist und zukünftige Kostensteigerungen ausschließlich durch die Beschäftigten über Zusatzbeiträge finanziert werden sollen. Die Vereinbarungen aus dem Koalitionsvertrag vom Frühjahr 2018 zur Wiedereinführung der paritätischen Beiträge müssen zügig umgesetzt werden. Darüber hinaus fordern die Gewerkschaften ein Ende der »Zwei-Klassen-Medizin«, also eine solidarische Bürgerversicherung, die alle Bürger*innen schrittweise in die gesetzliche Kranken- und Pflegeversicherung einbezieht. Um die Beitragsbasis zu verbreitern, sollte in einem ersten Schritt die Beitragsbemessungsgrenze bei der Krankenversicherung auf die höhere Beitragsbemessungsgrenze der Rentenversicherung angehoben werden.

9.4 Arbeitslosenversicherung

Die Arbeitslosenversicherung liegt in den Händen der *Bundesagentur für Arbeit (BA)*. Die Zentrale hat ihren Sitz in Nürnberg, sie unterhält zehn Regionaldirektionen auf Länderebene und 156 örtliche Agenturen für Arbeit, die insgesamt 600 Geschäftsstellen vor Ort betreiben. An der Spitze der Bundesagentur steht ein dreiköpfiger hauptamtlicher Vorstand. Der Verwaltungsrat ist zu je einem Drittel aus Vertreter*innen der Gewerkschaften, der Unternehmer sowie von öffentlich-rechtlichen Stellen besetzt. Auch auf der örtlichen Ebene existieren drittelparitätische Verwaltungsausschüsse, in denen auch die Gewerkschaften vertreten sind. Dazu kommen ca. 300 *Jobcenter*, die die Bundesagentur in Zusammenarbeit mit Kommunen betreibt und die für die Abwicklung der Grundsicherung für Arbeitsuchende (»Hartz-IV-Empfänger«) zuständig sind.

Die Beitragsätze für die Arbeitslosenversicherung betragen für die Beschäftigten und die Unternehmer jeweils 1,5%, zusammen also 3% (Stand: 2018). Zur Finanzierung der Bundesagentur kommt ein Bundeszuschuss hinzu. Im Koalitionsvertrag der CDU/CSU-SPD-Regierung vom Frühjahr 2018 ist vereinbart, die Beiträge zur Arbeitslosenversicherung um jeweils 0,15%, also zusammen 0,3%, abzusenken.

Die wichtigsten Aufgaben der BA und der örtlichen Agenturen für Arbeit sind:
- Vermittlung und Beratung von arbeitslosen Menschen;
- Qualifizierung und Wiedereingliederung von arbeitslosen Menschen;
- Zahlung von Arbeitslosengeld I;
- Zahlung von Arbeitslosengeld II (»Hartz IV«);
- Zahlung von Kurzarbeitergeld, Transferkurzarbeitergeld und Insolvenzgeld.

Die Regelungen zum Arbeitslosengeld, zum Kurzarbeitergeld usw. finden sich im dritten Sozialgesetzbuch (SGB III), die Regelungen zum Arbeitslosengeld II im zweiten Sozialgesetzbuch (SGB II). Ende 2017 waren 2.384.961 Menschen (5,3%) arbeitslos, davon 795.817 Personen im Regelkreis des SGB III (Arbeitslosengeld) und 1.589.144 im Regelkreis des SGB II (Arbeitslosengeld II). In der Statistik werden ca. 968.000 Personen nicht mitgezählt, so. z.B. Bezieher*innen von Arbeitslosengeld, die älter als 58 Jahre

Übersicht 9-5: Offizielle und tatsächliche Arbeitslosigkeit (Stand: Dezember 2017)

Offizielle Arbeitslosigkeit	2.384.961
Älter als 58 Jahre mit Bezug von ALG I u. ALG II	164.122
Ein-Euro-Jobs (Arbeitsgelegenheiten)	72.404
Förderung von Arbeitsverhältnissen	6.994
Fremdförderung	272.854
Bundesprogramm Soziale Teilhabe am Arbeitsmarkt	15.472
Berufliche Weiterbildung	162.089
Aktivierung und berufliche Eingliederung (z.B. Vermittlung durch Dritte)	192.900
Beschäftigungszuschuss (für schwer vermittelbare Arbeitslose)	2.335
Kranke Arbeitslose (§ 146 SGB III)	79.055
Nicht gezählte Arbeitslose, gesamt	**968.225**
Tatsächliche Arbeitslosigkeit	**3.353.186**

Quelle: Verschiedene Statistiken der Bundesagentur für Arbeit. Zusammenstellung Jutta Krellmann, MdB

sind, eine berufliche Weiterbildung bzw. Eingliederung absolvieren, kranke Arbeitslose und 1-Euro-Jobber. Werden diese Personen zu den offiziellen Zahlen hinzugezählt, ergibt sich eine Gesamtzahl von arbeitslosen Menschen in Höhe von 3.353.186 (vgl. Übersicht 9-5). Die Zahl von 1.589.144 Bezieher*innen von Arbeitslosengeld II darf nicht verwechselt werden mit der Gesamtzahl von ALG-II-Empfänger*innen. Diese betrug 2016 ca. 5,9 Millionen, darin enthalten sind auch die ALG-II-Empfänger*innen, die nicht offiziell als »arbeitslos gemeldet sind (vgl. Kapitel 9.5 und Übersicht 9-7).

Bei den offiziellen Zahlen für die Arbeitslosigkeit gibt es große regionale Unterschiede. Die Arbeitslosigkeit in Bayern und Baden-Württemberg liegt bei 2,9% bzw. 3,2%. Dagegen liegt die Arbeitslosenquote in Mecklenburg-Vorpommern und Berlin bei jeweils 8,5%. Eine klare Trennung zwischen West- und Ostdeutschland besteht nicht mehr: Die Arbeitslosenquote liegt beispielsweise in Nordrhein-Westfalen mit 7,0% höher als in Thüringen mit 5,6%.

9.4.1 Arbeitslosengeld I

Das Arbeitslosengeld beträgt 60% des letzten Nettoeinkommens, bei Beschäftigten mit Kindern 67%. Die Bezugsdauer des Arbeitslosengelds hängt von der Dauer der Arbeitsverhältnisse in den letzten fünf Jahren ab und vom Lebensalter. Für die meisten arbeitslosen Menschen beträgt die Bezugsdauer zwölf Monate, für ältere Arbeitslose bis zu 24 Monate. Die Einzelheiten zeigt die Übersicht 9-6. Nach Ablauf der maximalen Bezugsdauer des Arbeitslosengelds droht den arbeitslosen Menschen ein dramatischer finanzieller Absturz, da sie danach ausschließlich das Arbeitslosengeld II beziehen können. Während das Arbeitslosengeld ein Einkommen von 60% bzw. 67% des letzten Nettoverdienstes absicherte, erfolgt beim Arbeitslosengeld II lediglich eine Grundsicherung in der Größenordnung von ca. 416 Euro für Alleinstehende und jeweils 374 Euro für Paare. Dazu kommen Zahlungen für Kinder, die Warmmiete einer bescheidenen Wohnung sowie die Beiträge zur Kranken- und Pflegeversicherung (Stand 2018; siehe Details weiter unten). Diese Regelung wurde im Jahr 2004 eingeführt und ersetzte die damalige Arbeitslosenhilfe. Diese Verschlechterung war der zentrale Punkt aller

Übersicht 9-6: Bezugsdauer des Arbeitslosengeldes

Arbeitsverhältnisse der letzten 5 Jahre von mindestens ... Monaten	Nach Vollendung des ... Lebensjahrs	Dauer des Bezuges in Monaten
12	–	6
16	–	8
20	–	10
24	–	12
30	50.	15
36	55.	18
48	58.	24

Demonstrationen der Gewerkschaften und Sozialverbände gegen die »Agenda 2010« der rot-grünen Koalition unter Bundeskanzler Gerhard Schröder.

Unter bestimmten Umständen kann von der BA eine *Sperrzeit* verhängt werden, in der kein Arbeitslosengeld gezahlt wird. Die Sperrzeit beträgt in der Regel zwölf Wochen, kann aber auch verkürzt werden. Folgende Tatbestände lösen eine Sperrfrist aus:
- Eigenkündigung oder Aufhebungsvertrag im beiderseitigen Einvernehmen;
- Kündigung durch den Arbeitgeber wegen arbeitsvertragswidrigen Verhaltens;
- Ablehnung einer von der Agentur für Arbeit vermittelten zumutbaren Beschäftigung;
- unzureichende Eigenbemühungen bei der Eigensuche;
- Ablehnung oder Abbruch einer beruflichen Eingliederungsmaßnahme;
- Versäumnis, sich rechtzeitig arbeitslos zu melden.

Bezieher*innen von Arbeitslosengeld sind gehalten, möglichst schnell wieder Arbeit aufzunehmen. Dabei suchen die arbeitslosen Menschen natürlich einen Arbeitsplatz, der ihren Qualifikationen entspricht, das gleiche Verdienstniveau aufweist wie der bisherige Arbeitsplatz und möglichst nah an ihrem Wohnort liegt. Diese berechtigten Vorstellungen werden allerdings durch die sogenannten *Zumutbarkeitskriterien* im SGB III stark eingegrenzt. Dies wurde von der damaligen rot-grünen Bundesregierung ausdrücklich so gewollt, um auf Arbeitslose einen Druck zu erzeugen, letztlich jede Arbeit anzunehmen. Einen »Berufsschutz« gibt es dabei nicht, was beispielsweise heißt: Mechatroniker*innen müssen spätestens nach sieben Monaten auch als Reinigungskräfte oder als Leiharbeitsbeschäftigte arbeiten. Nach diesen »Zumutbarkeitskriterien« sind folgende Arbeiten zumutbar:
- in den ersten drei Monaten: Arbeiten mit einem Bruttoentgelt von minus 20%;
- in den ersten sieben Monaten: Arbeiten mit einem Bruttoentgelt von minus 30%;
- ab dem 7. Monat: alle Beschäftigungen, sofern das Nettoentgelt die Höhe des Arbeitslosengeldes übersteigt (Berücksichtigung von Fahrtkosten usw.);
- Fahrtzeiten von bis 2,5 Stunden;
- befristete Arbeit und Leiharbeit;
- erforderlicher Umzug mit doppelter Haushaltsführung;
- auch Arbeitsverhältnisse in Betrieben ohne Tarifvertrag sind zulässig.

9.4.2 Arbeitslosengeld II (»Hartz IV«)

Bei einer längeren Arbeitslosigkeit, die über die maximale Dauer des Arbeitslosengeldbezugs hinausgeht, erhalten die arbeitslosen Menschen eine »Grundsicherung für Arbeitsuchende« – das Arbeitslosengeld II. Der umgangssprachliche Ausdruck »Hartz IV« geht auf den früheren Personalvorstand der Volkswagen AG, Peter Hartz, zurück, der 2002 im Auftrag der rot-grünen Koalition ehrenamtlich eine Kommission zur »Reform« der Arbeitsgesetzgebung leitete. Diese Kommission wurde Hartz-Kommission genannt. Ihre Vorschläge wurden im Gesetzgebungsverfahren in mehrere Gesetzespakete gepackt. Im »4. Paket« wurden die neuen Regelungen zum Arbeitslosengeld II im Parlament verhandelt, die aber nicht mit allen ursprünglichen Vorschlägen der Hartz-Kommission übereinstimmten. Dennoch blieb der Name »Hartz IV« umgangssprachlich erhalten. Das Arbeitslosengeld II ist im zweiten Sozialgesetzbuch (SGB II) geregelt. Die Einführung erfolgte im Rahmen der Gesetzgebung zur Agenda 2010 und hatte heftige Proteste und Demonstrationen der Gewerkschaften und Sozialverbände zur Folge.

Von den ca. 2,3 Millionen Arbeitslosen beziehen über 1,5 Millionen Leistungen nach dem Arbeitslosengeld II. Im Unterschied zum Arbeitslosengeld I kann das Arbeitslosengeld II unbefristet gezahlt werden. In der Regel erfolgt durch die Jobcenter der Bundesagentur für Arbeit zunächst eine Bewilligung für zwölf Monate, diese kann dann aber auch öfter verlängert werden. Die Höhe des Arbeitslosengeldes II ist deutlich niedriger als das Arbeitslosengeld I und befindet sich auf demselben Niveau wie die Grundsicherung (Sozialhilfe). Vereinfacht gesagt erhalten die Arbeitsuchenden eine Grundsicherung von ca. 400 Euro, Zuschläge für Kinder und die Erstattung der Warmmiete für eine bescheidene Wohnung. Im Detail betragen die Zahlungen im Jahr 2018:

- Regelbedarf für Alleinstehende und Alleinerziehende: 416 Euro;
- Regelbedarf für Partner (»Bedarfsgemeinschaft«): jeweils 374 Euro;
- Kinder unter sechs Jahren: 240 Euro;
- Kinder von 6-13 Jahren: 296 Euro;
- Kinder über 14 Jahre: 316 Euro;
- junge Erwachsene von 18 bis 24 Jahren, die bei den Eltern leben: 332 Euro.

Diese Regelsätze reichen nicht für ein anständiges Leben. Der paritätische Gesamtverband fordert einen Regelsatz von 529 Euro. Die Kosten für Unterkunft und Heizung werden übernommen, soweit sie nach strengen Kriterien angemessen sind. Darüber hinaus werden auf Antrag einmalige Leistungen bezahlt, z.B. für die Erstausstattung der Wohnung. Ferner werden die Beiträge für die Kranken- und Pflegeversicherung übernommen. Bei der Antragstellung müssen die finanziellen Verhältnisse offengelegt werden. Bestehendes Vermögen wird bis zu einem detailliert geregelten »Schonvermögen« auf die Leistungen angerechnet. Die Arbeitsuchenden müssen mit Sanktionen rechnen, wenn sie sich z.B. weigern, eine Eingliederungsvereinbarung abzuschließen oder ihr nicht nachkommen. Gleiches gilt bei der Ablehnung einer »zumutbaren« Arbeit oder Arbeitsgelegenheit. Die Sanktionen sehen in der ersten Stufe eine Reduzierung der Leistungen um 30% vor. Bei weiteren »Pflichtverletzungen« können weitere 30% gekürzt werden. Für die Annahme zumutbarer Arbeit gelten noch strengere Kriterien als beim Arbeitslosengeld I.

9.4.3 Kurzarbeitergeld

Bei schlechter Konjunkturlage oder vorübergehender schlechter Auftragslage stellt die Vereinbarung von Kurzarbeit durch den Unternehmer und den Betriebsrat eine akzeptable Alternative zu Entlassungen dar. Bei der Einführung von Kurzarbeit hat der Betriebsrat ein Mitbestimmungsrecht gemäß § 87 Abs. 1 Ziff. 3 (»vorübergehende Verkürzung der Arbeitszeit«) (vgl. Kapitel 19.3). Der Betriebsrat hat hierzu auch ein Initiativrecht und kann von sich aus vorschlagen, Kurzarbeit einzuführen. Gibt es darüber keine Einigung mit dem Unternehmer, entscheidet die Einigungsstelle bzw. die tarifliche Schlichtungsstelle. Während der vereinbarten Kurzarbeit wird das Kurzarbeitergeld gemäß SGB III (§§ 95 und folgende) gezahlt. Seine Höhe entspricht dem Arbeitslosengeld, also 60% des letzten Nettoverdienstes und bei Beschäftigten mit Kindern 67%.

Die Zahlung von Kurzarbeitergeld setzt voraus, dass der Arbeitsausfall bei mindestens einem Drittel der Beschäftigten zu einem Entgeltausfall von mindestens zehn Prozent führt. Einzelheiten sind mit der örtlichen Agentur für Arbeit rechtzeitig zu beraten. Die Genehmigung von Kurzarbeitergeld setzt ebenfalls voraus, dass alle anderen betrieblichen Maßnahmen zur Beschäftigungssicherung genutzt wurden, z.b. Verzicht auf Mehrarbeit, Abbau von Arbeitszeitkonten (zu den Details vgl. Kapitel 19.3). Kurzarbeitergeld wird für längstens sechs Monate gezahlt, bei außergewöhnlichen branchenbezogenen und regionalen Schwierigkeiten bis zu zwölf Monate. Bei außergewöhnlichen Verhältnissen, die den gesamten Arbeitsmarkt betreffen, kann die Dauer von Kurzarbeitergeld sogar auf 24 Monate ausgeweitet werden. Dies wurde beispielsweise während der großen Wirtschaftskrise in den Jahren 2008 und 2009 praktiziert und trug dazu bei, dass die Zahl der Entlassungen während der Wirtschaftskrise stark begrenzt wurde.

9.4.4 Transfer-Kurzarbeitergeld
Wenn ein Abbau von Arbeitsplätzen nicht zu vermeiden ist, ist dies in einem Interessenausgleich und Sozialplan zwischen Betriebsrat und Unternehmer zu vereinbaren (vgl. §§ 111, 112 BetrVG und Kapitel 19.7). Um die betroffenen Beschäftigten zunächst vor Arbeitslosigkeit zu schützen, können nach den §§ 110 und 111 SGB III Transfermaßnahmen vereinbart werden und für zwölf Monate Transfer-Kurzarbeitergeld gezahlt werden. Die betroffenen Beschäftigten wechseln dazu für maximal zwölf Monate in eine sogenannte *Transfergesellschaft bzw. Beschäftigungsgesellschaft*, die von einem externen Träger geführt wird. Während dieser Zeit werden sie qualifiziert, um möglichst schnell wieder andere Arbeit zu finden. Haben sie auch nach maximal zwölf Monaten keine andere Arbeit gefunden, werden sie erst dann arbeitslos und erhalten ab diesem Zeitpunkt Arbeitslosengeld. Bei der Vereinbarung von Transfergesellschaften sind zahlreiche Details zu berücksichtigen, die in Kapitel 19.8 erläutert werden.

9.4.5 Insolvenzgeld
Gerät ein Betrieb in extreme wirtschaftliche Schwierigkeiten, kann es passieren, dass Insolvenz angemeldet wird, was umgangssprachlich auch als »Pleite« oder »Konkurs« bezeichnet wird. In diesem Falle wird zunächst unter der Aufsicht eines Insolvenzverwalters weitergearbeitet. Sollten die Beschäftigten arbeitslos werden, haben sie für drei Monate Anspruch auf das Insolvenzgeld in Höhe ihres Nettoentgelts. Die Bundesagentur kann auf Antrag einen Vorschuss auf dieses Insolvenzgeld leisten. Einzelheiten finden sich in den §§ 165-172 SGB III und in Kapitel 20.1.

9.4.6 Gewerkschaftliche Forderungen
Die Gewerkschaften stellen detaillierte Forderungen zu Verbesserungen in der Arbeitslosenversicherung. Pauschale Forderungen, wie »Hartz IV muss weg« oder »die Agenda 2010 muss zurückgenommen werden«, bringen wenig, da zahlreiche Gesetze und

Einzelbestimmungen betroffen sind. Es ist daher politisch klüger, für einzelne Sachverhalte sehr konkrete Forderungen zu stellen.

Der Gewerkschaftstag der IG Metall forderte dazu im Jahr 2015: »Notwendig sind zudem eine Verlängerung der Bezugsdauer des Arbeitslosengeldes I auf bis zu 36 Monate und die Verlängerung der Rahmenfrist auf drei Jahre. Die IG Metall fordert eine deutliche Anhebung des Regelsatzes im Arbeitslosengeld II und ein grundsätzlich bedarfsorientiertes Berechnungsmodell. Außerdem müssen einmalige Leistungen wieder eingeführt werden. Darüber hinaus bedarf es neuer Zumutbarkeitsregelungen, die Erwerbslose nicht zur Aufnahme einer Arbeit zwingen, die unterhalb ortsüblicher Entgelte bzw. untertariflich entlohnt wird.« (Entschließung 1).

9.5 Grundsicherung (Sozialhilfe)

Das Ziel der Sozialhilfe besteht darin, denjenigen Menschen zu helfen, die nicht in der Lage sind, aus eigener Kraft ihren Lebensunterhalt zu bestreiten, und dabei auch von dritter Seite keine Hilfe bekommen. Die Sozialhilfe ist im *zwölften Sozialgesetzbuch (SGB XII)* geregelt. Im Unterschied zu den anderen Sicherungssystemen, die im Kapitel 9 erläutert sind, handelt es sich bei der Sozialhilfe um eine staatliche Leistung, die ausschließlich aus Steuermitteln finanziert wird. Die Aufgabe ist in § 1 SGB XII wie folgt formuliert: »Aufgabe der Sozialhilfe ist es, den Leistungsberechtigten die Führung eines Lebens zu ermöglichen, das der Würde des Menschen entspricht.«

Die Höhe der »Hilfe zum Lebensunterhalt« wird jährlich in einer Verordnung in sechs Regelbedarfsstufen festgesetzt. Die Höhe entspricht den Werten, die in Kapitel 9.4.2 zum Arbeitslosengeld II erwähnt sind, wozu weitere Leistungen hinzukommen wie z.B. die Erstattung von Miete und Heizung.

Die Sozialhilfe wird nach dem Nachrangigkeitsprinzip gezahlt, das heißt: Vor dem Bezug von Sozialhilfe müssen alle anderen Einkommen, Vermögen und Leistungen anderer Sicherungssysteme sowie Leistungen von Familienangehörigen in Anspruch genommen werden. Im Einzelnen sind im SGB XII folgende Leistungen geregelt:
- Hilfe zum Lebensunterhalt;
- Grundsicherung im Alter und bei Erwerbsminderung;
- Hilfen zur Gesundheit und Pflege;
- Eingliederungshilfen für behinderte Menschen;
- Hilfe bei besonderen sozialen Schwierigkeiten und in anderen Lebenslagen.

Die Absicherung von *Asylbewerbern* ist im *Asylbewerberleistungsgesetz* geregelt.

Übersicht 9-7 zeigt den vollständigen Umfang der Personen, die im Jahr 2016 finanzielle Unterstützung im Rahmen der sozialen Sicherungssysteme bezogen. Insgesamt waren dies über 7,8 Millionen Menschen. Die größte Zahl sind dabei mit über 5,9 Millionen Menschen die Empfänger*innen von »Hartz IV« bzw. Arbeitslosengeld II (ALG II). Diese Zahl darf nicht verwechselt werden mit den ALG-II-Empfänger*innen in der Arbeitslosenstatistik, denn dort werden ausschließlich die offiziell als »ar-

Übersicht 9-7: Grundsicherungssysteme in Deutschland (bedürfigkeitsgeprüft), Stand 2016

Personenkreis	Erwerbsfähige Personen im Alter zwischen 15 Jahren und der Regelaltersgrenze	Personen im Alter unterhalb der Regelaltersgrenze	Personen im Alter oberhalb der Regelaltersgrenze und Erwerbsgeminderte	Asylbewerber und Flüchtlinge
Leistungsvoraussetzung	Erwerbsfähigkeit von mehr als 3 Stunden am Tag	Zeitweise voll erwerbsgemindert	Erreichen der Regelaltersgrenze oder dauerhafte und volle Erwerbsminderung von weniger als 3 Stunden am Tag	Asylbewerber sowie geduldete und vollziehbar zur Ausreise verpflichtete Ausländer
Zentrale Leistungen	Arbeitslosengeld II Sozialgeld Kosten der Unterkunft	Hilfe zum Lebensunterhalt Kosten der Unterkunft	Grundsicherung Kosten der Unterkunft	Grundleistungen Barbedarf Unterkunft
System	Grundsicherung für Arbeitsuchende	Sozialhilfe	Grundsicherung im Alter und bei Erwerbsminderung	Leistungen nach dem Asylbewerberleistungsgesetz
Leistungsempfänger 2016	5.972.889	133.389	1.025.903	728.239
Gesetzliche Grundlage	SGB II	SGB XII	SGB XII	Asylbewerberleistungsgesetz

Quelle: Sozialpolitik-aktuell, Institut IAQ

beitslos« geführten ALG-II-Empfänger*innen ausgewiesen, dies sind etwas mehr als 1,5 Millionen Menschen.

9.6 Unfallversicherung

Die gesetzliche Unfallversicherung ist im siebten Sozialgesetzbuch geregelt. Auf dieser Grundlage arbeiten als Träger der gesetzlichen Unfallversicherung sechs gewerbliche *Berufsgenossenschaften (BG)* und 27 Unfallkassen für den öffentlichen Dienst. Die Berufsgenossenschaften sind nach Branchen organisiert, wobei in den letzten Jahren zahlreiche Fusionen stattfanden. Große Berufsgenossenschaften sind z.B. die »Berufsgenossenschaft Holz und Metall (BGHM)« und die »Berufsgenossenschaft Energie Textil Elektro Medienerzeugnisse (BG ETEM)«.

Mit der gesetzlichen Unfallversicherung wird den Unternehmern das Haftungsrisiko gegenüber den Beschäftigten abgenommen, und zwar für Arbeitsunfälle, Wegeunfälle und Berufskrankheiten. Aus diesem Grunde tragen die Unternehmer die Beiträge allein – im Unterschied zu den anderen Systemen der Sozialversicherung, in die Beschäftigte und Unternehmer hälftig einzahlen. Durch den Beitrag zu den Genossenschaften sind die Unternehmer beispielsweise gegen Ansprüche und einzelne Klagen von Beschäftigten geschützt. Sie brauchen keine privatrechtliche Haftpflichtversicherung gegenüber Beschäftigten, die z.B. einen Arbeitsunfall erlitten haben, abzuschließen. Deshalb ist es gewollt und gerechtfertigt, dass die Unternehmer die Beiträge für die Unfallversicherung allein aufbringen. Der Beitragssatz wird von den einzelnen Berufsgenossenschaften festgesetzt und hängt von der Entgeltsumme des Betriebs, der jeweiligen Gefahrenklasse und einer Umlageziffer ab. Der Beitrag betrug im Jahr 2014 durchschnittlich 1,22%.

Die Gremien der Berufsgenossenschaften sind hälftig von Vertreter*innen der Beschäftigten und der Unternehmer besetzt. Bei der Berufsgenossenschaft Holz und Metall besteht der Vorstand aus zwei mal zwölf Personen und die Vertreterversammlung aus zwei mal 30 Personen. Die BG wird von einer dreiköpfigen hauptamtlichen Geschäftsführung geleitet.

Zusammen mit den staatlichen Stellen des Arbeits- und Gesundheitsschutzes (z.B. Gewerbeaufsichtsämter) sind die technischen Aufsichtsbeamten (TA) der Berufsgenossenschaften auch für die Prävention von Arbeitsunfällen und Berufskrankheiten zuständig. Dazu können sie *Unfallverhütungsvorschriften (UVV)* erlassen, die branchenbezogen die gesetzlichen Arbeitsschutzregelungen ergänzen (vgl. Kapitel 18.6).

Die Unfallversicherung hat den Anspruch, die Folgen entstandener Arbeitsunfälle möglichst zu begrenzen, die Erwerbsfähigkeit und Wiedereingliederung der betroffenen Beschäftigten zu fördern und sie ggf. finanziell zu entschädigen.

Leistungen der Unfallversicherung erhalten Beschäftigte, die einen Arbeitsunfall oder Wegeunfall erlitten oder Schaden durch eine anerkannte Berufskrankheit haben. Die Geldleistungen umfassen das Verletztengeld, das Übergangsgeld und Unfallrenten. Das Verletztengeld wird während der Heilbehandlung gezahlt und beträgt 80% des letzten Bruttoentgelts, jedoch nicht mehr als das Nettoentgelt. Das Übergangsgeld wird gezahlt, wenn die Beschäftigten berufsfördernde Leistungen erhalten und deshalb nicht ganztägig erwerbstätig sein können. Eine Unfallrente wird gezahlt, wenn eine Minderung der Erwerbsfähigkeit (MdE) von mindestens 30% vorliegt; zu den Voraussetzungen und zur Höhe der Unfallrente gibt es detaillierte Vorschriften, die für die Beschäftigten in der Praxis häufig nur schwer durchsetzbar sind.

9.7 Sackgasse: bedingungsloses Grundeinkommen

Auf den ersten Blick scheint es eine faszinierende Idee zu sein – das bedingungslose Grundeinkommen. Bei diesem Ansatz bekäme jede Bürgerin und jeder Bürger monatlich einen pauschalen Geldbetrag vom Staat überwiesen. In der Debatte wird häufig ein Betrag von 1.000 Euro für jeden Erwachsenen und 500 Euro für jedes Kind genannt. Den Betrag sollen alle bekommen, egal ob sie bedürftig sind oder nicht – Beschäftigte, Selbständige, Arbeitslose, Rentner*innen, Studierende, und zwar anstelle der bisherigen Leistungen aus den verschiedenen Zweigen der Sozialversicherung. Das heißt, ein bedingungsloses Grundeinkommen würde Zahlungen wie das Arbeitslosengeld I, das Arbeitslosengeld II, die Sozialhilfe und wohl auch die Renten ersetzen.

Auf den ersten Blick ist dies wirklich eine faszinierende Idee. Bei näherem Hinsehen kommen jedoch Zweifel auf. Zunächst ist es mehr als merkwürdig, dass der Gedanke nicht nur auf dem politisch linken Spektrum diskutiert wird, sondern dass sich auch Unternehmer dafür einsetzen. Der Besitzer der dm-Drogeriekette, Götz Werner, zieht mit dem Gedanken durch die Talkshows und auch die Vorstandsvorsitzenden von Siemens und der Telekom haben sich in dieser Richtung geäußert. In Finnland startete im Jahr 2017 eine konservativ-rechte Regierung einen Modellversuch zum bedingungslosen Grundeinkommen.

Folgende Gründe sprechen gegen ein bedingungsloses Grundeinkommen:
- Erwerbsarbeit ist für die Menschen mehr als eine Einnahmequelle. Arbeit ist trotz aller Mühe und Last auch eine Quelle für gesellschaftliche Teilhabe, persönliche Entfaltung und gesellschaftliche Anerkennung. Deshalb schlagen die Gewerkschaften auch ein *Recht auf Arbeit* vor – und zwar ein Recht auf gute Arbeit mit guten tariflichen Einkommen.
- Es ist überhaupt nicht einzusehen, dass gutverdienende Beschäftigte, ja sogar Einkommensmillionäre, vom Staat monatlich 1.000 Euro erhalten sollen. Dieses Geld fehlt an anderer Stelle für die tatsächlich bedürftigen Menschen.
- Es ist auch nicht einzusehen, dass derjenige, der ein Einfamilienhaus oder eine Eigentumswohnung geerbt hat, genauso viel Geld erhalten soll wie jemand, der in einer Großstadt für eine Wohnung eine hohe Miete zahlen muss. Unterschiedlichen Bedarfslagen und Risiken kann nicht gezielt Rechnung getragen werden.
- Die Befürworter des bedingungslosen Grundeinkommens sehen es als Fortschritt an, dass dann viele Menschen nicht mehr gezwungen seien zu arbeiten. Aber je weniger Menschen sich an der Erwerbsarbeit beteiligen, desto mehr müssen die anderen leisten, um die für die Gesellschaft erforderlichen Produkte und Dienstleistungen zu erwirtschaften. Diejenigen, die Erwerbsarbeit leisten, müssten dann aber mit höheren Steuern zur Finanzierung des Grundeinkommens beitragen. Das zusätzlich zum Grundeinkommen erzielte Einkommen würde dann vom ersten Euro an mit hohen Steuern belegt werden, um die Mittel aufzubringen. Die teilweise geäußerte Hoffnung, ein bedingungsloses Grundeinkommen könne durch eine drastische Erhöhung der Steuern für die Reichen und Vermögenden finanziert werden, ist angesichts der Größenordnung bei den derzeitigen Machtverhältnissen unrealistisch.
- Bei einem bedingungslosen Grundeinkommen könnten die Gewerkschaften bei Tarifverhandlungen nicht mehr das Argument ins Feld führen, dass Entgelte mindestens eine existenzsichernde Höhe haben müssen. Die Unternehmer würden dann darauf setzen, dass Menschen bereit sind, für niedrigere Entgelte zu arbeiten als heute, da sie ja bereits das Grundeinkommen erhalten. Für die Unternehmer wäre ein staatlich finanziertes Grundeinkommen eine Subventionierung der Entgelte.

> Die gewerkschaftlichen Alternativen zum bedingungslosen Grundeinkommen sind einerseits eine gut bezahlte Arbeit für alle und andererseits ausreichende finanzielle Unterstützung für bedürftige Menschen, die sich an dem jeweiligen Bedarf orientiert.

10. Gewerkschaftsjugend

In den acht Gewerkschaften des Deutschen Gewerkschaftsbundes (DGB) sind über 500.000 junge Menschen Mitglied, allein in der IG Metall über 220.000. Als Jugendliche zählen in der IG Metall Mitglieder bis zum vollendeten 27. Lebensjahr.

Gegenüber anderen Jugendorganisationen von politischen Parteien, Kirchen oder Vereinen hat die Gewerkschaftsjugend drei entscheidende Vorteile:

- Ihre Mitgliederzahl ist wesentlich größer, und es bestehen bundesweit in allen Regionen und in Zehntausenden von Betrieben stabile Strukturen. Darüber hinaus arbeitet beispielsweise in jeder der 155 Geschäftsstellen der IG Metall ein Ortsjugendausschuss mit jugendlichen Delegierten aus den Betrieben der Region, der in seiner Arbeit von einem oder einer hauptamtlichen »Jugendsekretär*in« unterstützt wird.
- Sie hat durch die enge Zusammenarbeit mit den *Jugend- und Auszubildendenvertretungen (JAV)* in den Betrieben ein unmittelbares Handlungsfeld, da die JAV gesetzlich geregelte Rechte und Kompetenzen hat und damit konkret Politik umsetzen und gestalten kann.
- Sie kann mit und für ihre Mitglieder in Tarifrunden unmittelbar Verbesserungen durchsetzen, im Zweifelsfall auch durch einen Streik. Das Streikrecht für Azubis ist gesetzlich garantiert.

Gewerkschaftliche Jugendarbeit ist mehr als die Arbeit in den JAVs. Die Übersicht 10-1 zeigt die einzelnen Gruppierungen in der Gewerkschaftsjugend. Zahlenmäßig sind die *Auszubildenden in der dualen Berufsausbildung* die größte Gruppe, aber immer mehr *dual Studierende* und *Studierende an den Hochschulen* werden Mitglied in der Gewerkschaft.

Die Ziele der Gewerkschaftsjugend überschneiden sich bei vielen Politikfeldern mit den generellen Zielen der Gewerkschaften. Aufgabe der Gewerkschaftsjugend ist es, die jugendspezifischen Ziele und Forderungen zu entwickeln und sie zusammen mit den jungen Mitgliedern auch innerhalb der Gewerkschaft nach vorne zu bringen. Dies gilt sowohl für die Betriebs- und Tarifpolitik als auch für die Gesellschaftspolitik. Deshalb spielen Themen wie z.B. Ausbildungsplatzsituation, tarifliche Vergütung

Übersicht 10-1: Gruppierungen in der Gewerkschaftsjugend

Junge Beschäftigte (jünger als 27 Jahre)	Auszubildende (Duale Berufsausbildung)
Dual Studierende	Studierende
Praktikanten, Diplomanden, Doktoranden, Ferienbeschäftigte	Schüler und Schülerinnen

der Auszubildenden und dual Studierenden, die Übernahme nach der Ausbildung, die Situation an Berufsschulen und Hochschulen genauso eine Rolle wie die Forderungen für ein neues Berufsbildungsgesetz, Forderungen nach beruflicher und politischer Weiterbildung, der Kampf gegen Neonazis und Rassismus und Forderungen zu Frieden und Abrüstung. Auch hier gilt der gewerkschaftliche Grundsatz: »*Je mehr Mitglieder, desto stärker*« (vgl. Kapitel 1.6 und 16). Deshalb bemühen sich die Gewerkschaften, gerade junge Menschen zu motivieren, Gewerkschaftsmitglied zu werden.

Jugendarbeit ist für die Gewerkschaften von grundlegender Bedeutung. Junge Menschen im Betrieb haben die Chance, die Prinzipien von Solidarität, Demokratisierung und Mitbestimmung konkret zu erleben. Gerade angesichts des demografischen Wandels ist es für die Gewerkschaften wichtig, auch langfristig eine solide Mitgliederbasis in den Betrieben zu gewinnen. Beispielsweise fallen in der IG Metall über ein Viertel aller Neuaufnahmen von Mitgliedern auf Jugendliche. Viele gewerkschaftlich aktive Jugendliche werden später Vertrauensleute oder Betriebsräte. Nicht zuletzt bringt die Gewerkschaftsjugend wichtige inhaltliche Impulse in die Gewerkschaftsarbeit ein, zum Beispiel Zukunftsthemen wie die Berufsausbildung bei zunehmender Digitalisierung oder neue Kommunikationswege über digitale Medien.

Zur weiteren Information wird der Internetauftritt der DGB-Jugend genauso empfohlen wie die Auftritte der Einzelgewerkschaften, z.B. der IG Metall:
- http://jugend.dgb.de/
- https://www.igmetall.de/jupo-index.htm
- http://www.hochschulinformationsbuero.de/portal/home-news/
- http://jugend.dgb.de/studium/beratung/students-at-work.

10.1 Auszubildende (»Azubis«) und junge Beschäftigte

Insgesamt werden in der Industrie über 500.000 und im Handwerk über 360.000 junge Menschen im Rahmen der *dualen Berufsausbildung* ausgebildet. Die Ausbildung dauert in der Regel drei oder 3,5 Jahre und wird mit einer Prüfung und einem Zertifikat beendet. Diese Zertifikate werden von der Industrie- und Handelskammer (IHK) oder den Handwerkskammern ausgestellt. In der Metall- und Elektroindustrie sind folgende Ausbildungsberufe häufig vertreten:
- Industriemechaniker*in,
- Zerspanungsmechaniker*in,
- Mechatroniker*in,
- KFZ-Mechatroniker*in
- Werkzeugmechaniker*in
- Elektroniker*in,
- Elektroniker*in für Automatisierungstechnik,
- Elektroniker*in für Betriebstechnik,
- Technische/r Produktdesigner*in (ehemals Technische/r Zeichner*in),

- Fachinformatiker*in,
- Mathematisch-technische/r Software-Entwickler*in (MATSE)
- Industriekaufmann/frau
- Kaufmann/frau für Büromanagement.

Darüber hinaus bieten einige Unternehmen Plätze an, die nur eine zweijährige Berufsausbildung umfassen, z.B. die Ausbildungsberufe Maschinen- und Anlagenführer*in oder Industrieelektriker*in. Diese kurzen Ausbildungsgänge werden von den Gewerkschaften kritisch gesehen, da sie gerade angesichts der rasanten technologischen Entwicklung wenig zukunftsfähig sind. Es werden nur Grundkenntnisse vermittelt, die auf eine schnelle Verwertung durch die Unternehmer ausgerichtet sind. Gerade in einer Zeit, in der Unternehmer über »Fachkräftemangel« klagen, passen zweijährige Kurzausbildungen nicht in die Welt.

Darüber hinaus werden die Azubis nach ihrer zweijährigen Ausbildung meistens auf Arbeitsplätzen eingesetzt, bei denen sie deutlich niedriger entlohnt werden. Das Argument der Unternehmer ist, die Anforderungen an eine drei- bis dreieinhalbjährige Ausbildung seien so hoch, dass sie nicht von jedem Schulabsolventen zu erreichen seien. Die Alternative für förderungsbedürftige Jugendliche ist aber nicht eine zweijährige Kurzausbildung, sondern eine längere Ausbildung, bei der vor der dreijährigen Ausbildung ein Förderjahr vorgeschaltet wird. Dazu gibt es in der Metallindustrie tarifliche Regelungen zur Einstiegsqualifizierung (vgl. Kapitel 15.3.5).

Die duale Berufsausbildung liegt in Deutschland sowohl in den Händen der Unternehmer *(Lernort Betrieb)* als auch in den Händen des Staates *(Lernort Berufsschule)* (vgl. Kapitel 10.3). Über die Zahl der angebotenen Ausbildungsplätze entscheiden alleine die Unternehmer. Weder der Betriebsrat noch die Jugend- und Auszubildendenvertretung haben hier ein rechtlich verankertes Mitbestimmungsrecht. In vielen Betrieben verhandelt der Betriebsrat dennoch mit dem Unternehmer über die Zahl der jährlich einzustellenden Azubis. Ein Maßstab für die Ausbildungsbereitschaft eines Unternehmens ist die sogenannte *Ausbildungsquote:* das Verhältnis von Auszubildenden zur gesamten Belegschaft. Sie ist von Betrieb zu Betrieb unterschiedlich und sollte in einer Größenordnung von vier bis sechs Prozent liegen.

In vielen Betrieben ist die duale Berufsausbildung fest verankert. Es gibt aber zahlreiche Betriebe, die keine Ausbildungsplätze anbieten. Die durch eine Berufsausbildung entstehenden Kosten mindern kurzfristig die Gewinne der Unternehmer. Hier argumentieren sie, eine qualifizierte Berufsausbildung sei für sie zu teuer, ohne auf die langfristigen Vorteile zu sehen. Unternehmen, die im ausreichenden Maße ausbilden, brauchen sich auch zukünftig über Fachkräftemangel weniger Gedanken zu machen. Diejenigen Unternehmen, die nicht ausbilden, setzen darauf, Fachkräfte »von außen« einzustellen, die in anderen Betrieben ausgebildet wurden. Dieses Verhalten ist innerhalb der Unternehmerschaft unfair und unsolidarisch.

Letztlich fällt aber die Entscheidung über die Aufnahme einer dualen Berufsausbildung in das Direktionsrecht des einzelnen Unternehmers (vgl. Kapitel 1.3 und Übersicht 1-4). Die Gewerkschaften und insbesondere die Gewerkschaftsjugend fordern, dass die gesamten Unternehmer bundesweit ein auswahlfähiges Angebot an Ausbildungsplätzen anbieten. Dazu hat das Bundesverfassungsgericht in seinem Urteil von 1980 eine *gesellschaftliche Ausbildungsverpflichtung der Unternehmer* festgestellt. Im Urteil heißt es:

> »Wenn der Staat in Anerkennung dieser Aufgabenstellung den Arbeitgebern die praxisbezogene Berufsausbildung der Jugendlichen überlässt, so muss er erwarten, dass die gesellschaftliche Gruppe der Arbeitgeber diese Aufgabe nach Maßgabe ihrer objektiven Möglichkeiten und damit so erfüllt, dass grundsätzlich alle ausbildungswilligen Jugendlichen die Chance erhalten, einen Ausbildungsplatz zu erhalten. Das gilt auch dann, wenn das freie Spiel der Kräfte zur Erfüllung der übernommenen Aufgabe nicht ausreichen sollte...« (Bundesverfassungsgericht, 10.12.1980)

Diesem Urteil zufolge liegt ein *auswahlfähiges Angebot* dann vor, wenn die Zahl der angebotenen Ausbildungsplätze die Zahl der jungen Menschen, die einen Ausbildungsplatz suchen, um 12,5% übersteigt. In Zeiten hoher Jugendarbeitslosigkeit forderte die Gewerkschaftsjugend, dass Unternehmen, die nicht ausbilden, einen Betrag in einen Fonds einzahlen, der dann an die Ausbildungsbetriebe anteilig ausgezahlt werden sollte. Dieses Verfahren wird *Umlagefinanzierung* genannt. In diesen Zeiten schrieben Schulabgänger in der Regel über 100 Bewerbungen, um dann letztlich eine Absage oder überhaupt keine Reaktion zu bekommen. Für viele Jugendliche wurde in dieser Zeit eine qualifizierte, berufliche Perspektive verbaut. Die Forderung nach einer Umlagefinanzierung war über Jahrzehnte eine der zentralen Forderungen der Gewerkschaftsjugend, wurde jedoch von keiner Bundesregierung umgesetzt. Da zurzeit die Jugendarbeitslosigkeit deutlich niedriger ist und viele Schulabgänger*innen zwischen mehreren Ausbildungsplatzangeboten wählen können, ist der Stellenwert dieser Forderung zurückgegangen. Dennoch gibt es auch heute Regionen, in denen zahlreiche Jugendliche keinen Ausbildungsplatz finden. Die Forderung an die Unternehmer nach einem ausreichenden Ausbildungsplatzangebot bzw. einer hohen Ausbildungsquote in allen Regionen und Betrieben bleibt aktuell.

10.2 Tarifliche Regelungen für Auszubildende (»Azubis«)

Die tariflichen Regelungen für Auszubildende in der Metall- und Elektroindustrie lassen sich vereinfacht in drei Bereiche unterteilen:
- *Allgemeine tarifliche Regelungen:* Die Manteltarifverträge und mehrere andere Tarifverträge gelten für alle Beschäftigten, einschließlich der Auszubildenden. Das heißt: Azubis haben einen tariflichen Anspruch auf eine Ausbildungszeit von 35 Stunden im Westen und 38 Stunden im Osten, auf 30 Tage Urlaub, auf Weihnachts- und Urlaubsgeld, auf eine sechswöchige Fortzahlung der Ausbildungsvergütung im Krankheitsfall usw.

- *Spezifische Regelungen:* In den Manteltarifverträgen und in einigen speziellen Tarifverträgen sind spezifische Regelungen für die Azubis vereinbart (wo dies geregelt ist, ist regional unterschiedlich). Die wichtigsten sind die Regelungen zur Übernahme nach erfolgreich abgeschlossener Ausbildung in ein Arbeitsverhältnis. Hier gilt der Grundsatz, dass Azubis nach erfolgreicher Ausbildung in ein unbefristetes Arbeitsverhältnis zu übernehmen sind. In den Tarifverträgen sind auch Situationen geregelt, wann von diesem Grundsatz im Betrieb abgewichen werden kann und nur eine auf zwölf Monate befristete Übernahme erfolgt oder – im schlimmsten Fall – keine Übernahme. Dazu hat der Betriebsrat Mitbestimmungsrechte, die er in Zusammenarbeit mit der JAV ausübt (vgl. Kapitel 15.3.4).
- *Ausbildungsvergütungen:* Die Höhe der Ausbildungsvergütungen ist in der Metallindustrie für die einzelnen Ausbildungsjahre im Entgelt-Tarifvertrag geregelt. (Beispiel aus der niedersächsischen Metallindustrie, Stand 2018/2019):
  1. Ausbildungsjahr: 1.000 Euro
  2. Ausbildungsjahr: 1.062 Euro
  3. Ausbildungsjahr: 1.156 Euro
  4. Ausbildungsjahr: 1.218 Euro.

  Die Ausbildungsvergütungen in der Industrie liegen deutlich höher als in etlichen Handwerksbranchen, in denen die Ausbildungsvergütungen im 1. Ausbildungsjahr teilweise unter 500 Euro liegen. In den jährlichen Tarifrunden fordern die Gewerkschaften regelmäßig Erhöhungen der Entgelte und Ausbildungsvergütungen. Hier besteht für junge Auszubildende die Chance, sich in die Forderungsdebatte und die Durchsetzung der Forderung z.B. mit Warnstreiks einzubringen (Einzelheiten dazu finden sich in Kapitel 7.2). Ziel der Gewerkschaftsjugend sind Ausbildungsvergütungen, die eine *eigenständige Lebensführung* ermöglichen. Vor dem Hintergrund des sich abzeichnenden Fachkräftemangels konnten in den letzten Jahren in einigen Branchen, insbesondere im Handwerk, durch die Gewerkschaften überproportionale Erhöhungen der Ausbildungsvergütungen vereinbart werden.
- *Prüfungsvorbereitung:* In der Tarifrunde 2018 wurde in der Metall- und Elektroindustrie vereinbart, dass Auszubildende – je nach Prüfungskonstellation – Anspruch auf einen bzw. zwei freie Tage zur Prüfungsvorbereitung haben.

10.3 Das Berufsbildungsgesetz

Das *Berufsbildungsgesetz (BBiG)* ist die Grundlage für die duale Ausbildung und enthält zahlreiche Regelungspunkte, die für Azubis wichtig sind. Dual Studierende fallen nicht unter das BBiG. Die wichtigsten Regelungspunkte des BBiG sind u.a.:
- Grundsatz der qualifizierten Berufsausbildung mit den zwei Lernorten Betrieb und Berufsschule;
- Eckpunkte für einen schriftlichen Ausbildungsvertrag;
- Rechte und Pflichten der *Auszubildenden (Azubis)*;

- Rechte und Pflichten der *Ausbildenden (Unternehmer)*;
- Eignung von Ausbildern und Ausbilderinnen;
- Abschlussprüfung und Prüfungsausschüsse;
- Anerkennung von Ausbildungsberufen und Ausbildungsordnungen;
- Erprobung neuer Ausbildungsberufe;
- *Berufsbildungsinstitut (BBIB)* mit einem Hauptausschuss, in dem Vertreter*innen der Arbeitgeber, der Gewerkschaften und des Bundes tätig sind;
- »Mindest-Ausbildungsvergütung« für tariflose Betriebe in Höhe von 80% der tariflichen Ausbildungsvergütung (§ 17 BBiG) (vgl. Kapitel 15.5).

Aus Sicht der Gewerkschaften ist das BBiG dringend reformbedürftig. Dazu hat die IG Metall-Jugend konkrete Forderungen aufgestellt (vgl. Übersicht 10-2).

Übersicht 10-2: Forderungen der IG Metall-Jugend für ein neues Berufsbildungsgesetz

- Ausbildung garantieren
- Existenzsichernde Ausbildungsvergütung
- Duales Studium auf gesetzliche Grundlage stellen – Dual Studierende als Auszubildende im Sinne des BBiG festschreiben
- Lehr- und Lernmittelfreiheit
- Bessere Standards an Berufsschulen und Hochschulen
- Qualität von Aus- und Weiterbildung verbessern
- Ankündigungsfristen bei beabsichtigter Nichtübernahme nach der Ausbildung
- Gebührenfreiheit bei Aus- und Weiterbildung

Darüber hinaus setzt sich die Gewerkschaftsjugend dafür ein, die *Bedingungen an den Berufsschulen zu verbessern*. In der allgemeinen Bildungsdebatte kommt die Situation an den Berufsschulen zu kurz, zumal in einigen Regionen und Schulen erhebliche Defizite zu verzeichnen sind. Die Gewerkschaftsjugend fordert dazu u.a.:

- eine ausreichende finanzielle Ausstattung der Berufsschulen und ihrer Träger;
- da die Räumlichkeiten vieler Berufsschulen sanierungsbedürftig sind, müssen hier ausreichende Mittel für bauliche Maßnahmen zur Verfügung gestellt werden;
- praktische Lernmittel »auf der Höhe der Zeit«, d.h. auf der Höhe der in den Betrieben angewendeten Technologien, dies gilt für computergesteuerte Maschinen, aber auch für PC, Laptops und Tablets;
- eine ausreichende Zahl von Berufsschullehrer*innen, damit es nicht zu permanentem Unterrichtsausfall kommt;
- laufende Weiterbildung der Berufsschullehrer*innen, einschließlich laufender Betriebspraktika; dabei muss gewährleistet sein, dass es während der Qualifizierung nicht zu Unterrichtsausfall kommt (ausreichende Zahl von Stellen).

10.4 Dual Studierende (»Dualis«)

Dual Studierende kombinieren eine Ausbildung im Betrieb mit einem Studium an einer Hochschule, das heißt, sie sind abwechselnd im Betrieb und der Hochschule. Bei den sogenannten *ausbildungsintegrierten Studiengängen* erwerben sie im Laufe der Ausbildung einen Berufsabschluss wie z.b. Industriemechaniker*in und einen Abschluss als Bachelor an der Hochschule. Bei den *praxisintegrierten Studiengängen* werden die Studierenden eine bestimmte Zeit im Betrieb ausgebildet, erlangen aber keinen Berufsabschluss, sondern ausschließlich einen Abschluss als Bachelor. Die Gewerkschaften favorisieren die ausbildungsintegrierten dualen Studiengänge, da sie enger an den Betrieb angebunden sind, die dual Studierenden mit den Auszubildenden gemeinsam ausgebildet werden und sie am Ende zwei Berufsabschlüsse erlangen können. Bis etwa zum Jahr 2000 waren dual Studierende in den Betrieben eher selten vertreten mit der Ausnahme von *Baden-Württemberg*, wo die *Berufsakademien* eine lange Tradition haben. Inzwischen sind in der Metall- und Elektroindustrie ca. 15% aller Auszubildenden dual Studierende, in einigen großen Konzernen sogar 20% und mehr. Es sind die unterschiedlichsten Abkürzungen üblich: *Dualis, BAler, Stipse* u.a.

Dual Studierende fallen weder unter das Berufsbildungsgesetz noch unter die Flächentarifverträge. Insofern wird viel in den einzelnen Ausbildungsverträgen geregelt, die aber völlig uneinheitlich sind. Deshalb fordern die Gewerkschaften die Einbeziehung der dual Studierenden in ein neues Berufsbildungsgesetz und in die Tarifverträge. Da sich z.B. alle Arbeitgeberverbände in der Metallindustrie weigern, Flächentarifverträge für dual Studierende abzuschließen, hat die IG Metall in mehreren größeren Betrieben *Haustarifverträge für »Dualis«* abgeschlossen, so z.B. bei Volkswagen, Continental und Sartorius. Dort sind wichtige Punkte geregelt: Höhe der Ausbildungsvergütung, Arbeitszeit, Urlaubstage, Weihnachts- und Urlaubsgeld, Übernahme der Semestergebühren, Büchergeld sowie Übernahmeregelungen am Ende des Studiums. *Die IG Metall fordert die Einbeziehung der dual Studierenden in den Geltungsbereich der Flächentarifverträge.*

10.5 Jugend- und Auszubildendenvertretung (JAV)

Junge Beschäftigte bis zum Alter von 18 Jahren und Auszubildende (Azubis) bis zum Alter von 25 Jahren sind bei den Wahlen zur Jugend- und Auszubildendenvertretung (JAV) im Betrieb wahlberechtigt. Gleiches gilt für dual Studierende, wenn sie einen ausbildungsintegrierten Studiengang im Betrieb und an der Hochschule absolvieren. Die Wahlen finden alle zwei Jahre im Herbst eines »geraden Jahres« statt (2018, 2020 usw.). Die Grundlagen der JAV sind im Betriebsverfassungsgesetz (BetrVG) geregelt – und zwar in den §§ 60 bis 73b und in § 78a. Die Zahl der Mitglieder in einer JAV hängt von der Zahl der wahlberechtigten Beschäftigten ab: bis 20 Beschäftigte ein Mitglied, von 21 bis 50 Beschäftigten drei Mitglieder und dann in Stufen aufsteigend bis zu 15 Mitgliedern bei mehr als 1.000 Wahlberechtigten. JAV-Mitglieder werden häufig umgangssprachlich auch »Javis« genannt (detaillierte Hinweise zur Arbeit der JAV finden sich im Kapitel 15.2).

10.6 Studierende (»Studis«) und Schüler*innen

Studierende an Fachhochschulen, Hochschulen, Universitäten und Akademien können Mitglied der Gewerkschaft werden. Bei der IG Metall zahlen sie einen Mitgliedsbeitrag in Höhe von 2,05 Euro pro Monat (der »krumme Betrag« resultiert aus der Umstellung von D-Mark in Euro). Etwa seit dem Jahr 2000 spricht die IG Metall gezielt und systematisch Studierende auf eine Mitgliedschaft in der IG Metall an, insbesondere in technischen und naturwissenschaftlichen Studiengängen. Beispielsweise sollen zukünftige Ingenieure frühzeitig auf einen Wechsel in den Betrieb nach Ende des Studiums vorbereitet werden. Heute sind über 30.000 Studierende Mitglied in der IG Metall, mit steigender Tendenz.

An zahlreichen Hochschulen hat die IG Metall *Hochschulinformationsbüros* (HIB) auf dem Campus eingerichtet. Für alle Branchen ist beim Deutschen Gewerkschaftsbund (DGB) ein *Projekt »Students at Work«* eingerichtet. Hier besteht in regelmäßigen Sprechstunden und bei zahlreichen Aktivitäten die Möglichkeit, Studierenden Informa-

Übersicht 10-3: Ansprache von Studierenden

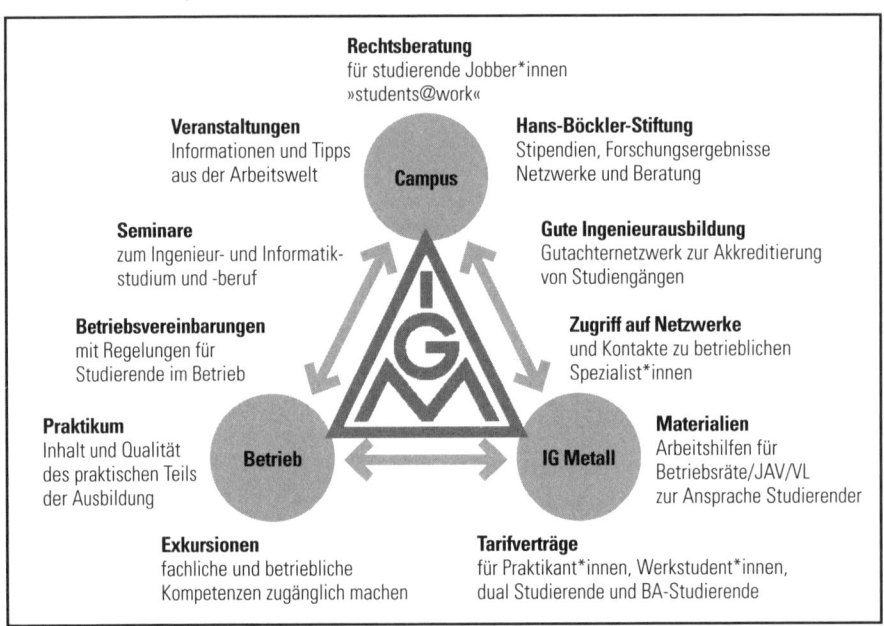

tionen über die Arbeitswelt zu geben, die sie im Studium nicht erhalten. Es werden Seminare und Betriebsbesichtigungen angeboten und Gesprächsrunden mit den Betriebsratsvorsitzenden aus den größeren Betrieben im Umfeld der Hochschule. An einigen Hochschulen werden auch Lehrveranstaltungen angeboten, die von Praktiker*innen aus der Gewerkschaft geleitet werden, z.B. zu den Themen Arbeitswelt und Arbeitsrecht. Informationsangebote gibt es insbesondere zu Beginn des Studiums und beim Wechsel von der Hochschule in den Betrieb. Da viele Studierende Praktikumsphasen im Betrieb absolvieren, werden sie auch dort vom Betriebsrat oder der JAV angesprochen und unterstützt. Übersicht 10-3 zeigt den Ansatz der doppelten Ansprache – im Betrieb und auf dem Campus der Hochschule.

Auch diejenigen Schüler*innen, die beispielsweise eine Techniker-, Fachwirt- oder Meisterausbildung absolvieren, können Mitglied der Gewerkschaft sein.

10.7 Praktikant*innen, Diplomanden, Doktoranden und Ferienbeschäftigte

Zahlreiche Studierende absolvieren während ihres Studiums im Betrieb ein mehrwöchiges Praktikum, einige schreiben ihre Bachelor- oder Masterarbeit im Rahmen eines betrieblichen Projekts, manche schreiben ihre Doktorarbeit über ein betriebsnahes Thema in Zusammenarbeit mit Beschäftigten im Betrieb, andere finden während der Semesterferien einen Job als Ferienbeschäftigter. Allen ist gemeinsam, dass sie nur eine begrenzte Zeit im Betrieb sind. Dennoch sollten sich sowohl der Betriebsrat als auch die JAV um diese Personen kümmern. Es empfiehlt sich, sie am Beginn und am Ende ihres betrieblichen Einsatzes zu einem Gespräch ins Betriebsratszimmer einzuladen. Hier erhalten sie wichtige Informationen über betriebliche Fragen als auch über die Vorteile einer Mitgliedschaft in der Gewerkschaft. In einigen größeren Betrieben wird diese Ansprache systematisch organisiert und dafür im Betriebsrat und der JAV Verantwortliche benannt. In vielen Betrieben haben die Geschäftsführungen einseitig Regelungen zu den Entgelt- und Arbeitsbedingungen dieses Personenkreises erstellt. Nur in wenigen Betrieben gibt es dazu Betriebsvereinbarungen. Beim Ingenieurdienstleister IAV in Berlin, Gifhorn und anderen Städten konnte die IG Metall 2015 erstmals einen umfassenden Ausbildungs-Tarifvertrag durchsetzen, der auch die Entgelt- und Arbeitsbedingungen der Praktikanten, Diplomanden und Werkstudierenden regelt.

10.8 Aktionen und Kampagnen der Gewerkschaftsjugend

Die Gewerkschaftsjugend bündelt traditionell ihre Aktivitäten nach Themen und Zeiten. In den Monaten September und Oktober eines jeden Jahres steht die Begrüßung und Ansprache der neuen Azubis im Mittelpunkt. In den letzten Jahren organisierte beispielsweise die IG Metall-Jugend zwei Kampagnen: die »Operation Übernahme« und die »Revolution Bildung«.

Bei der »*Operation Übernahme*« ging es darum, in den Flächentarifverträgen der Metallindustrie die Übernahmeregelungen am Ende der Ausbildung zu verbessern. Bis zum Jahr 2012 ergab sich nach den meisten Tarifverträgen lediglich ein Anspruch auf eine Übernahme in ein auf zwölf Monate befristetes Arbeitsverhältnis. Mit zahlreichen kreativen Aktionen machte die IG Metall-Jugend bundesweit Druck für eine unbefristete Übernahme. Höhepunkt war im Jahr 2011 eine große bundesweite Demonstration mit über 25.000 jugendlichen Teilnehmer*innen in Köln. In der Tarifrunde des Jahres 2012 konnte die IG Metall in den Tarifverträgen den grundsätzlichen Anspruch auf eine *unbefristete Übernahme* durchsetzen, wovon der Tarifvertrag allerdings Ausnahmen zulässt. Dennoch war es für die IG Metall-Jugend ein großer Erfolg, den Grundsatz der unbefristeten Übernahme in den Tarifverträgen durchzusetzen (vgl. Kapitel 15.3.4).

Bei der Kampagne »Revolution Bildung« ging es um einen umfassenden Forderungskatalog zur Verbesserung des deutschen Bildungswesens auf allen Ebenen – von der Kita und der Grundschule über die betriebliche Aus- und Weiterbildung und die Berufsschulen bis hin zur Ausbildung an den Hochschulen. In diesem Zusammenhang haben die Gewerkschaften und insbesondere die Gewerkschaftsjugend sehr konkrete Forderungen zur Verbesserung des Berufsbildungsgesetzes aufgestellt (vgl. Kapitel 10.3). In der Tarifrunde 2018 konnte die IG Metall-Jugend einen zusätzlichen freien Tag für Auszubildende zur Prüfungsvorbereitung durchsetzen.

Neben diesen bundesweiten Aktionen gibt es zahlreiche regionale und örtliche Aktionen der Gewerkschaftsjugend, die häufig besonders kreativ sind. In einigen Regionen hat es sich zur Tradition entwickelt, dass die Gewerkschaftsjugend am 6. Dezember öffentliche »Nikolaus-Aktionen« durchführt, um auf ihre Forderungen aufmerksam zu machen. In Niedersachsen fand 2012 eine Unterschriftensammlung gegen die Studiengebühren statt, an der sich über 17.000 Menschen beteiligten und die letztlich dazu beitrug, dass die Studiengebühren wieder abgeschafft wurden. In etlichen Regionen führt die Gewerkschaftsjugend Projekte und Aktionen durch und zwar am 1. September, dem Anti-Kriegstag, sowie am 8. Mai, dem Tag der Befreiung vom Faschismus. In einigen Regionen organisiert die Gewerkschaftsjugend Pfingst-Jugendtreffen oder Sommercamps, bei denen neben politischen Workshops auch »Kultur, Musik und Party« stattfinden. Dann heißt es: »Gemeinsam kämpfen und gemeinsam feiern«.

10.9 Gemeinsam gegen junge und alte Nazis

Verschiedene rechtsextreme Gruppierungen versuchen, gezielt Jugendliche auf eine Mitgliedschaft anzusprechen und sie zu rechtsextremen Aktionen zu bewegen. In einigen Regionen ist ihnen das in einem relevanten Maße gelungen. Einige Jugendliche zeigen offene oder verdeckte Nazi-Symbole auf der Kleidung oder als Tattoos und nehmen an Aktionen rechtsextremer Gruppierungen teil. Hier hat es sich die Gewerkschaftsjugend zum Ziel gesetzt, konsequent gegen jegliche rechtsextreme Position klar Stellung zu beziehen. Die Ziele und Werte der Gewerkschaften stehen den Werten der

Rechtsextremen völlig entgegen (vgl. Kapitel 8.11). Die rechtsextremen Jugendverbände stehen für Nationalismus (»Deutschland den Deutschen!«) und sind offen ausländerfeindlich. Die Gewerkschaftsjugend tritt für internationale Zusammenarbeit in Europa und der Welt ein und steht für ein solidarisches Miteinander von Deutschen, Ausländern, Migranten und Flüchtlingen. Während für die rechtsextremen Jugendverbände das »Recht des Stärkeren« gilt, tritt die Gewerkschaftsjugend für die Solidarität der »Starken« mit den »Schwachen« ein. Durch eine klare Haltung zu den Fragen der Menschenrechte und der Demokratie und ein deutliches Auftreten im Betrieb und der Gesellschaft können gerade die jugendlichen Gewerkschaftsmitglieder ein deutliches Zeichen gegen rechts setzen. Wer an der Arbeitskleidung einen Button mit der »gelben Hand« und der Aussage »Mach meinen Kumpel nicht an!« trägt, setzt ein klares Zeichen gegen Jugendliche, die Thor-Steinar-Garderobe tragen oder bestimmte Tattoos zeigen, die letztlich verdeckte Nazi-Symbole sind.

In der *Musikszene* gibt es Bands, die offen für rechtsextreme Positionen stehen. Darüber hinaus werden in der Rapper-Szene vereinzelt gezielt Provokationen gesetzt. Dazu erklärte der Rock-Sänger *Campino* anlässlich der Echo-Verleihung 2018: »Ich mache mit den toten Hosen seit über 30 Jahren Musik. Wir haben auch immer mal mit Provokationen und Tabu-Brücken gearbeitet. In dieser Hinsicht bin ich ein bisschen vom Fach. … Wann ist die moralische Schmerzgrenze erreicht? Diese Debatte ist nötig, ist wichtig, sie betrifft uns alle, und sie muss von uns allen geführt werden und sie darf auch nicht aufhören. … Jeder von uns muss für sich eine Linie ziehen, wo für ihn die Grenze der Toleranz erreicht ist. Im Prinzip halte ich Provokation für gut und richtig. Die kann konstruktiv sein, Denkprozesse auslösen, und aus ihr heraus können verdammt gute Sachen entstehen. … Für mich persönlich ist diese Grenze überschritten, wenn es um frauenverachtende, homophobe, rechtsextreme, antisemitische Beleidigungen geht und auch um die Diskriminierung jeder anderen Religionsform.«

Während rechtsextreme Jugendorganisationen die Zeit des Nationalsozialismus verharmlosen oder sogar verherrlichen, führt die Gewerkschaftsjugend an vielen Orten Gedenkveranstaltungen für die Opfer der NS-Zeit durch, so z.B. jedes Jahr am 8. Mai – dem Tag der Befreiung vom Faschismus und des Endes des Zweiten Weltkriegs 1945. In einigen Großbetrieben ist die Auseinandersetzung mit der Zeit des Faschismus Teil der Ausbildung. In Projektwochen besuchen Auszubildende in Zusammenarbeit mit der JAV und der Gewerkschaft Gedenkstätten in ehemaligen Konzentrationslagern und setzen sich dort vor Ort mit der Nazi-Zeit auseinander.

10.10 Jugendbildungsarbeit

Die gewerkschaftliche Jugendbildungsarbeit ist von hoher Relevanz. Im Rahmen ihrer Bildungsarbeit bieten die Gewerkschaften besondere Seminare für die Gewerkschaftsjugend an. Beispielsweise können sich Jugendliche in den regionalen Jugend-I-Seminaren oder in den Jugend-II- und Jugend-III-Seminaren an den zentralen IG Metall-Bildungsstätten in Sprockhövel und Schliersee gemeinsam mit Gleichaltrigen weiterbilden. Dabei geht es um grundlegende gesellschaftspolitische und gewerkschaftliche Kenntnisse und Handlungskompetenzen. Für Mitglieder der JAV werden darüber hinaus zusätzliche Seminare angeboten – sowohl vor Ort als auch an den zentralen Bildungsstätten die Seminare JAV I und JAV II. Die Erfahrung, in Seminaren gemeinsam zu lernen und Perspektiven für eine bessere Arbeitswelt zu entwickeln, ist für viele Mitglieder der Gewerkschaftsjugend von entscheidender Bedeutung.

11. Strukturen der IG Metall

Wie jede Großorganisation sind die inneren Strukturen der Gewerkschaften von Außenstehenden auf den ersten Blick schwer zu durchschauen. Spannende Fragen sind: Welche Gremien gibt es? Wie arbeiten der Gewerkschaftsvorstand und die regionalen Gremien mit den Gewerkschaftsmitgliedern zusammen? Wie kommen Beschlüsse und Forderungen zustande? Wie sieht die Finanzlage aus?

Jede DGB-Gewerkschaft hat ihre Besonderheiten. Stellvertretend sollen die genannten Fragen am Beispiel der IG Metall erläutert werden.

Die IG Metall ist gemäß ihrer Satzung für folgende Wirtschaftszweige und Betriebe zuständig:
- Metallindustrie, Metallgewinnung, Eisen und Stahl erzeugende Industrie, Metallhandwerk und anverwandte Industrien, Handwerks- und Dienstleistungszweige;
- Textil- und Bekleidungswirtschaft und anverwandte Wirtschaftszweige und Betriebe;
- Holzbearbeitung, Holzverarbeitung und Kunststoffverarbeitung;
- Hilfs-, Neben- und Zulieferbetriebe entlang der Wertschöpfungsketten.

11.1 Aufbau und Gremien

Um den Aufbau der IG Metall zu verstehen, ist es hilfreich, zunächst auf alle Ebenen zu blicken – von den Mitgliedern im Betrieb bis zum Vorstand auf Bundesebene (vgl. Übersicht 11-1). Neben der Ebene der Mitglieder und der ehrenamtlichen Aktiven sind in der Satzung der IG Metall auf drei Ebenen Gremien festgelegt: regionale Geschäftsstellen, die Bezirksleitungen für jeweils ein oder mehrere Bundesländer sowie der Vorstand, der für das gesamte Bundesgebiet zuständig ist. Die Satzung der IG Metall ist auf ihrer Homepage zugänglich: igmetall.de.

Mitglieder: Die IG Metall zählte am 31.12.2017 über 2.260.000 Mitglieder, von denen die große Mehrheit in den Betrieben beschäftigt ist.

Ehrenamtlich Aktive: In über 10.000 Betrieben arbeiten ca. 100.000 ehrenamtliche Aktive, die gewählt werden und die Interessen der Mitglieder vertreten. Dies sind überwiegend Betriebsratsmitglieder und gewerkschaftliche Vertrauensleute. Die Betriebsratsmitglieder werden alle vier Jahre von allen Beschäftigten des Betriebs gewählt; die große Mehrheit der Betriebsratsmitglieder ist Mitglied der IG Metall. Die Vertrauensleute werden ebenfalls alle vier Jahre gewählt, allerdings ausschließlich von den IG Metall-Mitgliedern im Betrieb.

Übersicht 11-1: Aufbau der IG Metall (vereinfacht)

Vorstand:

36 Vorstandsmitglieder, davon **7** geschäftsführende Vorstandsmitglieder,

davon jeweils 1. und 2. Vorsitzende/r und Hauptkassierer*in
Gewerkschaftstag, Beirat und Kontrollausschuss
Vorstandsverwaltung und Bildungszentren
Bundesweite Ausschüsse und Arbeitskreise

Bezirksleitungen:

7 Bezirksleitungen mit jeweils **7** Bezirksleiter*innen

und mehreren Bezirkssekretär*innen
Bezirkskommission, Bezirkskonferenzen

Geschäftsstellen:

155 regionale Geschäftsstellen mit hauptamtlichen Bevollmächtigten bzw. Geschäftsführer*innen

und politischen Gewerkschaftssekretär*innen
Ortsvorstände und Delegiertenversammlungen. Örtliche Ausschüsse und Arbeitskreise

---

Ehrenamtliche in den Betrieben:

Ca. **100.000** ehrenamtlich Aktive in über **10.000** Betrieben

(Betriebsratsmitglieder, Vertrauensleute u.a.)

Mitglieder:

Ca. **2.263.000** Mitglieder

11.1.1 Regionale Geschäftsstellen

In den Städten bzw. Regionen existieren örtliche Geschäftsstellen der IG Metall. Anfang 2018 waren es bundesweit 155 Geschäftsstellen. Sie sind die unmittelbaren Ansprechpartner vor Ort für Mitglieder, Betriebsräte und Vertrauensleute. Jede Geschäftsstelle wird von einem Ortsvorstand geleitet. Er besteht einerseits aus Mitgliedern, die in den Betrieben der Region gewerkschaftliche Funktionen übernehmen; meistens sind es Betriebsratsvorsitzende, Betriebsratsmitglieder und gewerkschaftliche Vertrauensleute. Darüber hinaus sind die *Bevollmächtigten* bzw. *Geschäftsführer*innen* Teil des Ortsvorstandes. In der Regel sind dies zwei hauptamtlich bei der IG Metall Beschäftigte. In kleineren Geschäftsstellen ist der bzw. die erste Bevollmächtigte hauptamtlich und der bzw. die zweite Bevollmächtigte ehrenamtlich tätig. In wenigen sehr großen Geschäftsstellen kommt ein oder eine dritte Geschäftsführer*in hinzu; diese sind für die Finanzen der Geschäftsstelle zuständig. In der Mehrheit der Geschäftsstellen ist einer der hauptamtlich beschäftigten Bevollmächtigten auch für die Finanzen zuständig (»Kassierer*in«).

Die Mitglieder des *Ortsvorstandes* und die Bevollmächtigten werden von der *Delegiertenversammlung* gewählt, in der aus möglichst allen Betrieben der Region Delegierte vertreten sind. Die Delegierten werden ihrerseits alle vier Jahre auf Mitgliederversammlungen im jeweiligen Betrieb bzw. in Ortsgruppen gewählt. Die Wahlen für die Delegiertenversammlung, den Ortsvorstand und den/die Bevollmächtigte/n finden alle vier Jahre statt. Die nächsten Wahlperioden sind jeweils Anfang 2020, 2024 usw. Die Größe der Gremien hängt von der Größe der Geschäftsstellen ab. Kleinere Geschäftsstellen haben ca. 5.000, die größte ca. 90.000 Mitglieder. Dementsprechend besteht der Ortsvorstand aus 8-17 Personen und die Delegiertenversammlung aus ca. 50 bis ca. 200 Kolleg*innen.

Neben den hauptamtlich beschäftigten Bevollmächtigten bzw. Geschäftsführer*innen arbeiten in der Geschäftsstelle *politische Gewerkschaftssekretär*innen*, die vom Ortsvorstand eingestellt werden. Sie sind für einzelne Betriebe in der Geschäftsstelle und für einzelne Themenbereiche zuständig (z.B. Jugend, Rechtsschutz, Arbeits- und Gesundheitsschutz usw.). Sie halten den Kontakt zu den Betriebsräten und Vertrauensleuten in den Betrieben und unterstützen sie bei ihrer Arbeit. Sie nehmen regelmäßig an den Betriebsversammlungen und Jugend- und Auszubildendenversammlungen in den Betrieben teil und geben dort Bericht über die Arbeit der IG Metall. Darüber hinaus arbeiten in jeder der 155 Geschäftsstellen angestellte Kolleg*innen im administrativen Bereich.

Die Geschäftsstellen der IG Metall haben im Rahmen der Satzung sowie der Beschlüsse des Gewerkschaftstages und Vorstands eine *Teilautonomie*. Das heißt: Sie können z.B. eigenständig Personalentscheidungen treffen, so z.B. bei der Wahl der Bevollmächtigten und der Einstellung von Gewerkschaftssekretär*innen. Die gewählten Bevollmächtigten werden nach der Wahl vom Vorstand der IG Metall bestätigt, nur in seltenen Ausnahmefällen erfolgt keine Bestätigung und die Wahl muss wiederholt werden. Die örtlichen Geschäftsstellen haben ein eigenes Budget für die Erledigung ihrer Aufgaben (Personal- und Sachkosten), deren Größenordnung von der Zahl der Mitglieder abhängt und in der Satzung der IG Metall geregelt ist (vgl. Kapitel 11.3). Jede Geschäftsstelle ist gehalten, jährlich ein mindestens ausgeglichenes Ergebnis zu erzielen; die Planung erfolgt dazu in Geschäftsplänen, die vom Vorstand zu genehmigen sind. Die Geschäftsstellen können jährliche finanzielle Überschüsse in Rücklagen stellen – dies wird innerhalb der IG Metall als »Ortskasse« bezeichnet.

Durch die Entscheidungshoheit über Personal und Finanzen kommt den Geschäftsstellen eine einflussreiche Stellung innerhalb der IG Metall zu. Die Entscheidungskompetenzen sind einerseits zentral, andererseits aber auch dezentral verteilt. Dadurch entsteht eine lebendige und agile Organisation, die überhaupt nicht mit einer hierarchischen Organisation eines Unternehmens zu vergleichen ist.

> Während die Entscheidungswege in einem Unternehmen strikt »von oben nach unten« verlaufen, existiert in der IG Metall ein fein abgestimmtes Gleichgewicht von zentralen und dezentralen Kompetenzen zwischen dem Vorstand, den Bezirksleitungen und Geschäftsstellen. Die regionalen Geschäftsstellen verfügen im Rahmen der Satzung und der Beschlüsse des Gewerkschaftstages und des Vorstands über eine teilweise Autonomie hinsichtlich Finanzen und Personalentscheidungen. Alle wesentlichen Entscheidungen werden von demokratisch gewählten Gremien auf den verschiedenen Ebenen getroffen.

11.1.2 Bezirksleitungen

Für ein oder mehrere Bundesländer existieren bundesweit insgesamt sieben Bezirksleitungen. Sie werden von einem *Bezirksleiter* bzw. einer *Bezirksleiterin* geleitet, der bzw. die auf Vorschlag der ehrenamtlichen Bezirkskommission vom Vorstand der IG Metall bestellt werden. Während die Bevollmächtigten einer Geschäftsstelle und die Mitglieder des Vorstands alle vier Jahre gewählt bzw. wiedergewählt werden, werden die Bezirksleiter*innen unbefristet für ihre Funktion bestellt. In regelmäßigen Sitzungen der ehrenamtlichen Bezirkskommission und den jährlichen Bezirkskonferenzen haben sie Bericht zu erstatten. Darüber hinaus arbeiten in den Bezirksleitungen hauptamtliche *Bezirkssekretär*innen* sowie Kolleg*innen im administrativen Bereich. Arbeitsrechtlich sind alle Beschäftigten in einer Bezirksleitung Angestellte des Vorstands. Die Bezirksleitungen koordinieren die Arbeit in den Geschäftsstellen des Bezirks in den jeweiligen Themengebieten. In der Bezirkskonferenz erstattet die Bezirksleitung einen Geschäftsbericht, und es werden dort gewerkschaftspolitische und politische Themen diskutiert. Alle vier Jahre wählt die Bezirkskonferenz eine fünf- bis siebenköpfige ehrenamtliche Bezirkskommission sowie die Delegierten für den Beirat.

Kern der Kompetenzen jeder Bezirksleitung ist die Tarifpolitik. Im Auftrag des Vorstandes führen die Bezirksleitungen die Tarifverhandlungen mit den regionalen Arbeitgeberverbänden der jeweiligen Branchen. Verhandlungsführer*in ist der Bezirksleiter bzw. die Bezirksleiterin oder von ihnen beauftragte Bezirkssekretär*innen. Für jedes Tarifgebiet wird in den Bezirken eine *Tarifkommission* mit Delegierten aus den Betrieben und Geschäftsstellen gebildet. Die Aufstellung von Forderungen und erzielte Verhandlungsergebnisse sind den Tarifkommissionen zur Entscheidung vorzulegen, die anschließend vom Vorstand zu genehmigen sind. Je nach Region und Branche haben die Tarifkommissionen eine unterschiedliche Größe: In den größten Tarifgebieten – der Metall- und Elektroindustrie – hat eine Tarifkommission z.T. über 100 Mitglieder. In kleineren Handwerksbranchen sind es dagegen etwa 15 bis 20 Mitglieder. Durch die starke Präsenz von ehrenamtlichen Kolleg*innen in den Tarifkommissionen wird eine enge Bindung an die Mitglieder in den Betrieben gewährleistet.

11.1.3 Vorstand

Der Vorstand leitet die IG Metall bundesweit. Er besteht aus 36 Mitgliedern, die sich wie folgt zusammensetzen:

- *der bzw. die 1. Vorsitzende;*
- *der bzw. die 2. Vorsitzende;*
- der bzw. die *Hauptkassierer*in*;
- vier weitere *geschäftsführende Vorstandsmitglieder.*

Diese sieben Personen bilden den Kreis der geschäftsführenden Vorstandsmitglieder, tagen wöchentlich und führen die Geschäfte der IG Metall auf der Bundesebene.

- 29 weitere *ehrenamtliche Vorstandsmitglieder.* Dies sind z.B. Betriebsratsmitglieder, Vertrauensleute und Bevollmächtigte der Geschäftsstellen. Jeder Bezirk ist entsprechend seiner Größe bei den Mandaten berücksichtigt.

Diese 36 Vorstandsmitglieder kommen monatlich zu den Vorstandssitzungen zusammen und fällen dabei alle wichtigen Entscheidungen, z.B. über Finanzen, Personalfragen im Vorstand und den Bezirksleitungen, Forderungen und Tarifabschlüsse im Rahmen von Tarifrunden und strategische Fragen. Der Sitz der IG Metall ist Frankfurt am Main. Der Vorstand beschäftigt dort ebenfalls hauptamtliche Gewerkschaftssekretär*innen, die für einzelne Themenfelder und Fachgebiete zuständig sind (sogenannte Vorstandsverwaltung). Dazu kommen Beschäftigte in den Bildungszentren, dem »Zweigbüro« in Düsseldorf für die Stahlindustrie sowie die politischen Vertretungen in Berlin und Brüssel.

11.1.4 Gewerkschaftstag

Alle vier Jahre kommen circa 480 gewählte Delegierte aus den Bezirken zum Gewerkschaftstag zusammen; die nächsten Gewerkschaftstage finden jeweils im Herbst 2019, 2023 usw. statt. Die Delegierten werden in den Geschäftsstellen gewählt; die Zahl der Mandate der 155 Geschäftsstellen richtet sich nach deren Mitgliederzahl. Der Gewerkschaftstag ist das höchste Organ der IG Metall. Er wählt den bzw. die 1. und 2. Vorsitzende, den bzw. die Hauptkassierer*in, vier weitere geschäftsführende sowie 29 weitere ehrenamtliche Vorstandsmitglieder. Der Gewerkschaftstag entscheidet über grundsätzliche strategische Fragen sowie über politische und gewerkschaftspolitische Fragestellungen (vgl. Kapitel 11.2). Dazu werden *Entschließungen, Leitanträge* und *Anträge* aus den Geschäftsstellen diskutiert und verabschiedet.

11.1.5 Beirat

Zwischen den Gewerkschaftstagen tagt einmal pro Quartal der Beirat der IG Metall, der z.Z. aus 74 Mitgliedern besteht, die in den Bezirkskonferenzen der sieben Bezirke gewählt werden. Die Beiratsmitglieder sind Betriebsratsmitglieder, Vertrauensleute und Bevollmächtigte. Alle Vorstandsmitglieder sind ebenfalls Mitglied des Beirats. Bei jeder Beiratssitzung geben die Vorsitzenden einen Geschäftsbericht über alle aktuellen Fragen und Themen. Zwischen den Gewerkschaftstagen ist der Beirat das höchste beschlussfassende Organ der IG Metall. So muss beispielsweise der Vorstand dem Beirat Richtlinien über innergewerkschaftliche Angelegenheiten zur Abstimmung vorlegen.

11.1.6 Kontrollausschuss
Jedes Mitglied hat das Recht, sich über Tätigkeiten, Handlungen und Entscheidungen des Vorstands oder anderer Gremien zu beschweren. Die Beschwerden werden von einem siebenköpfigen Kontrollausschuss behandelt. Die Mitglieder des Kontrollausschusses dürfen keine weiteren Funktionen innerhalb der IG Metall ausüben; in der Regel handelt es sich um ehemalige Bevollmächtigte, Betriebsratsmitglieder oder Vertrauensleute, die bereits in Rente sind. Darüber hinaus hat der Kontrollausschuss die Aufgabe, die Entscheidungen des Vorstands und anderer Gremien daraufhin zu überprüfen, ob die Satzung sowie die Beschlüsse des Gewerkschaftstags bzw. des Beirats eingehalten werden.

11.1.7 Beteiligung von Frauen
In den Betrieben im Organisationsbereich der IG Metall sind mehrheitlich Männer beschäftigt. Der Frauenanteil liegt bei ca. 18%. In der Satzung ist festgelegt, dass in allen Gremien der IG Metall Frauen grundsätzlich mindestens entsprechend ihrem Anteil an der Mitgliedschaft vertreten sein müssen. Dies gilt beispielsweise für die Ortsvorstände und Delegiertenversammlungen in den Geschäftsstellen, die Tarifkommissionen, die Delegierten des Gewerkschaftstages und die Vorstandsmitglieder. Darüber hinaus arbeiten in den Geschäftsstellen, den Bezirksleitungen und beim Vorstand Frauenausschüsse.

11.1.8 Ehrenamtlich und hauptamtlich Aktive
Die IG Metall beschäftigt auf allen Ebenen im politischen Bereich ca. 1.200 hauptamtliche Personen sowie im administrativen Bereich ca. 1.100 Personen. Davon arbeiten knapp über die Hälfte in den örtlichen Geschäftsstellen. In der IG Metall nehmen ca. 100.000 Kolleg*innen ehrenamtlich Funktionen wahr. Dies sind mehrheitlich Betriebsratsmitglieder, die Mitglied der IG Metall sind, sowie gewerkschaftliche Vertrauensleute, aber auch Jugend- und Auszubildendenvertreter*innen und Schwerbehindertenvertreter*innen. Deutlich wird das starke Gewicht ehrenamtlicher Kolleg*innen. Die IG Metall ist eine »Mitmach-Gewerkschaft« und wäre nicht in der Lage, ihre Aufgaben ohne das Engagement der ehrenamtlich Aktiven zu bewältigen.

11.2 Wie fallen Entscheidungen?

Alle wichtigen Entscheidungen werden von Gremien getroffen, in denen gewählte, mehrheitlich ehrenamtliche Kolleg*innen vertreten sind. Diejenigen hauptamtlichen Funktionsträger, die im Tagesgeschäft operative Entscheidungen treffen, müssen diese mit Gremien abstimmen. Alle Gremien sind bei ihren Entscheidungen an die Satzung der IG Metall und die Beschlüsse des Gewerkschaftstags gebunden.

11.2.1 Entscheidungen innerhalb der drei Ebenen der IG Metall
Die Gremien für operative und grundsätzliche Entscheidungen haben auf drei Ebenen unterschiedliche Bezeichnungen, die vereinfacht in Übersicht 11-2 wiedergegeben sind.

Übersicht 11-2: Entscheidungskompetenzen innerhalb der IG Metall

Satzung der IG Metall und Beschlüsse des Gewerkschaftstages		
Ebene	Operative Entscheidungen (»Tagesgeschäft«)	Grundsätzliche Entscheidungen
Vorstand	Geschäftsführende Vorstandsmitglieder	Vorstand I Beirat I Gewerkschaftstag
Bezirk	Bezirksleitung (Allgemein) Bezirksleitung (Tarifpolitik)	Bezirkskommission I Bezirkskonferenz Verhandlungskommission/Tarifkommission
Geschäftsstelle	Bevollmächtigte bzw. Geschäftsführer*innen	Ortsvorstand I Delegiertenversammlung

Bei Entscheidungen des Vorstandes von grundsätzlicher Bedeutung wird das sogenannte *Gegenstromverfahren* praktiziert (vgl. Kapitel 6.5 und Übersicht 6-8). Dabei wird zunächst vom Vorstand ein vorläufiges Positionspapier beschlossen, das dann in den Bezirken und Geschäftsstellen diskutiert wird. Dabei haben die Bezirksleitungen und Geschäftsstellen die Chance, dazu Stellung zu nehmen, andere Akzente zu setzen sowie Änderungen und Ergänzungen vorzuschlagen. Nach einer nochmaligen Debatte entscheidet der Vorstand abschließend und alle Gliederungen der IG Metall sind dann an diese Beschlüsse gebunden. Eine Entscheidungsfindung mit dem Gegenstromverfahren hat den entscheidenden Vorteil, dass alle Gliederungen ihre Sichtweise einbringen können und am Ende des Diskussionsprozesses alle die Beschlüsse voll inhaltlich mittragen können.

11.2.2 Antragsrecht der Geschäftsstellen

Die Delegiertenversammlungen der Geschäftsstellen haben ein Antragsrecht für die Bezirkskonferenzen und den Gewerkschaftstag. Die Anträge zu gewerkschaftlichen, tarifpolitischen, gesellschaftspolitischen und anderen Themen werden der Delegiertenversammlung erläutert und zur Abstimmung gestellt. Angenommene Anträge müssen dann von der jährlichen Bezirkskonferenz bzw. dem alle vier Jahre stattfindenden Gewerkschaftstag behandelt und zur Abstimmung gestellt werden. Die angenommenen Anträge geben meistens den handelnden Gremien und Personen konkrete Vorgaben.

11.2.3 Beschlussfassung auf dem Gewerkschaftstag der IG Metall

Neben den Wahlen der Vorstandsmitglieder sind die Beratung und Beschlussfassung der Anträge aus den Geschäftsstellen die entscheidende Aufgabe der Delegierten des Gewerkschaftstages. Im Jahr 2015 hatte der Gewerkschaftstag über 480 Anträge zu beraten. Die hohe Zahl und die Inhalte der Anträge sind ein Zeichen für die demokratische Willensbildung innerhalb der IG Metall. Alle Anträge werden auf der Homepage der IG Metall veröffentlicht und sind so für alle Mitglieder einsehbar. Über jeden Antrag ist abzustimmen. Anträge können – vereinfacht – angenommen, abgelehnt oder »als Material angenommen« werden. Anträge brauchen eine einfache Mehrheit, Anträge zur Änderung der Satzung benötigen eine Zweidrittel-Mehrheit. Um die Vielfalt der Anträge, von denen mehrere aus unterschiedlichen Geschäftsstellen zum gleichen

Sachverhalt gestellt werden, zu strukturieren, arbeitet auf dem Gewerkschaftstag eine siebenköpfige *Antragsberatungskommission*, die dem Gewerkschaftstag Beschlussempfehlungen gibt. Neben den Delegiertenversammlungen der Geschäftsstellen sind der Vorstand sowie der Jugend- und Frauenausschuss auf Bundesebene antragsberechtigt.

Über die Themenschwerpunkte der Anträge aus den verschiedenen Geschäftsstellen ist ablesbar, welche Themen und Forderungen zurzeit in den Geschäftsstellen und Betrieben diskutiert werden. Spannend sind für viele Aktive kontroverse Debatten, bei denen argumentativ gestritten wird. In seltenen Fällen gibt es Kampfabstimmungen, die nur mit einer knappen Mehrheit entschieden werden. Es kann auch passieren, dass ein Antrag des Vorstands keine Mehrheit findet. Nach dem Ende einer kontroversen Debatte gilt für alle: Vor der Beschlussfassung kann heftig gestritten werden, nach der Beschlussfassung gilt die Position der Mehrheit.

> Die Entscheidungen auf dem Gewerkschaftstag über Entschließungen und Anträge stellen den Kern der demokratischen Willensbildung und der innergewerkschaftlichen Demokratie dar.

11.3 Finanzen

11.3.1 Einnahmen und Gewerkschaftsbeiträge

Die IG Metall finanziert sich zu über 95% aus den Beiträgen ihrer mehr als 2,2 Millionen Mitglieder. Jedes Mitglied ist zur satzungsgemäßen Beitragszahlung verpflichtet. Die Höhe des Gewerkschaftsbeitrags richtet sich für die Mitglieder, die im Betrieb beschäftigt sind, nach dem Bruttoeinkommen:

> Der monatliche Gewerkschaftsbeitrag beträgt in der IG Metall 1% des monatlichen Bruttoeinkommens.

Für Rentner*innen, Kranke mit Krankengeldbezug und Umschüler*innen beträgt der Beitrag 0,5% der monatlichen Leistung. Arbeitslose, Mitglieder in Elternzeit, Kranke ohne Krankengeldbezug leisten einen Beitrag von 1,53 Euro pro Monat, Studierende von 2,05 Euro. (Die ungeraden Beträge resultieren noch aus der Umstellung von D-Mark auf Euro). Da dual Studierende im Betrieb beschäftigt sind, zahlen sie genau wie die Auszubildenden einen Beitrag in Höhe von 1% der monatlichen Ausbildungsvergütung.

Die Summe aller Mitgliedsbeiträge betrug in der bundesweiten Hauptkasse der IG Metall im Jahr 2017 mehr als 561 Millionen Euro.

11.3.2 Verwendung der Mitgliedsbeiträge

Die Beitragseinnahmen der IG Metall-Mitglieder werden auf zwei Ebenen verwaltet:
- der Hauptkasse des Vorstands,
- den Ortskassen der 155 Geschäftsstellen.

Jede Geschäftsstelle der IG Metall erhält 20% der Beitragseinnahmen ihrer Mitglieder. Zusätzlich erhält sie einen Sockelbetrag, Beträge für Mitglieder, die nicht im Betrieb beschäftigt sind, sowie Beträge aus einem Struktur- bzw. Investitionsfonds der IG Metall. Aus diesen Einnahmen können die Geschäftsstellen ihre Ausgaben bestreiten: Personal-, Sach- und Agitationskosten. Sind die jährlichen Einnahmen höher als die Ausgaben, fließen diese Mittel in die Ortskasse der Geschäftsstelle, über die sie eigenständig verfügen kann.

Es gilt der Grundsatz des »sorgfältigen Umgangs mit Mitgliedsbeiträgen«. Dazu arbeiten auf den drei Ebenen der IG Metall ehrenamtliche Revisionskommissionen, die die Ausgaben monatlich einer Revision unterziehen. Zusätzlich arbeitet eine interne Revisionsabteilung, die die Finanzvorgänge in allen Gliederungen der IG Metall überprüft. Die Ausgaben der Hauptkasse der IG Metall im Jahr 2017 zeigt die Übersicht 11-3.

Insgesamt erzielte die Hauptkasse der IG Metall im Jahr 2017 Einnahmen von ca. 592 Mio. Euro, denen Ausgaben von 634 Mio. Euro gegenüberstanden. 30 Mio. Euro wurden aus dem Vermögen (Rückstellungen) finanziert, sodass sich ein Ergebnis nach Rückstellungen von –12 Mio. Euro ergab. Dabei muss berücksichtigt werden, dass die IG Metall jährlich 15% ihrer Beitragseinnahmen den Rückstellungen zuführt. Durch diese *Rückstellungen* erhöht sich das Vermögen der IG Metall. Umgangssprachlich wird dieses auch als »*Streikkasse*« bezeichnet. Im Falle eines Streiks erhalten die Streikenden eine monatliche Streikunterstützung. Damit die Unternehmer nicht ausrechnen können, wie lange die IG Metall einen Streik

Übersicht 11-3: Die Finanzen der IG Metall

IG Metall-Hauptkasse
AUFWANDS- UND ERTRAGSRECHNUNG
vom 1. Januar bis 31. Dezember 2017 (in Euro)

- **EINNAHMEN** 592.631.439
- – davon Beiträge[1] 561.381.039
- **AUSGABEN** 634.835.780

- **Ortskassen** 209.000.556
- – Anteile 173.669.372
- – Zuschüsse[2] 35.331.184
- **Unterstützungsleistungen** 22.344.153
- – Streik, Aussperrung, Streiknebenkosten .. 256.097
- – Maßregelung[3] 64.310
- – Rentner/Rentnerinnen 3.910.809
- – Sterbefälle 14.070.323
- – außerordentliche Notfälle 64.746
- – Rechtsschutz[4] 866.615
- – Freizeitunfallversicherung 3.111.253
- **Rückstellungen** 84.207.156
- **Beiträge an Organisationen**[5] 70.833.020
- **Gewerkschaftliche Aufgaben** 78.217.522
- – Bildungskosten 33.414.161
- – Reisekosten 8.349.247
- – Informationsmaterial, metallzeitung u.a 18.328.647
- – Mitgliedschaften, Unterstützung, Spenden 869.703
- – Streik- und Werbematerialien 17.255.764
- **Verwaltungskosten** 170.233.374
- – Personalkosten 120.428.736
- – Leistungen durch Dritte 17.233.724
- – sonstige Verwaltungskosten 32.570.914

- **JAHRESERGEBNIS**
- Einnahmen 592.631.439
- Ausgaben 634.835.780
- Finanzierung aus Vermögen 30.120.842
- Ergebnis nach Rückstellungen ...... – 12.083.499
- nachrichtlich:
- Zuschüsse Investitionsfonds 24.053.264

[1] Rest: aus Drittmitteln geförderte Projekte, Umlagen aus IG Metall-Gliederungen; [2] überwiegend aus dem Investitionsfonds; [3] Unterstützungsleistungen für Betriebsräte/Mitglieder, gegen die Arbeitgeber wegen Engagement im Betrieb zum Beispiel mit Kündigungen vorgegangen sind; [4] Rechtsstreitigkeiten in überwiegend höheren Instanzen; [5] DGB, internationale Gewerkschaften und andere

Rechnung enthält Rundungsdifferenzen

Quelle: IG Metall, Direkt 4/2018

finanziell durchhält, wird das Vermögen der IG Metall nicht veröffentlicht. Es ist nur den Vorsitzenden und dem Hauptkassierer bekannt. Aber so viel wird kommuniziert:

> Die IG Metall hat eine so große »Streikkasse«, dass sie in einem oder mehreren regionalen Tarifgebieten der Metall- und Elektroindustrie einen Streik mehrere Monate lang finanzieren könnte.

Im Jahr 2017 fällt auf, dass die Leistungen für »Streik, Aussperrung und Streiknebenkosten« mit 0,256 Mio. Euro vergleichsweise gering ausfallen. Im Falle eines mehrwöchigen Streiks in der Metall- und Elektroindustrie würde dieser Posten einen dreistelligen Millionenbetrag ausmachen. Da sich im Jahr 2018 ca. 500.000 Teilnehmer*innen an 24-stündigen Tagesstreiks beteiligt haben und für diese Streikunterstützung gezahlt wurde, werden die Zahlungen der Streikunterstützung im Jahr 2018 wesentlich höher sein als 2017 – die Streikunterstützungen für Tagesstreiks belaufen sich 2018 auf ca. 20 Mio. Euro. In der Aufstellung fällt außerdem auf, dass die »Bildungskosten« mit über 33 Mio. Euro einen großen Betrag ausmachen. Dies zeigt die Bedeutung der Bildungsarbeit in der IG Metall, zumal dazu noch die Aufwendungen für Bildungsmaßnahmen in den regionalen Geschäftsstellen kommen.

11.3.3 Leistungen der IG Metall für ihre Mitglieder

Die Hauptaufgabe der Gewerkschaften besteht darin, die Interessen ihrer Mitglieder gegenüber den Unternehmern und dem Staat zu vertreten sowie mit und für ihre Mitglieder gute Tarifverträge zu erkämpfen. Darüber hinaus bieten alle Gewerkschaften ihren Mitgliedern zusätzliche Leistungen an. Bei der IG Metall sind dies u.a.:
- finanzielle Unterstützungszahlungen bei Streik und Aussperrung (Streikgeld, vgl. Kapitel 7.2.6);
- kostenloser Rechtsschutz für alle Fragen des Arbeits- und Sozialrechts;
- Freizeitunfallversicherung;
- finanzielle Unterstützung in Notsituationen;
- Unterstützung im Todesfall;
- kostenlose Steuerberatung;
- Mitgliedermagazin »Metall«;
- für Auszubildende und Studierende: kostenloser Studierendenausweis (ISIC).

11.4 Bildungsarbeit der IG Metall

Die Bildungsarbeit der IG Metall umfasst einerseits die örtlichen und bezirklichen Seminarangebote und andererseits die Seminarangebote an den sechs zentralen Bildungszentren. Im Rahmen der regionalen Bildungsarbeit werden überwiegend Grundlagenseminare für Vertrauensleute, Betriebsräte und Jugendliche, aber auch einführende gewerkschaftspolitische Fachseminare angeboten. Diese Seminare dauern in der Regel eine Woche und werden vor Ort in den Regionen durchgeführt. Die Grundlagenseminare werden von ehrenamtlichen Referent*innen durchgeführt, die dafür umfangreich qualifiziert wurden und in Referentenarbeitskreisen regelmäßig ihre Erfahrungen austauschen und sich weiterbilden. Mehrheitlich sind dies erfahrene Betriebsratsmitglieder und Vertrauensleute. Die Referent*innen bei der IG Metall sind erfahrene Praktiker*innen, die ihre Erfahrungen aus der betrieblichen Praxis in die Seminararbeit einbringen. Eine Vergabe von Grundlagenseminaren an externe Bildungsträger wird bewusst vermieden, da die Bildungsarbeit als eine Kernaufgabe der IG Metall angesehen wird.

An den sechs zentralen Bildungszentren der IG Metall werden vertiefende Seminare angeboten: eine Qualifizierungsreihe für Vertrauensleute, eine Reihe für Betriebsratsmitglieder sowie zahlreiche politische und gewerkschaftspolitische Fachseminare. Einerseits bieten sich für die Teilnehmenden Chancen, komplexe gesellschaftspolitische Themen zu reflektieren und für sich gemeinsam zu erschließen, um so gewerkschaftliche Handlungsmöglichkeiten zu diskutieren. Andererseits werden Betriebsräte und Vertrauensleute für einzelne komplexe Handlungsfelder qualifiziert, wie z.B. Tarifpolitik, Entgelt- und Arbeitszeitgestaltung, Arbeits- und Gesundheitsschutz, Arbeiten im Wirtschaftsausschuss und im Aufsichtsrat. Dazu kommen Seminare für Jugend- und Auszubildendenvertreter*innen und Vertreter*innen der Schwerbehinderten. Die Seminare an den zentralen Bildungszentren werden überwiegend von hauptamtlich beschäftigten Bildungsreferent*innen durchgeführt.

Jährlich nehmen etwa 70.000 Kolleg*innen an regionalen Seminaren und etwa 16.000 an zentralen Seminaren teil. Insbesondere in den Jahren der Betriebsrats- und der Vertrauensleutewahlen bieten die Seminarangebote neu gewählten Kolleg*innen eine ideale Möglichkeit, sich für ihre neuen Aufgaben zu qualifizieren. Die Seminare für Vertrauensleute und aktive Mitglieder werden einschließlich des Verdienstausfalls von der IG Metall finanziert. Die Seminare für Betriebsräte müssen gemäß den §§ 37(6), 37(7) und 40 BetrVG von den Unternehmern ebenso finanziert werden wie die bezahlte Freistellung der Betriebsratsmitglieder.

Es ist innerhalb der IG Metall unstrittig, dass die gewerkschaftliche Bildungsarbeit zu den »Kernaufgaben« der Gewerkschaft gehört und auch in Zukunft mit den erforderlichen finanziellen Mitteln ausgestattet wird. Weitere Einzelheiten zur gewerkschaftlichen Bildungsarbeit finden sich in Kapitel 12.5.

11.5 Spezielle Mitgliedergruppen, Ausschüsse und Arbeitskreise

In einer großen Einheitsgewerkschaft kommt es einerseits darauf an, für alle Mitglieder gemeinsam gute Entgelt- und Arbeitsbedingungen durchzusetzen, andererseits ist es sinnvoll, auf spezielle Probleme einzelner Gruppen von Beschäftigten und einzelner Branchen besonders einzugehen.

So gibt es für die Interessenvertreter*innen einzelner Branchen regelmäßige Zusammenkünfte, um spezifische Probleme der jeweiligen Branche zu diskutieren, so z.B.

für die Auto- und Zulieferindustrie, die Stahlindustrie, den Maschinenbau, die Elektroindustrie, die NE-Metallbranche, die IT-Industrie und die Engineering-Branche, die Rüstungsbranche, die Holz- und Textilindustrie und das Handwerk.

Für einzelne Mitgliedergruppen gibt es bundesweit und bezirksweit und je nach Situation auch in der Geschäftsstelle eigene Strukturen. Dort werden neben den aktuellen gewerkschaftlichen Themen insbesondere gruppenspezifische Themen diskutiert.

- *Jugend:* In fast allen Geschäftsstellen arbeiten Ortsjugendausschüsse (OJA), die durch Bezirksjugendausschüssen (BJA) und den bundesweiten Jugendausschuss ergänzt werden. Dazu findet alle vier Jahre eine bundesweite Jugendkonferenz statt. Der bundesweite Jugendausschuss und die Jugendkonferenz sind berechtigt, Anträge an den Gewerkschaftstag zu stellen.
- *Frauen:* In der großen Mehrheit der Geschäftsstellen arbeiten Frauenausschüsse, deren Arbeit durch bezirkliche Frauenausschüsse und den bundesweiten Frauenausschuss ergänzt wird. Der bundesweite Frauenausschuss und die Frauenkonferenz können Anträge an den Gewerkschaftstag stellen.
- *Ingenieur*innen sowie IT-Beschäftigte:* Diese Gruppe nimmt innerhalb der Betriebe und der IG Metall kontinuierlich zu. In vielen Geschäftsstellen und in allen Bezirken existieren dazu eigene Arbeitskreise bzw. Netzwerke. Einmal jährlich findet eine große Engineering-Konferenz der IG Metall statt.
- *Außerbetriebliche Gewerkschaftsarbeit (AGA):* Hier bietet die IG Metall in fast allen Geschäftsstellen Arbeitskreise für Personen an, die nicht mehr im Betrieb beschäftigt sind. Mehrheitlich sind dies Rentner*innen sowie arbeitslose Menschen. Auch auf der Bezirks- und Bundesebene gibt es dafür Arbeitskreise bzw. Ausschüsse. Die Mitglieder in diesen Ausschüssen sind vielfältig aktiv, z.B. als Rentenberater*innen. Bei Warnstreiks und gewerkschaftspolitischen Demonstrationen unterstützen die Senior*innen und die Arbeitslosen ihre Kolleg*innen.
- *Solo-Selbständige:* Die große Mehrheit der Mitglieder der IG Metall sind abhängig Beschäftigte in Betrieben. Dadurch, dass die Unternehmen viele Tätigkeiten ausgliedern, finden sich immer mehr Beschäftigte, die »auf eigene Rechnung arbeiten« und formal selbständig sind. Im Jahr 2015 eröffnete die IG Metall durch eine Satzungsänderung auch diesen Personen die Möglichkeit, Mitglied der IG Metall zu werden. In § 1 der Satzung heißt es jetzt dazu: »Selbständige, die gewerblich oder freiberuflich ohne selbst Arbeitgeber zu sein, Tätigkeiten in Wirtschaftszweigen bzw. für Betriebe ... des Organisationskataloges dieser Satzung ... erbringen, können Mitglied der IG Metall sein.« Diese Änderung wurde auch deswegen notwendig, weil Unternehmen einzelne Teilaufgaben über das Internet ausschreiben und erledigen lassen. Beschäftigte, die derartige Tätigkeiten erledigen, werden auch »Crowd-Worker« genannt. Inwieweit diese Personengruppe in der nächsten Zeit zunehmen wird, ist zurzeit noch nicht abzusehen. Vergleiche dazu das Buch von Christiane Benner: »Crowdwork – zurück in die Zukunft?«, 2015, und Kapitel 8.9.

Teil 2:
Praxis im Betrieb

Im zweiten Teil dieses Handbuchs geht es um die Praxis im Betrieb, die natürlich auch schon häufiger im ersten Teil angesprochen wurde. Dort ging es darum, die Grundlagen und Prinzipien der Gewerkschaftsarbeit darzustellen. In Teil 2 geht es um das praktische Handeln vor Ort. In der Darstellung sind einerseits Überschneidungen und Wiederholungen kaum zu vermeiden, andererseits wird in den folgenden Kapiteln häufig auf die Kapitel im Teil 1 verwiesen, insbesondere auf das Kapitel 6, »Betriebspolitik«.

In Kapitel 12.1 werden die unterschiedlichen Bedingungen in den Betrieben herausgearbeitet. In diesem Teil des Buches wird vorrangig auf Betriebe Bezug genommen, die etwa eine Größenordnung von 200 bis 2.000 Beschäftigten haben; auf Besonderheiten in kleineren und größeren Betrieben wird an mehreren Stellen hingewiesen; vgl. Kapitel 12.3 und 12.4. Außerdem geht die Darstellung in diesem Teil davon aus, dass im Betrieb ein Betriebsrat gewählt wurde und der Flächentarifvertrag gilt. Für Betriebe, in denen dies nicht der Fall ist, wird im Kapitel 17 die »Gewerkschaftliche Erschließung von Betrieben« behandelt.

12. Aktive Interessenvertretung im Betrieb

12.1 Unterschiedliche Bedingungen in den Betrieben

Um es gleich vorwegzunehmen: »Patentrezepte« für das Handeln von Betriebsräten und Vertrauensleuten für ihre Arbeit vor Ort gibt es nicht. Dazu sind die Bedingungen von Betrieb zu Betrieb zu unterschiedlich. Aber es gibt einige Prinzipien und Erfahrungen, die für die Arbeit als Interessenvertreter*innen vor Ort wichtig sind. In Kapitel 6.1 wurden die unterschiedlichen Bedingungen von Betrieb zu Betrieb ausführlich herausgearbeitet. Die wichtigsten sind:

- *Betriebsgröße:* Gewerkschaftliche Interessenvertreter sind in kleinen Betrieben mit weniger als 20 Beschäftigten ebenso aktiv wie in Großbetrieben mit mehr als 10.000 Beschäftigten. In Betrieben mit mehr als 20 Beschäftigten besteht der Betriebsrat aus drei Personen, in Großbetrieben aus 30 und mehr Mitgliedern. Davon hängen auch die Möglichkeiten der Arbeit der Betriebsräte ab. Erst in Betrieben mit mehr als 200 Beschäftigten wird ein Betriebsratsmitglied von der Arbeit freigestellt. In Großbetrieben arbeiten dagegen über zehn freigestellte Betriebsratsmitglieder.
- *Verhalten der Unternehmer gegenüber der Interessenvertretung:* Die Arbeit der Interessenvertretung wird auch davon geprägt, wie die Unternehmerseite sich gegenüber der Interessenvertretung verhält. In der Praxis gibt es eine große Spannweite von möglichen Verhaltensweisen. Sie reichen von einer aggressiven »Anti-Haltung« gegen Betriebsräte und Gewerkschaften bis hin zu deren Akzeptanz »auf Augenhöhe«.
- *Gewerkschaftliche Stärke im Betrieb:* In Übersicht 12-1 wird versucht, die unterschiedlichen Ausprägungen der gewerkschaftlichen Stärke im Betrieb darzustellen. Dazu dient die GSB-Skala (GSB = Gewerkschaftliche Stärke im Betrieb). Entscheidend ist die Frage, wie viele Beschäftigte Gewerkschaftsmitglied sind, aber auch die Frage, ob überhaupt ein Betriebsrat existiert, ob gewerkschaftliche Vertrauensleute gewählt wurden und ob der Flächentarifvertrag der jeweiligen Branche gilt. Für die Durchsetzung von Forderungen ist es wichtig, ob sich die Belegschaft regelmäßig in Tarifrunden an Warnstreiks beteiligt und sogar in der Lage wäre, einen längeren Streik zu organisieren (ausführlich im Kapitel 6.2).
- *Tarifbindung:* Für die Regelung der Entgelt- und Arbeitsbedingungen, aber auch für die Handlungsmöglichkeiten der Belegschaft ist entscheidend, ob im Betrieb ein Tarifvertrag gilt. Durch die Flächentarifverträge, aber auch durch Anerkennungs- oder Haustarifverträge werden die zentralen Größen des Arbeitsverhältnisses geregelt, wie z.B. Entgelthöhe, Arbeitszeit usw. Die Arbeit in tariflosen Betrieben ist für Betriebsräte ungleich schwerer als in tarifgebundenen Betrieben.
- *»Arbeiter« und »Angestellte«:* Auch wenn es heute keine rechtlichen und tariflichen Unterschiede mehr zwischen »Arbeitern« und »Angestellten« gibt, spielt diese Unterscheidung in den Betrieben weiterhin eine große Rolle (vgl. ausführlich

Übersicht 12-1: Gewerkschaftliche Stärke im Betrieb (GSB-Skala)

Level	Mitglieder (Organisationsgrad)	Betriebsrat	Tarifvertrag	Gewerkschaftliche Vertrauensleute	Streikfähigkeit
6		Ja	Ja	Ja	Streikbetrieb im Rahmen eines längeren Flächenstreiks
5		Ja	Ja	Ja	mehrmalige und längere Warnstreiks
4		Ja	Ja	Ja	regelmäßige, kurze Warnstreiks
3		Ja	Ja	Nein	gelegentliche, kurze Warnstreiks
2		Ja	Nein	Nein	Nein
1		Nein	Nein	Nein	Nein
0		Nein	Nein	Nein	Nein

Kapitel 6.1). Nicht in allen, aber in vielen Betrieben ist festzustellen, dass der gewerkschaftliche Organisationsgrad in der Produktion höher ist als in der Verwaltung, Konstruktion und Entwicklung usw. Nicht in allen, aber in vielen Betrieben ist die Beteiligung bei Warnstreiks von »Arbeitern« höher als die von »Angestellten«. Betriebsrat und Vertrauensleute haben die Aufgabe, die Gemeinsamkeiten aller Beschäftigtengruppen in den Vordergrund der Diskussion zu stellen. Einerseits müssen die jeweiligen spezifischen Interessen wahrgenommen und angesprochen werden, andererseits muss die Gemeinsamkeit als Beschäftigte gegenüber den Unternehmern betont werden. So haben beispielsweise Beschäftigte im Drei-Schicht-Betrieb andere Interessen als Ingenieur*innen, die von häufigen Auslandsreisen gestresst sind. Bei Konflikten um die Beschäftigungssicherung oder in Tarifrunden stehen dann die gemeinsamen Interessen im Vordergrund.

- *Besondere Arbeitsbedingungen:* Arbeiten in einem Betrieb große Teile der Belegschaft in der Produktion im 3-Schicht-Betrieb, sieht die Arbeit der Interessenvertretung anders aus als in Betrieben, in denen keine Schichtarbeit vereinbart ist. Gleiches gilt, wenn ein hoher Anteil der Beschäftigten »im Außendienst« oder von zu Hause arbeitet. Dabei geht es einmal um klassische »Außendienstbeschäftigte« wie Monteure oder Vertriebsbeauftragte, aber auch um Beschäftigte, die teilweise am Laptop oder Tablet unterwegs oder von zu Hause aus arbeiten. Die Kommunikation der Interessenvertretung mit diesen Beschäftigten erfordert spezielle Regelungen.

12.2 Betriebsrat, Gewerkschaft, Vertrauensleute und Belegschaft

Die Übersichten 12-2 und 12-3 zeigen schematisch die Beziehungen zwischen dem Betriebsrat, der regionalen Gewerkschaft und der Belegschaft im Betrieb, sowohl in Betrieben mit als auch ohne gewerkschaftliche Vertrauensleute. Im Unterschied zu anderen Ländern existiert in Deutschland das Modell der »dualen Interessenvertretung« (vgl. Kapitel 6.4). Der Betriebsrat wird von der gesamten Belegschaft gewählt. Nicht alle Beschäftigten des Betriebs sind Gewerkschaftsmitglieder. Die gewerkschaftlichen Vertrauensleute werden ausschließlich von den Gewerkschaftsmitgliedern gewählt.

Die regionale Geschäftsstelle der Gewerkschaft arbeitet eng mit dem Betriebsrat und den gewerkschaftlichen Vertrauensleuten zusammen, ist aber auch Ansprechpartner für alle Gewerkschaftsmitglieder in der Region. In der Regel benennt die Geschäftsstelle der regionalen Gewerkschaft eine/n *Gewerkschaftssekretär*in als Betriebsbeauftragte/n*, der/die regelmäßig Kontakt zum Betriebsrat und den Vertrauensleuten hält. Er oder sie nimmt bei Bedarf auch an Betriebsratssitzungen und Verhandlungen mit der Unternehmensseite teil. Auf Betriebsversammlungen gibt er oder sie den Bericht der Gewerkschaft zur aktuellen Situation. In den Betrieben, in denen keine gewerkschaftlichen Vertrauensleute gewählt sind, arbeitet die regionale Geschäftsstelle vorrangig mit dem Betriebsrat zusammen, ist aber auch Ansprechpartner für die Gewerkschaftsmitglieder im Betrieb. Dazu sollten zumindest einmal im Jahr *Mitgliederversammlungen* stattfinden. In der IG Metall gilt darüber hinaus folgende Regelung: Die IG Metall-Mitglieder im Betriebsrat sind gleichzeitig Vertrauensleute der IG Metall.

Im Bereich der IG Metall wurden in rund 85% der Großbetriebe mit mehr als 1.000 Beschäftigten Vertrauensleute gewählt. In Klein- und Mittelbetrieben liegt dieser Prozentsatz deutlich niedriger. Die IG Metall strebt an, in möglichst vielen Betrieben neben dem Betriebsrat auch gewerkschaftliche Vertrauensleute zu wählen. So wurden im Jahr 2016 in 466 Betrieben erstmals Vertrauensleute gewählt.

Übersicht 12-2: Betriebsrat, Gewerkschaft und Belegschaft in Betrieben mit gewerkschaftlichen Vertrauensleuten

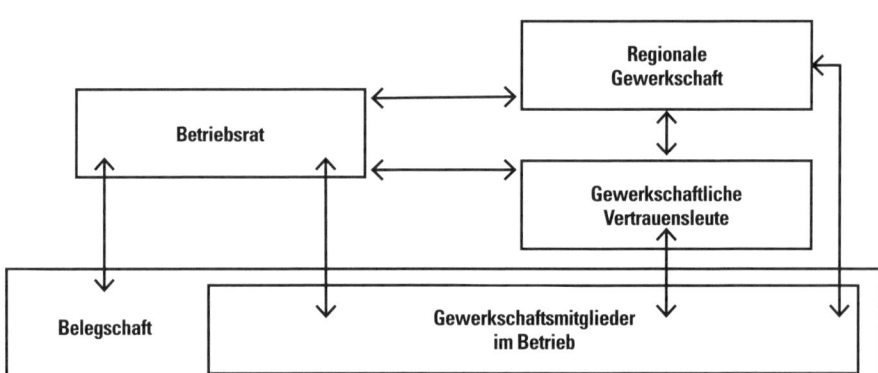

> Eine gewerkschaftliche Betriebspolitik muss sowohl für Betriebe mit gewählten Vertrauensleuten definiert werden als auch für Betriebe, wo dies (noch) nicht der Fall ist. In Betrieben ohne gewerkschaftliche Vertrauensleute wird die Gewerkschaftsarbeit von den Gewerkschaftsmitgliedern im Betriebsrat getragen.

Entscheidend für die Zusammenarbeit in diesem *System der dualen Interessenvertretung* ist die Tatsache, dass die große Mehrheit der Betriebsratsmitglieder gleichzeitig auch Gewerkschaftsmitglieder sind und viele von ihnen in den Gremien der örtlichen Gewerkschaft mitarbeiten (vgl. Übersicht 12-4 auf der Seite 264).

Die unterschiedlichen Aufgaben von *Betriebsrat* und *gewerkschaftlichen Vertrauensleuten* sind ausführlich im Kapitel 14 und dort insbesondere in der Übersicht 14-1 dargestellt. Der Betriebsrat ist von seinen Möglichkeiten und Rechten her in einer stärkeren Position als die gewerkschaftlichen Vertrauensleute, da er gesetzlich geregelte Freistellungsmöglichkeiten und Mitbestimmungsrechte besitzt. Im Betriebsverfassungsgesetz finden sich zahlreiche Regelungen, mit denen der Betriebsrat den Stellenwert und Einfluss der gewerkschaftlichen Vertrauensleute deutlich verbessern kann (vgl. Kapitel 14.4).

12.3 Klein- und Kleinstbetriebe

Die Betriebsrats- und Gewerkschaftsarbeit ist in Klein- und Kleinstbetrieben deutlich schwieriger als in größeren Betrieben. Eine entscheidende Schwelle ist die Zahl von 20 Beschäftigten. Sind im Betrieb weniger Beschäftigte tätig, gibt es im Betriebsratsgremium kein freigestelltes Betriebsratsmitglied. In Betrieben von 21 bis 200 Beschäftigten sind je nach Größe drei bis sieben Betriebsratsmitglieder zu wählen, von denen keiner für seine Betriebsratsarbeit vollständig freigestellt ist.

Übersicht 12-3: Betriebsrat, Gewerkschaft und Belegschaft in Betrieben ohne gewerkschaftliche Vertrauensleute

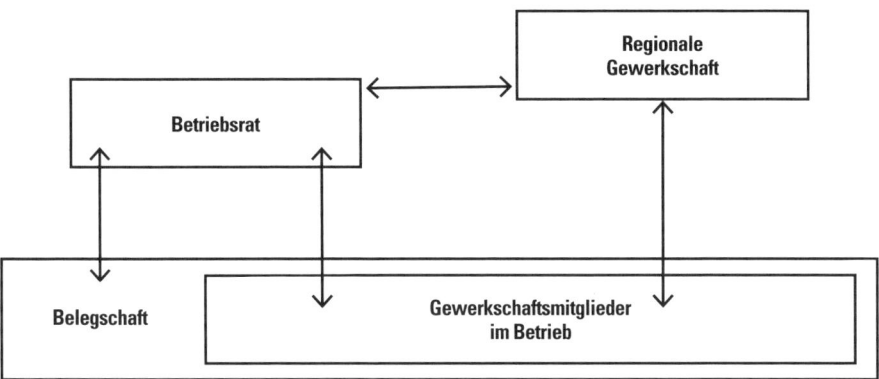

Übersicht 12-4: Beispiel für mehrere Funktionen einer Person in der IG Metall und im Betriebsrat

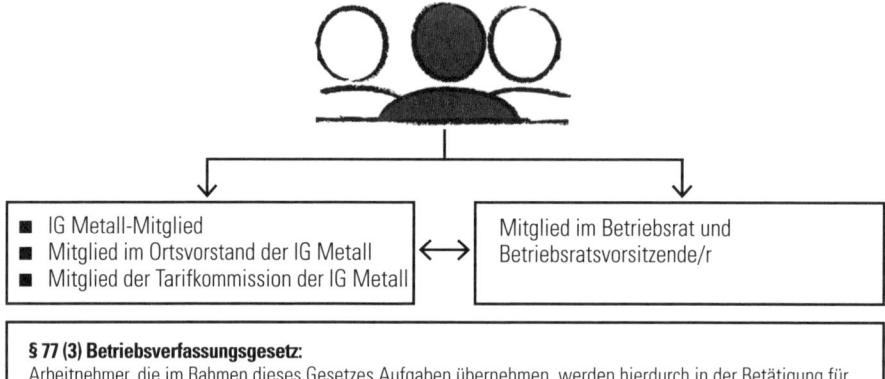

- IG Metall-Mitglied
- Mitglied im Ortsvorstand der IG Metall
- Mitglied der Tarifkommission der IG Metall

⟵⟶

Mitglied im Betriebsrat und Betriebsratsvorsitzende/r

§ 77 (3) Betriebsverfassungsgesetz:
Arbeitnehmer, die im Rahmen dieses Gesetzes Aufgaben übernehmen, werden hierdurch in der Betätigung für ihre Gewerkschaft auch im Betrieb nicht beschränkt.

In Klein- und Kleinstbetrieben ist die Frage, in welchem Umfang Betriebsratsmitglieder von der Arbeit freigestellt werden, eine der entscheidenden Konfliktfragen mit der Unternehmensleitung. Dabei geht es nicht nur um die regelmäßigen Betriebsratssitzungen, sondern auch um die Zeit für die interne Diskussion, die Vorbereitung von Sitzungen, die laufende Geschäftsführung, aber auch um das Ausarbeiten von Entwürfen für Betriebsvereinbarungen. Dazu kommen die Abwesenheitszeiten beim Besuch von Seminaren zur Weiterbildung der Betriebsratsmitglieder.

In Klein- und Kleinstbetrieben kommen die Betriebsratsmitglieder nicht nur von der Unternehmensseite unter Druck. Wenn keine ausreichende Personalreserve während der Zeit für die Freistellung für Betriebsratsarbeit vorhanden ist, kann das dazu führen, dass der Leistungsdruck für Teile der Beschäftigten steigt. Dann müssen sich Betriebsratsmitglieder schon mal Sprüche anhören wie: »Dauernd bist du weg und wir müssen deine Arbeit mitmachen!«

Solchen Sichtweisen kann entgegengewirkt werden, wenn die Betriebsratsmitglieder Transparenz über ihre Arbeit herstellen und deutlich machen, welche Aufgaben sie während ihrer Betriebsratsarbeit wahrnehmen. Darüber hinaus muss versucht werden, mit der Unternehmensleitung Absprachen zu treffen, wie für den erhöhten Arbeitsanfall durch die Betriebsratsarbeit eine Personalreserve sichergestellt werden kann. Auch in Klein- und Kleinstbetrieben muss davon ausgegangen werden, dass der oder die Betriebsratsvorsitzende gut die Hälfte der Arbeitszeit für Betriebsratsarbeit aufwenden muss und die anderen Betriebsratsmitglieder in einer Größenordnung von etwa einem Viertel.

Gerade bei neugewählten Betriebsräten in Klein- und Kleinstbetrieben ist häufig ein monatelanger Kampf erforderlich, bis von der Unternehmensführung bestimmte Standards bei der Freistellung akzeptiert werden. Dabei kommt es in Konfliktsituationen darauf an, dass die Betriebsratsmitglieder ihre Freistellung exakt dokumentieren. Es kann hierbei auch zu Klagen beim Arbeitsgericht kommen, bei denen die Gewerkschaftsmitglieder im Betriebsrat Rechtsschutz durch ihre Gewerkschaft erhalten. Darüber hinaus müssen neugewählte Betriebsräte in Klein- und Kleinstbetrieben in aller Regel um Dinge kämpfen, die in größeren Betriebsratsgremien eine Selbstverständlichkeit sind: Betriebsratsbüro, Sitzungsraum, PC, Drucker, Beamer, Zugang zum Internet, E-Mail-Adresse u.a.

In kleineren Betriebsräten wird es in aller Regel keine Ausschüsse für einzelne Themen geben, aber es müssen klare Verantwortlichkeiten für die einzelnen Betriebsratsmitglieder definiert werden. Jedes Betriebsratsmitglied muss bestimmte Aufgaben übernehmen, denn es kann nicht sein, dass die gesamte Arbeit beim Betriebsratsvorsitzenden landet. Dies sollte in einer Geschäftsordnung für den Betriebsrat gemäß § 36 BetrVG klar geregelt werden.

In Klein- und Kleinstbetrieben werden in der Regel keine gewerkschaftlichen Vertrauensleute gewählt. Dies geschieht dort nur in wenigen Betrieben, wobei sich dann die Vertrauensleute grundsätzlich außerhalb der Arbeitszeit treffen müssen. Die Jugend- und Auszubildendenvertretung besteht häufig nur aus einer Person (»Einer-JAV«) und ist sehr stark auf die Unterstützung des Betriebsrats und der Gewerkschaft angewiesen.

12.4 Großbetriebe und große Konzerne

In Großbetrieben mit einer Beschäftigtenzahl von 10.000 bis hin zu 50.000 ist die Zahl der Betriebsratsmitglieder und der freigestellten Betriebsratsmitglieder auf den ersten Blick sehr hoch. So hat beispielsweise ein Betriebsrat in einem Betrieb mit 9.000 Beschäftigten 35 Mitglieder, von denen zwölf freigestellt sind. Dabei muss allerdings berücksichtigt werden, dass für je weitere 3.000 Mitglieder nur ein zusätzliches Betriebsratsmandat und für je weitere 2.000 Mitglieder nur eine zusätzliche Freistellung vorgesehen ist. Damit ist dann ein Betriebsratsmitglied für ca. 3.000 Beschäftigte zuständig. In der Praxis ist dabei nur dann eine gute Interessenvertretung möglich, wenn im Betrieb gewerkschaftliche Vertrauensleute gewählt werden, die eng mit den Betriebsratsmitgliedern zusammenarbeiten.

Anders als in kleineren Betriebsräten wird es in Großbetrieben nicht möglich sein, dass jede Entscheidung durch das gesamte Betriebsratsgremium getroffen wird. Deshalb ist es in diesen Betriebsräten üblich und ratsam, bestimmte Entscheidungskompetenzen an den *Betriebsausschuss* und an *weitere Ausschüsse* zu delegieren (vgl. § 28 BetrVG und Kapitel 13.4.3). Dies sollte gemäß § 36 BetrVG in einer *Geschäftsordnung des Betriebsrats* klar und unmissverständlich beschrieben sein. Dabei kann zwischen themenbezogenen Ausschüssen (z.B. Entgeltausschuss) und Ausschüssen für Bereiche (z.B. Montage, Gießerei, Engineering usw.) unterschieden werden. So ist es beispielsweise denkbar, dass der Betrieb in mehrere Bereiche aufgeteilt wird, für die jeweils ein Mitglied des Betriebsausschusses und mehrere Betriebsratsmitglieder zuständig sind (»Bereichs-Betriebsräte«). Diese haben in dem jeweiligen Bereich definierte Entscheidungskompetenzen, stimmen sich eng mit den Vertrauensleuten in den Bereichen ab und berichten zeitnah im Betriebsausschuss.

Darüber hinaus kann der Betriebsrat themenbezogenen Ausschüssen Aufgaben und Entscheidungskompetenzen übertragen. In der *Geschäftsordnung* sind alle Ausschüsse aufzuführen, und für jeden einzelnen Ausschuss ist zu beschreiben, welche Aufgaben er hat und welche Entscheidungen er eigenständig treffen darf. So können beispielsweise dem Entgeltausschuss Reklamationen der Eingruppierung zur selbständigen Entscheidung übertragen werden. Dagegen sollten grundsätzliche Betriebsvereinbarungen, wie z.B. zur Verteilung der Leistungszulage im Zeitentgelt, vom Entgeltausschuss verhandelt werden, aber die letztendliche Entscheidung beim gesamten Betriebsrat liegen.

Häufig gehören derartige Großbetriebe zu einem Unternehmen mit mehreren Standorten oder zu einem Konzern mit mehreren Unternehmen. Deshalb hat dort die Arbeit im Gesamtbetriebsrat und Konzernbetriebsrat einen hohen Stellenwert. Durch die Zusammenarbeit dieser Gremien mit den Arbeitnehmervertreter*innen im Aufsichtsrat ergeben sich weitere Handlungsmöglichkeiten (vgl. Kapitel 6.6).

12.5 Gewerkschaftliche Bildungsarbeit

Um als Betriebsratsmitglied, Vertrauensmann oder Vertrauensfrau kompetent handeln zu können, ist der Besuch von entsprechenden Seminaren der Gewerkschaften notwendig. Für die Arbeit als Interessenvertreter ist die Kenntnis von gewerkschaftspolitischen Zusammenhängen genauso erforderlich wie die Kompetenz, die Bestimmungen aus Gesetzen und Tarifverträgen im Interesse der Beschäftigten anzuwenden. Niemand kann sich das »mal eben so« aneignen.

Die Gewerkschaften und der DGB bieten dazu sowohl gewerkschaftliche Grundlagenseminare, gewerkschaftspolitische Fachseminare als auch gesellschaftspolitische Seminare an. Auch langjährig tätige Betriebsratsmitglieder sollten sich regelmäßig weiterqualifizieren.

Gewerkschaftliche Bildungsarbeit zeichnet sich durch folgende Aspekte aus:
- Gewerkschaftliche Bildungsarbeit ist *handlungsorientiert*. Sie soll die Teilnehmenden motivieren und qualifizieren, auf den drei Handlungsebenen der Betriebs-, Tarif- und Gesellschaftspolitik kompetent als Interessenvertreter zu handeln. Die erarbeiteten Kenntnisse über das Betriebsverfassungsgesetz, die Tarifverträge und die anderen Gesetze werden daraufhin analysiert, wie sie vor Ort in ein kompetentes, konfliktorientiertes Handeln der Betriebsräte und Vertrauensleute umgesetzt werden können.
- Die gewerkschaftliche Bildungsarbeit bietet neben der Grundlagenbildung zahlreiche »Spezialseminare« zu einzelnen Themen bzw. für einzelne Beschäftigtengruppen an; z.B. zur Tarifpolitik, zum Arbeits- und Gesundheitsschutz u.a.
- Sie orientiert sich an den Werten und Zielen der Gewerkschaften.

- Sie ist *gesellschaftskritische Bildungsarbeit*, indem sie betriebliche Konflikte zwischen Beschäftigten und den Unternehmern aufnimmt und sie in einen Zusammenhang mit dem Grundwiderspruch von Kapital und Arbeit stellt.
- Gewerkschaftliche Bildungsarbeit hat den Anspruch, Realitäten und Konflikte im Betrieb und in der Gesellschaft in all ihren Zusammenhängen und manchmal auch in ihrer Widersprüchlichkeit zu verstehen und zu durchdringen.
- Es geht nicht nur um Fachwissen und Information, sondern um »*Zusammenhangswissen*« und kritische Analyse.
- Gewerkschaftliche Bildungsarbeit bleibt nicht bei der Analyse stehen, sondern hat das Ziel, die Teilnehmenden zu qualifizieren und zu motivieren, in gemeinsamen Aktivitäten und gemeinsamen Aktionen für »Gute Arbeit und ein Gutes Leben für alle« zu handeln, zu streiten und zu kämpfen. *In diesem Sinne ist gewerkschaftliche Bildungsarbeit Zweckbildung für die sozialen Auseinandersetzungen.*
- Gewerkschaftliche Bildungsarbeit öffnet gesellschaftspolitische Diskussionen auch dahin, über Alternativen zum real existierenden Kapitalismus zu sprechen, wie zum Beispiel bei der Diskussion über Wirtschaftsdemokratie.

Gerade für neu gewählte Betriebsratsmitglieder und Vertrauensleute empfiehlt sich eine systematisch vorbereitete *Bildungsplanung*. Die Gewerkschaften bieten sowohl für Betriebsratsmitglieder als auch für Vertrauensleute Grundlagenseminare an, die in der Regel eine Woche dauern und in der Region durchgeführt werden. An zentralen Bildungszentren werden Aufbauseminare sowohl für Betriebsräte als auch für Vertrauensleute angeboten.

Dazu kommen für die einzelnen Handlungsfelder spezielle Seminarangebote beispielsweise zur Entgeltgestaltung, zur Arbeitszeitgestaltung, zum Arbeits- und Gesundheitsschutz, Seminare für Mitglieder des Wirtschaftsausschusses und des Aufsichtsrats. Die Kosten und den Verdienstausfall für Seminare der Betriebsratsmitglieder tragen die Unternehmen (vgl. § 37 Abs. 6 und § 40 BetrVG). In den meisten Bundesländern bestehen Bildungsfreistellungsgesetze auch für die politische Bildungsarbeit. Über diesen Weg können Vertrauensleute sich für Seminare freistellen lassen, den Verdienstausfall zahlt hier der Unternehmer, die Seminarkosten werden von der Gewerkschaft übernommen. Besteht keine Möglichkeit der Freistellung nach diesen Bildungsfreistellungsgesetzen, übernehmen die Gewerkschaften nach näherer Vereinbarung auch den Verdienstausfall für Vertrauensleute.

Je nach Einzelgewerkschaft und Bundesland wird die gewerkschaftliche Bildungsarbeit über gewerkschaftsorientierte Bildungswerke organisiert, so z.B. das DGB-Bildungswerk, das Bildungswerk »Arbeit und Leben«, das ver.di-Bildungswerk und andere.

Externe kommerzielle Seminaranbieter

Es gibt eine Vielzahl von kommerziellen Bildungsträgern, die auch für Betriebsratsmitglieder Seminare anbieten. Sie wollen mit diesen Seminarangeboten Geld verdienen, was schon daran zu erkennen ist, dass sie ausschließlich Seminare für Betriebsratsmitglieder, aber nicht für Vertrauensleute anbieten.

Die Gewerkschaften empfehlen den Betriebsräten, ihre Seminare bei den Gewerkschaften und nicht bei den kommerziellen Anbietern zu besuchen. Dafür sprechen folgende Argumente:

- Die Gewerkschaften haben eine jahrzehntelange Erfahrung in der Durchführung von Seminaren für Betriebsräte und Vertrauensleute. Die angebotenen Seminare sind über viele Jahre hinweg zusammen mit erfahrenen Betriebsräten und Vertrauensleuten entwickelt worden und sind deshalb sehr praxisnah. Die Seminare werden ständig aktualisiert und durch neue Seminartypen ergänzt.
- In den gewerkschaftlichen Seminaren gilt der Grundsatz: »Aus der Praxis für die Praxis«. Dies wird auch daran deutlich, dass die Referent*innen in den regionalen Seminaren erfahrene Betriebsratsmitglieder oder Vertrauensleute sind, die für die Bildungsarbeit umfangreich qualifiziert wurden. Sie können unmittelbar ihre Erfahrungen als Betriebsrat einbringen. Viele der Bildungsreferent*innen an den zentralen Bildungszentren haben ebenfalls praktische Erfahrung als Interessenvertreter. In den Seminaren der kommerziellen Anbieter referieren meistens Jurist*innen und Rechtsanwält*innen, die überhaupt keine Praxis als Betriebsrat aufweisen können.
- In der gewerkschaftlichen Bildungsarbeit begleitet ein Referententeam das ganze Seminar vom Anfang bis zum Ende und kann so eine »ganzheitliche« Bildung anbieten. Bei vielen kommerziellen Anbietern werden Einzelthemen von unterschiedlichen Referent*innen erläutert, die sich während des Seminars abwechseln.
- Gewerkschaftliche Bildungsarbeit ist handlungsorientiert. Es werden dort nicht ausschließlich Paragrafen des Betriebsverfassungsgesetzes behandelt, sondern es wird gemeinsam überlegt, wie Gesetze und Tarifverträge genutzt werden können, um vor Ort die Situation der Beschäftigten zu verbessern.
- Die Gewerkschaften verhandeln selber die Tarifverträge und bieten zu deren Umsetzung Seminare an. Diese Kompetenz hat kein kommerzieller Anbieter.
- Gewerkschaftliche Bildungsarbeit orientiert sich ausschließlich an den Interessen der Beschäftigten und analysiert, wie Konflikte mit den Unternehmern erfolgreich geführt werden können. Dies geschieht bei kommerziellen Anbietern nicht.
- In den Seminaren der Gewerkschaften werden betriebliche Konflikte in einen gesellschaftspolitischen Gesamtzusammenhang gestellt. Die Teilnehmenden erhalten nicht nur Kenntnisse zu einzelnen Themen, sondern können so etwas wie »Zusammenhangswissen« erwerben.

13. Betriebsrat

In diesem Kapitel werden zunächst zehn positive Erfahrungen für die Arbeit des Betriebsrats erläutert und anschließend das Verhältnis von Betriebsrat und Unternehmensleitung beleuchtet. Daran schließt sich eine Darstellung der Rechte des Betriebsrats und der Organisation der Betriebsratsarbeit an. Nach einer Erläuterung der Themen »Betriebsversammlung« und »Betriebsratswahl« werden einige Spezialfragen behandelt. Für die einzelnen Handlungsfelder des Betriebsrats, wie z.B. Entgelt, Arbeitszeit usw., wird auf die Kapitel 18 bis 20 verwiesen.

13.1 Zehn positive Erfahrungen für die Arbeit des Betriebsrats

Die Arbeit der Betriebsräte in den einzelnen Betrieben hat viele Gemeinsamkeiten, unterscheidet sich aber in vielen Facetten. Viele Aspekte der Betriebsratsarbeit sind auch aus der langjährigen Praxis der vergangenen Jahre im jeweiligen Betrieb abgeleitet. Es gibt keinen Masterplan für eine gute Betriebsratsarbeit. Aus der praktischen Erfahrung der Arbeit lassen sich jedoch »zehn positive Erfahrungen für die Arbeit des Betriebsrats« (vgl. Übersicht 13-1) entwickeln. Sie stellen auch so etwas wie das Selbst-

Übersicht 13-1: Zehn positive Erfahrungen für die Arbeit des Betriebsrats (Selbstverständnis)

1. Der Betriebsrat ist konsequenter Interessenvertreter, ausschließlich der Beschäftigten.
2. Der Betriebsrat versteht seine Arbeit als Teil der Gewerkschaftsarbeit.
3. Der Betriebsrat sieht sich »auf Augenhöhe« mit dem Unternehmer bzw. der Geschäftsführung.
4. Der Betriebsrat entwickelt eigene Initiativen und erstellt jährlich eine Arbeitsplanung (agieren und nicht nur reagieren).
5. Der Betriebsrat ist konfliktfähig und kompromissfähig (»doppeltes K«).
6. Der Betriebsrat schöpft seine rechtlichen Möglichkeiten voll aus – Betriebsverfassungsgesetz, Tarifverträge u.a.
7. Der Betriebsrat hält engen Kontakt zur Belegschaft und den gewerkschaftlichen Vertrauensleuten (Kommunikation).
8. Der Betriebsrat gibt Orientierung und organisiert Beteiligungsprozesse der Belegschaft und der Vertrauensleute.
9. Der Betriebsrat arbeitet mit anderen Betriebsräten in der Region und Branche solidarisch zusammen (Vernetzung).
10. Der Betriebsrat trifft Entscheidungen nach dem Mehrheitsprinzip und vertritt diese Entscheidungen gemeinsam nach außen.

verständnis des Betriebsrats dar – sowohl des gesamten Gremiums, aber auch jedes einzelnen Betriebsratsmitglieds.

13.1.1 Betriebsrat als konsequenter Interessenvertreter

| Der Betriebsrat ist konsequenter Interessenvertreter, ausschließlich der Belegschaft.

Eigentlich ist die Sache klar: Betriebsratsmitglieder werden von ihren Kolleg*innen gewählt, damit sie ihre Interessen gegenüber dem Unternehmer vertreten. In der Praxis ist es aber erforderlich, die Konsequenzen für das Handeln des Betriebsrats und der Betriebsratsmitglieder zu reflektieren. Gerade nach ihrer ersten Wahl ist die Konsequenz dieser Aussage nicht allen Betriebsratsmitgliedern auf Anhieb klar. Einige sehen ihre Rolle »als Mittler zwischen den Interessen der Belegschaft und des Unternehmers«. Andere formulieren schon mal:« Wir müssen auch für die Forderungen des Unternehmers Verständnis haben, ganz unberechtigt sind sie ja nicht.« Bei den ersten Konflikten mit der Unternehmensleitung erklärt diese häufig lautstark, das Verhalten des Betriebsrats sei ein Verstoß gegen die »vertrauensvolle Zusammenarbeit«, die das Betriebsverfassungsgesetz in § 2 vorschreibe. Hier kann es – insbesondere nach einer Betriebsratswahl – sinnvoll sein, dass im Gremium über das eigene Selbstverständnis debattiert wird und daraus Konsequenzen für das Handeln aller Betriebsratsmitglieder abgeleitet werden.

> »Which side are you on?«
>
> Amerikanisches Gewerkschaftslied (Deutsch: Auf welcher Seite stehst du?)

Der Betriebsrat ist eben kein »Mittler zwischen den gegensätzlichen Interessen der Belegschaft und des Unternehmers« , sondern eindeutiger Interessenvertreter *ausschließlich* der Belegschaft gegenüber dem Unternehmer. Der Grundsatz der »vertrauensvollen Zusammenarbeit« in § 2 BetrVG ist auch nicht so zu verstehen, dass der Betriebsrat harmonisch mit der Unternehmensleitung zusammenarbeiten soll, wobei Konflikte vermieden und die gegensätzlichen Interessen »verwischt« werden. Der Grundsatz der vertrauensvollen Zusammenarbeit heißt, dass »fair und ohne jede Schikane« zusammengearbeitet wird, wie es der bekannte Arbeitsrechtler Wolfgang Däubler formuliert. Es beinhaltet einen aufrichtigen und sachlichen Umgang mit dem Unternehmer und schließt eben nicht aus, dass der Betriebsrat auch harte Konflikte mit dem Unternehmer austrägt. So ist beispielsweise ein Flugblatt, in dem der Unternehmer kritisiert wird, oder eine Klage gegen den Unternehmer vor dem Arbeitsgericht kein Verstoß gegen die »vertrauensvolle Zusammenarbeit«.

Diese Auffassung wurde durch mehrere Urteile des Bundesverfassungsgerichtes bestätigt; eine davon ist im Folgenden wörtlich wiedergegeben:

»Das geltende Arbeitsrecht wird durchgängig von zwei einander gegenüberstehenden Grundpositionen beherrscht, mit denen unterschiedliche Interessen von Arbeitgeber- und Arbeitnehmerseite verfolgt werden. Ohne diesen Interessengegensatz wären die gesetzlichen Regelungen zur Mitwirkung der Arbeitnehmerseite an sozialen, personellen oder wirtschaftlichen Entscheidungen des Arbeitgebers gegenstandslos.

Auch das Betriebsverfassungsgesetz setzt diesen Interessengegensatz voraus. Im Betrieb hat der Betriebsrat die Interessen der von ihm repräsentierten Belegschaft wahrzunehmen. Das wird durch § 2 Abs. 1 BetrVG sowie durch § 74 Abs. 1 Satz 1 und § 76 BetrVG nur insoweit modifiziert, dass anstelle möglicher Konfrontation die Pflicht zur beiderseitigen Kooperation tritt.

Dennoch bleibt der Betriebsrat Vertreter der Belegschaft gegenüber dem Arbeitgeber. Er ist zur vertrauensvollen Zusammenarbeit, nicht aber dazu verpflichtet, die Interessen der Belegschaft zurückzustellen. Damit obliegt dem Betriebsrat eine ›arbeitnehmerorientierte Tendenz‹ der Interessenvertretung.«
(Bundesarbeitsgericht vom 21.4.1983, Aktenzeichen: 6 ABR 70/82)

13.1.2 Betriebsratsarbeit als Teil der Gewerkschaftsarbeit

Der Betriebsrat versteht seine Arbeit als Teil der Gewerkschaftsarbeit.

Das deutsche System der Interessenvertretung der Beschäftigten wird als »*duales System*« bezeichnet – *mit den beiden Säulen Betriebsräte und Gewerkschaften* (vgl. Kapitel 6.4 und die Übersichten 6-6 und 6-7). Innerhalb dieses Systems gibt es zwischen den beiden Säulen zahlreiche Verbindungen und Wechselwirkungen. So ist die große Mehrheit der Betriebsratsmitglieder auch Mitglied in der Gewerkschaft und arbeitet in den Gremien der Gewerkschaft ehrenamtlich mit. Die Gewerkschaften halten über ihre Betriebsbeauftragten engen Kontakt zu den Betriebsräten und stimmen eine gemeinsame Vorgehensweise ab. Die Tarifverträge enthalten vielfache Gestaltungsklauseln, mit denen den Betriebsräten die Kompetenz zugewiesen wird, die tariflichen Regelungen im Betrieb umzusetzen.

Die Position und die Durchsetzungsfähigkeit eines Betriebsrats sind umso besser, je mehr Beschäftigte im Betrieb Mitglied der Gewerkschaft sind. So ist beispielsweise jeder erfolgreiche Warnstreik mit guter Beteiligung der Belegschaft auch eine Demonstration der Macht und des Einflusses des Betriebsrats.

In einigen wenigen Betrieben existieren Betriebsräte, deren Mitglieder mehrheitlich nicht Gewerkschaftsmitglied sind oder der Gewerkschaft distanziert gegenüberstehen. Die Erfahrung zeigt, dass eine derartige »isolierte« Betriebsratsarbeit wenig wirkungsvoll ist, gerade in Konfliktsituationen. Versteht ein Betriebsratsgremium dagegen seine Arbeit als Teil der Gewerkschaftsarbeit, hat dies verschiedene Konsequenzen. Es ist erstrebenswert, dass der bzw. die Betriebsratsvorsitzende, aber auch möglichst viele Betriebsratsmitglieder, in den Gremien der Gewerkschaft mitarbeiten, so. z.B. im

Ortsvorstand, der Delegiertenversammlung, der Tarifkommission, aber auch in regionalen Ausschüssen und Arbeitskreisen. Diese Sichtweise hat auch Konsequenzen für die *Mitgliederwerbung*. Um die Einflussmöglichkeit der Gewerkschaft im Betrieb zu erhöhen, ist es sinnvoll, dass möglichst viele Beschäftigte Gewerkschaftsmitglied sind. Dies festigt auch die Position und die Durchsetzungsmöglichkeiten des Betriebsrats. Daher ist die Mitgliederwerbung eine der vielfältigen Aufgaben jedes Betriebsratsmitglieds. Dazu ist im Betriebsverfassungsgesetz ausdrücklich festgelegt:

> »Arbeitnehmer, die im Rahmen dieses Gesetzes Aufgaben übernehmen, werden hierdurch in der Betätigung für ihre Gewerkschaft auch im Betrieb nicht beschränkt.« (§ 74 Abs. 3 BetrVG)

Es kann bei einzelnen Entscheidungen des Betriebsrats unterschiedliche Sichtweisen geben. Werden beispielsweise von der Unternehmensleitung Überstunden beantragt, finden sich häufig zahlreiche Kolleg*innen, die aus finanziellen Gründen bereit sind, Überstunden abzuleisten. Auf der anderen Seite orientieren die Gewerkschaften darauf, Überstunden möglichst zu vermeiden oder auf Ausnahmefälle zu begrenzen, da es statt dauernder Überstunden sinnvoller ist, mehr Personal einzustellen. Auch diese Sichtweise muss in die Entscheidung des Betriebsrats einfließen.

In der *regionalen Bildungsarbeit der Gewerkschaften* sind ehrenamtliche Referent*innen tätig, entweder erfahrene Betriebsratsmitglieder oder Vertrauensleute. Hier sollte im Betriebsratsgremium zusammen mit der regionalen Gewerkschaft beraten werden, welche Betriebsratsmitglieder sich in der regionalen Bildungsarbeit engagieren sollten.

13.1.3 Betriebsrat und Unternehmer »auf Augenhöhe«

> Der Betriebsrat sieht sich »auf Augenhöhe« mit dem Unternehmer bzw. der Geschäftsführung.

Im Betrieb wird immer stark in Hierarchien gedacht: Wer ist der Vorgesetzte? Wer ist der Chef? Der Betriebsrat und alle Betriebsratsmitglieder stehen aufgrund ihrer Wahl neben dieser betrieblichen Hierarchie. *Der Werkleiter ist nicht der Chef der Betriebsratsmitglieder!* Die Mitglieder des Betriebsrats sollten gegenüber dem Unternehmer bzw. der Unternehmensleitung selbstbewusst und in keinem Fall unterwürfig auftreten. Schließlich haben sie ein demokratisches Mandat, wurden von ihren Kolleg*innen gewählt und müssen sich alle vier Jahre wieder zur Wahl stellen. Dies gibt ihnen die Legitimation, dem Unternehmer bzw. der Geschäftsführung in einer *Position der Stärke* gegenüberzutreten. Dies gilt gegenüber den Beauftragten der Geschäftsführung wie Werkleitern, Produktionsleitern oder Personalleitern genauso wie gegenüber anderen leitenden Angestellten.

Da in etlichen Betrieben die Werkleiter häufig wechseln, die Betriebsratsmitglieder hingegen häufig viele Jahre im Amt sind, kennen sie die Gegebenheiten und Abläufe im Betrieb oft besser als Werkleiter, die erst seit kurzer Zeit im Betrieb sind. Wenn Betriebsratsmitglieder sich für ihre Arbeit regelmäßig weiterbilden und Seminare der gewerkschaftlichen Bildungsarbeit besuchen, brauchen sie in keiner Hinsicht zur Geschäftsführung oder zum Werkleiter »aufzublicken«, sondern sehen sich »*auf Augenhöhe*« mit ihnen. Manche Manager und Geschäftsführer versuchen den Betriebsrat dadurch einzuschüchtern, dass sie ständig betriebswirtschaftliche Fachbegriffe oder Abkürzungen in englischer Sprache benutzen. Dann sollte der Betriebsrat darauf bestehen, dass die Begriffe in deutscher Sprache verwendet werden. Ist dies in einem internationalen Konzern nicht möglich, findet sich im Anhang dieses Buches das Kapitel »Das Kauderwelsch der Manager«, in dem die englischen Begriffe und Abkürzungen übersetzt sind.

> »Du sollst dich nie vor einem lebenden Menschen bücken!«
>
> Willi Bleicher, ehemaliger IG Metall-Bezirksleiter in Baden-Württemberg

Die Einstellung, sich »auf Augenhöhe zu befinden«, hat auch Konsequenzen im Umgang mit der Geschäftsführung. Kein Betriebsratsmitglied braucht sich beispielsweise von der Geschäftsführung oder einem Werkleiter anschreien zu lassen. Geschieht dies doch, kann sich der Betriebsrat den Ton verbitten, oder – wenn das nicht hilft – er antwortet in mindestens derselben Lautstärke. Auch bei der Vereinbarung von Terminen geht es darum, dass die Terminlage beider Seiten gleichgewichtig berücksichtigt wird. Bei Verhandlungen mit der Geschäftsführung wird empfohlen, diese abwechselnd in den Räumen der Geschäftsführung und im Sitzungsraum des Betriebsrats stattfinden zu lassen.

13.1.4 Agieren und nicht nur reagieren

> Der Betriebsrat entwickelt eigene Initiativen und erstellt jährlich ein Arbeitsprogramm (agieren und nicht nur reagieren).

In der täglichen Arbeit werden ständig Anforderungen an den Betriebsrat zu Themen herangetragen, bei denen er tätig werden muss. Einerseits sind es Anforderungen der Beschäftigten, ihnen bei der Regelung von Problemen zu helfen, andererseits kommt in mitbestimmungspflichtigen Angelegenheiten die Unternehmensleitung auf den Betriebsrat zu und verlangt eine möglichst schnelle Zustimmung. Da kann leicht eine Situation eintreten, in der sich der Betriebsrat getrieben fühlt und kaum Zeit für eigene Initiativen bleibt. Ähnlich wie eine gute Fußballmannschaft braucht ein Betriebsrat eine starke Verteidigung und einen starken Sturm. Weder Fußballspiele noch Auseinandersetzungen mit dem Unternehmer können nur mit einer Defensive gewonnen werden. Der Betriebsrat hat – genau wie die Gewerkschaften – eine *Schutzfunktion*, aber auch eine *Gestaltungsfunktion* (vgl. Kapitel 2.1).

Für eine gute Betriebsratsarbeit kommt es darauf an, die richtige Balance zwischen »*reagieren*« *und* »*agieren*« zu finden. Natürlich muss auf Angriffe und Forderungen der Unternehmer entsprechend reagiert werden, aber der Betriebsrat muss auch eigene Initiativen entwickeln. Dabei ist es hilfreich, wenn er für sich zu Beginn einer Wahlperiode und anschließend einmal jährlich ein systematisches *Arbeitsprogramm* erstellt. Darin werden die Initiativen des Betriebsrats aufgelistet und Schwerpunkte gebildet. Es kommt auch darauf an, sich nicht in der Abarbeitung von Detailproblemen zu verzetteln. Eine systematische Arbeitsplanung schließt auch die Verteilung der Arbeit und die Klärung der Verantwortlichen ein. Dabei muss selbstkritisch eingeschätzt werden, welche Themen von der Arbeitsbelastung her gesehen realistischerweise abgearbeitet werden können und welche Themen verschoben werden müssen.

13.1.5 Konflikt- und Kompromissfähigkeit

Der Betriebsrat ist konfliktfähig und kompromissfähig (»doppeltes K«).

Der Betriebsrat steht im Betrieb in einem Spannungsverhältnis zu den Unternehmensvertretern. Dies ist zunächst einmal geprägt von den *gegensätzlichen Interessen von Beschäftigten und Unternehmern* (vgl. dazu Kapitel 1.2). Andererseits sind beide Seiten darauf angewiesen, mit der jeweils anderen Seite auch zu kooperieren, um tragfähige Kompromisse zu erzielen. Dieses Wechselverhältnis zwischen Konflikt und Kooperation wird durch den Begriff *»doppeltes K«* auf den Punkt gebracht (vgl. Kapitel 2.3).

In der praktischen Arbeit der Betriebsräte steht am Ende eines Konflikts immer ein Kompromiss, der letztlich durch das Kräfteverhältnis der beiden Seiten bestimmt wird. Zur täglichen Praxis von Betriebsräten und Management gehört es, zu kooperieren, also Betriebsvereinbarungen abzuschließen, konkrete Absprachen über Entgelte, Arbeitszeiten und Arbeitsbedingungen zu treffen. Kann in Verhandlungen kein Ergebnis erzielt werden, kommt es zwischen beiden Seiten zum Konflikt. Dies können betriebliche Protestaktionen sein, die Anrufung der Einigungsstelle oder eine Klage beim Arbeitsgericht. Die *Einheit von Konflikt und Kooperation* mit all ihren Widersprüchen kennzeichnet die Arbeit der Betriebsräte. Eine ausschließlich auf Konflikt orientierte Arbeit der gewerkschaftlichen Interessenvertretung ist genauso zum Scheitern verurteilt wie eine ausschließliche Orientierung auf Kooperation. Beide Elemente stehen in einem Wechselverhältnis zueinander.

Um die Interessen der Beschäftigten wirkungsvoll vertreten zu können, muss der Betriebsrat in der Lage sein, offensiv Konflikte zu führen und auf die Unternehmer Druck auszuüben. Am Ende der Konfliktmaßnahmen muss aber ein Ergebnis stehen, also in der Regel ein Kompromiss. Dieser Kompromiss wird umso besser für die Beschäftigten ausfallen, je wirkungsvoller der Konflikt geführt werden kann. Protestaktionen der Belegschaften können dabei hilfreich sein – von der Unterschriftensammlung über Unmutsbekundungen auf Betriebsversammlungen bis hin zu spontanen Arbeitsniederlegungen. In der Praxis der Interessenvertretung hilft es häufig, wenn glaubhaft

Konfliktmaßnahmen angedroht werden und die Unternehmer einschätzen, dass ohne ein Nachgeben tatsächlich Konfliktmaßnahmen stattfinden. Liegt diese Konfliktfähigkeit nicht vor, endet die Kooperation mit der Unternehmerseite letztlich in einer traditionellen Sozialpartnerschaft, bei der die Interessenvertretung letztlich die unternehmerischen Zielvorstellungen nur nachvollzieht, allenfalls in Details beeinflusst.

Viele Menschen fühlen sich in harmonischen Situationen wohler als in Konfliktsituationen. Nicht alle Betriebsratsmitglieder halten den Druck in harten Konflikten ohne Weiteres aus. Dafür ist es entscheidend, dass sich die Betriebsratsmitglieder gegenseitig stützen und zusammen mit den Vertretern der regionalen Gewerkschaft, den Vertrauensleuten und der Belegschaft auch in harten Konfliktsituationen handlungsfähig bleiben.

> Auf der Grundlage von gewerkschaftlicher Stärke und der Fähigkeit, im Zweifelsfall Konflikte offensiv führen zu können, ist eine Kooperation zwischen dem Betriebsrat und den Unternehmensvertretern möglich und sinnvoll.

13.1.6 Rechtliche Möglichkeiten voll ausschöpfen

> Der Betriebsrat schöpft seine rechtlichen Möglichkeiten voll aus, sowohl aus dem Betriebsverfassungsgesetz als auch aus den Tarifverträgen und anderen Gesetzen.

Das Betriebsverfassungsgesetz, die Tarifverträge und andere Gesetze bieten dem Betriebsrat zahlreiche Möglichkeiten, viele seiner Forderungen durchzusetzen. Es ist richtig, dass das Betriebsverfassungsgesetz dem Betriebsrat nicht in allen Angelegenheiten eine volle Mitbestimmung gibt; etliche Betriebsräte zögern jedoch auch, ihre rechtlichen Möglichkeiten voll auszuschöpfen. Es ist wichtig, dass die entsprechenden Paragrafen auch tatsächlich angewendet werden, und zwar im Zweifelsfall so weit, bis alle rechtlichen Möglichkeiten erschöpft sind. Dies bedeutet z.B., dass bei beantragten Kündigungen ein Widerspruch nach § 102 BetrVG eingelegt wird, dass Überstunden gemäß § 87 Abs. 1 Ziffer 2 nur in Ausnahmefällen und im begrenzten Rahmen genehmigt werden und bei der Einstellung von Beschäftigten in prekären Arbeitsverhältnissen die Zustimmung nach § 99 BetrVG verweigert wird. Bei Verhandlungen über Betriebsvereinbarungen zur Arbeitszeitgestaltung, zu Entgeltfragen und zur Weiterbildung kann – nach einer Risikoabwägung – die Einigungsstelle oder die tarifliche Schlichtungsstelle angerufen werden. Missachtet beispielsweise der Unternehmer die Informations- und Beratungsrechte des Betriebsrats, kann im Wiederholungsfalle Klage beim Arbeitsgericht eingereicht werden. Je häufiger der Betriebsrat alle rechtlichen Möglichkeiten ausschöpft, um so einflussreicher wird er bei zukünftigen Konflikten und Verhandlungen sein, da die Unternehmer einschätzen, dass »der Betriebsrat nicht auf halber Strecke klein beigibt«.

13.1.7 Betriebsrat, Vertrauensleute, Belegschaft

> Der Betriebsrat hält engen Kontakt zur Belegschaft und den gewerkschaftlichen Vertrauensleuten (Kommunikation).

Fast alle kennen den alten Spruch »Tue Gutes und rede darüber.« Dennoch wird er häufig in der betrieblichen Praxis von manchen Betriebsräten zu wenig beachtet. Die Betriebsratsmitglieder, die nicht vollständig freigestellt sind, sind in ihren Arbeitsbereichen und Abteilungen sichtbar und ansprechbar. Die freigestellten Betriebsratsmitglieder haben viele Termine mit der Geschäftsführung, dem Werkleiter, mit der Personalabteilung usw. Darüber hinaus müssen sie Betriebsratssitzungen vorbereiten und z.B. Entwürfe für Betriebsvereinbarungen entwerfen. Dazu kommen Abwesenheitszeiten durch den Besuch von Seminaren zur Weiterbildung. In größeren Unternehmen kommen Sitzungstermine des Gesamt- und Konzernbetriebsrats, teilweise des Aufsichtsrats hinzu. Obwohl zahlreiche Betriebsratskolleg*innen eine hohe Arbeitsbelastung haben, kann es passieren, dass in der Belegschaft Sprüche fallen wie »Was macht der eigentlich den ganzen Tag?« oder »Ich habe die ewig nicht mehr gesehen« oder »Der lässt sich doch nur kurz vor der Betriebsratswahl hier blicken.«

Solche Aussagen können dadurch vermieden werden, dass die Aktivitäten der Betriebsratsmitglieder transparent gemacht werden und darüber mit den unterschiedlichsten Mitteln kommuniziert wird (vgl. Kapitel 22). Dies können Kurz-Infos des Betriebsrats, Betriebsratsaushänge, E-Mails usw. sein, aber auch Berichte auf der Betriebsversammlung. Genauso sinnvoll ist es, dass alle Betriebsratsmitglieder regelmäßig an den Sitzungen der Vertrauensleute teilnehmen, dort über ihre Arbeit informieren und die anstehenden Themen mit den gewerkschaftlichen Vertrauensleuten diskutieren.

Viele Beschäftigte legen Wert darauf, dass sich Betriebsratsmitglieder vor Ort am Arbeitsplatz oder in der Abteilung blicken lassen. Einige Betriebsräte haben trotz eines vollen Terminkalenders gute Erfahrungen damit gemacht, dass sie *regelmäßige Termine für Betriebsrundgänge oder Besuche in ihren Bereichen und Abteilungen* fest im Terminkalender einplanen. Andere Betriebsräte haben gute Erfahrungen mit der Einladung zu Sprechstunden des Betriebsrats gemäß § 39 BetrVG zu speziellen Themen und mit Dialogangeboten in den einzelnen Abteilungen gemacht, die mit den dort arbeitenden Vertrauensleuten vorbereitet werden.

13.1.8 Orientierung und Beteiligung

> Der Betriebsrat gibt Orientierung und organisiert Beteiligungsprozesse der Belegschaft und der Vertrauensleute.

Im Betrieb ist mitunter zu hören: »Was will der Betriebsrat eigentlich? Wir haben ihn doch gewählt, damit er klar Position bezieht.« Andere sagen: »Was die da wieder verhandelt haben. Da haben die nie mit uns drüber gesprochen.« Mit derartigen Sichtweisen müssen Betriebsräte professionell umgehen. Generell besteht für Betriebsräte und Vertrauensleute die Anforderung: Wir handeln nicht nur *für* die Kolleg*innen, sondern *mit* ihnen.

Sind Betriebsräte gewählt, bedeutet das nicht, dass sie für die nächsten vier Jahre ihre Arbeit machen und Entscheidungen treffen, ohne dies mit der Belegschaft rückzukoppeln. Den gewählten Betriebsräten und Vertrauensleuten kommt die Aufgabe zu, Grundstimmungen, Wünsche und Diskussionen in der Belegschaft aufzugreifen und sie in Vorschlägen und Forderungen zusammenzufassen. Zusätzlich kommt auf den Betriebsrat die Aufgabe zu, Positionen und Beschlüsse der Gewerkschaften in die Diskussion einzubringen und eine *Orientierung* zu geben. Dies hat nichts mit »Bevormundung« der Mitglieder zu tun, denn nicht jedes Gewerkschaftsmitglied hat sich mit einzelnen Fragestellungen beschäftigt und nicht alle möchten sich in die Details vertiefen.

> Beschäftigte haben einerseits einen Anspruch darauf, dass ihre gewählten Betriebsräte ihnen zu einzelnen Themen Informationen, Vorschläge und Orientierung geben. Andererseits haben sie einen Anspruch auf Beteiligung bei der Entwicklung von Positionen und Forderungen.
> Beteiligung plus Orientierung = Beteiligungsorientierung.

Voraussetzung für die *Beteiligung* der Beschäftigten ist eine ausführliche Information aller Beschäftigten und die Eröffnung von Möglichkeiten zur Beteiligung: von der Diskussion auf Betriebsversammlungen und in der Diskussion mit den Vertrauensleuten über schriftliche Befragungsaktionen bis hin zu betrieblichen Aktionen. Den Betriebsräten und Vertrauensleuten kommt dabei die Rolle zu, Vorschläge für Positionen einzubringen und eine klare Orientierung zu geben, die nach Diskussionen mit der Mitgliedschaft dann ggf. korrigiert oder modifiziert werden (*»Gegenstromverfahren«*). Diese Zusammenhänge sind in Kapitel 6.5 und in der Übersicht 6-9 zusammengefasst.

Nicht alle Beschäftigten wünschen im gleichen Maße Beteiligung. Viele legen dagegen großen Wert darauf, sich an den Debatten zu beteiligen, und formulieren diese Ansprüche auch gegenüber den gewählten Betriebsräten. Andere sind zunächst eher passiv, machen es sich einfach und formulieren: »Der Betriebsrat soll das mal für uns durchsetzen.« Auf diese unterschiedlichen Einstellungen muss Rücksicht genommen werden. Die Erfahrung hat gezeigt, dass viele derjenigen, die sich zunächst eher passiv verhalten, motiviert werden können, sich an Diskussionen und Aktionen zu beteiligen.

13.1.9 Vernetzung mit anderen Betriebsräten

> Der Betriebsrat arbeitet mit anderen Betriebsräten in der Region und in der Branche solidarisch zusammen (Vernetzung).

Der Betriebsrat ist zunächst einmal für die Beschäftigten im jeweiligen Betrieb zuständig, die ihn gewählt haben. Es ist aber sinnvoll, dass er auch »über den Betriebszaun« hinausblickt. Die Gewerkschaften organisieren sowohl in der Region als auch in der

Branche Kontakte und eine Zusammenarbeit der Betriebsräte. Im Ortsvorstand, in der Delegiertenversammlung oder in Arbeitskreisen der jeweiligen regionalen Geschäftsstelle der Gewerkschaft besteht die Möglichkeit, mit Betriebsräten anderer Betriebe der Region zu diskutieren und gemeinsame Vorgehensweisen zu besprechen. Bundesweit organisieren die Gewerkschaften Tagungen der Betriebsräte der jeweiligen Branchen und Teilbranchen, in denen ebenfalls ein Erfahrungsaustausch und eine Abstimmung von Vorgehensweisen erfolgen kann.

13.1.10 Gemeinsames Auftreten aller Betriebsratsmitglieder

> Der Betriebsrat trifft Entscheidungen nach dem Mehrheitsprinzip und vertritt diese Entscheidungen gemeinsam nach außen.

In einem Betriebsratsgremium gibt es unterschiedliche Meinungen, auch kontroverse Diskussionen und manchmal auch einen handfesten Streit. Dies ist nichts Außergewöhnliches, denn die kontroverse Debatte gehört zur Demokratie hinzu. Da der Betriebsrat auch häufig komplexe Probleme bearbeiten muss, bei denen es nicht »die eine richtige, widerspruchsfreie« Position gibt, sind derartige Debatten sogar notwendig. Da der Betriebsrat in den Verhandlungen mit dem Unternehmer regelmäßig Kompromisse vereinbaren muss, kann es auch unterschiedliche Meinungen geben, ob der gefundene Kompromiss tragfähig ist, oder ob bei weiteren Verhandlungen ein besseres Ergebnis hätte erzielt werden können. Gelingt es in diesen Debatten nicht, eine gemeinsame Position zu erarbeiten, wird es im Betriebsrat zu einer Abstimmung kommen. In diesem Fall wird die Entscheidung nach dem demokratischen Mehrheitsprinzip getroffen und ist dann für alle Betriebsratsmitglieder verbindlich.

> So wichtig es ist, intern im Betriebsrat zu streiten, so richtig ist es, diesen Streit nicht nach außen dringen zu lassen. Gegenüber der Belegschaft und gegenüber der Unternehmensleitung müssen alle Betriebsratsmitglieder getroffene Entscheidungen positiv darstellen, auch wenn sie persönlich dagegen gestimmt haben.

Insbesondere gegenüber der Unternehmensleitung ist es ein Zeichen von Schwäche, wenn verschiedene Betriebsratsmitglieder unterschiedliche Meinungen vertreten. Was überhaupt nicht akzeptiert werden kann, sind Situationen, in denen einzelne Betriebsratsmitglieder der Unternehmensleitung bzw. der Personalleitung interne Dinge aus Betriebsratssitzungen berichten! Die Unternehmensführung hat dann leichtes Spiel und kann versuchen, einzelne Betriebsratsmitglieder gegeneinander auszuspielen. Hier gilt eine Verschwiegenheitspflicht jedes einzelnen Betriebsratsmitglieds gegenüber der Unternehmensseite. Das gemeinsame Auftreten nach außen ist auch für die zukünftige Arbeit im Betriebsratsgremium wichtig. Denn für eine solidarische Zusammenarbeit im Betriebsratsgremium ist es wichtig, dass sich alle Betriebsratsmitglieder aufeinander verlassen können.

Setzt sich der Betriebsrat aus Vertreter*innen *unterschiedlicher Listen* zusammen, ist die geschilderte Herangehensweise allerdings meistens nicht tragfähig. Hier müssen interne Debatten in *Fraktionssitzungen* geführt und eine gemeinsame Position der Fraktion der Gewerkschaftsmitglieder im Betriebsrat entwickelt werden.

13.2 Rechte des Betriebsrats

Im Betriebsverfassungsgesetz (BetrVG) sind in zahlreichen Paragrafen sehr konkrete Rechte des Betriebsrats verankert. Auf diese Rechte kann sich der Betriebsrat stützen, wenn er die Interessen der Beschäftigten vertreten will. Die Formulierungen in den einzelnen Paragrafen sind sehr unterschiedlich und müssen im Konfliktfall genau analysiert werden. Vereinfacht lassen sich die Rechte des Betriebsrats in vier Gruppen unterteilen: Überwachungs-, Informations-, Beratungs- und Mitbestimmungsrechte (vgl. Übersicht 13-2). Dies wird im Folgenden kurz erläutert. Eine detaillierte Darstellung und auch die relevante Rechtsprechung findet sich im Buch »Betriebsratspraxis von A bis Z« von Christian Schoof und in den verschiedenen Kommentaren zum Betriebsverfassungsgesetz. Von diesen Rechten sind die »harten« Mitbestimmungsrechte, die auch häufig ein Initiativrecht des Betriebsrats beinhalten, die wichtigsten.

13.2.1 Überwachungsrechte

Man kann es als eine Art Generalklausel verstehen: Der Betriebsrat hat gemäß § 80 Abs. 1 Ziffer 2 BetrVG die Aufgabe, darüber zu wachen, dass die zugunsten der Arbeitnehmer geltenden Gesetze, Tarifverträge, Betriebsvereinbarungen und andere Regelungen angewandt werden. Auf dieser Grundlage kann der Betriebsrat umfassend tätig werden

Übersicht 13-2: Rechte des Betriebsrats (vereinfacht)

Überwachungsrechte	Informationsrechte
Nach **§ 80 Absatz 1 Ziffer 1 BetrVG** hat der Betriebsrat darüber zu wachen, dass die zugunsten der Arbeitnehmer geltenden Gesetze, Verordnungen, Unfallverhütungsvorschriften, Tarifverträge und Betriebsvereinbarungen durchgeführt werden.	Nach **§ 80 Absatz 2 BetrVG** ist der Betriebsrat vom Arbeitgeber zur Durchführung seiner gesetzlichen Aufgaben rechtzeitig und umfassend zu unterrichten. Dem Betriebsrat sind die erforderlichen Unterlagen zur Verfügung zu stellen.
Beratungsrechte	**Mitbestimmungsrechte**
Bei bestimmten Angelegenheiten entscheidet der Arbeitgeber allein, muss den Sachverhalt aber vorher mit dem Betriebsrat beraten bzw. zu dessen Vorschlägen Stellung nehmen. Beispiel: **§ 90 BetrVG** – Beratung über die Planung von baulichen Maßnahmen, technischen Anlagen, Arbeitsverfahren, über Arbeitsabläufe und Arbeitsplätze.	Bei bestimmten Angelegenheiten darf der Arbeitgeber nicht allein entscheiden, sondern benötigt dazu die Zustimmung des Betriebsrates. Können sich Arbeitgeber und Betriebsrat nicht einigen, entscheidet die Einigungsstelle oder eine tarifliche Schlichtungsstelle. Beispiel: **§ 87 BetrVG**, hier zum Beispiel Mitbestimmung im Rahmen der tariflichen Regelungen über die Lage und Verteilung der Arbeitszeit, Mehrarbeit, Kurzarbeit, betriebliche Entgeltgestaltung usw.

und sich bei zahlreichen Themen aktiv einbringen. Im Grunde bedeutet die Formulierung »… hat die Aufgaben …« nicht nur ein Recht, sondern sogar eine *Pflicht des Betriebsrats, tätig zu werden*. Die Unternehmensleitung muss akzeptieren, dass das Gremium des Betriebsrats, aber auch einzelne Betriebsratsmitglieder, die Durchführung von Gesetzen und Betriebsvereinbarungen überwachen. Werden diese Bestimmungen nicht eingehalten, hat der Betriebsrat die Aufgabe, bei der Unternehmensleitung auf sofortige Abhilfe zu drängen und dies zu kontrollieren.

13.2.2 Informationsrechte

Im Betriebsverfassungsgesetz sind an zahlreichen Stellen Informationsrechte des Betriebsrats geregelt. Das allgemeine Informationsrecht ist in § 80 Abs. 2 BetrVG geregelt. Danach ist der Betriebsrat zur Durchführung seiner Aufgaben nach dem Betriebsverfassungsgesetz vom Arbeitgeber *rechtzeitig und umfassend* zu unterrichten. Auf Verlangen des Betriebsrats sind ihm die *erforderlichen Unterlagen bzw. Dateien oder Präsentationen* zur Verfügung zu stellen. Unter einer rechtzeitigen Information wird der Zeitpunkt einer Information verstanden, zu dem noch keine Fakten geschaffen sind und der Betriebsrat die Chance hat, auf die Information zu reagieren. Unter einer umfassenden Information wird der Tatbestand verstanden, dass über alle wichtigen Teilaspekte informiert wird und nicht einzelne Aspekte weggelassen werden. Bei komplexen Sachverhalten sollte der Betriebsrat darauf bestehen, dass ihm die erforderlichen Unterlagen ausgehändigt bzw. ihm die Dateien oder Präsentationen gemailt werden.

Je nach betrieblicher Situation lassen sich unterschiedliche Strategien der Unternehmer hinsichtlich der Informationspolitik gegenüber dem Betriebsrat beobachten. In einigen Betrieben versuchen die Unternehmensleitungen dem Betriebsrat möglichst wenige Informationen zur Verfügung zu stellen, und der Betriebsrat muss um jede Information bzw. Unterlage kämpfen (Prinzip: »So wenig wie möglich informieren; nur über das, was nach dem Gesetz zwingend erforderlich ist.«). In anderen Unternehmen, häufig in Großbetrieben, wird eine gegenteilige Informationspolitik verfolgt: Der Betriebsrat wird mit Informationen vollgeschüttet, indem ihm mehrere Ordner übergeben oder Dateien mit mehreren Mega-Byte gemailt werden. Hier besteht die Gefahr, dass der Betriebsrat viel Zeit mit der Analyse der umfangreichen Unterlagen verliert und sich in Details verzettelt. Häufig ist es schwierig, aus den umfangreichen Informationen die zentralen Eckpunkte und wichtigen Konfliktpunkte herauszuarbeiten.

Neben dem allgemeinen Informationsrecht nach § 80 Abs. 2 BetrVG sind an zahlreichen Stellen des Gesetzes spezielle Informationsrechte verankert. Beispiele sind: Das Anhörungsrecht des Betriebsrats vor dem Ausspruch einer Kündigung nach § 102 BetrVG, die Rechte beim Arbeits- und betrieblichen Umweltschutz nach § 89 BetrVG, die Informationsrechte zur Personalplanung nach § 92 BetrVG und die Informationsrechte vor Einstellungen, Eingruppierungen, Umgruppierungen und Versetzungen nach § 99 Abs. 1 sowie bei Betriebsänderungen nach § 111 BetrVG.

13.2.3 Beratungsrechte

Das Besondere an den Beratungsrechten des Betriebsrats kann wie folgt zusammengefasst werden: Hier muss die Unternehmensleitung nicht nur informieren, sondern mit dem Betriebsrat auch ein Beratungsgespräch führen. Anders als bei den Mitbestimmungsrechten kann sie aber über den Sachverhalt allein entscheiden. Auch wenn der Betriebsrat kein Mitbestimmungsrecht hat, besteht die Möglichkeit, eigene Vorstellungen und Forderungen zu formulieren und in das Beratungsgespräch mit der Unternehmensleitung einzubringen. Der Betriebsrat kann seine Vorstellungen gegenüber der Belegschaft im Betrieb darstellen und so versuchen, Entscheidungen des Unternehmers zu beeinflussen.

Gleichzeitig muss er bei diesen Sachverhalten der Belegschaft deutlich machen, dass die Entscheidung allein bei der Unternehmensleitung liegt. Beispiele für Beratungsrechte sind: Beratung über die Planung von baulichen Maßnahmen, technischen Anlagen, Arbeitsverfahren, über Arbeitsabläufe und Arbeitsplätze nach § 90 BetrVG, Beratungsrechte bei der Personalplanung nach § 92 BetrVG und Beratungsrechte zur Beschäftigungssicherung nach § 92a BetrVG und bei Betriebsänderungen gemäß § 111 BetrVG. Bei der Berufsausbildung und der betrieblichen Weiterbildung hat der Betriebsrat Beratungsrechte nach § 96 BetrVG.

13.2.4 Mitbestimmungsrechte

Das Entscheidende an den »harten« *Mitbestimmungsrechten* ist die Tatsache, dass der Unternehmer über bestimmte Maßnahmen im Betrieb nicht allein entscheiden darf, sondern die Zustimmung des Betriebsrats benötigt. Können sich Betriebsrat und Unternehmer nicht einigen, entscheidet die Einigungsstelle gemäß § 76 BetrVG oder eine tarifliche Schlichtungsstelle mit einem unparteiischen Vorsitzenden. Für einige Themen, insbesondere für die Themen des § 87 BetrVG, beinhaltet das Mitbestimmungsrecht auch ein *Initiativrecht des Betriebsrats*. Das heißt: Der Betriebsrat kann die Initiative ergreifen und eine Betriebsvereinbarung vorschlagen, über die der Unternehmer mit ihm verhandeln muss. Können sich Betriebsrat und Unternehmer nicht einigen, entscheidet auch hier die Einigungsstelle oder eine tarifliche Schlichtungsstelle unter Leitung eines neutralen Vorsitzenden.

Beispiele für Mitbestimmungsrechte, wenn der Unternehmer vorher tätig geworden ist, sind z.B.:

- Abschluss eines Sozialplans gemäß § 112 BetrVG bei Betriebsänderungen, meistens Massenentlassungen;
- Maßnahmen zur Abwendung, Milderung oder Ausgleich von Belastungen bei Änderungen der Arbeitsplätze nach § 91 BetrVG;
- Einrichtungen und Maßnahmen der Berufsbildung nach § 97 Abs. BetrVG;
- Durchführung von Maßnahmen der betrieblichen Berufsbildung nach § 98 BetrVG.

Beispiele für Mitbestimmungs- und Initiativrechte des Betriebsrats sind die Sachverhalte in § 87 BetrVG – viele sagen, dies sei der wichtigste Paragraf im ganzen Betriebsverfassungsgesetz. Nach *§ 87 Abs. 1 Ziffern 1 bis 13* hat der Betriebsrat – sofern

eine tarifliche Regelung nicht besteht – ein *Mitbestimmungs- und Initiativrecht*. Dies bezieht sich beispielsweise auf folgende Maßnahmen:
- Fragen der Ordnung des Betriebes, also beispielsweise Vereinbarung einer Betriebsordnung;
- Beginn und Ende der täglichen Arbeitszeit, einschließlich der Pausen, sowie die Verteilung der Arbeitszeit auf die Wochentage;
- vorübergehende Verkürzung oder Verlängerung der Arbeitszeit, also z.B. Mehrarbeit oder Kurzarbeit;
- Aufstellung allgemeiner Urlaubsgrundsätze und des Urlaubsplans sowie die Festsetzung der zeitlichen Lage des Urlaubs für einzelne Arbeitnehmer*innen;
- Einführung von technischen Einrichtungen, die dazu bestimmt sind, das Verhalten oder die Leistung des Arbeitnehmers zu überwachen; dazu zählen auch IT-Systeme und Software;
- Regelung über die Verhütung von Arbeitsunfällen und Berufskrankheiten;
- Fragen der betrieblichen Entgeltgestaltung, insbesondere die Aufstellung von Entgeltgrundsätzen (z.B. Zeit- oder Leistungsentgelt);
- Festsetzung der Akkord- und Prämiensätze bei Leistungsentgelt;
- Grundsätze des betrieblichen Vorschlagswesens;
- Grundsätze über die Durchführung von Gruppenarbeit.

In § 87 Abs. 2 ist geregelt, dass im Falle der Nichteinigung zwischen Unternehmer und Betriebsrat die Einigungsstelle nach § 76 BetrVG entscheidet. Dort ist geregelt, dass die Einigungsstelle durch Tarifvertrag auch durch eine tarifliche Schlichtungsstelle ersetzt werden kann (vgl. Kapitel 13.7.1).

Bei den mitbestimmungspflichtigen Maßnahmen kann es sich um kurzfristige, auf den Einzelfall bezogene Maßnahmen handeln oder um grundsätzliche, längerfristige Regelungen.
- Eine *kurzfristige Maßnahme*, die der Mitbestimmung unterliegt, ist beispielsweise der Antrag auf Mehrarbeit für 25 Beschäftigte an zwei Samstagen des Folgemonats. Diese von der Unternehmensleitung beantragte Mehrarbeit darf nur durchgeführt werden, wenn der Betriebsrat ausdrücklich zustimmt. Stimmt der Betriebsrat nicht zu, dürfen die Beschäftigten nicht zur Mehrarbeit herangezogen werden. Der Unternehmer hat aber die Möglichkeit, zu dieser geplanten Maßnahme die Einigungsstelle oder die tarifliche Schlichtungsstelle anzurufen und dort zu versuchen, eine Entscheidung für die Durchführung der Mehrarbeit zu erreichen. Es ist in derartigen Fällen häufig Praxis, dass der Betriebsrat der Unternehmensleitung signalisiert, er könne der beantragten Mehrarbeit zustimmen, wenn andere Forderungen des Betriebsrats erfüllt werden. Derartige »Koppel-Vereinbarungen« bzw. »Kompromiss-Pakete« sieht das Betriebsverfassungsgesetz zwar nicht vor, sie sind aber in vielen Betrieben gängige Praxis bei der Findung von Kompromissen zwischen Unternehmensleitung und Betriebsrat.
- *Längerfristige Regelungen* zu mitbestimmungspflichtigen Maßnahmen werden in Form einer Betriebsvereinbarung vereinbart. Eine Betriebsvereinbarung ist eine

schriftlich fixierte Regelung zwischen dem Unternehmer bzw. der Unternehmensleitung und dem Betriebsrat, die für längere Zeit gilt. Sie ist – ähnlich wie in einem Tarifvertrag – meistens mit einer Klausel versehen, wann und mit welcher Frist die Betriebsvereinbarung gekündigt werden kann. Im Falle der Kündigung gilt eine Betriebsvereinbarung so lange, bis sie durch eine neue Betriebsvereinbarung ersetzt wird. Dies wird als *Nachwirkung von Betriebsvereinbarungen* bezeichnet. Beispiele sind Betriebsvereinbarungen u.a.
– zur Lage und Verteilung der Arbeitszeit;
– zur flexiblen Arbeitszeitgestaltung;
– zur Gleitzeit;
– zur Regelung, in welchen Bereichen Zeit- bzw. Leistungsentgelt angewendet wird;
– zum Prämienentgelt;
– zur Datenermittlung im Rahmen von Leistungsentgelt;
– zu IT-Systemen, die dazu bestimmt sind, Leistung und Verhalten zu kontrollieren.
Die Mitbestimmungsrechte nach § 87 BetrVG sind die wirkungsvollsten Mittel für den Betriebsrat, um die Interessen der Beschäftigten zu vertreten. Voraussetzung ist, dass er die Mitbestimmungsrechte in der Praxis voll ausschöpft und nicht schleifen lässt. Ein Betriebsrat, der seine Mitbestimmungsrechte nicht voll ausschöpft, wird vom Unternehmer letztlich nicht ernst genommen. Dies beinhaltet auch, dass der Betriebsrat zu einzelnen, vom Arbeitgeber beantragten Maßnahmen schlicht »nein« oder »so nicht« sagt und einen Konflikt eingeht, um am Ende einen tragfähigen Kompromiss zu erzielen. Um der Unternehmensleitung deutlich zu machen, dass der Betriebsrat gewillt und in der Lage ist, seine Mitbestimmungsrechte voll auszuschöpfen, ist es sinnvoll, dass der Betriebsrat es bei einigen Konflikten darauf ankommen lässt und den Unternehmer dazu veranlasst, die Einigungsstelle anzurufen. Genauso kann der Betriebsrat bei einem zugespitzten Konflikt von sich aus die Einigungsstelle anrufen. Im Sinne des »doppelten K« (vgl. Kapitel 2.3 und 13.2.5) ist es nicht sinnvoll, ständig die Einigungsstelle anzurufen. Hat der Betriebsrat einmal oder mehrmals gezeigt, dass er dazu bereit ist, kann er bereits mit der entsprechenden Androhung in den Verhandlungen eine starke Position erlangen. Aus dieser Position der Stärke ist es dann auch möglich, bei anderen Konflikten mit dem Unternehmer »auf Augenhöhe« Kompromisse zu schließen. Ein Betriebsrat, der nie die Einigungsstelle angerufen hat, wird dagegen mit der Androhung, dieses zu tun, nicht wirksam und glaubhaft verhandeln können. Ein Verfahren vor der Einigungsstelle oder der tariflichen Schlichtungsstelle ist nicht einfach und sollte sorgfältig vorbereitet werden. Hierbei hat es sich bewährt, dass der Betriebsrat und der Betriebsbeauftragte der Gewerkschaft eng zusammenarbeiten und auch gemeinsam als Beisitzer in der Einigungsstelle sitzen (vgl. Kapitel 13.7.1).

13.3 Betriebsrat und Unternehmensleitung

13.3.1 Regelmäßige Gespräche mit der Unternehmensleitung
Gemäß § 74 BetrVG sollen »Arbeitgeber und Betriebsrat mindestens einmal im Monat zu einer Besprechung zusammentreten«. Diese *Monatsgespräche* finden in fast allen Betrieben regelmäßig statt. Die Ausgestaltung hängt von den jeweiligen Gegebenheiten und der Größe des Betriebsratsgremiums ab. In Kleinbetrieben mit drei oder fünf Betriebsratsmitgliedern sollten alle Betriebsratsmitglieder teilnehmen, in größeren Betrieben nehmen meistens die Mitglieder des Betriebsausschusses teil. Aufseiten der Unternehmensführung nehmen meistens Vertreter*innen der Geschäftsführung, der Werkleitung und der Personalleitung teil.

In den Monatsgesprächen besteht für den Betriebsrat die Möglichkeit, aktuelle Informationen zu erhalten, betriebliche Probleme zu besprechen und seine Beratungsrechte in Anspruch zu nehmen. Entscheidungen können hier nicht getroffen werden, da diese in einer Betriebsratssitzung behandelt und getroffen werden müssen.

Neben den *Monatsgesprächen* gibt es mehrere regelmäßige Treffen mit Vertretern der Unternehmensführung, so etwa monatlich im Wirtschaftsausschuss. In größeren Betriebsräten, in denen für einzelne Themenfelder Ausschüsse gebildet wurden, treffen die Ausschussmitglieder regelmäßig mit den Beauftragten der Unternehmensführung zu Gesprächen und Beratungen zusammen.

Derartige regelmäßige Treffen sind dann effektiv, wenn sie gut vorbereitet sind. Dies heißt, dass es eine abgestimmte Tagesordnung gibt und wesentliche Unterlagen für alle Teilnehmer*innen zur Verfügung gestellt werden. Hilfreich ist es auch, wenn in einem Jahreskalender die Termine frühzeitig vereinbart werden.

Werden Betriebsvereinbarungen verhandelt oder stehen größere Konflikte an, wie z.B. Massenentlassungen, sollten dafür separate Verhandlungstermine vereinbart werden.

13.3.2 Distanz und Nähe von Betriebsrat und Unternehmensführung
Einerseits vertreten Betriebsrat und Unternehmensführung gegensätzliche Interessen und tragen häufig Konflikte miteinander aus. Andererseits sitzen sie oft in Verhandlungen zusammen und müssen Kompromisse finden. Ob man es will oder nicht, wenn nach langen kontroversen Verhandlungen ein Kompromiss gefunden wurde, kommen sich die Verhandler*innen beider Seiten ein Stück näher. Für die Arbeit und das Selbstverständnis des Betriebsrats ist von zentraler Bedeutung, über die Frage »Distanz und Nähe zur Unternehmensführung« nachzudenken und sich dazu gemeinsam auszutauschen. Dieses Problem ist noch am einfachsten zu lösen, wenn es ständig Konflikte zwischen Betriebsrat und Unternehmensführung gibt und kaum Gemeinsamkeiten entstehen. Gibt es allerdings eine geregelte »Konfliktpartnerschaft«, wird die Beantwortung der Frage schwieriger. Zwei Zitate verdeutlichen die Problemlage:

> »Der Gedanke, Betriebsräte erschwerten zwangsläufig die Führungsaufgabe, erscheint antiquiert und steril. Das Management sollte sich gegenüber Betriebsräten offensiv verstehen, sie in die Entscheidungen einbinden und für Management-Ziele einzusetzen versuchen. Gelingt es, der Mitbestimmung diese positiven Seiten abzugewinnen, dann wird die Betriebsverfassung selbst zum Managementinstrument.«
> G. von Hoyningen-Huene, Arbeitsrechtler

> »Je näher einer an den Wölfen dran ist, desto mehr Kraft braucht er, um nicht mit ihnen zu heulen.«
> Knut Becker, ehemaliger Betriebsratsvorsitzender und Autor

Nicht alle, aber viele Unternehmensleitungen wenden gegenüber dem Betriebsrat keine *Konfliktstrategie*, sondern eine *Einbindungsstrategie* an. Sie versuchen, den Betriebsrat durch respektvollen Umgang und durch geschicktes Argumentieren für ihre Ziele einzubinden. Für Betriebsräte ist es nicht einfach, sich dem zu entziehen. Auch manche Betriebsratsmitglieder fühlen sich wohler, wenn es mit der Unternehmensseite harmonisch und nicht konfliktreich zugeht. Sich dieser Einbindungsstrategie zu entziehen, wird insbesondere dann schwierig, wenn im Rahmen der Gespräche die Unternehmensleitung dem Betriebsrat kleinere Erfolge zubilligt, um ihn so für die größeren Entscheidungen auf ihre Seite zu ziehen.

Wollen sich die Betriebsratsmitglieder wirkungsvoll dieser Einbindungsstrategie entziehen, ist es sinnvoll, als erstes das Problem im Betriebsratsgremium offen anzusprechen und sich dazu gemeinsam auszutauschen. Hilfreich ist dazu auch eine intensive Diskussion mit den Betriebsbeauftragten der Gewerkschaft, die in mehreren Betrieben mit dieser Situation zu tun haben. Der Betriebsrat sollte sich hier immer wieder klarmachen, dass er ausschließlich der Interessenvertreter der Beschäftigten ist und nicht – ungewollt – zum verlängerten Arm der Unternehmensführung wird. Besteht im Gremium darüber Klarheit, kommt es auf das Verhalten gegenüber der Unternehmensführung an. Es spricht nichts dagegen, wenn man »in ruhigen Zeiten« respektvoll, rational und sachlich mit der Unternehmensführung umgeht. Andererseits sollte der Betriebsrat aber auch regelmäßig die unterschiedlichen Sichtweisen und Interessen gegenüber der Geschäftsführung klar und deutlich formulieren. Im Sinne einer »Konfliktpartnerschaft« ist es auch wichtig, dass der Betriebsrat nicht ständig, aber regelmäßig bei einzelnen Themen gegenüber der Unternehmensführung einen harten Konfliktkurs fährt.

Einige Unternehmensführungen gehen im Rahmen ihrer Einbindungsstrategie geschickt vor. Beliebt ist die Einladung des gesamten Betriebsrats zu einer zweitägigen Klausurtagung mit der Unternehmensführung in ein teures Hotel, mit Abendessen und anschließendem »gemütlichen Beisammensein«. Es sind in der Regel die Werkleiter*innen und Personalleiter*innen, die den Betriebsratsmitgliedern dann zu fortgeschrittener Stunde das »Du« anbieten. Es wird empfohlen, dass die Betriebsratsmitglieder solche Angebote freundlich, aber deutlich zurückweisen. Wichtig ist es, sich vorher darüber klar zu werden, damit man nicht plötzlich von einem Angebot des »Duzens«

überrumpelt wird. Die Erfahrung hat gezeigt, dass bei der Anrede mit »Du« die unterschiedlichen Rollen eher »verwischt« werden. Deshalb wird empfohlen, Unternehmer, Unternehmensvertreter, Werkleiter und Personalleiter grundsätzlich mit »Sie« anzusprechen. Davon kann es nur wenige Ausnahmen geben; z.B. wenn der Werkleiter und der Betriebsratsvorsitzende vor vielen Jahren gemeinsam in der Ausbildungswerkstatt zusammengearbeitet haben und sich seit dieser Zeit duzen. Dies sollte dann allerdings auf einer Betriebsversammlung offengelegt und begründet werden. Wegen der Besonderheiten der Mitbestimmung in der Stahlindustrie (vgl. Kapitel 5.3.1) ist es dort üblich, dass sich der Arbeitsdirektor und die Betriebsratsmitglieder duzen.

13.3.3 Vier- oder Achtaugengespräche?

Für Gespräche zwischen Betriebsrat und Unternehmensführung sind gemäß § 74 BetrVG die sogenannten Monatsgespräche vorgesehen (vgl. Kapitel 13.3.1). In der täglichen Praxis im Betrieb wird es aber immer mal wieder vorkommen, dass es zu einem Kontakt zwischen dem Betriebsratsvorsitzenden und Vertretern der Unternehmensführung kommt, weil ein Thema schnell abzuklären ist. Gleiches gilt für Betriebsratsmitglieder und Ausschussvorsitzende mit dem Personalleiter oder anderen Führungskräften. Eigentlich sollte es keine Vier- oder Achtaugengespräche geben; sie lassen sich jedoch in der betrieblichen Praxis kaum vermeiden. Deshalb ist es erforderlich, dass einige Regeln beachtet werden:

- Ein Gespräch im kleinen Kreis, sei es ein Vier- oder Achtaugengespräch, kann nur dann geführt werden, wenn es zum Vertreter der Unternehmensseite ein Mindestmaß an Vertrauen gibt und von ihm keine harten Konflikte gegen den Betriebsrat oder die Belegschaft ausgehen. In Konfliktfällen sollten derartige Gespräche strikt abgelehnt werden, denn es besteht dann immer die Gefahr, dass die Vertreter des Betriebsrats verunglimpft werden oder die andere Seite Dinge behauptet, die nicht stimmen. Besteht dagegen ein Mindestmaß an Vertrauen gegenüber dem Unternehmensvertreter, können *Vier- oder Achtaugengespräche als Ausnahme* sinnvoll sein.
- Ein Gespräch im kleinen Kreis sollte von jeder Seite die gleiche Anzahl von Teilnehmern umfassen, also 1:1, 2:2 oder 3:3. Es wird dringend davon abgeraten, dass der oder die Betriebsratsvorsitzende allein mit mehreren Unternehmensvertreter*innen spricht.
- Vier- oder Achtaugengespräche sollten ausschließlich vom Betriebsratsvorsitzenden und einem weiteren Mitglied des Betriebsrats geführt werden, zum Beispiel dem stellvertretenden Betriebsratsvorsitzenden. Andere Betriebsratsmitglieder sollten keine Vieraugen-Gespräche führen, schon gar nicht neu gewählte Betriebsratsmitglieder.
- Über ein Gespräch im kleineren Kreis muss *Transparenz* hergestellt werden. Das heißt: Je nach Größe des Betriebsrats sollten über die Tatsache dieses Gesprächs mehrere andere Betriebsratsmitglieder informiert sein: in kleineren Betriebsräten das ganze Gremium und in größeren Betriebsräten zumindest der Betriebsausschuss.
- Über die Inhalte des Gesprächs sollte zumindest im Betriebsausschuss berichtet werden. Dabei muss beachtet werden, ob im Betriebsrat Mitglieder einer gegne-

rischen Liste vertreten sind. Ist dies der Fall, erfolgt die Berichterstattung in einer Fraktionssitzung.
- Bei Vier- oder Achtaugengesprächen können keine Verhandlungen geführt und schon gar keine Entscheidungen getroffen werden. Sie können nur dem gegenseitigen Informationsaustausch dienen. Auch davon kann es eine Ausnahme geben: Wenn zwei größere Verhandlungskommissionen des Betriebsrats und der Unternehmensführung beispielsweise eine Betriebsvereinbarung verhandeln, kann es zu einem bestimmten Zeitpunkt im Verhandlungsprozess sinnvoll sein, dass die Verhandlungen für ein Vier- oder Achtaugengespräch kurzfristig unterbrochen werden. Dann wissen alle Beteiligten von der Tatsache dieses Gespräches und werden unmittelbar im Anschluss intern informiert.
- Vier- oder Achtaugengespräche müssen die Ausnahme bleiben. Verhandlungen zwischen Betriebsrat und Unternehmensleitung sollten in einem größeren Kreis beispielsweise in der Besetzung 5:5 oder mehr geführt werden.

13.3.4 Geheimhaltungspflicht?

In § 79 BetrVG ist die sogenannte Geheimhaltungspflicht für Betriebsratsmitglieder geregelt. Unternehmer versuchen häufig, dadurch den Betriebsrat in seinem Informationsverhalten gegenüber der Belegschaft zu begrenzen und ihm ein offensives Handeln zu erschweren. Die Geheimhaltungspflicht ist allerdings nicht so streng geregelt, wie dies mancher Unternehmer behauptet. Die Betriebsräte müssen einerseits aufpassen, dass sie keinen rechtlichen Fehler machen, andererseits müssen sie darauf achten, dass sie nicht vom Unternehmer in eine Richtung »Geheimrat statt Betriebsrat« gedrängt werden. Im Zweifelsfall sollten sie sich bei der regionalen Gewerkschaft rechtlich beraten lassen.

Darüber hinaus müssen die Betriebsratsmitglieder sorgfältig überlegen, was sie mit einer als geheimhaltungspflichtig erklärten Information überhaupt anfangen sollen, wenn sie darüber mit der Belegschaft nicht sprechen können. Dann könnte bei Entscheidungen, die Nachteile für die Beschäftigten bringen, der Eindruck entstehen, dass »der Betriebsrat schon lange im Boot ist«, und darunter das Vertrauensverhältnis zur Belegschaft leiden.

In § 79 BetrVG heißt es, dass Betriebsratsmitglieder Betriebs- oder Geschäftsgeheimnisse, die ihnen wegen ihrer Zugehörigkeit zum Betriebsrat bekannt geworden sind und die ihnen vom Arbeitgeber ausdrücklich als geheimhaltungsbedürftig bezeichnet worden sind, nicht offenbaren und verwerten dürfen. Werden einem einzelnen Betriebsratsmitglied, z.B. dem Betriebsratsvorsitzenden, Betriebs- oder Geschäftsgeheimnisse mitgeteilt, gilt die Geheimhaltungspflicht nicht gegenüber den Mitgliedern des Betriebsrats. Dies ist in § 79 Abs. 1 Satz 3 geregelt, wo es ausdrücklich heißt: »Die Verpflichtung gilt nicht gegenüber Mitgliedern des Betriebsrats.« Ebenso erhalten die Mitglieder des Wirtschaftsausschusses detaillierte Informationen und Zahlen über die wirtschaftliche Situation des Unternehmens. Auch hier besteht eine Geheimhaltungspflicht, aber nicht gegenüber den Mitgliedern des Betriebsrats (vgl. § 108 Abs.

4 BetrVG). Im Gegenteil, die Mitglieder des Wirtschaftsausschusses sind sogar verpflichtet, dem Betriebsrat vollständig zu berichten.

Unzweifelhaft gehören zu den Betriebs- und Geschäftsgeheimnissen Informationen über Produktionsverfahren, neue Produkte, Kunden- und Lieferantenbeziehungen, betriebswirtschaftliche Kennzahlen wie Umsatz, Gewinn usw., solange sie nicht vom Unternehmen veröffentlicht sind. Hinzu kommen Informationen über »persönliche Verhältnisse und Angelegenheiten« von einzelnen Beschäftigten, »die einer vertraulichen Behandlung bedürfen«, und über die der Betriebsrat im Rahmen seiner Beteiligungsrechte bei personellen Einzelmaßnahmen Kenntnis erlangt (vgl. § 99 und § 102 BetrVG).

Nicht zu den Betriebs- und Geschäftsgeheimnissen gehören dagegen Informationen, über die Betriebsratsmitglieder zwar Kenntnis erlangt haben, aber nicht wegen ihrer Zugehörigkeit zum Betriebsrat, sondern aus anderen Quellen: Medieninformationen usw.

Keine Betriebs- oder Geschäftsgeheimnisse sind die Auswirkungen unternehmerischer Planungen und Maßnahmen. Ein dem Betriebsrat mitgeteilter geplanter interessenausgleichspflichtiger Personalabbau und dessen Umfang kann nicht per se zu einem Betriebs- oder Geschäftsgeheimnis erklärt werden. So hat es jedenfalls das Landesarbeitsgericht Schleswig-Holstein 2015 rechtskräftig entschieden (vgl. dazu Betriebsratspraxis von A bis Z, Stichwort Geheimhaltungspflicht). Ähnlich entschied das Landesarbeitsgericht in Frankfurt a.M. am 20.3.2017 (Aktenzeichen 16 TaBV 12/17).

13.3.5 Verhandlungen, Kompromisse und Betriebsvereinbarungen

Betriebsrat und Unternehmensführung befinden sich in einem dauernden Verhandlungsprozess zu den unterschiedlichsten Themen. Dabei muss unterschieden werden, ob es sich um Einzelfallregelungen handelt, die in einer Regelungsabrede vereinbart werden, oder ob es sich um grundsätzliche Fragen handelt, die in einer Betriebsvereinbarung geregelt werden. Bei den Verhandlungen über Betriebsvereinbarungen muss unterschieden werden, ob es sich um eine freiwillige oder erzwingbare Betriebsvereinbarung handelt. Verhandlungen enden meistens mit einem Kompromiss; werden mehrere unterschiedliche Sachverhalte geregelt, sind auch »Kompromiss-Pakete« denkbar.

Bevor der Betriebsrat in einen Verhandlungsprozess mit der Unternehmensführung geht, sollten die Verhandlungen intern sorgfältig vorbereitet werden (vgl. Kapitel 22). Dazu gehören

- eine systematische Bestandsaufnahme der Sachverhalte, über die verhandelt wird;
- Klärung, wann und wie die Beschäftigten und Vertrauensleute informiert und beteiligt werden;
- eine Verständigung über die eigene Interessenlage und eine Einschätzung über die Interessen der Unternehmensseite;
- eine klare Festlegung der Verhandlungsziele;
- eine schriftliche Formulierung von Positionen, Regelungsvorschlägen oder Entwürfen für Betriebsvereinbarungen;
- Festlegung über die Betriebsratsmitglieder, die den Sachverhalt verhandeln, und Klärung, wie diese während der Verhandlungen die anderen informieren;

- Verständigung im Betriebsratsgremium über Kompromisslinien; dies kann zu Beginn des Verhandlungsprozesses nur sehr allgemein erfolgen, wird mit dem Fortschritt laufender Verhandlungen immer wichtiger bis hin zur endgültigen Entscheidung.

Bei den Verhandlungen um den Abschluss einer *Betriebsvereinbarung* wird aufgrund langjähriger Erfahrung dringend empfohlen, einen eigenen *schriftlichen Entwurf* zu erarbeiten, im Betriebsrat zu beraten und ihn dann an die Unternehmensleitung zu übermitteln. Das Motto lautet: »*Wer schreibt, der bleibt.*« Dies bedeutet zwar viel Arbeit, hat aber zwei entscheidende Vorteile: Einmal können sich die Betriebsratsmitglieder, die später verhandeln, bei der Erarbeitung der Betriebsvereinbarung in die Thematik mit allen Details einarbeiten und ihre Verhandlungsziele klären. Zum anderen ist der Betriebsrat in einer günstigeren Verhandlungsposition, wenn anhand seines Entwurfs verhandelt wird. Dann kann entlang der vorgeschlagenen Formulierungen gearbeitet werden, einigungsfähige Punkte abgehakt und bei anderen Punkten über Änderungen in den Formulierungen verhandelt werden.

Legt die Unternehmerseite ebenfalls einen eigenen Entwurf für eine Betriebsvereinbarung vor, hat es sich häufig als praktikabel erwiesen, wenn eine *Gegenüberstellung (Synopse)* der beiden Vereinbarungen erstellt wird. Derartige Synopsen sollten nach den einzelnen Unterpunkten gegliedert sein und drei Spalten umfassen: je eine für die Formulierungen von Betriebsrat und Unternehmensleitung und eine dritte für Kompromissformulierungen.

Beim Abschluss von Betriebsvereinbarungen sind zwei Fälle zu unterscheiden:

- Betriebsvereinbarungen in mitbestimmungspflichtigen Angelegenheiten. Wenn sich am Ende der Verhandlungen Betriebsrat und Unternehmensleitung nicht einigen können, entscheidet die Einigungsstelle oder die tarifliche Schlichtungsstelle gemäß § 76 BetrVG (vgl. Kapitel 13.7.1). Es wird hier auch von »erzwingbaren« Betriebsvereinbarungen gesprochen. Beispiele sind die Themen der §§ 87, 95, 97, 98 und 112 BetrVG.
- Freiwillige Betriebsvereinbarungen sind in § 88 BetrVG geregelt. Sie setzen voraus, dass beide Seiten bereit sind, eine derartige Betriebsvereinbarung abzuschließen. Ist der Betriebsrat oder die Unternehmensführung nicht dazu bereit, kommt keine Vereinbarung zustande.

Kein Gegenstand von Betriebsvereinbarungen sind Sachverhalte, die im Tarifvertrag geregelt sind oder üblicherweise in Tarifverträgen geregelt werden (vgl. § 77 Abs. 3 BetrVG und die Kapitel 7.1.7 und 7.1.8).

Die erzwingbaren Betriebsvereinbarungen haben einen entscheidenden Vorteil. Sie entfalten die sogenannte *Nachwirkung*. Das heißt: Auch wenn die Betriebsvereinbarung von einer Seite gekündigt wurde, wirkt sie solange nach, bis eine neue Betriebsvereinbarung abgeschlossen ist. Dies bietet beiden Seiten eine gewisse Sicherheit während des Verhandlungsprozesses über eine neue Vereinbarung. Bei freiwilligen Betriebsvereinbarungen gilt im Falle der Kündigung keine Nachwirkung.

Sofern der Gesamt- oder Konzernbetriebsrat dafür zuständig ist oder ihm vom Betriebsrat ein Verhandlungsmandat übertragen wurde, können auch Gesamt- und Konzernbetriebsvereinbarungen abgeschlossen werden (vgl. Kapitel 6.6).

In manchen Betrieben ist es üblich, dass zu Beginn einer Betriebsvereinbarung eine teilweise umfangreiche Präambel formuliert wird. Dies ist nicht schädlich, aber auch wenig nützlich. Denn Regelungen in einer Präambel sichern keine einklagbaren Ansprüche. Diese müssen im Text der Betriebsvereinbarung vereinbart sein.

Im Netz kursieren zu allen möglichen Themen sogenannte Musterbetriebsvereinbarungen. Es kann nur dringend davon abgeraten werden, sich daran zu orientieren. Denn die betrieblichen Besonderheiten sind in der Regel so stark, dass ein Entwurf für eine Betriebsvereinbarung so gestaltet sein muss, dass er für den Betrieb »maßgeschneidert« ist. »Musterbetriebsvereinbarungen« bei Google nehmen keinen Bezug auf die betrieblichen Gegebenheiten und auch nicht auf die Tarifverträge, auf deren Grundlage z.B. Betriebsvereinbarungen zur Entgelt- und Arbeitszeitgestaltung abgeschlossen werden.

Genauso wird davon abgeraten, abgeschlossene Betriebsvereinbarungen aus anderen Betrieben als Grundlage für eine Forderung des Betriebsrats zu nehmen. Denn abgeschlossene Betriebsvereinbarungen sind immer ein Kompromiss. Würde der Betriebsrat damit den Verhandlungsprozess beginnen, stünde am Ende der Verhandlungen ein »Kompromiss vom Kompromiss«. Auch wenn es mehr Arbeit bedeutet, sollte der Betriebsrat einen eigenen Entwurf für eine Betriebsvereinbarung erarbeiten und ihn als Forderung an die Unternehmensleitung überreichen. Die Betriebsbeauftragten der regionalen Gewerkschaft sind bei der Erstellung von Entwürfen für Betriebsvereinbarungen behilflich.

Die *Entscheidung über Kompromisslinien* am Ende eines Verhandlungsprozesses gehört zu den schwierigsten im Betriebsrat, da es dazu natürlich unterschiedliche Meinungen im Gremium geben wird. Je nach der Verhandlungskonstellation wird debattiert werden müssen, ob denkbare Kompromisse tragbar sind und in der Belegschaft akzeptiert werden. Weiter muss intern debattiert werden, ob alle rechtlichen und gewerkschaftlichen Mittel ausgeschöpft wurden. Es muss entschieden werden, ob durch weitere Verhandlungen und Aktionen ein besseres Ergebnis erzielbar ist oder nicht. Dabei kommt es auch darauf an, ob der Betriebsrat über Verbesserungen für die Belegschaft verhandelt oder ob die Unternehmensleitung Verschlechterungen bestehender Regelungen oder beispielsweise betriebsbedingte Kündigungen durchsetzen will. In vielen Fällen konnten Lösungen nur gefunden werden, wenn ein »*Kompromiss-Paket*« vereinbart wird, bei dem unterschiedliche Sachverhalte einbezogen werden. Ist der Betriebsrat in einer starken Position, kann er versuchen, auch Themen in ein Kompromiss-Paket hineinzuverhandeln, bei dem er formal keine Mitbestimmungsrechte hat. Beispiel: Erhöhung der Zahl der Ausbildungsplätze in den nächsten Jahren.

In der Regel sind Kompromisse selten zum Jubeln. Kompromissregelungen haben starke und schwache Seiten und sind häufig auch nicht frei von Widersprüchen. Ist allerdings im Betriebsratsgremium die Entscheidung über den Kompromiss getroffen worden, müssen ihn alle Betriebsratsmitglieder gegenüber der Belegschaft vertreten, auch dann, wenn die Entscheidung nicht einvernehmlich war, sondern in einer Abstimmung nach dem Mehrheitsprinzip entschieden wurde.

13.4 Organisation der Betriebsratsarbeit

13.4.1 Betriebsratsvorsitzende, freigestellte Betriebsratsmitglieder und Betriebsausschuss

Die Zahl der Betriebsratsmitglieder ist abhängig von der Zahl der Beschäftigten (vgl. § 9 BetrVG und Übersicht 6-1). Der Betriebsrat wählt aus seiner Mitte den oder die Betriebsratsvorsitzende/n sowie den oder die stellvertretende/n Vorsitzende/n. Er bzw. sie vertreten den Betriebsrat im Rahmen der gefassten Beschlüsse und sind berechtigt, Erklärungen der Unternehmensführung entgegenzunehmen (vgl. § 26 BetrVG). Die Zahl der freigestellten Betriebsratsvorsitzenden ist in § 38 BetrVG geregelt, sie ist abhängig von der Betriebsgröße; erst ab einer Betriebsgröße von 200 Beschäftigten wird ein Betriebsratsmitglied von der Arbeit freigestellt. Ab einer Betriebsgröße von 201 Beschäftigten gibt es einen Betriebsausschuss, der je nach Betriebsgröße zwischen drei und sieben Mitglieder hat. Der Betriebsausschuss führt die laufenden Geschäfte des Betriebsrats; in Betrieben mit weniger als 200 Beschäftigten kann dies beispielsweise dem Vorsitzenden übertragen werden.

Dem oder der *Betriebsratsvorsitzenden* kommt eine besondere Stellung im Betriebsratsgremium zu, auch wenn er bzw. sie über keine eigene Entscheidungskompetenz verfügt. Denn ein entsprechender Beschluss muss im Betriebsrat gefasst werden. In Betrieben mit mehr als 200 Beschäftigten wird es meistens auch der bzw. die Betriebsratsvorsitzende sein, die von der betrieblichen Arbeit freigestellt werden. Aufgrund dieser zeitlichen Möglichkeit, Betriebsratsarbeit zu leisten, entwickelt sich eine starke Stellung des bzw. der Betriebsratsvorsitzenden. Darüber hinaus ist er oder sie der erste Ansprechpartner für die Unternehmensführung und wird bei allen wichtigen Themen im Verhandlungsteam des Betriebsrats sein.

In größeren Betrieben kommt neben dem oder der Betriebsratsvorsitzenden den *freigestellten Betriebsratsmitgliedern* und den *Mitgliedern des Betriebsausschusses* eine gewichtige Bedeutung zu. Der Betriebsausschuss besteht je nach Größe des Betriebsrats aus fünf bis neun Mitgliedern. Üblicherweise gehören der Betriebsratsvorsitzende, der stellvertretende Betriebsratsvorsitzende und mehrere freigestellte Betriebsratsmitglieder dazu. Sinnvoll ist es, wenn beispielsweise die Ausschusssprecher des Personal- und Entgeltausschusses auch dem Betriebsausschuss angehören. Das Verhältnis und die Kompetenzen des Betriebsausschusses zu den anderen Betriebsratsmitgliedern muss sorgfältig diskutiert und abgestimmt sowie ggf. in einer *Geschäftsordnung des Betriebsrats* festgelegt werden (vgl. § 36 BetrVG). In einigen größeren Betriebsräten ist es üblich, dass jeden Morgen eine »Frühbesprechung« stattfindet, an der der Betriebsausschuss und alle Betriebsratsmitglieder, die Zeit haben, teilnehmen. Zur Organisation der Betriebsratsarbeit in sehr großen Betrieben vergleiche das Kapitel 12.4.

Von jedem gewählten Mitglied des Betriebsrats kann erwartet werden, dass er bzw. sie nicht nur an den regelmäßigen Betriebsratssitzungen teilnimmt, sondern auch weitere Aufgaben innerhalb des Betriebsrats übernimmt. In kleineren Betrieben ist dies die »federführende« Übernahme der Verantwortung für bestimmte Handlungsfelder wie

Entgelt, Arbeitszeit oder andere, in größeren Betriebsräten ist es die Mitgliedschaft in einem oder mehreren Ausschüssen. Darüber hinaus wird in größeren Betriebsräten zu klären sein, welches Betriebsratsmitglied für welche Abteilungen und Bereiche zuständig ist. In diesen haben sich die Betriebsratsmitglieder regelmäßig sehen zu lassen und mit den Vertrauensleuten und Beschäftigten Gespräche zu führen, Probleme aufzunehmen und über die Arbeit des Betriebsrats zu informieren. In manchen Betrieben werden diese Kolleg*innen »*Bereichs-Betriebsräte*« genannt, auch wenn der Begriff so im BetrVG nicht vorgesehen ist.

In manchen Betriebsratsgremien ist diese Form der Arbeitsteilung noch nicht perfekt entwickelt. Häufig verweisen Betriebsratsmitglieder bei der Übernahme von Aufgaben darauf, dass sie nicht freigestellt seien und keine zeitlichen Kapazitäten frei hätten. Dies führt manchmal dazu, dass die Betriebsratsvorsitzenden bzw. die freigestellten Betriebsratsmitglieder fast die gesamte Arbeit erledigen müssen. Dies führt dann wiederum zu Unmut bei den anderen Betriebsratsmitgliedern, denen der Einfluss der Vorsitzenden bzw. der Freigestellten zu groß wird. Eine solche Situation kann nur durch eine offene und verbindliche Diskussion aufgelöst werden, in deren Ergebnis eine klare Arbeitsteilung steht, die alle Betriebsratsmitglieder einschließt.

13.4.2 Wirtschaftsausschuss

In Betrieben mit mehr als 100 Beschäftigten ist nach § 106 BetrVG ein Wirtschaftsausschuss zu bilden. Er hat die Aufgabe, wirtschaftliche Angelegenheiten mit dem Unternehmer zu beraten und den Betriebsrat zu informieren. Der Ausschuss soll einmal monatlich tagen. Damit bestehen auch in denjenigen Betrieben, in denen die Beschäftigten nicht im Aufsichtsrat vertreten sind, ausgezeichnete Informationsmöglichkeiten über die wirtschaftliche Situation des Unternehmens.

Der Ausschuss besteht aus mindestens drei und höchstens sieben Mitgliedern, die dem Unternehmen angehören müssen, darunter mindestens ein Betriebsratsmitglied. Die Mitglieder des Wirtschaftsausschusses werden vom Betriebsrat bestimmt. Es wird empfohlen, dass der bzw. die Betriebsratsvorsitzende Mitglied des Wirtschaftsausschusses ist, da dort wesentliche Informationen über die wirtschaftliche Lage des Unternehmens gegeben werden.

Darüber hinaus hat der Betriebsrat verschiedene Möglichkeiten, über die Zusammensetzung des Ausschusses zu bestimmen. Er kann alle Sitze im Wirtschaftsausschuss mit Betriebsratsmitgliedern besetzen. Er kann aber auch bestimmen, dass beispielsweise ein Sitz von einem gewerkschaftlichen Vertrauensmann oder einer gewerkschaftlichen Vertrauensfrau wahrgenommen wird. Dies gibt den *gewerkschaftlichen Vertrauensleuten* im Betrieb einen erhöhten Stellenwert (vgl. Kapitel 14.4). Er kann aber auch festlegen, dass ein Beschäftigter des Betriebs, der über gute betriebswirtschaftliche Kenntnisse verfügt, aber nicht Mitglied im Betriebsrat ist, einen Sitz übernimmt. Dies setzt natürlich ein besonderes Vertrauensverhältnis zum Betriebsrat voraus. Besteht ein Gesamtbetriebsrat, so bestimmt dieser die Mitglieder des Wirtschaftsausschusses auf dieser Ebene.

An den monatlichen Sitzungen des Wirtschaftsausschusses hat der Unternehmer oder sein Vertreter teilzunehmen. Er hat den Betriebsrat rechtzeitig und umfassend unter Vorlage der erforderlichen Unterlagen zu unterrichten. Gemäß § 106 Abs. 3 BetrVG ist der Wirtschaftsausschuss über folgende Themen zu informieren:
- die wirtschaftliche und finanzielle Lage des Unternehmens;
- die Produktions- und Absatzlage;
- das Produktions- und Investitionsprogramm;
- Rationalisierungsvorhaben;
- Fabrikations- und Arbeitsmethoden, insbesondere die Einführung neuer Arbeitsmethoden sowie Fragen des betrieblichen Umweltschutzes:
- die Einschränkung und Stilllegung von Betrieben und Betriebsteilen;
- die Verlegung von Betrieben oder Betriebsteilen,
- den Zusammenschluss oder die Spaltung von Unternehmen oder Betrieben;
- die Änderung der Betriebsorganisation oder des Betriebszwecks; ferner die Übernahme des Unternehmens, wenn damit der Erwerb der Kontrolle verbunden ist;
- sonstige Vorgänge und Vorhaben, welche die Interessen der Arbeitnehmer*innen des Unternehmens wesentlich berühren können.

Natürlich besteht hinsichtlich erklärter Betriebs- und Geschäftsgeheimnisse eine Verschwiegenheitspflicht, nicht jedoch gegenüber dem Betriebsrat. Dazu heißt es ausdrücklich in § 108 Abs. 4 BetrVG: »Der Wirtschaftsausschuss hat über jede Sitzung dem Betriebsrat unverzüglich und vollständig zu berichten.«

Im Wirtschaftsausschusses werden auch betriebswirtschaftliche Kennzahlen einschließlich des Jahresabschlusses dargestellt und erläutert. Dafür empfiehlt es sich für die Mitglieder des Ausschusses, sich entsprechend zu qualifizieren. Die Gewerkschaften bieten für Mitglieder des Wirtschaftsausschusses spezielle Seminare an, in denen sie umfangreich auch im Hinblick auf betriebswirtschaftliche Kennzahlen qualifiziert werden. Ausführliche Informationen und praktische Tipps geben Nikolai Laßmann und Rudi Rupp in ihrem »Handbuch Wirtschaftsausschuss«, Frankfurt a.M. 2016.

13.4.3 Verantwortlichkeiten und weitere Ausschüsse

In kleineren Betriebsratsgremien wird es darum gehen, für einzelne Themen und Handlungsfelder klare Verantwortlichkeiten der einzelnen Betriebsratsmitglieder festzulegen. In größeren Betriebsratsgremien werden in aller Regel weitere Ausschüsse des Betriebsrats gebildet (vgl. § 28 BetrVG). Der Betriebsrat ist in seiner Entscheidung frei, welche Ausschüsse er bildet. Er kann sowohl themenbezogene Ausschüsse als auch Ausschüsse für definierte Vertretungsbereiche im Unternehmen bilden (für Großbetriebe vgl. Kapitel 12.4). Nicht in allen, aber in vielen Betriebsratsgremien sind neben dem Betriebsausschuss und dem Wirtschaftsausschuss folgende themenbezogene Ausschüsse gebildet worden:
- Entgeltausschuss,
- Personalausschuss,
- Arbeitszeitausschuss,

- Ausschuss für Arbeits- und Gesundheitsschutz,
- Ausschuss für Berufsbildung und Weiterbildung,
- Sozialausschuss.

In einigen Betriebsräten wurden darüber hinaus u.a. folgende Ausschüsse gebildet:
- Gleichstellungsausschuss,
- Strategieausschuss,
- Ausschuss für Technologien und Arbeitsorganisation,
- Ausschuss für IT und Datenschutz,
- Ausschuss für Kommunikation,
- Ausschuss für Verbesserungsvorschläge (Ideenmanagement).

Wichtig ist es, klar die Aufgaben und Entscheidungskompetenzen dieser Ausschüsse festzulegen, am besten in einer *Geschäftsordnung des Betriebsrats* gemäß § 36 BetrVG. In vielen Betriebsräten gibt es dazu gewachsene Strukturen. Es ist sinnvoll, regelmäßig die Zahl und Art der Ausschüsse zu überprüfen und zu debattieren, ob es zu Änderungen kommen sollte.

Nach § 80 Abs. 1 Ziffer 2a BetrVG gehört es zu den Aufgaben des Betriebsrats, die Durchsetzung der tatsächlichen *Gleichstellung von Frauen und Männern* zu fördern. In einigen Betrieben arbeiten dazu Gleichstellungsausschüsse, in anderen ist diese Aufgabe auf die drei Ausschüsse Entgelt, Personal und Berufsbildung aufgeteilt, die jeweils in ihrem Aufgabenbereich für die Gleichstellung von Männern und Frauen arbeiten. Welcher Weg gewählt wird, muss vom jeweiligen Betriebsrat entschieden werden. Es ist empfehlenswert, dies in der Geschäftsordnung und Arbeitsplanung des Betriebsrats schriftlich festzuhalten und regelmäßig darüber zu informieren.

13.4.4 Vorbereitung, Einladung und Leitung von Betriebsratssitzungen

Für die Vorbereitung einer Betriebsratssitzung sind die Vorsitzenden bzw. der Betriebsausschuss zuständig. Der bzw. die Betriebsratsvorsitzende setzt die Tagesordnung fest, wobei es empfehlenswert ist, diese vorher mit dem Betriebsausschuss zu beraten. Der bzw. die Betriebsratsvorsitzende hat die Mitglieder und bei Bedarf die Ersatzmitglieder rechtzeitig zur Sitzung einzuladen und ihnen die Tagesordnung mitzuteilen. Weiterhin lädt er bzw. sie dazu die Jugend- und Auszubildendenvertretung und die Vertretung der schwerbehinderten Menschen und bei Bedarf den Betriebsbeauftragten der regionalen Gewerkschaft ein. Auch hier ist es empfehlenswert, im Rahmen eines Jahreskalenders die Termine für die regelmäßigen Betriebsratssitzungen frühzeitig festzulegen.

Für einen guten Sitzungsverlauf ist es wichtig, dass alle Betriebsratsmitglieder die erforderlichen Unterlagen zur Verfügung haben, z.B. Entwürfe für Betriebsvereinbarungen und Beschlussvorlagen für einzelne Angelegenheiten. Für einen effektiven Sitzungsverlauf sind verschiedene Dinge hilfreich, die im Grunde selbstverständlich sind, aber an die häufig nicht gedacht wird. Einige Betriebsratsgremien haben sich dazu »*Spielregeln*« gegeben, wie z.B.:
- Während der Betriebsratssitzung werden alle Handys ausgeschaltet, am besten weggelegt.

- Die Betriebsratssitzung findet in einem geschlossenen Sitzungsraum statt und es wird sichergestellt, dass die Sitzung ungestört ablaufen kann.
- Jedes Betriebsratsmitglied bringt die erforderlichen Sitzungsunterlagen, die Tarifverträge und eine Textausgabe des Betriebsverfassungsgesetzes mit.
- Es gilt der Grundsatz, dass in Diskussionen niemand unterbrochen wird und die Reihenfolge der Diskussionsbeiträge nach einer Wortmeldung vom Betriebsratsvorsitzenden festgelegt wird.
- Es kann sinnvoll sein, eine Redezeitbegrenzung für die einzelnen Diskussionsbeiträge zu vereinbaren.
- Am Ende einer Debatte der jeweiligen Tagesordnungspunkte fasst der bzw. die Betriebsratsvorsitzende die Debatte kurz zusammen und leitet dann ggf. zur Beschlussfassung über; dabei muss jedem Betriebsratsmitglied klar sein, wie der jeweilige Beschlussvorschlag lautet.
- Arbeitsaufträge an einzelne Betriebsratsmitglieder oder an Ausschüsse sind klar zu definieren (*»Wer macht was bis wann?«*) und zu protokollieren.

In Betriebsratsgremien, in denen es Vertreter verschiedener Listen gibt, sind bei Bedarf besondere Verabredungen zu treffen. Arbeiten die Vertreter*innen der verschiedenen Listen halbwegs rational zusammen, ist dies nicht erforderlich. Sind aber im Betriebsrat Vertreter von »unternehmernahen Listen« oder von gegnerischen Listen konkurrierender Organisationen vertreten, ist es sinnvoll, dass sich die Vertreter der Gewerkschaftsliste vor der Betriebsratssitzung separat zu einer *Fraktionssitzung* treffen.

13.4.5 Zusammenarbeit des Betriebsrats mit anderen Gremien im Betrieb

Auf der Grundlage des Betriebsverfassungsgesetzes und anderer Gesetze existieren im Betrieb weitere Gremien der Interessenvertretung, mit denen der Betriebsrat zusammenarbeitet. Dies sind vorrangig die Jugend- und Auszubildendenvertretung, die Schwerbehindertenvertretung und in größeren Betrieben der Sprecherausschuss der leitenden Angestellten.

Jugend- und Auszubildendenvertretung (JAV): Sie ist für die Interessenvertretung der Jugendlichen bis 18 Jahre, der Auszubildenden und der dual Studierenden zuständig. Die Größe der JAV ist abhängig von der Zahl der o.g. Beschäftigten. Bei weniger als 20 Jugendlichen und Auszubildenden besteht die JAV aus einem Mitglied, bei mehr als 20 aus drei Mitgliedern und bei größeren Zahlen aus mehr Mitgliedern (vgl. § 62 BetrVG). Die JAV kann zu allen Betriebsratssitzungen einen Vertreter entsenden, der bei Angelegenheiten, die die Jugend und Azubis betreffen, im Betriebsrat stimmberechtigt ist. Darüber hinaus hat der Betriebsrat die JAV zu Besprechungen mit dem Arbeitgeber hinzuzuziehen, wenn Themen behandelt werden, die die Jugend und Auszubildenden betreffen (zu weiteren Einzelheiten vgl. Kapitel 15.2). Der Betriebsrat sollte die Möglichkeit nutzen, die Arbeit der JAV aktiv zu unterstützen und zu fördern. Eine gute Zusammenarbeit zwischen Betriebsrat und JAV ist für die aktuelle Situation, aber auch für die langfristige Entwicklung der gewerkschaftlichen Arbeit im Betrieb wichtig. Der Betriebsrat kann bei der Mitgliederwerbung unterstützen und insbesondere bei Fragen der Übernahme am Ende der Ausbildung aktiv werden. Nicht zuletzt ist die Zusammenarbeit im Hinblick auf eine systematische Nachfolgeplanung für die Betriebsratsmitglieder wichtig.

Schwerbehindertenvertretung: Die Vertretung der schwerbehinderten Menschen im Betrieb ist in § 32 des 9. Sozialgesetzbuches geregelt (SGB IX). Die Schwerbehindertenvertretung (SBV) hat die Aufgabe, die Eingliederung der schwerbehinderten Menschen zu fördern. Sie besteht aus einer gewählten Person und einem/r Stellvertreter*in. Darüber hinaus sind in § 95 SGB IX die konkreten Aufgaben und Rechte der SBV festgelegt, so z.B. Überwachungsrechte, Rechte zur Beantragung von Maßnahmen für schwerbehinderte Menschen und die Aufnahme von Beschwerden und Anregungen. Die SBV kann an allen Betriebsratssitzungen teilnehmen, dies ergibt sich sowohl aus § 32 BetrVG als auch aus § 95 Abs. 4 SGB IX. Die Schwerbehindertenvertretung kann beantragen, dass Themen der schwerbehinderten Menschen auf die Tagesordnung der nächsten Betriebsratssitzung gesetzt werden. Durch die regelmäßige Teilnahme der SBV an Betriebsratssitzungen sind die Grundlagen für eine gute Zusammenarbeit von Betriebsrat und SBV gegeben (vgl. Kapitel 18.8).

Sprecherausschuss der leitenden Angestellten: Sind mehr als zehn leitende Angestellte im Betrieb beschäftigt, werden Sprecherausschüsse der leitenden Angestellten gebildet. Dies ist im »Sprecherausschussgesetz (SprAuG)« geregelt. Derartige Sprecherausschüsse bestehen in der Regel nur in Großbetrieben und Konzernen. Die Sprecherausschüsse werden ausschließlich von den leitenden Angestellten gewählt. Der Sprecherausschuss ist – im Unterschied zum Betriebsrat – ein Gremium, das ausschließlich Informations- und Beratungskompetenz besitzt, aber keine »harten« Mitbestimmungsrechte (vgl. Kapitel 5.2).

13.4.6 Zusammenarbeit des Betriebsrats mit den Arbeitnehmervertreter*innen im Aufsichtsrat

In den meisten Unternehmen mit mehr als 500 Beschäftigten existieren Aufsichtsräte mit Arbeitnehmervertreter*innen, und zwar auf der Grundlage unterschiedlicher Gesetze (vgl. Kapitel 5.3). Dadurch wird die Mitbestimmung des Betriebsrats, die sich auf betriebliche Regelungen bezieht, erweitert auf Themen auf der Unternehmensebene: Bestellung des Vorstandes bzw. der Geschäftsführung, Geschäfts- und Investitionsplanung, Gewinnverwendung usw.

Die Erfahrung hat gezeigt, dass es am wirkungsvollsten ist, wenn der oder die Betriebsratsvorsitzende gleichzeitig auch Arbeitnehmervertreter*in im Aufsichtsrat ist. Zumindest sollten die betrieblichen Arbeitnehmervertreter*innen Mitglied im Betriebsrat sein. Das hat nichts mit Ämterhäufung zu tun, sondern bietet die Chance, das Handeln in beiden Gremien zu koordinieren, und ermöglicht den betrieblichen Interessenvertreter*innen eine umfassende Information über die wirtschaftliche Situation und die Perspektiven des Unternehmens.

13.5 Betriebsversammlungen und Abteilungsversammlungen

Eine Betriebsversammlung bietet dem Betriebsrat die Chance, allen Beschäftigten im Betrieb über die Arbeit des Betriebsrats zu berichten und diese zur Diskussion zu stellen. Für die Beschäftigten bietet die Betriebsversammlung die Chance, Informationen zu aktuellen Themen im Betrieb und der Gesellschaft zu bekommen – vom Betriebsrat, der Gewerkschaft und dem Unternehmer. Da Betriebsversammlungen vier Mal im Jahr stattfinden, besteht immer die Gefahr, dass sie routinemäßig ablaufen. Deshalb ist es auch die Aufgabe des Betriebsrats, die Versammlung interessant und kreativ zu gestalten. Im Idealfall werden durch eine Betriebsversammlung in die Belegschaft Impulse gegeben, die anschließend in den einzelnen Bereichen diskutiert werden. Dies wiederum bietet Chancen für gewerkschaftliche Vertrauensleute und einzelne Betriebsratsmitglieder, in ihren Bereichen die Diskussion zu vertiefen. So gesehen sind Betriebsversammlungen ein Mittel zur Kommunikation und zur Beteiligung der Belegschaften.

- *Betriebsversammlungen:* In den §§ 42-46 BetrVG sind die Einzelheiten zu Betriebsversammlungen geregelt. Sie finden einmal in jedem Quartal statt. Die Zeit der Teilnahme an diesen Versammlungen einschließlich der Wegezeiten ist den Beschäftigten zu vergüten (vgl. § 44 Abs. 1). Die Betriebsversammlungen werden von einem Betriebsratsmitglied geleitet. Der Betriebsrat hat während der Betriebsversammlung das Hausrecht. An der Versammlung nehmen außer der Belegschaft auch Gewerkschaftsvertreter*innen, der Unternehmer bzw. ein Unternehmensvertreter und ggf. auch Vertreter*innen des Arbeitgeberverbandes teil. Über die Teilnahme weiterer Gäste entscheidet der Betriebsrat.
- *Teilversammlungen und Abteilungsversammlungen:* Kann wegen der Eigenart des Betriebes eine Versammlung aller Beschäftigten zum gleichen Zeitpunkt nicht stattfinden, sind Teilversammlungen durchzuführen. Dies ist insbesondere für *Betriebe mit Schichtarbeit* relevant. Hierzu gibt es unterschiedliche Verfahrensweisen in der betrieblichen Praxis. In einigen Betrieben finden am Tag der Betriebsversammlung drei Teilversammlungen statt: Jeweils eine für die Frühschicht und die Beschäftigten ohne Schichtarbeit, eine für die Spätschicht und eine für die Nachtschicht. In anderen Betrieben ist es üblich, dass die Betriebsversammlung gegen Mittag stattfindet, sodass sowohl die Beschäftigten der Frühschicht, der Spätschicht und die Beschäftigten ohne Schichtarbeit teilnehmen können. Dies wird dann durch eine weitere Teilversammlung für die Nachtschicht ergänzt. Beschäftigten, die zu Hause und unterwegs mobil, also am Laptop, Tablet oder Smartphone arbeiten, ist die Teilnahme an den Betriebsversammlungen zu ermöglichen. Sind im Betrieb eine relevante Zahl von Servicetechniker*innen oder Monteur*innen beschäftigt, muss ein Tag vereinbart werden, an dem alle im Betrieb sein können und für diesen Personenkreis eine Teilversammlung stattfindet; in der Regel ist dies der Montagvormittag oder der Freitagnachmittag.

Da insbesondere in Großbetrieben mehrere Hundert oder gar tausend Personen an einer Betriebsversammlung teilnehmen, ist es häufig schwer, in eine sinnvolle

Diskussion zu kommen. Dazu bietet das Betriebsverfassungsgesetz die Möglichkeit, zweimal im Jahr anstelle einer Betriebsversammlung zeitgleich Abteilungsversammlungen durchzuführen. Die *Abteilungsversammlungen* werden von einem Betriebsratsmitglied aus der jeweiligen Abteilung geleitet. Durch die geringere Teilnehmerzahl besteht hier eher die Möglichkeit, eine Diskussion mit möglichst vielen Diskutanten zu führen, zumal dann auf Belange der jeweiligen Abteilung besser eingegangen werden kann. Die Durchführung von mehreren, zeitlich parallellaufenden Abteilungsversammlungen bedeutet einen erhöhten organisatorischen Aufwand, bietet aber für den Betriebsrat die Möglichkeit, vertieft mit der Belegschaft in den Dialog zu kommen.

- *Tagesordnung:* Auf jeder Betriebsversammlung hat der Betriebsrat einen Tätigkeitsbericht zu geben. Dies ist meistens der erste Tagesordnungspunkt. Der Tätigkeitsbericht wird entweder vom Betriebsratsvorsitzenden oder arbeitsteilig von mehreren Betriebsratsmitgliedern gehalten. Die Gestaltung der Tagesordnung kann routinemäßig und langweilig erfolgen oder kreativ und interessant gestaltet werden.

Beispiel für eine routinemäßige Tagesordnung:
1. Bericht des Betriebsrats;
2. Bericht der Gewerkschaft;
3. Bericht des Unternehmensleitung;
4. Aussprache zu den Punkten 1 bis 3;
5. Verschiedenes.

Beispiel für eine kreative Tagesordnung:
1. Bericht des Betriebsrats – hierbei werden die Schwerpunkte auf dem Verhandlungsstand zur flexiblen Arbeitszeit und die Neugestaltung der betrieblichen Altersvorsorge liegen.
2. Aussprache: Hier besteht die Möglichkeit, nachzufragen und zu diskutieren. Alle sind eingeladen, sich daran zu beteiligen
3. Bericht der Gewerkschaft: Hier gibt es aktuelle Informationen aus den gerade laufenden Tarifverhandlungen.
4. Bericht der Unternehmensleitung: Der Werkleiter hat angekündigt, Einzelheiten zu dem geplanten Neubau vorzustellen.
5. Die Jugend- und Ausbildungsvertretung wird über den Konflikt zur Übernahme der Auszubildenden Stellung beziehen.
6. Aussprache zu den Punkten 1 bis 5.
7. Verschiedenes.

In einigen Betrieben ist es auch üblich, nach jedem Tagesordnungspunkt den Punkt »Aussprache und Diskussion« aufzunehmen.

- *Reihenfolge der Redebeiträge:* Es gibt unterschiedliche Erfahrungen und Meinungen über die Reihenfolge der Redebeiträge. Klar ist, dass als Tagesordnungspunkt 1 der Betriebsrat seinen Bericht gibt. Es spricht viel dafür, dass als zweiter Tagesordnungspunkt der Bericht des Gewerkschaftsvertreters kommen sollte und danach der Bericht der Unternehmensleitung. Einige vertreten die Auffassung, dass es günstiger sei, »den Unternehmensvertreter in die Mitte zu nehmen« und ihn als zweiten reden zu lassen, sodass der Gewerkschaftsvertreter darauf eingehen kann. Wie dies vor Ort gestaltet wird, sollte zwischen dem Betriebsrat und Gewerkschaftsvertreter abgesprochen werden.

- *Bericht des Betriebsrats:* Der Bericht des Betriebsrats auf der Betriebsversammlung ist eine gute Chance, über seine Arbeit, seine Positionen und Forderungen zu informieren. Es sollten in jedem Falle unterschiedliche Meinungen und Konflikte mit der Unternehmensleitung klar benannt werden. Der Bericht sollte sich nicht nur auf betriebliche Dinge beschränken: Es ist auch möglich, etwas zur aktuellen politischen Situation und beispielsweise zur Tarifrunde zu sagen.

  Der Bericht wird in der Regel von dem oder der Betriebsratsvorsitzenden gegeben. Es ist aber auch möglich, dass sich mehrere Betriebsratsmitglieder den Bericht aufteilen und neben dem bzw. der Vorsitzenden beispielsweise auch die Vorsitzenden einiger Ausschüsse berichten. Der Bericht des Betriebsrats hat einerseits vollständig und ausführlich zu ein, andererseits sollte nicht zu lange geredet werden. Kommunikationswissenschaftler empfehlen für Redebeiträge eine maximale Länge von 20 Minuten. Für die zuhörende Belegschaft ist es hilfreich, wenn der mündliche Bericht durch Charts und Präsentationen ergänzt wird.

- *Präsentationen beim Bericht des Betriebsrats:* Mittlerweile ist es auch in Klein- und Mittelbetrieben üblich, dass zur Ergänzung des mündlichen Geschäftsberichts Präsentationen mit PowerPoint gezeigt werden. Das ist sinnvoll, aber es können dabei viele Fehler gemacht werden. Für einen Bericht des Betriebsrats mit der Unterstützung von Präsentationen mit PowerPoint können folgende Tipps gegeben werden:
  – Redetext und Reihenfolge der Charts abstimmen. Es muss klar sein, an welcher Stelle des Berichts welches Chart gezeigt wird.
  – Laptop, Beamer, Leinwand und Fernbedienung müssen rechtzeitig vor Beginn der Betriebsversammlung aufgebaut, eingerichtet und getestet sein. Es muss klar sein, wer dafür verantwortlich ist. Der oder die Verantwortliche ist auch dafür zuständig, die einzelnen Präsentationen aufzurufen.
  – Es wird empfohlen, dass am Rednerpult eine Fernbedienung liegt und der bzw. die jeweilige Redner*in während der Rede die Charts weiterschaltet.
  – Der Text auf den Charts muss so groß sein, dass er auch von den Kolleg*innen in der letzten Reihe gelesen werden kann.
  – Die einzelnen Charts sollten nicht zu »textlastig« sein. Besser sind Kernaussagen, Bilder oder Übersichten.
  – Der bzw. die Berichterstatter*in sollte sich grundsätzlich den Zuhörern zuwenden und sich nicht in Richtung der Leinwand mit den Charts umdrehen.
  – Den Teilnehmer*innen der Betriebsversammlung sollte Zeit gegeben werden, die Charts zu lesen. Es ist mehr als ungünstig, wenn ein Chart eingeblendet und gleichzeitig zu etwas anderem gesprochen wird.

- *Aussprache und Diskussion:* Einerseits ist es wichtig, dass den Teilnehmer*innen auf der Betriebsversammlung die Möglichkeit gegeben wird, Fragen zu stellen und zu einzelnen Themen ihre Meinung zu sagen. Andererseits fällt es vielen Beschäftigten schwer, vor einem Kreis von mehr als 100 Personen zu sprechen. So passiert es in etlichen Betrieben, dass sich unter dem Tagesordnungspunkt »Aussprache« niemand meldet. Um derartige Situationen zu vermeiden, ist es hilfreich, wenn z.B. im Kreis der gewerkschaftlichen Vertrauensleute abgesprochen wird, wer sich zu welchem Thema meldet. Die Erfahrung hat gezeigt, dass nach einigen Redebeiträgen aus dem Kreis der Beschäftigten sich auch andere zu Wort melden. Es kann mehrere Jahre dauern, bis sich so eine lebendige Diskussion auf Betriebsversammlungen entwickelt. Es ist Aufgabe des Betriebsrats und der Vertrauensleute, systematisch daran zu arbeiten, dass sich mehr Beschäftigte auf der Betriebsversammlung zu Wort melden.

Wenn anstatt einer Betriebsversammlung mehrere Abteilungsversammlungen mit weniger Teilnehmer*innen stattfinden, ist für viele Beschäftigte die Hemmschwelle, sich zu Wort zu melden, niedriger. In einigen Betrieben ist es auch üblich, dass im Eingangsbereich der Betriebsversammlung ein »Kummer-Kasten« steht, in den Karten mit Fragen oder Themen eingeworfen werden können. Diese werden dann im Rahmen der Aussprache vom Betriebsrat vorgelesen und je nach Ansprechpartner*innen vom Betriebsrat, von Gewerkschaftsvertreter*innen oder vom Unternehmer beantwortet.

- *Kreative Gestaltung von Betriebsversammlungen:* Auch wenn bei Betriebsversammlungen die inhaltlichen Themen im Vordergrund stehen, empfinden manche Beschäftigte die immer gleiche Form der Berichterstattung als wenig kreativ. Manche Betriebsräte experimentieren mit alternativen Methoden, um die Betriebsversammlungen interessanter und lebhafter zu gestalten. Denkbar sind:
  – Podiumsdiskussionen oder Talk-Runden mit Beschäftigten aus verschiedenen Abteilungen;
  – Einspielen von kurzen Videos;
  – geänderte Sitzordnung: moderierte Diskussionsrunden an runden Tischen, soweit es die Teilnehmerzahl zulässt;
  – Meinungsabfrage zu Themenstellungen mit Klebepunkten an Flipcharts.
- *Betriebsversammlungen bei größeren Konflikten:* Bei größeren Konflikten mit dem Unternehmer bekommt die Betriebsversammlung einen besonderen Stellenwert. Beispiele sind: Massenentlassungen, Verkauf des Unternehmens oder der Austritt aus dem Arbeitgeberverband und damit aus dem Flächentarifvertrag. Wenn derartige konfliktreiche Maßnahmen angekündigt werden, hat der Betriebsrat nach § 43 Abs. 1 Satz 4 BetrVG die Möglichkeit, kurzfristig zu einer *»weiteren Betriebsversammlung«* einzuladen, die zusätzlich zu den vier regelmäßigen Betriebsversammlungen stattfindet. Zu einer weiteren Betriebsversammlung kann einmal im Kalenderhalbjahr eingeladen werden. Auch für weitere Betriebsversammlungen nach § 43 Abs. 1 Satz 4 ist das Entgelt fortzuzahlen. (Achtung: Bei der Einladung zu einer *»außerordentlichen Betriebsversammlung«* gemäß § 43 Abs. 3 oder 4 besteht kein Anspruch auf Entgeltfortzahlung während der Versammlung. Daher sollte im-

mer der Begriff der »*weiteren Betriebsversammlung* gemäß § 43 Abs. 1 Satz 4 BetrVG« verwendet werden.)

Da es sich um konfliktgeladene Themen handelt, die häufig einen Angriff auf die Rechte der Beschäftigten darstellen, laufen in derartigen Situationen die Betriebsversammlungen anders ab als üblich. Erstens werden sie länger dauern als üblich und zweitens werden die gegensätzlichen Interessen von Beschäftigten und Unternehmer deutlich zutage treten. Aufgabe des Betriebsrats, des Gewerkschaftsvertreters, aber auch der Vertrauensleute und der Belegschaft ist es, ihre Position zu den angekündigten Maßnahmen deutlich und zugespitzt zu formulieren. Die Erfahrung hat gezeigt, dass dann die Beschäftigten wütend sind und in einer solchen Situation sich eher zu Wort melden als üblich. Bei harten Angriffen auf die Beschäftigten, wie z.B. Massenentlassungen, haben einige Interessenvertretungen deutliche Protestaktionen während der Betriebsversammlung organisiert. Beispielsweise bleiben so viele Stühle leer, wie Entlassungen geplant sind. Diese Stühle werden mit Postern oder Luftballons markiert, damit sichtbar wird, wie viele Beschäftigte betroffen sind. Denkbar ist es auch, dass bei der Rede des Unternehmensvertreters, in der er die Massenentlassungen begründet, die gesamte Belegschaft aufsteht und ihm den Rücken zudreht.

Es ist für das Betriebsratsmitglied, das die Versammlung leitet, auch möglich, die Betriebsversammlung nicht für beendet zu erklären, sondern sie zu *unterbrechen* und an einem bestimmten Termin fortzusetzen. In einigen Fällen war es auch erfolgreich, die Betriebsversammlung nach zwei Tagesordnungspunkten zu unterbrechen und 30 Minuten später am oder vor dem Werkstor fortzusetzen, um so den Protest der Belegschaft deutlich zu machen. Bei derartigen Maßnahmen ist darauf zu achten, dass keine juristischen Fehler gemacht werden. Eine enge Abstimmung zwischen Betriebsrat und dem Betriebsbeauftragten der Gewerkschaft ist dabei hilfreich.

- *Beschäftigtenversammlungen auf Einladung des Unternehmers:* Da bei einer Betriebsversammlung die Versammlungsleitung und die Aufstellung der Tagesordnung allein beim Betriebsrat liegt, laden in einigen Fällen die Unternehmer die Beschäftigten eigenständig zu einer Beschäftigtenversammlung ein. In einigen Unternehmen wird dies in letzter Zeit auch als »town-hall-meeting« bezeichnet. Die Einladung zu einer derartigen Beschäftigtenversammlung kann als »unfreundlicher Akt gegenüber dem Betriebsrat« betrachtet werden, sie ist aber rechtlich zulässig. Je nach Situation müssen die Betriebsratsmitglieder entscheiden, ob sie als Teilnehmer dieser Versammlung lediglich zuhören oder auch das Wort ergreifen. In jedem Falle sollte ein Betriebsratsmitglied auf die nächste Betriebsversammlung verweisen.

13.6 Betriebsratswahlen

Die regelmäßigen Betriebsratswahlen finden in einem Turnus von vier Jahren in der Zeit vom 1. März bis 31. Mai statt (2018, 2022 usw.). Wahlberechtigt sind alle Beschäftigten des Betriebs, die älter als 18 Jahre sind. Nicht wahlberechtigt sind die »leitenden Angestellten« gemäß § 5 Absätze 3 und 4 BetrVG. Dagegen sind Leiharbeitsbeschäftigte wahlberechtigt, wenn sie länger als drei Monate im Betrieb beschäftigt sind. Der Betriebsrat wird in geheimer Wahl unmittelbar durch die Beschäftigten gewählt. Das Verfahren zur Wahl ist in den §§ 7-20 BetrVG geregelt. Dazu wird vom Bundesministerium eine »Wahlordnung Betriebsverfassungsgesetz« beschlossen und regelmäßig aktualisiert. Für Kleinbetriebe bis 50 Beschäftigte ist ein vereinfachtes Wahlverfahren geregelt (vgl. § 14 a BetrVG sowie Wahlordnung BetrVG).

Spätestens zehn Wochen vor Ablauf seiner Amtszeit bestellt der Betriebsrat einen aus drei Wahlberechtigten bestehenden Wahlvorstand. Der Betriebsrat kann die Zahl der Mitglieder des Wahlvorstands erhöhen, wenn dies erforderlich ist (vgl. § 16 BetrVG). Die Gewerkschaften bieten für die Mitglieder des Wahlvorstands Bildungsveranstaltungen an und stellen ihnen Materialien für ihre Arbeit zur Verfügung (z.B. Terminpläne für den zeitlichen Ablauf der Vorbereitung der Betriebsratswahl – »*Wahlkalender*«). Die Grundlage für die Arbeit des Wahlvorstands ist der § 18 BetrVG. Der Wahlvorstand hat insbesondere folgende Aufgaben:

- Erstellung der *Wählerlisten*;
- Festlegung des Zeitpunktes, bis zu dem *Wahlvorschläge (»Listen«)* beim Wahlvorstand einzureichen sind;
- Festlegung von Ort, Tag und Zeit der Stimmabgabe im Betrieb;
- Auszählung der Stimmen und Bekanntgabe des Wahlergebnisses;
- Klärung von Streitigkeiten zur Wahlberechtigung: Ist jemand leitender Angestellter oder nicht?

Spätestens ein halbes Jahr vor der Betriebsratswahl sollten Vertreter*innen des Betriebsrats, der Vertrauenskörperleitung und der regionalen Gewerkschaft gemeinsam über die Betriebsratswahl beraten. Dabei sind wichtige Themen zu klären:

- Welche inhaltlichen Schwerpunkte werden während des Wahlkampfes gesetzt (»Wahlprogramm«)?
- Erfolgt eine Persönlichkeits- oder Listenwahl?
- Welche Gewerkschaftsmitglieder sollen wegen einer Kandidatur als Betriebsratsmitglied angesprochen werden?
- Welche Kandidat*innen sollen auf den vorderen Plätzen des Wahlvorschlags (»der Liste«) kandidieren?
- Außerdem ist der Zeitpunkt für die Verabschiedung eines Wahlvorschlages festzulegen, der dann beim Wahlvorstand eingereicht wird.

Eine zentrale Frage ist, ob die Betriebsratswahl in Form einer Persönlichkeits- oder einer Listenwahl stattfindet. Bei einer *Persönlichkeitswahl* haben die wahlberechtigten Beschäftigten die Möglichkeit, einzelnen Kandidat*innen ihre Stimme zu geben.

Voraussetzung dafür ist, dass nur ein Wahlvorschlag (eine Liste) beim Wahlvorstand eingereicht wird. Werden dagegen mehrere Wahlvorschläge oder Listen eingereicht, findet eine *Listenwahl* statt. Dann können die Beschäftigten lediglich zwischen den eingereichten Listen auswählen. Die gewählten Betriebsratsmitglieder ergeben sich dann einerseits aus dem erzielten Prozentsatz der jeweiligen Liste und der Reihenfolge der Kandidat*innen auf der jeweiligen Liste.

> Die Gewerkschaften empfehlen grundsätzlich die Persönlichkeitswahl. Hier haben die Beschäftigten die Möglichkeit, unmittelbar Einfluss auf die Zusammensetzung des Betriebsrats zu nehmen, indem sie ihren bevorzugten Kandidat*innen ihre Stimme geben. Für eine Persönlichkeitswahl ist es förderlich, wenn der Wahlvorschlag breit diskutiert wird und die Kandidat*innen die verschiedenen Bereiche und Abteilungen des Betriebes repräsentieren.

Für die Aufstellung eines Wahlvorschlags bzw. einer Liste können folgende Prinzipien genannt werden:

- Bezeichnung der Liste nach der zuständigen DGB-Gewerkschaft, also z.B. »Liste IG Metall«;
- der/die Listenführer*in sollte zugleich der/die Kandidat*in sein, der bzw. die später voraussichtlich als Betriebsratsvorsitzende/r kandidieren wird;
- keine alphabetische Reihenfolge, sondern bei der Reihenfolge auf der Liste sollten Kriterien wie z.B. Bekanntheit, Erfahrung und Engagement in der Gewerkschaft relevant sein (Prinzip: »*Spitzenkandidatinnen und Spitzenkandidaten* auf die vorderen Listenplätze«);
- Kandidat*innen sollten bereits Seminare der jeweiligen Gewerkschaft besucht haben oder zumindest ihre Bereitschaft erklären, im Falle ihrer Wahl sich weiterzubilden und Betriebsräteseminare der jeweiligen Gewerkschaft zu besuchen;
- Geschlechterquote beachten: das Geschlecht, das in der Minderheit ist, sollte mindestens so viele Plätze erhalten, wie es seinem Anteil an der Belegschaft entspricht;
- möglichst alle Bereiche und Abteilungen bei den Kandidaturen berücksichtigen;
- auf der Liste sollen mindestens doppelt so viele Kandidat*innen vertreten sein, wie es Betriebsratsmandate gibt;
- über die Namen und Reihenfolge der Liste wird abschließend von einer *Vertrauensleutesitzung* oder einer *Mitgliederversammlung* abgestimmt und diese vom Ortsvorstand der örtlichen Gewerkschaft bestätigt.

> Von entscheidender Bedeutung ist es, dass sich die Beschäftigten aus den verschiedenen Bereichen und Abteilungen bei den Kandidatinnen und Kandidaten »wiederfinden«. Alle größeren Bereiche bzw. Abteilungen sollten – auch bei den vorderen Listenplätzen – durch Kandidat*innen, die in diesen Bereichen arbeiten, repräsentiert sein.

Wird dieser Grundsatz nicht beachtet, besteht die Gefahr, dass in den nicht berücksichtigten Bereichen eigene Wahlvorschläge erarbeitet und weitere Listen zur Betriebsratswahl eingereicht werden. Es sollte alles versucht werden, dies zu vermeiden und eine Liste bzw. einen Wahlvorschlag zu erarbeiten, der alle Bereiche des Betriebs abdeckt.

Eine Liste mit dem Namen des Wahlvorschlags der jeweiligen DGB-Gewerkschaft ist mit den örtlichen Geschäftsstellen der Gewerkschaft im Vorfeld abzustimmen und vom Ortsvorstand zu beschließen. Grundsätzlich gibt es nur eine Liste der jeweiligen Gewerkschaft. Kandidieren Gewerkschaftsmitglieder nicht auf dieser Liste, sondern auf einer anderen, ist dies nach den Regelungen der Einzelgewerkschaft nicht zulässig. Kandidaturen auf *gegnerischen Listen* gelten als *gewerkschaftsschädigendes Verhalten*.

Zeichnet sich im Vorfeld einer Betriebsratswahl ab, dass neben der Liste der jeweiligen DGB-Gewerkschaft auch andere Listen kandidieren werden, muss die Situation vor Ort beraten werden. Manchmal gelingt es, durch Gespräche Kolleg*innen, die eine eigene Liste planen, zu überzeugen, auf der Liste der DGB-Gewerkschaft zu kandidieren. Handelt es sich dagegen um Listen gegnerischer Organisationen wie z.B. sogenannte christliche Gewerkschaften oder die AUB (vgl. Kapitel 1.11), dürften derartige Gespräche zwecklos sein. Gleiches gilt, wenn offensichtlich »unternehmernahe« Beschäftigte eine eigene Liste planen.

In einigen *Großbetrieben*, in denen Listenwahl üblich ist, wird mit den Gewerkschaften ein Verfahren abgestimmt, das den Gewerkschaftsmitgliedern unmittelbaren Einfluss auf die Kandidat*innen gibt. Dort werden z.B. die ersten vier Plätze der Liste namentlich in einer Versammlung der Vertrauensleute bestimmt und für die folgenden Plätze zunächst Abteilungen bzw. Bereiche genannt. In den jeweiligen Abteilungen können dann auf einer Mitgliederversammlung die Gewerkschaftsmitglieder über den/die Kandidat*in ihrer Abteilung abstimmen. Dieses Verfahren ist zwar sehr aufwendig, aber stellt eine unmittelbare Beteiligung der Gewerkschaftsmitglieder vor Ort sicher und erhöht so auch die Wahlchancen für die jeweilige Liste.

In der Zeit zwischen der Abgabe des Wahlvorschlags beim Wahlvorstand und dem Tag der Betriebsratswahl findet der eigentliche *Wahlkampf* statt. Dazu werden in Absprache mit den Kandidat*innen von der örtlichen Gewerkschaft Plakate und Flugblätter erstellt, mit dem Foto und den Namen der einzelnen Kandidat*innen. Auf diesen Flugblättern sollten in jedem Fall auch die inhaltlichen Schwerpunkte und Forderungen erläutert werden *(»Wahlprogramm«)*. In einigen Betrieben ist es üblich, dass sich alle Kandidat*innen auf einer Betriebsversammlung kurz vorstellen. Darüber hinaus sollten so weit wie möglich Gespräche in den Abteilungen und am Arbeitsplatz geführt werden. Ziel muss es auch sein, eine möglichst hohe Wahlbeteiligung zu erzielen.

Nach der Betriebsratswahl und der Veröffentlichung des Wahlergebnisses sollte sich der neu gewählte Betriebsrat zügig konstituieren, am besten eine Woche nach Ablauf der Amtszeit des alten Betriebsrats. Dieser Termin der Konstituierung sollte frühzeitig geplant und veröffentlicht werden. Dabei sind die Positionen des bzw. der Betriebsratsvorsitzenden, der bzw. der stellvertretenden Vorsitzenden, die freigestellten Betriebsratsmitglieder und die Mitglieder des Betriebsausschusses sowie weitere Ausschüsse zu wählen. Es empfiehlt sich, auf einer Klausurtagung des neuen Betriebsrats über ein Arbeitsprogramm und Prinzipien der Zusammenarbeit im Gremium zu beraten.

Teil der Konstituierung ist die Wahl des bzw. der Betriebsratsvorsitzenden im Kreis der Mitglieder des neu gewählten Betriebsrats. Bei einer Persönlichkeitswahl spielt bei dieser Entscheidung des Betriebsrats neben anderen Faktoren auch die Zahl der erzielten Stimmen der einzelnen Personen eine Rolle. In manchen Betrieben wird der bzw. die Kandidat*in mit den meisten Stimmen auch zum bzw. zur Betriebsratsvorsitzenden gewählt, in anderen Betrieben kann dies auch eine Person sein, die die zweit- oder drittmeisten Stimmen bekommen hat. Für die Entscheidung, wer Vorsitzende/r werden soll, spielen auch andere Kriterien als die Stimmenzahl eine Rolle, wie z.B. Erfahrung, Qualifikation, Besuch von Seminaren, Führungskompetenz im Gremium usw.

13.7 Spezielle Themen

13.7.1 Einigungsstelle und tarifliche Schlichtungsstelle

Können sich bei mitbestimmungspflichtigen Angelegenheiten Unternehmer und Betriebsrat nicht einigen, entscheidet auf Antrag einer Seite die Einigungsstelle nach § 76 BetrVG. Die mitbestimmungspflichtigen Angelegenheiten ergeben sich vorrangig aus dem § 87 BetrVG, sind also Themen wie Arbeitszeitgestaltung, Überstunden, Kurzarbeit, betriebliche Entgeltgestaltung, Urlaubsgrundsätze, IT-Systeme u.a. Die Einigungsstelle ist aber beispielsweise auch zuständig beim Abschluss eines Sozialplans nach § 112 BetrVG, bei Auswahlrichtlinien gemäß § 95 BetrVG oder bei betrieblichen Bildungsmaßnahmen nach §§ 97 und 98 BetrVG. Darüber hinaus kann in einem Tarifvertrag für andere Sachverhalte vereinbart sein, dass im Streitfall die Einigungsstelle entscheidet.

Die Einigungsstelle ist nicht für jeden Streitpunkt zwischen Unternehmer, Betriebsrat und Beschäftigten zuständig. Sie ist zuständig bei Streit zu *Regelungsfragen* in mitbestimmungspflichtigen Angelegenheiten, aber nicht bei *Rechtsfragen*, für die das Arbeitsgericht infrage kommt. Insofern ist vor jedem Einigungsstellenverfahren zu prüfen, ob die Einigungsstelle überhaupt zuständig ist.

Die Einigungsstelle setzt sich aus einer gleichen Anzahl von *Beisitzer*innen* zusammen, die jeweils vom Unternehmer und vom Betriebsrat zu bestellen sind, sowie aus einem unparteiischen Vorsitzenden. Auf die Zahl der Beisitzer müssen sich Betriebsrat und Unternehmer einigen, üblich sind jeweils drei Beisitzer. Über seine Beisitzer entscheidet der Betriebsrat in einer Betriebsratssitzung. Üblich ist es hier, dass der oder die Betriebsratsvorsitzende, ein weiteres erfahrenes Betriebsratsmitglied, das mit dem Konflikt-Thema befasst ist, sowie ein Vertreter der örtlichen Gewerkschaft benannt werden. Auf den *unparteiischen Vorsitzenden* müssen sich beide Seiten einigen. Im Falle der Nichteinigung über die Person entscheidet auf Antrag das Arbeitsgericht. Meistens handelt es sich dabei um einen bzw. eine erfahrene Arbeitsrichter*in (vgl. Übersicht 13-3).

Übersicht 13-3: Beispielhafte Zusammensetzung einer Einigungsstelle

Nach § 76 Abs. 8 BetrVG ist es möglich, durch Tarifvertrag zu regeln, dass an die Stelle der Einigungsstelle eine *tarifliche Schlichtungsstelle* tritt. Dies ist in einigen Tarifgebieten der Metall- und Elektroindustrie so geschehen. Hier erfolgt z.b. die Auswahl des Vorsitzenden aus einer Liste der Schlichtungsstellenvorsitzenden, auf die sich die Tarifvertragsparteien geeinigt haben. Erfolgt keine Einigung zwischen den Tarifvertragsparteien, entscheidet im jeweiligen Einzelfall das Los. Weiter können in dem Tarifvertrag Verfahrensregelungen, Fristen und Honorarsätze für den Vorsitzenden und die Beisitzer vereinbart werden. Da beide Tarifvertragsparteien über viel Verhandlungserfahrung verfügen, können in einer tariflichen Schlichtungsstelle Konflikte besser geregelt werden, da nicht über Verfahrensdetails gestritten werden muss. Ansonsten entspricht das Verfahren der tariflichen Schlichtungsstelle dem der Einigungsstelle.

Die Einigungsstelle kann sowohl vom Betriebsrat als auch vom Unternehmer angerufen werden. Für beide Seiten beinhaltet ein Verfahren vor der Einigungsstelle schwer kalkulierbare *Chancen und Risiken*. Deshalb zögern beide Seiten – sowohl der Betriebsrat als auch der Unternehmer – in der Praxis häufig, die Einigungsstelle anzurufen. Dies erhöht für beide Seiten den Druck, in den Verhandlungen doch noch einen Kompromiss zu erzielen. Gelingt dies nicht, muss eine Seite schriftlich das Scheitern der Verhandlungen erklären und die Anrufung der Einigungsstelle der jeweils anderen Seite mitteilen.

> Die Anrufung der Einigungsstelle durch den Betriebsrat muss sorgfältig vorbereitet sein und die Chancen und Risken analysieren. Hier kann der Betriebsrat auf den Rat des bzw. der Betriebsbeauftragten der regionalen Gewerkschaft zurückgreifen, die über Erfahrungen in ähnlich gelagerten Fällen in anderen Betrieben verfügen. Um akzeptable Kompromisse zu erzielen, reicht es auf Dauer nicht, lediglich mit der Anrufung der Einigungsstelle zu drohen. Je nach betrieblicher Situation sollte bei einer günstigen Gelegenheit tatsächlich die Einigungsstelle vom Betriebsrat angerufen werden. Dies fördert in der Regel die Kompromissbereitschaft des Unternehmers bei zukünftigen Streitthemen.

Die Entscheidung über den bzw. die Vorsitzende der Einigungsstelle erfolgt im gegenseitigen Einvernehmen von Betriebsrat und Unternehmer oder durch eine Entscheidung des Arbeitsgerichts. Steht fest, wer Vorsitzende/r ist, sollte der Betriebsrat sofort Kontakt zu ihm oder ihr aufnehmen. Da es sich dabei meistens um erfahrene Arbeitsrichter handelt, kann der Betriebsrat oder Betriebsbeauftragte der Gewerkschaft ihn oder sie direkt telefonisch anrufen. In diesem ersten Gespräch kann der Betriebsrat darüber informieren, dass man sich auf ihn oder sie als Vorsitzende/n geeinigt habe. Hier kann kurz erwähnt werden, um welches Streitthema es sich handelt und wann der Betriebsrat seinen Schriftsatz schickt. Gleichzeitig können Terminvorschläge für die Sitzung der Einigungsstelle besprochen werden.

Danach sollte der Betriebsrat in Zusammenarbeit mit dem Betriebsbeauftragten der Gewerkschaft einen *Schriftsatz* an den bzw. die Vorsitzende erstellen, den auch der Unternehmer zur Kenntnis bekommt. In dem Schriftsatz sollten enthalten sein: Kurzinformationen zum Betrieb, eine sachliche Darstellung des Streitthemas, aus der die gegensätzlichen Positionen des Betriebsrats und des Unternehmers deutlich werden, eine Begründung für die Position des Betriebsrats. Am Ende des Schriftsatzes ist ein *Antrag an die Einigungsstelle* zu stellen. Dies kann beispielsweise folgender Satz sein: »Der Betriebsrat beantragt, die vom Arbeitgeber beantragte Mehrarbeit am … abzulehnen.« Geht es um den Abschluss einer Betriebsvereinbarung, sollte als Anlage zum Schriftsatz der Entwurf einer Betriebsvereinbarung des Betriebsrats beigefügt werden und am Ende des Schriftsatzes der Antrag gestellt werden, entsprechend der beigefügten Betriebsvereinbarung zu entscheiden.

Nach einer Terminvereinbarung findet die erste Sitzung der Einigungsstelle im Betrieb statt, die der oder die Vorsitzende leitet. Zunächst werden beide Seiten aufgefordert, ihre Sicht der Dinge darzustellen. Für die Beisitzer*innen des Betriebsrats kommt es hierbei darauf an, sachlich und präzise ihre Sicht der Dinge darzustellen. Auch wenn Einigungsstellen häufig in einem emotional aufgeladenen Klima stattfinden, sollte auf Beschimpfungen der Unternehmerseite verzichtet werden. Es bringt auch nichts, »rückwärts gerichtet« den Streit der letzten Wochen vor dem Vorsitzenden auszubreiten. Die Verhandlungsführung der Beisitzer des Betriebsrats muss darauf ausgerichtet sein, den bzw. die Vorsitzende der Einigungsstelle von der Sichtweise des Betriebsrats zu überzeugen. In Einigungsstellen ist auch üblich, dass der bzw. die Vorsitzende neben gemeinsamen Sitzungen mit jeder Seite einmal oder mehrmals getrennt berät, um Kompromisslinien auszuloten. Dies kann jede Seite beim Vorsitzenden beantragen.

Eine Einigungsstelle kann durch eine einvernehmliche Einigung beider Seiten oder durch eine Abstimmung bzw. einen Spruch beendet werden. Erfahrungsgemäß versuchen die Vorsitzenden, eine einvernehmliche Einigung im Sinne eines Kompromisses zu erzielen. Erfahrene Einigungsstellenvorsitzende erläutern dabei in getrennter Beratung der jeweiligen Seite die Risiken, die ein möglicher Spruch für sie bedeuten würde, um sie so zu Kompromissen zu bewegen. Gelingt dies nicht, wird über die gestellten Anträge abgestimmt. Hierbei kann der bzw. die Einigungsstellenvorsitzende auch einen eigenen Antrag stellen. Zunächst wird dabei ohne den Vorsitzenden abgestimmt, was meistens dann 3:3, also mit Stimmengleichheit, endet. In der zweiten Abstimmung wird unter Einbeziehung des Vorsitzenden abgestimmt, was dann in der Regel 4:3 ausgeht. Diese Entscheidung durch Abstimmung bzw. durch Spruch ersetzt die Einigung zwischen Betriebsrat und Unternehmer und ist schriftlich festzuhalten und von beiden Seiten umzusetzen.

Die Kosten der Einigungsstelle trägt der Unternehmer. Das Honorar des Vorsitzenden wird zwischen dem Vorsitzenden und dem Unternehmer vereinbart und beträgt üblicherweise pro Sitzungstag etwa 2.000 Euro. Der bzw. die Vertreter*in der Gewerkschaft erhält ein Honorar von 70% des Honorars des Vorsitzenden. Die Gewerkschaftsvertreter*innen müssen ihr Honorar an die Hans-Böckler-Stiftung des DGB abführen.

13.7.2 Klagen beim Arbeitsgericht

Die Arbeit der Arbeitsgerichte ist im Artikel 95 des Grundgesetzes (GG) verankert und im Detail im Arbeitsgerichtsgesetz (ArbGG) geregelt. Das System der Arbeitsgerichte ist in drei Instanzen unterteilt: *Arbeitsgerichte vor Ort* sind die 1. Instanz. Gegen deren Entscheidungen kann Berufung eingelegt werden, die dann bei den *Landesarbeitsgerichten* (2. Instanz) entschieden werden. In grundsätzlichen Rechtsfragen kann Revision beim *Bundesarbeitsgericht* in Erfurt eingelegt werden (3. Instanz). Die Revision muss allerdings vom Landesarbeitsgericht ausdrücklich zugelassen werden.

Klagen von einzelnen Beschäftigten werden im *Urteilsverfahren* (§ 2 ArbGG) entschieden, Klagen von Betriebsräten u.a. im *Beschlussverfahren* (§ 3 ArbGG). Eine Besonderheit der Arbeitsgerichtsbarkeit liegt darin, dass auf allen drei Ebenen neben den *hauptberuflichen Arbeitsrichter*innen* auch *ehrenamtliche Arbeitsrichter*innen* tätig sind. Diese werden je zur Hälfte von den Gewerkschaften und den Arbeitgeberverbänden benannt. Bei den Vorschlägen der Gewerkschaften handelt es sich mehrheitlich um erfahrene Betriebsratsmitglieder und Gewerkschaftsvertreter*innen, die in die Verhandlungen Aspekte aus der betrieblichen Praxis einbringen können.

Es gehört zu den elementaren Anforderungen an einen Rechtsstaat, dass die Bürger*innen und damit auch die Beschäftigten eigene Rechte und Ansprüche notfalls auch mithilfe der Gerichte durchsetzen können. Wenn Beschäftigte Klage gegen den Unternehmer erheben, nehmen sie ein Grundrecht wahr. Die Klage vor den Arbeitsgerichten ist häufig die letzte Möglichkeit für Beschäftigte, ihre Ansprüche durchzusetzen. Dies muss gut vorbereitet werden. Viele Beschäftigte zögern davor, als Einzelperson vor dem Arbeitsgericht Klage zu erheben, da sie den Konflikt mit der Unternehmensleitung scheuen und eine anschließende Benachteiligung befürchten. In der gewerkschaftlichen Praxis hat es sich bewährt, wenn mehrere Beschäftigte gleichzeitig zum gleichen Sachverhalt Klage erheben. Dann können sich die Klagenden in der Konfliktsituation gegenseitig unterstützen und sich regelmäßig mit dem Betriebsrat und der Gewerkschaft abstimmen. Ein großer Teil der Individualklagen sind Kündigungsschutzklagen (vgl. Kapitel 18.5).

In Betrieben mit einem Betriebsrat sollte sich im Konfliktfall ein Beschäftigter zunächst an den Betriebsrat und die zuständige Gewerkschaft wenden. Häufig ist es hier möglich, durch Verhandlungen die Ansprüche der Beschäftigten durchzusetzen oder einen akzeptablen Kompromiss zu erzielen. In Ausnahmefällen kann natürlich nach Rücksprache mit dem Betriebsrat und der Gewerkschaft Klage beim Arbeitsgericht erhoben werden. Gewerkschaftsmitglieder haben dazu einen Anspruch auf einen *kostenlosen Rechtsschutz* und werden von den Expert*innen der *DGB-Rechtsschutz GmbH* vor dem Arbeitsgericht vertreten. Durch eine sorgfältige und professionelle Prozessführung ist es den Gewerkschaften in vielen Fällen gelungen, bis hin zum Bundesarbeitsgericht richtungsweisende Entscheidungen zu erwirken. Die häufigsten Klagen von einzelnen Beschäftigten erfolgen nach dem Ausspruch einer Kündigung. Halten Beschäftigte ihre Kündigung für sozial ungerechtfertigt, können sie gemäß § 4 des Kündigungsschutzgesetzes (KSchG) Klage beim Arbeitsgericht erheben (vgl. Kapitel 18.5).

In tarifgebundenen Betrieben, in denen seit langer Zeit ein Betriebsrat arbeitet, ist es der Ausnahmefall, dass ein Betriebsrat ein Beschlussverfahren nach § 4 ArbGG gegen den Unternehmer einleitet. Aber bei neugewählten Betriebsräten, deren Rechte vom Unternehmer (noch) nicht akzeptiert werden, ist es häufig notwendig, dass der Betriebsrat seine Rechte beim Arbeitsgericht durchsetzt, z.B. hinsichtlich der Aushändigung bestimmter Unterlagen, auf die er Anspruch nach dem BetrVG hat, oder für die Durchsetzung bestehender Mitbestimmungsrechte nach dem BetrVG. Derartige Klagen sollten in enger Abstimmung mit dem bzw. der Betriebsbeauftragten der Gewerkschaft und der DGB-Rechtsschutz GmbH erfolgen. Wenn ein neugewählter Betriebsrat in mehreren Fällen vor dem Arbeitsgericht seine Ansprüche hat durchsetzen können, führt dies erfahrungsgemäß dazu, dass der Unternehmer bzw. die Unternehmensleitung ihre Verhaltensweise ändert und die Rechte des Betriebsrats akzeptiert.

Auch wenn in vielen Betrieben eine Klage beim Arbeitsgericht die Ausnahme ist, stellt eine derartige Möglichkeit für Betriebsräte und Beschäftigte eine gute Basis dar, ihre Ansprüche in Verhandlungen durchzusetzen.

13.7.3 Gesamt- und Konzernbetriebsrat

In Betrieben mit mehreren Standorten sind Gesamtbetriebsräte (GBR) zu bilden und in Konzernen Konzernbetriebsräte (KBR). Die rechtlichen Grundlagen sind im Kapitel 6.6 beschrieben. Für die praktische Arbeit im Betriebsrat sind folgende Punkte von Bedeutung:

- *Grundlagen:* Der entscheidende Vorteil eines Gesamtbetriebsrats besteht darin, dass der Unternehmer die einzelnen Betriebsräte nicht gegeneinander ausspielen kann. Wenn in einem GBR oder KBR solidarisch zusammengearbeitet wird, können alle gemeinsam »mit einer Stimme sprechen« und gemeinsam der Unternehmensleitung gegenübertreten. Dabei kommt es darauf an, dass die Interessen der Beschäftigten aller Standorte angemessen berücksichtigt werden, auch die der kleineren Standorte. Durch den Abschluss von Gesamt- und Konzern-Betriebsvereinbarungen können für die Beschäftigten in allen Standorten gleiche Regelungen durchgesetzt werden. Die Gewerkschaften benennen für Unternehmen mit mehreren Standorten Unternehmensbeauftragte, die mit dem GBR und KBR zusammenarbeiten.

- *Entsendung von GBR- und KBR-Mitgliedern:* Nach § 47 BetrVG entsendet jeder Betriebsrat mit bis zu drei Mitgliedern eines seiner Mitglieder in den GBR, bei größeren Betriebsräten jeweils zwei Mitglieder. Jedes Mitglied eines GBR hat so viele Stimmen, wie es in dem entsendenden Betrieb Beschäftigte gibt (»Stimmengewicht« oder »Stimmenwucht«). In den KBR entsendet jeder GBR zwei seiner Mitglieder; existiert kein GBR, entsendet jeder Betrieb zwei seiner Mitglieder. Jedem der beiden KBR-Mitglieder stehen die Stimmen der Mitglieder des entsendenden Gesamtbetriebsrats je zur Hälfte zu.

  Je nach der Struktur des Unternehmens müssen die einzelnen Betriebsräte entscheiden, welche Betriebsratsmitglieder sie in den GBR und KBR entsenden. In einigen Unternehmen ist es üblich, dass die Vorsitzenden der einzelnen Betriebsräte auch in den GBR und KBR entsendet werden. Dies bedeutet einerseits eine hohe Arbeitsbelastung, andererseits haben Vorsitzende der einzelnen Betriebsräte dann im GBR oder KBR aufgrund ihres Amtes eine bessere Durchsetzungsmöglichkeit. In etlichen Betrieben werden die Ämter auch zwischen den Betriebsratsvorsitzenden und den stellvertretenden Betriebsratsvorsitzenden aufgeteilt. In einigen Konzernen ist es üblich, dass der oder die GBR-Vorsitzende des größten GBR auch KBR-Vorsitzende ist. Sollten die Ämter des GBR- und KBR-Vorsitzenden auf unterschiedliche Personen entfallen, ist es wichtig, dass hier enge Absprachen über die Zusammenarbeit und hinsichtlich Gesprächen mit dem Unternehmer getroffen werden. Existiert in dem Unternehmen ein Aufsichtsrat, wird empfohlen, dass der oder die KBR-Vorsitzende sowie die Vorsitzenden der größten GBRs bzw. der größten Betriebsräte im Aufsichtsrat vertreten sind. Dies sichert einen guten Informationsfluss und ermöglicht die besten Durchsetzungsmöglichkeiten im Interesse aller Beschäftigten.

- *Übertragung eines Verhandlungsmandats:* Der GBR ist zunächst ausschließlich für die Verhandlung von Angelegenheiten zuständig, die das Gesamtunternehmen oder mehrere Betriebe betreffen. Der KBR ist dementsprechend ausschließlich für die Verhandlung von Angelegenheiten zuständig, die den Konzern oder mehrere Konzernunternehmen betreffen und nicht durch einzelne GBRs geregelt werden können (vgl. §§ 50 und 58 BetrVG). Darüber hinaus kann ein Betriebsrat mit der Mehrheit der Stimmen den GBR beauftragen, eine Angelegenheit für ihn zu behandeln. Der Betriebsrat kann sich dabei die Entscheidungsbefugnis vorbehalten (vgl. § 50 Abs. 2 BetrVG). Gleiches gilt für die Übertragung eines Verhandlungsmandates vom GBR auf den KBR (vgl. § 58 Abs. 2 BetrVG).

  Ob ein Betriebsrat dem GBR ein Verhandlungsmandat überträgt, muss im Einzelfall entschieden werden. Voraussetzung ist ein gutes Vertrauensverhältnis zwischen Betriebsrat und GBR. Darüber hinaus muss sichergestellt sein, dass der Betriebsrat zeitnah und vollständig über die Verhandlungen informiert wird und die Chance hat, eigene Vorstellungen einzubringen.

13.7.4 Nachwuchsplanung und Nachfolgeplanung

Es gehört zu den Aufgaben des Betriebsrats und insbesondere des bzw. der Betriebsratsvorsitzenden, über den Zeitrahmen der aktuellen Wahlperiode hinauszublicken. Ziel muss es sein, auch zukünftig, also etwa in einem Zeitraum der nächsten acht bis zwölf Jahre, sicherzustellen, dass qualifizierte und gewerkschaftlich engagierte Beschäftigte für den Betriebsrat kandidieren und dort auch Funktionen übernehmen. Das heißt: Der Betriebsrat muss sich auch um Nachwuchsplanung und Nachfolgeplanung kümmern.

Nachwuchsplanung
Es wird viel über den demografischen Wandel in den Betrieben diskutiert. Diese Entwicklung gilt selbstverständlich auch für die Betriebsratsgremien. Es ist absehbar, welche Mitglieder des Betriebsrats in den nächsten Jahren altersbedingt ausscheiden – sei es durch Renteneintritt oder den Beginn der Freistellungsphase der Altersteilzeit. Scheiden während einer Wahlperiode Betriebsratsmitglieder aus, werden sie durch die »Nachrücker« bzw. Ersatzmitglieder auf der Wahlliste ersetzt. Insofern kann es auch wichtig sein, bei der Aufstellung einer Liste nicht nur auf die voraussichtlich »sicheren« Plätze zu schauen, sondern auch bei der Auswahl der vorderen »Nachrücker« darauf zu achten, dass sie während der Periode Aufgaben im Betriebsrat übernehmen können. Wird über die derzeitige Wahlperiode hinausgeblickt, stellt sich die Frage von möglichen Kandidat*innen bei der nächsten oder übernächsten Betriebsratswahl. Mit dieser Frage sollte sich der Betriebsrat und die örtliche Gewerkschaft rechtzeitig und nicht erst ein halbes Jahr vor der nächsten Betriebsratswahl beschäftigen. Hilfreich ist es, eine Aufstellung zu erstellen, aus der der Zeitrahmen hervorgeht, zu dem die einzelnen Betriebsratsmitglieder voraussichtlich ausscheiden werden.

In Betrieben mit gewerkschaftlichen Vertrauensleuten finden sich aus dem Kreis der Vertrauensleute häufig Kolleg*innen, die schon mehrere Gewerkschaftsseminare besucht haben und als Kandidatin oder Kandidat für den Betriebsrat infrage kommen. Auch aus dem Kreis der Jugend- und Auszubildendenvertreter können Kolleg*innen angesprochen werden, da sie bereits Erfahrungen mit der Interessenvertretung gesammelt haben. Es kommt darauf an, diesen Prozess der Nachwuchsplanung systematisch und konsequent anzulegen. Es sollten ein oder mehrere Betriebsratsmitglieder dafür verantwortlich sein, die gezielt einzelne Personen ansprechen und ihnen eine Perspektive als Betriebsratsmitglied aufzeigen. Parallel dazu sollte besprochen werden, welche Gewerkschaftsseminare die interessierten Kolleg*innen besuchen sollten.

Nachfolgeplanung
Bei der Nachfolgeplanung geht es direkt darum, wer besondere Positionen und Aufgaben im Betriebsrat übernehmen soll, wenn die derzeitigen Amtsinhaber altersbedingt ausscheiden. Dies beinhaltet selbstverständlich eine gewisse Brisanz. Insbesondere geht es dabei um die Position des bzw. der Betriebsratsvorsitzenden, Vorsitzende und Mitglieder bestimmter Ausschüsse, aber auch um Arbeitnehmervertreter*innen im Aufsichtsrat. Auch für diese Positionen ist in der Regel mehrere Jahre vorher klar,

wann die Amtsinhaber ausscheiden werden. Es liegt dabei auch in deren Verantwortung, mögliche Nachfolger*innen an die Position schrittweise heranzuführen und ihnen schon vorher einzelne Aufgaben zu übertragen.

Dabei tritt ein altbekanntes Problem auf, das solidarisch besprochen werden muss: Die möglichen Nachfolger*innen sagen: »Der jetzige Vorsitzende kann nicht loslassen und gibt zu wenig Aufgaben ab.« Die derzeitigen Vorsitzenden sagen: »Die Nachfolger sind noch nicht so weit, da mache ich es lieber selber.« Für diese Konstellation gibt es keine einfachen Lösungen. In der Regel hilft es, wenn darüber offen und kontinuierlich gesprochen wird. Gleichzeitig sollte die Weiterbildung der möglichen Nachfolger*innen geplant und geklärt werden, welche Gewerkschaftsseminare besucht werden sollen.

Existieren mehrere Betriebsratsmitglieder, die beispielsweise in der nächsten Wahlperiode als Betriebsratsvorsitzende/r kandidieren wollen, kann es zu Konflikten innerhalb des Betriebsrats und zu Kampfabstimmungen kommen. Dies ist nichts Ungewöhnliches. Es kommt aber darauf an, dass die Konflikte und internen Konkurrenzverhältnisse rational ausgetragen werden, dem Unternehmer gegenüber nicht offengelegt werden und nicht zulasten der Arbeit des Betriebsrats gehen. Auch wenn es in der Praxis häufig nicht möglich ist: Günstig ist es, wenn derartige Konfliktsituationen rechtzeitig vor der nächsten Betriebsratswahl gelöst werden.

13.7.5 Interner Streit im Betriebsrat

In den meisten Betriebsratsgremien wird gut und solidarisch zusammengearbeitet. Es können aber immer wieder Situationen auftreten, bei denen es knallt und interner Streit entsteht. Dabei geht es nicht darum, dass bei der einen oder anderen Abstimmung einzelne Betriebsratsmitglieder in der Mehrheit waren und andere in der Minderheit, sondern um grundsätzliche Fragen. Ursachen des Streits können sein:

- unterschiedliche gewerkschaftliche Orientierungen;
- gegnerische Listen;
- unterschiedliche Einschätzungen, wie hart mit der Unternehmensseite verhandelt wird;
- unterschiedliche Positionen zu Einzelthemen wie Arbeitszeit, Überstunden, Entgeltfragen und dabei gefundenen Kompromissen;
- das Verhalten des/der Betriebsratsvorsitzenden hinsichtlich Informationsweitergabe und Entscheidungen;
- Fragen der Zusammenarbeit und der »Diskussionskultur« im Betriebsratsgremium;
- Verhaltensweisen und Schwächen einzelner Betriebsratsmitglieder;
- auch schlicht persönliche Abneigungen.

Wenn eine Gruppe von Menschen zusammenarbeitet, ist es nichts Ungewöhnliches, wenn es hin und wieder Streit gibt. In Betriebsratsgremien kann dies sogar häufiger als in anderen Gruppen passieren, weil viele schwierige Entscheidungen getroffen werden müssen, zu denen es unterschiedliche Meinungen geben kann. Wie mit derartigen internen Konfliktsituationen umgegangen wird, muss im Einzelfall entschieden werden. Aber es ist sinnvoll, bei allem internen Streit einen Grundsatz zu akzeptieren:

> Interne Streitigkeiten und Konflikte im Betriebsratsgremium dürfen nicht offen gegenüber der Unternehmensseite gezeigt werden. Vielmehr gilt, gegenüber der Unternehmensseite »mit einer Stimme zu sprechen«. Versuche der Unternehmensseite, sich in den Streit einzumischen, müssen konsequent zurückgewiesen werden.

Wie mit Konfliktsituationen umgegangen wird, muss von Fall zu Fall entschieden werden. Gibt es Streit, weil es im Betriebsrat gegnerische Listen gibt, wird es in der Regel nicht möglich und nicht wünschenswert sein, diese Konflikte zu lösen. Gibt es Streit wegen unterschiedlicher Meinungen, Positionen oder Kompromisslinien bei Verhandlungen, sollte – bei aller Schwierigkeit – versucht werden, durch Gespräche zu erreichen, dass mit unterschiedlichen Positionen rational und respektvoll umgegangen wird. Die Aufgabe, mit diesen internen Konflikten umzugehen, liegt zunächst bei dem oder der Betriebsratsvorsitzenden. Hier können gemeinsame Gespräche, aber auch Einzelgespräche hilfreich sein. Die Betriebsbeauftragten der örtlichen Gewerkschaften haben Erfahrung mit derartigen Konfliktsituationen in anderen Betriebsratsgremien; häufig gelingt es ihnen, die Konfliktsituationen aufzulösen und Verabredungen zur weiteren, besseren Zusammenarbeit zu treffen.

Heute wird häufiger vorgeschlagen, zur Konfliktlösung im Betriebsrat einen externen Berater, Coach, Moderator oder Mediator hinzuzuziehen. Dies sollte nur in wirklich extremen Konfliktsituationen geschehen. Dazu muss vorab aber geklärt sein, wer einen Coach bezahlt, da deren Tagessätze bei Tausend Euro und mehr liegen können. Es gibt in dieser Branche Personen, die Erfahrung mit Konfliktsituationen in Betriebsratsgremien haben, es gibt aber auch zahlreiche Scharlatane, die außer Sprechblasen wenig zur Konfliktlösung beitragen können. Die Betriebsbeauftragten der örtlichen Gewerkschaft können dazu Empfehlungen geben; in jedem Falle sollte sich der Betriebsrat eine Referenzliste vorlegen lassen und ggf. dort nachfragen.

13.7.6 Bezahlung von Betriebsratsmitgliedern

Ein Betriebsratsmandat ist ein Ehrenamt, das unentgeltlich ausgeführt wird. Betriebsratsmitglieder sind von ihrer beruflichen Tätigkeit ohne Minderung des Arbeitsentgeltes freizustellen (vgl. § 37 Abs. 1 und 2 BetrVG). Darüber hinaus ist in § 78 BetrVG festgehalten, dass Betriebsratsmitglieder wegen ihrer Tätigkeit nicht benachteiligt oder begünstigt werden dürfen, auch in ihrer beruflichen Entwicklung. Auf der Grundlage dieser Bestimmungen erfolgt die Bezahlung der großen Mehrheit der Betriebsratsmitglieder, die nicht vollständig von ihrer beruflichen Tätigkeit freigestellt sind. Ihre Entgelthöhe ergibt sich auf der Grundlage der Entgelt-Rahmentarifverträge entsprechend den Anforderungen, die für ihre berufliche Tätigkeit erforderlich sind (Anforderungsprinzip) (vgl. Kapitel 18.1). Führen sie zeitweise Betriebsratsarbeit aus, wird ihr übliches Entgelt fortgezahlt.

In Betrieben mit mindestens 200 Beschäftigten ist mindestens ein Betriebsratsmitglied vollständig von der Arbeit freizustellen. In § 38 BetrVG findet sich eine Staffelung für die Zahl der freigestellten Betriebsratsmitglieder, die abhängig von der Betriebsgröße ist. In Betrieben mit 9.001 bis 10.000 Beschäftigten sind dies beispielsweise zwölf freigestellte Betriebsratsmitglieder. Die *Bezahlung von freigestellten Betriebsratsmitgliedern* ist in § 37 Abs. 4 BetrVG geregelt. Danach darf das Arbeitsentgelt von Betriebsratsmitgliedern »nicht geringer bemessen werden als das Arbeitsentgelt vergleichbarer Arbeitnehmer mit betriebsüblicher Entwicklung« *(Vergleichspersonen-Prinzip)*. Während der Amtszeit ist das Entgelt des freigestellten Betriebsratsmitglieds laufend dem der Vergleichsperson anzupassen.

Die freigestellten Betriebsratsmitglieder haben somit während der Dauer ihrer Amtszeit (und ein bzw. zwei Jahre darüber hinaus) Anspruch auf Entgelterhöhungen in dem Umfang, in dem die Entgelte vergleichbarer Beschäftigter mit betriebsüblicher beruflicher Entwicklung erhöht werden.

Wenn freigestellte Betriebsratsmitglieder ihre Tätigkeit mehrere Jahre ausüben und sich dabei weiterqualifizieren, führen sie laufend hochwertige Tätigkeiten aus: Verhandlungen mit der Unternehmensleitung, Verhandlung von teilweise komplexen Betriebsvereinbarungen, Entwicklung von Strategien zur Beschäftigungssicherung und der Zukunftsgestaltung des Unternehmens, Leitung des Betriebsratsgremiums bzw. von Ausschüssen des Betriebsrats und vieles mehr. Würden die Anforderungen an diese Tätigkeiten nach den Kriterien des Entgelt-Rahmentarifvertrags bewertet, ergäbe sich in der Regel eine höhere Bezahlung. Das heißt: Das Entgelt, das sich nach dem tariflichen *Anforderungs-Prinzip* ergibt, wäre höher als das Entgelt nach dem *Vergleichspersonen-Prinzip* des Betriebsverfassungsgesetzes. Da aber das Vergleichspersonen-Prinzip im Gesetz festgeschrieben ist, gibt es seit Längerem eine Diskussion, ob die Bestimmungen des § 38 Abs. 4 BetrVG ergänzt werden sollen. Dies wird vom DGB und seinen Einzelgewerkschaften seit längerer Zeit gefordert. Die damalige Arbeitsministerin Andrea Nahles hat im Rahmen der CDU/CSU-SPD-Koalition im Jahr 2017 dazu folgende Formulierung vorgeschlagen: »Bei der Bemessung des Arbeitsentgelts und der allgemeinen Zuwendungen sind außerdem die zur Wahrnehmung der Betriebsratstätigkeit erworbenen Qualifikationen und Erfahrungen, wie auch regelmäßig wahrgenommene Aufgaben zu berücksichtigen, soweit sie die Tätigkeit des Betriebsratsmitgliedes prägen.« Die Realisierung dieses Vorschlags wurde vom Wirtschaftsflügel der CDU verhindert.

13.7.7 Zusammenarbeit mit Berater*innen und Rechtsanwält*innen

Bei schwierigen und komplexen Themenstellungen kann es sinnvoll sein, dass der Betriebsrat einen externen Berater oder einen Rechtsanwalt hinzuzieht. Das kann aber nicht für jede Themenstellung gelten, da für viele Themen eine ausreichende Kompetenz bei einzelnen Betriebsratsmitgliedern liegt. Eine Beratung kann auch durch die Betriebsbeauftragten der regionalen Gewerkschaft oder durch Spezialist*innen der Bezirksleitung oder des Vorstands der jeweiligen Gewerkschaft erfolgen. Ist dies wegen der erforderlichen Spezialkenntnisse oder aus Zeitmangel nicht möglich, empfehlen die einzelnen Gewerkschaften den Betriebsräten Rechtsanwält*innen und Berater*innen zu einzelnen Themen.

Zunächst ist die Frage der Kostenübernahme zu klären, denn Rechtsanwält*innen und Berater*innen stellen teilweise Tagessätze von mehreren Hundert Euro, teilweise 1.000 Euro und mehr in Rechnung. Lässt sich ein Betriebsrat bei komplexen Verhandlungen über Betriebsvereinbarungen oder bei einem Verfahren vor dem Arbeitsgericht von einem Rechtsanwalt vertreten oder unterstützen, so sind die Kosten gemäß § 40 BetrVG vom Unternehmer zu übernehmen. Zur Auswahl der Rechtsanwälte geben die regionalen Gewerkschaften Empfehlungen. Es gibt bundesweit zahlreiche Rechtsanwaltskanzleien, die sich auf die Vertretung von Beschäftigten und Betriebsräten spezialisiert haben und gut mit den Betriebsräten und Gewerkschaften zusammenarbeiten.

Es kann für Betriebsräte sinnvoll sein, zu speziellen Sachfragen, wie beispielsweise technologischen und wirtschaftlichen Fragestellungen oder zu Umstrukturierungen von Konzernunternehmen, Berater*innen hinzuziehen. Bundesweit haben sich einige Beratungsbüros auf die Beratung von Betriebsräten spezialisiert; auch hier geben die regionalen Gewerkschaften Hinweise, mit welchem Berater in anderen Betriebsräten gut zusammengearbeitet wurde.

Die Kostenübernahme derartiger Berater*innen stellt sich schwieriger dar als die Kostenübernahme von Rechtsanwält*innen. Grundlage ist der § 80 Abs. 3 BetrVG; dort heißt es: »Der Betriebsrat kann bei der Durchführung seiner Aufgaben nach näherer Vereinbarung mit dem Arbeitgeber Sachverständige hinzuziehen, soweit dies zur ordnungsgemäßen Erfüllung seiner Aufgaben erforderlich ist.« Wird eine Vereinbarung mit dem Unternehmer getroffen, für den Betriebsrat einen Sachverständigen hinzuziehen, müssen dann auch die Kosten gemäß § 40 BetrVG vom Unternehmer getragen werden. Der Unternehmer kann dies aber auch ablehnen. In diesem Falle hat der Betriebsrat kaum rechtliche Möglichkeiten, dennoch die Kostenübernahme für einen Berater durchzusetzen. Hier kann der Betriebsrat nur versuchen, den Unternehmer zu überzeugen, dass es für eine zügige und rationale Bearbeitung der Themenstellung für alle Beteiligten günstiger ist, wenn sich der Betriebsrat durch Sachverständige beraten lässt.

14. Vertrauensleute

14.1 Warum gewerkschaftliche Vertrauensleute?

Mit der Verabschiedung des Betriebsverfassungsgesetzes durch den deutschen Bundestag im Jahr 1952 wurde der Betriebsrat als eigenständige Institution eingeführt, die unabhängig von den Gewerkschaften definiert wurde. Dies ist anders als in anderen Industrieländern, in denen auch die betriebliche Interessenvertretung ausschließlich an die Gewerkschaften gebunden ist. Um eine unmittelbare gewerkschaftliche Interessenvertretung in den Betrieben sicherzustellen, haben mehrere Gewerkschaften im DGB beschlossen, dass die Gewerkschaftsmitglieder im Betrieb gewerkschaftliche Vertrauensleute wählen können. Nicht in allen, aber in sehr vielen Betrieben werden regelmäßig aus dem Kreis der Gewerkschaftsmitglieder im Betrieb Vertrauensleute gewählt. So sind in den ca. 10.000 von der IG Metall betreuten Betrieben in über 2.000 Betrieben gewerkschaftliche Vertrauensleute gewählt worden. Beispielsweise wurden bei der Vertrauensleutewahl im Jahr 2016 im Bereich der IG Metall rund 75.000 Vertrauensleute gewählt, von denen rund 48.000 keine Funktion nach dem Betriebsverfassungsgesetz haben. 27.000 sind gleichzeitig Mitglied im Betriebsrat. In rund 85% der Großbetriebe mit mehr als 1.000 Beschäftigten werden Vertrauensleute gewählt. In Klein- und Mittelbetrieben liegt dieser Prozentsatz deutlich niedriger. Die IG Metall strebt an, in möglichst vielen Betrieben neben dem Betriebsrat auch gewerkschaftliche Vertrauensleute zu wählen. So wurden im Jahr 2016 in 466 Betrieben erstmals Vertrauensleute gewählt.

Eine gewerkschaftliche Betriebspolitik muss sowohl für Betriebe mit gewählten Vertrauensleuten definiert werden als auch für Betriebe, in denen dies (noch) nicht der Fall ist (vgl. Kapitel 12.2). In Betrieben ohne gewerkschaftliche Vertrauensleute wird die Gewerkschaftsarbeit im Betrieb durch die Gewerkschaftsmitglieder im Betriebsrat getragen. In den Betrieben, in denen gewerkschaftliche Vertrauensleute gewählt wurden, ist eine intensivere und verbreitete Gewerkschaftsarbeit möglich, die die Belegschaft stärker an Entscheidungsprozessen beteiligt. Vertrauensleute werden für einzelne Abteilungen oder Bereiche des Betriebs von den Gewerkschaftsmitgliedern gewählt. Wenn im Produktionsbereich Schichtarbeit vereinbart ist, kommt es auch darauf an, dass in den einzelnen Bereichen jede Schichtgruppe einen Vertrauensmann oder eine Vertrauensfrau wählt. Gerade in Großbetrieben kommen beispielsweise auf 1.000 Beschäftigte lediglich ein bis zwei Betriebsratsmitglieder. Durch die Wahl von Vertrauensleuten besteht die Möglichkeit, dass alle Gewerkschaftsmitglieder einen unmittelbaren Ansprechpartner »vor Ort« haben.

Die gewerkschaftspolitische Bedeutung der Vertrauensleutearbeit liegt darin, dass die Gewerkschaft zusammen mit den Vertrauensleuten eigenständig agieren kann, ohne an die Grenzen des Betriebsverfassungsgesetzes gebunden zu sein. Gewerkschaftliche Vertrauensleute führen ihre Arbeit ehrenamtlich aus.

Geschichtlich gab es schon gewerkschaftliche Vertrauensleute in den Betrieben, bevor es Betriebsräte gab. Damals lag die gewerkschaftliche Interessenvertretung ausschließlich bei den gewerkschaftlichen Vertrauensleuten im Betrieb. Erst durch das Betriebsrätegesetz wurde in der Weimarer Republik im Jahr 1920 mit den Betriebsräten eine Instanz geschaffen, die formal unabhängig von den Gewerkschaften arbeitet. Diese Trennung wurde in der Bundesrepublik Deutschland durch das Betriebsverfassungsgesetz im Jahr 1952 fortgeführt. Zu dieser dualen Form der Interessenvertretung vergleiche Kapitel 6.4.

14.2 Wahl

Die Wahl der Vertrauensleute ist in den Richtlinien der einzelnen Gewerkschaften geregelt. In der IG Metall finden die Vertrauensleutewahlen alle vier Jahre statt (2016, 2020, 2024 usw.). Die Wahl erfolgt nach den Prinzipien demokratischer Wahlen in einzelnen Bereichen des Betriebs, die vor Ort festgelegt werden, z.B. nach Abteilungen. Wahlberechtigt sind alle Gewerkschaftsmitglieder in diesen Bereichen. In Schichtbetrieben sollte darauf geachtet werden, dass – so weit möglich – die einzelnen Schichtgruppen in den Abteilungen berücksichtigt werden. Wichtig ist, dass in allen Bereichen des Betriebs eine Wahl stattfindet, sodass bei den Vertrauensleuten alle Beschäftigtengruppen vertreten sind, die Beschäftigten aus der Produktion genauso wie Beschäftigte aus dem Konstruktions-, Verwaltungs- und Dienstleistungsbereich. Dies gilt auch für die Zusammensetzung der *Vertrauenskörperleitung (VKL)*. Ist in einzelnen Bereichen noch keine Wahl möglich, kann die regionale Gewerkschaft auch Vertrauensleute benennen.

14.3 Aufgaben

Die Aufgaben der Vertrauensleute ergeben sich aus den Richtlinien der einzelnen Gewerkschaften. In Übersicht 14-1 sind die unterschiedlichen Aufgaben der gewerkschaftlichen Vertrauensleute und des Betriebsrats dargestellt.

> Die Hauptaufgabe der Vertrauensleute hat zwei Aspekte: Sie besteht darin, Bindeglied zwischen den Gewerkschaftsmitgliedern und den Gremien der Gewerkschaft zu sein. Vertrauensleute nehmen einerseits Anregungen, Wünsche und Vorschläge der Gewerkschaftsmitglieder auf und bringen sie in den Entscheidungsprozess der Gremien der Gewerkschaft ein. Andererseits erläutern sie vor Ort im Betrieb die Positionen und Forderungen, die in den Gremien der Gewerkschaft beschlossen wurden – und zwar auf regionaler und bezirklicher Ebene wie auf Bundesebene. Sie organisieren so die Information und Beteiligung der Gewerkschaftsmitglieder an der gewerkschaftsinternen Willensbildung.

Übersicht 14-1: Aufgaben der Vertrauensleute und des Betriebsrats

Gewerkschaftliche Vertrauensleute	Betriebsrat
Wahl durch die Gewerkschaftsmitglieder im Betrieb	Wahl durch alle Beschäftigten im Betrieb
Grundlage: Richtlinien für die Vertrauensleutearbeit der Gewerkschaften	Grundlage: Betriebsverfassungsgesetz
Zusammenarbeit mit dem Betriebsrat auf Grundlage der Richtlinien für die Vertrauensleutearbeit der Gewerkschaften ⟵⟶	Zusammenarbeit mit den gewerkschaftlichen Vertrauensleuten: § 2 BetrVG
Betriebsratswahl: Aufstellung des Wahlvorschlages (Liste) der Gewerkschaft ⟶	

Ausgewählte Aufgaben:

- Interessenvertretung der Gewerkschaftsmitglieder im Betrieb
- Erläuterung der Positionen und Forderungen der Gewerkschaft
- Werbung von neuen Gewerkschaftsmitgliedern
- Beteiligung der Gewerkschaftsmitglieder an der internen Willensbildung der Gewerkschaften
- Informations- und Öffentlichkeitsarbeit der Gewerkschaft
- Diskussion der Forderungsaufstellung in Tarifrunden
- Organisation von Warnstreiks in Tarifrunden

Ausgewählte Aufgaben:

- Interessenvertretung der Beschäftigten im Betrieb
- Überwachung der Einhaltung von Gesetzen, Tarifverträgen usw.
- Nutzung von Informations-, Beratungs- und Mitbestimmungsrechten
- Beratung von einzelnen Beschäftigten, wobei auf die Vorteile einer Gewerkschaftsmitgliedschaft hingewiesen werden kann
- Verhandlungen mit dem Unternehmer
- Abschluss von Betriebsvereinbarungen

Gewerkschaftliche Vertrauensleute informieren und debattieren mit den Gewerkschaftsmitgliedern in ihrem Bereich. In der IG Metall lautet der Wahlspruch der Vertrauensleute: »Nah dran und kompetent!« Darin liegt ein entscheidender Vorteil gegenüber Betrieben, in denen (noch) keine Vertrauensleute gewählt wurden. Der direkte Gesprächskontakt während, vor und nach der Arbeitszeit oder während der Pausen ermöglicht einen direkten Kontakt zu einzelnen Interessenvertretern und eröffnet Möglichkeiten für eine größere Beteiligung aller Gewerkschaftsmitglieder. Dies ist gerade in Großbetrieben wichtig, da dort einzelne Betriebsratsmitglieder für mehrere Tausend Beschäftigte zuständig sind, sodass dort ein ständiger unmittelbarer Gesprächskontakt schwerfällt.

Weitere Aufgaben und Handlungsfelder der Vertrauensleute sind:
- Beantwortung von Fragen der Gewerkschaftsmitglieder zu Tarifverträgen, Gesetzen sowie zu aktuellen betrieblichen Problemen.
- Unterstützung der Gewerkschaftsmitglieder bei betrieblichen Konflikten oder Konflikten mit Vorgesetzten. Kann hier keine Klärung getroffen werden, stellen die Vertrauensleute den Kontakt zum Betriebsrat bzw. zur regionalen Gewerkschaft her;
- Verteilung von Informationsmaterialien der Gewerkschaft.
- Mitgliederwerbung.
- Zu Beginn der Tarifrunde organisieren Vertrauensleute in ihren Bereichen erste Diskussionen zur Forderungsaufstellung, die später in einer Versammlung aller Vertrauensleute im Betrieb zusammengeführt werden; diese Vorschläge fließen dann in die Diskussion und Entscheidungsfindung der bezirklichen Tarifkommissionen ein.
- Während einer Tarifrunde informieren die Vertrauensleute laufend über die Tarifverhandlungen und verteilen dazu Informationsmaterialien.
- Wenn es in einer Tarifrunde erforderlich ist, organisieren die gewerkschaftlichen Vertrauensleute in Absprache mit der Gewerkschaft Warnstreiks und motivieren die Gewerkschaftsmitglieder, sich daran zu beteiligen.
- Bei gesellschaftspolitischen Konflikten wie beispielsweise den Aktionen gegen die Agenda 2010 und die Rente mit 67 waren es gerade gewerkschaftliche Vertrauensleute, die die Diskussion nach vorne getrieben und für eine gute Beteiligung an Aktionen und Demonstrationen gesorgt haben.
- Vertrauensleute und Betriebsratsmitglieder arbeiten eng zusammen (vgl. Kapitel 14.4).

In vielen Betrieben existiert in der Produktion seit längerer Zeit *Gruppenarbeit*. In den Arbeitsgruppen werden Gruppen- oder Teamsprecher von der Gruppe gewählt, die beispielsweise die Gruppengespräche führen, Abstimmungsprozesse in der Gruppe leiten und Ansprechpartner*innen für die nächst höhere Führungsebene sind. Eine in den Gewerkschaften geführte Diskussion bezieht sich darauf, ob *gewerkschaftliche Vertrauensleute* gleichzeitig auch die *Funktion des Teamsprechers* übernehmen sollen. Dazu gibt es unterschiedliche Meinungen, da es für beide Varianten Vor- und Nachteile gibt. Wenn in einer Gruppe von beispielsweise zehn Gruppenmitgliedern sowohl ein Teamsprecher als auch ein/e gewerkschaftliche/r Vertrauensmann/frau gewählt wird, müssen die unterschiedlichen Aufgaben klar definiert und geklärt sein, zu welchen Themen der Gruppensprecher zu einer kurzen Gesprächsrunde einlädt und zu welchen Themen der/die gewerkschaftliche Vertrauensmann/frau dies tut. Wird ein Beschäftigter sowohl zum Teamsprecher als auch zum gewerkschaftlichen Vertrauensmann gewählt, muss er strikt darauf achten, seine beiden »Rollen« klar zu trennen. Letztlich muss diese Frage vor Ort geklärt werden.

14.4 Freiräume und Handlungsmöglichkeiten

Anders als für Betriebsratsmitglieder gibt es für Vertrauensleute keine direkte, sondern lediglich eine indirekte rechtliche Grundlage ihrer Arbeit. Anders als Betriebsratsmitglieder haben sie keinen erweiterten Kündigungsschutz und weniger Freiräume für ihre Arbeit. In zahlreichen Betrieben finden die Sitzungen der Vertrauensleute während der Freizeit außerhalb der Arbeitszeit statt. In vielen Betrieben ist es jedoch durch jahrelange konsequente Arbeit gelungen, auch für Vertrauensleute bessere Handlungsmöglichkeiten durchzusetzen.

Vertrauensleute können sich bei ihrer Arbeit im Betrieb zunächst auf zwei rechtliche Bestimmungen stützen:

- *Artikel 9 Grundgesetz (GG):* Hier ist das Grundrecht auf die sogenannte Vereinigungsfreiheit geregelt. Im Abs. 3 des Artikels 9 GG heißt es: »Das Recht, zur Wahrung und Förderung der Arbeits- und Wirtschaftsbeziehungen Vereinigungen zu bilden, ist für jedermann und für alle Berufe zu gewährleisten. Abreden, die dieses Recht einschränken oder zu behindern suchen, sind nichtig, hierauf gerichtete Maßnahmen sind rechtswidrig.« Damit ist das grundsätzliche Betätigungsrecht von Gewerkschaften sichergestellt (vgl. Kapitel 1.7).
- *§ 75 Abs. 1 BetrVG.* Dort heißt es in Auszügen: »Arbeitgeber und Betriebsrat haben darüber zu wachen, dass alle im Betrieb tätigen Personen nach den Grundsätzen von Recht und Billigkeit behandelt werden, insbesondere, dass jede Benachteiligung von Personen aus Gründen … ihrer politischen und gewerkschaftlichen Betätigung oder Einstellung … unterbleibt.«

Die Arbeit der Vertrauensleute im Betrieb ist zunächst einmal zulässig:
- vor Beginn der Arbeitszeit und danach;
- in den Pausen;
- während der Stillstandszeiten;
- während der tariflich vereinbarten Erholungs- und Bedürfniszeiten.

Aber auch eine kurze Ansprache während der Arbeitszeit ist zulässig. Dazu hat das Bundesverfassungsgericht eine Entscheidung getroffen, in der für das Wort »Gewerkschaften« das rechtlich übliche Wort »Koalitionen« (= Vereinigungen) verwendet wird:

> »Zu den geschützten Tätigkeiten gehört auch die Mitgliederwerbung durch die Koalitionen selbst. Diese schaffen damit das Fundament für die Erfüllung ihrer in Art.

> 9 Abs. 3 GG genannten Aufgaben. Durch die Werbung neuer Mitglieder sichern sie ihren Fortbestand. Von der Mitgliederzahl hängt ihre Verhandlungsstärke ab. Aber auch das einzelne Mitglied einer Vereinigung wird durch Art. 9 Abs. 3 GG geschützt, wenn es andere zum Beitritt zu gewinnen sucht. Wer sich darum bemüht, die eigene Vereinigung durch Mitgliederzuwachs zu stärken, nimmt das Grundrecht der Koalitionsfreiheit wahr.« (Bundesverfassungsgericht, 14.11.1995, BvR 601/92)

Durch die ständige Erhöhung des Leistungsdrucks bzw. die Reduzierung der Personalbesetzung haben sich die zeitlichen Spielräume der Vertrauensleute für ihre Arbeit in den letzten Jahren verringert. In vielen Betrieben findet die Vertrauensleutearbeit außerhalb der Arbeitszeit statt. In einigen Betrieben haben sich daraus folgende Arbeitsstrukturen entwickelt: Einmal monatlich treffen sich die Vertrauensleute am Samstagvormittag für zwei bis drei Stunden. Zusätzlich treffen sie sich einmal wöchentlich in der Pause für ca. 30 Minuten, um aktuelle Informationen auszutauschen. Natürlich ist es besser, wenn es im Betrieb gelingt, Vereinbarungen zu treffen, nach denen die Vertrauensleute zumindest für die monatlichen Sitzungen während der Arbeitszeit freigestellt werden. Darüber hinaus können die Arbeitsmöglichkeiten der Vertrauensleute durch eine enge Zusammenarbeit zwischen Vertrauensleuten und Betriebsrat verbessert werden (vgl. dazu Übersicht 14-2).

Um den Stellenwert der Vertrauensleute im Betrieb zu erhöhen, kann der Betriebsrat folgende Maßnahmen ergreifen:

- *Zusammenarbeit nach § 2 BetrVG intensivieren:* Nach § 2 BetrVG hat der Betriebsrat mit den im Betrieb vertretenen Gewerkschaften zusammenzuarbeiten. Die Vertrauensleute sind die Repräsentant*innen der Gewerkschaft im Betrieb und Ansprechpartner*innen für den Betriebsrat. Sollten Vertrauensleute aufgrund ihrer Arbeit benachteiligt werden, kann der Betriebsrat mit Hinweis auf § 75 Abs. 1 BetrVG dagegen vorgehen.

Übersicht 14-2: Zusammenarbeit von Vertrauensleuten und Betriebsrat

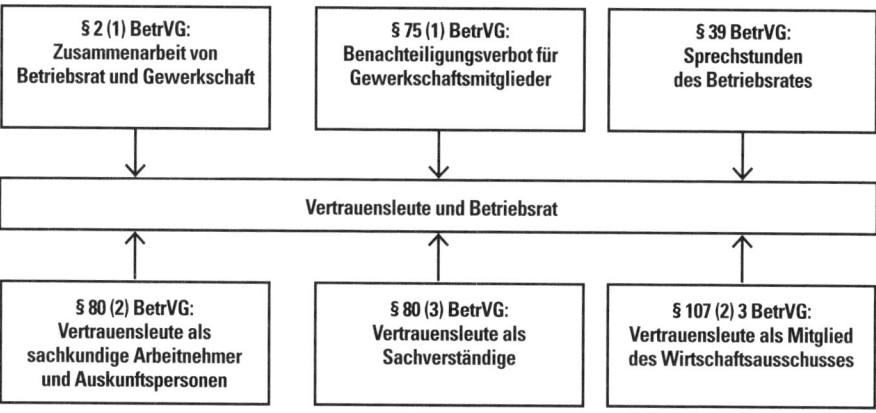

- *Sprechstunden des Betriebsrats:* Der Betriebsrat kann nach näherer Absprache gemäß § 39 BetrVG mit dem Unternehmer Sprechstunden einrichten. Zu diesen Sprechstunden kann der Betriebsrat auch Vertrauensleute einladen, um mit ihnen die aktuellen Probleme in ihren Abteilungen zu diskutieren. Nach § 39 Abs. 3 ist die Zeit während der Sprechstunde als Arbeitszeit zu bezahlen.
- *Vertrauensleute als Auskunftsperson oder Sachverständige:* Nach § 80 Abs. 2 BetrVG hat der Unternehmer dem Betriebsrat zur Erfüllung seiner Aufgaben »sachkundige Arbeitnehmer als Auskunftsperson« zur Verfügung zu stellen; dabei hat er die Vorschläge des Betriebsrats zu berücksichtigen. Nach § 80 Abs. 3 kann der Betriebsrat bei der Durchführung seiner Aufgaben nach näherer Vereinbarung mit dem Unternehmer »Sachverständige« hinzuziehen. Da Vertrauensleute vor Ort in ihren Bereichen arbeiten, kennen sie die dortigen Verhältnisse sehr gut und kommen deshalb sowohl als Auskunftspersonen als auch als Sachverständige infrage. Der Betriebsrat kann versuchen, bei speziellen Themen, die jeweiligen Vertrauensleute aus einer Abteilung hinzuzuziehen.
- *Wirtschaftsausschuss:* Die Mitglieder des Wirtschaftsausschusses werden vom Betriebsrat benannt, müssen aber nicht in jedem Falle Mitglied des Betriebsrats sein (vgl. § 107 Abs. 1 BetrVG). Auch hier besteht die Möglichkeit, dass der Betriebsrat einen Vertrauensmann oder eine Vertrauensfrau als Mitglied des Wirtschaftsausschusses benennt. Dies erhöht den Stellenwert der Arbeit der Vertrauensleute.
- *Freistellung:* In vielen Betrieben, insbesondere in Großbetrieben, ist es den Betriebsräten durch jahrelange Bemühungen gelungen, zeitliche Freiräume für die Vertrauensleute zu vereinbaren. So finden in diesen Betrieben die Vertrauensleutesitzungen während der Arbeitszeit statt. Ist in diesen Betrieben Schichtarbeit vereinbart, finden beispielsweise die Vertrauensleutesitzungen in der Zeit von 13 bis 15 Uhr statt, sodass sowohl die Vertrauensleute aus der Frühschicht als auch aus der Spätschicht teilnehmen können. Die Vertrauensleute der Nachtschicht werden separat informiert. Zur Freistellung von Vertrauensleuten gibt es in etlichen Betrieben eine nicht unumstrittene Praxis. Statt vier werden nur drei Betriebsversammlungen durchgeführt und im Gegenzug werden dafür Vertrauensleute für die monatlichen Sitzungen während der Arbeitszeit freigestellt. Zu dieser Praxis gibt es unterschiedliche Meinungen.

In den meisten Betrieben arbeiten die gewerkschaftlichen Vertrauensleute und die Betriebsratsmitglieder gut und solidarisch zusammen. Das schließt nicht aus, dass es bei einzelnen Themen unterschiedliche Sichtweisen und Meinungen geben kann. Im Sinne einer konstruktiv-kritischen Zusammenarbeit ist dies möglich. In der Richtlinie für Vertrauensleutearbeit der IG Metall ist beispielsweise formuliert: »Die IG Metall-Mitglieder im Betriebsrat ... arbeiten eng mit den Vertrauensleuten zusammen und entwickeln gemeinsam die gewerkschaftliche Betriebspolitik.« Weiter heißt es dort u.a. sinngemäß: Die IG Metall-Mitglieder im Betriebsrat
- unterstützen die Vertrauensleute bei ihrer Arbeit;
- führen regelmäßig Besprechungen mit der VK-Leitung durch;

- beteiligen die Vertrauensleute an der Arbeit des Betriebsrats;
- berichten regelmäßig bei den Vertrauensleuten über die Arbeit des Betriebsrats;
- beraten sich vor allen wichtigen Entscheidungen, vor allem vor dem Abschluss von Betriebsvereinbarungen, mit den Vertrauensleuten und informieren fortlaufend über den jeweiligen Verhandlungsstand;
- bereiten mit den Vertrauensleuten die Betriebsversammlung vor und nach.

14.5 Leitungsgremien der Vertrauensleute (VKL)

In den Richtlinien der Gewerkschaften zur Vertrauensleutearbeit finden sich Regelungen zu den Leitungsgremien der Vertrauensleute. In der IG Metall ist beispielsweise für jeden Betrieb mit Vertrauensleuten die Wahl einer *Vertrauenskörperleitung (VKL)* vorgesehen. Eines ihrer Mitglieder wird zum *Vertrauenskörperleiter* oder zur *Vertrauenskörperleiterin* gewählt *(VK-Leiter oder VK-Leiterin)*. In großen Betrieben, in denen mehrere hundert, teilweise sogar über tausend Vertrauensleute gewählt sind, werden neben der VK-Leitung *Bereichs-VK-Leitungen* gewählt.

Der VK-Leiter bzw. die VK-Leiterin hat in den Betrieben eine hervorgehobene Stellung. Eine in vielen Betrieben diskutierte Frage besteht darin, ob er/sie auch Mitglied des Betriebsrats sein sollte. Dazu gibt es unterschiedliche Meinungen, Erfahrungen und betriebliche Vorgehensweisen. Beide sind möglich, beide haben Vor- und Nachteile. Ist ein VK-Leiter bzw. eine VK-Leiterin nicht Mitglied im Betriebsrat, kann er bzw. sie unabhängig vom Betriebsrat argumentieren und eigenständig gewerkschaftliche Positionen zu einzelnen Themenfeldern formulieren, ohne in die Mehrheitsposition des Betriebsrats eingebunden zu sein. Auf der anderen Seite ist der Informationsstand von VK-Leitern, die Mitglied des Betriebsrats sind, meistens höher, da sie an allen Betriebsratssitzungen teilnehmen. Dadurch haben sie auch größere zeitliche Freiräume. Wenn VK-Leiter Mitglied des Betriebsrats sind, müssen sie allerdings darauf achten, dass sie ihre »beiden Rollen« nicht vermischen. Deshalb wird vorgeschlagen, dass der VK-Leiter nicht gleichzeitig Betriebsratsvorsitzender oder stellvertretender Betriebsratsvorsitzender sein sollte. In den Sitzungen der Vertrauensleute sollte auch der Bericht aus dem Betriebsrat vom Betriebsratsvorsitzenden und nicht vom VK-Leiter gegeben werden. In ihrer Eigenschaft als VK-Leiter müssen und können sie eigene Positionen formulieren. Neben ihrer Betriebsratsarbeit müssen sie gewährleisten, dass sie die Aufgabe als VK-Leiter wahrnehmen und gewerkschaftliche Themen in die Vertrauensleutesitzungen einbringen.

14.6 Bildungsarbeit

In vielen Betrieben treffen sich die Vertrauensleute regelmäßig zu Wochenendseminaren, um sich weiterzuqualifizieren und ihre Arbeit zu besprechen. Die einzelnen Gewerkschaften bieten für ihre Vertrauensleute zahlreiche Seminare an. In der IG Metall ist das häufigste Seminar das sogenannte A1-Seminar, das vor Ort in den Geschäftsstellen bzw. Bezirken angeboten wird und eine Woche dauert. Die Seminare werden von erfahrenen Vertrauensleuten geleitet, die sich als Referent*innen qualifiziert haben. Darüber hinaus bietet die IG Metall an den zentralen Bildungszentren eine Qualifizierungsreihe für Vertrauensleute mit sechs jeweils einwöchigen Modulen an. Darüber hinaus stehen viele weitere Spezialseminare auch den Vertrauensleuten offen.

Die Seminarkosten tragen die Gewerkschaften. In den meisten Bundesländern existieren Bildungsfreistellungsgesetze, die einen Anspruch auf eine Woche politische oder berufliche Bildungsmaßnahmen pro Jahr beinhalten; in diesem Fall trägt der Unternehmer den Verdienstausfall. Besteht kein Anspruch nach einem Bildungsfreistellungsgesetz, tragen nach näherer Vereinbarung die Gewerkschaften den Verdienstausfall während der Seminarzeit.

14.7 Tarifvertrag für Vertrauensleute?

Vertrauensleute haben, anders als Betriebsräte, keinen besonderen Kündigungsschutz und auch keine Möglichkeit, sich für ihre Aufgaben von ihrer betrieblichen Arbeit unter Fortzahlung der Bezüge freizustellen. Bis in die 1970er Jahre galt in der Metallindustrie ein Tarifvertrag zum Schutz der gewerkschaftlichen Vertrauensleute, der allerdings ausgelaufen ist und nicht erneuert werden konnte. Um die Situation und die Handlungsmöglichkeiten der gewerkschaftlichen Vertrauensleute zu verbessern, wird beispielsweise innerhalb der IG Metall seit vielen Jahren diskutiert, ob wieder ein Tarifvertrag für Vertrauensleute gefordert und durchgesetzt werden soll. Darin soll einerseits ein besonderer Kündigungsschutz für Vertrauensleute, andererseits ein Anspruch auf bezahlte Freistellung für die Vertrauensleutesitzung und die Arbeit der VK-Leitung verankert werden. Diese Forderungen sind berechtigt, treffen aber auf den entschiedenen Widerspruch der Unternehmer und ihrer Verbände. Ein Tarifvertrag für Vertrauensleute könnte daher nur in einem Streik durchgesetzt werden, der voraussichtlich mehrere Wochen dauern würde. Vor diesem Hintergrund wurde bisher keine entsprechende Forderung aufgestellt.

15. Gewerkschaftsjugend im Betrieb

15.1 Junge Mitglieder im Betrieb

Auch für junge Beschäftigte, Auszubildende und dual Studierende gilt der gewerkschaftliche Grundsatz: »Je mehr Mitglieder, desto einflussreicher!« Die Wirksamkeit einer gewerkschaftlichen Interessenvertretung im Betrieb hängt davon ab, dass sich die jungen Beschäftigten in der Gewerkschaft organisieren und so gemeinsam ihre Interessen gegenüber den Unternehmern vertreten (vgl. Kapitel 10). Gerade zu Beginn eines Ausbildungsjahres ist es sinnvoll, die neuen Auszubildenden (Azubis) und dual Studierenden (Dualis) gezielt anzusprechen und die neuen Auszubildenden gleich zu Beginn der Ausbildung zu einer »Begrüßungsrunde« einzuladen. In diesem Zusammenhang kann auch über die Aufgaben der Gewerkschaft informiert und den neuen Jugendlichen vorgeschlagen werden, Mitglied der Gewerkschaft zu werden. Die Erfahrung hat gezeigt, dass bei guter, kompetenter und authentischer Argumentation ein Großteil der neuen Azubis und Dualis auch Gewerkschaftsmitglied wird (vgl. Kapitel 15.6).

15.2 Jugend- und Auszubildendenvertretung (JAV)

Junge Beschäftigte bis zum Alter von 18 Jahren und Auszubildende (Azubis) bis zum Alter von 25 Jahren sind bei den Wahlen zur Jugend- und Auszubildendenvertretung (JAV) im Betrieb wahlberechtigt. Gleiches gilt für dual Studierende, wenn sie einen ausbildungsintegrierten Studiengang im Betrieb und an der Hochschule absolvieren. Die gewählten JAV-Mitglieder werden häufig umgangssprachlich auch »*Javis*« genannt.

Die Wahlen finden alle zwei Jahre im Herbst eines »geraden Jahres« statt (2018, 2020 usw.). Die Grundlagen der JAV sind im Betriebsverfassungsgesetz (BetrVG) geregelt – und zwar in den §§ 60 bis 73b und in § 78a. Die Zahl der Mitglieder in einer JAV hängt von der Zahl der wahlberechtigten Beschäftigten ab (vgl. § 62 BetrVG):

Zahl der jugendlichen Beschäftigten, Auszubildenden und dual Studierenden	Zahl der Mitglieder der Jugend- und Auszubildendenvertretung (JAV)
5 bis 20	1
21 bis 50	3
51 bis 150	5
151 bis 300	7
301 bis 500	9
501 bis 700	11
701 bis 1.000	13
mehr als 1.000	15

Übersicht 15-1: Zusammenarbeit der Jugend-und Ausbildungsvertretung mit den jugendlichen Beschäftigten, dem Betriebsrat und der Gewerkschaft

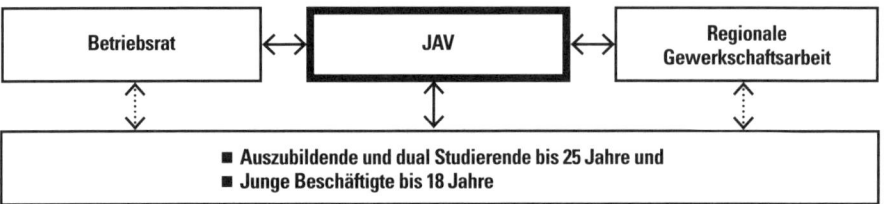

Die Arbeit einer JAV steht und fällt mit dem engen Kontakt zu den jugendlichen Beschäftigten, also den Azubis, Dualis und den anderen jungen Beschäftigten. Die praktische Arbeit einer JAV dürfte umso größer sein, je besser sie mit dem Betriebsrat und der örtlichen Gewerkschaft zusammenarbeitet (vgl. Übersicht 15-1).

Die allgemeinen Aufgaben einer JAV sind in § 70 BetrVG geregelt. Die Aufgaben und Rechte der JAV lassen sich wie folgt zusammenfassen:
- Eine JAV hat das Recht, Maßnahmen im Interesse der jungen Menschen beim Betriebsrat zu beantragen, die Fragen der Berufsausbildung und Übernahme und der Gleichstellung betreffen.
- Der Betriebsrat hat die JAV für ihre Aufgaben rechtzeitig und umfassend zu unterrichten und ihr auf Verlangen Unterlagen zur Verfügung zu stellen.
- Die JAV hat die Aufgabe, die Einhaltung von Tarifverträgen, Gesetzen und die Qualität der Ausbildung zu überwachen.
- Die JAV kann zu allen Betriebsratssitzungen eine/n Vertreter*in entsenden, der/die bei Angelegenheiten, die in die Zuständigkeit der JAV fallen, im Betriebsrat stimmberechtigt ist.
- Führt nach Meinung einer JAV ein Betriebsratsbeschluss zur Beeinträchtigung wichtiger Interessen der Jugend und Auszubildenden, so ist der Beschluss für eine Woche auszusetzen und ggf. unter Hinzuziehung der Gewerkschaft erneut zu beraten.
- Die JAV hat ein Teilnahmerecht bei Besprechungen von Unternehmensleitung und Betriebsrat, wenn Angelegenheiten der jungen Beschäftigten und der Auszubildenden behandelt werden.
- Die JAV kann vor oder nach einer Betriebsversammlung eine Jugend- und Auszubildenden-Versammlung einberufen, ggf. auch zu einem anderen Zeitpunkt.

Es empfiehlt sich in jedem Falle eine enge Zusammenarbeit zwischen JAV und Betriebsrat. Sinnvoll ist, wenn ein Betriebsratsmitglied für die JAV als Ansprechpartner zuständig ist, in größeren Betrieben auch ein Berufsbildungsausschuss. Die Erfahrung hat gezeigt, dass die JAV in Zusammenarbeit mit der Gewerkschaft und dem Betriebsrat bei folgenden Themen aktiv werden kann:
- Aufnahme von Anregungen und Forderungen der Azubis;
- Klärung von Konflikten mit der Ausbildungsleitung;
- Zahl der jährlichen Stellen für neue Auszubildende und dual Studierende;
- Qualität der Berufsausbildung, Einhaltung der Ausbildungspläne;

- Vorschläge für neue Ausbildungsberufe angesichts von Industrie 4.0;
- Übernahme nach der Ausbildung;
- Informationen über Weiterbildungsmöglichkeiten nach Abschluss der Ausbildung;
- Zusammenarbeit mit dem Ortsjugendausschuss der örtlichen Gewerkschaft;
- Begrüßung und Information der jährlich neu eingestellten Azubis;
- Mitgliederwerbung bei jungen Beschäftigten, Auszubildenden und dual Studierenden;
- Durchführung von »Auslerner-Runden« am Ende der Ausbildung;
- gewerkschaftliche Bildungsarbeit für junge Beschäftigte, Azubis und Dualis.

In Betrieben mit mehreren Betriebsstätten ist eine *Gesamtjugendvertretung* und in Konzernen mit mehreren Unternehmen eine *Konzernjugendvertretung* zu wählen (vgl. § 72 bis 73 BetrVG).

Die praktische Arbeit einer JAV hängt sehr stark von ihrer Größe ab. In Kleinbetrieben mit einer »Einer-JAV« sehen die Arbeitsmöglichkeiten gänzlich anders aus als in einem Großbetrieb mit einer JAV mit mehreren Mitgliedern. Gerade bei einer JAV mit einem oder drei Mitgliedern kommt es sehr stark darauf an, dass der Betriebsrat sie aktiv in ihrer Arbeit unterstützt.

Vor einer Diskriminierung durch die Unternehmer gilt für die JAV-Mitglieder – ähnlich wie die Betriebsratsmitglieder – ein besonderer Schutz, der in § 78a BetrVG geregelt ist. Danach haben JAV-Mitglieder grundsätzlich einen Anspruch auf Übernahme in ein unbefristetes Arbeitsverhältnis nach Ende der Ausbildung.

15.3 Berufsausbildung

15.3.1 Zahl der Ausbildungsplätze

Es ist ein grundsätzliches Interesse aller jungen Menschen: Sie benötigen eine gute Schulausbildung und eine gute Berufsausbildung, um damit im Verlauf ihres Lebens qualifizierte und nachhaltig sichere Arbeitsplätze zu finden. Neben der Hochschulausbildung ist die *duale Berufsausbildung mit den Lernorten Betrieb und Berufsschule* von entscheidender Bedeutung. Durch die Organisation der dualen Berufsausbildung in Deutschland stehen die Unternehmer in der Pflicht, eine ausreichend hohe Zahl von Arbeitsplätzen anzubieten. Sie tun dies natürlich auch deswegen, damit zukünftig qualifizierte Fachkräfte im Betrieb beschäftigt werden können. Zahlreiche Unternehmer engagieren sich in vorbildlicher Weise bei der Berufsausbildung. Andere Unternehmer entziehen sich dieser Aufgabe dadurch, dass sie keine Berufsausbildung im Betrieb anbieten oder deutlich weniger ausbilden, als ihr Bedarf an Fachkräften ist. Sie setzen darauf, Menschen einzustellen, die in anderen Betrieben ausgebildet wurden, um so die Kosten für die Ausbildung zu sparen. Ein solches Verhalten ist in keiner Weise akzeptabel. Denn würden alle Unternehmer so denken, gäbe es letztlich keine Berufsausbildung. Deshalb drängen die Gewerkschaften, Betriebsräte und JAVen in allen Betrieben darauf, dass zumindest in Höhe des zu erwartenden Bedarfs eine duale Berufsausbildung stattfindet.

Nach der deutschen Rechtsordnung fällt die Entscheidung, ob eine Berufsausbildung angeboten wird und wie viele Azubis und Dualis jedes Jahr ausgebildet werden, allein in das Direktionsrecht des Unternehmers (vgl. Kapitel 1.3). Der Betriebsrat hat hier keine Mitbestimmungsrechte. Er kann jedoch zusammen mit der Gewerkschaft und der JAV auf drei Ebenen die Entscheidung des Unternehmers versuchen zu beeinflussen:

- Die Forderung nach einem ausreichenden Angebot von Ausbildungsplätzen kann mit der grundsätzlichen Aufgabe bzw. Pflicht der Unternehmer zur dualen Ausbildung unterstrichen werden (vgl. Kapitel 10).
- Der Betriebsrat kann verdeutlichen, dass für die langfristige Zukunftssicherung des Betriebs eine ausreichende Zahl von Ausbildungsplätzen angeboten werden muss. Gerade diejenigen Unternehmer, die lautstark über einen Fachkräftemangel klagen, können dem durch eine entsprechende Berufsausbildung entgegenwirken.
- Der Betriebsrat kann versuchen, die Frage der Zahl der angebotenen Ausbildungsplätze mit anderen mitbestimmungspflichtigen Themen zu verknüpfen, um so ein »Kompromiss-Paket« zu vereinbaren.

15.3.2 Qualität der Ausbildung

Die Ausbildungsberufe und die Ausbildungsordnungen werden auf der Grundlage des *Berufsbildungsgesetzes (BBiG)* festgelegt. Es sollen theoretische und praktische Kenntnisse und Fertigkeiten vermittelt, aber auch der Erwerb sozialer Kompetenz gefördert werden. Die JAV und der Betriebsrat haben auch die Aufgabe, darüber zu wachen, dass die Ausbildungsordnungen im Betrieb korrekt umgesetzt werden und eine qualitativ hochwertige Ausbildung gewährleistet wird. Dazu gehört eine sinnvolle Kombination von theoretischen und praktischen Ausbildungselementen. Bei den Praxiseinsätzen ist darauf zu achten, dass der Schwerpunkt auf der Ausbildung liegt und Auszubildende nicht als billige Arbeitskräfte missbraucht werden. Auszubildende dürfen nicht mit ausbildungsfremden Tätigkeiten beschäftigt werden.

Die Gewerkschaften fordern, dass eine duale Berufsausbildung entweder drei Jahre oder 3,5 Jahre dauern sollte. Die sogenannten zweijährigen Ausbildungsberufe, wie z.B. Maschinen- und Anlagenbediener, werden von den Gewerkschaften nicht favorisiert, denn sie bieten angesichts des ständigen technischen Wandels keine Garantie dafür, dass die Auszubildenden eine auf Dauer angelegte nachhaltige Qualifikation erwerben können. Außerdem sind die zukünftigen Verdienstchancen geringer, da sie nach der Ausbildung auf Arbeitsplätzen eingesetzt werden, die niedrigeren Entgeltgruppen zugeordnet sind.

Eine wichtige Voraussetzung für eine erfolgreiche Berufsausbildung liegt in der Eignung und Kompetenz der für die Berufsausbildung zuständigen Personen (Ausbilder*innen). Nach § 97 Abs. 2 BetrVG kann der Betriebsrat der Bestellung einer mit der Berufsausbildung beauftragten Person widersprechen oder ihre Abberufung verlangen, »wenn diese die persönliche oder fachliche, insbesondere die berufs- und arbeitspädagogische Eignung im Sinne des Berufsbildungsgesetzes nicht besitzt oder ihre Aufgaben vernachlässigt«.

15.3.3 Bewerber*innenauswahl

Die Entscheidung, welche jungen Menschen im September jeden Jahres als Azubis oder Dualis eingestellt werden, trifft die Unternehmensleitung unter Beteiligung des Betriebsrats. Der Betriebsrat kann der Einstellung eines bestimmten Auszubildenden bei bestimmten Gründen seine Zustimmung verweigern (vgl. § 99 BetrVG).

Zunächst liegt das gemeinsame Interesse darin, geeigneten und qualifizierten jungen Menschen die Chance auf eine Berufsausbildung zu geben. Im Detail kann es aber zu unterschiedlichen Sichtweisen zwischen dem Unternehmer auf der einen Seite und dem Betriebsrat und der JAV auf der anderen Seite kommen. Die Unternehmer haben häufig extrem hohe Ansprüche an die Bewerber*innen, teilweise geben sie nur *Realschulabsolvent*innen* mit »super Schulnoten« und *Abiturient*innen* eine Chance. Nicht alle, aber viele Unternehmer geben *Hauptschüler*innen* so gut wie keine Chance. Es ist auch die Aufgabe des Betriebsrats und der JAV, für eine faire Zusammensetzung der ausgewählten Bewerber*innen zu sorgen. Dies betrifft einerseits die Tatsache, dass neben Abiturienten und Realschülern auch Hauptschüler einen Ausbildungsvertrag bekommen. Andererseits sollte darauf geachtet werden, dass auch *junge Frauen, Menschen mit Migrationshintergrund* und *behinderte junge Menschen* entsprechend berücksichtigt werden.

In Zeiten hoher Jugendarbeitslosigkeit konnten die Unternehmer unter einer hohen Zahl von Bewerber*innen auswählen, sodass häufig nur diejenigen eine Chance hatten, die sehr gute Schulnoten hatten. Seit ca. 2015 liegt die Zahl der Schulabgänger niedriger und die Jugendarbeitslosigkeit nahm deutlich ab. Dies führte dazu, dass die Unternehmer und Arbeitgeberverbandsvertreter über einen angeblichen »Mangel an geeigneten Bewerbern« lautstark jammern. Während die Jugendlichen in Zeiten der hohen Jugendarbeitslosigkeit froh sein mussten, überhaupt einen Ausbildungsplatz zu »erwischen«, können die Jugendlichen in guten Konjunkturphasen häufig zwischen mehreren Ausbildungsplätzen auswählen und sind in einer besseren Verhandlungsposition. Dann braucht kein Jugendlicher als Bittsteller aufzutreten, sondern kann selbstbewusst nach den Bedingungen der Ausbildung fragen. Kein Jugendlicher ist gezwungen, in einem Betrieb ohne Betriebsrat und Tarifvertrag eine Ausbildung zu machen, insbesondere wenn ihm oder ihr keine unbefristete Übernahme am Ende der Ausbildung zugesichert wird. Die Klagen der Unternehmer über einen »Mangel an geeigneten Bewerbern« ist in den Branchen am lautesten, in denen niedrige Ausbildungsvergütungen gezahlt werden und in denen die späteren Verdienstmöglichkeiten geringer sind, z.B. in der Gastronomie. An Unternehmer ist die Anforderung zu stellen, dass sie nicht nur Bewerber*innen mit sehr guten Schulnoten einstellen, sondern auch anderen Bewerber*innen eine Chance geben. Gerade besonders förderungsbedürftige Jugendliche benötigen dazu Chancen auf eine Einstiegsqualifizierung (vgl. Kapitel 15.3.5).

15.3.4 Übernahme nach der Ausbildung

Die große Mehrheit der Auszubildenden und der dual Studierenden hat das Interesse, nach der Ausbildung in ein unbefristetes Arbeitsverhältnis übernommen zu werden. Einige Azubis werden das Interesse haben, nach der Ausbildung zu studieren. Aber die meisten haben ein Interesse, im Betrieb weiterzuarbeiten. Lange Zeit haben sich die Unternehmer und ihre Verbände geweigert, Regelungen zur Übernahme der Auszubildenden nach der Ausbildung zu vereinbaren. In der Metall- und Elektroindustrie konnte die erste tarifliche Regelung 1994 abgeschlossen werden, die zumindest eine befristete Übernahme von sechs Monaten vorsah. Diese tariflichen Regelungen wurden in den folgenden Jahren schrittweise verbessert. In den Jahren 2011 und 2012 engagierte sich die Jugend der IG Metall im Rahmen der Kampagne »*Operation Übernahme*«, in der mit kreativen Methoden die Forderung nach einer unbefristeten Übernahme untermauert wurde. Höhepunkt war ein Jugendaktionstag im Oktober 2011 in Köln, an dem 25.000 jugendliche Gewerkschafterinnen und Gewerkschafter demonstrierten. Im Tarifabschluss des Jahres 2012 konnten dann die tariflichen Regelungen zur Übernahme deutlich verbessert werden.

Die Tarifverträge in der Metall- und Elektroindustrie sehen zur betrieblichen Umsetzung der *Übernahmeverpflichtung zwei Varianten* vor:

1. Der Unternehmer ermittelt vor Beginn der Ausbildung den voraussichtlichen Bedarf. Unternehmer und Betriebsrat können in einer freiwilligen Betriebsvereinbarung vereinbaren, wie vielen Auszubildenden nach Ende der Ausbildung ein unbefristetes Arbeitsverhältnis angeboten wird. Die gemäß der Betriebsvereinbarung »über Bedarf« Ausgebildeten haben keinen Anspruch auf Übernahme, auch nicht auf eine befristete Übernahme.
2. Wird keine derartige Betriebsvereinbarung abgeschlossen, hat der Unternehmer spätestens sechs Monate vor Ausbildungsende mit dem Betriebsrat zu beraten, wie hoch der Bedarf ist und wie vielen dementsprechend ein unbefristetes Arbeitsverhältnis angeboten wird. Nach dieser Beratung erfolgt die Festlegung, wie viele unbefristet übernommen werden. Die anderen Ausgebildeten müssen für mindestens zwölf Monate befristet in ein Arbeitsverhältnis übernommen werden.

Beide Varianten haben Vorteile und Nachteile, über die vor Ort im Betrieb diskutiert und entschieden werden muss. Beide Varianten bieten aber heute der großen Mehrheit der Azubis die Chance auf eine unbefristete Übernahme in ein Arbeitsverhältnis. Von diesen Grundsätzen kann abgewichen werden, wenn einer Übernahme personenbedingte Gründe entgegenstehen. Darüber hinaus kann mit Zustimmung des Betriebsrats von einer Übernahme abgewichen werden, wenn im Betrieb akute Beschäftigungsprobleme vorliegen.

15.3.5 Einstiegsqualifizierung

Die Anforderungen an eine Berufsausbildung sind in den letzten Jahren, auch aufgrund der technologischen Entwicklung, ständig gestiegen. Beispielsweise stellt eine dreieinhalbjährige Ausbildung zum/zur Mechatroniker*in erhebliche Anforderungen an die Azubis. Um jungen Menschen, die nach der Schulausbildung die notwendigen Voraussetzungen noch nicht mitbringen, eine Chance zu geben, werden Maßnahmen der sogenannten Einstiegsqualifizierung angeboten. Sie richten sich vorrangig an *förderungsbedürftige Jugendliche* beispielsweise mit schulischen Defiziten, aber auch an *geflüchtete Menschen*. Die Einstiegsqualifizierung ist in § 54 SGB III geregelt. Auf dieser Grundlage wurden in mehreren Branchen Tarifverträge zur Einstiegsqualifizierung abgeschlossen. Die Tarifverträge in der Metall- und Elektroindustrie sehen dafür detaillierte branchenbezogene Regelungen vor. Die Einstiegsqualifizierung dauert mindestens sechs Monate, aber möglichst zwölf Monate. Die jungen Beschäftigten erhalten in einer Einstiegsqualifizierung derzeit eine Ausbildungsunterstützung von 466 Euro pro Monat, die der Unternehmer von der Agentur für Arbeit erstattet bekommt. Während der Einstiegsqualifizierung werden die Jugendlichen im Betrieb auf eine duale Ausbildung vorbereitet und erhalten die Möglichkeit, gezielt individuelle schulische Defizite nachzuarbeiten. Ziel ist es, dass den jungen Menschen am Ende der Einstiegsqualifizierung ein Angebot für eine duale Ausbildung im Betrieb gemacht wird.

Trotz der Klagen über den »Mangel an geeigneten Bewerbern« bieten viel zu wenige Unternehmen eine Einstiegsqualifizierung an.

15.4 Tarifverträge für Auszubildende

Die Tarifverträge in der Metall- und Elektroindustrie gelten für Beschäftigte und die Auszubildenden. Da sich die metallindustriellen Arbeitgeberverbände weigern, für dual Studierende Tarifverträge abzuschließen, findet deren Ausbildung ohne tarifliche Regelungen statt. Ausnahme sind diejenigen Unternehmen, die dazu betriebliche Ergänzungs- oder Haustarifverträge mit der IG Metall abgeschlossen haben (vgl. Kapitel 10.4).

Die tariflichen Regelungen in der Metall- und Elektroindustrie für Auszubildende umfassen folgende Regelungen:
- *Ausbildungsvergütungen*, die gestaffelt sind vom ersten bis zum vierten Ausbildungsjahr. Diese sind regional unterschiedlich und liegen in einer Größenordnung von ca. 1.000 Euro pro Monat im 1. Ausbildungsjahr bis ca. 1.260 Euro im 4. Ausbildungsjahr (Stand 2018/2019);
- *Ausbildungszeiten* von 35 Stunden in West- und 38 Stunden in Ostdeutschland;
- *Regelungen in den Manteltarifverträgen*, wie z.B. 30 Tage Urlaub, Weihnachtsgeld, Urlaubsgeld, sechs Wochen Entgeltfortzahlung im Krankheitsfall usw.;
- *Regelungen zur Übernahme* nach der Ausbildung (vgl. Kapitel 15.3.4);
- *Spezialregelungen* für Auszubildende, z.B. zur Arbeit an Berufsschultagen usw.

Diese tariflichen Regelungen wurden in den letzten Jahrzehnten durchgesetzt und im Rahmen von Tarifrunden ständig verbessert. Dabei haben sich die Auszubildenden stark engagiert – sei es in den Debatten zur Tarifforderung, sei es bei der Teilnahme an Warnstreiks. Heute gehört es zu Tarifrunden dazu, dass Auszubildende ihr Streikrecht wahrnehmen und sich an Warnstreiks beteiligen. Häufig finden in den Regionen auch spezielle Aktionstage für Auszubildende statt.

15.5 Ausbildungsvergütung in tariflosen Betrieben

In tariflosen Betrieben werden die Ausbildungsvergütungen von den Unternehmern einseitig festgesetzt. Häufig liegen sie deutlich unter den Ausbildungsvergütungen, die in den Flächentarifverträgen vereinbart sind. Dagegen haben sich in zahlreichen Betrieben die Azubis mit ihrer Gewerkschaft gewehrt.

In § 17 des Berufsbildungsgesetzes (BBiG) ist sehr allgemein festgelegt, dass die Auszubildenden Anspruch »auf eine angemessene Vergütung« haben. Dazu hat das Bundesarbeitsgericht seit 1991 in ständiger Rechtsprechung entschieden, dass in tariflosen Betrieben die Ausbildungsvergütung mindestens 80% des regionalen Tarifvertrages der jeweiligen Branche entsprechen muss (z.B. BAG-Urteil vom 10.4.1991 5 AZR 226/90). In zahlreichen tariflosen Ausbildungsbetrieben haben mehrere Auszubildende gleichzeitig eine entsprechende Ausbildungsvergütung eingeklagt. Die Gewerkschaftsmitglieder erhielten dafür Rechtsschutz von ihrer Gewerkschaft. Die Klagen waren in aller Regel erfolgreich und waren häufig verbunden mit kreativen Aktionen der Gewerkschaftsjugend, um so auf die Missstände auch in der Öffentlichkeit aufmerksam zu machen. In der Koalitionsvereinbarung von CDU/CSU und SPD vom März 2018 ist vereinbart, dass eine gesetzliche Mindest-Ausbildungsvergütung festgelegt werden soll.

15.6 Ansprache beim Ausbildungsstart, während der Ausbildung und am Ausbildungsende

Die betrieblichen und örtlichen Vertreter*innen der Gewerkschaft sprechen Azubis regelmäßig an, um mit ihnen über ihre Probleme, Interessen und Forderungen zu diskutieren. Diese Ansprache erfolgt zu unterschiedlichen Zeitpunkten:
- *Ausbildungsstart:* Zu Beginn ihrer Ausbildung haben die jungen Menschen zahlreiche Fragen, da nach der Schulzeit auf sie »eine andere Welt« zukommt. In vielen Betrieben ist es üblich, dass gleich zu Beginn der Ausbildung die neuen Auszubildenden vom Betriebsrat, der JAV und der örtlichen Gewerkschaft zu einem Treffen eingeladen werden. Dabei stellen sich JAV, Betriebsrat und der bzw. die Jugendsekretär*in der Gewerkschaft vor und geben den neuen Azubis zahlreiche Tipps. Da gerade die JAV-Mitglieder dieselben Erfahrungen erst vor drei oder vier Jahren gemacht haben, können sie sich gut in die Situation der »Neuankömmlinge« hineinversetzen und authentisch die Situation erläutern und Fragen beantworten. In einigen Unternehmen oder Regionen findet nach der ersten »Kennenlernrunde« ein gemeinsames Wochenendseminar in einer Jugend-Bildungsstätte statt, wo die Diskussionen fortgesetzt werden. Hier besteht auch die Möglichkeit über die Vorteile einer Gewerkschaftsmitgliedschaft zu informieren. Erfahrungsgemäß treten schon zu Beginn der Ausbildung viele Jugendliche in die Gewerkschaft ein.
- *Während der Ausbildung:* In diesem Zeitraum stehen die Auszubildenden im regelmäßigen Kontakt mit ihrer Jugend- und Auszubildendenvertretung (JAV). Dabei geht

es einerseits um aktuelle Probleme während der Ausbildung, Probleme in der Berufsschule, Konflikte mit den Ausbildern und die Teilnahme an den regelmäßigen Jugend- und Auszubildenden-Versammlungen, bei denen gemeinsam über aktuelle Themen diskutiert werden kann. Andererseits geht es aber auch um gewerkschaftliche Aktivitäten während einer Tarifrunde, bei Warnstreiks und bei gesellschaftspolitischen Aktivitäten, beispielsweise in der Auseinandersetzung mit neonazistischen Gruppen. Die regionalen Gewerkschaften bieten zahlreiche Seminare für »Azubis« und »Dualis« an, entweder Wochenseminare oder Wochenendseminare.

- *Am Ausbildungsende:* Etwa ein halbes Jahr vor Ende der Ausbildung werden in einigen Betrieben die Azubis zu »Auslernerrunden« eingeladen. Das wichtigste Thema ist hier natürlich die Frage nach einer unbefristeten Übernahme in ein Arbeitsverhältnis. Für diejenigen, die übernommen werden, informieren JAV, Betriebsrat und Gewerkschaft über den Übergang von der Ausbildung in ein Arbeitsverhältnis. Mit denjenigen Azubis, die befristet oder gar nicht übernommen werden sollen, werden Handlungsmöglichkeiten diskutiert. Diejenigen, die nach der Ausbildung ein Studium aufnehmen wollen, werden über die Möglichkeit einer Gewerkschaftsmitgliedschaft als Studierende informiert. Auch wenn Gewerkschaftsarbeit meistens eine ernste Angelegenheit ist, kann zum Abschluss der Ausbildung auch gemeinsam Party gemacht werden.

15.7 Praktikant*innen, Werkstudenten, Doktoranden und Ferienbeschäftigte

Neben den Auszubildenden und den dual Studierenden finden sich in immer mehr Betrieben junge Menschen, die für eine befristete Zeit im Betrieb beschäftigt sind. Dies sind beispielsweise Praktikant*innen und Werkstudent*innen, die für einige Wochen oder Monate im Rahmen ihres Studiums ein betriebliches Praktikum absolvieren. Dazu gehören auch Werkstudent*innen, die ihre Bachelor- oder Masterarbeit über ein praktisches betriebliches Thema schreiben. Gleiches gilt für Doktoranden, die ihre Doktorarbeit in Kooperation mit dem Unternehmen erstellen. Dazu kommen in Ferienzeiten meistens Studierende, die in den Semesterferien arbeiten und Geld verdienen wollen.

Auch wenn diese Menschen nur für eine befristete Zeit im Betrieb beschäftigt sind, sollte dennoch die JAV, zusammen mit einigen Betriebsratsmitgliedern, auf sie zugehen und sich vorstellen. Dabei kann über die Situation im Betrieb und über die Arbeit des Betriebsrats und der JAV informiert werden. Dabei besteht die Möglichkeit, über die Vorteile einer Gewerkschaftsmitgliedschaft auch während des Studiums zu informieren (vgl. Kapitel 10.6).

16. Mitgliederwerbung

16.1 Je mehr Mitglieder, desto einflussreicher

> Die praktische Erfahrung einer langjährigen Gewerkschaftsarbeit zeigt: Je mehr Mitglieder eine Gewerkschaft hat, desto einflussreicher ist sie, desto mehr kann sie durchsetzen. Dies gilt im einzelnen Betrieb, in Tarifrunden und in der Gesellschaftspolitik. Eine Gewerkschaft mit wenigen Mitgliedern wird von den Gegnern nicht ernst genommen, da sie kaum etwas gegen Unternehmer oder Regierungen durchsetzen kann. Damit wird die Mitgliederfrage letztlich zur entscheidenden Größe für die Durchsetzungsmacht von Gewerkschaften. Die Gewinnung von neuen Mitgliedern für die Gewerkschaft ist deshalb hochpolitisch und kein Selbstzweck.

Hohe Organisationsgrade sind eine Grundvoraussetzung, um Konflikte erfolgreich führen zu können. Beteiligung von Mitgliedern und die gemeinsame Aktion z.B. bei Tarifkonflikten sind entscheidend dafür, wieviel eine Gewerkschaft durchsetzen kann. Dabei darf aber nicht nur die Zahl der Mitglieder das Maß der Dinge sein, sondern auch das Engagement der organisierten Kolleg*innen in der Gewerkschaft. Diese Zusammenhänge müssen immer wieder mit jungen Beschäftigten und Gewerkschaftsmitgliedern sowie mit neu gewählten Vertrauensleuten und Betriebsratsmitgliedern erarbeitet werden. Dies ist ein entscheidender Teil der gewerkschaftlichen Grundlagenbildung. Die Gewinnung neuer Mitglieder für die Gewerkschaft verbessert die Durchsetzungsmöglichkeiten einer Gewerkschaft entscheidend.

> Die Mitgliederfrage wird im Betrieb entschieden. Für den Einfluss im einzelnen Betrieb reicht es in Konfliktsituationen nicht aus, dass eine Gewerkschaft bundesweit eine starke Organisation ist. Entscheidend ist vielmehr die Frage, ob im einzelnen Betrieb die Mitgliederbasis so hoch ist, dass ein Konflikt mit dem Unternehmer erfolgreich geführt werden kann.

Es kommt darauf an, die Mitgliederbasis in jedem einzelnen Betrieb auszubauen. Voraussetzung ist die Tatsache, dass sich im einzelnen Betrieb eine relevante Zahl von Gewerkschaftsmitgliedern findet, die bereit sind, sich aktiv in die Mitgliederwerbung einzubringen. Dies werden überwiegend Betriebsratsmitglieder und Vertrauensleute sein. Die Frage, mit welchem Zeitaufwand und mit welchem Engagement im Betrieb systematisch Mitgliederwerbegespräche geführt werden, ist letztlich für die zukünftige Handlungsfähigkeit der betrieblichen Interessenvertretung entscheidend.

Es ist einfach vernünftig ...

Eigentlich ist es klar. Je mehr Mitglieder eine Gewerkschaft hat, desto einflussreicher ist sie, desto mehr kann sie durchsetzen. In der Metallindustrie, der Stahlindustrie und der chemischen Industrie sind wesentlich mehr Beschäftigte Mitglied in der Gewerkschaft als in anderen Branchen. Deshalb können in den genannten Branchen die Gewerkschaften bessere Tarifverträge durchsetzen. Das Verdienstniveau ist wesentlich höher, die Arbeitsbedingungen sind wesentlich besser als z.B. in Teilen des Einzelhandels, der Logistik oder gar in der Fleischindustrie.

Die Gewerkschaften sind ein notwendiges Gegengewicht gegen die Macht der Unternehmer und der großen Konzerne. Dagegen sind einzelne Beschäftigte machtlos. Nur wenn sie sich zu Gewerkschaften zusammenschließen, können sie dagegenhalten. Je mehr Mitglieder sie haben, desto mehr können sie gemeinsam durchsetzen. Man muss nicht mit allem einverstanden sein, was die Gewerkschaften sagen. Aber es ist auch im eigenen Interesse einfach vernünftig, Mitglied der Gewerkschaft zu sein.

16.2 Systematische Mitgliedergewinnung im Betrieb

Es liegt im eigenen Interesse der Betriebsratsmitglieder und Vertrauensleute im Betrieb, dass möglichst viele Beschäftigte auch Mitglied der Gewerkschaft sind. Dadurch können sich insbesondere die Durchsetzungsmöglichkeiten der Betriebsräte und Vertrauensleute entscheidend verbessern. Um die Zahl der Mitglieder im Betrieb zu verbessern, darf die Mitgliederwerbung nicht dem Zufall überlassen werden.

Grundvoraussetzung ist, dass die Mitgliedergewinnung zu einem festen und kontinuierlichen Bestandteil der gewerkschaftlichen Arbeit im Betrieb wird. Dazu muss sie konkret geplant werden, und es muss eine Verbindung zu betrieblichen Themen hergestellt werden. Wird die Entwicklung dem Zufall überlassen, wird sich kaum eine Verbesserung der Mitgliedersituation ergeben. Vielmehr helfen eine systematische Planung, verbindliche Absprachen, die Verabredung, wer zuständig ist, und die Vereinbarung von Zielzahlen.

Die Erfahrung in vielen Betrieben hat gezeigt, dass verschiedene Maßnahmen hilfreich sein können:

- *Werbeteam:* Es ist hilfreich, wenn ein Team aus Betriebsratsmitgliedern und Vertrauensleuten gebildet wird, die für eine systematische Mitgliedergewinnung zuständig sind. Dabei muss klar sein, dass sie dafür neben ihren anderen Aufgaben genügend Zeit zur Verfügung haben. Die Gewerkschaften bieten zur Mitgliedergewinnung Seminare an, in denen die Maßnahmen systematisch bearbeitet werden. Das Werbeteam ist verantwortlich, den systematischen Prozess der Mitgliederwerbung zu gestalten. Das heißt aber nicht, dass nur die Teammitglieder Werbegespräche führen und die anderen Betriebsratsmitglieder und Vertrauensleute dabei interessiert zu-

> **IGM (Ich Gehe Mit)**
>
> Jeder kennt doch das Gefühl,
> plötzlich wird's im Leben kühl,
> weil man weiß man ist allein
> und es hilft einem kein Schwein.
> Jeder weiß doch, wie das ist;
> wenn du plötzlich hilflos bist,
> weil dir Stärke fehlt und Mut
> und es wächst in dir die Wut.
> Jeder weiß auch, was das heißt,
> wenn man sich die Lippe beißt,
> weil man denkt es hat kein' Sinn,
> solange ich alleine bin.
>
> Denn die andern sind so groß,
> ich so'n kleines Lichtlein bloß,
> jeder weiß wie gut das wär,
> käm dann irgendwer daher,
> der dir sagt: »Ich Gehe Mit!«
> Und dann plötzlich – Schritt für Schritt,
> erst zu zweit und dann zu dritt
> käme man in Tritt.
> Jeder wünschte sich so sehr;
> wird es wieder einmal schwer
> und das Leben scheint zu klemmen.
> Diesen Ruf: »Komm IGM!«
>
> Thorsten Stelzner, Lyriker und Satiriker

sehen. Wichtig ist, dass möglichst viele Betriebsratsmitglieder und Vertrauensleute Werbegespräche führen. Dabei ist es wichtig, dass der bzw. die Betriebsratsvorsitzende mit gutem Beispiel vorangeht.

- *Gewerkschaftlicher Betriebsplan:* Systematische Mitgliederwerbung beginnt damit, dass ermittelt wird, in welchen Abteilungen und in welchen Schichten Gewerkschaftsmitglieder arbeiten. Aus den Listen der Beschäftigten und den Mitgliederlisten der Gewerkschaft, aber auch aus persönlicher Kenntnis kann so für jede Abteilung und jede Schicht ermittelt werden, welche Beschäftigten Gewerkschaftsmitglied sind und welche nicht. Für die Erstellung eines derartigen Betriebsplans stellen die Gewerkschaften Hilfsmittel zur Verfügung.
- *Die »Wer-mit-wem-Liste«:* Steht nach einer Analyse des gewerkschaftlichen Betriebsplans fest, wer noch nicht Mitglied der Gewerkschaft ist, kommt als nächster Schritt die Festlegung, wer mit ihm oder ihr ein Werbegespräch führt. Damit es in der betrieblichen Hektik nicht untergeht, hat es sich in vielen Betrieben bewährt, dass das Werbeteam eine »Wer-mit-wem-Liste« erstellt. Hier wird aufgelistet, welches Betriebsratsmitglied bzw. welcher Vertrauensmann oder welche Vertrauensfrau welchen Beschäftigten anspricht, der noch nicht Gewerkschaftsmitglied ist. Diese Liste ist mit allen beteiligten Werber*innen zu besprechen und ein Termin für ein erstes Werbegespräch festzulegen. Das Werbeteam wird dann einen Termin vorschlagen, zu dem sich alle Werber*innen erneut treffen und die Ergebnisse der Gespräche auswerten.
- *Zielzahlen:* Um die Verbindlichkeit des Prozesses der Mitgliedergewinnung zu erhöhen, hat es sich als hilfreich erwiesen, beispielsweise für den Zeitraum eines Jahres ein Ziel zu vereinbaren, wieviele neue Mitglieder geworben werden sollen. Das kann eine absolute Zahl sein, z.B.: »Wir wollen im nächsten Jahr zusätzlich zu den

Auszubildenden 20 neue Gewerkschaftsmitglieder werben.« Das kann aber auch ein Prozentsatz sein: »Wir wollen den gewerkschaftlichen Organisationsgrad von 52% auf 57% erhöhen.« Hilfreich kann es auch sein, diese Zielzahlen für einzelne Abteilungen zu vereinbaren: »Wir wollen im Ingenieursbereich im nächsten Jahr zehn neue Mitglieder werben.«

- *Kontinuierliche Arbeit:* Mitgliedergewinnung muss dauerhaft und kontinuierlich angelegt sein. Das heißt: Jährlich müssen der Prozess und die Ziele vom Werbeteam neu besprochen werden sowie neue Kolleg*innen motiviert und qualifiziert werden, Werbegespräche zu führen.
- *Besonderheiten der Abteilungen berücksichtigen:* Bei der Planung und Durchführung der Werbegespräche sollten die Besonderheiten in den jeweiligen Bereichen und Abteilungen berücksichtigt werden. Ein Werbegespräch in der Produktion verläuft in der Regel anders als ein Gespräch im Ingenieursbereich oder bei den Auszubildenden. Es ist hilfreich, wenn der Werber bzw. die Werberin aus dem jeweiligen Bereich kommt.
- *Auszubildende und dual Studierende:* In den meisten Betrieben beginnen im August oder September jeden Jahres die neuen Auszubildenden und dual Studierenden ihre Ausbildung. Hier hat es sich in vielen Betrieben bewährt, wenn die neuen »Azubis« und »Dualis« gemeinsam zu einem Gespräch gleich zu Beginn der Ausbildung eingeladen werden. Hierbei können sich der Betriebsrat, die Vertrauensleute, die Jugend- und Auszubildendenvertretung und der bzw. die Jugendsekretär*in der örtlichen Gewerkschaft vorstellen. Sie informieren dort über praktische Fragen des Betriebsalltags und der Ausbildung. Hierbei kann dann auch die Bedeutung der Mitgliedschaft in der Gewerkschaft zum Thema gemacht werden. In einigen Betrieben werden dafür sogar Wochenendseminare in einem Bildungs- oder Jugendzentrum angeboten. In fast allen Betrieben gelingt es, die Mehrheit der »Azubis« und »Dualis« davon zu überzeugen, dass es sinnvoll ist, Gewerkschaftsmitglied zu werden (vgl. die Kapitel 10 und 15).
- *Praktikant*innen, Ferienbeschäftigte und Werkstudierende:* In vielen Betrieben sind Praktikant*innen während der Urlaubszeit als sogenannte Ferienbeschäftigte tätig. Dabei handelt es sich häufig um Studierende, die in ihren Semesterferien ihr Geld für das Studium verdienen. Zudem ist ein Praktikum bei vielen Studierenden Teil ihres Studienplans. Auch wenn diese Personen nur eine begrenzte Zeit im Betrieb sind, können sie auf eine Mitgliedschaft in der Gewerkschaft angesprochen werden. Dabei kann verdeutlicht werden, dass die Gewerkschaften auch Angebote für Studierende an den Hochschulen machen (vgl. Kapitel 10.6). Studierende können z.B. in der IG Metall mit einem Beitrag von knapp über zwei Euro Mitglied werden.
- *Leiharbeitsbeschäftigte:* Leiharbeitsbeschäftigte arbeiten häufig mehrere Monate im Betrieb. Sie sollten genauso wie die anderen Beschäftigten auf eine Mitgliedschaft in den Gewerkschaften angesprochen werden. Die Gewerkschaften haben für Leiharbeitsbeschäftigte Tarifverträge mit Entgelten abgeschlossen, die schon zu Beginn der Tätigkeit deutlich über dem Mindestlohn liegen und in einem Stufenplan

schrittweise das gleiche Monatsentgelt wie das der Stammbeschäftigten erreichen (vgl. Kapitel 7.3.3).

16.3 Gesprächsführung bei der Mitgliedergewinnung

Es ist nicht leicht, Mitgliederwerbegespräche zu führen. Manchen Menschen liegt das spontan, andere haben damit zunächst Probleme. Es ist aber möglich, sich dafür zu qualifizieren. Alle Gewerkschaften bieten dazu entsprechende Seminare an. Zusammen mit den Betriebsbeauftragten der örtlichen Gewerkschaft können derartige Seminare auch bezogen auf den Betrieb angeboten werden.

Die wichtigsten Punkte, die dabei beachtet werden müssen, sind:

- *Inhaltliche Vorbereitung:* Niemand kann andere Beschäftigte davon überzeugen, Gewerkschaftsmitglied zu werden, wenn er oder sie nicht selbst davon überzeugt ist. Dafür kommen zahlreiche Argumente infrage, warum es sinnvoll ist, Mitglied zu werden. Deshalb ist es hilfreich, wenn Werberinnen und Werber mehrere Grundlagenseminare der Gewerkschaft besucht haben. Für die Gesprächsführung ist es aber auch wichtig, betriebliche oder tarifliche Fragestellungen aufzugreifen und in ein Werbegespräch einzubringen.
- *Organisatorische Vorbereitung:* Hier ist zunächst zu klären, wann und wo ein Werbegespräch stattfinden soll – am Arbeitsplatz, außerhalb des Betriebes oder im Betriebsratsbüro. Es hat sich als hilfreich erwiesen, wenn die Gespräche in einem Besprechungsraum des Betriebsrats »in aller Ruhe« stattfinden. Das Angebot einer Tasse Kaffee zu Beginn ist genauso wichtig wie die Sicherstellung, dass während des Gespräches kein Telefon und kein Handy klingelt.
- *Gesprächsführung:* Selbstverständlich wird der Werber oder die Werberin in dem Gespräch zahlreiche Argumente vortragen, die für einen Gewerkschaftsbeitritt sprechen. Aber es muss in jedem Fall vermieden werden, dass der Gesprächspartner bzw. die Gesprächspartnerin »zugetextet« wird. Hier wird die *70/30-Regel* vorgeschlagen: *Zu 70% zuhören und zu 30% argumentieren.* In jedem Fall ist es besser, nach der Situation am Arbeitsplatz zu fragen und erst einmal zuzuhören. Die Gesprächsatmosphäre sollte von gegenseitigem Respekt und sachlichem Austausch von Argumenten geprägt sein. Als Argumente für einen Gewerkschaftsbeitritt können gewerkschaftspolitische, tarifliche und betriebliche Aspekte eingebracht werden, also z.B. die Gewerkschaften als notwendige Gegenmacht gegenüber den Unternehmern und Konzernen, die tarifpolitischen Erfolge und die betrieblichen Regelungen, die gemeinsam vom Betriebsrat und der Gewerkschaft durchgesetzt werden. Daneben – aber nicht im Zentrum – können die Serviceleistungen der Gewerkschaften wie der Rechtsschutz angesprochen werden.
- *Gewerkschaftsbeitrag:* 1% vom Bruttoeinkommen: In einem Werbegespräch sollte der Werber oder die Werberin von sich aus selbstbewusst die Tatsache ansprechen, dass der Gewerkschaftsbeitrag 1% vom Bruttoverdienst beträgt. Auf den ersten Blick

Übersicht 16-1: Kosten und Nutzen einer Mitgliedschaft in der Gewerkschaft

erscheint das etlichen Beschäftigten als ein hoher Beitrag. Wird die Beitragshöhe aber im Zusammenhang mit den Vorteilen und Leistungen der Gewerkschaft dargestellt, kann verdeutlicht werden, warum die Beitragshöhe vernünftig ist. Dazu ist es hilfreich, Kosten und Nutzen in einer Wippe darzustellen (vgl. Übersicht 16-1).

- *Gewerkschaftsbeitritt ist mehr als ein »like« bei Facebook:* Etliche Beschäftigte zeigen in den Werbegesprächen eine grundsätzliche Sympathie mit der Gewerkschaft und formulieren beispielsweise: »Ich finde das prinzipiell gut, was die Gewerkschaften tun.« Auf den Facebook-Seiten der Gewerkschaften zögern sie auch nicht, ein »like« anzuklicken. Häufig führt aber diese grundsätzliche Sympathiebekundung nicht dazu, den Beitritt zur Gewerkschaft zu erklären. In einer Gesprächssituation kommt es darauf an, herauszuarbeiten, dass es in der Gewerkschaft um das gemeinsame Handeln vieler Beschäftigter gegenüber den Unternehmern geht. Dazu reichen Sympathiebekundungen nicht aus, sondern erfordern einen Beitritt zur Gewerkschaft.

- *Ausfüllen des Beitrittsformulars:* Am Ende eines oder mehrerer Werbegespräche steht der entscheidende Punkt, dass das Beitrittsformular ausgefüllt und unterschrieben wird. Dies wird nicht in jedem Fall beim ersten Gespräch passieren. Wichtig ist hierbei, dass die Werber*innen nicht »lockerlassen«. Es reicht nicht aus, dass ein Werbegespräch in guter Atmosphäre endet und sich alle Beteiligten einig sind, wie wichtig Gewerkschaften sind. Vielmehr muss am Ende eines oder mehrerer Gespräche eine klare Entscheidung getroffen werden. Falls die Gesprächspartner*innen das Beitrittsformular mit den Worten »ich überlege mir das Ganze nochmal in Ruhe« mitnehmen, muss in jedem Falle eine Woche später noch einmal ein Gesprächskontakt aufgenommen werden.

16.4 Umgang mit Austritten

Es kommt bisweilen vor, dass Gewerkschaftsmitglieder ihren Austritt aus der Gewerkschaft erklären. Dieser muss schriftlich gegenüber der regionalen Geschäftsstelle der Gewerkschaft erklärt werden. Diese Kolleginnen und Kollegen sollten in jedem Falle angesprochen und nach dem Grund ihres Austrittsantrags befragt werden. In vielen Fällen handelt es sich um eine spontane Entscheidung, da sich das Mitglied über eine Position oder eine Person im Betriebsrat oder der Gewerkschaft geärgert hat. In Gesprächen können häufig die Ärgernisse ausgeräumt werden, sodass der Austritt rückgängig gemacht wird.

Beim Umgang mit Austrittsanträgen kommt es entscheidend darauf an, dass schnell gehandelt wird. Mit den austrittswilligen Kolleginnen und Kollegen sollte innerhalb von drei Tagen ein Gesprächskontakt hergestellt werden, um über die Angelegenheit zu sprechen. Dies darf nicht auf die lange Bank geschoben werden. Am besten ist es, wenn das Gespräch im Betrieb, z.B. im Betriebsratszimmer, durch ein Betriebsratsmitglied, einen Vertrauensmann oder eine Vertrauensfrau stattfindet. Da die Erklärung des Austritts in der Geschäftsstelle der örtlichen Gewerkschaft eingeht, muss sichergestellt sein, dass die Beschäftigten der Geschäftsstelle noch am selben Tag einen Verantwortlichen im Betriebsrat oder bei den Vertrauensleuten informieren, sodass schnell reagiert werden kann.

Für Beschäftigte in Betrieben ohne Betriebsrat, aber auch für Arbeitslose und Rentnerinnen und Rentner haben die örtlichen Geschäftsstellen der Gewerkschaft Verfahren verabredet, dass mit den austrittswilligen Kolleginnen und Kollegen innerhalb von drei Tagen telefonisch Kontakt aufgenommen wird.

»Wenn ich in einer Fabrik Arbeit aufnähme,
würde ich als erstes Mitglied der Gewerkschaft.«

Franklin D. Roosevelt, amerikanischer Präsident (1882-1945)

17. Gewerkschaftliche Erschließung von Betrieben (Organizing)

Es gibt etliche Betriebe, in denen die Gewerkschaften keine oder wenige Mitglieder haben, in denen kein Betriebsrat existiert und in denen kein Tarifvertrag gilt. Mehrheitlich sind dies Klein- und Mittelbetriebe und insbesondere neu gegründete Betriebe, sogenannte Greenfields oder Start-ups. Neben Kleinbetrieben oder Handwerksbetrieben sind dies im Bereich der IG Metall z.B. reine Engineering-Betriebe, IT-Betriebe und Betriebe in neu entstandenen Branchen wie z.B. Betriebe, die Windkraftanlagen herstellen. Einen Betrieb, in dem weder ein Betriebsrat existiert noch ein Tarifvertrag gilt, gewerkschaftlich zu erschließen, geht nur schrittweise und durch kontinuierliche Werbung von Gewerkschaftsmitgliedern. Die Übersicht 17-1 zeigt vereinfacht die wesentlichen Schritte.

Übersicht 17-1: Gewerkschaftliche Erschließung von betriebsratslosen und tariflosen Betrieben

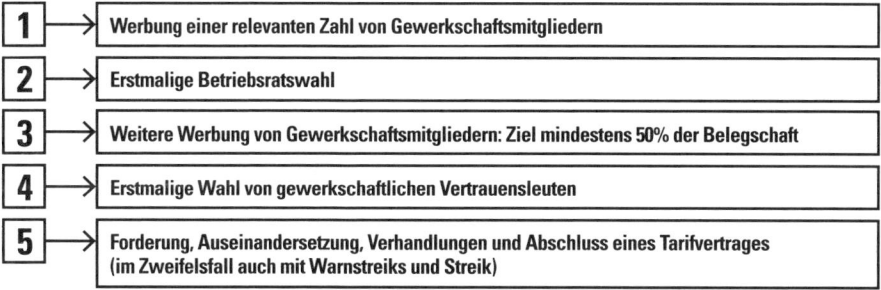

17.1 Erstmalige Wahl eines Betriebsrats

Der klassische Weg zur gewerkschaftlichen Erschließung eines derartigen Betriebes fängt damit an, dass es zwischen einigen Beschäftigten des Betriebs und der zuständigen Gewerkschaft einen ersten Kontakt gibt. Entweder suchen einige Beschäftigte des Betriebs den Kontakt zur jeweiligen Gewerkschaft und formulieren: »Wir wollen einen Betriebsrat wählen. Was müssen wir dazu tun? Kann uns die Gewerkschaft dabei helfen?« Oder die örtliche Gewerkschaft wird von sich aus aktiv und spricht ihr bekannte Beschäftigte des Betriebs an und motiviert sie, einen Betriebsrat zu wählen. Anders als in anderen Ländern wie z.B. den USA ist die erstmalige Wahl eines Betriebsrats in Deutschland der Schlüssel oder »die Eintrittskarte« zur gewerkschaftlichen Erschließung eines Betriebs (vgl. dazu Übersicht 17-2).

Voraussetzung ist zunächst, dass sich einige Beschäftigte aus dem Betrieb bereit erklären, aktiv zu werden und mit der Gewerkschaft zusammenzuarbeiten. Eine Aktion »von außen«, die sich nicht auf einige Beschäftigte im Betrieb stützen kann, ist erfah-

Übersicht 17-2: In sechs Schritten zur erstmaligen Betriebsratswahl

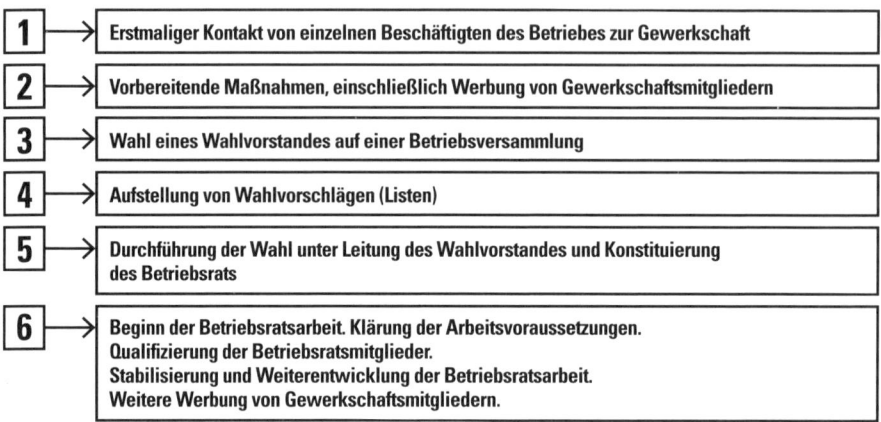

rungsgemäß zum Scheitern verurteilt. Nach einem ersten Kontakt zwischen Beschäftigten und Gewerkschaft stehen zunächst grundsätzliche Fragen an. Häufig sind die aktiv gewordenen Beschäftigten noch gar nicht Gewerkschaftsmitglieder und treten im Anfangsstadium des Erschließungsprozesses in die Gewerkschaft ein. Dann wird es darauf ankommen, eine größere, relevante Zahl von Beschäftigten zu motivieren, ebenfalls Mitglied der Gewerkschaft zu werden und von der Notwendigkeit zu überzeugen, erstmals einen Betriebsrat zu wählen, um ihre Arbeitsbedingungen vor Ort besser gestalten zu können.

Gibt es im Betrieb eine mehrheitliche Grundstimmung für die Wahl eines Betriebsrats, muss eine Risikoabschätzung vorgenommen werden, wie sich der Unternehmer verhält. Hier gibt es die unterschiedlichsten *unternehmerischen Verhaltensweisen:* Einige lassen die Wahl eines Betriebsrats ohne Diskussion zu, andere versuchen die Belegschaft davon zu überzeugen, dass es in ihrem eigenen Interesse sei, keinen Betriebsrat zu wählen. In anderen Fällen versuchen die Unternehmer »auf den Zug aufzuspringen«, und unterstützen Beschäftigte, die dem Unternehmer nahestehen, für den Betriebsrat zu kandidieren.

In einigen Fällen versuchen Unternehmer auch mit offenem Druck die erstmalige Wahl eines Betriebsrats zu verhindern. Dazu holen sie sich Unterstützung von einschlägigen Rechtsanwaltsbüros, die mit aggressiven Methoden die Beschäftigten und insbesondere die Aktiven bedrohen. Diese Vorgehensweise wird auch mit dem englischen Begriff *»union busting«* (= Gewerkschaftsbehinderung) bezeichnet.

In dieser Konstellation kommt es darauf an, dass alle aktiven Beschäftigten den Druck aushalten können und eine gute Verankerung in der Belegschaft haben. Es ist verständlich, dass sich Beschäftigte vor der erstmaligen Wahl eines Betriebsrats über mögliche Risiken für sie informieren, da in den meisten Fällen die Unternehmer die Wahl eines Betriebsrats als Behinderung ansehen. Dazu finden sich Schutzregelungen in § 20 BetrVG:

> »Zuerst ignorieren sie euch,
> dann lachen sie über euch,
> dann bekämpfen sie euch
> und dann gewinnt ihr.«
>
> Mahatma Gandhi, indischer Freiheitskämpfer

> § 20 Abs. 1 BetrVG: »Niemand darf die Wahl des Betriebsrats behindern. Insbesondere darf kein Arbeitnehmer in der Ausübung des aktiven und passiven Wahlrechtes beschränkt werden.«
> § 20 Abs. 2 BetrVG: »Niemand darf die Wahl des Betriebsrats durch Zufügung oder Androhung von Nachteilen oder durch Gewährung oder Versprechen von Vorteilen beeinflussen.«

Sind die Vorbereitungen abgeschlossen, kann in Zusammenarbeit mit der Gewerkschaft der Prozess der erstmaligen Wahl eines Betriebsrats begonnen werden. Grundlage dafür sind die §§ 17 und 17a BetrVG. Ist der Betrieb Teil eines Unternehmens oder eines Konzerns, kann der GBR oder der KBR den Wahlvorstand bestellen. Ist das nicht der Fall, wird auf einer Betriebsversammlung ein Wahlvorstand aus drei im Betrieb beschäftigten Arbeitnehmer*innen gewählt.

> Ab der Bestellung als Wahlvorstand dürfen die Mitglieder des Wahlvorstandes nicht gekündigt werden. Gemäß § 15 Abs. 3 Kündigungsschutzgesetz (KschG) gilt dieser Kündigungsschutz innerhalb von sechs Monaten, gerechnet ab der Bekanntgabe des Wahlergebnisses.

Zur Betriebsversammlung kann die im Betrieb vertretene Gewerkschaft einladen oder drei im Betrieb beschäftigte Arbeitnehmer. Je nach dem zu erwartenden Gegenwind von der Unternehmerseite ist zu klären, wer dazu einladen soll. Das Wichtigste ist es jedoch, sicherzustellen, dass möglichst viele Beschäftigte an dieser Betriebsversammlung teilnehmen, auch wenn der Unternehmer versuchen sollte, sie vom Besuch dieser Versammlung abzuhalten. Der Unternehmer sollte frühzeitig darauf hingewiesen werden, dass er allen Beschäftigten unter Fortzahlung ihrer Bezüge die Teilnahme an der Betriebsversammlung ermöglichen muss. Findet trotz Einladung keine Betriebsversammlung statt, so wird gemäß § 17 Abs. 3 BetrVG der Wahlvorstand durch das Arbeitsgericht eingesetzt. Antragsberechtigt ist eine im Betrieb vertretene Gewerkschaft oder mindestens drei im Betrieb wahlberechtigte Arbeitnehmer*innen. In den §§ 16 und 17 BetrVG sind dafür Regelungen und Fristen vorgeschrieben. Für Betriebe mit weniger als 20 Beschäftigten finden sich in § 14a bzw. § 17a BetrVG Regelungen zum *vereinfachten Wahlverfahren für Kleinbetriebe*.

Die Vorbereitung und Durchführung der Betriebsratswahl findet durch den Wahlvorstand statt. Die Gewerkschaften bieten dazu Schulungsmaßnahmen und Unterstützung an. Zur Wahl des Betriebsrats können die wahlberechtigten Beschäftigten und die im Betrieb vertretene Gewerkschaft Wahlvorschläge machen. Jeder Wahlvorschlag der Beschäftigten muss nach § 14 Abs. 4 BetrVG von mindestens einem Zwanzigstel der wahlberechtigten Arbeitnehmer, mindestens jedoch von drei Wahlberechtigten, unterzeichnet werden.

> Nach § 15 Abs. 3 KSchG haben Wahlbewerber einen Kündigungsschutz von sechs Monaten, gerechnet ab der Bekanntgabe des Wahlergebnisses. Gewählte Betriebsratsmitglieder haben während der Amtszeit und weitere zwölf Monate nach Ablauf der Amtszeit Kündigungsschutz (vgl. § 15 Abs. 1 KSchG).

Nach der Wahl und der Konstituierung des Betriebsrats liegen zu Beginn der Arbeit des neugewählten Betriebsrats erfahrungsgemäß viele, teilweise konfliktbehaftete Aufgaben vor ihm. Viele Dinge, die bei langjährig arbeitenden Betriebsräten selbstverständlich sind, müssen schrittweise geregelt bzw. erstritten werden. Dies beginnt mit praktischen Dingen wie einem Betriebsratsbüro, Sitzungsraum, Telefon, PC und E-Mail-Adresse. Entscheidend ist vor allem die Durchsetzung der Freistellung von der Arbeit, um die Aufgaben des Betriebsrats erledigen zu können. Gerade in kleineren Betrieben, in denen kein Anspruch auf eine volle Freistellung eines Betriebsratsmitgliedes existiert, muss geregelt werden, dass die Betriebsratsmitglieder für Betriebsratssitzungen freigestellt werden. Darüber hinaus sind sie für die Vorbereitung von Sitzungen und zur Bearbeitung von Mitbestimmungsangelegenheiten freizustellen. Mit der Personalabteilung müssen Verabredungen über Abläufe getroffen werden, z.B. die vorherige Anhörung bei beabsichtigten Kündigungen usw. Dann müssen Termine für die nächsten Betriebsversammlungen abgesprochen werden und die Durchführung der Versammlung gut vorbereitet werden. Die Durchsetzung dieser Rechte des Betriebsverfassungsgesetzes ist gerade in der Anfangszeit nach einer Betriebsratswahl ein großes Konfliktthema mit dem Unternehmer. Hier leistet die örtliche Geschäftsstelle der Gewerkschaft wichtige Unterstützungsarbeit.

Mit dem Unternehmer oder mit der beauftragten Personalabteilung ist sicherzustellen, dass die Informations-, Beratungs- und Mitbestimmungsrechte des Betriebsrats einzuhalten sind. Die IG Metall bietet für neu gewählte Betriebsräte entsprechende Schulungsmaßnahmen an, an denen möglichst alle Betriebsratsmitglieder teilnehmen sollten. Dies sind einmal Seminare der gewerkschaftlichen Grundlagenbildung, aber auch Betriebsräteseminare (vgl. Kapitel 12.5). Erfahrungsgemäß dauert es mehrere Monate, teilweise Jahre, bis der neu gewählte Betriebsrat »fest im Sattel sitzt«. Je stärker sein Rückhalt in der Belegschaft ist und je mehr Beschäftigte Mitglied der Gewerkschaft werden, desto besser gelingt dieser Prozess. Wenn sich die Arbeit des Betriebsrats »eingespielt« hat, wird das nächste mittelfristige Ziel die Herstellung einer Tarifbindung sein; vgl. Kapitel 17.4.

17.2 Organizing

Unter der Bezeichnung »Organizing« wird seit den 2000er Jahren in den deutschen Gewerkschaften ein neuer Ansatz zur gewerkschaftlichen Erschließung von Betrieben debattiert und erprobt. »Organizing« kommt aus dem Englischen und heißt (gewerkschaftliches) Organisieren. Dieser Ansatz entstand ursprünglich in der amerikanischen Stadtteil-Arbeit, um beispielsweise Bewohner*innen von Stadtteilen zum gemeinschaftlichen Engagement zur Verbesserung der Lage in den Wohnvierteln zu motivieren. Elemente dieses Ansatzes wurden von den amerikanischen Dienstleistungsgewerkschaften aufgegriffen und weiterentwickelt. Der Schwerpunkt lag dabei auf Beschäftigtengruppen im Reinigungsgewerbe, der Logistik, der Sicherheitsdienste, der Systemgastronomie und der allgemeinen Dienstleistungen.

In diesen Bereichen gibt es in den USA kaum Gewerkschaftsmitglieder und Strukturen der Interessenvertretung. Mit einer gezielten Ansprache der dort Beschäftigten durch »*Organizer*« der Gewerkschaft wird versucht, die Belegschaften zum gemeinsamen gewerkschaftlichen Handeln zur Durchsetzung ihrer Interessen zu motivieren. Anders als in Deutschland gibt es in den USA nicht die Möglichkeit, einen Betriebsrat zu wählen. Um im Betrieb eine gewerkschaftliche Interessenvertretung zu verankern, ist eine Abstimmung über die gewerkschaftliche Organisierung des Betriebes erforderlich, bei der mindestens 50% der Belegschaft zustimmen müssen. Insofern ist Mitgliederwerbung ein zentrales Element des Organizing, um so die Voraussetzungen zu schaffen, eine Abstimmung über die gewerkschaftliche Interessenvertretung im Betrieb zu gewinnen.

Der Organizing-Ansatz zeichnet sich durch ein systematisches und verbindliches Arbeiten aus, das sehr stark auf die Beteiligung möglichst vieler Beschäftigter im Betrieb setzt. Zentrale Elemente dieses Ansatzes sind u.a.:

- systematische Bestandsaufnahme über den Betrieb, seine Eigentümer und die wirtschaftliche Lage;
- systematische Bestandsaufnahme über die Belegschaft und ihre Entgelt- und Arbeitsbedingungen, einschließlich möglicher Konflikte mit dem Unternehmen wie z.B. niedrige Bezahlung, ausufernde Arbeitszeiten usw.;
- Zuordnung von einem oder mehreren »Erschließungs-Sekretären« (»*Organizer*«), die sich über mehrere Monate ausschließlich um einen, maximal zwei Betriebe kümmern;
- systematische Einzelgespräche mit möglichst vielen Beschäftigten durch externe gewerkschaftliche »Organizer« mit dem Ziel, möglichst viele Beschäftigte zu motivieren, sich für ihre eigenen betrieblichen Interessen einzusetzen und zu gemeinsamen Aktionen zu kommen;
- Herausarbeitung der wichtigsten Ungerechtigkeiten und Konflikte und ihre offensive Darstellung in der Belegschaft und gegenüber der Öffentlichkeit;
- Durchsetzung von Verbesserungen im Konflikt mit dem Unternehmer.

Eine 1:1-Übertragung dieses amerikanischen Ansatzes auf die Situation in Deutschland ist nicht möglich und sinnvoll. Der entscheidende Unterschied liegt darin, dass in

Deutschland gewählte bzw. neu gewählte Betriebsräte eng in eine »Organizing-Strategie« eingebunden sein müssen. Aber zahlreiche andere Herangehensweisen und Methoden aus dem Organizing-Ansatz können auch hier angewendet werden. Die Erfahrungen in der IG Metall zeigen, dass eine gute Zusammenarbeit der »Organizer« mit den regionalen Geschäftsstellen von entscheidender Bedeutung ist. Die Erkenntnisse aus den Organizing-Projekten sind in vielen Bereichen in eine Verbesserung der Mitgliederwerbung eingeflossen (vgl. Kapitel 16).

> Die Erfahrungen innerhalb der IG Metall zeigen, dass einige Organizing-Projekte gute Erfolge gezeigt haben, andere aber gescheitert sind. In jedem Falle können Methoden des Organizing in die klassische gewerkschaftliche Erschließungsarbeit und in die Vorbereitungen zur erstmaligen Wahl eines Betriebsrats integriert werden.

Organizing und die Erschließungsprojekte der IG Metall
Aufgrund dieser ersten Erfahrungen innerhalb der IG Metall mit dem Organizing-Ansatz wurde entschieden, zunächst im Bezirk Baden-Württemberg und danach in allen Bezirken sogenannte Erschließungsprojekte zu starten, bei denen auch mit Organizing-Methoden gearbeitet wird. (Vgl. dazu das Buch »aufrecht gehen. Wie Beschäftigte durch Organizing zu ihrem Recht kommen« der IG Metall Bezirksleitung Baden-Württemberg, das 2018 im VSA: Verlag erschien.)

Um die Mitgliederbasis und die Durchsetzungsfähigkeit der Gewerkschaft mittel- und langfristig zu sichern, entschied der Vorstand der IG Metall im Zeitraum 2014/2015, zusätzliche Finanzmittel und zusätzliches Personal in den sieben Bezirken zu bewilligen, das vor Ort in den Geschäftsstellen arbeitet.

Zielsetzung der Projekte ist nicht nur die gewerkschaftliche Erschließung von Betrieben, in denen bisher keine Betriebsräte gewählt wurden, und eine Erhöhung der Tarifbindung. Es wird zudem versucht, in Betrieben mit Betriebsräten die gewerkschaftliche Arbeit auf eine breitere Basis zu stellen.

Dies bedeutet einerseits, dort mehr Mitglieder für die IG Metall zu gewinnen, aber zugleich die Durchsetzungsfähigkeit des Betriebsrates, der Vertrauensleute, der Belegschaften und der IG Metall im Betrieb zu erhöhen. Dies kann auch bedeuten, dass in Großbetrieben bestimmte Bereiche wie z.B. der Forschungs- und Entwicklungsbereich verstärkt in den Fokus genommen werden.

In den Erschließungsprojekten wurden sogenannte Erschließungssekretär*innen eingestellt, die sich in ihrer Arbeit auf wenige Betriebe konzentrieren. Die Arbeit wird in Zusammenarbeit mit den regionalen Geschäftsstellen durch die Bezirksleitungen koordiniert. Während Gewerkschaftssekretär*innen üblicherweise für eine Vielzahl von Betrieben zuständig sind, konzentrieren sich die Erschließungssekretär*innen bewusst auf einen bzw. wenige Betriebe. Sie haben damit mehr Zeit, eine intensive beteiligungsorientierte Gewerkschaftsarbeit zu realisieren. Dabei werden zahlreiche Methoden des Organizing-Ansatzes mit der Zielsetzung angewendet, die Handlungsfähigkeit und Konfliktfähigkeit der Belegschaften zu erhöhen.

Während in der Vergangenheit Organizing-Projekte häufig kurzfristig angelegt waren, sind die Erschließungsprojekte in den IG Metall-Bezirken auf neun Jahre angelegt. Die ersten Erfahrungen sind ermutigend und es wird sich in der Zukunft zeigen, ob sich die Gewerkschaftsarbeit durch diese Form der Arbeit auch in anderen Betrieben wandeln wird.

17.3 Erstmalige Wahl von Vertrauensleuten

Ist in einem Betrieb erstmals ein Betriebsrat gewählt worden, dauert es eine gewisse Zeit, bis der neue Betriebsrat seine Aufgaben voll wahrnehmen kann. Sind die ersten Konflikte mit dem Unternehmer erfolgreich geführt worden und »sitzt der Betriebsrat fest im Sattel«, sollte überlegt werden, ob in dem Betrieb auch gewerkschaftliche Vertrauensleute gewählt werden. Voraussetzung dafür ist, dass sich genügend Gewerkschaftsmitglieder finden, die bereit sind, die Aufgaben eines Vertrauensmanns bzw. einer Vertrauensfrau zu übernehmen. Hierzu kann auf einer Mitgliederversammlung vom Betriebsbeauftragten der örtlichen Gewerkschaft informiert und geworben werden (zu den Aufgaben und der Wahl von Vertrauensleuten vgl. Kapitel 14). Für die Durchsetzung einer Tarifbindung des Betriebs ist es mehr als hilfreich, wenn neben den Betriebsratsmitgliedern auch aktive Vertrauensleute die notwendigen Diskussionen mit der Belegschaft führen.

17.4 Vom tariflosen Betrieb zur Tarifbindung

Wenn bisher in einem Betrieb keine Tarifbindung besteht und die Flächentarifverträge nicht angewendet werden, stellt sich die Aufgabe, für die Beschäftigten in diesem Betrieb eine Tarifbindung herzustellen. Diese Aufgabe bedeutet in den meisten Fällen einen großen Konflikt mit dem Unternehmer. Soll diese Aufgabe erfolgreich bearbeitet werden, muss der Prozess zur Tarifbindung sorgfältig geplant werden. Er dauert erfahrungsgemäß mehrere Monate, manchmal Jahre. Voraussetzung ist es, dass im Betrieb eine ausreichende Zahl der Beschäftigten Gewerkschaftsmitglied ist und ein engagierter Betriebsrat arbeitet, der bereits mehrere Konflikte mit dem Unternehmer erfolgreich durchgestanden hat. Neben einer guten Zusammenarbeit mit der regionalen Gewerkschaft ist es hilfreich, wenn in dem Betrieb gewerkschaftliche Vertrauensleute gewählt wurden, die einen engen Kontakt zur Belegschaft halten.

Vereinfacht kann der Prozess zur Durchsetzung in sieben Schritte unterteilt werden (vgl. Übersicht 17-3).
1. Als erster Schritt ist zu prüfen, ob die Voraussetzungen für einen derartig großen Konflikt im Betrieb vorliegen. Dazu ist die aktuelle Situation zu analysieren, beispielsweise die wirtschaftliche Situation des Betriebes und der Abstand der betrieblichen Entgelte, Arbeitszeit und sonstigen Arbeitsbedingungen zum Flächentarif-

Übersicht 17-3: Durchsetzung einer Tarifbindung in tariflosen Betrieben

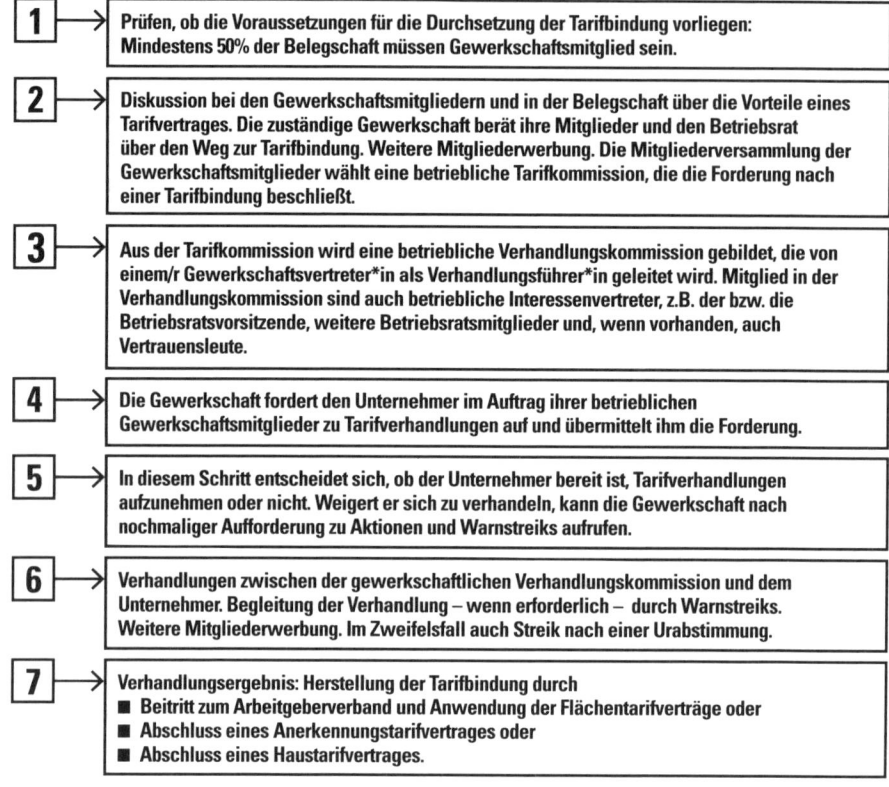

1 →	Prüfen, ob die Voraussetzungen für die Durchsetzung der Tarifbindung vorliegen: Mindestens 50% der Belegschaft müssen Gewerkschaftsmitglied sein.
2 →	Diskussion bei den Gewerkschaftsmitgliedern und in der Belegschaft über die Vorteile eines Tarifvertrages. Die zuständige Gewerkschaft berät ihre Mitglieder und den Betriebsrat über den Weg zur Tarifbindung. Weitere Mitgliederwerbung. Die Mitgliederversammlung der Gewerkschaftsmitglieder wählt eine betriebliche Tarifkommission, die die Forderung nach einer Tarifbindung beschließt.
3 →	Aus der Tarifkommission wird eine betriebliche Verhandlungskommission gebildet, die von einem/r Gewerkschaftsvertreter*in als Verhandlungsführer*in geleitet wird. Mitglied in der Verhandlungskommission sind auch betriebliche Interessenvertreter, z.B. der bzw. die Betriebsratsvorsitzende, weitere Betriebsratsmitglieder und, wenn vorhanden, auch Vertrauensleute.
4 →	Die Gewerkschaft fordert den Unternehmer im Auftrag ihrer betrieblichen Gewerkschaftsmitglieder zu Tarifverhandlungen auf und übermittelt ihm die Forderung.
5 →	In diesem Schritt entscheidet sich, ob der Unternehmer bereit ist, Tarifverhandlungen aufzunehmen oder nicht. Weigert er sich zu verhandeln, kann die Gewerkschaft nach nochmaliger Aufforderung zu Aktionen und Warnstreiks aufrufen.
6 →	Verhandlungen zwischen der gewerkschaftlichen Verhandlungskommission und dem Unternehmer. Begleitung der Verhandlung – wenn erforderlich – durch Warnstreiks. Weitere Mitgliederwerbung. Im Zweifelsfall auch Streik nach einer Urabstimmung.
7 →	Verhandlungsergebnis: Herstellung der Tarifbindung durch ■ Beitritt zum Arbeitgeberverband und Anwendung der Flächentarifverträge oder ■ Abschluss eines Anerkennungstarifvertrages oder ■ Abschluss eines Haustarifvertrages.

vertrag. Sinnvoll ist es auch einzuschätzen, wie sich vermutlich der Unternehmer verhalten wird und mit welchem Konfliktpotenzial zu rechnen ist.

Die Erfahrung hat gezeigt, dass es nicht sinnvoll ist, einen Prozess zur Herstellung der Tarifbindung zu beginnen, wenn weniger als 50% der Beschäftigten Mitglied der Gewerkschaft sind. Manchmal wird dagegen eingewandt, man könne ja auch schon mal bei einem Organisationsgrad von 20 bis 30% beginnen, mit dem Unternehmer zu verhandeln. Davor kann nur gewarnt werden. Da die Herstellung der Tarifbindung zu harten Konflikten mit dem Unternehmer führen kann, muss sichergestellt sein, dass die Mehrheit der Beschäftigten in dem Konflikt nicht »einknickt«, sondern im Zweifelsfall auch bereit ist, für das Ziel der Tarifbindung in den Streik zu treten. Dafür ist es erforderlich, dass zu Beginn der Auseinandersetzung *mindestens 50% der Belegschaft Gewerkschaftsmitglieder sind* und im Verlaufe des Konfliktes weitere Gewerkschaftsmitglieder geworben werden, sodass im Falle eines notwendig gewordenen Streiks 70 bis 80% der Belegschaft Mitglied der Gewerkschaft sind.

In manchen Betrieben ist aus der Belegschaft zu hören: »Die Gewerkschaft soll erstmal für uns einen Tarifvertrag abschließen, dann werden wir auch Mitglied.« In diesem Fall müssen die Betriebsratsmitglieder und Vertrauensleute mit der Belegschaft eine grundsätzliche Debatte führen. Die Gewerkschaften sind keine Organisationen, die stellvertretend für die Beschäftigten eines Betriebes Tarifverträge abschließen. Dies könnten sie auch gar nicht, weil sie dazu kein Mandat und auch nicht die Kampfkraft hätten, um einen Tarifvertrag gegen den Willen des Unternehmers durchzusetzen. Vielmehr sind Gewerkschaften »Mitmach-Organisationen«, in denen sich Beschäftigte zusammenschließen und gemeinsam Tarifverträge erkämpfen. Ist in einem tariflosen Betrieb eine ausreichende Zahl der Beschäftigten Mitglied in der Gewerkschaft, hat die Gewerkschaft ein Verhandlungsmandat für sie, kann auf dieser Grundlage für ihre Mitglieder verhandeln und letztlich zusammen mit den Mitgliedern Aktionen und Warnstreiks zur Durchsetzung der Tarifbindung durchführen.

2. Liegen die Voraussetzungen vor, kann der Prozess gestartet werden und in einem zweiten Schritt in der Belegschaft über die Vorteile eines Tarifvertrags diskutiert werden. Die zuständige Gewerkschaft berät ihre Mitglieder und den Betriebsrat über den Weg zur Tarifbindung. Darüber sollte auch offen auf einer Betriebsversammlung diskutiert und weitere Mitglieder geworben werden. Wenn diese Vorbereitungen abgeschlossen sind, kann der eigentliche Prozess beginnen. Die *Gewerkschaft* lädt zu einer *betrieblichen Mitgliederversammlung* ein, auf der das weitere Vorgehen besprochen wird. Die Mitgliederversammlung wählt eine *betriebliche Tarifkommission*, die dann die Forderung beschließen und über den Verhandlungsfortgang ständig beraten wird. Je nach Größe des Betriebs besteht die betriebliche Tarifkommission aus ca. 10 bis 20 Mitgliedern, darunter selbstverständlich Betriebsratsmitglieder und Vertrauensleute.

3. Danach wird bei einer Sitzung der Tarifkommission die Forderung zum Abschluss eines Tarifvertrages formell beschlossen. Aus dem Kreis der Tarifkommission wird eine kleine *Verhandlungskommission* gebildet, die die Verhandlungen mit dem Unternehmer führen wird. Verhandlungsführer*in ist ein/e hauptamtliche/r Vertreter*in der Gewerkschaft. Es wird empfohlen, dass der bzw. die Betriebsratsvorsitzende, ein bis zwei weitere Betriebsratsmitglieder und ggf. der Leiter bzw. die Leiterin der Vertrauensleute (VKL) als Mitglieder der Verhandlungskommission benannt werden.

4. Nach dieser Tarifkommissionssitzung teilt die Gewerkschaft dem Unternehmer schriftlich mit, dass sie von ihren Mitgliedern beauftragt sei, Tarifverhandlungen zu führen, und teilt ihm die Forderungen der Tarifkommission mit. Damit fordert sie ihn auf, in Tarifverhandlungen einzutreten. Gleichzeitig informiert sie den Unternehmer über die Zusammensetzung der Verhandlungskommission und macht zwei bis drei Terminvorschläge für die 1. Tarifverhandlung. Je nach der betrieblichen Situation kann es sinnvoll sein, dass die Gewerkschaft oder der bzw. die Betriebsratsvorsitzende dem Unternehmer oder einem Vertreter, z.B. dem Personalchef, vorher ankündigt, dass er demnächst eine formelle schriftliche Aufforderung zu Tarifver-

handlungen erhält. Es kommt darauf an, den Konflikt um die Tarifbindung inhaltlich konsequent zu führen, aber der Unternehmerseite auch zu verdeutlichen, dass dieser Konflikt von der Gewerkschaft rational und nach den üblichen »Regeln« geführt wird. Es ist in vielen Fällen hilfreich, wenn der einzelne Unternehmer sich vom zuständigen Arbeitgeberverband beraten lässt.

5. Wenn der Unternehmer auch seinerseits die Bereitschaft erklärt, Tarifverhandlungen aufzunehmen, können die konkreten Verhandlungen beginnen (siehe Schritt 6). Weigert sich der Unternehmer dagegen, überhaupt in Tarifverhandlungen einzutreten, fordert ihn die Gewerkschaft nochmals auf, Tarifverhandlungen aufzunehmen, und schlägt dazu weitere Termine vor. Gleichzeitig teilt sie dem Unternehmer mit, dass sie bei einer weiteren Verweigerung von Tarifverhandlungen ihre Mitglieder zu gewerkschaftlichen Aktionen aufrufen wird. An dieser Stelle wird deutlich, dass eine Gewerkschaft eine solche Ankündigung nur dann formulieren kann, wenn sie über eine ausreichende Zahl von Mitgliedern im Betrieb verfügt, die auch bereit sind, für einen Tarifvertrag zu kämpfen.

Deshalb wird dringend empfohlen, den Prozess zur Tarifbindung nur dann aufzunehmen, wenn mindestens 50% der Belegschaft Mitglieder der Gewerkschaft sind (vgl. dazu Schritt 1). Welche Aktionen durchgeführt werden, muss vor Ort entschieden werden. Wichtig ist, dass die Belegschaft über jeden Zwischenschritt informiert wird. Denkbar sind eine weitere Mitgliederversammlung, eine weitere Betriebsversammlung, betriebliche Flugblätter, Unterschriftensammlungen und die Information der Öffentlichkeit. Weigert sich der Unternehmer auch danach, Tarifverhandlungen aufzunehmen, wird die Gewerkschaft ihre Mitglieder zunächst zu Warnstreiks aufrufen (vgl. Schritt 7).

6. Finden Tarifverhandlungen statt, sollten die Gewerkschaftsmitglieder unmittelbar nach jeder Verhandlung über den Verhandlungsfortschritt informiert werden – am besten durch ein betriebliches Flugblatt. Ziehen sich die Verhandlungen über einen längeren Zeitraum hin, sollte eine weitere Mitgliederversammlung durchgeführt werden. Zeigt sich bei den Verhandlungen, dass der Unternehmer nicht bereit ist, auf die gewerkschaftlichen Forderungen einzugehen, wird die Gewerkschaft ihre Mitglieder zu *Warnstreiks* aufrufen, um den Druck auf den Unternehmer zu erhöhen. In vielen Fällen reichen erfolgreiche Warnstreiks und die Androhung eines unbefristeten Streiks aus, um den Unternehmer zum Einlenken zu bewegen. Kommt es dagegen auch nach mehrmaligen Warnstreiks zu keinem Verhandlungsfortschritt, wird die Gewerkschaft in der Tarifkommission und der Mitgliederversammlung diskutieren, ob die gewerkschaftliche Kraft ausreicht, eine betriebliche Urabstimmung und bei einem positiven Ergebnis der Abstimmung einen unbefristeten Streik durchzuführen. In zahlreichen Fällen ist es den Gewerkschaften gelungen, durch einen betrieblichen Streik die Tarifbindung herzustellen.

In dieser entscheidenden Phase kann folgende kritische Situation auftreten: Der Unternehmer bietet den Abschluss eines Haustarifvertrages an, in dem die Entgelte aber beispielsweise 10% unter dem Flächentarifvertrag liegen und die Arbeitszeit

beispielsweise um zwei Stunden länger sein soll als im Flächentarifvertrag. Dann gibt es erfahrungsgemäß bei einigen Mitgliedern Stimmen, die sagen: »Der Spatz in der Hand ist besser als die Taube auf dem Dach« oder: »Lieber einen schlechteren Tarifvertrag als gar keinen«. Demgegenüber wird die Gewerkschaft darauf zu achten haben, dass keine Haustarifverträge abgeschlossen werden, die schlechter als der Flächentarifvertrag sind. Denn dies wäre geradezu eine Einladung an andere Unternehmer, den Arbeitgeberverband zu verlassen und mit der Gewerkschaft für sie billigere Haustarifverträge abzuschließen. Damit stände letztlich der Flächentarifvertrag infrage. Daher wird die Gewerkschaft auf solche »Billigangebote« des Unternehmers nicht eingehen. Falls der Abstand zwischen dem betrieblichen Entgeltniveau und dem Niveau des Flächentarifvertrages sehr groß ist, ist es denkbar, in einem mehrjährigen Prozess das tarifliche Entgeltniveau schrittweise an das des Flächentarifvertrages heranzuführen. Dabei muss aber klar vereinbart sein, dass am Ende des Prozesses das Niveau des Flächentarifvertrages ohne Abstriche steht. Einige Gewerkschaften schließen in derartigen Situationen sogenannte Heranführungs-Tarifverträge ab.
7. Wird schließlich in den Verhandlungen ein Verhandlungsergebnis erzielt, wird dies zunächst der betrieblichen Tarifkommission und anschließend der Mitgliederversammlung zur Abstimmung gestellt. Bei einer Akzeptanz des Verhandlungsergebnisses wird anschließend der Tarifvertrag von der Gewerkschaft und dem Unternehmer unterzeichnet und ist damit rechtsverbindlich.

Wenn tariflose Betriebe in die Tarifbindung überführt werden, sind im Prinzip drei Regelungsformen denkbar (vgl. Kapitel 7.1.2 und 7.1.3):

- Der Betrieb tritt dem regionalen Arbeitgeberverband bei und ist dann auf dieser Grundlage gebunden und muss die *Flächentarifverträge* anwenden. In diesem Falle braucht kein spezieller betrieblicher Tarifvertrag abgeschlossen zu werden. Diese Lösung des Konfliktes ist letztlich für alle Beteiligten die beste Lösung, da durch sie der Flächentarifvertrag im Betrieb angewendet wird.
- Wenn der Betrieb nicht Mitglied des Arbeitgeberverbandes wird, kann zwischen der Gewerkschaft und dem Unternehmen ein *Anerkennungs-Tarifvertrag* abgeschlossen werden, mit dem das Unternehmen rechtsverbindlich erklärt, alle Flächentarifverträge der Branche bzw. Region anzuwenden.
- Denkbar ist es auch, dass zwischen der Gewerkschaft und dem Unternehmen ein *Haustarifvertrag* abgeschlossen wird, in dem alle tariflichen Themen eigenständig vereinbart werden. Die Gewerkschaften schließen keine Haustarifverträge ab, deren Niveau unterhalb des Flächentarifvertrages liegt.

Zu den drei Möglichkeiten vergleiche auch Kapitel 7.1.2 und 7.1.3.

18. Regelmäßige Handlungsfelder im Betrieb

Die Darstellung der einzelnen regelmäßigen Handlungsfelder der betrieblichen Interessenvertretung beginnt zunächst mit den sieben Elementen des Arbeitsverhältnisses (vgl. Kapitel 3) und wird dann um weitere Fragestellungen ergänzt. Die Darstellung beschränkt sich auf das Notwendigste und verweist in jedem Teilkapitel auf weiterführende Literatur.

18.1 Entgelt

Rechtliche und tarifliche Regelungen:
- Entgelt-Tarifvertrag, Entgelt-Rahmentarifvertrag, weitere Tarifverträge zu Urlaubs- und Weihnachtsgeld usw.; in nicht tarifgebundenen Betrieben: keine rechtlichen Grundlagen, mit Ausnahme des Mindestlohngesetzes (MiLoG);
- § 87 Abs. 1, Ziffern 10 und 11 BetrVG;
- § 99 BetrVG.

Weiterführende Literatur:
Handbuch »Arbeit-Entgelt-Leistung: Entgeltrahmen-Tarifverträge im Betrieb« (siehe Literaturhinweise).

Eck- und Konfliktpunkte
Bei der Höhe des Entgelts sind die gegensätzlichen Interessen von Beschäftigten und Unternehmern offensichtlich: Die Beschäftigten haben ein Interesse an möglichst hohen und die Unternehmer an möglichst niedrigen Entgelten. Dieser Konflikt wird in der betrieblichen Praxis auf der Grundlage der Tarifverträge ausgetragen. In den jährlichen Tarifrunden um die Tariferhöhungen werden die gegensätzlichen Interessen auch in der Öffentlichkeit und den Medien sichtbar.

In den meisten Tarifverträgen sind *Monatsentgelte* vereinbart, in einigen Branchen werden noch *Stundenentgelte* tariflich geregelt. Das Verhältnis von Stunden- und Monatsentgelt ergibt sich wie folgt: In den Tarifverträgen wird davon ausgegangen, dass ein Monat durchschnittlich 4,35 Wochen hat. Daraus ergibt sich folgende Formel:

Stundenentgelt x 4,35 Wochen x wöchentliche Arbeitszeit = Monatsentgelt
Beispiel: 19,70 Euro/Std. x 4,35 Wochen x 35 Stunden/Woche = 3.000 Euro/Monat.

Zum Jahresentgelt müssen neben zwölf Monatsentgelten die Sonderzahlung (*»Weihnachtsentgelt«*), die *zusätzliche Urlaubsvergütung* und evtl. andere Jahres-Einmalbeträge hinzugezogen werden. In der Metallindustrie beträgt beispielsweise das Weihnachtsgeld 55% und die zusätzliche Urlaubsvergütung 69% eines Monatsentgelts.

Daraus ergibt sich ein Faktor von zwölf Monatsentgelten plus 0,55 plus 0,69 = 13,24. Vereinfacht gesagt: Es werden pro Jahr 13,24 Monatsentgelte gezahlt.

Beispiel: 3.000 Euro/Monat x 13,24 = 39.720 Euro/Jahr.

In der Metallindustrie kommt im Jahr 2019 zum Jahresentgelt das *tarifliche Zusatzgeld* in Höhe von 27,5% plus 400 Euro hinzu. Ab dem Jahr 2020 beträgt das tarifliche Zusatzgeld 27,5% eines Monatsentgeltes plus 12,3% des Monatsentgelts der Eck-Entgeltgruppe. Der Aufbau des Entgeltes und seine Bestandteile in der Metallindustrie sind beispielhaft mit der »Entgelt-Säule« in der Übersicht 18-1 dargestellt.

Übersicht 18-1: Entgeltaufbau in der Metall- und Elektroindustrie (»Entgelt-Säule«)

Das monatliche Entgelt ergibt sich einerseits aus dem monatlichen Grundentgelt plus leistungsbezogenen Bestandteilen wie z.B. der Leistungszulage im Zeitentgelt oder dem Prämienverdienst im Leistungsentgelt.

Das *monatliche Grundentgelt* ergibt sich aus der *übertragenen Tätigkeit und den dafür erforderlichen Qualifikationen*. In den Entgelt-Tarifverträgen der Metall- und Elektroindustrie sind in den einzelnen Regionen unterschiedliche Verfahren vereinbart – entweder eine *summarische Arbeitsbewertung* oder eine *analytische Arbeitsbewertung*. Stellvertretend wird dies anhand der tariflichen Regelungen in zwei Tarifgebieten erläutert.

Bei der summarischen Arbeitsbewertung sind für die einzelnen Entgeltgruppen Merkmale vereinbart. Übersicht 18-2 zeigt dies am *Beispiel der niedersächsischen Metallindustrie* in vereinfachter Form. Dabei kommt es nicht darauf an, welche Qualifikation ein/e Beschäftigte/r besitzt, sondern darauf, welche Tätigkeit er oder sie ausführt und welche Qualifikation dafür abgefordert wird. Die abgeforderten Qualifikationen sind mit Berufsabschlüssen beschrieben, können aber auch auf einem anderen Wege erworben werden – so etwa durch langjährige Erfahrung oder Weiterbildung.

Übersicht 18-2: Kurzbeschreibung der Anforderungen für die einzelnen Entgeltgruppen in der niedersächsischen Metallindustrie

Entgeltgruppe	Kurzbeschreibung der Anforderungen (Die erforderlichen Qualifikationen ab Entgeltgruppe 5 können auch auf anderem Weg erreicht werden)
1	Auszubildende
2	... nach kurzer Anweisung
3	... Anlernen
4	... Anlernen + betriebliche Weiterbildung oder ... 2-jährige Berufsausbildung oder ... Anlernen + mehrjährige Erfahrung
5	3-jährige Berufsausbildung oder entsprechende mehrjährige Erfahrung
6	3-jährige Berufsausbildung + erweiterte berufliche Fertigkeiten
7	3-jährige Berufsausbildung + auf den Betrieb bezogene Weiterbildung oder mehrjährige Erfahrung
8	3-jährige Berufsausbildung + berufliche Weiterbildung oder entsprechende Berufserfahrung
9	Meister*in bzw. Fachwirt*in oder entsprechende Berufserfahrung
10	Techniker*in bzw. Betriebswirt*in oder 3-jährige Berufsausbildung + mehrjährige Erfahrung
11	Fachhochschule bzw. Bachelor oder Techniker*in bzw. Betriebswirt*in + mehrjährige Erfahrung
12	Universität/Master/Magister oder Techniker*in bzw. Betriebswirt*in + langjährige Erfahrung
13	Universität/Master/Magister + mehrjährige Berufserfahrung oder Techniker*in bzw. Betriebswirt*in + Berufserfahrung, die tiefgreifende Fachkenntnisse und fachübergreifende Spezialkenntnisse erfordert.

Die Entgeltbeträge in den einzelnen Entgeltgruppen sind unterteilt in eine Einarbeitungs-, Grund- und Zusatzstufe. Die Übersicht 18-3 zeigt die jeweiligen Monatsentgelte in der niedersächsischen Metallindustrie.

Im *Tarifgebiet Baden-Württemberg* ist im Entgeltrahmen-Tarifvertrag ein *Stufenwertzahlverfahren* vereinbart, das einer analytischen Arbeitsbewertung ähnelt. Auch

Übersicht 18-3: Entgeltbeträge für die Entgeltgruppen in der niedersächsischen Metallindustrie (Stand: April 2018 bis März 2020; Angaben in Euro)

Entgeltgruppe/Entgeltstufe	A (Einarbeitungsstufe)	B (Grundstufe)	C (Zusatzstufe)
E 1		1. Ausbildungsjahr: 1.000 2. Ausbildungsjahr: 1.062 3. Ausbildungsjahr: 1.156 4. Ausbildungsjahr: 1.218	
E 2	2.364*	2.437	2.457
E 3	2.475	2.516	2.573
E 4	2.603	2.636	2.771
E 5	2.936	3.124	3.163
E 6	3.200	3.242	3.313
E 7	3.411	3.487	3.569
E 8	3.651	3.770	3.821
E 9	3.844	3.916	3.977
E 10	4.052	4.110	4.157
E 11	4.213	4.411	4.611
E 12	4.806	5.002	5.201
E 13	5.422	5.848	6.022

* E2A: Vorübergehende Aushilfstätigkeiten, insbesondere für Schüler, Studenten, sofern sie nicht im Leistungsentgelt beschäftigt sind.

dort sind die Anforderungen der Tätigkeit entscheidend. Die Tätigkeiten werden mit fünf Merkmalen bewertet:

- Wissen und Können,
- Denken,
- Handlungsspielraum,
- Kommunikation,
- Mitarbeiterführung.

Für jedes dieser Merkmale sind einzelne Stufen vereinbart, denen Punkte zugeordnet sind. Die Entgeltbeträge ergeben sich aus der Summe der Punkte. Diese sind 17 Entgeltgruppen zugeordnet (vgl. Übersicht 18-4).

In allen Entgelt-Rahmentarifverträgen sind darüber hinaus *Belastungszulagen bzw. Erschwerniszulagen* für entsprechende Tätigkeiten vereinbart. Die Entgelt-Rahmentarifverträge enthalten diverse Mitbestimmungsrechte für die Betriebsräte.

Neben dem Monatsgrundentgelt werden in der Metallindustrie leistungsbezogene und zeitbezogene Zulagen gezahlt. Die *leistungsbezogenen Zulagen* heißen im Zeitentgelt Leistungszulagen und betragen im Durchschnitt je nach Region zwischen 8% und 15%. Im Leistungsentgelt, also z.B. im Prämienentgelt, werden je nach Region und Betrieb zusätzlich zwischen 15% und 25% gezahlt (vgl. Kapitel 18.3). Die wichtigsten *zeitbezogenen Zulagen* sind die Zuschläge für Schichtarbeit, Nachtarbeit und Feiertagsarbeit sowie Mehrarbeitszuschläge (Überstundenzuschläge) und Belastungszulagen bzw. Erschwerniszuschläge.

Übersicht 18-4: Entgeltbeträge für die Entgeltgruppen in der Metallindustrie Baden-Württemberg (Stand: April 2018 bis März 2020)

Entgeltgruppe	Gesamtpunktzahl	Euro pro Monat
1	6	2.398,00
2	7-8	2.463,00
3	9-11	2.592,50
4	12-14	2.722,00
5	15-18	2.884,00
6	19-22	3.046,00
7	23-26	3.240,50
8	27-30	3.467,50
9	31-34	3.694,50
10	35-38	3.937,50
11	39-42	4.196,50
12	43-46	4.488,00
13	47-50	4.780,00
14	51-54	5.071,50
15	55-58	5.363,00
16	59-63	5.719,50
17	64-96	6.043,50

In den jeweiligen regionalen Entgelt-Rahmentarifverträgen sind zahlreiche Beteiligungs- und Mitbestimmungsrechte des Betriebsrats bzw. von paritätischen Entgeltkommissionen vereinbart. Auf dieser Grundlage kann die Eingruppierung der einzelnen Beschäftigten überprüft und bei Bedarf versucht werden, eine Höhergruppierung durchzusetzen. Darüber hinaus hat der Betriebsrat bei Eingruppierungen und Umgruppierungen nach § 99 BetrVG ein Zustimmungsverweigerungsrecht in jedem Einzelfall.

18.2 Arbeitszeit

Rechtliche und tarifliche Grundlagen
- Manteltarifverträge, Tarifverträge zur Beschäftigungssicherung u.a.;
- Arbeitszeitgesetz (ArbZG);
- § 87 Abs. 1, Ziffern 2 und 3 BetrVG.

Weiterführende Literatur: »Handbuch Arbeitszeit – Manteltarifverträge im Betrieb« (siehe Literaturhinweise).

Eck- und Konfliktpunkte
Das Themenfeld der Arbeitszeit umfasst die Aspekte der *Dauer* sowie der *Verteilung der Arbeitszeit*. Bei beiden Aspekten treten die gegensätzlichen Interessen zwischen Beschäftigten und Unternehmern offen zutage. Bei gleichem Monatsentgelt haben die Beschäftigten ein Interesse an möglichst kurzer, die Unternehmer an möglichst langer Arbeitszeit. Bei der Lage und Verteilung bzw. der Flexibilisierung der Arbeitszeit haben die Beschäftigten ein Interesse an einer Lage der Arbeitszeit, die ihren privaten Bedürfnissen entgegenkommt. Das heißt beispielsweise eine Verteilung auf die Wochentage von Montag bis Freitag, um am Wochenende frei zu haben. Erstrebenswert ist eine tägliche Arbeitszeit von maximal acht Stunden im Zeitkorridor von etwa 7 bis 18 Uhr. Dagegen ist für viele Beschäftigte *Schichtarbeit* der Regelfall; hierbei kommt es darauf an, die Schichtpläne so zu gestalten, dass die gesundheitlichen Belastungen minimiert werden und eine halbwegs akzeptable Freizeitgestaltung möglich ist. Darüber hinaus haben die Beschäftigten ein Interesse an planbaren Arbeitszeiten und der Möglichkeit, die Arbeitszeit an ihre Bedürfnisse anzupassen.

Dagegen haben die Unternehmer das Interesse, die Lage der Arbeitszeit durch Schichtarbeit und Wochenendarbeit möglichst auszudehnen und die Verteilung der Arbeitszeit nach ihren Bedürfnissen zu gestalten – treu dem Motto: »Bei hohem Arbeitsanfall viel arbeiten, bei niedrigem Arbeitsanfall wenig.« In zahlreichen Betrieben ist es den Unternehmern gelungen, eine »Arbeitszeit rund um die Uhr« durchzusetzen, also jeweils drei Schichten mit acht Stunden an sieben Tage pro Woche: 21-Schicht-Modelle.

Die Konflikte um die Einführung der 35-Stunden-Woche in den Jahren 1984 und 2003 sowie um die »kurze Vollzeit« im Jahr 2018 machen das Konfliktpotenzial bei Arbeitszeitfragen deutlich.

Das Themenfeld Arbeitszeit umfasst zahlreiche Teilaspekte, die hier nur kurz benannt werden (Einzelheiten finden sich in der weiterführenden Literatur):

- *Dauer der Arbeitszeit:* Die Dauer der wöchentlichen Arbeitszeit ist in den Manteltarifverträgen festgelegt, sie liegt je nach Branche und Region zwischen 35 und 40 Stunden. In der Metallindustrie beträgt die wöchentliche Arbeitszeit in Westdeutschland 35 Stunden und in Ostdeutschland 38 Stunden. Für 18% der Beschäftigten kann die Arbeitszeit auf bis zu 40 Stunden bei entsprechender Bezahlung ausgedehnt werden (Quote). In der Tarifrunde 2018 wurde vereinbart, dass diese Quote im selben Umfang erhöht werden kann, in dem andere Beschäftigte ihre Arbeitszeit auf bis zu 28 Stunden absenken (kurze Vollzeit). Das durchschnittliche Arbeitszeitvolumen im Betrieb muss dabei konstant bleiben.
- *Vollzeit und Teilzeit:* Der Regelfall in den Manteltarifverträgen ist die Vereinbarung eines Vollzeit-Arbeitsverhältnisses, es ist aber auch die Möglichkeit von Teilzeit geregelt. Die Verteilung zwischen Voll- und Teilzeit ist je nach Branche sehr unterschiedlich. Während in der Industrie weit überwiegend Vollzeitarbeitsverhältnisse vereinbart werden, arbeiten beispielsweise im Einzelhandel über 30% der Beschäftigten in Teilzeit. Ein Teil der Beschäftigten hat während bestimmter Lebensphasen ein Interesse daran, in Teilzeit arbeiten zu können. Eine Rückkehr in Vollzeit ist da-

gegen häufig schwierig durchzusetzen. Dazu wurden in der Koalitionsvereinbarung der Bundesregierung vom Frühjahr 2018 Regelungen zu einem Anspruch auf Teilzeit und einem Rückkehrrecht in Vollzeit vereinbart; der Anspruch ist jedoch nach Größe des Unternehmens gestaffelt und beginnt erst ab einer Beschäftigtenzahl von 75. Besser ist dies im Tarifvertrag der Metallindustrie im Rahmen der »kurzen Vollzeit« geregelt.

- *»Kurze Vollzeit« zur Vereinbarkeit von Arbeit und Privatleben:* Zahlreiche Beschäftigte haben das Interesse, in bestimmten Lebensphasen ihre Arbeitszeit für einen befristeten Zeitraum abzusenken, um sich beispielsweise stärker um die Erziehung von Kindern oder die Pflege von Familienangehörigen kümmern zu können. Nach dieser Phase sind sie daran interessiert, wieder in ein Vollzeit-Arbeitsverhältnis zurückzukehren. Dazu wurde in der Metallindustrie Anfang 2018 folgende tarifliche Regelung vereinbart: 10% der Beschäftigten haben einen Anspruch darauf, ihre Arbeitszeit für die Dauer von zwei Jahren auf 28 Stunden zu reduzieren. Für Schichtarbeiter*innen und Beschäftigte, die sich um die Kindererziehung und die Pflege von Familienangehörigen kümmern, besteht ab 2019 die Möglichkeit, dazu das tarifliche Zusatzgeld von 27,5% wahlweise in Form von acht freien Tagen abzugelten (tarifliche Freistellungszeit).

- *Kurzarbeit und Arbeitszeitverkürzung ohne Entgeltausgleich:* Bei Auftragsmangel besteht einerseits die Möglichkeit, Kurzarbeit zu vereinbaren. Für die Dauer von sechs Monaten erhalten die Beschäftigten von der Agentur für Arbeit für die ausgefallene Arbeitszeit Kurzarbeitergeld in Höhe von 60% bzw. 67%. Kurzarbeit bedarf der Zustimmung des Betriebsrats. Der Betriebsrat hat hier ein Initiativrecht zur Einführung von Kurzarbeit, z.B. um Entlassungen zu vermeiden. Darüber hinaus eröffnen die Tarifverträge zur Beschäftigungssicherung in der Metallindustrie die Möglichkeit, die Arbeitszeit ohne Entgeltausgleich auf bis zu 29 Stunden zu reduzieren, um so Entlassungen zu vermeiden (vgl. dazu ausführlich die Kapitel 19.3 und 19.4).

- *Mehrarbeit (Überstunden):* Zusätzlich zur regelmäßigen wöchentlichen Arbeitszeit können im Einzelfall Mehrarbeit bzw. Überstunden vereinbart werden. Jede von der Unternehmensleitung beantragte Überstunde bedarf der Zustimmung des Betriebsrats. Ohne dessen Zustimmung darf die Unternehmensleitung keine Mehrarbeit anordnen. In den Tarifverträgen sind einerseits Grenzen für die Mehrarbeit und andererseits Zuschläge für jede Mehrarbeitsstunde vereinbart.

- *Verteilung der Arbeitszeit auf die Wochentage:* In den Manteltarifverträgen ist als Regelfall die Verteilung der Arbeitszeit auf die fünf Wochentage von Montag bis Freitag geregelt, sodass die Beschäftigten am Wochenende frei haben. Die Tarifverträge enthalten allerdings Öffnungsklauseln, die mit Zustimmung des Betriebsrats von diesem Grundsatz abweichen können. Die Unternehmer versuchen so nicht nur den Samstag, sondern sogar den Sonntag zum Regelarbeitstag zu machen. Sonntagsarbeit und Feiertagsarbeit ist nach Artikel 140 GG prinzipiell verboten, kann aber durch Gesetz anders geregelt werden. Das Arbeitszeitgesetz legt die Bedingungen fest, unter denen am Sonntag gearbeitet werden darf. Neben der Zustimmung des Betriebsrats ist zusätzlich die Genehmigung des Gewerbeaufsichtsamts erforderlich.

- *Schichtarbeit:* Die »normale« Verteilung der Arbeitszeit sieht vor, dass von Montag bis Freitag sieben oder acht Stunden am Tag gearbeitet wird, und zwar in dem Zeitrahmen von etwa 7 Uhr bis 18 Uhr (umgangssprachlich wird dies in einigen Betrieben auch als *Normalschicht* oder *Tagschicht* bezeichnet). Bei *Zwei-Schichtarbeit* wird die Arbeitszeit meistens in einer Frühschicht von 6-14 Uhr und einer Spätschicht von 14-22 Uhr geleistet. Bei *Drei-Schichtarbeit* kommt die Nachtschicht von 22 Uhr bis 6 Uhr am Folgetag hinzu. Bei diesen Schichtsystemen wird an den Tagen von Montag und Freitag gearbeitet *(15-Schicht-Systeme)*. Es existieren aber auch Schichtsysteme, bei denen am Samstag gearbeitet wird *(18-Schicht-Systeme)*. Bei kontinuierlicher Schichtarbeit (»Konti-Schicht«) wird von Montag bis Sonntag jeweils in drei Schichten gearbeitet *(21-Schicht-Systeme)*. Für Schicht- bzw. Nachtarbeit sehen die Manteltarifverträge Schichtzuschläge vor. Um bei einer täglichen Arbeitszeit von acht Stunden auf die tarifliche Arbeitszeit von z.B. 35 Stunden zu kommen, haben Schichtarbeiter Anspruch auf freie Tage (»Freischichten«).

  Schichtarbeit und insbesondere Nachtarbeit ist nach den arbeitsmedizinischen und arbeitswissenschaftlichen Erkenntnissen gesundheitsschädlich, da der menschliche Körper in der Nacht gegen die innere Uhr arbeiten muss. Vonseiten der Arbeitsmedizin wird empfohlen, nur kurze Zeit Nachtarbeit zu leisten, woran sich ein längerer Freizeitblock anschließt. Dazu sind in vielen Betrieben sogenannte ergonomische Schichtmodelle mit folgender Schichtfolge vereinbart: zwei Früh-, zwei Spät-, zwei Nacht- und danach vier Freischichten. Die Einführung von Schichtarbeit und die Schichtpläne unterliegen der Mitbestimmung des Betriebsrats gemäß § 87 Abs. 1 Ziffer 2 des BetrVG.

- *Flexibilisierung der Arbeitszeit und Arbeitszeitkonten:* Fast in jedem Betrieb sind für die Beschäftigten Arbeitszeitkonten vereinbart, teilweise mehrere Konten pro Beschäftigten. Hier wird unterschieden zwischen einem *Gleitzeitkonto*, einem *kollektiven Flexi-Konto* und *Langzeitkonten*. Bei Gleitzeit können die Beschäftigten Beginn und Ende der täglichen Arbeitszeit innerhalb bestimmter Grenzen frei wählen. Ein kollektives Flexi-Konto dient dem Ausgleich betrieblicher Auftrags- und Produktionsschwankungen durch Erhöhung oder Absenkung der betrieblichen Arbeitszeit. Im Durchschnitt eines Jahres muss aber die tarifliche Arbeitszeit erreicht werden. Bei einem Langzeitkonto handelt es sich um ein Ansparmodell, das eine längerfristige Freistellung von der Arbeit oder einen vorzeitigen Eintritt in die Rente ermöglichen soll. Alle derartigen Konten unterliegen im Rahmen der tariflichen Bestimmungen der Mitbestimmung des Betriebsrats nach § 87 Abs. 1 Ziffer 2 BetrVG.

- *Erfassung der Arbeitszeit und »Vertrauensarbeitszeit«:* In früheren Zeiten haben die Unternehmer sehr stark darauf gedrängt, dass die Arbeit pünktlich begonnen wird und nicht vor Feierabend beendet wird. Geschichtlich steht dafür die Einführung der *Stechuhr oder Stempeluhr*. Heute verfolgen zahlreiche Unternehmer eine andere Strategie. Insbesondere in administrativen Bereich und im Ingenieursbereich bieten sie eine »*Vertrauensarbeitszeit*« an, bei der auf eine Erfassung der Arbeitszeit verzichtet wird. Die Unternehmer setzen darauf, dass sie durch die Aufgabensteuerung den Leistungsdruck so stark erhöhen, dass die Beschäftigten ihre Arbeit nicht während der tariflichen Arbeitszeit schaffen können und scheinbar freiwillig länger arbeiten – und zwar ohne Bezahlung. Die Gewerkschaften raten dringend davon ab, Vertrauensarbeitszeit zu vereinbaren, und betonen, dass jede Stunde Arbeitszeit erfasst und bezahlt werden muss. § 16 Abs. 2 Arbeitszeitgesetz (ArbZG) bietet dem Betriebsrat gute Möglichkeiten, diesen Grundsatz durchzusetzen.

- *Mobiles Arbeiten:* Unter mobilem Arbeiten wird das Arbeiten im Netz mit Laptops, Tablets oder Smartphones von zu Hause oder unterwegs verstanden. Im administrativen Bereich und im Ingenieursbereich können zahlreiche Aufgaben so von zu Hause und unterwegs erledigt werden; nach Auskunft der Bundesregierung taten dies 2017 knapp zehn Prozent der Beschäftigten. Kombiniert mit einer »Vertrauensarbeitszeit« droht die tatsächliche Arbeitszeit verlängert zu werden. Darüber hinaus kommt es zu einem »Verwischen« der Grenzen von Arbeitszeit und Privatleben. Andererseits sehen einige Beschäftigte in der mobilen Arbeit Chancen, die Arbeitszeit besser ihren Wünschen anpassen zu können.

In der Tarifrunde 2018 konnte in der Metall- und Elektroindustrie ein Tarifvertrag zum mobilen Arbeiten durchgesetzt werden. Die Einführung des mobilen Arbeitens bedarf der Zustimmung des Betriebsrats nach § 87 Abs. 1 Ziffer 2 BetrVG und muss auf der Grundlage der Tarifverträge durch eine Betriebsvereinbarung geregelt werden.

18.3 Arbeitspensum (Leistung)

Rechtliche und tarifliche Grundlagen
- Entgelt-Rahmentarifverträge;
- § 87 Abs. Ziffer 10 und 11 BetrVG.

Weiterführende Literatur: »Handbuch Arbeit-Entgelt-Leistung: Entgeltrahmen-Tarifverträge im Betrieb« (siehe Literaturhinweise).

Eck- und Konfliktpunkte
Entscheidende Fragen sind hier: Wie hoch ist das Arbeitspensum, das für das vereinbarte Entgelt in der vereinbarten Arbeitszeit erbracht werden muss? Anders formuliert: Wie hoch ist die erwartete Arbeitsleistung? Bei der Regelung des Arbeitspensums wird in den Tarifverträgen der Metallindustrie zwischen Zeit- und Leistungsentgelt unterschieden. Zusätzlich ist es möglich, im Rahmen des Zielentgeltes auf der Grundlage einer Betriebsvereinbarung Zielvereinbarungen zwischen Beschäftigten bzw. Gruppen von Beschäftigten und der Unternehmensleitung zu vereinbaren. Bisher wird dies in der Metall- und Elektroindustrie sehr wenig genutzt.

Im Entgeltgrundsatz *Zeitentgelt* entscheidet der Unternehmer alleine darüber, welches Arbeitspensum erbracht werden muss. Mit zahlreichen direkten und indirekten Methoden versuchen die Unternehmer, das Arbeitspensum möglichst hoch zu halten. Dies geschieht zum Beispiel durch direkte oder indirekte Stückzahl- oder Terminvorgaben, durch Motivationsstrategien, um Beschäftigte zu einer möglichst hohen Leistung zu veranlassen, oder durch eine zu niedrige Personalbemessung.

Im Entgeltgrundsatz *Leistungsentgelt* wird dagegen das Arbeitspensum nicht einseitig, sondern aufgrund von tariflichen Regelungen festgelegt oder vereinbart. Betriebsrat und Beschäftigte haben dazu Mitbestimmungs- bzw. Reklamationsrechte. Hierbei werden beispielsweise Zeitvorgaben für die Erledigung bestimmter einzelner Aufgaben vereinbart. Ebenso sind Stückzahlvorgaben oder Vorgaben für die Nutzungsgrade von Maschinen und Anlagen üblich. Der entscheidende Punkt liegt hierbei darin, dass die Unternehmensleitung diese Vorgaben nicht alleine festlegen darf, sondern der Betriebsrat Mitbestimmungsrechte hat. Damit ist es möglich, das Arbeitspensum zu begrenzen. In vielen Tarifverträgen sind dazu Verfahrensregelungen und »Zeitpuffer« wie persönliche Zeiten und Erholungszeiten vereinbart. Geschichtlich kommen diese tariflichen Regelungen aus der Zeit des Akkordlohns, bei dem die Vorgabezeiten aufgrund von Zeitstudien mit der Stoppuhr festgelegt wurden. In zahlreichen Betrieben der Metall- und Elektroindustrie werden auch heute noch Vorgabezeiten bzw. Sollzeiten durch Zeitstudien methodisch ermittelt. Heute werden statt einer Stoppuhr überwiegend mobile, elektronische Erfassungssysteme verwendet. Zu den Methoden der Datenermittlung für Zeit- oder Mengenvorgaben finden sich in den Entgelt-Rahmenverträgen Regelungen, die durch Betriebsvereinbarungen konkretisiert werden müssen.

Neben den Zeitstudien sind in der Metall- und Elektroindustrie sogenannte Systeme vorbestimmter Zeiten verbreitet. Die häufigste Methode ist MTM (Methods Time Measurement = Methodische Zeitmessung) und ein davon abgeleitetes »Universelles Analysiersystem (MTM-UAS). Dabei werden die Arbeitstätigkeiten in Teilschritte zergliedert, denen Zeitvorgaben zugeordnet sind. In nahezu allen Automobil- und Zulieferbetrieben werden derartige Methoden im Produktionsbereich, aber auch in anderen Bereichen angewendet. Dazu sind in den Entgelt-Rahmentarifverträgen Mitbestimmungsrechte des Betriebsrats und Rahmenregelungen im Leistungsentgelt vereinbart. Es wird dringend davon abgeraten, MTM im Zeitentgelt anzuwenden, da dann der Betriebsrat keine Einflussmöglichkeiten hat.

In den Entgelt-Rahmentarifverträgen finden sich neben dem klassischen Leistungsentgelt auch Regelungen zum *Zielentgelt* bzw. zu *Zielvereinbarungen*. Dabei werden auf der Grundlage einer Betriebsvereinbarung zwischen einzelnen Beschäftigten oder Gruppen von Beschäftigten mit dem Unternehmer Ziele vereinbart. Diese tarifliche Möglichkeit wird in der Praxis allerdings wenig genutzt.

> In etlichen Unternehmen versuchen die Unternehmer, bestehende Regelungen im Leistungsentgelt abzuschaffen, und schlagen vor, in das Zeitentgelt zu wechseln. Dazu bieten sie meistens eine Verdienstsicherung auf dem bestehenden Niveau

> an. Die Absichten der Unternehmer liegen darin, im Zeitentgelt allein, ohne die Beteiligung des Betriebsrats, über das Arbeitspensum zu bestimmen. Erfahrungsgemäß steigt dadurch der Leistungsdruck auf die Beschäftigten. Deshalb wird empfohlen, dies möglichst zu verhindern.

In den einzelnen Arbeitsgruppen oder Abteilungen eines Unternehmens ist die Frage des Arbeitspensums im engen Zusammenhang mit der *Personalbemessung* zu sehen. Die Frage lautet: Wie viele Personen sind in einer Abteilung zur Bewältigung des Arbeitspensums eingesetzt? Nach den gesetzlichen Bestimmungen entscheidet – zumindest im Zeitentgelt – der Unternehmer alleine über die Personalbemessung. Die entscheidende Frage, wie viele Personen in einer Abteilung eingesetzt werden, unterliegt nicht der Mitbestimmung des Betriebsrats. Damit stehen den Unternehmern zahlreiche Methoden zur Leistungsverdichtung offen: Entweder wird bei gleichem Arbeitspensum die Personalbesetzung herabgesetzt. Oder es wird bei gleicher Personalbesetzung kontinuierlich das Arbeitspensum erhöht.

Denkbar wäre die Definition eines *zumutbaren Arbeitspensums* wie folgt:

> »Ein zumutbares Arbeitspensum (ZAP) bezeichnet das quantitative Arbeitspensum, das von den Beschäftigten für die Dauer des Arbeitslebens und bei Einhaltung der vereinbarten Arbeitszeit ohne Gesundheitsbeeinträchtigung erbracht werden kann. Diese Definition des Arbeitspensums ist Maßstab für die Leistungs- und Personalbemessung.«

Bei der *Personalbemessung* ist zwischen einer »Nettopersonalbesetzung« und einer »Bruttopersonalbesetzung« zu unterscheiden. Bei Letzterer werden zusätzlich Abwesenheitszeiten aufgrund von Urlaub, freien Tagen, Qualifizierung und Krankheit berücksichtigt. Die Gewerkschaften fordern ein Mitbestimmungsrecht des Betriebsrats über die Personalbemessung und insbesondere über das Verhältnis von Arbeitspensum und Personalbemessung. Dies wird von den Unternehmern strikt abgelehnt und wird wohl nur im Rahmen einer grundsätzlichen Auseinandersetzung lösbar sein.

18.4 Rechtlicher Charakter des Arbeitsverhältnisses

Rechtliche und tarifliche Grundlagen
- § 99 BetrVG;
- Bürgerliches Gesetzbuch (BGB, § 611a, § 631 folgende);
- Nachweisgesetz (NachwG);
- Teilzeit- und Befristungsgesetz (TzBfG);
- Arbeitnehmerüberlassungsgesetz (AÜL);
- Tarifverträge zur Leiharbeit;
- § 8 des 4. Sozialgesetzbuches (SGB IV).

Weiterführende Literatur: Kommentare zum Betriebsverfassungsgesetz sowie Jürgen Ulber (Hrsg.): Arbeitnehmerüberlassungsgesetz – Kommentar für die Praxis, 5. Auflage, Frankfurt a.M. 2017.

Eck- und Konfliktpunkte
Das grundsätzliche Ziel der betrieblichen Interessenvertretung besteht darin, für möglichst alle Beschäftigten sogenannte Normalarbeitsverhältnisse durchzusetzen und prekäre Arbeitsverhältnisse möglichst zu vermeiden, zumindest zu begrenzen (vgl. Übersicht 18-5).

Übersicht 18-5: Normalarbeitsverhältnis und prekäre Arbeitsverhältnisse

Normalarbeitsverhältnis	Prekäre Arbeitsverhältnisse
Unbefristetes Vollzeitarbeitsverhältnis auf der Grundlage eines Tarifvertrages (oder ein entsprechendes Teilzeitarbeitsverhältnis, wenn es auf dem ausdrücklichen Wunsch der Beschäftigten beruht)	Befristetes Arbeitsverhältnis
	Leiharbeitsverhältnis
	Werkverträge
	»Verordnete« Teilzeitarbeitsverhältnisse
	Minijobs (450-Euro-Jobs)

> Unter einem Normalarbeitsverhältnis wird ein unbefristetes Vollzeitarbeitsverhältnis verstanden, für das ein Tarifvertrag gilt. Dem ist ein Teilzeitarbeitsverhältnis gleichzustellen, wenn dies auf den ausdrücklichen Wunsch der Beschäftigten so vereinbart wird. Als prekäre Arbeitsverhältnisse werden befristete Arbeitsverhältnisse, »verordnete« Teilzeitarbeitsverhältnisse, Arbeitsverhältnisse bei Leiharbeitsfirmen oder Werkvertragsunternehmen sowie Minijobs (450-Euro-Jobs) verstanden.

Während die Beschäftigten ein Interesse an einem stabilen und sicheren Normalarbeitsverhältnis haben, versuchen zahlreiche Unternehmer zumindest für Teile der Belegschaft prekäre Arbeitsverhältnisse durchzusetzen, um einerseits Personalkosten zu drücken, aber andererseits auch schneller das Arbeitsverhältnis auflösen zu können. Aus diesem Blickwinkel betrachtet sind befriste Arbeitsverhältnisse, Leiharbeitsverhältnisse und Werkverträge ein unternehmerisches Mittel, den Kündigungsschutz zu unterlaufen. Sie können so die Personalbemessung problemlos an den jeweiligen Arbeitsanfall anpassen, ohne Verpflichtungen wie in einem unbefristeten Normalarbeitsverhältnis eingehen zu müssen.

Der Betriebsrat kann versuchen, bei Einstellungen in prekäre Arbeitsverhältnisse die Zustimmung auf der Grundlage des § 99 BetrVG zu verweigern. Da die Zustimmungsverweigerung in § 99 Abs. 2 auf sechs Konstellationen begrenzt ist, wird eine Begrenzung von prekären Arbeitsverhältnissen auch nur durch ergänzende gewerkschaftliche Aktionen im Betrieb durchzusetzen sein. Die Verbreitung von prekären Arbeitsverhältnissen ist von Branche zu Branche und von Betrieb zu Betrieb heute sehr unterschiedlich. In einigen Betrieben konnten Betriebsräte und Vertrauensleute durchsetzen, Leiharbeit zu verhindern oder zumindest zu begrenzen. Während in der Metall- und Elektroindustrie »verordnete« Teilzeitarbeit und Minijobs eher die Ausnahme sind, sieht die Situation im Einzelhandel völlig anders aus: Dort hat die Mehrheit der Beschäftigten ein Teilzeitarbeitsverhältnis oder einen Minijob.

Während bei Einstellungen in der Metall- und Elektroindustrie für Beschäftigte in den unteren Entgeltgruppen im Produktionsbereich zunächst mehrheitlich befristete Arbeitsverhältnisse angeboten werden, bieten dort die Unternehmer in Zeiten geringer Arbeitslosigkeit für Fachkräfte unbefristete Arbeitsverhältnisse an. Bundesweit haben von 40 Millionen Beschäftigten ca. 8,5% ein befristetes Arbeitsverhältnis, davon knapp die Hälfte mit einer sachgrundlosen Befristung – das sind über 1,5 Millionen Beschäftigte!

Bei der Verhinderung bzw. Begrenzung von prekären Arbeitsverhältnissen sind für die Interessenvertretung folgende Aspekte relevant:

- *Befristete Arbeitsverhältnisse:* Diese sind in den §§ 14 bis 21 des Teilzeit- und Befristungsgesetzes (TzBfG) geregelt. Dabei sind zunächst zwei Fälle zu unterscheiden: Eine Befristung aufgrund eines Sachgrundes und eine sachgrundlose Befristung.

  In Absatz 1 des § 14 sind die *sachlichen Gründe* aufgezählt. Danach ist ein befristetes Arbeitsverhältnis beispielsweise dann zulässig, wenn nachweislich der betriebliche Bedarf an zusätzlichen Beschäftigten befristet ist, z.B. wenn ein größerer »unvorhersehbarer« zusätzlicher Auftrag abzuarbeiten ist. Scheiden Beschäftigte für einen befristeten Zeitraum aus dem Betrieb aus, können für diese Zeit befristete Beschäftigte eingestellt werden. Dies gilt beispielsweise bei Abwesenheiten vor und nach einer Schwangerschaft, Kindererziehung, Weiterbildung usw.

  Im Absatz 2 des § 14 ist die *sachgrundlose Befristung* geregelt: »Die kalendermäßige Befristung eines Arbeitsvertrages ohne Vorliegen eines sachlichen Grundes ist bis zur Dauer von zwei Jahren zulässig; bis zu dieser Gesamtdauer von zwei Jahren ist auch die höchstens dreimalige Verlängerung eines kalendermäßig befristeten Arbeitsvertrages zulässig. Eine Befristung nach Satz 1 ist nicht zulässig, wenn mit demselben Arbeitgeber bereits zuvor ein befristetes oder unbefristetes Arbeitsverhältnis bestanden hat.«

  Diese Bestimmung wird von zahlreichen Unternehmern insbesondere in Zeiten hoher Arbeitslosigkeit intensiv genutzt. Sie stellt letztlich ein Unterlaufen der gesetzlichen bzw. tariflichen Probezeit von maximal sechs Monaten dar und bedeutet für die betroffenen Beschäftigten eine monatelange Phase der Unsicherheit, in der es nicht klar ist, wie es für sie weitergeht. Durch professionelles Verhandeln und durch betrieblichen gewerkschaftlichen Druck gelingt es vielen Betriebsräten, am

Ende der Befristungsdauer durchzusetzen, dass die betroffenen Beschäftigten in ein unbefristetes Vollzeitarbeitsverhältnis übernommen werden. Vor diesem Hintergrund ist es auch wichtig, die befristet beschäftigten Kolleginnen und Kollegen auf eine Mitgliedschaft in der Gewerkschaft anzusprechen und sie als Mitglieder zu werben. Die Gewerkschaften fordern auf der gesellschaftspolitischen Ebene eine ersatzlose Streichung der sachgrundlosen Befristung.

In der Koalitionsvereinbarung der CDU/CSU-SPD-Regierung vom Frühjahr 2018 ist festgehalten, dass die Dauer der sachgrundlosen Befristung von maximal 24 Monaten auf maximal 18 Monate verringert werden soll; innerhalb dieses Zeitraums soll nur noch eine einmalige Verlängerung möglich sin. Darüber hinaus sollen in Betrieben mit mehr als 75 Beschäftigten sachgrundlose befristete Arbeitsverhältnisse nur noch für maximal 2,5% der Belegschaft zulässig sein.

- *Leiharbeit:* Durch den Abbau von Schutzrechten (De-Regulierung) im Arbeitnehmerüberlassungsgesetz durch die rot-grüne Regierung unter Bundeskanzler Gerhard Schröder erlebte die Leiharbeit einen rasanten Anstieg (vgl. Kapitel 6.3). Parallel dazu schlossen die sogenannten christlichen Gewerkschaften mit einzelnen Arbeitgeberverbänden Tarifverträge mit sehr niedrigen Entgeltbeträgen ab. Im Jahr 2018 gibt es über eine Million Leiharbeitsbeschäftigte. Viele Leiharbeitsbeschäftigte waren damals im Niedriglohnbereich, teilweise zu Entgelten unter dem heutigen Mindestlohn von 8,84 Euro pro Stunde, beschäftigt. Deshalb hat sich beispielsweise die IG Metall entschlossen, Leiharbeitsbeschäftigte als Gewerkschaftsmitglieder zu werben sowie für und mit ihnen Tarifverträge für Leiharbeitsbeschäftigte abzuschließen. Zurzeit sind über 30.000 Leiharbeitsbeschäftigte Mitglied der IG Metall. Im Jahr 2017 wurde durch eine Änderung des Arbeitnehmerüberlassungsgesetzes (AÜG) die Situation der Leiharbeitsbeschäftigten ein Stück weit verbessert, ohne dass diese Änderungen den Forderungen der Gewerkschaften entsprochen haben.

Im AÜG ist geregelt, dass die Überlassungsdauer eines Leiharbeitsbeschäftigten maximal 18 Monate betragen darf. Zum Grundsatz *»Gleiches Geld für gleiche Arbeit«* oder auch *»Equal Pay«* ist festgehalten, dass Leiharbeitsbeschäftigte nach neun Monaten den Anspruch auf gleiches Entgelt wie die »Stammbeschäftigten« haben. Das AÜG enthält keine Regelungen, wie sie üblicherweise in Manteltarifverträgen geregelt sind, z.B. zu Arbeitszeit, Urlaub, Entgeltfortzahlung im Krankheitsfall usw.

Das AÜG enthält eine Klausel, nach der die Tarifvertragsparteien eigene branchenspezifische Regelungen vereinbaren können. Diese Klausel hat die IG Metall genutzt, um mehrere Tarifverträge für die Leiharbeitsbeschäftigten in der Metall- und Elektroindustrie abzuschließen. Die derzeitige Situation von Leiharbeit ist in der Metall- und Elektroindustrie durch das AÜG sowie drei Tarifverträge geregelt (vgl. Kapitel 7.3.3 und die Übersicht 7-13).

In der Metallindustrie gibt es regionale Tarifverträge zwischen den IG Metall-Bezirksleitungen und den regionalen Metallarbeitgeberverbänden zu allgemeinen Regelungen der Leiharbeit (TV LeiZ). In denen ist keine Höchstüberlassungsdauer wie im AÜG geregelt, sondern ein Übernahmeanspruch nach 24 Monaten. Das heißt:

Nach einem Einsatz von 24 Monaten muss der Unternehmer den bzw. die Leiharbeitsbeschäftigten in ein Arbeitsverhältnis im Entleihbetrieb übernehmen.

Der Tarifvertrag Branchenzuschläge wurde zwischen dem Vorstand der IG Metall und den beiden großen Arbeitgeberverbänden der Leiharbeitsbranche BAP und iGZ vereinbart. Dort ist geregelt, dass Leiharbeitsbeschäftigte für die Einsatzzeit in einem Betrieb der Metall- und Elektroindustrie zusätzlich zum »DGB-Tarifvertrag Leiharbeit« sogenannte *Branchenzuschläge* erhalten. Sie sind nach der Zeitdauer des Einsatzes gestaffelt: nach sechs Wochen, nach 3, 5, 7, 9 und 15 Monaten; vgl. dazu Kapitel 7.3.3 und die Übersicht 7-14. Damit erzielen in der Metallindustrie Leiharbeitsbeschäftigte schon nach sechs Wochen deutlich höhere Entgelte und nach 15 Monaten das gleiche Monatsentgelt wie die Stammbeschäftigten. In Branchen, in denen keine Branchenzuschläge vereinbart sind, liegen die Entgelte für viele Leiharbeitsbeschäftigte bei ca. zehn Euro und damit weit unter den Flächentarifverträgen.

Einigen Betriebsräten ist es gelungen, im Betrieb Leiharbeit zu verhindern. Vielen Betriebsräten ist es gelungen, durch Betriebsvereinbarungen Leiharbeit zu begrenzen, z.B. auf 5% der Belegschaft. Darüber hinaus setzen sich Betriebsräte dafür ein, Leiharbeitsbeschäftigte nach Möglichkeit in ein unbefristetes Vollzeitarbeitsverhältnis zu übernehmen. Dies gelingt in einigen, aber nicht in allen Betrieben.

- *Werkverträge:* Werkverträge sind im Arbeitsleben üblich, werden aber von Unternehmern häufig missbraucht, um bestehende Tarifstandards zu unterlaufen und Normalarbeitsverhältnisse zu vermeiden. Werkverträge, gegen die aus Sicht der Beschäftigten nichts einzuwenden ist, sind beispielsweise die Beauftragung eines Malerunternehmens zur Streichung der Werkhalle oder die Beauftragung eines IT-Unternehmens, ein neues IT-System im Unternehmen zu installieren. Dagegen ist es nicht akzeptabel, wenn dauerhaft ganze Abteilungen ausgegliedert werden *(»Outsourcing«)*, um niedrige Entgelte und schlechtere Arbeitsbedingungen durchzusetzen, wie z.B. die Ausgliederung der Kantine und des Werkschutzes, um die dort üblichen niedrigen Tarifverträge anzuwenden. Extrem problematisch wird es dann, wenn Aufgaben bzw. ganze Abteilungen ausgegliedert werden, die zur *Wertschöpfungskette* des Unternehmens gehören, wie z.B. Logistikbereiche oder Montagebereiche.

Dies gilt insbesondere dann, wenn die Beschäftigten des Werkvertragsunternehmens bzw. der Fremdfirma auf dem Werksgelände arbeiten. Hier muss rechtlich sorgfältig geprüft werden, ob es sich überhaupt um einen *Werkvertrag* handelt oder um einen rechtswidrigen *»Scheinwerkvertrag«* (vgl. Kapitel 6.3).

Die Abgrenzungskriterien zwischen Arbeits- und Werkvertrag ergeben sich aus der Definition des Arbeitsvertrages in § 611a BGB und aus der Definition des Werkvertrages im BGB (§ 631 und folgende). Danach kommt es entscheidend darauf an, ob Beschäftigte des Werkvertragsunternehmens praktisch in den Betriebsablauf eingegliedert wurden und ihre Weisungen von Beauftragten des Unternehmens und nicht von denen des Werkvertragsunternehmens erhalten. Denn ein Beschäftigter ist gegenüber dem Unternehmer, bei dem er beschäftigt ist, weisungsgebunden. Erhält allerdings ein Beschäftigter eines Werkvertragsunternehmens die Weisungen von dem Unternehmer, mit dem das Werkvertragsunternehmen einen Vertrag hat, liegt ein Arbeitsverhältnis mit dem Stammbetrieb vor. Zu diesem hier vereinfacht dargestellten Sachverhalt existiert eine umfangreiche Rechtsprechung. Hilfreich sind dazu Checklisten, wie beispielsweise die folgenden Prüfkriterien (Quelle: IG Metall, Handlungshilfe Nr. 30, 2017).

Typische Inhalte von Werkverträgen:
– Definition des Werks, das erstellt werden soll;
– Bezahlung üblicherweise in einer Pauschale, daneben Vereinbarungen über Fahrtkosten und andere Nebenkosten;
– Termin zur Fertigstellung und Fragen der Abnahme bzw. Lieferung;
– Fragen der Haftung und Mängelgewährleistung;
– Vereinbarung zur Kündigung des Vertrags.

Checkliste zur Prüfung eines Scheinwerkvertrages:
– Liegt ein Werkvertrag vor?
– Arbeitet der Subunternehmer eigenverantwortlich?
– Organisiert er die Arbeit und seine Angestellten selbst?
– Bestimmt der Subunternehmer Anzahl und Qualifikation der eingesetzten Arbeitnehmer selbst?
– Gibt der Subunternehmer oder sein Vorgesetzter die Weisungen an seine Beschäftigten?
– Werden die Arbeitsmittel wie Werkzeug und Maschinen vom Subunternehmer gestellt?
– Arbeiten die Beschäftigten des Subunternehmers getrennt und abgrenzbar von den Beschäftigten des Einsatzbetriebs?

Ist eine der obigen Fragen mit Nein zu beantworten, besteht der dringende Verdacht, dass ein Scheinwerkvertrag vorliegt.

Die einzelnen Beschäftigten können beim Arbeitsgericht eine sogenannte Statusklage mit dem Ziel einreichen, dass festgestellt wird, dass es sich um ein Arbeitsverhältnis handelt. Wirkungsvoller ist es, wenn der Betriebsrat des Unternehmens aktiv wird. Dazu sollte sich der Betriebsrat von der örtlichen Gewerkschaft und ggf. von der DGB Rechtsschutz GmbH beraten lassen.

Da insbesondere in Großbetrieben zahlreiche Fremdfirmen tätig sind, sollte sich der Betriebsrat zunächst einen Überblick verschaffen. Grundlage ist der § 80 Abs. 2 BetrVG: »Zur Durchführung seiner Aufgaben nach diesem Gesetz ist der Betriebsrat rechtzeitig und umfassend vom Arbeitgeber zu unterrichten; die Unterrichtung erstreckt sich auch auf die Beschäftigung von Personen, die nicht in einem Arbeitsverhältnis zum Arbeitgeber stehen, und umfasst insbesondere den zeitlichen Umfang des Einsatzes, den Einsatzort und die Arbeitsaufgaben dieser Personen.« Darüber hinaus sind ihm die Verträge dieser Beschäftigten vorzulegen. Aufgrund dieser Informationen kann der Betriebsrat dann in den einzelnen Fällen prüfen, ob es sich um Werkverträge oder Arbeitsverträge handelt, und kann dann gegen diese »Scheinwerkverträge« aktiv werden. Generelles Ziel bleibt es, die Ausgliederung von Arbeitsaufgaben zu verhindern oder zumindest zu begrenzen.

- *»Verordnete Teilzeit«:* In einigen Branchen ist nur ein geringer Teil von Beschäftigten in Teilzeit beschäftigt und dies häufig auf eigenen Wunsch. In anderen Branchen ist es dagegen üblich, dass große Teile der Belegschaft lediglich Teilzeitarbeitsverträge bekommen, obwohl sie an einem Vollzeitvertrag interessiert sind. Diese »verordnete« Teilzeit ist insbesondere im Einzelhandel und in der Gastronomie üblich. Die betroffenen Beschäftigten sehen sich in der Lage, dass sie mit einem Teilzeitvertrag nicht ausreichend Geld verdienen, um einen halbwegs akzeptablen Lebensstandard realisieren zu können. Viele haben dann mehrere Teilzeitbeschäftigungen bei unterschiedlichen Unternehmen.

  Die Grundlagen der Teilzeitarbeit sind in den §§ 6-13 des Teilzeit- und Befristungsgesetzes geregelt. Danach können Beschäftigte verlangen, von Vollzeit in Teilzeit zu wechseln oder umgekehrt von Teilzeit in Vollzeit. Der Unternehmer hat dies lediglich zu prüfen, kann aber den Antrag der Beschäftigten »aus betrieblichen Gründen« ablehnen.

- *Minijobs (450-Euro-Jobs):* In einigen Branchen sind Minijobs nur in Ausnahmefällen üblich, in anderen Branchen sind sie für größere Teile der Belegschaft tägliche Realität, so z.B. im Reinigungsgewerbe, der Gastronomie und im Einzelhandel. Der Verdienst darf 450 Euro pro Monat nicht überschreiten. Dies bedeutet bei einem gesetzlichen Mindestlohn von 8,84 Euro pro Stunde eine monatliche Arbeitszeit von ca. 51 Stunden und damit eine wöchentliche Arbeitszeit von ca. zwölf Stunden. Bei einem Tarifentgelt von beispielsweise zwölf Euro pro Stunde sind es dann ca. 37,5 Stunden pro Monat oder 8,5 Stunden pro Woche. Die Abgaben zur Sozialversicherung und Steuer sind vereinfacht geregelt: Der Unternehmer zahlt eine Pauschalabgabe von 30% des Arbeitsentgelts. Davon entfallen 13% auf die Krankenversicherung und 15% auf die Rentenversicherung; zudem führt er 2% als Pauschalsteuer ab.

  Minijobs heißen offiziell »geringfügige Beschäftigungsverhältnisse« und sind in § 8 des 4. Sozialgesetzbuches (SGB IV) geregelt. Nähere Informationen sind bei der Minijob-Zentrale der »Deutschen Rentenversicherung Knappschaft-Bahn-See« erhältlich: www.minijob-zentrale.de. Es ist offensichtlich, dass mit einem Minijob kein ausreichender Lebensstandard realisiert und auch keine ausreichende Altersversorgung aufgebaut werden kann. Deshalb treten die Gewerkschaften dafür ein, Minijobs stark zu begrenzen.

18.5 Kündigungen und Einstellungen

Rechtliche und tarifliche Grundlagen
- § 102 bis 105 BetrVG;
- Kündigungsschutzgesetz (KSchG);
- § 92 bis 95 BetrVG;
- § 99 BetrVG.

Weiterführende Literatur: Stichworte »Kündigung«, »Kündigungsfristen«, »Kündigungsschutz« und »Einstellung« in »Betriebsratspraxis von A-Z« sowie die Kommentare zum Betriebsverfassungsgesetz; siehe Literaturangaben.

Eck- und Konfliktpunkte
Die Kündigung von Beschäftigten durch den Unternehmer entzieht den betroffenen Menschen ihre Existenzgrundlage und führt für sie im Zweifelsfall in die Arbeitslosigkeit. Deshalb ist es eine vordringliche Aufgabe von Betriebsräten, die geplanten Kündigungen möglichst zu verhindern, zumindest aber die Rechtsposition der gekündigten Beschäftigten in einem Kündigungsschutzprozess zu verbessern. Gerade in einer derartigen, für die einzelnen Beschäftigten existenzgefährdenden Situation sind sie auf die konsequente Unterstützung ihrer gewählten Betriebsräte und ihrer Gewerkschaft angewiesen. Der Betriebsrat hat bei Kündigungen kein »Veto-Recht«, aber zahlreiche Beteiligungsmöglichkeiten, die er zugunsten der Beschäftigten nutzen kann.

Im Arbeitsrecht wird zwischen zwei Kündigungsarten unterschieden:
- *Ordentliche Kündigung* oder auch fristgerechte Kündigung;
- *Außerordentliche Kündigung* oder auch fristlose Kündigung (vgl. Übersicht 18-6).

Im Arbeitsrecht sind weiter drei unterschiedliche Kündigungsgründe relevant:
- *Personenbedingte Kündigung*;
- *Verhaltensbedingte Kündigung*;
- *Betriebsbedingte Kündigung.*

Die Kündigungsfristen sind in § 622 BGB und in den jeweiligen Manteltarifverträgen geregelt. Sie sind nach der Betriebszugehörigkeit gestaffelt und liegen zwischen vier Wochen bis sieben Monaten zum Monatsende.

Im Unterschied zu Betrieben ohne Betriebsrat ist ein »Heuern und Feuern« der Beschäftigten durch den Unternehmer stark eingeschränkt. Dazu gilt ein zentraler Grundsatz:

> »Der Betriebsrat ist vor jeder Kündigung zu hören. Der Arbeitgeber hat ihm die Gründe für die Kündigung mitzuteilen. Eine ohne Anhörung des Betriebsrats ausgesprochene Kündigung ist unwirksam.« (§ 102 Abs. 1 BetrVG)

Das Entscheidende an dieser Bestimmung liegt darin, dass der Betriebsrat vor dem Ausspruch der Kündigung zu hören ist, das heißt schon dann, wenn noch keine Fakten geschaffen sind. Nach seiner Information muss der Betriebsrat schnell reagieren: Bei einer außerordentlichen Kündigung muss er spätestens innerhalb von drei Werktagen

Übersicht 18-6: Ordentliche und außerordentliche Kündigung

Ordentliche Kündigung bzw. Fristgemäße Kündigung	Außerordentliche Kündigung bzw. Fristlose Kündigung
Der Betriebsrat ist vor jeder Kündigung zu hören. Eine ohne Anhörung des Betriebsrates ausgesprochene Kündigung ist unwirksam.	Der Betriebsrat ist vor jeder Kündigung zu hören. Eine ohne Anhörung des Betriebsrates ausgesprochene Kündigung ist unwirksam.
Betriebsrat kann innerhalb einer Woche Widerspruch einlegen.	Betriebsrat kann innerhalb von 3 Tagen Bedenken anmelden.
§ 102 Absatz 2, Sätze 1 bis 2 BetrVG	§102 Absatz 2, Satz 3 BetrVG
Bei Widerspruch des Betriebsrates können Beschäftigte die Weiterbeschäftigung bis zum Ende des Rechtsstreits verlangen.	
Beschäftigter kann Kündigungsschutzklage gemäß § 4 Kündigungsschutzgesetz einreichen.	Beschäftigter kann Kündigungsschutzklage gemäß § 4 Kündigungsschutzgesetz einreichen.
Ergebnis des Kündigungsschutzprozesses: Unwirksamkeit der Kündigung oder Kündigung mit Abfindung.	Ergebnis des Kündigungsschutzprozesses: Unwirksamkeit der Kündigung oder Kündigung mit Abfindung.

der Unternehmensleitung bzw. der Personalleitung schriftlich seine Bedenken mitteilen. Bei einer ordentlichen Kündigung muss er innerhalb einer Woche schriftlich der Kündigung unter Angabe von Gründen gemäß § 102 Abs. 3 BetrVG widersprechen.

Ein ordnungs- und fristgemäßer sowie gut formulierter Widerspruch verbessert die Chancen der Beschäftigten in einem Kündigungsschutzverfahren. Hat der Betriebsrat ordnungs- und fristgemäß widersprochen, haben die Beschäftigten die Möglichkeit, innerhalb von drei Wochen gemäß § 4 des Kündigungsschutzgesetzes (KSchG) eine Kündigungsschutzklage zu erheben. In diesem Falle ist der Unternehmer verpflichtet, den Beschäftigten auf Antrag weiterzubeschäftigen, auch über dessen Kündigungsfrist hinaus – und zwar so lange, bis der Rechtsstreit abgeschlossen ist (vgl. § 102 Abs. 5 BetrVG). In einem Kündigungsschutzverfahren geht es vorrangig darum, nachzuweisen, dass es sich um eine »sozial ungerechtfertigte Kündigung« gemäß § 1 des Kündigungsschutzgesetzes handelt.

Zu den drei Gruppen von möglichen Kündigungsgründen:
- Bei einer *personenbedingten Kündigung* kündigt der Unternehmer mit der Begründung, dass Beschäftigte nicht (oder nicht mehr) die Fähigkeit und die Eignung besitzen, die nach dem Arbeitsvertrag geschuldete Leistung zu erbringen. In der Praxis handelt es sich hier meistens um *Kündigungen wegen Krankheit* (»krankheitsbedingte Kündigung«). Dazu gehören auch eine Alkohol- und Drogenabhängigkeit. Hier ist natürlich zuerst die besondere Schutzbedürftigkeit der betroffenen Beschäftigten wegen der Krankheitssituation zu betrachten und vom Betriebsrat zu beurteilen. Bei gerichtlichen Kündigungsschutzklagen werden üblicherweise drei Stufen betrachtet: die Gesundheitsprognose, die Belastungen des Unternehmers und die Interessenabwägung. Häufig können Betriebsräte im Vorfeld einer Kündigungsschutzklage Möglichkeiten aufzeigen, wie die Beschäftigten dennoch weiterbeschäftigt werden

können. Dazu dient u.a. das *betriebliche Eingliederungsmanagement (BEM)* (vgl. Kapitel 18.9).

- Eine *verhaltensbedingte Kündigung* liegt dann vor, wenn der Unternehmer die Kündigung mit einem Fehlverhalten der Beschäftigten begründet. Im Allgemeinen setzt eine verhaltensbedingte Kündigung voraus, dass bereits früher schon einmal wegen eines gleichartigen Fehlverhaltens eine Abmahnung ausgesprochen wurde. Dem Betriebsrat kommt auch die Aufgabe zu, zu prüfen, ob durch geeignete Maßnahmen ein zukünftiges Fehlverhalten vermieden werden kann; z.B. durch Versetzung an einen anderen Arbeitsplatz oder eine Weiterbildungsmaßnahme. Auch bei einem nachgewiesenen wiederholten Fehlverhalten haben betroffene Beschäftigte das Recht auf eine Kündigungsschutzklage. Hier gilt es für den Betriebsrat zu bedenken: Bei einem Widerspruch geht es nicht darum, das Fehlverhalten zu rechtfertigen, sondern ausschließlich darum, die Chancen der Beschäftigten bei einer Kündigungsschutzklage zu verbessern.
- Bei beabsichtigten *betriebsbedingten Kündigungen* muss der Unternehmer die »Kriterien der Sozialauswahl« gemäß § 1 Abs. 3 Kündigungsschutzgesetz beachten: die Dauer der Betriebszugehörigkeit, das Lebensalter, die Unterhaltspflichten und die Schwerbehinderung (vgl. Kapitel 19.7).

Dann muss zunächst geprüft werden, ob die Grenzwerte für Massenentlassungen gemäß § 17 Kündigungsschutzgesetz überschritten werden. Bei Betrieben mit mehr als 20 Beschäftigten liegt der Grenzwert bei mehr als fünf betroffenen Beschäftigten; bei 60 bis 499 Beschäftigten bei 10% der Beschäftigten oder mehr als 25 betroffenen Beschäftigten und bei Betrieben mit mehr als 500 Beschäftigten bei mindestens 30 betroffenen Beschäftigten. Werden die Grenzwerte überschritten, liegt eine Betriebsänderung vor und der Betriebsrat hat dadurch erweiterte Beteiligungsrechte gemäß §§ 111-112 BetrVG.

Werden dagegen bei betriebsbedingten Kündigungen die Grenzwerte unterschritten, bestehen lediglich die Mitbestimmungsrechte nach § 102 BetrVG. In beiden Fällen sollte der Betriebsrat parallel zum Widerspruch nach § 102 BetrVG weitere Alternativen und Handlungsschritte prüfen, um die betriebsbedingten Kündigungen zu verhindern, zumindest aber zu begrenzen. Beispielsweise: Abbau von Arbeitszeitkonten, Kurzarbeit, Verringerung der Arbeitszeit, Arbeitsplatzabbau ohne den Ausspruch betriebsbedingter Kündigungen (vgl. die Kapitel 19.1 bis 19.6).

Nur in seltenen Fällen gelingt es letztlich, eine beabsichtigte Kündigung zu verhindern und auf unbefristete Zeit die Weiterbeschäftigung der Beschäftigten durchzusetzen. Etwa die Hälfte der Kündigungsschutzverfahren werden durch einen vom Arbeitsrichter vorgeschlagenen *Abfindungsvergleich* beendet. Das Ergebnis bedeutet dann für die Beschäftigten: Ihr Arbeitsplatz ist weg, sie erhalten aber wenigstens eine finanzielle Abfindung. Dabei muss beachtet werden, dass Abfindungszahlungen steuerpflichtig sind (vgl. Übersicht 19-1 auf Seite 397).

Die hier knapp skizzierten Grundzusammenhänge sind in der Praxis wesentlich differenzierter und erfordern eine sorgfältige und juristisch sachkundige Verhaltensweise. Dazu unterstützen die Betriebsbeauftragten der regionalen Gewerkschaft sowie die juristischen Experten der *DGB Rechtsschutz GmbH*. Die Gewerkschaften bieten dazu auch spezielle Seminare für Betriebsräte an.

Für die praktische Verhaltensweise des Betriebsrats können folgende Punkte genannt werden:
- Nach der Information über die beabsichtigte Kündigung muss bei ordentlichen Kündigungen innerhalb der Frist von einer Woche und bei einer unbefristeten Kündigung innerhalb von drei Tagen gehandelt werden. Der Betriebsrat sollte sowohl mit dem bzw. der einzelnen Beschäftigten ein Gespräch führen und anschließend mit der Personalabteilung. In vielen Fällen kann hier schon erreicht werden, dass das Unternehmen von der Kündigungsabsicht Abstand nimmt.
- Der Betriebsrat sollte den bzw. die betroffene/n Beschäftigte/n intensiv über die Rechtslage und seine Handlungsmöglichkeiten informieren. Dabei sollte er auch die rechtlichen Möglichkeiten und Grenzen des Betriebsrats aufzeigen.
- Der Betriebsrat sollte grundsätzlich jeder Kündigung ordnungs- und fristgemäß widersprechen. Er sollte in keinem Falle einer beabsichtigten Kündigung zustimmen. Er sollte auch nicht die Frist für den Widerspruch verstreichen lassen, denn dies hat dieselben Auswirkungen wie eine Zustimmung zur Kündigung. *Der Betriebsrat hat letztlich auch mit einem Widerspruch keine rechtliche Möglichkeit, eine beabsichtigte Kündigung zu verhindern.* Aber es kommt dabei darauf an, dass der Betriebsrat die Aufgabe hat, die Beschäftigten zu schützen und *durch einen Widerspruch ihre Rechtsposition in einem Kündigungsschutzverfahren zu verbessern*. Von diesem Grundsatz kann es im Grunde nur wenige Ausnahmen geben: Wenn sich die betroffenen Beschäftigten z.B. wiederholt im Betrieb offen nazistisch, rassistisch, ausländerfeindlich oder menschenrechtsfeindlich geäußert oder entsprechende Verhaltensweisen gezeigt haben.

Einstellungen

Die Unternehmensleitung hat den Betriebsrat gemäß § 99 vor jeder Einstellung zu unterrichten, ihm die erforderlichen Bewerbungsunterlagen vorzulegen und Auskunft über die Person der Bewerberinnen bzw. Bewerber zu geben. Es ist in den meisten Betrieben gute geübte Praxis, dass vor einer Einstellung die betroffenen Bewerber*innen mit dem Betriebsrat ein Gespräch führen, sodass sich der Betriebsrat ein Urteil zu der geplanten Einstellung bilden kann. Bei diesem Gespräch kann auch die Arbeit des Betriebsrats erläutert werden und auf die Vorteile einer Mitgliedschaft in der Gewerkschaft hingewiesen werden.

Bei Neueinstellungen im Betrieb hat der Betriebsrat ein *Zustimmungsverweigerungsrecht* nach § 99 BetrVG. Er kann unter bestimmten Gründen, die in § 99 aufgeführt sind, einer Einstellung von Beschäftigten seine Zustimmung verweigern. In diesem Fall muss der Unternehmer beim Arbeitsgericht beantragen, die Zustimmung des Betriebsrats zu ersetzen.

18.6 Arbeits- und Gesundheitsschutz

Rechtliche und tarifliche Grundlagen
- Arbeitsschutzgesetz (ArbSchG) mit zahlreichen Verordnungen und den zugehörigen technischen Regeln;
- Arbeitssicherheitsgesetz (ASiG);
- Unfallverhütungsvorschriften (UVV);
- § 87 Abs. 1 Ziffer 7 BetrVG.

Weiterführende Literatur: Ralf Pieper: Arbeitsschutzgesetz, Basiskommentar, 7. Auflage, Frankfurt a.M. 2017; Ralf Pieper: Arbeitsschutzrecht, Kommentar für die Praxis, 6. Auflage, Frankfurt a.M. 2017.

Eck- und Konfliktpunkte
In Artikel 2, Abs. 2 GG, ist zu lesen: »Jeder hat das Recht auf Leben und körperliche Unversehrtheit.« Dieses Grundrecht gilt selbstverständlich auch für die Arbeit in einem Betrieb. Der Unternehmer ist verpflichtet, dieses Grundrecht zu gewährleisten. Die Grundpflichten des Unternehmers sind dazu in § 3 des Arbeitsschutzgesetzes (ArbSchG) festgelegt:

> »Der Arbeitgeber ist verpflichtet, die erforderlichen Maßnahmen des Arbeitsschutzes unter Berücksichtigung der Umstände zu treffen, die Sicherheit und Gesundheit der Beschäftigten bei der Arbeit beeinflussen. Er hat die Maßnahmen auf ihre Wirksamkeit zu überprüfen und erforderlichenfalls sich ändernden Gegebenheiten anzupassen. Dabei hat er eine Verbesserung von Sicherheit und Gesundheitsschutz der Beschäftigten anzustreben.« (§ 3 ArbSchG)

Gemäß § 5 ArbSchG hat der Unternehmer an den Arbeitsplätzen eine systematische und ganzheitliche *Gefährdungsbeurteilung* vorzunehmen und auf dieser Grundlage zu ermitteln, welche Maßnahmen des Arbeitsschutzes erforderlich sind. In Absatz 3 des § 5 ArbSchG sind verschiedene Gefährdungsursachen beispielhaft aufgeführt. Sie reichen von der »Gestaltung und Einrichtung der Arbeitsstätte und des Arbeitsplatzes« bis hin zu »psychischen Belastungen bei der Arbeit«. In zahlreichen Betrieben wurde dies genutzt, um eine systematische Bestandsaufnahme und eine ergonomische Arbeitsgestaltung an allen Arbeitsplätzen durchzusetzen (Beurteilung der Belastungen nach dem Ampelsystem: Rot-Gelb-Grün) (vgl. Kapitel 18.12).

Auf der Grundlage des Arbeitsschutzgesetzes sind von der Bundesregierung mehrere Verordnungen erlassen worden, die für die Beschäftigten von erheblicher Bedeutung sind. Die Unternehmensleitung hat deren Vorgaben bei der Umsetzung einer ganzheitlichen Gefährdungsbeurteilung ebenfalls zu berücksichtigen. Dies sind z.B.:
- die Arbeitsstättenverordnung;
- die Gefahrstoffverordnung;
- die Betriebssicherheitsverordnung;

- die Lastenhandhabungsverordnung;
- die Verordnung zu persönlichen Schutzausrüstungen bei der Arbeit;
- die Lärm- und Vibrations-Arbeitsschutzverordnung;
- die Verordnung über arbeitsmedizinische Vorsorge.

Diese Verordnungen werden durch die Unfallverhütungsvorschriften (UVV) der jeweiligen Berufsgenossenschaften ergänzt, allen voran durch die DGUV Vorschrift 1 Prävention *(DGUV = Deutsche Gesetzliche Unfallversicherung)*. Das Arbeitssicherheitsgesetz (ASiG) regelt die Arbeit von Betriebsärzt*innen, Sicherheitsingenieur*innen und den Fachkräften für Arbeitssicherheit und wird durch die DGUV Vorschrift 2 ergänzt, die u.a. die Aufgaben von Betriebsärzt*innen und Fachkräften für Arbeitssicherheit im Rahmen der Gefährdungsbeurteilung näher definiert und die Grundlage für deren Einsatzzeiten liefert. Ergänzend fordern die Gewerkschaften seit vielen Jahren im Hinblick auf psychische Belastungen eine *Anti-Stress-Verordnung*. Ein Entwurf des Bundesarbeitsministeriums wurde in den Zeiten der CDU/CSU-SPD-Koalition im Jahr 2016 vom Bundeskanzleramt gestoppt. Als Erfolg der gewerkschaftlichen Initiative lässt sich allerdings verbuchen, dass seit 2013 die Gefährdung durch »psychische Belastungen« ausdrücklich in § 5 (3) Arbeitsschutzgesetz enthalten ist.

Die Einhaltung der Bestimmungen wird im Rahmen des dualen Arbeitsschutzsystems in Deutschland sowohl durch staatliche Stellen *(Gewerbeaufsichtsämter)* als auch durch die *Berufsgenossenschaften* überwacht.

Die Beteiligungsrechte des Betriebsrats ergeben sich einerseits aus § 80 Abs. 1 Ziffer 1 BetrVG, wonach der Betriebsrat die Einhaltung der geltenden Gesetze und Verordnungen zugunsten der Beschäftigten zu überwachen hat. Da viele Bestimmungen der Gesetze und Verordnungen zum Arbeits- und Gesundheitsschutz allgemeine Regelungen sind und Ermessensspielräume beinhalten, spielt das Mitbestimmungsrecht des Betriebsrats gemäß § 87 Abs. 1 Ziffer 7 BetrVG eine wichtige Rolle. Danach hat der Betriebsrat – soweit eine gesetzliche und tarifliche Regelung nicht besteht – mitzubestimmen bei »… Regelungen über die Verhütung von Arbeitsunfällen und Berufskrankheiten sowie über den Gesundheitsschutz im Rahmen der gesetzlichen Vorschriften und Unfallverhütungsvorschriften«. Mit diesem Hebel bestehen für den Betriebsrat weitgehende Möglichkeiten, über die Ausgestaltung der Gefährdungsbeurteilung mitzubestimmen (z.B. welche Gefährdungen ermittelt werden, wer diese beurteilt, welche Maßnahmen getroffen werden) und zur besseren Arbeitsgestaltung im Betrieb beizutragen.

Darüber hinaus bestehen Informations- und Beratungsrechte nach § 90 BetrVG und ein korrigierendes Mitbestimmungsrecht des Betriebsrats nach § 91 BetrVG bei der Planung von Neu-, Um- und Erweiterungsbauten, technischen Anlagen, Arbeitsverfahren und Arbeitsabläufen sowie der Arbeitsplätze. Diese stellen die menschengerechte Gestaltung der Arbeitsplätze in den Mittelpunkt und geben Betriebsrat und Unternehmensleitung auf, die gesicherten arbeitswissenschaftlichen Erkenntnisse (z.B. wissenschaftliche Erkenntnisse, DIN-Normen, technische Regeln usw.) bei der Arbeitsgestaltung zu berücksichtigen. Hier schließt sich der Kreis zu den Maßnahmen, die im Rahmen der Gefährdungsbeurteilung nach § 4 Arbeitsschutzgesetz getroffen werden müssen.

18.7 Gleichstellung von Frauen und Männern

Rechtliche und tarifliche Grundlagen
- § 80 Abs. 2a BetrVG;
- Allgemeines Gleichstellungsgesetz (AGG);
- Entgelttransparenzgesetz (EntgTranspG).

Eck- und Konfliktpunkte
Eine der zentralen Aufgabenstellungen des Betriebsrats ist die Förderung der Gleichstellung von Frauen und Männern. Ausdrücklich heißt es im Betriebsverfassungsgesetz:

> »Der Betriebsrat hat folgende allgemeine Aufgaben: … die Durchsetzung der tatsächlichen Gleichstellung von Frauen und Männern, insbesondere bei der Einstellung, Beschäftigung, Aus-, Fort- und Weiterbildung und dem beruflichen Aufstieg zu fördern.« (§ 80 Abs. 2a BetrVG)

In Kapitel 8.4 wurde aufgezeigt, dass Frauen im Arbeitsleben in vielfältiger Form benachteiligt sind, insbesondere bei der Entgelthöhe, aber auch bei der Besetzung höherwertiger Arbeitsplätze und bei der Besetzung von Führungspositionen. Die Gewerkschaften treten für die *vollständige Gleichstellung von Frauen und Männern* in allen gesellschaftlichen Bereichen ein. Dies wird als ein zentraler Teil einer umfassend demokratischen und vor allem gerechten Gesellschaft verstanden. Es geht auch darum, dass unterschiedliche Lebensentwürfe von Frauen und Männern akzeptiert und gelebt werden können.

Das Handlungsfeld »Gleichstellung von Frauen und Männern« muss im Betriebsrat systematisch bearbeitet werden. In einigen Betrieben arbeiten dazu Gleichstellungsausschüsse, in anderen ist diese Aufgabe auf die drei Ausschüsse Entgelt, Personal und Berufsbildung aufgeteilt, die jeweils in ihrem Aufgabenbereich für die Gleichstellung von Frauen und Männern arbeiten. Welcher Weg gewählt wird, muss vom jeweiligen Betriebsrat entschieden werden. Es ist empfehlenswert, dies in der Geschäftsordnung und Arbeitsplanung des Betriebsrats schriftlich festzuhalten und regelmäßig darüber zu informieren.

Wichtige Themenstellungen bei der betrieblichen Gleichstellungsförderung sind:
- *Entgeltgleichheit:* Der Verdienst von Frauen liegt durchschnittlich deutlich niedriger als der von Männern. Dauerhafte Entgeltdiskriminierung von Frauen führt auch zu einem niedrigeren Rentenniveau. Die Differenz ist in tariflosen Betrieben wesentlich höher als in tarifgebundenen. Die Differenz in tarifgebundenen Betrieben ist vor allem auf zwei Ursachen zurückzuführen:
    1. Frauen üben überdurchschnittlich Tätigkeiten mit Anforderungen aus, die unteren Entgeltgruppen zugeordnet sind, weil ihnen der Aufstieg in höhere Entgeltgruppen verwehrt wird. Die Aufstiegschancen für Frauen sind deutlich geringer. In höheren Entgeltgruppen sinkt der Anteil der Frauen deutlich.

2. Die Entgelt-Rahmentarifverträge werden nicht korrekt angewendet. Entweder werden Frauen in niedrigere Gruppen eingruppiert, als es der Tarifvertrag vorsieht, oder sie erhalten im Zeitentgelt niedrigere Leistungszulagen als Männer.

Um die korrekte diskriminierungsfreie Anwendung der Entgelt-Rahmentarifverträge zu kontrollieren, bietet sowohl der § 80 Abs. 2 BetrVG als auch das Entgelttransparenzgesetz eine gute Grundlage (vgl. Kapitel 8.4). Für die betriebliche Praxis ist folgende Bestimmung hilfreich, § 13 Abs. 3 EntgTranspG:»3) Der Arbeitgeber hat dem Betriebsausschuss Einblick in die Listen über die Bruttolöhne und -gehälter der Beschäftigten zu gewähren und diese aufzuschlüsseln. Die Entgeltlisten müssen nach Geschlecht aufgeschlüsselt alle Entgeltbestandteile enthalten einschließlich übertariflicher Zulagen und solcher Zahlungen, die individuell ausgehandelt und gezahlt werden. Die Entgeltlisten sind so aufzubereiten, dass der Betriebsausschuss im Rahmen seines Einblicksrechts die Auskunft ordnungsgemäß erfüllen kann.« So kann beispielsweise bei einer ungleichmäßigen Verteilung der Leistungszulage der Betriebsrat bzw. der Betriebsausschuss Auskunft über die geschlechtsspezifische Verteilung der Leistungszulage in den einzelnen Entgeltgruppen verlangen.

- *Ausgeübte Tätigkeiten, Weiterbildung und beruflicher Aufstieg:* In zahlreichen Branchen üben Frauen überwiegend Tätigkeiten aus, die niedrigeren Entgeltgruppen zugeordnet sind, z.B. im Einzelhandel, im Reinigungsgewerbe und im Produktionsbereich verschiedener Industriebranchen. In der Metall- und Elektroindustrie nimmt der Anteil von Frauen mit steigenden Qualifikationsanforderungen kontinuierlich ab. Beispielsweise sind bei der Besetzung von Meisterstellen Frauen immer noch die Ausnahme. Hier sollte der Betriebsrat darauf drängen, dass Frauen gezielt Weiterbildungsangebote gemacht werden und ihnen so die Möglichkeit eröffnet wird, auch auf höherwertige Stellen zu kommen. In einigen Betrieben haben sich Betriebsrat und Unternehmen darauf verständigt, für die einzelnen Entgeltgruppen prozentuale Zielgrößen für den Frauenanteil in den jeweiligen Entgeltgruppen zu vereinbaren, die innerhalb der nächsten fünf Jahre erreicht werden sollen.
- *Familienfreundliche Arbeitszeiten und Einrichtungen:* Der Betriebsrat sollte darauf drängen, dass Frauen und Männern während der Erziehungsphase der Kinder familienfreundliche Arbeitszeiten ermöglicht werden. Neben einem befristeten Ausstieg mit Wiedereinstellungsgarantie kann dies die Vereinbarung einer »kurzen Vollzeit« von beispielsweise 28 Stunden für einen Zeitraum von zwei Jahren sein. Dies ist in der Koalitionsvereinbarung vom Frühjahr 2018 vereinbart. Bessere Regelungen finden sich im Tarifvertrag der Metallindustrie vom Frühjahr 2018 (vgl. Kapitel 18.2). Im Rahmen einer flexiblen Arbeitszeitgestaltung sollte – wo immer es möglich ist – Müttern und Vätern die Möglichkeit eröffnet werden, Beginn und Ende der Arbeitszeit flexibel zu gestalten, um beispielsweise ihre Kinder in die Kita, in den Hort oder in die Schule zu bringen und abzuholen. In Betrieben mit Schichtarbeit ist dies allerdings sehr schwierig. In einigen größeren Betrieben wurden in den letzten Jahren *Betriebskindergärten* eingerichtet oder Kooperationen des Betriebs mit nahe gelegenen Kitas vereinbart.

18.8 Integration von behinderten Menschen

Rechtliche Grundlagen
- 9. Sozialgesetzbuch (SGB IX)

Weiterführende Literatur: Werner Feldes u.a.: Schwerbehindertenrecht, Basiskommentar, 13. Auflage, Frankfurt a.M. 2017.

Eck- und Konfliktpunkte
In Artikel 3 GG ist festgehalten: »Niemand darf wegen seiner Behinderung benachteiligt werden.« Dies findet seinen Niederschlag in § 75 Abs. 1 BetrVG. Danach haben Unternehmensleitung und Betriebsrat darüber zu wachen, dass jede Benachteiligung von Beschäftigten aus Gründen ihrer Behinderung unterbleibt. Es ist eine Selbstverständlichkeit, dass sich gerade Gewerkschafter*innen im Sinne der Solidarität für den Schutz und die Interessen von behinderten Menschen im Betrieb einsetzen.

Viele Beschäftigte werden während ihres Arbeitslebens schwerbehindert. Vor diesem Hintergrund ist es wichtig, eine gesundheitsförderliche Arbeitsgestaltung zu betreiben, die insbesondere krankheitsverursachende Belastungen so weit wie möglich vermeidet (vgl. Kapitel 18.6). Die zentrale Rechtsgrundlage für behinderte Menschen ist das 9. Sozialgesetzbuch (SGB IX). Dieses enthält im Teil 1 (§§ 1 bis 67) Regelungen für *behinderte Menschen* und von Behinderung bedrohte Menschen. Im Teil 2 (§§ 68 folgende) sind besondere Regelungen zur Teilhabe von *schwerbehinderten Menschen* festgeschrieben. Als schwerbehindert gilt, wer einen Grad der Behinderung (GdB) von wenigstens 50 aufweist. In besonderen Fällen können auch Menschen mit einem Grad der Behinderung von mehr als 30, aber weniger als 50, schwerbehinderten Menschen gleichgestellt werden. Der Grad der Behinderung wird aufgrund eines ärztlichen Gutachtens festgestellt und muss beim Versorgungsamt beantragt werden.

Gemäß § 71 SGB IX müssen die Unternehmer auf wenigstens 5% der Arbeitsplätze schwerbehinderte Menschen beschäftigen. Geschieht dies nicht, müssen sie für jeden unbesetzten Pflichtarbeitsplatz unterhalb von 5% der Arbeitsplätze 125 Euro pro Jahr zahlen, bei weniger als 3% sind es 220 Euro und bei weniger als 2% sind es 320 Euro pro Jahr (Stand 2016). Dennoch beträgt die Beschäftigungsquote von schwerbehinderten Menschen bei privaten Unternehmen nur ca. 3,6% (Stand 2016).

Das Integrationsamt kann dem Unternehmer finanzielle Beihilfen gewähren, wenn Arbeitsplätze mit technischen Mitteln so gestaltet werden, dass an ihnen schwerbehinderte Menschen arbeiten können (vgl. § 102 SGB IX). Die Kündigung eines schwerbehinderten Menschen ist gemäß § 85 SGB IX nur nach vorheriger Zustimmung des Integrationsamts zulässig.

Für die Interessen der schwerbehinderten Menschen setzt sich neben dem Betriebsrat auch die Schwerbehindertenvertretung ein (vgl. § 94 folgende des SGB IX). Betriebsrat und Schwerbehindertenvertretung arbeiten zusammen; die Vertrauensperson der Schwerbehinderten kann an Betriebsratssitzungen teilnehmen (vgl. § 32 BetrVG sowie Kapitel 13.4.5).

18.9 Betriebliches Eingliederungsmanagement (BEM)

Rechtliche Grundlagen
- § 167 des 9. Sozialgesetzbuchs (SGB IX)

Weiterführende Literatur: Werner Feldes u.a.: Betriebliches Eingliederungsmanagement, Frankfurt a.M. 2016.

Eck- und Konfliktpunkte
In § 167 SGB IX finden sich Regelungen, die nicht nur für behinderte Menschen, sondern auch für Beschäftigte gelten, die längere Zeit krank sind. Sind Beschäftigte innerhalb eines Jahres länger als sechs Wochen arbeitsunfähig krank, greifen Regelungen für das betriebliche Eingliederungsmanagement (BEM). Die Unternehmensleitung klärt dazu mit dem Betriebsrat und ggf. mit der Schwerbehindertenvertretung mit Zustimmung und Beteiligung der betroffenen Person, wie die Arbeitsunfähigkeit möglichst überwunden werden kann. Weiter klärt sie, mit welchen Leistungen oder Hilfen einer erneuten Arbeitsunfähigkeit vorgebeugt und der Arbeitsplatz erhalten werden kann. Dazu kann es auch sinnvoll sein, die Gefährdungsbeurteilung am Arbeitsplatz anzusehen und zu prüfen, wie die Arbeitsbedingungen gesundheitsförderlicher gestaltet werden können (vgl. Kapitel 18.6). Die Unternehmensleitung kann dazu für die erforderlichen Maßnahmen beim Rehabilitationsträger bzw. beim Integrationsamt finanzielle Unterstützungsleistungen beantragen. Die Rehabilitationsträger und die Integrationsämter können darüber hinaus ein betriebliches Eingliederungsmanagement durch Prämien oder einen Bonus fördern.

Gespräche und Maßnahmen im Rahmen des betrieblichen Eingliederungsmanagements sind etwas gänzlich anderes als »Kranken-Rückkehr-Gespräche«, die von einzelnen Personalabteilungen des Betriebs mit längerfristig kranken Beschäftigten geführt werden. Der entscheidende Unterschied besteht darin, dass Gespräche im Rahmen des BEM freiwillig sind, das heißt nur im Einverständnis mit den betroffen Beschäftigten geführt werden. Bei »Kranken-Rückkehr-Gesprächen« werden die Beschäftigten in die Personalabteilung gerufen und müssen das Gespräch auch gegen ihren Willen führen. Dabei wird häufig direkt oder indirekt die Erwartung formuliert, dass die Beschäftigten in absehbarer Zeit wieder ihre Arbeit aufnehmen. Viele Beschäftigte fühlen sich durch diese Ansprache unter Druck gesetzt, die Arbeit auch dann wieder aufzunehmen, wenn sie noch nicht voll genesen sind. Durch die Freiwilligkeit und die Begleitung durch den Betriebsrat hat das betriebliche Eingliederungsmanagement einen anderen Charakter. Es führt längerfristig erkrankte Beschäftigte schrittweise im Rahmen ihrer gesundheitlichen Möglichkeiten wieder an eine kontinuierliche Arbeit heran. Durch ein gut geführtes BEM können auch krankheitsbedingte Kündigungen verhindert bzw. erschwert werden (vgl. Kapitel 18.5). Es wird empfohlen, in jedem Falle eine Betriebsvereinbarung zum betrieblichen Eingliederungsmanagement abzuschließen, die die Beteiligung des Betriebsrats bei jedem einzelnen betroffenen Beschäftigten sicherstellt.

18.10 Berufliche Weiterbildung und Bildungsteilzeit

Rechtliche und tarifliche Regelungen
- § 96 bis 98 BetrVG;
- Bildungsfreistellungsgesetze der Länder;
- Berufsbildungsgesetz (BBiG);
- Tarifvertrag Bildung in der Metallindustrie.

Weiterführende Literatur: Kapitel 8 »Arbeitszeit und Qualifizierungszeit« im Handbuch »Arbeitszeit – Manteltarifverträge im Betrieb«; siehe Literaturhinweise.

Eck- und Konfliktpunkte
Der gesamte Bereich der beruflichen Ausbildung (Auszubildende und dual Studierende) ist im Kapitel 15 behandelt. Hier geht es ausschließlich um die berufliche Weiterbildung.

Für die Beschäftigten geht es beim Thema Weiterbildung um die Möglichkeit,
- ihre Qualifikationen an die aktuellen technischen Entwicklungen anzupassen, um dadurch auch langfristig einen sicheren Arbeitsplatz zu behalten;
- einen höherwertigen oder interessanteren Arbeitsplatz zu erhalten und sich so im Laufe des Arbeitslebens beruflich weiterentwickeln zu können;
- bei Übernahme eines höherwertigen Arbeitsplatzes auch ein höheres Monatsentgelt zu erzielen.

Einerseits klagen viele Unternehmer über einen Fachkräftemangel, andererseits sind sie nicht im ausreichenden Maße bereit, Beschäftigten Weiterbildungsmöglichkeiten zu eröffnen und diese auch zu bezahlen. Insbesondere den Beschäftigten in den unteren Entgeltgruppen werden kaum Weiterbildungsmöglichkeiten eröffnet, obwohl gerade sie es am nötigsten brauchten. Gerade angesichts der aktuellen Entwicklung in der Arbeitswelt (Industrie 4.0, Digitalisierung) ist eine systematische Weiterbildung für alle Beschäftigten dringend erforderlich.

Der Betriebsrat hat nach dem Betriebsverfassungsgesetz mehrere Beteiligungs- und Mitbestimmungsrechte bei der Weiterbildung. Vereinfacht gesagt: Der Betriebsrat hat bei der Frage, *ob* Qualifizierungsmaßnahmen angeboten werden, zwar kein Mitbestimmungsrecht, sondern nur ein Beratungsrecht (§ 96 BetrVG). Werden allerdings Qualifizierungsmaßnahmen angeboten, hat der Betriebsrat über das »Wie« ein umfassendes Mitbestimmungsrecht (§ 98 BetrVG). Dieses bezieht sich unter anderem auf Themen wie: Inhalte, Methoden, Auswahl der Beschäftigten, Auswahl der Personen, die die Qualifizierung durchführen, Ort der Ausbildung (im Betrieb oder bei externen Bildungsträgern) usw.

In fast allen Bundesländern gibt es Gesetze zur Bildungsfreistellung, die meistens die Möglichkeit eröffnen, sich fünf Tage pro Jahr für berufliche oder politische Bildung unter Fortzahlung der Bezüge freistellen zu lassen.

In der Metall- und Elektroindustrie existiert ein Tarifvertrag Bildung, der dem Betriebsrat weitergehende Handlungsmöglichkeiten eröffnet. Dort werden drei Qualifizierungsmaßnahmen unterschieden:

- *Betrieblich notwendige Qualifizierung:* Dies sind Erhaltungs- und Anpassungsqualifizierungen, aber auch Umqualifizierungen. Diese Maßnahmen sind zu 100% vom Unternehmer zu zahlen.
- *Betrieblich zweckmäßige Qualifizierung oder auch Entwicklungsqualifizierung:* Sie dienen dazu, eine andere höherwertige Arbeitsaufgabe im Betrieb übernehmen zu können. Die Kosten der Maßnahme zahlt der Unternehmer zu 100%. Die Qualifizierungszeit zahlen je zur Hälfte die Beschäftigten und der Unternehmer.
- *Persönliche und berufliche Weiterbildung:* Hierbei geht es um eine persönliche berufliche Qualifizierung, obwohl zurzeit kein betrieblicher Bedarf besteht. Die Kosten der Maßnahme zahlen die Beschäftigten. Die Qualifizierungszeit wird nicht vergütet oder im Rahmen der tariflichen Bildungsteilzeit finanziell gefördert.

In den regionalen »Tarifverträgen Bildung« in der Metall- und Elektroindustrie besteht die Möglichkeit, eine sogenannte *Bildungsteilzeit* zu vereinbaren. In dieser Zeit werden die Beschäftigten ganz oder teilweise zur Qualifizierung freigestellt. Dies ist in einer *Bildungsvereinbarung* zu regeln. Zu Finanzierung der Qualifizierungszeit können Beschäftigte ein Zeit- bzw. Wertguthaben (»Bildungskonto«) ansparen, das sie während der Qualifizierung nutzen. Darüber hinaus kann die Qualifizierungszeit vom Betrieb finanziell gefördert werden, wenn die tariflich vereinbarten Mittel für Altersteilzeit nicht verbraucht wurden.

18.11 Altersteilzeit und Altersübergang

Gesetzliche und tarifliche Grundlagen
- Altersteilzeitgesetz (AltTzG);
- Tarifvertrag zum flexiblen Übergang in die Rente (TV FlexÜ);
- 4. Sozialgesetzbuch (SGB IV).

Weiterführende Literatur: Kapitel 11, »Altersteilzeit und flexibler Übergang in die Rente«, im Handbuch »Arbeitszeit – Manteltarifverträge im Betrieb«; siehe Literaturhinweise.

Eck- und Konfliktpunkte
Durch die schrittweise Einführung der »Rente mit 67« besteht für die Mehrheit der Beschäftigten lediglich die Möglichkeit, mit Rentenabschlägen vorzeitig in Rente zu gehen. So können Beschäftigte mit mehr als 35 Versicherungsjahren bereits mit 63 in Rente gehen, müssen dann aber Rentenabschläge von maximal 14,4% in Kauf nehmen (vgl. Kapitel 9.2). Eine Freistellung von der Arbeit und damit faktisch ein Ausscheiden aus dem Betrieb zu einem früheren Zeitpunkt ist nur im Rahmen von Altersteilzeit möglich.

In zahlreichen Branchen wurden auf der Grundlage des Altersteilzeitgesetzes (AltTzG) Tarifverträge zur Altersteilzeit vereinbart. In der Metall- und Elektroindustrie kann beispielsweise eine fünfjährige Altersteilzeit vereinbart werden, die sich in

Übersicht 18.7: Grundprinzip der Altersteilzeit (Blockmodell)

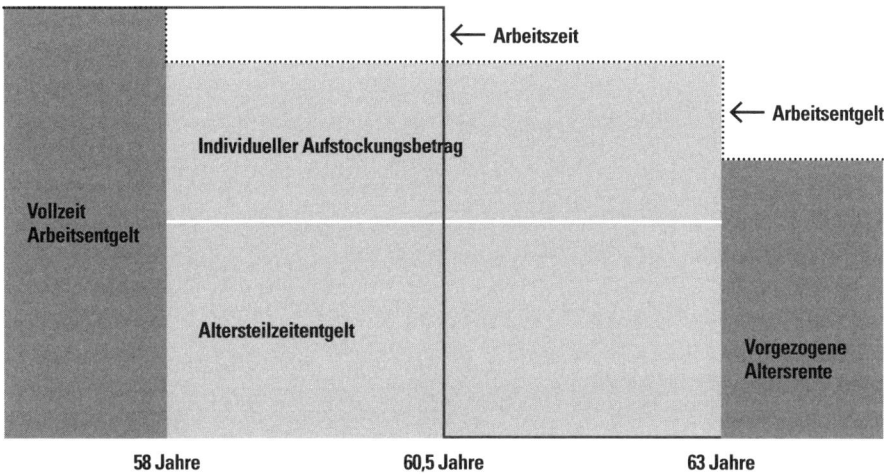

eine 2,5-jährige Arbeitsphase und eine 2,5-jährige Freistellungsphase unterteilt (vgl. Übersicht 18-7).

Während der *Arbeitsphase* arbeiten die Beschäftigten mit ihrer bisherigen Arbeitszeit weiter, während der *Freistellungsphase* sind sie von der Arbeit freigestellt. In beiden Phasen erhalten sie ein Entgelt von ca. 87% ihres letzten Nettoverdienstes. Die Zugangsmöglichkeiten sind nach dem Altersteilzeitgesetz und den Tarifverträgen auf 4% der Belegschaft begrenzt; teilweise wird aber auf freiwilliger Basis eine höhere Zahl von Altersteilzeitverträgen abgeschlossen. In den Tarifverträgen sind dazu detaillierte Regelungen vereinbart, wonach beispielsweise langjährige Schichtbeschäftigte bevorzugt berücksichtigt werden.

Im Rahmen dieser Regelungen bestehen dann verschiedene Möglichkeiten. Entweder können bei einem Renteneintrittsalter von 67 Jahren und einer fünfjährigen Altersteilzeit im Blockmodell Beschäftigte im Alter von 64,5 in die Freistellungsphase der Altersteilzeit gehen, ohne Rentenabschläge in Kauf nehmen zu müssen. Oder die Beschäftigten können bei einem Renteneintrittsalter mit 63 Jahren und einer fünfjährigen Altersteilzeit im Blockmodell mit 60,5 Jahren in die Freistellungsphase wechseln, müssen dann aber Rentenabschläge von 14,4% in Kauf nehmen. Neben diesen beiden Konstellationen gibt es zahlreiche Varianten, die von verschiedenen Faktoren abhängen. Den Beschäftigten muss dringend geraten werden, sich vor Abschluss eines Vertrags vom Betriebsrat und den sogenannten Versichertenältesten der Rentenversicherung individuell beraten zu lassen. In dem Gespräch beim Betriebsrat können den Gewerkschaftsmitgliedern auch ihre Ansprüche im Rahmen der Tarifverträge erläutert werden.

18.12 Technologische Umbrüche und Arbeitsorganisation (Industrie 4.0)

Rechtliche und tarifliche Grundlagen
- § 90, § 91, § 92 a, § 106 BetrVG, ggf. § 111 BetrVG, § 87 Abs. 1 Ziffer 6 BetrVG.

Weiterführende Literatur
Jahrbücher »Gute Arbeit« 2016 bis 2018;
Kapitel 3 »Neue Technik – alte Konflikte« des Handbuches »Arbeit-Entgelt-Leistung«. 7. Auflage 2018; siehe Literaturangaben.

Eck- und Konfliktpunkte
In den Betrieben findet ein ständiger technischer Wandel statt. In einigen zeitlichen Phasen sind es eher geringe technische bzw. arbeitsorganisatorische Änderungen. In anderen Phasen kommt es zu »Technologiesprüngen«, also der Einführung von grundsätzlich neuer Produktionstechnik oder einer neuen Arbeitsorganisation. Geschichtliche Beispiele sind dafür die Einführung von Industrierobotern im Karosseriebau der Autoindustrie, die automatische Bestückung von Leiterplatten bzw. die Einführung der SMD-Technologie in der Elektronikindustrie und die flächendeckende Einführung der EDV- bzw. IT-Technologie in allen Branchen und Abteilungen (z.B. CAD in der Konstruktion). Ähnliches gilt bei der Änderung bzw. dem Wegfall von Produkten, die zu gravierenden Änderungen führten: elektromechanische Schreibmaschinen, analoge Fotografie usw. Heute zeichnen sich in der Industrie Technologiesprünge ab, die mit den Begriffen »Industrie 4.0«, »Digitalisierung« oder »Internet der Dinge« bezeichnet werden (vgl. Kapitel 8.9 und 8.10).

In der heutigen kapitalistischen Wirtschaftsordnung entscheiden die Unternehmer alleine über Investitionen, Technologien und die Arbeitsorganisation. Dies ergibt sich aus dem Eigentums- und Direktionsrecht der Unternehmer (vgl. Kapitel 1.3). Der Betriebsrat hat hier keine bzw. nur sehr begrenzte Mitbestimmungsmöglichkeiten. Allenfalls in Unternehmen mit paritätisch besetzten Aufsichtsräten hat die Beschäftigtenseite auf diese Entscheidungen Einflussmöglichkeiten.

Dennoch sollte sich der Betriebsrat intensiv mit Fragen der Innovation und der technologischen Umbrüche befassen, um die Interessen der Beschäftigten in diesem Änderungsprozess zu vertreten. Dabei kann er sich auf umfangreiche Informations- und Beratungsrechte im Betriebsverfassungsrecht stützen, insbesondere auf die §§ 90, 92a und 106 BetrVG. In § 91 ist dazu ein korrigierendes Mitbestimmungsrecht vereinbart. Bei größeren Änderungsprozessen, die eine Betriebsänderung bedeuten, greifen die §§ 111 und folgende. Bei Systemen, die dazu geeignet sind, Leistung und Verhalten der Beschäftigten zu kontrollieren, greift der § 87 Abs. 1 Ziffer 6 BetrVG (vgl. Kapitel 18.13).

Letztlich wird sich in einer wettbewerbsorientierten Marktwirtschaft kein Betrieb den erforderlichen Innovationsprozessen und Technologiesprüngen entziehen können (vgl. Kapitel 4). Diese Einsicht wird auch ein Orientierungspunkt für die Verhaltensweise des Betriebsrats sein. Zeichnen sich »Technologiesprünge« im Betrieb ab, sollte der Betriebsrat eine Analyse der Risiken und Chancen durch die Einführung der neuen Technologie erarbeiten und sich bei Bedarf auch dazu beraten lassen. Dabei geht es auch um die Frage, wie die Technologien im Betrieb genutzt werden und welche Formen der Arbeitsorganisation angewendet werden (vgl. Kapitel 8.9). Da neue Technologien und neue Produkte von den Unternehmern eingeführt werden, um die Produktivität zu steigern, steht die Frage nach der Perspektive für die Arbeitsplätze an erster Stelle. Hier muss geprüft werden, in welchem Umfang und wie schnell Arbeitsplätze abgebaut werden könnten. Weiter ist zu prüfen, ob durch Umsatzsteigerungen bzw. durch neue Produkte oder produktbezogene Dienstleistungen die Arbeitsplatzverluste ganz oder teilweise kompensiert werden können. Andernfalls wird der Betriebsrat an den Unternehmer die Forderung stellen, Ersatzarbeitsplätze zu schaffen. Aktuell fordern die Betriebsräte in der Automobil- und Zulieferindustrie beispielsweise, dass die teilweise Umstellung auf Elektroautos so gestaltet wird, dass es nicht zu betriebsbedingten Kündigungen kommt und die Arbeitsplätze nachhaltig gesichert sind. In der Analyse der Chancen und Risiken empfiehlt es sich auch, Fragen wie die Veränderung der Arbeitsbedingungen und des Leistungsdrucks zu analysieren und bei Bedarf dazu Forderungen zu stellen.

In einigen Betrieben kann der Betriebsrat in die Situation kommen, dass er vom Unternehmer mehr Innovation und die Einführung neuer Technologien und Produkte fordert. Dies ist insbesondere dann sinnvoll, wenn die Unternehmer bzw. das Management die erforderlichen Innovationssprünge »verschlafen« und die notwendigen Investitionen nicht durchführen. Dies führt in der Regel mittelfristig in eine prekäre Situation, da der Betrieb dann nicht mehr wettbewerbsfähig ist. Ist diese Situation eingetreten, geben die Unternehmer häufig den angeblich zu teuren Tarifverträgen die Schuld und beantragen bei den Tarifvertragsparteien eine Absenkung des Tarifniveaus im Rahmen eines Ergänzungstarifvertrags (vgl. Kapitel 7.1.8). Bei diesen Verhandlungen stellt sich sehr häufig heraus, dass die Ursachen nicht bei den Tarifverträgen, sondern bei den falschen Entscheidungen der Unternehmer bzw. des Managements liegen. Deswegen werden in Ergänzungstarifverträgen heute häufig Regelungen zur Innovation, zu den Investitionen und zur Technologiegestaltung vereinbart, die den Betriebsrat und die Gewerkschaft zukünftig in die Planungen einbeziehen.

Es wird empfohlen, dass der Betriebsrat das Themenfeld Innovation, Technologie und Arbeitsorganisation systematisch bearbeitet und in größeren Betrieben dazu einen Ausschuss im Betriebsrat gründet (vgl. Kapitel 4.3 und 18.9).

> Neben den aktuellen Fragestellungen sollte in einem Innovations-Ausschuss alle zwei Jahre eine Strategieplanung vorgenommen werden, wobei beispielsweise folgende Fragestellungen diskutiert werden: »Wie sieht der Betrieb in zehn Jahren aus?«, »Wie hoch ist die Zahl der Arbeitsplätze im Betrieb in zehn Jahren?«, »Welche technologischen Änderungen sind absehbar?«, »Welche Qualifikationen und Berufsausbildungen sind dafür erforderlich?«, »Sind die Organisationsstrukturen und Geschäftsmodelle noch angemessen und zukunftsfähig?«, »Welche Forderungen muss der Betriebsrat an den Unternehmer stellen?« Denkbar ist es auch,

> den Unternehmer aufzufordern, jährlich einen Innovationsbericht vorzulegen und mit dem Betriebsrat zu beraten. Diese Beratung könnte dann in jährliche »Gespräche zu Innovation und Strategie« zwischen Unternehmer und Betriebsrat münden, ähnlich wie sie im Aufsichtsrat von mitbestimmten Unternehmen stattfinden.

Für die laufende Arbeit im Themenfeld »Innovation, Technologie und Arbeitsorganisation« ist die Beschäftigungssicherung von zentraler Bedeutung. Technologische Umbrüche im Betrieb müssen so gestaltet werden, dass die Zahl der Arbeitsplätze erhalten bleibt. Fallen Arbeitsplätze weg, ist es die Verantwortung der Unternehmer, Ersatzarbeitsplätze im Betrieb zu schaffen bzw. die betroffenen Beschäftigten in andere Abteilungen zu versetzen.

Durch die Änderung von Technologien und Arbeitsorganisation sind neue Betriebsvereinbarungen abzuschließen bzw. bestehende zu ändern. Dabei hat die Erfahrung bei der Einführung früherer Technologiesprünge gezeigt, *dass es nicht sinnvoll ist, »Technologie zu regeln«*, sondern Regelungen zu den sieben *Kernelementen des Arbeitsverhältnisses* (vgl. Kapitel 3) zu treffen und bei Bedarf bestehende Regelungen anzupassen und zu ergänzen. Hier muss geprüft werden, ob bestehende Betriebsvereinbarungen und Regelungen geändert werden müssen und ob neue dazu kommen. Unabhängig vom jeweiligen technologischen Niveau ist für die Regelung der Arbeit die Ausgestaltung der sieben Elemente des Arbeitsverhältnisses entscheidend; dies gilt auch für »Arbeit 4.0«.

Hierzu können folgende Fragen wichtig sein:

- *Entgelt:* Verändern sich die Qualifikationsanforderungen? Da der Mensch in automatisierten Prozessen bei Störungen schnell und qualifiziert eingreifen muss, kommt den »vorgehaltenen Qualifikationen« eine größere Bedeutung zu. Sind dadurch Höhergruppierungen in höhere Entgeltgruppen vorzusehen oder müssen Regelungen zur Verdienstsicherung getroffen werden? Müssen Richtbeispiele bzw. Niveaubeispiele für die Eingruppierung in Entgeltgruppen überarbeitet werden? Ergeben sich Änderungen bei den Entgeltgrundsätzen: Zeitentgelt und Leistungsentgelt?
- *Arbeitszeit:* Können die bisherigen Arbeitszeitregelungen beibehalten werden? Erhöht sich der Anteil von Schichtarbeit? Da bei hoch automatisierten Prozessen bei Störungen schnell und qualifiziert eingegriffen werden muss, kann es sein, dass der Anteil von »Rufbereitschaft« zunimmt und dafür Regelungen getroffen werden müssen (teilweise sogar als »Ferndiagnose und -wartung« von zu Hause aus). Müssen Regelungen zur Arbeitszeit bei mobilem Arbeiten getroffen werden?
- *Arbeitspensum:* Erhöht sich für einzelne Beschäftigte das Arbeitspensum bzw. der Leistungsdruck? Müssen Entlastungsmaßnahmen vereinbart werden? Reicht die Personalbemessung aus? Erfolgen Änderungen bei den Entgeltgrundsätzen (Zeitentgelt und Leistungsentgelt)?
- *Rechtlicher Charakter des Arbeitsverhältnisses:* Bleibt es bei unbefristeten Vollzeitarbeitsverhältnissen oder nehmen prekäre Arbeitsverhältnisse zu (Befristungen, Leiharbeit, Werkverträge)?

- *Arbeitsbedingungen:* Ändert sich die Arbeitsorganisation? Gibt es mehr oder weniger Freiräume für die einzelnen Beschäftigten bei der Arbeit? Wie entwickeln sich die physischen und psychischen Belastungen? Ist wegen der Änderungen eine neue Gefährdungsbeurteilung erforderlich?
- *Qualifizierung:* Treten an den Arbeitsplätzen neue Qualifikationsanforderungen auf, für die die Beschäftigten qualifiziert werden müssen? Ist der Umfang und die Qualität der Qualifizierungsmaßnahmen ausreichend? Haben alle Beschäftigten Zugang zu den Qualifizierungsmaßnahmen? Müssen bei der dualen Berufsausbildung und beim dualen Studium neue Berufsbilder eingeführt werden? Bestehen Spielräume zum »Lernen bei der Arbeit«?
- *Mitbestimmung und Beteiligung:* Erfolgt der Prozess der Einführung von »Industrie 4.0« ausschließlich »von oben nach unten« oder haben Betriebsrat, Vertrauensleute und Beschäftigte die Chance, den Prozess mitzugestalten?

18.13 Datenschutz und Regelung von IT-Systemen

Rechtliche und tarifliche Grundlagen
- Europäische Datenschutz-Grundverordnung (DSGVO);
- Bundesdatenschutzgesetz (BDSG), Fassung ab Mai 2018;
- § 87 Abs. 1 Ziffer 6 BetrVG.

Weiterführende Literatur
Wolfgang Däubler: Gläserne Belegschaften, 7. Auflage, Frankfurt a.M. 2017;
Kommentare zu § 87 Abs. 1 Ziffer 6 BetrVG;
IG Metall Handlungshilfe für Betriebsräte und Vertrauensleute Nr. 25, Überwachung und Arbeitnehmerdatenschutz, Frankfurt a.M. 2017

> **»Hardware – Software – Gegenware«**
> Streiklosung bei der Digital Equipment GmbH, 1993

Eck- und Konfliktpunkte
Das Bundesverfassungsgericht hat schon 1983 beschlossen, dass das *Recht auf »informationelle Selbstbestimmung«* den Rang eines Grundrechts hat. Danach hat jeder das Recht, »grundsätzlich selbst über die Preisgabe und Verwendung seiner persönlichen Daten zu bestimmen«. Andererseits gehen viele Beschäftigte sehr sorglos mit der Preisgabe ihrer persönlichen Daten bei Facebook und ähnlichen Medien um. Da die Beschäftigten bei ihrer Arbeit in einem Abhängigkeitsverhältnis zum Unternehmer stehen, müssen bei der Erhebung und Verarbeitung von Daten für Zwecke des Beschäftigungsverhältnisses enge Grenzen gezogen werden. Die EU-Datenschutz-Grundverordnung (DSGVO) wurde im Juni 2017 durch das Datenschutz-Anpassungs- und Umsetzungsgesetz EU (DSAnpUG-EU) für Deutschland umgesetzt. In diesem Zusammenhang trat im Mai 2018 das neue Bundesdatenschutzgesetz in Kraft.

Die Grundsätze der »Datenverarbeitung für Zwecke des Beschäftigungsverhältnisses« sind in § 26 des Bundesdatenschutzgesetzes (BDSG) geregelt. Danach ist es grundsätzlich zulässig, persönliche Daten der Beschäftigten zu erfassen und zu verarbeiten, wenn dies für das Beschäftigungsverhältnis notwendig ist. Dabei geht es um Daten wie Name, Geschlecht, Geburtsdatum, Eintrittsdatum usw. bis hin zur privaten Kontonummer und der dienstlichen E-Mail-Adresse. Andererseits gibt es Daten, die nicht erhoben und verarbeitet werden dürfen, wie z.B. Gewerkschaftszugehörigkeit, parteipolitische Aktivitäten, private Verhaltensweisen usw. Deshalb wird empfohlen, zur Erhebung und Verarbeitung von personenbezogenen Daten eine Betriebsvereinbarung abzuschließen. Grundlage ist der § 87 Abs. 1 Ziffer 6 BetrVG. Darüber hinaus ist dies ausdrücklich im Absatz 4 des § 26 BDSG vorgesehen.

§ 87 Abs. 1 Ziffer 6 BetrVG eröffnet dem Betriebsrat weitgehende Mitbestimmungsrechte bei der Vereinbarung von IT-Systemen.

> »Der Betriebsrat hat, soweit eine gesetzliche oder tarifliche Regelung nicht besteht, in folgenden Angelegenheiten mitzubestimmen: ... (6.) Einführung und Anwendung von technischen Einrichtungen, die dazu bestimmt sind, das Verhalten oder die Leistung der Arbeitnehmer zu überwachen.« (§ 87 Abs. 1 Ziffer 6 BetrVG)

Diese Bestimmung wurde 1972 in das Betriebsverfassungsgesetz aufgenommen und berücksichtigt den damaligen technologischen Stand. Die Bestimmung zielte ursprünglich auf Geräte wie Fahrtenschreiber in LKWs oder Maschinen-Nutzungsschreiber, mit denen der Nutzungsgrad von Maschinen in der Produktion erfasst wurde. Daraus ließen sich schon damals Rückschlüsse auf das Verhalten und die Leistung der dort Beschäftigten ziehen.

Durch eine ständige Rechtsprechung des Bundesarbeitsgerichtes wurde dieses Mitbestimmungsrecht auch auf andere Systeme ausgedehnt, die dazu geeignet sind, das Verhalten und die Leistung der Beschäftigten zu kontrollieren. Heute hat der Betriebsrat auf dieser rechtlichen Grundlage eine weitgehende Mitbestimmung bei der Einführung von IT-Systemen und Software, insbesondere bei IT-Systemen für persönliche Daten und IT-Systemen, die für eine Leistungs- und Verhaltenskontrolle der Beschäftigten geeignet sind. Dazu sind Betriebsvereinbarungen zu verhandeln. Im Konfliktfall kann die Einigungsstelle oder die tarifliche Schlichtungsstelle angerufen werden.

Dabei wird empfohlen, genau zu vereinbaren, welche Daten erhoben und wie sie verarbeitet werden dürfen. Gleichzeitig ist festzulegen, dass andere als die vereinbarten Daten und Auswertungen nicht erhoben oder verarbeitet werden dürfen. Ein anderer Regelungsansatz läuft darauf hinaus, besonders sensible Datengruppen zu benennen, für die separate Vereinbarungen getroffen werden müssen, wie z.B. Daten, »die Informationen über
- das Arbeitszeitverhalten einschließlich Fehlzeiten und Mehrarbeit,
- Beurteilungen,
- leistungsabhängige Entgeltbestandteile, vereinbarte Ziele und Zielerreichungen,

- Pfändungen und Mitarbeiterdarlehen,
- Details der Qualifizierung, Fähigkeiten und Fertigkeiten (Skills),
- Verhalten und Tätigkeiten außerhalb des Unternehmens und
- die Gesundheit

der Beschäftigten beschreiben« (vgl. IG Metall Handlungshilfe Nr. 25, S. 28).

Gleichzeitig ist zu vereinbaren, wer Zugriff auf die personenbezogenen Daten und die vereinbarten Auswertungen hat. In jedem Betrieb ist auf der Grundlage des Bundesdatenschutzgesetzes ein Datenschutzbeauftragter zu benennen, mit dem auch der Betriebsrat zusammenarbeiten kann.

Durch zahlreiche technologische Entwicklungen kann es erforderlich sein, dass zu weiteren Themen spezielle Regelungen getroffen werden müssen, wie z.B. zur privaten Nutzung von E-Mail, Internet und »sozialen Medien«, zur Nutzung mobiler Geräte und cloud-computing, elektronischen Personalakten sowie in internationalen Konzernen zur Speicherung und Verarbeitung von personenbezogenen Daten auf ausländischen Servern. Zu den detaillierten, erforderlichen Regelungen wird auf die angegebene Literatur verwiesen.

18.14 Betriebliche Altersversorgung (bAV)

Rechtliche und tarifliche Grundlagen
- Betriebsrentengesetz (BetrAVG) von 2017, gültig ab 2018;
- § 87 Abs. 1 Ziffer 10 BetrVG;
- Tarifvertrag über altersvorsorgewirksame Leistungen (TV AVWL) in der Metall- und Elektroindustrie;
- Tarifvertrag Entgeltumwandlung in der Metallindustrie.

Weiterführende Literatur
Kerstin Schminke: Betriebsrentenstärkungsgesetz – Neue Handlungsmöglichkeiten für die Tarifvertragsparteien; in: Soziale Sicherheit, Heft 11, 2017.
Natalie Brall/Ragnar Hoenig/Judith Kerschbaumer: Betriebliche Altersversorgung, Frankfurt a.M. 2017.

Eck- und Konfliktpunkte
In zahlreichen Unternehmen ist für die Beschäftigten eine betriebliche Altersversorgung (bAV) vereinbart (vgl. Übersicht 18-8). Das System der deutschen betrieblichen Altersversorgung entstand in der Mitte des 19. Jahrhunderts und ist damit älter als die gesetzliche Rente. Traditionell wurde diese auch Betriebsrente genannte Versorgungszusage meist vom Unternehmer finanziert. Aber auch Mischfinanzierungen – Unternehmer und Beschäftigte – waren von Anfang an verbreitet. Historisch aus Motiven der Fürsorge einerseits und der Bindung der Beschäftigten an den Betrieb andererseits kommend, wurde die bAV zunehmend rechtlich durchdrungen und im Jahr 1974 schließlich durch das Betriebsrentengesetz verlässlicher abgesichert. Rechtlich wan-

Übersicht 18-8: Betriebliche Altersversorgung

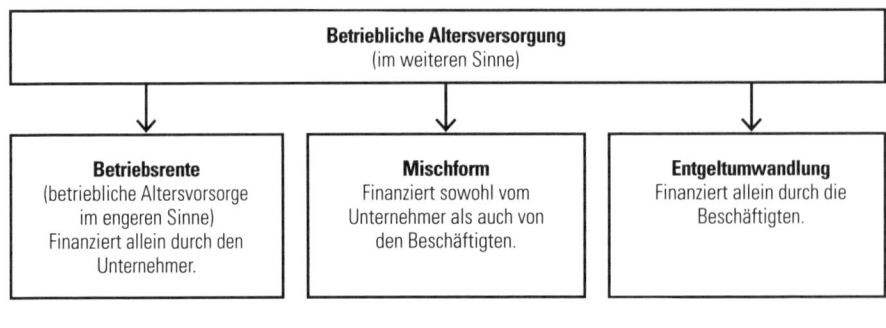

delte sich die bAV im Laufe der Entwicklung von der Fürsorge zur sogenannten aufgeschobenen Vergütung. Sie wurde damit auch zum Gegenstand von Mitbestimmung und Verhandlungen zwischen Unternehmer und Betriebsrat. Eine Betriebsrente ist rechtlich ein Versprechen, für dessen Erfüllung der Unternehmer haftet – auch dann, wenn er diese Aufgabe an einen externen Versorgungsträger überträgt.

Diese Form zusätzlicher Rente ist überwiegend in größeren westdeutschen Unternehmen vereinbart. Sie konnte sich in Ostdeutschland nach der Wende nur sehr begrenzt durchsetzen. In den 1990er Jahren stagnierte die Verbreitung der bAV als betriebliche Sozialleistung. Immer seltener waren Unternehmer bereit, neu eintretenden Beschäftigten eine Versorgungszusage zu geben.

In dieser Zeit entstand eine schrittweise Nutzung des Rechtsrahmens der bAV auch für sogenannte Entgeltumwandlung – also eine meist alleine von den Beschäftigten selbst finanzierte, geförderte Rente mit ähnlichen Steuervorteilen wie die vom Unternehmer erteilte Zusage. Mit der Rentenreform von 2001 (»Riester-Reform«) wurde dieses Modell der Entgeltumwandlung erheblich ausgebaut mit dem Ziel, Leistungskürzungen der gesetzlichen Rente durch geförderte Eigenvorsorge zu kompensieren. Die ursprüngliche Sozialleistung der bAV wurde ergänzt durch Entgeltumwandlung, die heute die Mehrheit der Versorgungszusagen stellt. Häufig werden ergänzende Zuschüsse durch den Unternehmer geleistet, die betrieblich oder tariflich vereinbart sind. Solche Beiträge enthält beispielsweise in der Metall- und Elektroindustrie der Tarifvertrag über altersvorsorgewirksame Leistungen.

Historisch bedingt enthält das System der bAV in Deutschland insgesamt fünf Rechts- und Finanzierungssysteme – sogenannte Durchführungswege. In der Unterstützungskasse, der Direktversicherung, der Pensionskasse und dem Pensionsfonds wird das Geld zur späteren Finanzierung der Rente auf Basis aufsichtsrechtlicher Regulierung angelegt. In vielen Betrieben in der Metall- und Elektroindustrie, aber auch in anderen Branchen werden diese Systeme vom gemeinsamen Versorgungswerk der IG Metall und des Arbeitgeberverbandes Gesamtmetall »*MetallRente*« betreut (siehe www.metallrente.de).

Ein international nahezu einmaliger Sonderweg der bAV ist die *Direktzusage*. Sie besteht in einer, die Steuern mindernden, bilanziellen Rückstellung – mitunter durch externe Kapitalanlage ergänzt, die allerdings nicht aufsichtsrechtlich reguliert ist. Entstanden war dieser Durchführungsweg in den 1950er Jahren – vor allem als steuerliche Anschubfinanzierung für die Nachkriegswirtschaft. Die Darstellung des Rentenversprechens in nur einer einzigen betrieblichen Bilanz wäre allerdings im Insolvenzfall für die Beschäftigten ein erhebliches Risiko. Um dieses abzufangen, wurde 1974 der *Pensionssicherungsverein (PSVaG)* gegründet, durch den dieses Risiko auf alle Pflicht-Mitgliedsunternehmen verteilt wird. Das heißt: Im Fall einer Insolvenz eines Unternehmens erhalten die Beschäftigten ihre Ansprüche aus der betrieblichen Altersversorgung vom PSVaG ausgezahlt. Faktisch ist der PSV-Beitrag der Preis, den die Unternehmen für ihre steuerlich günstige bilanzielle Innenfinanzierung zu zahlen haben.

Die betriebliche Altersvorsorge (Übersicht 18-8) ist unterschiedlich geregelt:

- *Unternehmerfinanzierte Betriebsrente (betriebliche Altersversorgung im traditionellen Sinne)*: Bei diesen Systemen wird üblicherweise ein Beitrag jährlich vom Unternehmer in einem System der betrieblichen Altersvorsorge angelegt oder bilanziell rückgestellt. Im Laufe der Jahre erwerben die Beschäftigten so Ansprüche auf eine zusätzliche Betriebsrente, die sie beim Renteneintritt zusätzlich zu den gesetzlichen Rentenzahlungen erhalten. Viele Systeme wurden in den letzten Jahren umgestellt von einer auf das am Ende oder im Durchschnitt des im Erwerbslebens erzielte Einkommen bezogenen Leistungszusage auf andere Formen, die einen bestimmten Zinssatz oder die Rückgewähr eingezahlter Beiträge zusagen.
- *Tarifliche Betriebsrente – Tarifvertrag altersvorsorgewirksame Leistungen (TV AVWL) in der Metall- und Elektroindustrie*: Danach haben Mitglieder der IG Metall einen Rechtsanspruch auf eine durch die Unternehmen zu zahlende Leistung in Höhe von jährlich 319,08 Euro (Auszubildende 159,48 Euro; die krummen Werte resultieren aus der Umstellung von D-Mark in Euro). Die Beiträge können entweder in ein System der betrieblichen Altersversorgung beim Unternehmen oder als Entgeltumwandlung oder in einer förderfähigen privaten Altersvorsorge (»Riester-Rente«) angelegt werden. Da nicht alle Beschäftigten einen derartigen Vertrag beantragen und abschließen, sollte der Betriebsrat regelmäßig überprüfen, welche Beschäftigten hier ihre tariflichen Rechte nicht in Anspruch nehmen. In einem Gespräch kann er sie beraten, auf die Vorteile für IG Metall-Mitglieder hinweisen und bei der Antragstellung behilflich sein.
- *Betriebsrente als Eigenvorsorge (Entgeltumwandlung)*: Bei dieser vereinbart ein Beschäftigter mit dem Unternehmen, dass ein bestimmter Teil seines Entgelts nicht ausgezahlt, sondern in einem System der betrieblichen Altersvorsorge angelegt, also umgewandelt wird. Zu dieser Form gibt es inzwischen mehrere hundert Tarifverträge – in der Metallindustrie den Tarifvertrag Entgeltumwandlung aus dem Jahr 2001, nach dem maximal 4% des jährlichen Entgelts umgewandelt werden können.

- *Mischfinanzierte Formen:* Hier werden Beiträge der Unternehmer und der Beschäftigten in den Altersvorsorgesystemen angelegt. Beispielsweise kann vereinbart werden, dass für Beschäftigte, die eine Entgeltumwandlung vereinbaren, zusätzlich ein gleich hoher Betrag von den Unternehmern angelegt wird. In der Tarifrunde 2018 wurde in der Metall- und Elektroindustrie vereinbart, zur Umsetzung des Betriebsrentenstärkungsgesetzes Tarifgespräche aufzunehmen. Bei Volkswagen wurde in der Tarifrunde 2018 vereinbart, die monatlichen Leistungen zur Altersversorgung von 27 Euro auf 98 Euro anzuheben. Dies entspricht einem jährlichen Beitrag in Höhe von 1.176 Euro für die betriebliche Altersversorgung, die das Unternehmen finanziert.

In allen genannten Formen sind Beiträge in Betriebsrenten für Unternehmen und Beschäftigte von Steuern und Sozialversicherungsbeiträgen befreit und stehen damit dem System der gesetzlichen Rentenversicherung nicht mehr zur Verfügung. Eine solche Konkurrenz von Sozialsystemen ist unnötig. Denn die vom Unternehmer eingesparten Beiträge zur Sozialversicherung stammen aus dem paritätisch finanzierten System sozialer Absicherung der Beschäftigten. Sie gehören in die Sphäre der Beschäftigten und stellen einen Extraprofit dar, sofern sie vom Unternehmer nicht weitergegeben werden. Deshalb müssen diese Einsparungen an die Beschäftigten weitergegeben werden. Nur dann kann die systemisch bedingte Verschiebung zwischen gesetzlicher und betrieblicher Versorgung ausgeglichen werden.

Mit dem Betriebsrentenstärkungsgesetz (BRSG) hat die CDU/CSU-SPD-Regierung 2017 mehrere Gesetze geändert, die am 1. Januar 2018 in Kraft getreten sind und für die betriebliche Altersvorsorge neue Möglichkeiten eröffnen. Die wichtigsten Änderungen:

- Die Möglichkeit zur Entgeltumwandlung wird leicht erhöht. Die bisher häufig von Unternehmen vereinnahmte Steuer- und Beitragsentlastung wird ab 2019 für neue und ab 2022 für alle Verträge in Form einer Verpflichtung zu einem pauschalisierten Zuschuss von 15 % des umgewandelten Entgeltes geregelt.
- Staatliche Förderung eines Arbeitgeberbeitrages zur bAV für Beschäftigte mit einem Monatsentgelt von maximal 2.200 Euro.
- Möglichkeit, Abfindungsbeträge bei der Beendigung eines Arbeitsverhältnisses steuerfrei in ein System der betrieblichen Altersvorsorge einzuzahlen; begrenzt auf ca. 3.000 Euro pro Beschäftigungsjahr und maximal ca. 30.000 Euro (vgl. § 3 Nr. 63 Einkommenssteuergesetz).
- Freibeträge, um die Anrechnung erworbener Ansprüche zu vermeiden, wenn Rentner auf Grundsicherung angewiesen sind (vgl. Kapitel 9.5).

Politisches Herzstück des BRSG ist eine »Sozialpartnermodell« genannte exklusive Berechtigung für die Tarifparteien, Tarifverträge mit besonderen Bedingungen zur bAV abzuschließen. Das BRSG nimmt eine verbreitete internationale Entwicklung auf – die von der international »defined benefit« genannten *Leistungszusage* zur »defined contribution« genannten *Beitragszusage*. Da eine feste Leistung nicht mehr garantiert wird, entfällt auch die Haftung des Unternehmers. Diese Gewährträgerschaft übernehmen die Tarifparteien durch die Steuerung einer Einrichtung zur betrieblichen Altersversorgung. So gesteuerte »Zielrenten« würden mit wesentlich höheren Renten starten, da die Kapitalanlage von den aufsichtsrechtlich bedingten Kosten für Sicherungskapital befreit würde, könnten aber im Krisenfalle auch Schwankungen unterworfen sein.

Die Gewerkschaften sehen eine *Betriebsrente ausschließlich als zusätzliche Leistung zur gesetzlichen Rente*. Der Gewerkschaftstag der IG Metall hat beispielsweise 2015 beschlossen, gewerkschaftliche Aktivitäten auch durch Abschluss von Tarifverträgen auszubauen, mit dem Ziel einer »Betriebsrente für Alle«. Absenkungen der gesetzlichen Renten werden von den Gewerkschaften abgelehnt, insbesondere dann, wenn ausschließlich von den Beschäftigten finanzierte Systeme als Lückenbüßer dienen sollen (vgl. Kapitel 9.2).

18.15 Betriebliche Erfolgsbeteiligung

Rechtliche und tarifliche Grundlagen
- § 87 Abs. 1 Ziffer 10 BetrVG

Eck- und Konfliktpunkte
In zahlreichen Großbetrieben, aber auch in etlichen mittleren Betrieben ist die Zahlung von Erfolgsbeteiligungen üblich. Dies sind in der Regel zusätzliche Einmalbeträge, die vom betriebswirtschaftlichen Erfolg des vorherigen Geschäftsjahrs abhängen. In einigen Unternehmen werden sie als freiwillige Leistung des Unternehmers bezahlt, in anderen sind dazu Betriebsvereinbarungen abgeschlossen worden. Da Erfolgsbeteiligungen üblicherweise nicht durch Tarifverträge geregelt werden, hat der Betriebsrat ein uneingeschränktes Mitbestimmungsrecht nach § 87 Abs. 1 Ziffer 10 BetrVG. Bei einer Erfolgsbeteiligung handelt es sich um einen Teilaspekt der betrieblichen Lohngestaltung.

Die Ausgestaltung der Erfolgsbeteiligung ist von Betrieb zu Betrieb unterschiedlich. Meistens wird ein Prozentsatz von einer betriebswirtschaftlichen Kennzahl vereinbart; beispielsweise werden 10% des operativen Ergebnisses als Erfolgsbeteiligung an die Beschäftigten gezahlt. In großen Konzernen können sich so bei positiver Geschäftsentwicklung für die einzelnen Beschäftigten Beträge von mehreren Tausend Euro pro Jahr ergeben. Andererseits sinkt die Erfolgsbeteiligung stark ab, im Extremfall auf null Euro, wenn im vorherigen Geschäftsjahr Verluste oder sehr geringe Gewinne erzielt wurden. Die Regelungen in den einzelnen Unternehmen unterscheiden sich in folgenden Punkten:
- Höhe bzw. Niveau der Erfolgsbeteiligung;
- Festbetrag für alle oder Prozentbetrag vom Monatsentgelt;
- Einbeziehung der Auszubildenden, Leiharbeitsbeschäftigten usw.;
- teilweise Verknüpfung mit der betrieblichen Altersvorsorge;
- teilweise Verknüpfung mit Belegschaftsaktien und Aktienoptionen;
- in internationalen Konzernen: Einbeziehung der ausländischen oder ausschließlich der inländischen Belegschaften.

19. Massenentlassungen und Beschäftigungssicherung

Werden in einem Betrieb vom Unternehmer Massenentlassungen angekündigt, stehen Betriebsrat, Gewerkschaft, Vertrauensleute und die Beschäftigten vor großen Herausforderungen.

> Da ein sicherer Arbeitsplatz für die Beschäftigten und ihre Familien von existenzieller Bedeutung ist, wird die Interessenvertretung mit aller Konsequenz dafür streiten, die angekündigten Massenentlassungen zu verhindern. In solchen Situationen stehen die Beschäftigten vor großen finanziellen Risiken, da sie keine anderen Einnahmequellen haben als das Einkommen aus ihrem Arbeitsverhältnis. Hier treten die gegensätzlichen Interessen von Unternehmern und Beschäftigten unmittelbar zutage. Der Betriebsrat muss dem Unternehmer deutlich machen, dass mit der Ankündigung von Massenentlassungen »eine rote Linie« überschritten ist und der Betriebsrat und die Belegschaft um ihre Arbeitsplätze kämpfen werden.

In vielen, insbesondere größeren Unternehmen sind in der Regel im Rahmen der Unternehmensführung »Werte des Unternehmens« definiert. Hier finden sich häufig Begriffe wie »Vertrauen« oder »Respekt« oder andere Formulierungen. Im Konflikt um die geplanten Massenentlassungen kann der Betriebsrat deutlich auf den Widerspruch von derartigen Unternehmenswerten und den geplanten Entlassungen hinweisen. In dieser Situation nehmen viele Beschäftigte die »Unternehmenswerte« als verlogen wahr. In einer derartigen Konfliktsituation ist es auch sinnvoll, unorganisierte Beschäftigte auf eine Mitgliedschaft in der Gewerkschaft anzusprechen (vgl. Kapitel 16).

Je nach Lage auf dem regionalen Arbeitsmarkt müssen Beschäftigte, die von Entlassung bedroht sind, damit rechnen, für längere Zeit arbeitslos zu werden. Einige werden möglicherweise andere Arbeitsplätze finden, häufig aber zu schlechteren Bedingungen und in einer größeren Entfernung von ihrem bisherigen Wohnort. Insbesondere ältere Beschäftigte und Beschäftigte ohne Berufsausbildung sind davon bedroht, dauerhaft arbeitslos zu werden.

> In Konflikten um Massenentlassungen versuchen die Unternehmer ihre betriebswirtschaftliche Logik gegenüber dem Betriebsrat und der Öffentlichkeit in den Vordergrund zu stellen und sich als »Opfer von betriebswirtschaftlichen Sachzwängen« darzustellen. Dabei kommt die Sichtweise der Beschäftigten zu kurz.

Es wird viel zu wenig herausgestellt, was es für einzelne Beschäftigte bedeutet, arbeitslos zu werden. Arbeitslosigkeit bedeutet zunächst einmal, dass das monatliche Einkommen auf 60 bzw. 67% des letzten Nettoeinkommens schrumpft und damit finanzielle Einschränkungen notwendig werden (Arbeitslosengeld 1). Insbesondere wenn

Beschäftigte verschuldet sind oder eine Finanzierung eines Häuschens oder einer Wohnung sicherstellen müssen, kommen sie schnell in eine prekäre Situation. Nach zwölf Monaten bzw. bei älteren Beschäftigten nach 15 bis 24 Monaten droht ihnen eine Kürzung der monatlichen Bezüge auf das »Hartz-IV-Niveau« von z.Z. 416 Euro pro Monat plus Warmmiete und Krankenversicherung (vgl. Kapitel 9.4).

Werden Menschen dauerhaft arbeitslos, hat dies nicht nur finanzielle Auswirkungen. Die gesellschaftliche Anerkennung und das Wissen, etwas Nützliches bei der Arbeit zu tun, entfallen schlagartig und dadurch stürzen viele Menschen in eine psychische Krise. Wenn Beschäftigte nach einer Entlassung wieder Arbeit finden, ist diese häufig schlechter bezahlt oder sie erhalten nur einen befristeten Arbeitsvertrag oder werden in prekäre Beschäftigung wie z.B. Leiharbeit gedrängt. Im Konflikt um die geplanten Massenentlassungen müssen die Auswirkungen auf die Beschäftigten immer wieder dargestellt werden – sowohl gegenüber dem Unternehmer als auch gegenüber der Öffentlichkeit.

Die Situation bei einer angekündigten Massenentlassung kann von Fall zu Fall sehr unterschiedlich sein. Soll ein ganzer Standort geschlossen werden, sind alle Beschäftigten gleichermaßen betroffen und werden erfahrungsgemäß gemeinsam und solidarisch handeln. Werden größere Standorte mit mehreren Hundert oder sogar Tausenden Beschäftigten geschlossen, gelingt es häufig, in der Region eine breite Solidarität und ein Bündnis zwischen den Betroffenen, Politikern, allen Gewerkschaften, Nachbarbetrieben, Kirchen und Vereinen herzustellen.

> Beabsichtigen die Unternehmer, nur einen Teil der Beschäftigten zu entlassen, versuchen sie in der Regel, einen Keil in die Belegschaft zu treiben, indem sie behaupten: »Die Massenentlassungen sind notwendig, um die verbleibenden Arbeitsplätze zu sichern.« Hier kommt es für den Betriebsrat darauf an, diese Sichtweise zurückzuweisen und ein gemeinsames und solidarisches Handeln aller Beschäftigten sicherzustellen.

In einer zugespitzten Situation mit angekündigten Massenentlassungen kommt es darauf an, dass der Betriebsrat eng mit der Belegschaft kommuniziert und sie über alle aktuellen Entwicklungen zeitnah und vollständig informiert – sei es durch weitere Betriebsversammlungen oder Flugblätter. Wenn der Unternehmer den Betriebsrat über die geplanten Massenentlassungen informiert, muss sofort, spätestens innerhalb weniger Tage, die Belegschaft darüber informiert werden – am besten durch eine Beschäftigtenversammlung, auf der der Unternehmer dies bekannt gibt.

Der Betriebsrat muss dabei aufpassen, dass er nicht in eine Situation kommt, in der für die Belegschaft der Eindruck entsteht, der Betriebsrat sei schon länger über die Planungen informiert. Wenn der Unternehmer mit dem Hinweis auf die Geheimhaltungspflicht über die geplanten Massenentlassungen informiert und ihn auffordert, darüber zunächst Stillschweigen zu wahren, muss der Betriebsrat dies konsequent zurückweisen. Bei geplanten Massenentlassungen gibt es keine Geheimhaltungspflicht für den Betriebsrat (vgl. Kapitel 13.3.4). Gleichzeitig muss der Betriebsrat aufpassen, dass nicht er der Verkünder der schlechten Nachricht ist, sondern der Unternehmer.

> Wenn der Betriebsrat vom Unternehmer über geplante Massenentlassungen informiert wird, sollte er darauf bestehen, dass der Unternehmer zeitnah die Belegschaft informiert – entweder auf einer Beschäftigtenversammlung, die der Unternehmer einberuft, auf einer weiteren Betriebsversammlung oder schriftlich.

Die Unternehmer versuchen in der Regel, die Massenentlassungen möglichst schnell und möglichst konfliktfrei durchzusetzen. Häufig präsentieren sie dem Betriebsrat wenige Tage nach der Bekanntgabe der Maßnahmen bereits einen ausformulierten Interessenausgleich und Sozialplan und fordern ihn auf, möglichst zügig darüber zu verhandeln. Dies muss der Betriebsrat konsequent zurückweisen. Wenn überhaupt, steht ein Interessenausgleich und Sozialplan am Ende des Konflikts und nicht am Anfang. Vorher sollte der Betriebsrat mit allen Mitteln versuchen, die Massenentlassungen zu verhindern, zu verzögern oder zu begrenzen. Dazu hat er verschiedene rechtliche Möglichkeiten.

»Wer kämpft, kann verlieren,
wer nicht kämpft, hat schon verloren.«

Bertolt Brecht, Dramatiker

19.1 Verhinderung und Begrenzung von Massenentlassungen

In den ersten Beratungen über die geplanten Massenentlassungen auf der Grundlage des § 106 Abs. 3 Ziffer 6 BetrVG im Wirtschaftsausschuss bzw. auf der Grundlage des § 111 BetrVG sollte der Betriebsrat einerseits die Begründung des Unternehmers hinterfragen, aber auch Alternativen zum Verzicht oder zur Begrenzung der geplanten Entlassungen in die Beratungen einbringen. Dazu kann der Betriebsrat aufgrund seiner Kenntnis des Betriebs und der betrieblichen Abläufe in der Regel fundierte Vorschläge unterbreiten, wie der Betrieb ohne die geplanten Maßnahmen fortgeführt werden kann. Er kann dazu auch Sachverständige hinzuziehen. Die Betriebsbeauftragten der regionalen Gewerkschaft können dem Betriebsrat arbeitnehmernahe Unternehmensberater benennen, deren Betriebswirte und Ingenieure viel Erfahrung mit der Reorganisation von Betrieben und der Unterstützung von Betriebsräten haben (vgl. Kapitel 4.3).

Darüber hinaus kann der Betriebsrat auf der Grundlage des § 92a BetrVG dem Unternehmer Vorschläge zur Sicherung und Förderung der Beschäftigung machen. Der Unternehmer hat diese Vorschläge mit dem Betriebsrat zu beraten. Zu den Beratungen kann ein Vertreter der Bundesagentur für Arbeit hinzugezogen werden. Hält der Unternehmer diese Vorschläge des Betriebsrats für ungeeignet, hat er dies zu begründen; in Betrieben mit mehr als 100 Beschäftigten muss er dies schriftlich begründen.

In etlichen Betrieben ist es gelungen, auf diesen Wegen die geplanten Massenentlassungen entweder ganz zu verhindern, zumindest aber zu begrenzen. Parallel zu diesen Beratungen kann der Betriebsrat versuchen, zunächst Zeit zu gewinnen.

19.2 Zeit gewinnen: Arbeitszeitkonten abbauen

Insbesondere dann, wenn die geplanten Entlassungen mit Auftragsrückgängen begründet werden, kann durch den Abbau von Plusstunden auf den Arbeitszeitkonten Zeit gewonnen werden. In fast allen Betrieben existieren Arbeitszeitkonten mit Grenzen für die Plus- und Minusstunden. In der Regel haben fast alle Beschäftigten einen positiven Saldo. Dieser Saldo kann zunächst auf null abgebaut werden und im Folgenden können sogar »Minusstunden« in das Konto bis zur vereinbarten Grenze eingebucht werden. Dies sichert den Beschäftigten trotz weniger Arbeit das bisherige Monatsentgelt. Hier zeigt sich, ob die von den Unternehmern immer wieder geforderte Flexibilität der Arbeitszeit dann auch in der Praxis angewendet wird.

19.3 Zeit gewinnen: Kurzarbeit

Insbesondere dann, wenn die geplanten Entlassungen mit Auftragsrückgängen begründet werden, bietet es sich an, Kurzarbeit zu vereinbaren. Auf der Grundlage von § 95 und folgende des SGB III erhalten die Beschäftigten für einen Zeitraum von sechs Monaten Kurzarbeitergeld in Höhe von 60% bzw. 67% ihres letzten Nettoentgelts. Wenn der Unternehmer sich weigert, als Alternative zu den Entlassungen zunächst Kurzarbeit zu vereinbaren, kann der Betriebsrat ihn darauf hinweisen, dass er gemäß § 87 Abs. 1 Ziffer 2 ein Initiativrecht zur Einführung von Kurzarbeit hat. Weigert sich der Unternehmer, darüber zu verhandeln, kann der Betriebsrat die Einigungsstelle bzw. die tarifliche Schlichtungsstelle anrufen (vgl. Kapitel 13.7.1). Mit den erweiterten Kurzarbeitsregelungen konnten beispielsweise in der großen Finanz- und Wirtschaftskrise im Jahr 2008 weitgehend Entlassungen vermieden werden.

19.4 Zeit gewinnen: Verringerung der Arbeitszeit

Da Kurzarbeit in der Regel nur für einen Zeitraum von sechs Monaten vereinbart werden kann, bietet es sich in vielen Branchen an, die dort geltenden Tarifverträge zur Beschäftigungssicherung anzuwenden. In der Metall- und Elektroindustrie ist in den meisten Regionen beispielsweise vereinbart, dass die Arbeitszeit von 35 bzw. 38 Stunden pro Woche auf bis zu 29 Stunden reduziert werden kann – allerdings ohne Entgeltausgleich. Dabei wird in der Regel so vorgegangen, dass die Einmalzahlungen wie Urlaubs- und Weihnachtsgeld anteilig monatlich gezahlt werden. Dadurch bleibt das Monatsentgelt gleich und die Kürzung betrifft das Jahresentgelt. *Für den vereinbarten Zeitraum gilt der Ausschluss von betriebsbedingten Kündigungen.* In zahlreichen Betrieben der Metall- und Elektroindustrie konnten dadurch auftragsschwache Zeiten überbrückt und Entlassungen vermieden werden. Auch hier hat der Betriebsrat ein Initiativrecht; in den Tarifverträgen finden sich detaillierte Regelungen zur Einigungs- bzw. Schlichtungsstelle.

19.5 Arbeitsplatzabbau ohne betriebsbedingte Kündigungen

Haben die oben geschilderten Maßnahmen nicht so dauerhaft gewirkt, dass auf einen Abbau von Arbeitsplätzen verzichtet werden kann, bietet sich folgender Kompromiss zwischen Unternehmer und Betriebsrat an: Die Zahl der Arbeitsplätze wird schrittweise reduziert, aber ohne den Ausspruch von betriebsbedingten Kündigungen. Dies ist etwa dadurch möglich, dass Beschäftigte, die von sich aus das Unternehmen verlassen (Fluktuation), nicht wieder ersetzt werden, oder dass zusätzliche Angebote für Altersteilzeit gemacht werden. Darüber hinaus kann durch das Angebot von Abfindungen ein »freiwilliges« Ausscheiden befördert werden (vgl. Kapitel 19.6). Diese Herangehensweise wird auch manchmal mit dem Unwort »sozial verträglicher Abbau von Arbeitsplätzen« bezeichnet.

Die Bezeichnung ist irreführend, vielleicht sogar zynisch, weil der Abbau von Arbeitsplätzen generell nicht als »sozial verträglich« bezeichnet werden kann. Gemeint ist, dass kein Beschäftigter gegen seinen Willen aus dem Betrieb ausscheiden muss. Eine solche Regelung ist nicht das Ziel des Betriebsrats und der Gewerkschaft, aber in vielen zugespitzten Situationen eine Möglichkeit, die heute beschäftigten Kolleg*innen vor Kündigung und Arbeitslosigkeit zu schützen.

19.6 Angebot von Abfindungen und »freiwillige« Aufhebungsverträge

Um einen vereinbarten Abbau von Arbeitsplätzen ohne betriebsbedingte Kündigungen zu realisieren, gehen etliche Unternehmen den Weg, den Beschäftigten Aufhebungsverträge mit Abfindungen anzubieten, wenn sie »freiwillig« ausscheiden.

Einer solchen Regelung sollte der Betriebsrat nur dann zustimmen, wenn er seriös einschätzt, dass sich die geplante Zahl von »Freiwilligen« tatsächlich findet, für die ein derartiges Angebot interessant ist. Es muss vermieden werden, dass die Vorgesetzten Druck auf einzelne Beschäftigte ausüben und »die Freiwilligkeit durch Druck herstellen«. Hier ist darauf zu achten, dass Personalgespräche über ein freiwilliges Ausscheiden nur in Anwesenheit eines Betriebsratsmitglieds stattfinden.

Insbesondere in großen finanzstarken Konzernen werden hohe Geldbeträge angeboten, die für langjährig Beschäftigte mehrere 10.000 Euro betragen können. Auch wenn dies auf den ersten Blick verlockend ist, bleibt Vorsicht geboten und eine genaue Abwägung erforderlich, was am Ende davon übrig bleibt (vgl. Übersicht 19-1). Abfindungen sind zwar nicht sozialversicherungspflichtig, aber grundsätzlich steuerpflichtig. Nach § 34 Abs. 2 Ziffer 4 Einkommenssteuergesetz (EstG) zählen Abfindungen zu den außerordentlichen Einkünften und müssen voll versteuert werden. Da der Beschäftigte bei hohen Abfindungen in diesem Jahr in eine hohe Progressionsstufe des Steuertarifs kommt, können – je nach Fallkonstellation – etwa 30% der Abfindung durch die Steuer »aufgefressen« werden. Dies kann dadurch etwas vermindert werden, dass der Betrag auf fünf Jahre umgelegt wird; sogenannte Fünftel-Regelung. Dennoch landet ein erheblicher Teil der Abfindung beim Finanzamt. Der Unternehmer sollte darauf hingewiesen werden, dass er die Fünftel-Regelung anwendet.

Darüber hinaus wird im Falle der Arbeitslosigkeit die Agentur für Arbeit eine Sperrfrist verhängen, in der kein Arbeitslosengeld gezahlt wird. Gemäß § 158 SGB III kann diese Sperrfrist bis zu zwölf Wochen betragen. Während der Sperrfrist sind die Betroffenen nicht krankenversichert und müssen selbst für die Krankenversicherung aufkommen. Ist mit einer längeren Arbeitslosigkeit zu rechnen und bezieht der Beschäftigte danach Arbeitslosengeld II (»Hartz IV«), kann das Vermögen des Beschäftigten, auch das aus der Abfindung, teilweise gegengerechnet werden. Hier sollten sich einzelne Beschäftigte von einem Betriebsratsmitglied oder bei der regionalen Gewerkschaft beraten lassen. Übersicht 19-1 zeigt ein vereinfachtes Beispiel.

Übersicht 19-1: Was von der Abfindung übrig bleibt ...

> **Beispiel** mit folgenden Annahmen: Ein Beschäftigter schließt einen Aufhebungsvertrag mit einem Unternehmen ab und erhält eine Abfindung von 50.000 Euro. Sein vorheriger Brutto-Verdienst war 3.000 Euro und in der Steuerklasse 1 betrug sein Netto-Verdienst ca. 1.950 Euro.
>
> Die **Abfindung von 50.000 Euro** erhält er im Dezember 2018, und sie ist im Jahr 2018 voll steuerpflichtig. Auf die Abfindung fallen **Steuern** in Höhe von ca. 17.000 Euro an, die durch die »Fünftel-Regelung« auf etwa 15.000 Euro verringert werden können.
>
> Da es sich um einen einvernehmlichen Aufhebungsvertrag handelt, wird die Agentur für Arbeit eine **Sperrfrist** von drei Monaten verhängen, in der er kein Arbeitslosengeld erhält und sich auch selber krankenversichern muss, sofern er nicht unter eine Familienversicherung fällt. Sein Arbeitslosengeld beträgt 60% vom Nettoverdienst, in diesem Falle: ca. 1.170 Euro. Der »Verlust« für 12 Wochen beträgt ca. 3.510 Euro.
>
> Für die dreimonatige **Krankenversicherung** fallen Beträge von ca. 3 mal 500 Euro = 1.500 Euro an, da sowohl die früheren Beiträge des Unternehmers als auch der Beschäftigten abgedeckt werden müssen. (2 mal 250 Euro = 500 Euro). Rechnet man diese drei Faktoren zusammen, ergibt sich ein gesamter »Verlust« von ca. 20.000 bis ca. 22.000 Euro.
>
> **Von der Abfindung in Höhe von 50.000 Euro bleiben effektiv ca. 28.000 bis 30.000 Euro übrig.**

Alternativ besteht die Möglichkeit, die Abfindung in einem System der betrieblichen Altersvorsorge steuerfrei anzulegen. Gemäß § 3 Nr. 63 Einkommenssteuergesetz ist dies möglich mit einem Betrag von ca. 3.000 Euro pro Beschäftigtenjahr, jedoch maximal ca. 30.000 Euro (vgl. Kapitel 18.14).

Sind Beschäftigte auf das Arbeitslosengeld als einzige Einnahmequelle angewiesen, dürften die angebotenen Abfindungen eher uninteressant sein. Ist der bzw. die Beschäftigte dagegen sicher, kurzfristig einen anderen Arbeitsplatz zu finden, kann es für ihn oder sie interessant sein, die Abfindung anzunehmen. Darüber hinaus sind unterschiedliche Fallkonstellationen denkbar, die es für einzelne Beschäftigte interessant machen, ein Abfindungsangebot zu akzeptieren. Diese sollten vorher sorgfältig geprüft werden. Einzelne Beschäftigte können sich beim Betriebsrat und bei der regionalen Gewerkschaft dazu beraten lassen.

19.7 Interessenausgleich und Sozialplan

Können die geplanten Massenentlassungen nicht verhindert oder verzögert werden, kommt der Betriebsrat in eine Situation, in der er mit dem Unternehmer zunächst über einen Interessenausgleich und anschließend über einen Sozialplan verhandeln muss.

> Ein Interessenausgleich ist eine Betriebsvereinbarung über das »Ob«, den Umfang und das »Wann« und »Wie« der geplanten Entlassungen. Ein Sozialplan ist eine Betriebsvereinbarung über Leistungen für die von Entlassungen betroffenen Beschäftigten, z.B. Abfindungszahlungen, Qualifizierungsmaßnahmen usw.

Grundlage sind dafür die §§ 111 und 112 BetrVG. Der Begriff der Betriebsänderung ist in § 111 BetrVG definiert. Danach liegt eine Betriebsänderung vor, wenn eine »erhebliche Zahl« von Beschäftigten betroffen ist. Um festzulegen, was unter »erheblich« zu verstehen ist, hat die Rechtsprechung die Grenzen aus § 17 Abs. Kündigungsschutzgesetz (KSchG) herangezogen, ab der ein Unternehmer der Bundesagentur für Arbeit die Entlassungen anzeigen muss und diese ergänzt. Die Grenzwerte sind nach Betriebsgrößen wie folgt gestaffelt:

Betriebsgröße (alle Beschäftigten)	Betroffene Beschäftigte
21 bis 59	mehr als 5
60 bis 499	10% oder mehr als 25
500 bis 599	mindestens 30
ab 600	5%

Sind diese Grenzwerte überschritten, muss zwischen Unternehmer und Betriebsrat über einen Interessenausgleich verhandelt werden.

Führen die Verhandlungen zu einem Ergebnis, ist der Interessenausgleich schriftlich niederzulegen. Können sich Unternehmer und Betriebsrat nicht über einen Interessenausgleich einigen, können sie die Einigungsstelle bzw. die tarifliche Schlichtungsstelle gemäß § 76 BetrVG anrufen. In der Einigungsstelle beraten z.B. jeweils drei Vertreter der Betriebsratsseite und der Unternehmensseite unter Leitung eines unparteiischen Vorsitzenden über die Angelegenheit (vgl. Kapitel 13.6.1). Gelingt hier eine Einigung, so ist der Interessenausgleich schriftlich festzuhalten.

Das Besondere an der Einigungsstelle zum Interessenausgleich nach § 112 BetrVG liegt darin, dass – anders als bei anderen Themen – im Falle der Nicht-Einigung keine Abstimmung in der Einigungsstelle stattfindet. Können sich Betriebsrat und Unternehmer nicht über einen Interessenausgleich einigen, kann der Vorsitzende der Einigungsstelle lediglich feststellen: »Ein Interessenausgleich kam nicht zustande.« Dies hat zwei Konsequenzen: Erstens kann der Unternehmer nun die geplanten Entlassungen vollziehen und zweitens ist jetzt über einen Sozialplan zu verhandeln. Können sich

Betriebsrat und Unternehmer nicht über einen Sozialplan einigen, können sie erneut eine Einigungsstelle bzw. die tarifliche Schlichtungsstelle anrufen. In dieser Einigungsstelle erfolgt im Falle der Nicht-Einigung eine Abstimmung und die Einigungsstelle kann mit der Stimme des Vorsitzenden, also mit 3:2 Stimmen, einen mehrheitlichen Spruch fällen. Dabei geht es aber ausschließlich um die finanzielle Ausstattung und Detailregelungen des Sozialplans, z.B. die Höhe der Abfindungen, nicht aber um die Entlassungen selbst.

> Bei geplanten Massenentlassungen muss ab bestimmten Grenzen zwischen Betriebsrat und Unternehmer zunächst über einen Interessenausgleich und anschließend über einen Sozialplan verhandelt werden. Bei Nicht-Einigung kann in beiden Fällen die Einigungsstelle angerufen werden. Beim Interessenausgleich kann die Einigungsstelle nicht mit einem mehrheitlichen Spruch entscheiden. Beim Sozialplan kann die Einigungsstelle dagegen im Falle der Nicht-Einigung durch einen mehrheitlichen Spruch über die finanzielle Ausstattung des Sozialplans entscheiden.

Bei den Verhandlungen über einen Interessenausgleich und Sozialplan sind für den Betriebsrat verschiedene Punkte zu beachten:

Parallele Verhandlungen über Interessenausgleich und Sozialplan?

Da die Unternehmer die geplanten Entlassungen möglichst schnell durchdrücken wollen, haben sie ein Interesse daran, die Verhandlungen über einen Interessenausgleich und Sozialplan möglichst parallel zu führen, um so zu einem schnellen Abschluss zu kommen. Wenn der Betriebsrat alle Rechtsmittel ausschöpft, kann er auf getrennten Verhandlungen über den Interessenausgleich und den Sozialplan bestehen und in beiden Angelegenheiten jeweils eine Einigungsstelle anrufen. Es kann sinnvoll sein, zu einem bestimmten Zeitpunkt in den Verhandlungen über einen Interessenausgleich auch parallel über einen Sozialplan zu verhandeln. Je nachdem, wie die Konfliktkonstellation vor Ort aussieht, kann der Betriebsrat in Absprache mit dem Betriebsbeauftragten der regionalen Gewerkschaft entscheiden, wie lange er auf getrennten Verhandlungen besteht. Signalisiert der Unternehmer im Vorfeld seine Bereitschaft, einen akzeptablen Interessenausgleich mit einer Transfergesellschaft (siehe Kapitel 19.8) und einen Sozialplan mit hohen Abfindungen zu vereinbaren, sollte der Betriebsrat die weitere Vorgehensweise intern beraten. Die Betriebsbeauftragten der örtlichen Gewerkschaft verfügen hier über entsprechende Erfahrungen und können bei Bedarf auch Rechtsanwält*innen empfehlen, die der Betriebsrat zu den Verhandlungen hinzuziehen kann. Sollte sich der Betriebsrat entschließen, parallel über einen Interessenausgleich oder Sozialplan zu verhandeln, ist vorher die Belegschaft auf einer Betriebsversammlung ausführlich zu informieren.

Inhalte eines Interessenausgleichs
Denkbare Inhalte eines Interessenausgleichs sind u.a.:
- Maßnahmen zum Abbau von Arbeitsplätzen ohne Entlassungen, wie z.B. Vereinbarung von Kurzarbeit oder Arbeitszeitabsenkung;
- Angebote zum »freiwilligen« Ausscheiden durch Aufhebungsverträge mit vereinbarten Abfindungsbeträgen;
- Festlegung der maximal möglichen Zahl von Entlassungen;
- Ausschluss von weiteren betriebsbedingten Kündigungen für x Jahre;
- Verweis auf einen abzuschließenden Sozialplan;
- Vereinbarung einer Transfergesellschaft (nach vorheriger Beratung durch die Agentur für Arbeit);
- Innovationen und Investitionen am Standort;
- Vereinbarung über die Zahl der jährlich einzustellenden Auszubildenden und dual Studierenden sowie Regelungen zu deren Übernahme.

Finanzielle Ausstattung eines Sozialplans (Sozialplanformel)
Hier haben sich im Laufe der Zeit bestimmte Strukturen herausgebildet, wie Sozialplanleistungen gestaltet werden. Dies wird meistens in einer sogenannten Sozialplan-Formel dargestellt, für die es unterschiedliche Möglichkeiten gibt. Am häufigsten wird die folgende Sozialplanformel verwendet:

$$\text{Betriebszugehörigkeit} \times \text{Brutto-Monatsentgelt} \times \text{Faktor} = \text{Abfindungsbetrag}$$

Dabei sollte darauf geachtet werden, dass das Brutto-Monatsentgelt ein Zwölftel des Brutto-Jahresverdienstes beträgt, damit das Urlaubs- und Weihnachtsgeld entsprechend berücksichtigt wird. Die entscheidende Frage in Sozialplanverhandlungen ist die Höhe des Faktors. Hier fällt es schwer, eine allgemein gültige Höhe zu empfehlen. In vielen Sozialplänen liegt der Faktor in etwa bei 0,7. In finanzstarken Großbetrieben ist es auch möglich, in den Verhandlungen einen Faktor von 1 zu vereinbaren. In Betrieben mit gravierenden wirtschaftlichen Problemen ist ein Faktor von 0,5 die Untergrenze, zumal diese Höhe in § 1a Abs. 2 Kündigungsschutzgesetz als Mindestbetrag beschrieben ist.

Eine andere Sozialplanformel berücksichtigt neben der Betriebszugehörigkeit auch das Lebensalter und hat folgenden Aufbau:

$$\frac{\text{Betriebszugehörigkeit} \times \text{Lebensalter} \times \text{Brutto-Monatsentgelt}}{\text{Divisor}} = \text{Abfindungsbetrag}$$

Auch hier ist die entscheidende Verhandlungsfrage die Höhe des Divisors. Hier sind Divisoren in Höhe von »50« bis »60« üblich. Je niedriger der Teiler, desto höher der Abfindungsbetrag. Ein Teiler von »75« entspricht in etwa einem Faktor von »0,5« bei ca. 36-jährigen Beschäftigten in der ersten Formel und wäre damit als Untergrenze anzusehen. Die zweite Formel ist für ältere Beschäftigte günstiger und für jüngere Beschäftigte ungünstiger. Hier muss entsprechend der Altersstruktur der betroffenen Beschäftigten entschieden werden, welche Formel angewendet werden soll.

Eine andere Möglichkeit für die Vereinbarung von individuellen Abfindungsbeträgen ist die *Vereinbarung eines Punktesystems*, bei dem Punkte für Betriebszugehörigkeit, Lebensalter, Unterhaltsverpflichtung und Schwerbehinderung vergeben werden. Aus einem zuvor verhandelten Gesamtvolumen des Sozialplans werden dann die einzelnen Beträge entsprechend dieses Punktesystems verteilt. Ebenfalls sind Zuschläge für unterhaltspflichtige Kinder und für behinderte Menschen üblich.

Bei Sozialplanverhandlungen ist es üblich, für Beschäftigte aus sogenannten *rentennahen Jahrgängen* die Abfindungsbeträge separat zu berechnen. Maßstab ist dabei nicht die Sozialplanformel, sondern das Ziel, die Abschläge, die für die Beschäftigten bei einem vorgezogenen Renteneintritt entstehen, finanziell auszugleichen. Es ist auch möglich, dass die Unternehmer für einzelne Beschäftigte Geldbeträge in ein Wertguthaben einzahlen und dieses an die deutsche Rentenversicherung übertragen. Dadurch können höhere Renten erzielt oder Rentenabschläge vermieden werden.

Können sich Betriebsrat und Unternehmer nicht über die Struktur und das finanzielle Volumen des Sozialplans einigen, haben beide Seiten die Möglichkeit, die Einigungsstelle bzw. die tarifliche Schlichtungsstelle mit einem neutralen Vorsitzenden anzurufen. Die Einigungsstelle hat bei ihren Entscheidungen gemäß § 112 Abs. 5 BetrVG »sowohl die sozialen Belange der betroffenen Arbeitnehmer zu berücksichtigen als auch auf die wirtschaftliche Vertretbarkeit ihrer Entscheidung für das Unternehmen zu achten«. Weitere Detailregelungen finden sich in § 112 Abs. 5 BetrVG.

Interessenausgleich mit oder ohne Namensliste?
Bei der Auswahl der zu kündigenden Beschäftigten muss der Unternehmer sicherstellen, dass die Kündigungen gemäß § 1 Abs. 3 Kündigungsschutzgesetz nicht »sozial ungerechtfertigt« sind. Bei der Auswahl der Beschäftigten muss er
- die Dauer der Betriebszugehörigkeit;
- das Lebensalter;
- die Unterhaltspflichten und
- die Schwerbehinderung

der Beschäftigten ausreichend berücksichtigen. In die soziale Auswahl sind gemäß § 1 Abs. 3 KSchG diejenigen Beschäftigten nicht einzubeziehen, »deren Weiterbeschäftigung, insbesondere wegen ihrer Kenntnisse, Fähigkeiten und Leistungen oder zur Sicherung einer ausgewogenen Personalstruktur des Betriebs, im berechtigten betrieblichen Interesse liegt«. Im Rahmen einer Kündigungsschutzklage können einzelne Beschäftigte klären lassen, ob entsprechend dieser Kriterien ihre Kündigung »sozial gerechtfertigt« ist oder nicht.

Die Unternehmer drängen in den meisten Fällen darauf, dass im Interessenausgleich eine Namensliste mit den zu kündigenden Beschäftigten vereinbart wird. Dies ist für den Betriebsrat außerordentlich problematisch. Stimmt er einer Namensliste zu, kann das von den betroffenen Beschäftigten so aufgefasst werden, dass der Betriebsrat an ihrer Kündigung beteiligt ist und dieser zustimmt. Gerade wenn die Beschäftigten langjährige Gewerkschaftsmitglieder sind, erwarten sie, dass der Betriebsrat und die Gewerkschaft alles tun, um ihren Arbeitsplatz zu erhalten. Darüber hinaus erschwert der Betriebsrat den einzelnen Beschäftigten die Möglichkeit, beim Arbeitsgericht eine Kündigungsschutzklage zu erheben, weil gemäß § 1 Abs. 5 Kündigungsschutzgesetz davon ausgegangen wird, dass durch die Namensliste die soziale Auswahl der Beschäftigten korrekt getroffen wurde. Die Unternehmer drängen deshalb so stark auf die Vereinbarung einer Namensliste, damit sie Rechtssicherheit haben und nicht mit mehreren Kündigungsschutzprozessen rechnen müssen. Im Rahmen der Verhandlungen vor der Einigungsstelle kann der Betriebsrat nicht zur Vereinbarung einer Namensliste gezwungen werden. Die Verhaltensweise in dieser kritischen Frage muss sehr sorgfältig im Betriebsratsgremium, mit der regionalen Gewerkschaft und letztlich mit der Belegschaft diskutiert werden und hängt u.a. auch mit der finanziellen Ausstattung des Sozialplans zusammen.

19.8 Transfergesellschaften

Heute ist es in vielen Betrieben üblich, bei Massenentlassungen im Rahmen eines Interessenausgleichs eine *Transfergesellschaft* zu vereinbaren. Manchmal wird auch von einer *Beschäftigungs- und Qualifizierungsgesellschaft* gesprochen. Die gesetzlichen Grundlagen dazu sind in den §§ 110 und 111 SGB III geregelt. Die Auswahl des Trägers der Transfergesellschaft und die finanzielle Ausstattung der Transfergesellschaft wird im Rahmen des Interessenausgleichs und des Sozialplans vereinbart.

Vereinfacht gesagt, liegt der Grundgedanke einer Transfergesellschaft darin, dass die entlassenen Beschäftigten zunächst nicht arbeitslos werden, sondern für maximal zwölf Monate in eine Transfergesellschaft wechseln, in der sie nicht arbeiten (»Kurzarbeit Null«), sondern qualifiziert und dabei unterstützt werden, einen Arbeitsplatz in einem anderen Betrieb zu finden, z.B. durch Bewerbertraining. Dazu wird ein »dreiseitiger Vertrag« zwischen dem einzelnen Beschäftigten, dem Unternehmer und der Transfergesellschaft abgeschlossen. In der Transfergesellschaft erhalten die betroffenen Beschäftigten *Transferkurzarbeitergeld*, das dem »normalen« Kurzarbeitergeld in Höhe von 60 bzw. 67% des letzten Nettoentgelts entspricht. Dies wird im Rahmen des Interessenausgleichs und eines Transfer-Sozialplans durch Leistungen des Unternehmers auf 80 bis 85%, maximal bis zu 95%, des letzten Verdienstes aufgestockt.

Im besten Fall finden die Beschäftigten schnell einen neuen Arbeitsplatz und scheiden dann vorzeitig aus der Transfergesellschaft aus. Im schlechtesten Fall finden sie innerhalb der zwölf Monate in der Transfergesellschaft keinen neuen Arbeitsplatz und werden erst danach arbeitslos. Selbst in diesem schlimmsten Fall erhalten die Beschäftigten unter dem Strich für ein Jahr länger eine finanzielle Unterstützung (zwölf Monate Transferkurzarbeitergeld plus Zuzahlung und für mehrere Monate Arbeitslosengeld I). Die Zeit in der Transfergesellschaft hat dann keinen negativen Einfluss auf die

Höhe des Arbeitslosengelds, wenn als Brutto-Monatsentgelt ein Zwölftel des Brutto-Jahresentgelts zugrunde gelegt wird, sodass Urlaubs- und Weihnachtsgeld berücksichtigt werden.

Für einige der betroffenen älteren Beschäftigten kann durch eine Kombination von Transfergesellschaft und anschließender Arbeitslosigkeit eine *»Brücke bis zum Renteneintritt«* realisiert werden. Die Agentur für Arbeit achtet jedoch darauf, dass dies nur für eine Minderheit der Beschäftigten in der Transfergesellschaft zutrifft. Der Transfer in neue Beschäftigung muss im Vordergrund stehen.

Durch Leistungen des Unternehmens im Rahmen eines Transfer-Sozialplans sind folgende Kosten abzudecken:

- Monatliche Aufzahlungen auf das Transferkurzarbeitergeld, sodass sich ein monatliches Nettoeinkommen von 80 bis 85%, maximal 95%, des letzten Nettoeinkommens ergibt;
- Sozialversicherungsbeiträge und Beiträge zur Unfallversicherung, Entgeltfortzahlung an Feiertagen und während des Urlaubes (sogenannte Remanenzkosten);
- Kosten für Qualifizierungsmaßnahmen;
- Kosten für den Träger der Transfergesellschaft, wie z.B. Kosten für Beratung, Betreuung, Projektbüro, Personalkosten für die Personalverantwortlichen, Verwaltung, Entgeltbuchhaltung und ggf. Mietkosten.

In zahlreichen Fällen wird im Sozialplan vereinbart, dass die betroffenen Beschäftigten diese Kosten dadurch mitfinanzieren, dass die Arbeitsverhältnisse vor dem Ablauf der geltenden Kündigungsfrist vom Unternehmen auf die Transfergesellschaft übergehen. Dies wird auch als *»Abkauf der Kündigungsfristen«* bezeichnet. Je nach Ausgestaltung der Transfergesellschaft sind die Gesamtkosten unterschiedlich hoch. Als grober Richtwert kann für die Metall- und Elektroindustrie ein Wert von etwa 3.000 Euro pro Beschäftigten pro Monat für alle oben genannten Leistungen zugrunde gelegt werden.

Es gibt zahlreiche Beratungsfirmen, die das gesamte Management einer solchen Transfergesellschaft übernehmen. Voraussetzung ist, dass diese Beratungsfirma eine Zulassung als Träger von Maßnahmen zur Arbeitsförderung durch die Agentur für Arbeit (vgl. § 176 SGB III) besitzt. Hinsichtlich der Qualität der Leistungen und des Managements gibt es zwischen den verschiedenen Trägern relevante Unterschiede. Bei der *Auswahl eines Trägers* sollten sich Betriebsrat und Unternehmer von der regionalen Gewerkschaft beraten lassen, die über entsprechende Erfahrungen verfügt. Kriterien für die Auswahl einer Trägergesellschaft können sein:

- Erfahrungen in anderen Betrieben (Referenzliste);
- Struktur vor Ort mit guten Kontakten zur Agentur für Arbeit, zu den Gewerkschaften usw.;
- Einrichtung eines Beirats mit Vertreter*innen des Unternehmens, des Betriebsrats, der regionalen Gewerkschaft und der Agentur für Arbeit;
- Qualität der Weiterbildung und Unterstützung bei der Arbeitsplatzsuche durch Bewerbertraining usw.; hier gibt es große Unterschiede, wie intensiv die Betreuung und Qualifizierung betrieben wird; als grober Richtwert können als Qualifizierungs-

kosten pro Person 1.500 bis 2.500 Euro plus 1.000 Euro für Coaching und Beratung während der Maßnahme angesetzt werden;
- Kosten der Administration: In der Regel stellen die Träger der Transfergesellschaft dem Unternehmen pro Beschäftigten einen Betrag in der Größenordnung von etwa 150 Euro pro Person und Monat in Rechnung, der durch den Transfer-Sozialplan abgedeckt sein muss; hier sollte eine detaillierte Kostenberechnung vorgelegt werden. Achtung: Das billigste Angebot ist nicht immer das beste;
- Prüfung der Qualität der Vermittlung: Wird nur in unbefristete Arbeitsverhältnisse mit guten Tarifverträgen vermittelt oder auch in befriste Arbeit, in tariflose Betriebe oder in Leiharbeitsfirmen? Grundsatz: Annahme eines Arbeitsplatzes nach dem Prinzip der Freiwilligkeit;
- Ermittlung der Remanenzkosten;
- Ausschluss eines »Erfolgshonorars« für den Träger der Transfergesellschaft für schnelle Vermittlung, da damit eine Drucksituation für die Beschäftigten geschaffen wird;
- Verwendung der Mittel bei guten Vermittlungserfolgen, z.B. durch anteilige Ausschüttung der nicht erforderlichen Mittel an die gekündigten Beschäftigten in der Transfergesellschaft;
- Empfehlung, dass Träger der beruflichen Weiterbildung nicht gleichzeitig Träger der Transfergesellschaft sind. Denn hier ist zu befürchten, dass die Qualifizierungen nicht nach den Erfordernissen für die Beschäftigten ausgewählt werden, sondern nach der Auslastung der Seminare des Bildungsträgers.

19.9 »Sozialtarifverträge« bei geplanten Standortschließungen

In zugespitzten Situationen, wenn ein ganzer Standort mit vielen Beschäftigten geschlossen werden soll, besteht eine weitere Handlungsmöglichkeit, sich gegen Massenentlassungen zu wehren. Die Gewerkschaft kann für den Betrieb eine Tarifforderung stellen, eine Tarifbewegung und im Zweifelsfall einen Streik führen. Nach der Rechtsprechung mehrerer Landesarbeitsgerichte ist es allerdings nicht zulässig, die Rücknahme der Entscheidung zur Stilllegung des Betriebs zu fordern, weil dies ein zu starker Eingriff in das Direktions- und Eigentumsrecht der Unternehmer sei. Das Bundesarbeitsgericht hat es aber ausdrücklich für zulässig erklärt, dass die Gewerkschaft für einen »Sozialtarifvertrag« zu einem Streik aufruft. Bei der Forderung nach einem Sozialtarifvertrag muss auch beachtet werden, dass zu den Forderungen keine Friedenspflicht besteht, wenn die Themen nicht abschließend im ungekündigten Manteltarifvertrag geregelt sind. Als Tarifforderungen kommen daher beispielsweise infrage: Anspruch auf die Bezahlung von persönlichen Qualifizierungsmaßnahmen für die Dauer von 24 Monaten sowie Abfindungszahlungen. Zur Aufstellung der Tarifforderung bildet die Gewerkschaft eine betriebliche Tarifkommission. Weigert sich der Unternehmer, auf derartige Tarifforderungen einzugehen oder gar zu verhandeln, kann die

Gewerkschaft die Beschäftigten zunächst zu Warnstreiks aufrufen. Bringt auch dies keinen Fortschritt, kann die Gewerkschaft eine Urabstimmung unter ihren Mitgliedern durchführen und bei einem positiven Abstimmungsergebnis die Mitglieder zu einem unbefristeten Streik aufrufen.

Die Erfahrung in mehreren Betrieben hat gezeigt, dass ein derartiger betrieblicher Streik um einen Sozialtarifvertrag *mehrere Faktoren voraussetzt.* Diese sind u.a.:

- Es muss sich um einen Beschluss zur Schließung des gesamten Standorts handeln, denn bei Teilschließungen gelingt es kaum, die notwendige Solidarität aller Beschäftigten herzustellen.
- Eine ausreichende Zahl von Gewerkschaftsmitgliedern im Betrieb; ein gewerkschaftlicher Organisationsgrad von mehr als 75%.
- Im Betrieb arbeiten ein erfahrener konflikterprobter Betriebsrat und engagierte gewerkschaftliche Vertrauensleute.
- Durch den Streik kann auf den Unternehmer wirtschaftlicher Druck erzeugt werden. Dies liegt immer dann vor, wenn die Produktion im Betrieb läuft und insbesondere mehrere termingebundene Aufträge abgearbeitet werden müssen. Ist die Produktion allerdings schon stark heruntergefahren und kann sie leicht in andere Werke verlagert werden, ist das Druckpotenzial häufig nicht ausreichend.
- Eine breite Unterstützung in der Region durch Nachbarbetriebe, andere Gewerkschaften, Parteien, Bürgermeister*in, Vereine und Kirchen.

Es ist den Gewerkschaften in vielen Fällen gelungen, durch einen Streik um einen Sozialtarifvertrag wesentlich bessere Leistungen zu vereinbaren, als sie üblicherweise in Sozialplänen erreicht werden. Darüber hinaus sind derartige Streiks wichtige Signale in das Unternehmerlager, dass die Gewerkschaften nicht bereit sind, Betriebsschließungen widerstandslos hinzunehmen. Andererseits muss das folgende gewerkschaftspolitische Argument bedacht werden: Da aufgrund der Rechtslage die Rücknahme des Schließungsbeschlusses keine Forderung und kein Streikziel sein darf, muss allen Beteiligten klar sein, dass am Ende des Streiks zwar ein guter Sozialtarifvertrag steht, der besser ist als ein üblicher Sozialplan, aber eben auch die Schließung des Standorts. Viele Gewerkschaftsmitglieder, die an solchen Streiks teilgenommen haben, hofften während des Streiks »im Hinterkopf« darauf, dass die angekündigte Betriebsschließung doch noch zurückgenommen wird. Deshalb macht sich häufig am Ende des Streiks Enttäuschung breit. Diese Situation kann nur durch eine ständige Information und Diskussion mit den Streikenden bewältigt werden.

20. Außergewöhnliche Handlungsfelder im Betrieb

20.1 Insolvenz

Insolvenz, Konkurs, Pleite – diese Wörter bezeichnen einen dramatischen Sachverhalt: Das Unternehmen ist entweder nicht mehr liquide und/oder überschuldet. Der Unternehmer bzw. sein Vorstand oder Geschäftsführer ist gesetzlich verpflichtet, in diesem Fall beim Amtsgericht einen Antrag auf Einleitung eines Insolvenzverfahrens zu stellen. Tut er dies nicht, macht er sich wegen Insolvenzverschleppung strafbar. Mit dem Insolvenzantrag ändern sich die bisherigen »Spielregeln« im Betrieb auch für den Betriebsrat grundlegend. Der Betriebsrat ist gut beraten, sich in einer derartigen, für ihn ungewohnten Situation mit dem Betriebsbeauftragten der regionalen Gewerkschaft zu beraten und auf dessen Empfehlung auch einen Rechtsanwalt hinzuzuziehen. Eine detaillierte Kenntnis der gesetzlichen *Insolvenzordnung (InsO)* ist erforderlich, um die Interessen der Beschäftigten in der Insolvenz gut zu vertreten.

Zunächst müssen zwei häufig gehörte Missverständnisse ausgeräumt werden. Erstens bedeutet Insolvenz nicht, dass die Beschäftigten schlagartig arbeitslos werden. Weder ein Insolvenzantrag noch die Einleitung eines Insolvenzverfahrens sind Gründe für eine fristlose Kündigung! Die Beschäftigten arbeiten zunächst auch während des Insolvenzverfahrens zu unveränderten Bedingungen weiter. Zweitens ändert sich an der Rechtsstellung des Betriebsrats durch den Insolvenzantrag nichts. Der Betriebsrat bleibt voll funktionsfähig und hat alle Beteiligungs- und Mitbestimmungsrechte wie bisher, wenn auch teilweise mit Einschränkungen. (Die relativ komplizierten Verfahrensschritte werden hier stark vereinfacht dargestellt. Eine ausführliche Darstellung findet sich im Insolvenzhandbuch für die Praxis von Wilhelm Bichlmeier und Andrej Wroblewski, 4. Auflage, Frankfurt a.M. 2015.)

Wird beim Amtsgericht ein Insolvenzantrag gestellt, setzt das Amtsgericht in den meisten Fällen einen *Insolvenzverwalter* ein. Dies sind meistens Rechtsanwält*innen oder Betriebswirt*innen, die auf diesem Feld arbeiten. Neben diesem *»Regelverfahren«* ist es auch möglich, dass das Amtsgericht gemäß § 270 InsO über eine sogenannte *Insolvenz in Eigenverwaltung* entscheidet. In diesem Fall können der Unternehmer bzw. sein Vorstand oder Geschäftsführer unter Aufsicht eines Sachwalters den Betrieb fortführen und über die Insolvenzmasse verfügen.

In § 1 der Insolvenzordnung sind zwei alternative Ziele des Insolvenzverfahrens aufgeführt:
- Es werden Regelungen zum Erhalt des Unternehmens getroffen.
- Die Gläubiger des Unternehmens (»Schuldner«) werden gemeinschaftlich befriedet, indem das Vermögen des Unternehmens verwertet und der Erlös auf die Gläubiger verteilt wird.

> Zielsetzung des Betriebsrats muss es sein, beim Insolvenzverwalter darauf zu drängen, dass eine Fortführung des Unternehmens sichergestellt wird. Es geht darum, möglichst viele Arbeitsplätze dauerhaft zu erhalten. Das heißt: Es muss ein Käufer bzw. Investor für das insolvente Unternehmen gefunden werden, der möglichst viele Arbeitsplätze zu guten Tarifbedingungen dauerhaft sichert.

Gelingt dies nicht, wird der Insolvenzverwalter die Gebäude und Maschinen des Unternehmens verkaufen, die Differenz aus dem Erlös dieses Verkaufs mit den Schulden bilden und diese auf die Gläubiger verteilen und auszahlen. Das Ergebnis ist dann, dass der Betrieb eingestellt wird und der Insolvenzverwalter alle Beschäftigten entlässt.

Bei den vom Amtsgericht eingesetzten Insolvenzverwaltern gibt es erhebliche Unterschiede. Einige fühlen sich stark dem Gläubigerschutz verpflichtet und versuchen, schnell die Unternehmenswerte zu verwerten (in der Insolvenzordnung wird von »Masse« gesprochen). Andere Insolvenzverwalter versuchen, auch in Zusammenarbeit mit dem Betriebsrat und der Gewerkschaft Lösungen für die Fortführung des Unternehmens zu finden.

Bei einer »Insolvenz in Eigenverwaltung« bleibt der Vorstand bzw. der Geschäftsführer weiterhin der Ansprechpartner und Verhandlungspartner des Betriebsrats. Der einzige Unterschied besteht darin, dass der Geschäftsführer unter Aufsicht eines Sachwalters arbeitet (vgl. § 270 InsO). Erfolgt keine »Insolvenz in Eigenverwaltung«, ändern sich dagegen die Ansprechpartner*innen und Verhandlungspartner*innen des Betriebsrats völlig. Dies ist dann ausschließlich der eingesetzte Insolvenzverwalter, der die Geschäfte des insolventen Betriebs weiterführt. Die bisherige Geschäftsführung ist nicht mehr in Funktion und »hat nichts mehr zu sagen«. Es ist üblich, dass der Insolvenzverwalter Führungskräfte bzw. leitende Angestellte weiterbeschäftigt, z.B. den oder die Werkleiter*in, den oder die Personalleiter*in. Diese bleiben Ansprech- und Verhandlungspartner des Betriebsrats; sie arbeiten dann aber ausschließlich auf Weisung des Insolvenzverwalters. Für die Beschäftigten ändert sich zunächst nichts. Während der Insolvenz wird »normal« weitergearbeitet, sofern entsprechende Aufträge vorliegen. Das Unternehmen braucht zwar zunächst seine Schulden nicht voll zurückzuzahlen, auf der anderen Seite werden Lieferanten Materialien nur gegen Vorkasse liefern. Dennoch ist es bei entsprechenden Aufträgen möglich, dass ein Insolvenzverwalter das Unternehmen über viele Monate leitet und während dieser Zeit nach einem Käufer bzw. Investor sucht.

Während des Insolvenzverfahrens muss der Betriebsrat zahlreiche Punkte beachten; die wichtigsten sind:

- *Insolvenzgeld:* Für drei Monate haben die Beschäftigten Anspruch auf Insolvenzgeld in Höhe ihres letzten Nettoentgelts durch die Agentur für Arbeit (vgl. die §§ 165 bis 172 SGB III). Trotz der Zahlungsunfähigkeit des Unternehmens haben die Beschäftigten damit zumindest für drei Monate eine finanzielle Absicherung.
- *Gläubigerausschuss:* Das Insolvenzgericht (= Amtsgericht) kann einen Gläubigerausschuss einsetzen. Hierin sollen Personen vertreten sein, die gegenüber dem Un-

ternehmen finanzielle Forderungen haben, die sogenannten Gläubiger. Dem Gläubigerausschuss soll ein Vertreter der Beschäftigten angehören (vgl. § 62 Abs. 2 InsO). Dies kann ein Betriebsratsmitglied, ein Vertreter der zuständigen Gewerkschaft oder ein vom Betriebsrat beauftragter Rechtsanwalt sein.

- *Kündigung von Betriebsvereinbarungen:* Sind in Betriebsvereinbarungen kostenrelevante Maßnahmen vereinbart, können diese vom Insolvenzverwalter mit einer Frist von drei Monaten gekündigt werden, auch wenn in der Betriebsvereinbarung eine längere Frist vereinbart ist (vgl. § 120 InsO). Vorher sollen Insolvenzverwalter und Betriebsrat über eine Herabsetzung der Leistungen beraten.
- *Kündigungen, Betriebsänderung und Interessenausgleich:* Häufig konfrontiert der Insolvenzverwalter den Betriebsrat mit Vorschlägen zur Betriebsänderung und zu Massenentlassungen. Anders als nach § 122 BetrVG ist ein Interessenausgleich innerhalb von drei Wochen abzuschließen. Andernfalls kann der Insolvenzverwalter beim Arbeitsgericht beantragen, die Betriebsänderung durchzuführen.
- *Sozialplan:* In einem Sozialplan, der nach Insolvenzeröffnung zwischen dem Insolvenzverwalter und dem Betriebsrat vereinbart wird, sind die Abfindungszahlungen für die Beschäftigten auf 2,5 Monatsentgelte begrenzt (vgl. § 123 InsO). Im Vergleich zu üblichen Sozialplänen sind dies extrem niedrige Beträge. Im schlimmsten Fall bedeutet dies für Beschäftigte, die 30 und mehr Jahre in dem Betrieb gearbeitet haben, dass sie mit Abfindungsbeträgen zwischen 5.000 Euro und 8.000 Euro in die Arbeitslosigkeit entlassen werden. Dabei muss berücksichtigt werden, dass die Abfindungsbeträge steuerpflichtig sind (vgl. Übersicht 19-1).
- *Verkauf des Betriebs (Betriebsübergang):* Die Zielsetzung des Betriebsrats und der Belegschaft, möglichst viele Arbeitsplätze zu erhalten, wird letztlich nur erreicht, wenn ein Käufer für das insolvente Unternehmen gefunden wird. Ziel muss es hier sein, dass ein »seriöser« Käufer gefunden wird, der möglichst viele Arbeitsplätze zu guten Tarifbedingungen nachhaltig absichert. Der Verkauf eines Betriebs ist rechtlich ein Betriebsübergang, der in § 613a BGB geregelt ist. Danach tritt der Erwerber des Betriebs in die Rechte und Pflichten der zu diesem Zeitpunkt bestehenden Arbeitsverhältnisse ein. Bestehende Tarifverträge und Betriebsvereinbarungen dürfen für den Zeitraum von zwölf Monaten nicht verändert werden, wenn eine beidseitige Tarifbindung vorliegt (vgl. Kapitel 20.2). Ab dem Zeitpunkt des Erwerbs ist der Ansprech- und Verhandlungspartner nicht mehr der Insolvenzverwalter, sondern der neue Eigentümer des Unternehmens bzw. die von ihm beauftragten Personen.
- *Ende des Insolvenzverfahrens:* Findet sich kein Käufer für den Betrieb, ist der Insolvenzverwalter verpflichtet, die verbleibenden Vermögenswerte auf die Gläubiger zu verteilen und damit das Insolvenzverfahren abzuschließen. Den verbliebenen Beschäftigten wird er vorher kündigen, wobei die Regelungen zum Interessenausgleich und zum Sozialplan in der Insolvenz gelten.

Europäisches Insolvenzrecht
Bei verbundenen Unternehmen in mehreren Ländern, z.B. in einem Konzern, kann es passieren, dass in einem Unternehmen Insolvenz angemeldet wird, was dann Auswirkungen auf Unternehmen in anderen Ländern haben kann. Die erste und zentrale Frage bei jedem grenzüberschreitenden insolvenzrechtlichen Sachverhalt ist, welcher Staat international für das Insolvenzverfahren zuständig ist. Bei Sachverhalten innerhalb der Europäischen Union wird diese Frage durch die *Europäische Insolvenzordnung (EU-InsVO)* aus dem Jahr 2017 beantwortet. Nach Art. 3 Abs. 1 EUInsVO ist der Mitgliedstaat zuständig, in dem der Schuldner den Mittelpunkt seiner hauptsächlichen Interessen hat *(Center Of Main Interest = COMI)*.

Dies kann der Sitz der Zentrale sein, es kann aber auch das Werk mit den meisten Beschäftigten sein. Es wird empfohlen, im Vorfeld einer Insolvenz möglichst schnell zu versuchen, dass das Insolvenzverfahren bei einem deutschen Gericht beantragt wird, um so direkten Kontakt zum Insolvenzverwalter erlangen zu können und um das Insolvenzverfahren beeinflussen zu können. Voraussetzung ist, dass nachgewiesen werden kann, dass das »COMI« in Deutschland liegt. Für Betriebsräte ist es empfehlenswert, sich hierzu in Absprache mit der Gewerkschaft von Anwält*innen beraten zu lassen, die auf europäisches Insolvenzrecht spezialisiert sind.

20.2 Der Betrieb wird verkauft

Manchmal sind es zunächst nur Gerüchte im Betrieb, manchmal wird es von Anfang an vom Unternehmer kommuniziert: Der Betrieb wird verkauft. Dies löst bei den Beschäftigten in den meisten Fällen eine große Verunsicherung aus, da sie nicht wissen, was auf sie zukommt. Viele langjährig Beschäftigte sind mit dem Unternehmen eng verbunden und zunächst einmal über die Nachricht geschockt. Manchmal kursieren auch Gerüchte, was alles für negative Dinge passieren könnten. Die Erfahrung zeigt jedoch, dass sich bei einem Verkauf des Betriebs unterschiedliche Auswirkungen ergeben können. Manchmal ändert sich wenig, da der neue Eigentümer die Geschäfte wie bisher fortführt. Manchmal drängen die neuen Besitzer auf Verschlechterungen der Entgelt- und Arbeitsbedingungen. In anderen Fällen sind die Beschäftigten nach einem Verkauf dauerhaft bessergestellt als vorher.

Es ist die Aufgabe des Betriebsrats und der regionalen Gewerkschaft, alle Informationen einzuholen, die Lage zu analysieren und daraus die Ziele für ihr Handeln in der nächsten Zeit festzulegen. Zunächst sollten Informationen über den Käufer eingeholt werden, so z.B.:
- Wer genau ist der Käufer bzw. Investor? Ein anderes Unternehmen? Private Investoren? Finanzinvestoren (Hedgefonds oder Private Equity Fonds)? Handelt es sich um einen inländischen oder ausländischen Käufer?
- Welche Referenzen hat der Käufer bzw. Investor? Gelten in dem Unternehmen, das als Käufer auftritt, die Flächentarifverträge und existiert dort ein Betriebsrat? Wel-

che Erfahrungen haben der dortige Betriebsrat und die Gewerkschaft mit dem Unternehmen gemacht?
- Welche Zielsetzungen verfolgt der Käufer mit dem Kauf des Betriebs?
- Bestehen Überschneidungen im Produktspektrum, sodass die Schließung bestimmter Teile der Produktion und Entwicklung wahrscheinlich ist? In der Unternehmersprache heißt dies: Kosteneinsparungen durch *Synergien*.
- Bleibt der bisherige Betrieb als eigenständige Gesellschaft bestehen, wird er Tochterfirma eines Konzerns oder wird er mit anderen Gesellschaften verschmolzen?

Je nach der Beantwortung dieser Fragen werden Betriebsrat und Gewerkschaft ihr Handeln ausrichten. Wird der Betrieb von einem renommierten Unternehmen gekauft, das die Flächentarifverträge anwendet, mit den Betriebsräten gut zusammenarbeitet und zu dem es keine Produktüberschneidungen gibt, kann die Situation vergleichsweise ruhig angegangen werden. Ist der Käufer dagegen ein berüchtigter Finanzfonds oder ein Unternehmen, das weder Tarifverträge anwendet noch mit Betriebsräten zusammenarbeitet, sollten Protestaktionen gestartet werden. Je nach der entstandenen Situation ist es von zentraler Bedeutung, dass die Beschäftigten eine schnelle und klare Position des Betriebsrats und der Gewerkschaft zu dem angekündigten Verkauf erhalten. Hier kann sich der Betriebsrat nicht wegducken und erstmal abwarten.

In einer kapitalistischen Wirtschaftsordnung ist es nicht verboten, Betriebe zu verkaufen. Der Betriebsrat und die Gewerkschaft haben dazu keinerlei Mitbestimmungsrechte. In der deutschen Rechtsordnung ist das Eigentumsrecht der Unternehmer in § 903 BGB festgelegt. Dort heißt es: »Der Eigentümer einer Sache kann, soweit nicht das Gesetz oder Rechte Dritter entgegenstehen, mit der Sache nach Belieben verfahren und andere von jeder Einwirkung ausschließen.« Zu einer »Sache« im Sinne des BGB gehört auch ein Betrieb mit mehreren Hundert oder Tausend Beschäftigten (vgl. Kapitel 1.3 und Übersicht 1-4).

Insofern werden sich der Betriebsrat und die Gewerkschaft darauf einstellen müssen, dass es nur mit Protestaktionen gelingen kann, den bisherigen Besitzer vom Verkauf des Betriebs abzubringen. In vielen Fällen gelingt dies nicht, und ab einem bestimmten Zeitpunkt müssen dann Betriebsrat und Belegschaft den Schwerpunkt ihres Handelns darauf legen, die Beschäftigten während und nach dem Verkaufsprozess zu schützen – sowohl hinsichtlich der Arbeitsplätze als auch hinsichtlich der Entgelt- und Arbeitsbedingungen.

Auf der rechtlichen Ebene muss geprüft werden, ob es sich um einen Gesellschafterwechsel oder einen Betriebsübergang handelt (vgl. Übersicht 20-1).
- Bei einem *Gesellschafterwechsel* gehen die Gesellschafteranteile oder Aktien auf einen neuen Gesellschafter über. Das Unternehmen bleibt aber in seiner Rechtsform bestehen und insofern gibt es keine Änderungen bei den bestehenden Arbeitsverträgen sowie den geltenden Tarifverträgen und Betriebsvereinbarungen. Dennoch sollte der Betriebsrat sehr schnell mit dem neuen Eigentümer Kontakt aufnehmen, um in einem Gespräch dessen weiteren Pläne mit dem Unternehmen zu erfahren. Da viele Beschäftigte besorgt sein werden, was mit dem neuen Eigentümer auf sie zu-

Übersicht 20-1: Gesellschafterwechsel und Betriebsübergang

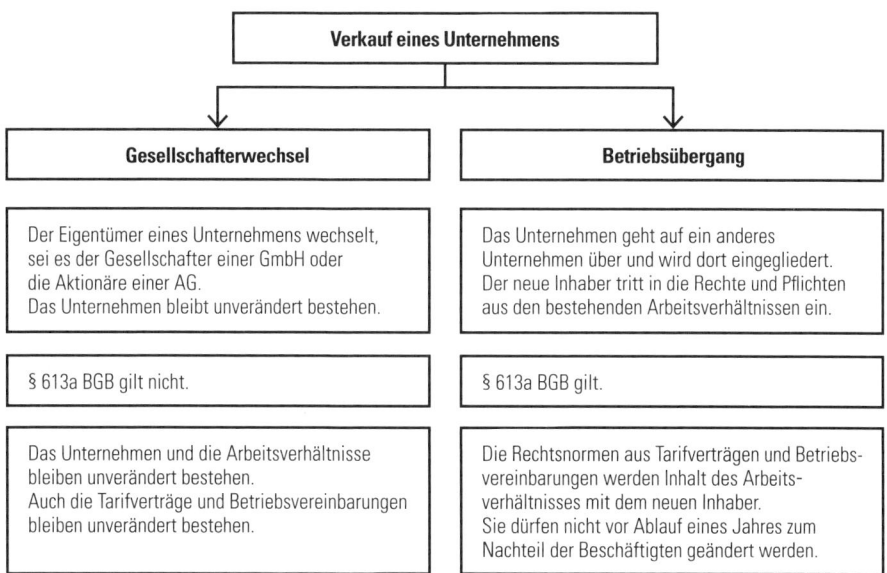

kommt, ist es sinnvoll, mit dem neuen Eigentümer eine Regelung zur Sicherung der Arbeitsplätze und Tarifverträge für die nächsten Jahre zu verabreden. Dies kann in Form einer Betriebsvereinbarung oder eines betrieblichen Ergänzungstarifvertrags erfolgen.

- Bei einem *Betriebsübergang* geht der Betrieb auf einen anderen Inhaber über – dies ist in der Regel ein anderer Betrieb. Nach § 613a BGB tritt der neue Inhaber in die Rechte und Pflichten aus dem zum Zeitpunkt des Übergangs bestehenden Arbeitsverhältnis ein. Eine wichtige Schutzbestimmung für die Beschäftigten findet sich in § 613a, Satz 2 BGB:

> »Sind diese Rechte und Pflichten durch Rechtsnormen eines Tarifvertrags oder einer Betriebsvereinbarung geregelt, so werden sie Inhalt des Arbeitsverhältnisses zwischen dem neuen Inhaber und dem Arbeitnehmer und dürfen nicht vor Ablauf eines Jahres nach dem Zeitpunkt des Übergangs zum Nachteil des Arbeitnehmers geändert werden. Satz 2 gilt nicht, wenn die Rechte und Pflichten bei dem neuen Inhaber durch Rechtsnormen eines anderen Tarifvertrages oder durch eine andere Betriebsvereinbarung geregelt werden.« (§ 613a, Satz 2 und 3 BGB)
>
> Grundsätzliche Voraussetzung ist es, dass beide Vertragspartner des Arbeitsverhältnisses, also der Arbeitgeber und der Beschäftigte, unmittelbar tarifgebunden sind. Das heißt: Der bzw. die Beschäftigte muss Mitglied in der Gewerkschaft sein, die den Tarifvertrag abgeschlossen hat. Eine Bezugnahme im Arbeitsvertrag auf die bestehenden Tarifverträge reicht dafür nicht aus, da der Arbeitsvertrag auch

> vorzeitig geändert werden kann. Wenn sich der Verkauf des Betriebs abzeichnet, ist der Hinweis auf diesen Sachverhalt ein gutes Argument, um Beschäftigte zu überzeugen, Mitglied der Gewerkschaft zu werden.

Auch bei einem Betriebsübergang empfiehlt es sich für den Betriebsrat, möglichst schnell mit dem neuen Eigentümer Kontakt aufzunehmen, um mehr über seine Planungen für den Betrieb und die zukünftige Form der Zusammenarbeit zu erfahren. Ähnlich wie beim Gesellschafterwechsel kann hier auch versucht werden, eine längere Schutzfrist für die Zahl der Arbeitsplätze und der Tarifbindung zu vereinbaren.

Nach § 613a »hat der bisherige Arbeitgeber oder der neue Inhaber die von einem Betriebsübergang betroffenen Arbeitnehmer vor dem Übergang in Textform« ausführlich zu informieren. In Absatz 6 des § 613a ist ein individuelles Widerspruchsrecht des einzelnen Beschäftigten verankert. Danach kann jeder Beschäftigte dem Übergang seines Arbeitsverhältnisses in den neuen Betrieb schriftlich widersprechen. Dieses Recht kann nur wirkungsvoll eingesetzt werden, wenn möglichst alle Beschäftigten dies tun. Damit kann Druck gegenüber dem bisherigen und zukünftigen Inhaber aufgebaut werden. Einem einzelnen Beschäftigten kann das Widerspruchsrecht nicht empfohlen werden, da er damit die Voraussetzungen für eine betriebsbedingte Kündigung im bisherigen Betrieb schafft. Dieses Widerspruchsrecht kann nur gemeinsam eingesetzt werden. Dazu kann der Betriebsrat oder die Gewerkschaft Formulare vorbereiten und die gesammelten Widersprüche überreichen. Dadurch wird Druck aufgebaut und eine Verhandlungssituation geschaffen, um dem neuen Eigentümer beispielsweise längerfristige Garantien für die Arbeitsplätze und die Tarifbindung abzuringen. Für einen derartigen Konflikt sollte der Betriebsrat sein Vorgehen sorgfältig mit der regionalen Gewerkschaft und ggf. zusätzlich mit einem Rechtsanwalt beraten.

Neben den hier geschilderten Fällen des Gesellschafterwechsels und des Betriebsübergangs gibt es zahlreiche andere Konstellationen zur Umstrukturierung von Unternehmen, wie z.B. die Umwandlung durch Verschmelzung oder durch Spaltung. Diese Sachverhalte sind im Umwandlungsgesetz geregelt. Einen guten Überblick geben dazu Nikolai Laßmann und Rudi Rupp im Handbuch Wirtschaftsausschuss, Frankfurt a.M. 2016.

20.3 Austritt aus dem Arbeitgeberband

Für Unternehmen, die Mitglied in einem Arbeitgeberverband sind, gelten die Flächentarifverträge zwischen der Gewerkschaft und dem jeweiligen Arbeitgeberverband unmittelbar und zwingend; Gleiches gilt für die dort beschäftigten Gewerkschaftsmitglieder. Wenn die Unternehmensleitung aus dem Arbeitgeberverband austritt, beabsichtigt sie damit in den meisten Fällen, die Entgelt- und Arbeitsbedingungen in dem Betrieb zu verschlechtern, also beispielsweise die Entgelte zu verringern und die wöchentliche Arbeitszeit zu erhöhen. Dies ist ein gravierender Angriff auf die Rechte der Beschäftigten und erfordert eine schnelle und konsequente Gegenwehr des Betriebsrats, der Gewerkschaft und der Gewerkschaftsmitglieder im Betrieb.

Dabei kommt es darauf an, die Belegschaft im Betrieb schnell über die möglichen Verschlechterungen zu informieren, da sich in der Wahrnehmung der Beschäftigten zunächst erstmal gar nichts ändert und die Verschlechterungen erst mittelfristig wirken. Dies liegt an einer für die Beschäftigten und Gewerkschaften zentralen Bestimmung im Tarifvertragsgesetz (TVG):

> »Die Tarifgebundenheit bleibt bestehen, bis der Tarifvertrag endet.« (§ 3 TVG)
> Das heißt: Auch wenn ein Unternehmen den Austritt aus dem Arbeitgeberverband erklärt, muss es sich weiter an alle Tarifverträge halten, die zwischen dem Arbeitgeberverband und der Gewerkschaft abgeschlossen sind – und zwar so lange, bis die bestehenden Tarifverträge durch einen neuen Tarifvertrag ersetzt werden.

Dieser Sachverhalt wird auch als *Nachbindung oder Fortgeltung* bezeichnet. (Rechtlich muss dies von der *Nachwirkung* unterschieden werden; die Nachwirkung ist in § 4 Abs. 5 des TVG geregelt. Dabei geht es um die Zeit nach dem Auslauf eines Tarifvertrages, z.B. wirkt ein gekündigter Tarifvertrag so lange nach, bis ein neuer abgeschlossen ist.)

Die Nachbindung kann mehrere Monate, sogar Jahre gelten. Sie gilt – im Unterschied zur Nachwirkung – auch für neu eingestellte Beschäftigte. Daher kann das Unternehmen während dieser Zeit der Nachbindung im Unternehmen keine Verschlechterungen durchsetzen. Dies ist erst mittelfristig möglich, aber dann kann es für die einzelnen Beschäftigten zu drastischen Verschlechterungen kommen. Deshalb ist es sinnvoll, dass Betriebsrat, Gewerkschaft und Gewerkschaftsmitglieder im Betrieb schnell reagieren und die zeitlichen Abläufe gegenüber der Belegschaft ausführlich erläutern.

Beispiel: In einem Unternehmen, das Mitglied im Arbeitgeberverband ist, gelten mehrere Flächentarifverträge, unter anderem ein Entgelt-Tarifvertrag und ein Manteltarifvertrag. Der Entgelt-Tarifvertrag hat eine Laufzeit bis 31.3.2020 und der Manteltarifvertrag bis 31.12.2025. Das Unternehmen erklärt zum 31.12.2018 seinen Austritt aus dem Arbeitgeberverband, der nach dessen Satzung sofort wirksam wird. Dies hat rechtlich folgende Konsequenz: Trotz seines Austritts muss sich das Unternehmen sowohl an den Entgelt-Tarifvertrag als auch den Manteltarifvertrag halten. Wird zum 1.4.2020 ein neuer Entgelt-Tarifvertrag mit einer Tariferhöhung von beispielsweise 4% wirksam, endet die Nachbindungsfrist und das Unternehmen ist nicht verpflichtet, die tarifliche Erhöhung zu zahlen. Allerdings muss es sich weiter an den Manteltarifvertrag halten. Wird ein neuer Manteltarifvertrag am 1.1.2026 wirksam, endet auch für den Manteltarifvertrag die Nachbindungsfrist, und erst dann kann der Unternehmer versuchen, beispielsweise eine verlängerte Arbeitszeit durchzusetzen.

In zahlreichen Betrieben ist es gelungen, durch schnelle und wirkungsvolle Protestaktionen den Unternehmer von seinem Austrittsbeschluss wieder abzubringen. Voraussetzung ist, dass möglichst viele Beschäftigte Gewerkschaftsmitglied sind. In diesem Fall lädt die zuständige Gewerkschaft zu einer Mitgliederversammlung ein und wählt dort eine betriebliche Tarifkommission. Da es rechtlich nicht möglich ist, eine Tarifforderung »Rückkehr in den Arbeitgeberverband« zu stellen, werden in der Tarifkommission andere Forderungen beschlossen: entweder Abschluss eines Anerkennungstarifvertrages oder eines Haustarifvertrages (vgl. dazu Kapitel 7.1.3). Die Forderungen werden dem Unternehmer durch die Gewerkschaft mitgeteilt und gleichzeitig wird er zu Tarifverhandlungen aufgefordert.

Ab dem Zeitpunkt des Austritts existiert keine Friedenspflicht mehr. Das heißt: Die Gewerkschaft kann sehr schnell ihre Mitglieder im Betrieb zu Warnstreiks aufrufen. Werden in den parallel geführten Tarifverhandlungen keine Fortschritte erzielt, sind weitere Schritte möglich: Zunächst muss gegenüber dem Unternehmer das Scheitern der Verhandlungen erklärt werden. Nach Beschluss der betrieblichen Tarifkommission und des Vorstands der Gewerkschaft kann die Gewerkschaft unter ihren Mitgliedern eine Urabstimmung über einen unbefristeten Streik durchführen (vgl. Kapitel 7.2.6). Stimmen mehr als 75% der Gewerkschaftsmitglieder für einen Streik, kann die Gewerkschaft ihre Mitglieder zu einem unbefristeten Streik aufrufen. Streikziel ist der Abschluss eines Anerkennungs- oder eines Haustarifvertrags. In mehreren Fällen wurden derartige Konflikte dadurch beendet, dass der Unternehmer seinen Austritt aus dem Arbeitgeberverband zurücknahm und damit der Flächentarifvertrag wieder im vollen Umfang anzuwenden ist.

Derartige Konflikte werden nur dann gewonnen, wenn möglichst viele Beschäftigte im betroffenen Betrieb Gewerkschaftsmitglied sind. Nur dann kann die oben dargestellte Konfliktstrategie durchgeführt werden oder glaubhaft angedroht werden. Um die Flächentarifverträge im einzelnen Betrieb in derartigen Situationen wirkungsvoll zu schützen, reicht es nicht aus, dass die Gewerkschaft bundesweit einflussreich ist. Es kommt vielmehr darauf an, wie hoch die gewerkschaftliche Kampfkraft im jeweiligen Betrieb ist. Auch dies ist ein wichtiges Argument im Rahmen der Mitgliederwerbung (vgl. Kapitel 16).

21. Tarif- und Gesellschaftspolitik im Betrieb

In Kapitel 7 ist ausführlich die Tarifpolitik und in Kapitel 8 die Gesellschaftspolitik dargestellt. Dort wurde an mehreren Stellen auch auf betriebliche Aktivitäten verwiesen. In diesem Kapitel geht es ausschließlich um die Tarif- und Gesellschaftspolitik *im Betrieb*. An mehreren Stellen wird auf die Kapitel 7 und 8 verwiesen.

21.1 Tarifpolitik im Betrieb

Bei der Tarifpolitik geht es im Wesentlichen um drei Punkte: die Tarifrunden, die Umsetzung der Flächentarifverträge und – in einigen Betrieben – um betriebliche Ergänzungstarifverträge. Darüber hinaus spielt die betriebliche Tarifpolitik beim Abschluss von Anerkennungs- und Haustarifverträgen eine Rolle.

21.1.1 Tarifrunden

Der Ablauf von Tarifrunden ist ausführlich im Kapitel 7.2 erläutert. Betriebsratsmitglieder und gewerkschaftliche Vertrauensleute sind gerade in Tarifrunden im Betrieb in besonderer Weise gefordert. Dies beginnt bereits bei den ersten Diskussionen über eine mögliche Tarifforderung. Üblicherweise startet diese Diskussion mehrere Monate vor dem Auslaufen der Tarifverträge mit Sitzungen des Gewerkschaftsvorstandes und der Tarifkommissionen. Hier werden erste Überlegungen dargestellt, die dann in den Betrieben diskutiert werden können.

Dazu veröffentlichen die Gewerkschaften meistens Flugblätter, in denen zur betrieblichen Diskussion aufgefordert wird. Diese Diskussionen finden zunächst bei den gewerkschaftlichen Vertrauensleuten und den Gewerkschaftsmitgliedern im Betriebsrat statt. Daraufhin sollte versucht werden, möglichst viele Gewerkschaftsmitglieder im Betrieb an der Diskussion zu beteiligen. Dies kann durch intensive Gespräche der Vertrauensleute und Mitgliederversammlungen erfolgen. Auch auf Betriebsversammlungen können der Betriebsrat, die Vertrauensleute und der bzw. die Betriebsbeauftragte der Gewerkschaft über die Forderungsdiskussion informieren.

In vielen Betrieben ist es üblich, dass diese betrieblichen Diskussionen in einer Vertrauensleutesitzung zusammengetragen werden und die Vertrauensleute ein Meinungsbild erstellen oder der Tarifkommission einen Vorschlag zur Tarifforderung übermitteln. Da die Diskussionen in den verschiedenen Betrieben und Regionen unterschiedlich verlaufen können, werden sie von der Tarifkommission zusammengefasst und bewertet. Bei bundesweiten Tarifrunden koordiniert der Vorstand der Gewerkschaft die Diskussionen in den verschiedenen regionalen Tarifkommissionen. Am Ende des mehrwöchigen Diskussionsprozesses steht der *Beschluss über die Tarifforderung* (vgl. Kapitel 7.2.2). Auch nach dem Beschluss der Tarifkommission führen die Vertrauensleute und die Gewerkschaftsmitglieder im Betriebsrat die Diskussion im Betrieb mit dem Ziel fort zu beraten, wie die Forderungen gegen die Unternehmer durchgesetzt werden können.

Während der Tarifverhandlungen informieren die Gewerkschaften regelmäßig über den jeweiligen Verhandlungsfortschritt. Im Betrieb können die Vertrauensleute und Betriebsratsmitglieder mit diesen Informationen, z.B. in Form von Flugblättern, die Diskussion weiterführen, sodass der Verhandlungsverlauf für möglichst viele Gewerkschaftsmitglieder transparent ist.

Kommt die Verhandlungskommission der Gewerkschaft bei den Verhandlungen nicht weiter, ist es erforderlich, Druck auf die Unternehmer und ihre Verbände auszuüben. Wenn die Gewerkschaft ihre Mitglieder zu Warnstreiks aufruft, ist es die Aufgabe der gewerkschaftlichen Vertrauensleute und der Gewerkschaftsmitglieder, im Betriebsrat diese Warnstreiks vorzubereiten und möglichst viele Beschäftigte zu motivieren, an den Warnstreiks teilzunehmen. Dazu veröffentlichen die Gewerkschaften Flugblätter mit dem *Aufruf zum Warnstreik*. Offiziell zum Warnstreik rufen ausschließlich die Gewerkschaften auf, nicht der Betriebsrat. In ihrer Eigenschaft als Gewerkschaftsmitglieder und Vertrauensleute können jedoch auch Mitglieder des Betriebsrats das Flugblatt mit dem Warnstreikaufruf der Gewerkschaft im Betrieb verteilen.

Die Teilnahme an Warnstreiks ist gleichzeitig immer auch ein Zeichen für das Kräfteverhältnis im Betrieb zwischen Unternehmer und Interessenvertretung. Nehmen fast alle Beschäftigten an den Warnstreiks teil, stärkt dies auch die Stellung des Betriebsrats und der Vertrauensleute gegenüber dem Unternehmer und bietet eine gute Grundlage für weitere betriebliche Konflikte. Zu den Aufgaben der Vertrauensleute und Betriebsräte bei einer Urabstimmung und einem unbefristeten Streik siehe Kapitel 7.2.6.

Jede Tarifrunde endet mit einem Verhandlungsergebnis, das letztlich einen Kompromiss darstellt. Vor der endgültigen Entscheidung in der Tarifkommission über die Annahme des Verhandlungsergebnisses finden dazu im Betrieb Diskussionen statt. Über Tarifergebnisse gibt es immer unterschiedliche Meinungen. Die Vertrauensleute und Betriebsratsmitglieder können in den Diskussionen erläutern, wie es zu dem Verhandlungsergebnis gekommen ist. Die Diskussionen fließen in die Beratungen der Tarifkommission zur Beschlussfassung ein.

Dabei ist es wichtig, möglichst schnell zu informieren, da die Beschäftigten häufig schon über die Medien etwas über den Tarifabschluss erfahren haben. Häufig sind diese Nachrichten in den Medien verkürzt oder sogar falsch. Eine schnelle und ausführliche Information über alle Elemente des Tarifabschlusses an die Beschäftigten ist deshalb umso wichtiger.

21.1.2 Umsetzung von Flächentarifverträgen

Die Flächentarifverträge enthalten einerseits abschließende Regelungen, die für Gewerkschaftsmitglieder einklagbare Ansprüche begründen. Beispiele sind die Beträge des Monatsentgeltes in den einzelnen Entgeltgruppen, die Dauer der wöchentlichen Arbeitszeit, die Urlaubstage, das Urlaubsgeld usw. Darüber hinaus enthalten die Flächentarifverträge zu zahlreichen Themen Rahmenregelungen, die im Betrieb durch Betriebsvereinbarungen ausgestaltet werden müssen. Dazu zählen beispielsweise die Lage und Verteilung der Arbeitszeit, die Flexibilisierung der Arbeitszeit, die Entgeltgestaltung im Leistungsentgelt bzw. die Verteilung der Leistungszulagen im Zeitentgelt. Dazu kommen spezielle Regelungen, beispielsweise zur Altersteilzeit und der Bildungsteilzeit. Gerade wenn zu einem Thema neue Regelungen im Flächentarifvertrag abgeschlossen wurden, kommt es darauf an, diese schnell und gut durch Betriebsvereinbarungen zu konkretisieren. Hier ist in erster Linie der Betriebsrat gefordert, der die Betriebsvereinbarungen mit dem Unternehmer verhandelt. Aber auch die Vertrauensleute sind insofern gefordert, als sie Vorschläge für die Betriebsvereinbarungen einbringen und sowohl in der Belegschaft als auch mit dem Betriebsrat debattieren.

21.1.3 Betriebliche Ergänzungstarifverträge

Wenn ein Betrieb in eine schwierige wirtschaftliche Situation gerät, besteht für den Unternehmer die Möglichkeit, bei der Gewerkschaft den Abschluss eines betrieblichen Ergänzungstarifvertrages zu beantragen (vgl. Kapitel 7.1.8). Dazu sehen die Tarifverträge in der Metall- und Elektroindustrie vor, dass in Ausnahmefällen nach einem streng geregelten Verfahren für eine befristete Zeit Abstriche vom Flächentarifvertrag vereinbart werden können. In diesem Fall kann zwischen der IG Metall und dem zuständigen Arbeitgeberverband ein sogenannter betrieblicher Ergänzungstarifvertrag vereinbart werden. Derartige Regelungen werden auch *Härtefallregelungen* oder *Sanierungs-Tarifverträge* genannt. Manchmal wird auch der Begriff »Pforzheim-Fälle« verwendet – nach der Stadt, in der der Tarifabschluss im Jahr 2004 vereinbart wurde, der derartige Regelungen vorsieht.

Um die Funktion des Flächentarifvertrages nicht zu gefährden, müssen derartige betriebliche Ergänzungstarifverträge die Ausnahme bleiben. Deshalb hat beispielsweise die IG Metall sehr strikte interne Regelungen verabschiedet, wie in derartigen Fällen zu verfahren ist. Zunächst ist zu überprüfen, ob die Angaben des Unternehmers korrekt sind. Dazu muss er gegenüber der IG Metall »die Bücher offenlegen«. Die IG Metall lässt dann diese Bilanzen, Gewinn- und Verlustrechnungen und Unternehmensplanungen von Experten überprüfen. Weiter muss geprüft werden, ob die Gesellschafter*innen bzw. die Aktionär*innen eigene Beiträge zur Überwindung der Krisensituation leisten oder ob mit anderen Maßnahmen Kosten eingespart werden, ohne tarifliche Abstriche zu vereinbaren.

Auf der Grundlage dieser Informationen bzw. Analysen entscheidet dann die IG Metall, ob Verhandlungen über einen Ergänzungstarifvertrag aufgenommen werden sollen. Dabei kommen auf die Gewerkschaftsmitglieder im Betriebsrat und die Vertrauensleute besondere Aufgaben zu. Zunächst wird eine betriebliche Tarifkommission der IG Metall gebildet, in der Betriebsratsmitglieder, Vertrauensleute und hauptamtliche Vertreter der IG Metall vertreten sind. Kommt die Tarifkommission zu der Auffassung, dass Verhandlungen aufgenommen werden sollten, wird dies den Mitgliedern der IG Metall zur Entscheidung vorgelegt. Die Entscheidung findet entweder auf einer Mitgliederversammlung oder in einer schriftlichen Abstimmung der IG Metall-Mitglieder statt.

An der Abstimmung können sich nur Mitglieder der IG Metall beteiligen, da nur für sie der Tarifvertrag unmittelbar gilt.

Die Verhandlungen finden dann zwischen der IG Metall und dem zuständigen Arbeitgeberverband statt, wobei in den Verhandlungskommissionen selbstverständlich auch die Vertreter*innen des Unternehmens, des Betriebsrats und der Vertrauensleute vertreten sind. In den Verhandlungen wird dann beispielsweise über ein zeitlich befristetes Aussetzen von tariflichen Leistungen verhandelt; z.B. die Reduzierung des tariflichen Weihnachtsgeldes um die Hälfte. Im Gegenzug müssen die Unternehmer schriftlich zusichern, dass während der Laufzeit des Ergänzungstarifvertrages keine betriebsbedingten Kündigungen ausgesprochen werden. Darüber hinaus müssen die Unternehmer Maßnahmen zusichern, die die wirtschaftliche Situation nachhaltig verbessern, z.B. Investitionen in neue Produkte.

Eine Kürzung von tariflichen Leistungen sollte ausschließlich Einmalzahlungen wie das Weihnachtsgeld oder das zusätzliche Urlaubsgeld umfassen, nicht jedoch die monatlichen Tarifentgelte. Unternehmer versuchen häufig in den Verhandlungen eine Verlängerung der Arbeitszeit ohne Entgeltausgleich durchzusetzen. Dies ist in den meisten Fällen nicht sinnvoll, da es in der Regel darum geht, betriebsbedingte Kündigungen zu vermeiden; dabei hilft eine Verkürzung, nicht aber eine Verlängerung der Arbeitszeit.

Wird ein Verhandlungsergebnis über einen Ergänzungstarifvertrag erzielt, muss dies zunächst von der betrieblichen Tarifkommission der IG Metall und anschließend auf einer Mitgliederversammlung der IG Metall genehmigt werden. Danach wird der Ergänzungstarifvertrag von der IG Metall und dem Arbeitgeberverband unterzeichnet. Das gesamte Verfahren ist ausführlich im Kapitel 7.1.8 erläutert.

21.1.4 Anerkennungs- und Haustarifverträge

Bei Betrieben, für die ein Anerkennungstarifvertrag vereinbart ist, kommen auf die Betriebsräte und die Vertrauensleute die gleichen Aufgaben zu wie bei einem Betrieb, der unter den Flächentarifvertrag fällt. Denn in einem Anerkennungstarifvertrag ist zwischen dem Unternehmen und der Gewerkschaft geregelt, dass alle Regelungen der Flächentarifverträge auch im Betrieb gelten (vgl. Kapitel 7.1.3).

Ist dagegen im Betrieb ein Haustarifvertrag vereinbart, müssen regelmäßig im Betrieb Tarifverhandlungen geführt werden, beispielsweise für die jährlichen oder zweijährlichen Entgelterhöhungen. Dazu bildet die Gewerkschaft eine betriebliche Tarifkommission, die die Forderungen beschließt, eine Verhandlungskommission beauftragt, mit dem Unternehmer zu verhandeln und über die Annahme eines Verhandlungsergebnisses entscheidet. Kommt es in den Verhandlungen zu keinem Ergebnis, wird die Gewerkschaft ihre Mitglieder im Betrieb zu Warnstreiks aufrufen. Die Vorbereitung und Organisierung der Warnstreiks liegt bei den gewerkschaftlichen Vertrauensleuten und den Gewerkschaftsmitgliedern im Betriebsrat.

21.2 Gesellschaftspolitik im Betrieb

Neben der Betriebs- und Tarifpolitik ist die Gesellschaftspolitik die dritte Handlungsebene für Gewerkschaften. Entscheidungen »der Politik« haben häufig unmittelbare Auswirkungen auf die Beschäftigten – das gilt für Entscheidungen des Bundestags, der Landtage und der Stadt- und Gemeinderäte. Deshalb mischen sich Gewerkschaften in die politischen Debatten ein und formulieren die Interessen ihre Mitglieder bzw. der Beschäftigten. Sie tun dies mit dem gleichen Recht, wie dies auch mächtige Arbeitgeberverbände tun.

21.2.1 Diskussion von politischen Themen

Im Betrieb, wo viele Menschen zusammenarbeiten, besteht die Möglichkeit, auch über politische Themen zu debattieren. Gerade wenn es in der Öffentlichkeit und den Medien zugespitzte Debatten zu aktuellen Themen gibt, sollten sich die gewerkschaftlichen Vertrauensleute und die Betriebsräte in die Debatten einbringen. Dies gilt umso mehr dann, wenn es beispielsweise um Gesetzesvorhaben geht, die die Entgelt- und Arbeitsbedingungen der Beschäftigten unmittelbar betreffen, wie z.B. die Einführung der Rente mit 67. Hierzu können im Betrieb Informationsmaterialien der Gewerkschaft verteilt und Diskussionen zwischen Betriebsräten, Vertrauensleuten und Beschäftigten geführt werden. Auf den Betriebsversammlungen können sowohl der Betriebsrat, die Vertrauensleute als auch der Betriebsbeauftragte der regionalen Gewerkschaft politische Themen ansprechen (vgl. § 45 BetrVG). Denkbar ist es auch, Bundestags- oder Landtagsabgeordnete in den Betrieb einzuladen und im Betriebsrat und bei den Vertrauensleuten mit ihnen über die politischen Themen und Gesetzesvorhaben zu diskutieren.

21.2.2 Parteipolitik im Betrieb?

Gewerkschaften sind keine Ersatzparteien. In den Gewerkschaften des DGB arbeiten Menschen unterschiedlicher parteipolitischer Orientierung zusammen; die meisten Gewerkschaftsmitglieder gehören keiner politischen Partei an. Dieses Modell der Einheitsgewerkschaft hat sich seit vielen Jahren bewährt (vgl. Kapitel 1.9.1). Deshalb geben die Gewerkschaften bei Bundes- oder Landtagswahlen keine Wahlempfehlungen für eine bestimmte Partei ab. Die einzige Ausnahme betrifft neonazistische und rechtsextreme Parteien. Hier rufen die Gewerkschaften dazu auf, diese Parteien nicht zu wählen, da sie den gewerkschaftlichen Zielen und Werten entgegenstehen.

Auch im Betrieb gilt das Grundrecht der Meinungsfreiheit und kein Beschäftigter darf wegen seiner politischen Überzeugung diskriminiert werden (vgl. § 75 BetrVG). Dennoch ist es weder die Aufgabe von Betriebsratsmitgliedern noch von Vertrauensleuten, im Betrieb Parteipolitik zu betreiben. Natürlich kann jeder als Person seine Überzeugung äußern und auch veröffentlichen, welche Partei er wählen wird. Er oder sie kann dies aber nur als Privatperson tun, nicht in der Eigenschaft als Betriebsratsmitglied, Vertrauensmann oder Vertrauensfrau. Betriebsrat und Vertrauensleute sind gut beraten, ihre Arbeit im Sinne einer überparteilichen Einheitsgewerkschaft zu führen, um so die Interessen aller Beschäftigten unabhängig von ihrer parteipolitischen Überzeugung zu vertreten.

Von diesem Grundsatz gibt es eine Ausnahme: Der Betriebsrat und die Vertrauensleute können natürlich deutlich machen, dass sie rechtsextreme Parteien und deren Positionen ablehnen (vgl. Kapitel 8.12 und 21.2.4).

21.2.3 Aktivitäten bei politischen Konflikten

Neben der Information und Diskussion über politische Fragen sind auch Aktivitäten möglich. So können beispielsweise Unterschriften unter Resolutionen oder unter Briefe an Parteien oder Politiker gesammelt werden. Dazu gibt es zahlreiche Beispiele, z.B. für die Wiederherstellung der paritätischen Finanzierung der Krankenversicherung, für die Abschaffung der Studiengebühren usw.

Nach der allgemeinen Rechtsauffassung ist in Deutschland ein *politischer Streik nicht zulässig*. In Deutschland sind Streiks zulässig, um ein tariflich regelbares Ziel durchzusetzen, aber nicht um staatliche Stellen wie die Bundesregierung oder den Bundestag unter Druck zu setzen, ein bestimmtes Gesetz zu verabschieden oder seine Verabschiedung zu unterlassen. Dennoch hat es in der Geschichte der Bundesrepublik immer wieder Situationen gegeben, in denen Beschäftigte ihren Arbeitsplatz für einige Stunden verlassen haben, um ihr *demokratisches Demonstrationsrecht* in Anspruch zu nehmen. Dies war 1968 bei den Protesten gegen die Notstandsgesetze ebenso der Fall wie 1986 gegen die Verschlechterung des Streikrechts und die Verabschiedung des »Streikparagrafen« im damaligen Arbeitsförderungsgesetz. Im Jahr 1983 ruhte bundesweit für fünf Minuten die Arbeit, um gegen die Stationierung von Atomraketen in der Bundesrepublik zu protestieren. In der Auseinandersetzung um die Verschlechterung der Entgeltfortzahlung im Krankheitsfall im Jahr 1996 haben sich zahlreiche Belegschaften an Protesten während der Arbeitszeit beteiligt. Sowohl gegen die »Agenda 2010« wie gegen die Einführung der »Rente mit 67« kam es in den 2000er Jahren in vielen Betrieben zu Protestaktionen. Im Jahr 2003 riefen die Gewerkschaften zu einer zehnminütigen Arbeitsruhe auf nach dem Motto: »10 Minuten für den Frieden – gegen den Irak-Krieg«.

Es ist im Rahmen des Demonstrationsrechtes zulässig, dass eine Gewerkschaft zu einer Kundgebung auf einer öffentlichen Straße vor dem Betriebstor aufruft. Über die Teilnahme entscheiden die Beschäftigten selbst. Hier gilt der Grundsatz: Je mehr mitmachen, desto wirkungsvoller ist der Protest. Bei derartigen Protestaktionen ist eine rechtlich korrekte Vorgehensweise von großer Wichtigkeit. Deshalb sollte der Aufruf zu einer Protestaktion während der Arbeitszeit vor dem Betriebstor juristisch gründlich geprüft werden.

21.2.4 Aktiv gegen rechts!

In Kapitel 8.12 wird herausgearbeitet, dass die Werte der Rechtsextremen völlig entgegengesetzt zu den gewerkschaftlichen Werten stehen. Auf Betriebsräte und Vertrauensleute kommt die Aufgabe zu, im Betrieb deutlich zu machen, dass jegliche rechtsextremen, ausländerfeindlichen oder rassistischen Äußerungen im Betrieb nicht akzeptiert oder geduldet werden. Dies betrifft ausländerfeindliche Witze genauso wie Schmierereien an Wänden oder das Tragen von offenen oder verdeckten Nazi-Symbolen an der Kleidung. In einigen Betrieben wurden dazu »Betriebsvereinbarungen zum partnerschaftlichen Verhalten am Arbeitsplatz abgeschlossen«. In anderen Betrieben wurden im Rahmen der Aktion »Respekt. Kein Platz für Rassismus« am Werkstor entsprechende Schilder angebracht.

Darüber hinaus sollten Betriebsratsmitglieder und Vertrauensleute bei aktuellen Anlässen mit den Beschäftigten die Diskussion suchen und verdeutlichen, dass rechtsextreme Positionen im Betrieb nicht akzeptiert werden. Bei der Auseinandersetzung mit der Partei AfD sollte genau über die Vorgehensweise der Betriebsräte und Vertrauensleute diskutiert werden. Bei den letzten Bundestags- und Landtagswahlen hat auch ein relevanter Teil der Gewerkschaftsmitglieder AfD gewählt. Häufig wurden diese Wahlentscheidungen aus Protest gegen die anderen Parteien getroffen. Es bringt überhaupt nichts, diese AfD-Wähler*innen als verkappte Nazis zu beschimpfen. Es kommt darauf an, in der Diskussion mit gewerkschaftlichen Inhalten eine Perspektive aufzuzeigen und zu verdeutlichen, dass die Positionen der AfD letztlich auch gegen die Beschäftigten gerichtet sind (vgl. Kapitel 8.12). Diese Herangehensweise wird auch wie folgt bezeichnet: »Klare Kante und offene Tür«.

22. Kommunikation, Beteiligung und gemeinsames Handeln

Gewerkschaftliche Aktivitäten sind das gemeinsame und solidarische Handeln aller Beschäftigten zur Durchsetzung ihrer Interessen. Dies setzt eine umfassende Information der Beschäftigten ebenso voraus wie die Möglichkeit zur Beteiligung an Entscheidungsprozessen und Aktivitäten.

22.1 Kommunikation mit der Belegschaft

Es gibt zahlreiche Wege, auf denen Betriebsräte und Vertrauensleute mit den Beschäftigten kommunizieren können. Trotz aller neuen Techniken und Medien zeigt die Erfahrung, dass direkte Einzelgespräche oder Gruppengespräche die beste Kommunikation ermöglichen und allen anderen Kommunikationsformen überlegen sind.

22.1.1 Gespräche und Versammlungen

Vertrauensleute und Betriebsratsmitglieder sollten gezielt und systematisch direkte Gesprächskontakte mit möglichst vielen Beschäftigten suchen. Das ist zeitaufwendig, aber wirkungsvoll. Es wird empfohlen, im persönlichen Terminkalender Zeiten für Gespräche mit Beschäftigten zu blocken, sei es bei einem Rundgang in einer Abteilung oder im Betrieb, sei es bei einer Sprechstunde des Betriebsrats. Einerseits erfahren die Interessenvertreter wichtige Informationen aus dem Betriebsablauf und der Situation in den einzelnen Abteilungen sowie über Meinungen und Stimmungen in der Belegschaft. Andererseits haben sie die Möglichkeit, intensiv über gewerkschaftliche Positionen und Forderungen zu informieren und bei Nachfragen diese gezielt zu ergänzen. Gesprächssituationen kommen den Aufgaben der Interessenvertreter in doppelter Weise zugute: für die Aufnahme von Informationen und Wünschen der Belegschaft und für die Weitergabe von Informationen der Gewerkschaft bzw. des Betriebsrats.

> Eine Situation in Einzel- oder Gruppengesprächen gewährleistet besser als andere Formen der Kommunikation, dass die Informationen tatsächlich auch »ankommen«. Ein Flugblatt kann ungelesen weggeworfen werden, eine E-Mail kann ungeöffnet gelöscht werden. Ein Gespräch bietet dagegen bessere Möglichkeiten, auch durch die Chance, auf Nachfragen antworten zu können.

Je nach der Größe des Betriebes muss entschieden werden, wie direkte Kontakte zwischen Betriebsratsmitgliedern, Vertrauensleuten und der Belegschaft organisiert werden. Betriebsratsmitglieder haben hier größere Freiräume als Vertrauensleute. Wenn einzelne Betriebsratsmitglieder in eine Abteilung oder einen Bereich kommen, können sie gezielt zuerst den Vertrauensmann bzw. die Vertrauensfrau ansprechen. In Großbetrieben empfiehlt es sich, den Betrieb unter den Betriebsratsmitgliedern in Bereiche aufzuteilen, um so regelmäßige Rundgänge in den Bereichen zu organisieren. Derartige Betriebs- bzw. Bereichsrundgänge mit Diskussionen an einzelnen Arbeitsplätzen sollten mindestens monatlich stattfinden. Es ist hilfreich, dafür die Termine langfristig im Terminkalender zu blocken.

Neben Einzel- und Gruppengesprächen bieten sich Betriebs- und Abteilungsversammlungen bzw. Mitgliederversammlungen zur Information an (vgl. Kapitel 13.5). Dabei muss allerdings kritisch eingeschätzt werden, dass auf einer Betriebsversammlung mit mehreren hundert teilnehmenden Beschäftigten in erster Linie die Betriebsratsmitglieder und Vertrauensleute informieren können, aber praktisch wenig Möglichkeit zu einer ausführlichen Diskussion besteht. Im Idealfall werden Betriebsversammlungen durch Gespräche der Vertrauensleute nachbereitet. In Abteilungsversammlungen besteht eher die Möglichkeit, eine ausführliche Diskussion zu führen.

22.1.2 Beschäftigte mit und ohne E-Mail-Adresse

Bei der Information der Belegschaft müssen Betriebsrat und Vertrauensleute genau analysieren, wie Informationen bei allen Beschäftigten auch ankommen. Denn in zahlreichen Betrieben gibt es zwei Gruppen von Beschäftigten:

- Einerseits diejenigen, die täglich am PC oder Laptop arbeiten und eine betriebliche E-Mail-Adresse haben. Dies sind überwiegend Beschäftigte in der Konstruktion und Entwicklung sowie im administrativen Bereich.
- Andererseits diejenigen, die nicht am PC oder Laptop arbeiten und keine betriebliche E-Mail-Adresse haben. Dies sind überwiegend Beschäftigte in der Produktion. Einige Unternehmen sind dazu übergegangen, auch den Beschäftigten in der Produktion eine betriebliche E-Mail-Adresse zu geben und ihnen die Möglichkeit zu geben, sich am öffentlich zugänglichen PC, beispielsweise im Pausenraum, zu informieren. Aufgrund des hohen Leistungsdrucks und der geringen zeitlichen Freiräume wird dies allerdings häufig nicht genutzt.

Betriebsrat und Vertrauensleute müssen je nach der betrieblichen Situation die Mittel ihrer Kommunikation auswählen:

- In einem Ingenieursbetrieb oder Softwareunternehmen ohne Produktionsabteilungen kann die Kommunikation vorrangig oder ausschließlich über E-Mail bzw. das betriebliche Intranet erfolgen.
- In einem Produktionsbetrieb ohne eigene Konstruktionsabteilung und mit einem nur kleinen administrativen Bereich kann die Kommunikation vorrangig oder ausschließlich durch Flugblätter und Aushänge am schwarzen Brett erfolgen.
- Sind im Betrieb beide Gruppen vertreten, ist es sinnvoll, parallel beide Kommunikationswege zu nutzen: Flugblätter bzw. Aushänge und E-Mails bzw. Intranet. Wichtig ist es dabei, dass die Informationen identisch sind und zum selben Zeitpunkt veröffentlicht werden.

22.1.3 Betriebliche Flugblätter, Flyer und Betriebszeitungen

Neben den Flugblättern und Flyern der Gewerkschaft bietet es sich zumindest in Mittel- und Großbetrieben an, eigene betriebsbezogene Flugblätter zu erstellen und zu verteilen. Dies können Informationen der Vertrauensleute oder des Betriebsrats sein (»Der Betriebsrat informiert« oder »Vertrauensleute-Info«). In einigen größeren Betrieben erscheinen monatlich oder zweimonatlich Betriebszeitungen der Vertrauensleute bzw. des Betriebsrats. In einigen Betrieben ist es üblich, dass derartige Flugblätter am schwarzen Brett ausgehängt werden, in anderen Betrieben hat der Stellenwert der schwarzen Bretter stark abgenommen. Wenn schwarze Bretter genutzt werden, ist im Betriebsrat zu klären, wer für die laufende Aktualisierung aller schwarzen Bretter verantwortlich ist. Nichts ist peinlicher als ein schwarzes Brett mit veralteten Aushängen.

An Flugblätter werden heute hohe inhaltliche und gestalterische Anforderungen gestellt:

- Inhalte: Klare und eindeutige Informationen, Positionen oder Botschaften. Je kürzer, desto besser. Keine komplizierte Sprache oder Schachtelsätze. Die Position des Betriebsrats bzw. der Vertrauensleute muss deutlich sein, auch in Abgrenzung zur Position des Unternehmers.
- Gestaltung: Keine »Bleiwüsten« mit sehr langen Texten ohne Zwischenüberschriften. »Knackige« Überschrift. Übersichten, Bilder oder Karikaturen verwenden. Vertrauensleute der IG Metall können beispielsweise im Extranet auf gut gestaltete Vorlagen zugreifen, die sehr leicht betrieblich angepasst werden können (»Web-to-print« unter www.extranet.igmetall.de, Medienportal, Vorlagen).
- Bei der Gestaltung ist ein direkter Betriebsbezug vorteilhaft. Es ist besser, Bilder von betrieblichen Aktionen zu verwenden, anstatt allgemeine Bilder herunterzuladen.
- Auf Flugblättern können QR-Codes gedruckt werden, die den Zugang über ein Smartphone zu Präsentationen bzw. Videos eröffnen.

Die Gewerkschaften bieten im Rahmen ihrer Bildungsarbeit Seminare und »Schreibwerkstätten« an, in denen die Kompetenzen zur Erstellung guter betrieblicher Flugblätter vermittelt werden.

22.1.4 E-Mail und Intranet

In Betrieben, in denen eine relevante Anzahl der Beschäftigten ständig am PC oder Laptop arbeitet, bietet es sich an, dass der Betriebsrat und die Vertrauensleute Informationen an die jeweilige dienstliche E-Mail-Adresse senden. Die Nutzung von dienstlichen E-Mail-Adressen für Informationen des Betriebsrats bzw. der Vertrauensleute ist rechtlich zulässig (vgl. Urteil des Bundesarbeitsgerichts vom 20.1.2009, 1 AZR 515/08). Viele Betriebsräte und Vertrauensleute versenden so auch als Anhang betriebliche und gewerkschaftliche Flugblätter. Nach einem Urteil des Bundesarbeitsgerichtes dürfen allerdings keine Aufrufe der Gewerkschaft zum Warnstreik bzw. Streik an die dienstlichen E-Mail-Adressen gemailt werden (BAG 15.10.2013). Für die Inhalte und die Gestaltung gelten dieselben Prinzipien wie für Printmedien (siehe oben).

Existiert im Betrieb ein eigenes Intranet, sollte der Betriebsrat versuchen, dort ebenfalls präsent zu sein. Wichtig ist es dabei, dass der Intranet-Auftritt professionell ist und ständig aktualisiert wird. Dafür sind im Betriebsrat Verantwortlichkeiten zu klären. Nichts ist peinlicher als ein Intranet-Auftritt, bei dem die erste Meldung drei Monate alt ist.

Ein Intranet-Auftritt des Betriebsrats sollte folgende Punkte umfassen:
- Räumlichkeiten, Zeiten der Erreichbarkeit, Sprechstunden, Telefonnummer und E-Mail-Adresse des Büros des Betriebsrats;
- Name, Bild, Telefonnummer und E-Mail-Adresse aller Betriebsratsmitglieder mit ihren Zuständigkeiten;
- Namen und Zusammensetzung der Ausschüsse des Betriebsrats;
- Hinweis auf die gewerkschaftlichen Vertrauensleute, die Jugend- und Auszubildendenvertretung (JAV) und die Vertretung der schwerbehinderten Menschen;
- Hinweis auf die Geschäftsstelle und den Namen des Betriebsbeauftragten der regionalen Gewerkschaft sowie einen Link auf die Homepage der Gewerkschaft;
- Aktuelle Meldungen: »Der Betriebsrat informiert«.

22.1.5 WhatsApp und andere Medien

Einige Vertrauensleute, Betriebsräte und Jugend- und Auszubildendenvertreter*innen nutzen für ihre Kommunikation WhatsApp und andere sogenannte »soziale« Medien wie Facebook. Dies sieht auf den ersten Blick cool und »modern« aus, kann in etlichen Bereichen sinnvoll sein, hat aber auch einige Nachteile. Darüber muss vor der Nutzung sorgfältig diskutiert werden. Auch wenn nicht alle Beschäftigten eine dienstliche E-Mail-Adresse haben, so haben doch so gut wie alle Beschäftigten ein Smartphone. Davon nutzt die weit überwiegende Mehrheit auch WhatsApp oder einen anderen Messenger. Einige lehnen die Nutzung aber aus individuellen privaten Gründen ab und weigern sich, sich bei WhatsApp anzumelden. Sind in einer Gruppe alle bei WhatsApp registriert, kann es beispielsweise sinnvoll sein, dass Vertrauensleute oder Betriebsratsmitglieder damit kommunizieren. Dafür sind aber ein paar »Spielregeln« sinnvoll:

- In einer *Chat-Gruppe* von WhatsApp kann jeder mit jedem kommunizieren. Das hat einerseits Vorteile, andererseits kann aber auch eine unübersichtliche Zahl von Chat-Nachrichten ausgelöst werden, wo letztlich niemand mehr durchblickt. Chat-Gruppen sollten aus maximal 20 Personen bestehen, die sich darauf verständigen, eine gewisse Disziplin in ihrem Informationsverhalten einzuhalten, damit der Chat nicht unübersichtlich wird. Manche Gruppen haben für sich zwei getrennte Chatgruppen eingerichtet: eine ausschließlich für Infos des Betriebsrats bzw. der Vertrauensleute und eine andere für Comedy, Witze und Urlaubsfotos.
- Neben Chat-Gruppen bietet WhatsApp auch die Möglichkeit von sogenannten *Broadcast-Listen*. Hier kann nur der Administrator an eine größere Gruppe von Personen Informationen verschicken, die aber nicht antworten können, wie dies bei einer Chat-Gruppe möglich ist. Dies ist einerseits ein Nachteil, auf der anderen Seite bietet sich dies für kurze Informationen, Absprachen, Termine oder Einladungen zu Sitzungen an, ohne dass eine unübersichtliche Chat-Situation entsteht.

Es gibt für die Nutzung dieses Mediums keine Patentrezepte. Letztlich muss über die Nutzung vor Ort diskutiert und entschieden werden.

Einige Vertrauensleute in größeren Betrieben experimentieren mit der Nutzung von Facebook, Snapchat, Instagram und anderen »sozialen« Medien. Dies bedeutet allerdings einen hohen Arbeitsaufwand, da erwartet wird, dass auf Posts schnell reagiert wird. Dies wird schon aus Zeitgründen in vielen Bereichen nicht leistbar sein, allenfalls in Großbetrieben. Weiter ist zu bedenken, dass Informationen auf einer Seite von Facebook nicht nur im Betrieb, sondern auch außerhalb des Betriebs gelesen werden können.

22.2 Prinzipien des gemeinsamen Handelns: Acht-Schritte-Methode

Der Betriebsrat wird ständig mit Problemstellungen und Anforderungen zu ihrer Lösung konfrontiert. Einzelne Beschäftigte oder Arbeitsgruppen fordern ihn auf, Einzelprobleme in ihrem Bereich zu lösen. Der Unternehmer konfrontiert den Betriebsrat mit Sachverhalten, bei denen er Beratungs- und Mitbestimmungsrechte hat. Es gibt Situationen und Problemstellungen, bei denen der Betriebsrat schnell reagieren muss. Bei der Lösung grundsätzlicher und komplexer Problemstellungen sollte er sich allerdings nicht unter Zeitdruck setzen lassen. Häufig wird der Fehler gemacht, auch bei komplexen Problemen schnell auf Teilaspekte zu reagieren, ohne die gesamte Problemstellung systematisch diskutiert und durchdacht zu haben.

> Bei komplexen Problemstellungen sichert ein systematisches und geplantes Vorgehen des Betriebsrats eine wirksame Interessenvertretung.

Dazu werden in der Literatur für Betriebsräte verschiedene Vorgehensweisen vorgeschlagen, die sich ähneln. Hier wird eine »Acht-Schritte-Methode« zum gemeinsamen Handeln bei komplexen Problemen vorgeschlagen (vgl. Übersicht 22-1).

Übersicht 22-1: Acht-Schritte-Methode zum gemeinsamen Handeln bei komplexen Problemstellungen

Schritt 1:	Bestandsaufnahme und Analyse
Schritt 2:	Ziele formulieren
Schritt 3:	Handlungsbedingungen prüfen
Schritt 4:	Kräfteverhältnis einschätzen
Schritt 5:	Vertrauensleute und Belegschaft beteiligen
Schritt 6:	Forderungen aufstellen
Schritt 7:	Vorgehensweise festlegen
Schritt 8:	Verhandlungen und Aktivitäten

Die Stärke dieser Methode liegt darin, dass zunächst die Problemstellung definiert und analysiert wird, dann grundsätzliche Ziele definiert werden, anschließend die Handlungsbedingungen und das Kräfteverhältnis eingeschätzt werden, bevor es an die Aufstellung von Forderungen geht. Vor der endgültigen Aufstellung der Forderungen findet eine Information und Diskussion mit den Vertrauensleuten und der Belegschaft statt, um sie bei der Forderungsaufstellung und Planung der Vorgehensweise zu beteiligen. Erst danach wird ein Forderungskatalog erstellt und die Vorgehensweise geplant, um dann mit den eigentlichen Verhandlungen mit der Unternehmensleitung zu beginnen. Die Übersicht 22-2 zeigt mögliche Einzelaspekte und Prüffragen zu den acht Schritten.

Diese Herangehensweise wirkt auf den ersten Blick sehr statisch, kann aber bei der Festlegung der Forderungen und der Vorgehensweise zu Beginn des Prozesses hilfreich sein. Insbesondere bei den Schritten 7 und 8, also der Vorgehensweise und den Verhandlungen und Aktivitäten, kann es sein, dass die anfänglichen Festlegungen zu einem späteren Zeitpunkt angepasst werden müssen. Je nach den Verhandlungsfortschritten und der Verhaltensweise der Unternehmensführung kann es erforderlich sein, die ursprüngliche Planung anzupassen. Aber auch für diese Diskussionen ist eine definierte Vorgehensweise hilfreich, da dann leicht zu erkennen ist, welche Teilschritte angepasst werden müssen und welche nicht.

22.2.1 Bestandsaufnahme und Analyse des Problems

Anders als bei »Tages-Problemen« ist es bei komplexen Problemstellungen hilfreich, zunächst einmal eine systematische Bestandsaufnahme zu machen und die Problemstellung in Ruhe zu analysieren. Wenn dies in einer Gruppe von Betriebsratsmitgliedern, zum Beispiel dem Betriebsausschuss oder einem anderen Ausschuss, geschieht, kommen viele Aspekte und Sichtweisen zusammen. Hilfreich ist es, »den Kern des Problems« möglichst knapp zu beschreiben und die wichtigsten Teilaspekte aufzulisten. Hier gilt es, Wichtiges von Unwichtigem zu trennen und sich nicht in Details zu verzetteln. Denn häufig sind Probleme komplex und es ist nicht auf Anhieb sichtbar, ob sie letztlich dem Unternehmer oder den Beschäftigten nützen.

Die wichtigste Frage zu Beginn der Acht-Schritte-Methode ist die Klärung der Ausgangsbedingungen und der Frage, von wem die Initiative ausgeht. Geht die Initiative vom Betriebsrat aus, weil er Verbesserungen für die Belegschaft durchsetzen will, z.B. bei der Entgeltgestaltung, der Arbeitszeitgestaltung oder bei der Einführung von neuen Technologien? Oder geht die Initiative von der Unternehmensführung aus, um bestehende Bedingungen zu verschlechtern, z.B. durch neue Arbeitszeitregelungen oder Personalanpassungen? Dadurch ergibt sich für den Betriebsrat die Ausgangssituation: Ist er in einer Verteidigungsrolle oder ist er derjenige, der angreift? Muss er vorrangig seine Schutzfunktion für die Belegschaft wahrnehmen oder versucht er im Rahmen seiner Gestaltungsfunktion, Verbesserungen für die Belegschaft durchzusetzen?

Weiter ist zu klären, wie der Sachverhalt heute geregelt ist. Gibt es dazu schriftliche Vereinbarungen oder Betriebsvereinbarungen? Sind diese Vereinbarungen »auf der Höhe der Zeit« oder müssen sie angepasst werden? Häufig tauchen bei der Ana-

Übersicht 22-2: Acht-Schritte-Methode: Einzelaspekte und Prüffragen

Schritt 1: Bestands- aufnahme und Analyse	▪ Kurzbeschreibung des Problems und seiner wichtigsten Kernpunkte ▪ Initiative des Betriebsrates oder der Unternehmensführung? ▪ Wie ist der Sachverhalt heute geregelt? Gibt es dazu schriftliche Vereinbarungen? ▪ Wo liegen die Interessen des Betriebsrates und der Belegschaft? Wo liegen die Interessen des Unternehmers? ▪ Wie ist die »Stimmungslage« bei den Beschäftigten zu dem Problem? ▪ Welche Themen hängen mit dem Problem zusammen? ▪ Wie eilig ist die Lösung des Problems?
Schritt 2: Ziele formulieren	▪ Klärung von grundsätzlichen Zielen: »Wo wollen wir eigentlich hin?« ▪ Ziele sind noch keine konkreten Forderungen, die auch abhängig von den Handlungsbedingungen und dem Kräfteverhältnis sind, sondern definieren die grundsätzliche Richtung ▪ Prüfen, ob es »Zielkonflikte« gibt und wie damit ggf. umgegangen wird
Schritt 3: Handlungs- bedingungen prüfen	▪ Welche gesetzlichen bzw. tariflichen Regelungen gibt es? ▪ Existieren zu dem Problem Betriebsvereinbarungen? Müssen diese gekündigt werden? ▪ Haben diese Nachwirkung? ▪ Gibt es zur Lösung des Problems erzwingbare Initiativrechte des Betriebsrates? Kann im Konfliktfall die Einigungsstelle angerufen werden?
Schritt 4: Kräfteverhältnis einschätzen	▪ Wie sieht die wirtschaftliche Situation des Betriebes aus? Wie ist die Auftragslage? ▪ Ist die Belegschaft im Konfliktfall zu Aktivitäten bereit? ▪ Wie wird sich die Unternehmensleitung im Konfliktfall verhalten?
Schritt 5: Vertrauensleute und Belegschaft beteiligen	▪ Vertrauensleute und Belegschaft über das Problem und die Einschätzungen des Betriebsrates informieren ▪ Vorschläge des Betriebsrates zu den Forderungen vorstellen und zur Diskussion stellen ▪ Zusammenfassung der Diskussionsergebnisse und ggf. Änderung des Forderungskataloges
Schritt 6: Forderungen aufstellen	▪ Die Forderungen des Betriebsrats möglichst konkret und prägnant formulieren ▪ Bei komplexen Problemen einen Forderungskatalog erstellen ▪ Entwurf einer Betriebsvereinbarung schriftlich formulieren
Schritt 7: Vorgehensweise festlegen	▪ Zeitplan erstellen ▪ Wann werden die Forderungen an die Unternehmensführung übergeben? ▪ Wann beginnen die Verhandlungen? ▪ Verhandlungskommission des Betriebsrates festlegen ▪ Laufender Bericht über die Verhandlungsstände ▪ Kommunikation mit der Belegschaft und den Vertrauensleuten planen ▪ Vorbereitung möglicher Aktivitäten der Belegschaft ▪ Werbung von Gewerkschaftsmitgliedern
Schritt 8: Verhandlungen und Aktivitäten	▪ Verhandlungstermine festlegen ▪ Laufende Berichterstattung aus den Verhandlungen und Rückkopplung mit den Vertrauensleuten und der Belegschaft ▪ Einschätzung der Verhandlungsstrategie und der Ziele der Unternehmensführung ▪ Einschätzung eines Korridors für Kompromisse ▪ Wenn erforderlich Aktivitäten der Belegschaft zur Unterstützung der Verhandlungen; dabei Werbung von Gewerkschaftsmitgliedern ▪ Weitere Werbung von Gewerkschaftsmitgliedern ▪ Prüfen, ob die Einigungsstelle oder die tarifliche Schlichtungsstelle angerufen werden soll ▪ Vor der endgültigen Vereinbarung: Information und Diskussion mit den Vertrauensleuten und der Belegschaft über mögliche Kompromisslinien ▪ Möglicherweise »Kompromiss-Pakete« definieren ▪ In der »letzten, entscheidenden Verhandlung« Kompromisslinien diskutieren und Verhandlungsergebnis erzielen ▪ Information und Diskussion des Kompromisses im Betriebsrat, bei den Vertrauensleuten und in der Belegschaft

lyse »alte Schätzchen« auf, also Betriebsvereinbarungen aus früheren Zeiten, die formal noch Gültigkeit haben, aber nicht mehr angewendet werden.

Bei der Analyse komplexer Fragestellungen kann es sinnvoll sein, eine klassische Frage zu stellen, die schon im Lateinischen »Cui bono?« genannt wurde: Wem nützt das?

Häufig wird von der Unternehmensleitung ein Konzept sehr kompliziert dargestellt und gleichzeitig versucht, es dem Betriebsrat »schmackhaft« zu machen. Hier kommt es darauf an, Wichtiges und Unwichtiges zu trennen und nach den jeweiligen Interessen der Unternehmer und der Beschäftigten zu fragen. Die Frage

»Wem nützt das?«

hilft da oft weiter. Die konkrete Frage lautet dann: Was sind die Interessen der Beschäftigten und des Betriebsrats und was sind die Interessen der Unternehmensführung? Sind sie in allen Teilaspekten gegensätzlich oder gibt es bei Teilaspekten gemeinsame Interessen? Dabei kann auch eine erste Einschätzung »zur Stimmungslage in der Belegschaft« hilfreich sein. Bei komplexen Problemen kann es sinnvoll sein, auch zu überlegen, ob die Problemstellung mit anderen Problemen im Betrieb zusammenhängt. Letztlich sollte im Betriebsrat eine Verständigung darüber herbeigeführt werden, wie eilig die Lösung des Problems ist. Hat es eine hohe Priorität und muss schnell gehandelt werden? Oder ist es ein Problem, das innerhalb des nächsten Jahres gelöst werden soll?

22.2.2 Ziele formulieren

In diesem Schritt geht es noch nicht darum, konkrete Forderungen wie im Schritt 6 aufzustellen. Es geht vielmehr darum, welche grundsätzlichen Ziele die Interessenvertretung verfolgt. Mögliche Leitfragen sind etwa: »Wo wollen wir eigentlich hin?« oder »Wo wollen wir kurzfristig und mittelfristig hin?« Bei komplexen Problemstellungen kann es zu »Zielkonflikten« kommen. Dann muss analysiert und entschieden werden, wie damit umgegangen werden soll.

Erst wenn die grundsätzlichen Ziele der Interessenvertretung klar sind, können die Handlungsbedingungen und das Kräfteverhältnis geprüft werden, um dann im Schritt 6 die konkreten Forderungen aufzustellen.

22.2.3 Handlungsbedingungen prüfen

Hier kommt es zunächst darauf an, zu prüfen, welche gesetzlichen oder tariflichen Regelungen für das Problem relevant sind. Hat es dabei Änderungen aufgrund von Gesetzesänderungen oder durch neue Tarifabschlüsse gegeben? Wichtig ist die Frage, ob der Sachverhalt heute in Betriebsvereinbarungen geregelt ist, und ob und wann diese ggf. gekündigt werden müssen (Kündigungsfristen beachten!). Dabei ist zu prüfen, ob die Betriebsvereinbarungen im Falle der Kündigung Nachwirkung entfalten oder ohne Nachwirkung enden. In der Regel entfalten Betriebsvereinbarungen auf der Grundlage von erzwingbaren Mitbestimmungsrechten, z.B. nach § 87 BetrVG u.a. Nachwirkung. Freiwillige Betriebsvereinbarungen nach § 88 BetrVG entfalten dagegen bei einer Kündigung keine Nachwirkung.

Die letztlich entscheidende Frage für den Betriebsrat liegt darin, ob er für den Sachverhalt erzwingbare Mitbestimmungsrechte hat. Hat er erzwingbare Mitbestimmungsrechte, z.B. nach den §§ 87, 98 oder 112 BetrVG, können der Betriebsrat oder die Unternehmensseite die Einigungsstelle oder die tarifliche Schlichtungsstelle anrufen. Von der Beantwortung dieser Frage hängen die rechtlichen Handlungsmöglichkeiten des Betriebsrats entscheidend ab (vgl. Kapitel 13.7.1).

22.2.4 Kräfteverhältnis einschätzen

Für die Durchsetzung der Forderungen kommt es auf das Kräfteverhältnis im Betrieb an – einerseits zwischen Betriebsrat und Belegschaft und andererseits der Unternehmensführung. Ist der Betrieb wirtschaftlich stabil, ist die Auftragslage gut und werden hohe Gewinne erzielt, ist die Situation für den Betriebsrat ungleich besser als in wirtschaftlichen Krisenzeiten oder bei einer Auftragsflaute. Hierbei ist zu analysieren, wie sich in einer Konfliktsituation die Unternehmensleitung voraussichtlich verhalten wird. Wird sie einen aggressiven Konfliktkurs oder eher einen sachlichen Verhandlungskurs einschlagen?

Weiter ist abzuschätzen, wie groß die gewerkschaftliche Stärke im Betrieb ist. Dazu ist eine Beurteilung mit der GSB-Skala hilfreich (GSB = Gewerkschaftliche Stärke im Betrieb) (vgl. Übersicht 12-1 auf S. 261). Je höher die Zahl der Gewerkschaftsmitglieder im Betrieb und je aktiver der Betriebsrat und die Vertrauensleute sind, desto bessere Durchsetzungsmöglichkeiten hat der Betriebsrat. Entscheidend ist es letztlich zu beurteilen, ob die Belegschaft bereit sein wird, durch Aktivitäten im Betrieb die Verhandlungen des Betriebsrats zu unterstützen.

Von der Beantwortung dieser Fragen wird sich der Betriebsrat bei der Aufstellung seiner Forderungen leiten lassen (vgl. dazu Schritt 6). Es macht überhaupt keinen Sinn, weitreichende, unrealistische Forderungen zu formulieren, die letztlich aufgrund des Kräfteverhältnisses nicht durchsetzbar sind. Wenn dann der Betriebsrat diese Positionen nach der zweiten Verhandlung räumen muss, ist das eher peinlich. Vorschläge für Forderungen sollten herausfordernd und vorwärtsweisend sein, aber nicht unrealistisch.

22.2.5 Vertrauensleute und Belegschaft beteiligen

Sind in dem Betrieb gewerkschaftliche Vertrauensleute gewählt, wird der Betriebsrat sich mit ihnen und der Belegschaft eng abstimmen. Sind im Betrieb keine Vertrauensleute gewählt, wird sich der Betriebsrat direkt mit der Belegschaft abstimmen. Ein wichtiger gewerkschaftlicher Grundsatz lautet: »Wir handeln nicht für, sondern mit den Kolleginnen und Kollegen.« Dieser Beteiligungsansatz hat mehrere entscheidende Vorteile, auch für den verhandelnden Betriebsrat (vgl. Kapitel 6.5).

Voraussetzung für die Beteiligung der Beschäftigten ist ihre ausführliche Information entweder durch schriftliche Info-Blätter, die Diskussion mit den Vertrauensleuten oder durch Informationen bei der Betriebsversammlung. Den Betriebsräten und Vertrauensleuten kommt dabei die Rolle zu, Vorschläge für Positionen einzubringen und eine klare Orientierung zu geben, die nach Diskussionen mit der Mitgliedschaft dann ggf. korrigiert oder modifiziert werden (»Gegenstromverfahren«). Diese Zusammenhänge sind in der Übersicht 6-8 auf Seite 108 zusammengefasst. Die Diskussion eines vorläufigen Forderungsvorschlages und die anschließende Änderung zu einem endgültigen Forderungskatalog bietet die Sicherheit, dass die Belegschaft hinter den Forderungen steht. Im Konfliktfall wird sie eher bereit sein, den Betriebsrat durch Aktivitäten zu unterstützen.

Nicht alle Beschäftigten wünschen im gleichen Maße Beteiligung. Viele legen großen Wert darauf, sich an den Debatten zu beteiligen, und formulieren diese Ansprüche auch gegenüber dem Betriebsrat. Andere sind zunächst eher passiv, machen es sich einfach und formulieren: »Der Betriebsrat soll das mal für uns durchsetzen.« Auf diese unterschiedlichen Einstellungen muss Rücksicht genommen werden. Die Erfahrung hat gezeigt, dass viele derjenigen, die sich zunächst eher passiv verhalten, motiviert werden können, sich an gewerkschaftlichen Diskussionen und Aktionen zu beteiligen.

22.2.6 Forderungen aufstellen

Nach einer Diskussion bei den Vertrauensleuten und in der Belegschaft ist es die Aufgabe des Betriebsrats, den endgültigen Forderungskatalog aufzustellen und in einer Abstimmung im Betriebsrat zu beschließen. Bei der Formulierung der Forderungen müssen neben den eigenen Zielen und Wünschen auch die Durchsetzungsbedingungen berücksichtigt werden. Aufgrund einer Einschätzung des Kräfteverhältnisses (vgl. Schritt 4) sollte der Betriebsrat Forderungen formulieren, die einerseits herausfordernd sind und Verbesserungen für die Belegschaft bedeuten, andererseits aber nicht unrealistisch sind. Über diese Einschätzung kann man unterschiedlicher Meinung sein, es ist daher wichtig, auch diesen Aspekt ausführlich im Betriebsrat zu beraten und mit dem/der Betriebsbeauftragten der regionalen Gewerkschaft zu besprechen.

Neben einem prägnanten *Forderungskatalog* zur Kommunikation mit der Belegschaft ist es in vielen Situationen auch Aufgabe des Betriebsrats, einen *Entwurf für eine Betriebsvereinbarung* zu formulieren und mit diesem Entwurf in die Verhandlungen zu gehen. Es ist in jedem Falle besser, wenn in den Verhandlungen mit der Unternehmensseite anhand eines schriftlichen Entwurfs des Betriebsrats verhandelt wird (Motto: »Wer schreibt, der bleibt«). Legt dagegen die Unternehmensleitung einen Entwurf vor und hat der Betriebsrat keinen eigenen Entwurf, ist er in einer schlechteren Verhandlungsposition. Legen beide Seiten Entwürfe vor, kann es später in den Verhandlungen sinnvoll sein, die beiden Entwürfe in einer Gegenüberstellung (Synopse) nebeneinanderzustellen und eine dritte Spalte für Kompromissformulierungen vorzusehen.

22.2.7 Vorgehensweise festlegen

Ist ein Forderungskatalog abschließend beschlossen, muss die weitere Vorgehensweise geplant werden. Dazu ist ein erster Zeitplan zu erstellen, aus dem hervorgeht, wann die Forderungen der Unternehmensseite übergeben werden und wann die erste Verhandlung mit dem Unternehmen stattfinden soll. Je nach dem Thema muss entschieden werden, wer für den Betriebsrat verhandelt. In kleineren Betrieben wird dies in der Regel der bzw. die Betriebsratsvorsitzende sein, zusammen mit weiteren Betriebsratsmitgliedern, die sich mit dem Thema beschäftigen. In größeren Betrieben muss je nach Themenstellungen entschieden werden, ob der bzw. die Betriebsratsvorsitzende oder der bzw. die Sprecher*in des jeweiligen Ausschusses die Verhandlungen führt. Die Mitglieder des Ausschusses sind dann auch meistens Mitglied der Verhandlungskommission. Die Verhandlungskommission des Betriebsrats sollte aus nicht mehr als fünf Personen bestehen. Bei Bedarf kann eine Hintergrundkommission von mehreren Betriebsratsmitgliedern und Vertrauensleuten gebildet werden.

Bei der zeitlichen Planung der Verhandlungen sollten schon Vorüberlegungen stattfinden, wann und in welcher Form die Information der Vertrauensleute und der Belegschaft über den Verhandlungsverlauf erfolgen soll. Hier können Termine für Betriebsversammlungen berücksichtigt werden. Gleichfalls können erste Vorplanungen für mögliche Aktivitäten der Belegschaft diskutiert werden. Da in Konfliktsituationen die Aktivitäten von Betriebsrat und Gewerkschaft gut sichtbar werden, ist dies eine gute Zeit, um weitere Mitglieder für die Gewerkschaft zu werben. Dafür ist rechtzeitig festzulegen, welche unorganisierten Beschäftigten angesprochen werden sollen und wer von den Vertrauensleuten oder Betriebsratsmitgliedern diese Werbegespräche führen soll.

22.2.8 Verhandlungen und Aktivitäten

Auch wenn in den Schritten eins bis sieben alles gut vorbereitet ist, wird man den achten Schritt, die eigentlichen Verhandlungen, nur schwer planen können. Es kommt dann darauf an, wie sich die Unternehmensseite verhält und wie der Betriebsrat darauf reagiert. Auch wenn eine detaillierte Planung nicht möglich ist, sollte dennoch vorüberlegt werden, welche Handlungsmöglichkeiten der Betriebsrat in diesem Verhandlungsprozess hat.

Verhandlungen über komplexe Themen können sich über mehrere Wochen, ja Monate hinziehen. Deswegen ist es wichtig, dass die Vertrauensleute und die Belegschaft ständig über den jeweiligen Verhandlungsstand informiert werden. Je nach der Reaktion und der Verhandlungsstrategie wird der Betriebsrat zu einem bestimmten Zeitpunkt einschätzen, wo mögliche Kompromisslinien liegen könnten oder ob diese noch nicht absehbar sind.

Zu einem bestimmten Zeitpunkt des Verhandlungsprozesses muss entschieden werden, ob sich allein am Verhandlungstisch Ergebnisse erzielen lassen oder ob es erforderlich ist, dass die Belegschaft durch gewerkschaftliche Aktivitäten Druck entwickelt und dem Betriebsrat den Rücken stärkt. Die mögliche Palette von Aktivitäten reicht von Unterschriftensammlungen über Diskussionen auf Betriebsversammlungen bis hin zu spontanen Aktionen im Betrieb. Der Betriebsrat ist an dieser Stelle durch das Betriebsverfassungsgesetz gehemmt, da er nach § 74 Abs. 2 BetrVG nicht zum Arbeitskampf aufrufen darf. In zugespitzten Konfliktsituationen haben sich engagierte Belegschaften selbst zu helfen gewusst und aus Protest kurzfristig die Arbeit niedergelegt. Kommt es zu einer spontanen Arbeitsniederlegung, ist es nicht die Aufgabe des Betriebsrats, die Belegschaft aufzufordern, die Arbeit wieder aufzunehmen. Er darf dies auch gar nicht tun, denn gemäß § 77 Abs. 1 BetrVG darf der Betriebsrat nicht in die Leitung des Betriebs eingreifen.

Sind ein Ende der Verhandlungen und mögliche Kompromisslinien absehbar, sollten darüber die Vertrauensleute und die Belegschaft informiert werden. Es kann dann auch darüber informiert werden, dass die nächste Verhandlung entscheidend ist und dass es dabei zu einem Ergebnis kommen kann. Diese Vorab-Information ist wichtig, damit es nicht zu Überraschungen und Verärgerungen in der Belegschaft kommt.

In der entscheidenden Verhandlung muss die Verhandlungskommission des Betriebsrats über mögliche Kompromisslinien eine Entscheidung fällen. Es kann dafür sinnvoll sein, dass das gesamte Betriebsratsgremium als Hintergrundkommission die Verhandlungen begleitet und dann dort die endgültige Entscheidung getroffen wird. Dazu können Vertrauensleute hinzugezogen werden. Häufig kann es bei der Kompromissfindung sinnvoll sein, wenn ein »Kompromisspaket« vereinbart wird, das auch andere Themen umfasst.

Kommt es zu einem Ergebnis, sollte der Betriebsrat in jedem Falle versuchen, als Erster die Vertrauensleute und die Belegschaft zu informieren. Dazu können schriftliche Betriebsrats-Infos vorbereitet werden, die möglichst schnell nach dem Verhandlungsergebnis fertiggestellt und verteilt werden. Bei »schwierigen« Kompromissen sollte dann ausführlich erläutert werden, warum der Betriebsrat so und nicht anders entschieden hat. Auf keinen Fall sollte der Betriebsrat vergessen, sich bei der Belegschaft für die Unterstützung zu bedanken.

Das letzte Lied

Das letzte Lied, das letzte Lied
müsst ihr euch selber singen.
Denn außer euch ist niemand da,
dem sowas könnt gelingen.
Es soll keins von den Bravsten sein
und keines von den Trübsten.
Wenn ihr uns fragt, ein Kampflied, ja
das wäre uns am liebsten.
Und allen, die euch gängeln wollen,
auch klugen Kommissaren;
und Parasiten und Vampiren
soll's in die Knochen fahren.
Es soll eins von den Starken sein
und eines von den Schönen.
Die Lautsprecher der Herrschenden,
die muss es übertönen.
Es soll eins voller Fragen sein
und eines voller Zweifel.

Und mischt sich ein Solist hinein,
so schickt ihn doch zum Teufel.
Es soll ein Selbstgedachtes sein
und eines voller Klarheit,
denn Vorsänger, die gibt es nicht,
im Vollbesitz der Wahrheit.
Es soll keins von den Alten sein,
das jemand wo hervorgrabt.
Das letzte Lied macht allen klar,
dass ihr das letzte Wort habt.
Das letzte Lied, das letzte Lied
müsst ihr euch selber singen.
Denn außer euch ist niemand da,
dem so was könnt gelingen.

Die Schmetterlinge,
österreichische Songgruppe
(G. Herrnstadt – Resartis/H.R. Unger)

Anhänge

Das Kauderwelsch der Manager

Insbesondere in größeren Betrieben werfen Unternehmensvertreter*innen und Manager*innen mit englischen Fachbegriffen und englischen Abkürzungen um sich. Da dies allgemein üblich geworden ist, kommen Betriebsräte nicht darum herum, diese Begriffe zu verstehen, wenn sie Informationen des Managements nutzen wollen. Die üblichen Abkürzungen beziehen sich auf unterschiedliche Bereiche. Die wichtigsten Abkürzungen werden im Folgenden knapp erläutert und übersetzt. Insbesondere für die Begriffe aus dem Rechnungswesen und der Bilanzierung empfiehlt sich weitergehende Literatur heranzuziehen, so z.B.: Leitfaden für den Wirtschaftsausschuss von Jens-Peter Hjort, Michael Erhardt, Andrea Rothkegel, Sandra Schneider, 3. Auflage, Frankfurt a.M. 2014 sowie das Handbuch Wirtschaftsausschuss von Nikolai Laßmann und Rudi Rupp, 10. Auflage, Frankfurt a.M. 2017.

Unternehmensführung

CEO	**C**hief **E**xecutive **O**fficer	Vorstandsvorsitzender
CFO	**C**hief **F**inancial **O**fficer	Finanzvorstand
HR	**H**uman **R**esources bzw. **H**uman **R**elations	Personalwesen
CHRO	**C**hief **H**uman **R**esources **O**fficer	Personalvorstand
	Executive Board	Vorstand
	Supervisory Board	Aufsichtsrat
R&D	**R**esearch and **D**evelopment	F&E: Forschung und Entwicklung
IE	**I**ndustrial **E**ngineering	Produktionsplanung und -steuerung (Arbeitsvorbereitung)
M&A	**M**erger and **A**cquisition	Verschmelzung und Erwerb von Unternehmen
	Carve out	Ausgliederung eines Unternehmensteils in eine eigene Gesellschaft
	Joint **V**enture	Gemeinsames Investment bzw. gemeinsames Unternehmen von mehreren Gruppen von Eigentümern
MBO	**M**anagement **B**uy **O**ut	Kauf des Unternehmens durch das Management
IPO	**I**nitial **P**rivate **O**ffering	Börsengang eines Unternehmens
	Corporate Governance	Unternehmensführung
DCGX		**D**eutscher **C**orporate **G**overnance **K**odex
	Compliance	Beachtung von Regeln; Kontrolle von Regelverstößen, z.B. Kartellabsprachen oder Korruption
CSR	**C**orporate **S**ocial **R**esponsibility	Soziale bzw. gesellschaftliche Verantwortung von Unternehmen; Nachhaltigkeit
GRI	**G**lobal **R**eporting **I**nitiative	Globale Berichterstattung Initiative zur Nachhaltigkeit

Rechnungswesen, Bilanzierung usw.

HGB		**H**andels**g**esetz**b**uch
IAS IFRS	**I**nternational **A**ccounting **S**tandards **I**nternational **F**inancial **R**eporting **S**tandards	Internationale Standards des Rechnungswesens und der Bilanzierung
	Sales, Revenues	Umsatz
EBIT	**E**arnings **b**efore **i**nterest and **t**axes	Ergebnis vor Zinsen und Steuern = operatives Ergebnis
EBITDA	**E**arnings **b**efore **i**nterest, **t**axes, **d**epreciation and **a**mortisation	Ergebnis vor Zinsen, Steuern und Abschreibungen
NIAT	**N**et **i**ncome **a**fter **t**axes	Netto-Ergebnis nach Steuern, entspricht in etwa dem Gewinn
ROCE	**R**eturn **o**n **C**apital **e**mployed	Rückfluss auf das eingesetzte Kapital in etwa gleich Rentabilität bezogen auf das eingesetzte Kapital, Angabe in %
ROS	**R**eturn **o**n **s**ales	Rückfluss bezogen auf den Umsatz (Umsatzrentabilität), Angabe in %
CF	**C**ash **F**low	Zufluss von Finanzmitteln
IRR	**I**nternal **r**ate of **r**eturn	Interner Zinsfuß (z.B. bei Investitionsrechnungen)
	Value added	Mehrwert
FC	**F**ore**c**ast	Prognose von Kennzahlen, meist für das laufende Geschäftsjahr
YTD	**Y**ear **t**o **d**ate	Kennzahlen im laufenden Geschäftsjahr bis zum heutigen Datum

Aktien/Finanzmärkte

DAX		**D**eutscher **A**ktiende**x**
	DAX-Unternehmen	30 deutsche Unternehmen, die im DAX gelistet werden
M-DAX		Deutscher Aktienindex für mittelgroße Unternehmen
	M-DAX Unternehmen	50 deutsche Unternehmen, die im M-DAX gelistet werden.
Dow Jones		US-amerikanischer Aktienindex
Nikkei 225		Japanischer Aktienindex
Hang Seng		Chinesischer Aktienindex
ECB/EZB	**E**uropean **C**entral **B**ank	**E**uropäische **Z**entral**b**ank
FED	**F**ederal **R**eserve **S**ystem	US-amerikanisches Zentralbanksystem, US-Notenbank
IMF/IWF	**I**nternational **M**onetary **F**und	**I**nternationaler **W**ährungs**f**onds

Das Kauderwelsch der Manager

Ländergruppen/Handelsabkommen

EMEA	**E**urope, **M**iddle **E**ast, **A**frica	Europa, mittlerer Osten, Afrika
NAFTA	**N**orth **A**merican **F**ree **T**rade **A**ssociation	Nordamerikanisches Freihandelsabkommen zwischen USA, Kanada und Mexiko
	The Americas	Nord- und Südamerika
APAC	**A**sia, **P**acific, **A**ustralia, **C**hina	Asien, West-Pazifik, Australien, China
ASEAN	**A**ssociation of **S**outh **E**ast **A**sian **N**ations	Verbund von südost-asiatischen Staaten
BRIC	**B**rasil, **R**ussia, **I**ndia, **C**hina	Brasilien, Russland, Indien, China
OECD	**O**rganization of **e**conomic **c**ooperation and **d**evelopment	Organisation zur wirtschaftlichen Zusammenarbeit und Entwicklung
OPEC	**O**rganization of **p**etrol **e**xporting **c**ountries	Organisation der Öl exportierenden Länder
WTO	**W**orld **T**rade **O**rganization	Welthandelsorganisation

Autoindustrie und Zulieferindustrie

OEM	**O**riginal **E**quipment **M**anufacturer	Endhersteller, also die großen Autokonzerne
Tier-1	Englisch »Tier« = Rank	Zulieferunternehmen, das komplette Systeme liefert, z.B. Getriebe oder elektronische Assistenzsysteme
Tier-2	Englisch »Tier« = Rank	Zulieferunternehmen, das ausschließlich Einzelkomponenten liefert, wie z.B. Zahnräder oder Chips

Gewerkschaften/Betriebsrat/Unternehmer

	Industrial Relations, zum Teil auch Labor Relations/Labour Relations	Industrielle Beziehungen zwischen Unternehmern, Beschäftigten, Betriebsräten und Gewerkschaften
	Works Council	Betriebsrat
	Union oder trade union	Gewerkschaft
	Employers' Federation	Arbeitgeberverband
	Collective bargaining	Tarifverhandlungen
	Collective agreement	Tarifvertrag

Literatur- und Internethinweise

Für Betriebsräte wird eine ganze Palette von Büchern angeboten; dazu kommen Broschüren und Veröffentlichungen des DGB und der Einzelgewerkschaften. Aus diesem Angebot Empfehlungen zu machen, ist nicht einfach und letztlich subjektiv geprägt. Mit dieser Einschränkung können folgende Tipps für Betriebsräte gegeben werden.

Literatur – für jedes Betriebsratsmitglied ein Exemplar
Tarifsammlung: Die einzelnen DGB-Gewerkschaften stellen die Texte der jeweiligen, aktuellen Flächentarifverträge zur Verfügung, die in einer »*Tarifmappe*« zusammengefasst sind, also z.B. Entgelt-Tarifvertrag, Entgelt-Rahmentarifvertrag, Manteltarifvertrag usw. (Achtung: regelmäßig aktualisieren!)
Michael Kittner/Olaf Deinert: Arbeits- und Sozialordnung, 43. Auflage, Frankfurt a.M. 2018. Dies ist eine Gesetzessammlung, die jedes Jahr im Februar in einer aktuellen Ausgabe erscheint. Es werden die wichtigsten Gesetze, die für Betriebsräte relevant sind, wiedergegeben und jeweils durch eine rechtspolitische Einführung ergänzt.
Textausgabe des Betriebsverfassungsgesetzes (wird von den Gewerkschaften angeboten).

Literatur – für das Büro des Betriebsrats bzw. für Mitglieder der entsprechenden Ausschüsse
Wolfgang Däubler/Michael Kittner/Thomas Klebe/Peter Wedde: Basis-Kommentar zum Betriebsverfassungsgesetz, 15. Auflage, Frankfurt a.M. 2016. Kurzer und prägnanter Kommentar mit den wichtigsten Kommentierungen.
Wolfgang Däubler/Michael Kittner/Thomas Klebe/Peter Wedde: Kommentar zum Betriebsverfassungsgesetz, 15. Auflage, Frankfurt a.M. 2016. Sehr detailliert und umfangreich, über 2.000 Seiten.
Karl Fitting/Gerd Engels/Ingrid Schmidt/Yvonne Trebinger/Wolfgang Linsemaier: Kommentar zum Betriebsverfassungsgesetz, 29. Auflage, München 2018. Sehr detailliert und umfangreich, über 2.000 Seiten.
Nikolai Laßmann/Rudi Rupp: Handbuch Wirtschaftsausschuss, 10. Auflage, Frankfurt a.M. 2016.
Hartmut Meine/Richard Rohnert/Elke Schulte-Meine/Stephan Vetter (Hrsg.): Handbuch »Arbeit-Entgelt-Leistung: Entgelt-Rahmentarifverträge im Betrieb«, 7. Auflage, Frankfurt a.M. 2018.
Hartmut Meine/Dirk Schumann/Hilde Wagner (Hrsg.): Handbuch »Arbeitszeit: Manteltarifverträge im Betrieb«, 3. Auflage, Frankfurt a.M. 2018.
Ralf Pieper: Arbeitsschutzrecht, Kommentar für die Praxis, 6. Auflage, Frankfurt a.M. 2017.
Christian Schoof: Betriebsratspraxis von A bis Z, 13. Auflage, Frankfurt a.M. 2018. Ein alphabetisches, juristisch orientiertes Handbuch für Betriebsräte mit vielen praktischen Tipps und Hinweisen auf die aktuelle Rechtsprechung.

Internet

dgb.de	Deutscher Gewerkschaftsbund
igmetall.de	IG Metall
verdi.de	Gewerkschaft ver.di
igbce.de	Gewerkschaft Bergbau, Chemie und Energie
igbau.de	Gewerkschaft Bauen-Agrar-Umwelt
ngg.de	Gewerkschaft Nahrung-Genuss-Gaststätten
gew.de	Gewerkschaft Erziehung und Wissenschaft
evg-online.org	Eisenbahn- und Verkehrsgewerkschaft
gdp.de	Gewerkschaft der Polizei
boeckler.de	Hans-Böckler-Stiftung des DGB
boeckler.de/wsi	Wirtschafts- und sozialwissenschaftliches Institut
imk-boeckler.de	Institut für Makroökonomie und Konjunkturforschung
sozialpolitik-aktuell.de	Ein Angebot der Universität Duisburg-Essen, Institut IAQ
bmas.de	Bundesministerium für Arbeit und Soziales
deutsche rentenversicherung.de	Deutsche Rentenversicherung
metallrente.de	Versorgungswerk MetallRente
gesetze-im-internet.de	Gesetzessammlung des Bundesministeriums für Justiz
sozialismus.de	Zeitschrift »Sozialismus«
alternative-wirtschaftspolitik.de	Memorandum Arbeitsgruppe
gelbehand.de	Verein »Mach meinen Kumpel nicht an – Gelbe Hand«
respekt.tv	Initiative Respekt – Kein Platz für Rassismus
faircrowd.work.de	Angebot der IG Metall für »Crowd Worker«

Danksagungen

Dieses Buch ist das Ergebnis langjähriger Gewerkschaftsarbeit in der IG Metall. Dafür bedanke ich mich bei allen ehren- und hauptamtlichen Kolleginnen und Kollegen, von denen ich in dieser Zeit gelernt habe, und mit denen ich zusammengearbeitet habe. Mit ihnen zusammen habe ich Positionen entwickelt, gestritten, gekämpft, mit den Unternehmern verhandelt und Kompromisse geschlossen, Niederlagen weggesteckt und Erfolge gefeiert. Diese Erfahrungen sind in das Handbuch eingeflossen.

Zahlreiche Inhalte wurden aus Materialien der Bildungsarbeit der IG Metall übernommen und modifiziert; ihre Urheberschaft ist häufig nicht mehr nachvollziehbar. Deshalb gilt ein besonderer Dank allen ehemaligen und heutigen Bildungsarbeiterinnen und Bildungsarbeitern der IG Metall, die daran mitgewirkt haben.

Einen erheblichen Arbeitsaufwand haben diejenigen Kolleginnen und Kollegen erbracht, die die Entwürfe mehrerer Kapitel des Buches vorab gelesen haben und mir dazu wertvolle kritische Rückmeldungen gegeben haben. Dies sind insbesondere: Garnet Alps, Hans Braul, Diethelm Langer, Carsten Maaß, Karoline Kleinschmidt, Elke Schulte-Meine, Helga und Reinhard Schwitzer. Weiter kamen zu einzelnen Kapiteln wichtige Hinweise von: Christiane Benner, Walter Deterding, Wilfried Hartmann, Heribert Karch, Martin Kuhlmann, Thomas Müller, Heiko Reese, Andrea Rothkegel, Sebastian Sick, Kristina Thurau-Vetter, Stephan Vetter und Oliver Winkler.

Mit etlichen heutigen und ehemaligen Bevollmächtigten und Gewerkschaftssekretär*innen der IG Metall habe ich Interviews für den zweiten Teil des Buches geführt. Dies waren Martin Donath, Alfons Eilers, Thorsten Gröger, Almut Kapper-Leibe, Thadeus Mainka, Brigitte Runge, Eva Stassek und Elke Volkmann. Ausführlich habe ich mit Betriebsratsmitgliedern und Vertrauensleuten der IG Metall die Kapitel 13 und 14 diskutiert. Dafür bedanke ich mich bei Andrea Deiana, Elke Behmer-Geisler, Martin Grun, Marcus Kretzschmar, Matthias von Maikowski und Jens Schafer.

Mitglieder des Ortsjugendausschusses der IG Metall-Geschäftsstelle Hannover haben mir wichtige Anregungen zu den beiden »Jugend-Kapiteln« 10 und 15 gegeben. Ein herzliches Dankeschön geht an Selin Akttar, Carlos Frank, Kevin Köster und Tim Salzmann. Darüber hinaus haben mir zahlreiche Kolleginnen und Kollegen bei der Erstellung dieses Handbuchs mit Hinweisen und Anregungen geholfen. Allen sei herzlich gedankt, auch wenn ich sie aus Platzgründen nicht alle namentlich aufzählen kann.

Schließlich richtet sich mein Dank an die Beschäftigten des VSA: Verlages, hier insbesondere an Richard Detje, Gerd Siebecke und Marion Fisch. Ebenso danke ich den Kolleginnen und Kollegen, die die Erstellung, den Druck und den Vertrieb des Buches ermöglicht haben.

Leben einzeln und frei

Sag, bist du bereit
Dich mit aller Kraft zu wehren
Viele Kämpfe zu besteh'n?
Du hast Mut genug
Willst du unsern langen schweren Weg
Gemeinsam mit uns geh'n?
Oder willst du deine Kraft
   verschwenden
Im Alleingang gegen eine ganze Welt
Um zum Schluss in traurigen
   Legenden
Dazusteh'n als gescheiterter Held?

Leben einzeln und frei
Wie ein Baum und dabei
Brüderlich wie ein Wald
Diese Sehnsucht ist alt.
Sie gibt uns Halt
In unserem Kampf
Gegen die Dummheit, den Hass,
   die Gewalt.
Ihr Gefährten im Zorn,
Ihr Gefährten im Streit,
Mit uns kämpft die Vernunft
   und die Zeit.

Sag, bist du bereit
Dich mit aller Kraft zu wehren
Viele Kämpfe zu bestehn?
Du hast Mut genug
Willst du unsern langen schweren Weg
Gemeinsam mit uns geh'n?
Willst du mit uns gehen dem Sieg
   entgegen?

Komm, wir haben keine Zeit uns
   auszuruh'n!
Nichts wird sich von selbst nach vorn
   bewegen
Darum zählt auch nur das,
   was wir tun

Leben einzeln und frei
Wie ein Baum und dabei
Brüderlich wie ein Wald
Diese Sehnsucht ist alt.
Sie gibt uns Halt
In unserem Kampf
Gegen die Dummheit, den Hass,
   die Gewalt.
Ihr Gefährten im Zorn,
Ihr Gefährten im Streit,
Mit uns kämpft die Vernunft
   und die Zeit.

Leben einzeln und frei
Wie ein Baum und dabei
Brüderlich wie ein Wald
Diese Sehnsucht ist alt.
Sie gibt uns Halt
In unserem Kampf
Gegen die Dummheit, den Hass,
   die Gewalt.
Ihr Gefährten im Zorn,
Ihr Gefährten im Streit,
Mit uns kämpft die Vernunft
   und die Zeit.

Hannes Wader, Liedermacher

Notizen

Notizen

Notizen

VSA: Gewerkschaften, ja bitte!

Thorsten Schulten/
Heiner Dribbusch/
Gerhard Bäcker/
Christina Klenner (Hrsg.)
**Tarifpolitik als
Gesellschaftspolitik**
Strategische Herausforderungen
im 21. Jahrhundert
Beiträge zu Ehren von
Reinhard Bispinck
336 Seiten I EUR 24.80
ISBN 978-3-89965-769-2
Die Tarifpolitik ist das Kerngeschäft der Gewerkschaften. Sie prägt über die unmittelbaren Arbeitsbedingungen hinaus das soziale Gefüge und ist deshalb immer auch Gesellschaftspolitik. Zugleich birgt der Wandel von Arbeit und Gesellschaft stetig neue strategische Herausforderungen.

Prospekte anfordern!

VSA: Verlag
St. Georgs Kirchhof 6
20099 Hamburg
Tel. 040/28 09 52 77-10
Fax 040/28 09 52 77-50
info@vsa-verlag.de

IG Metall Bayern (Hrsg.)
**Vom Wiederaufbau
zur Arbeit 4.0**
IG Metall Bayern: 70 Jahre
Fortschritt durch Tarifpolitik
Mit einem Vorwort von Jörg
Hofmann und einer Einleitung
von Jürgen Wechsler
304 Seiten I Großformat I Hardcover I Halbleinen I viele Fotos
und Dokumente I EUR 19.80
ISBN 978-3-89965-761-6
Ein Rück- und Ausblick nach
70 Jahren. Arbeitnehmer*innen und ihre Gewerkschaften
kommen in Bayern-Klischees
nicht vor, und IG Metall Tariferfolge werden in der Regel mit
anderen Regionen in Verbindung
gebracht. In diesem Band wird
die Geschichte anders erzählt:
von Metaller*innen der ersten
Stunde über Zeitgenoss*innen
des »Wirtschaftswunders«
bis zu den Kolleg*innen der
Gegenwart.

IG Metall Bezirk
Baden-Württemberg (Hrsg.)
aufrecht gehen
Wie Beschäftigte durch Organizing zu ihrem Recht kommen
160 Seiten I Hardcover I
komplett in Farbe I
Abbildungen I EUR 16.80
ISBN 978-3-89965-781-4
Die Erfahrung zeigt, dass
traditionelle Stellvertreterpolitik
immer weniger funktioniert. Die
großen Zukunftsfragen können
nur in demokratischen, beteiligungsorientierten Prozessen
angepackt werden – gemeinsam mit Belegschaften, die
sich zum Anwalt ihrer eigenen
Sache machen. »Im Kern beruht
unsere Stärke auf der Handlungsfähigkeit gut organisierter
Belegschaften, die sich, wenn
es erforderlich ist, auf die
Hinterbeine stellen, die in der
Lage sind, Arbeitskämpfe zu
führen. Nur wenn wir uns diese
Stärke erhalten, werden wir
auch künftig bestehen können.«
(Roman Zitzelsberger, IG Metall
Bezirksleiter Baden-Württemberg)

www.vsa-verlag.de

VSA: Gewerkschafts-Literatur

Karl Lauschke
Widerstand lohnt sich!
Die Geschichte der Bremer Hütte – oder: Wieso wird heute noch Stahl in Bremen produziert? Unter Mitwirkung von Peter Sörgel und Eike Hemmer
592 Seiten | EUR 29.80
ISBN 978-3-89965-780-7
Karl Lauschke zeichnet die Geschichte des Hüttenwerks in Bremen und seiner Selbstbehauptung durch eine linke Belegschaftsvertretung anschaulich und spannend nach. Denn das Bremer Hüttenwerk der Klöckner Werke AG ist einer der wenigen Großbetriebe, in denen ein linker Betriebsrat über Jahrzehnte die Interessen der Beschäftigten konsequent vertrat und dabei keinen Konflikt mit der Werksleitung scheute.

Prospekte anfordern!

VSA: Verlag
St. Georgs Kirchhof 6
20099 Hamburg
Tel. 040/28 09 52 77-10
Fax 040/28 09 52 77-50
info@vsa-verlag.de

Dieter Sauer/Ursula Stöger/
Joachim Bischoff/Richard Detje/
Bernhard Müller
**Rechtspopulismus
und Gewerkschaften**
Eine arbeitsweltliche Spurensuche
216 Seiten | EUR 14.80
ISBN 978-3-89965-830-9
Rechtspopulisten erzielen unter Gewerkschaftsmitgliedern zum Teil überdurchschnittliche Erfolge. Was sind die Hintergründe? Rechte Ressentiments schwappen nicht nur von außen, aus den gesellschaftlichen Lebensverhältnissen und der Politik in die Betriebe und Unternehmen hinein, sondern haben einen arbeitsweltlichen Nährboden – das ist das zentrale Ergebnis der vorliegenden Untersuchung. In der Befragung von Beschäftigten aus Industrie und Dienstleistungen sowie Expert*innen aus Gewerkschaften kommt zum Vorschein, in welch hohem Maße rechtspopulistische Anschauungen, Äußerungen und Aktivitäten in der Arbeitswelt anzutreffen sind.

Björn Allmendinger/
Joachim Fährmann/
Klaudia Tietze (Hrsg.)
**Von Biedermännern
und Brandstiftern**
Rechtspopulismus in Betrieb und Gesellschaft
Hustedter Beiträge zur politischen Bildung, Bd. 6
232 Seiten | EUR 14.80
ISBN 978-3-89965-772-2
Die Rechtspopulisten der AfD sind im September 2017 mit 12,6% in den Deutschen Bundestag eingezogen. Auch Gewerkschaftsmitglieder gehörten zu ihren Wähler_innen. Grund genug, Ursachen zu diskutieren und Strategien zu entwickeln, mit denen in Betrieb und Gesellschaft klare Kante gegen Demokratiefeindlichkeit gezeigt werden kann.

www.vsa-verlag.de